W0298714

Das Perfide Albion und seine amerikanischen Erben

Richard Melisch

Das Perfide Albion
und seine amerikanischen Erben

Verlag Hohe Warte GmbH
2015

Die Abbildungen stammen aus dem Archiv des Verlags und des Autors, sowie aus öffentlich zugänglichen Quellen. Sollten irgendwelche urheberrechtliche Bestimmungen übersehen worden sein, bittet die Redaktion um Mitteilung.

Besuchen Sie uns im Internet unter:
www.hohewarte.de

Die Deutsche Bibliothek – CIP-Einheitsaufnahme

Melisch, Richard:
Das Perfide Albion und seine amerikanische Erben
Richard Melisch. Pähl: Verlag Hohe Warte GmbH 2015
ISBN 978-3-88202-367-1

ISBN 978-3-88202-367-1

Gedruckt in Deutschland

INHALT

VORWORT

Das Perfide Albion und seine amerikanischen Erben

Wie konnte der Allmächtige, der seine Schöpfung auf Erden mit Menschen bereichert hatte, es zulassen, daß ausgerechnet homo britannicus, dem wir die feine Art im Umgang mit anderen Menschen, die Begriffe gentleman, lady, fairness, butler, sport, sowie die Kunst natürlicher Gartengestaltung verdanken, seit tausend Jahren nur noch durch seine Schattenseiten auffällt, vor keinem Verbrechen zurückschreckt, wenn es darum geht, seinen Profit zu steigern, Konkurrenten zu vernichten und deshalb in allen Sprachen mit dem Attribut „perfides Albion" versehen wird?

Was bedeutet Albion? Mit diesem wahrscheinlich keltischen Namen bezeichneten schon Aristoteles und Ptolemäus die später von den Römern „Britannia" genannte Insel und den Namen „albus" (lateinisch: weiß) gaben auch die Römer den weißen Kreidefelsen entlang Britanniens Südküste. Das Adjektiv „perfide", mit dem die meisten Völker der Welt das Substantiv „Albion" ergänzten, mögen viele als Makel empfinden, nicht jedoch die Engländer selbst, ziert doch das stolze Bekenntnis „honi soit qui mal y pense" (ein Schurke, wer Böses dabei denkt) ihr stolzes Wappen.

Ein roter Faden von Niedertracht und Heuchelei durchzieht das Streben des „perfiden Albions" schon vom Urbeginn seiner Geschichte an: Ob Spanier, Franzosen, Portugiesen, Deutsche, Iren, Inder, Niederländer, Buren, Frankokanadier, Chinesen, Filipinos oder Schwarzafrikaner, ja sogar die Familie des letzten Zaren, sie alle waren – wann immer es um's Belügen, Betrügen und Ausplündern ging – Zeugen von Albions Größe. Gegen seinen schlechten Ruf hat sich Albion zu allen Zeiten sowohl mit englischem „Cant" als auch mittels vergifteter Pfeile aus den Köchern seiner berüchtigten Lügenpresse gewehrt, und zwar immer nach der Methode: Je schwärzer du die Fratze deines Feindes malst, um so heller erstrahlt dein eigenes Bild; je mehr du ihn verleumdest, um so glaubhafter deine Lügen; je gräßlicher die Verbrechen, die du ihm anlastest, um so schlimmere darfst du an ihm begehen.

Klärende Worte zum englischen „Cant“:

Cant bedeutet Niedertracht (Perfidie) gepaart mit Heuchelei und Selbstgerechtigkeit. Cant ist aufrichtige Unaufrichtigkeit, Lüge mit gutem Gewissen. Als „morbus britannicus“ wird ihr der Leser öfter begegnen. In seiner Schrift „Cant – die englische Art der Heuchelei“ (1940) führt Hans Hartmann aus: „In seinen Betrachtungen über England schreibt Theodor Fontane (1819-1898): ‚Englands Kraft besteht in der anspruchsvollen Schätzung seiner selbst, Deutschlands Größe in der bescheidenen Würdigung alles Fremden. England ist selbstsüchtig bis zur Begriffsverwirrung, Deutschland gerecht bis zur eigenen Preisgabe.‘“

Cant ist eine Tarnung, die das Gemeine, Verlogene, mit frommen Phrasen umgibt, um nicht erkannt zu werden. Ein gutes Beispiel ist der Engländer Urteil über ihre Kolonialpolitik: Nach Eigendefinition diene sie dazu, den Kolonialvölkern Zivilisation, Kultur und Fortschritt zu vermitteln. Demnach wohl auch den Chinesen, denen Albion in zwei Opiumkriegen die Einfuhr dieser teuren Schlafdroge aufzwang. Wann immer Albion das Wort „Freiheit der Meere“ in den Mund nahm, wußte alle Welt sofort, daß Englands Oberherrschaft zur See gemeint war und ihm erlaubt sei, allen anderen dasselbe Recht abzusprechen. 1807 erschien eine englische Flotte unter Admiral Gambier im tiefsten Frieden vor Kopenhagen, beschoß vier Tage lang das Hafenviertel, tötete an die zweitausend Zivilisten, kaperte achtzehn dänische Linienschiffe und fünfzehn Fregatten mit der Begründung, man hätte ja nur Napoleon zuvorkommen wollen. Mit geradezu perfektem Cant warnte die Londoner „Daily Mail“ am 5. Februar 1903 ihre Leserschaft in aller Welt: „While great naval power in the hands of Britain cannot constitute a menace, in the hands of Germany it will be a grave peril to the world, the more so, as the recent history of German policy is one of daring aggression, and compels Germany to conquer the colonies of others – or perish.“ (Während Englands Übermacht zur See keinerlei Bedrohung darstellt, bedeutet sie in deutschen Händen eine gewaltige Gefahr für alle Welt, um so mehr, als die jüngste Geschichte deutscher Politik zu einer Reihe gewagter Überfälle geführt hat und Deutschland zwingt, entweder fremde Kolonien zu rauben – oder unterzugehen.)
Wie schon ein halbes Jahrtausend lang das Perfide Albion, streben seit einhundert Jahren die Vereinigten Staaten von Amerika nach der

Weltherrschaft, die sie mittels Gleichschaltung (Globalisierung) erringen wollen. Die Globalisierer wollen kein national- und traditionsbewußtes Weltreich gründen, sondern einen erdumspannenden Weltmarkt ohne Grenzen einrichten. Sind Grenzen abgeschafft, brauchen sie auch nicht mehr verteidigt zu werden, entfallen alle nationalen und territorialen Sonderinteressen, verschwinden alle über Jahrtausende natürlich gewachsenen kulturellen, religiösen, sittlichen Wertvorstellungen im Brei der gleichgeschalteten „One World". Wo sämtliche Werte abgeschafft sind, ist alles nur noch Ware, und jede Ware – ob Mensch, Tier, Natur, Kunstwerke, politische Überzeugungen – hat ihren Preis. Und was einen Preis hat, ist stets käuflich und verkauft sich an die Meistbietenden, das sind die Globalisierer, die Geld aus dem Nichts erschaffen. Angestrebte Endzwecke der Globalisierer sind weder Ehrung noch Lorbeerkranz, weder göttlicher Lohn noch Ritterschlag, sondern ausschließlich der zu erzielende fette Profit. Ihr Glaubensbekenntnis lautet: Eigennutz geht vor Gemeinnutz, Gewinne sind zu privatisieren, Verluste zu sozialisieren.
Möge Clio, die Muse der Geschichtsschreibung, darüber befinden, ob der Erste und Zweite Weltkrieg schicksalhaft unabwendbare Kataklysmen waren, die dank der zwischen Wilson, Roosevelt und ihren Financiers fein gesponnenen Verschwörungsfäden unausweichlich zur Entladung kommen mußten, oder abgewendet worden wären, hätten Amerikas Abgeordnete zu Weihnachten 1913 den Staatsstreich der Wall Street-Banker durchschaut, hätte 1936 König Edward VIII. nicht wegen unstandesgemäßer Heirat abdanken müssen und wäre bei den amerikanischen Präsidentschaftswahlen im Jahre 1933 nicht Roosevelt, sondern Herbert Hoover als Sieger hervorgegangen.

Der Autor möchte klarstellen, daß er weder die Engländer noch die Nordamerikaner als Völker in ihrer Gesamtheit der Perfidie beschuldigt, sondern nur jene im Verborgenen wirkende kleine Minderheit von Verbrechern, die Kriege schüren, um an ihnen gewaltig zu verdienen und denen Leib und Leben, Wohl und Weh ihrer Mitmenschen, nichts, rein gar nichts bedeuten.
Aus diesem Grunde und in diesem Sinne möchte er dieses Buch einem englischen und einem amerikanischen Freund widmen:

Derek Evans, Reisebürodirektor in Maskat, Sultanat Oman
William McLeod, Flight Engineer, Hialeah, Florida, USA

EINFÜHRUNG

A.) England stellt sich vor

„Sie halten all ihre Schätze fest ... namentlich und hauptsächlich, um damit ... fremde Söldner zu mieten; denn sie setzen lieber fremdes Leben aufs Spiel als ihre eigenen Landsleute; alles im Vertrauen auf ihr Wissen, daß für genug Geld ihre Feinde selbst sehr oft gekauft oder bestochen oder auch durch Verrat untereinander entzweit werden können. Zu diesem Zweck halten sie unbegrenzte Mittel bereit."

Thomas More (Morus), 1478-1525 in „Utopia"

Vor einem halben Jahrtausend geißelte Thomas More, Mitglied des Geheimen Rates König Heinrichs VIII., in seinem Werk „Utopia" über den idealen Staat, die heuchlerische Moral seiner Landsleute. Weil er seinem König nicht gehorchte, wurde er „hanged, drawn and quartered" ... gehenkt, ausgeweidet und gevierteilt.

König Heinrich VIII., Vater von Königin Elisabeth I., regierte 1509-1547

In der Einführung zu seiner 1942 erschienenen „History of England" erklärte der englische Historiker George Macaulay Trevelyan (1876-1962) den vorbestimmten Werdegang seines Vaterlandes aus der Tatsache, daß „Britain has always owed her fortunes to the sea" (Britannien sein Schicksal stets dem Meere verdankte).
Ihm zufolge reiche die Geschichte zivilisierter Menschen in England weit zurück und hätte lange vor der Regierungszeit Alfred des Großen (871-899) begonnen. Doch die Geschichte Britanniens als Weltführungsmacht sei viel jüngeren Datums, sie begann mit der Herrschaft

Königin Elisabeths I.. Der Grund könne auf Seekarten abgelesen werden. Ob im alten Alexandrien oder in mittelalterlichen Klöstern, stets stellten Kartographen Britannien an den äußersten nordwestlichen Rand. Doch nach der Entdeckung Amerikas und der Seerouten nach Afrika und dem Fernen Osten, rückte Britannien in die Mitte des Geschehens. Ihre Bewohner nutzten diese neue geographische Sicht unter der Herrschaft der Stuarts zu ihrem Vorteil und machten die Insel zum Zentrum des interozeanischen Verkehrs sowie der Finanzhäuser und Industrien, die diesen ermöglichten. Danach wurde vom Lande Newtons aus, dank moderner Wissenschaft und Maschinen, weltweit die industrielle Revolution ausgelöst. In jener Zeit wurde Nordamerika von Britannien aus bevölkert und übernahmen die Dreizehn Kolonien britisches Recht.

In der Zeit, da London erwachte und sich als maritimen Mittelpunkt eines expandierenden Globus wiederfand, war auch die Zeit der Renaissance und Reformation – geistige Neuausrichtungen, die persönliche Freiheit erforderten und Entscheidungen ermöglichten, die dem Genius der Briten mehr entgegenkamen als den anderen Völkern. Britannien gilt als die Mutter aller Parlamente. Im Laufe von Jahrhunderten entwickelten seine Bürger ein System, das drei Elemente vereint, die andere Völker als unvereinbar ansehen: Gerechte Herrschaft, Kontrolle durch das Volk und persönliche Freiheit. Frankreich und Spanien kannten im Mittelalter mehrere Klassen und verschiedene Formen von Parlamenten, doch vermochten sie nicht, diese den neuen Umständen anzupassen. Nach dem Feudalismus führten die lateinischen Völker den Absolutismus ein. Von allen großen Reichen gelang es allein Britannien, eine Regierungsform einzuführen, die aus einer Art Debattierklub besteht, in dem gewählte Männer im Krieg und Frieden ein Weltreich erfolgreich regieren.

Trevelyan zögerte nicht, ein Drittel seines Werkes der Prä-Tudor Epoche zu widmen: Die Vermischung der seit vorgeschichtlichen Zeiten bis 1066 [Schlacht bei Hastings, gefolgt von der Eroberung Britanniens durch die Normannen] hereinströmenden, bewaffneten Stämme und Rassen, gelang dank inselbedingter Abgeschiedenheit und der klugen Herrschaft von Normannen- und Plantagenet-Königen. Sie eröffnete zu Zeiten der Königin Elisabeth (1558-1603) fünf Millionen Briten und ihrer Nachkommenschaft die Aussicht auf eine glänzende Zukunft ... Aus ersten iberischen und keltischen sowie sächsischen und dänischen Siedlern bis zu phönizischen Händlern, römischen und normannischen Besatzern, nordischen Seeleuten, Bauern, Fischern, entwickelte sich das britannische Inselvolk. An der Ostküste landeten teutonische und skandinavische Einwanderer, an der Südküste jene,

die in Frankreich mediterrane Kultur kennengelernt hatten. Beide führten ihre Sprachen in Britannien ein. Jahrhunderte lang wurden die nordisch geprägten Siedler von der französisch sprechenden normannischen Aristokratie und der lateinisch sprechenden Geistlichkeit regiert. Paradoxerweise entstand und entwickelte sich gerade während dieser Fremdherrschaft das englische Nationalgefühl. Weitaus reicher als die alt-sächsische, erwuchs hier in voller Harmonie eine aus vielen verschiedenen Rassenelementen zusammengesetzte neue Kultur. Im Zuge der Reformation entließen die mündig gewordenen Engländer ihre Lateinlehrer, ohne sich den Skandinaviern und Teutonen auszuliefern. Britannien sei zu einer eigenen Welt herangewachsen, und gerade als es seine Bande zu Europa lockerte, hätte sich ihm Schottland angeschlossen. Der Seeherrschaft verdanke der Engländer seine Universalität. Am Anfang verhielt er sich der See gegenüber empfänglich und passiv, heute besitzergreifend und aktiv.
So wie einst die Perser von altgriechischen Autoren, die Graeculi, Galli und Germani von römischen Geschichtsschreibern, erstaunlich ungenau beschrieben wurden, berichteten europäische Seefahrer und Conquistadoren der angehenden Neuzeit mit überheblicher Distanz von Entdeckungen Jahrtausende alter Hochkulturen, beobachteten ozeanquerende Kaufleute und Missionare gar manche ihnen abartig erscheinende Sitten und Gebräuche fremder Stämme und versuchten, diese mit gebührendem Unverständnis und wohligem Erschauern zu erklären. Kein Wunder, daß auf Grund solch subjektiv gefärbter Schilderungen sich zumeist vorgefaßte Meinungen über fremde Völker bildeten.
Vertrauend auf seine Allmacht, sich stets berufend auf die beiden Wahlsprüche, die seit dem 14. bzw. 15. Jahrhundert das Wappen des britischen Königreichs zieren, die da lauten: „Honi soit qui mal y pense" (verrucht, wer Böses dabei denkt) und „Dieu et mon droit" (Gott und mein Recht), beherrschte Britannia die Weltmeere.

Voraussetzung für das Betreiben einer erfolgreichen Schaukelpolitik, die ausschließlich Eigeninteressen vertritt, ist die Bereitschaft, jederzeit – wann immer der Feind geschwächt ist, der Partner zu erstarken droht – ein „renversement des alliances", eine Umkehrung der Bündnisverhältnisse herbeizuführen. Das Aufrechterhalten der „Balance of Power" schließt somit Bündnistreue grundsätzlich aus und erfordert – frei nach Niccolò Machiavelli (1469-1527) – die Bereitschaft des Fürsten, aus „sacro egoismo" jede sich ergebende „qualitá dei tempi" (günstige Zeitumstände) zu nützen, um Selbstvorteile zu erlangen.

Bis zum Ableben Königin Victorias (1901) hätte die herzliche Verbundenheit der einander verwandten im Deutschen Reich herrschenden Hohenzollern und das Britische Empire regierenden Hannoveraner nicht enger sein können. Es war von schicksalhafter Tragik, daß sich der englische Thronfolger Eduard VII. als Deutschenhasser entpuppte, der vom Beginn seiner Herrschaft an daran arbeitete, eine Koalition gegen das gefährlich erstarkende Deutschland zu schmieden. Eingedenk positiver Erfahrungen, die Albion seit Jahrhunderten mit seiner „Balance of Power“ (Schaukelpolitik) gesammelt hatte, beschlossen Eduard VII. und seine engsten Berater, sich auch in dieser Lage auf ein zwischenstaatliches Abkommen aus dem 17. Jahrhundert zu berufen, das allerdings so unpräzise abgefaßt war, daß jede Signatarmacht es den eigenen Interessen gemäß interpretieren konnte. Sein Inhalt besagte: „No one state should be able to predominate and prescribe laws to the rest. And it was held to be the interest, the right and the duty of every power to interfere, even by force of arms, where and when the conditions of this settlement were assailed by any other member of the community...“ (Kein Staat darf über andere Staaten herrschen und ihnen Gesetze vorschreiben. Doch ist es sowohl im Interesse als auch das Recht sowie die Pflicht eines jeden Staates auch mit Waffengewalt einzuschreiten, wo und wann immer Klauseln des Vertrages von einem der Mitgliedstaaten mißachtet werden).

B.) Was hielten die Engländer von den Deutschen?

Über Deutschland schien „man“ sich im 18. und 19. Jahrhundert ziemlich einig zu sein: Es war das Land, das Europas Höfe mit berühmten Musikern und bekannten Wissenschaftlern versorgte, dessen Landesfürsten und Könige Soldaten als Kanonenfutter für fremde Kolonialkriege vermieteten; das Land, das Zaren und Kaisern zur Urbarmachung und Besiedelung riesiger Ländereien mit Bauern belieferte und zwecks Modernisierung ihrer Heere Ingenieure und Generalstabsoffiziere vermittelte. Längst vorbei die Zeiten des mächtigen Heiligen Römischen Reiches Deutscher Nation, vorbei auch Preußens Gloria, denn beim Wiener Kongreß von 1815 war es Österreich, England, Rußland, gemeinsam mit dem besiegten Frankreich gelungen, die Deutschen auszuspielen und ihre Länder in einen harmlosen „Bundesstaat“ umzuwandeln, der aus einem Kaiserreich, fünf Königreichen, einem Kurfürstentum, sieben Großherzogtümern, zehn Herzogtümern, elf

Fürstentümern und vier freien Städten zusammengefügt worden war. Doch schon 55 Jahre später sollten seine vereinten Heere die Weltmacht Frankreich schlagen, demütigen, und Deutschlands Fürsten den preußischen König zum Kaiser eines Zweiten Deutschen Reiches erwählen. Ein Reich, dessen Kaiser und Kanzler sich unterstanden, ohne in London um Erlaubnis zu fragen, daran gingen, England - how shocking! - wirtschaftlich, technisch, industriell, militärisch, den gottgewollten ersten Rang streitig zu machen.

C.) Wie betrachteten sich die Engländer selbst?

„Ich behaupte, daß wir die erste Rasse in der Welt sind und daß es um so besser für das menschliche Geschlecht ist, je mehr wir von der Welt bewohnen. Da Gott offenkundig die englischsprechende Rasse zu Seinem auserwählten Werkzeug formt, durch welches Er einen Zustand der Gesellschaft hervorbringen will, der auf Gerechtigkeit, Freiheit und Frieden gegründet ist, muß Er offensichtlich wünschen, daß ich tue, was ich kann, um jener Rasse Spielraum und Macht zu geben... Nur eine Rasse jedoch kommt diesem Typ am nächsten, nämlich Seine eigene, die angelsächsische Rasse."

Cecil Rhodes, 1853-1902, englischer Großkapitalist und Imperialist

Cecil Rhodes (1853-1902), Gouverneur der Kap-Kolonie unter Königin Victoria

Selbstverliebt, überheblich, verbohrt, gesättigt, spleenig, traditionsversessen, wohlhabend, auf die unbesiegbare Royal Navy vertrauend, aber zunehmend unfähig, das Empire zu Lande selbst zu verteidigen, war Englands Führungsschicht darauf angewiesen, ihre Waffengänge von Klientenstaaten, Fremdvölkern und Hilfstruppen ausfechten zu lassen. Im Gegensatz zu Deutschland, das vor dem Ersten Weltkrieg eine reine Defensivallianz mit Österreich-Ungarn, vor dem Zweiten eine solche mit Italien und Japan geschmiedet hatte, erweist sich in beiden Weltkriegen, daß die zweitrangigen „Siegermächte" Großbritannien und Frankreich ohne wirtschaftliche, militärische und vor allem finanzielle Hilfe seiner früheren nordamerikanischen Kolonien – die sich inzwischen zum mächtigsten Staat der Welt emanzipiert hatten – weder den Ersten noch den Zweiten Weltkrieg siegreich beendet hätten. Am Ende des Ersten Weltkrieges ist John Bull bis über beide Ohren bei Uncle Sam verschuldet und muß ihm nach Ende des Zweiten sämtliche Schätze seines „Empire" abtreten.

D.) Die Vereinigten Staaten beerben das Perfide Albion

Während die französische Besiedlung von Kanada und der Louisiane, die spanische von California, Texas und Florida, nur sehr schleppend vorankamen, drängten im 17. jährlich Hunderte und im 18. Jahrhundert jährlich Tausende meist arme Auswanderer zu den Hafenkais von Liverpool, Cardiff oder Plymouth und kämpften um Plätze an Ober- oder Unterdeck auf überfüllten, leckenden Seelenverkäufern, um das überbevölkerte Albion zu verlassen und jenseits des Ozeans in der Neuen Welt ein neues Leben zu beginnen. Mit derselben Rücksichtslosigkeit wie untereinander, begannen die Siedler mit der Verdrängung, Vertreibung und schließlich Massakrierung der Eingeborenen. Es folgten Wellen von Zuwanderern aus Deutschland, Schottland, Polen, Skandinavien, den Niederlanden, Irland, Japan, Italien, von zwangsimportierten afrikanischen Sklaven, chinesischen Eisenbahnarbeitern und erst im Laufe der letzten Jahrzehnte von Millionen Lateinamerikanern.
Nach dem Erreichen der Unabhängigkeit (1776) und der Abwanderung der pro-britisch und royalistisch gesinnten Einwanderer, entstand aus der Oberschicht vermögender, meist ehemals englischer Plantagenbesitzer, Akademiker, Fabrikanten, Prediger und früherer Kolonialbeamter eine neue republikanische Herrscherkaste, die aus ihrer Mitte die Kandidaten für Präsidentschaft und hohe Regierungsämter kürten. Nicht nur in Sprache, Gehabe, Selbstüberschätzung, Traditionen und Bräuchen ihren englischen Vorbildern gleichend, gelang es der neuen amerikanischen Oberschicht, die genannten Ämter stets nur für ihresgleichen zu reservieren und somit die politische und wirtschaftliche Kontrolle über die Vereinigten Staaten von Amerika fest im Griff zu behalten:
Früh schon erwiesen sich die Amerikaner als gelehrige Schüler ihrer englischen Vorbilder, glaubten an ihre Gottesauserwähltheit und

George W. Bush, 43.Präsident der Vereinigten Staaten von 2001-2009

rühmten sich, Bürger von „God's own country" zu sein. Die dazu passende stolze Devise „Right or wrong, my country!" soll Stephen Decatur (1779-1820), Mitbegründer der US-Marine, beim Ausbringen eines Toasts geprägt haben. Gelegentlich werden diese Worte auch dem deutschen 48er-Revolutionär Carl Schurz (1829-1906) zugeeignet, der 1852 nach Amerika auswanderte und im Bürgerkrieg als General in der Armee der Nordstaaten diente: „My country, right or wrong: If right, to be kept right; if wrong, to be set right:" (Mein Land, recht oder unrecht: Wenn im Recht, soll es so bleiben; wenn im Unrecht, soll es auf den rechten Pfad zurückgeführt werden). Wie Präsident Wilson 1917 und Präsident Roosevelt 1941, wird sich 2002 US-Präsident George W. Bush in seiner Rede zur „New Security Strategy of the USA" auf das Faustrecht des Stärkeren berufen: Fortan würden sich die Vereinigten Staaten von Amerika das „Recht" nehmen, jeden „Schurkenstaat" mit „preemptive strikes" (vorbeugenden Schlägen) zu strafen, in „anticipatory self defence" (vorweggenommener Notwehr) zu überfallen und mittels „creative destruction" (schöpferischer Zerstörung) zu vernichten, wo und wann immer es Uncle Sam paßt.

Vielleicht wäre England aus denselben imperialen Gründen über die Vereinigten Staaten hergefallen, die es gegen Deutschland vorschob, hätte es nicht die enge Geistes- und Werteverwandtschaft zu seinen amerikanischen Cousins verspürt. Mit Ausnahme eines irisch-, zweier niederländisch- und dreier deutschstämmiger US-Präsidenten, entstammen die übrigen 38 englischen und schottischen Einwandererfamilien. Von bisher 44 amerikanischen Präsidenten sind 27 als „confirmed freemasons" (bestätigte Freimaurer) aufgelistet, werden 16 als „not confirmed freemasons" und wird John F. Kennedy, einziger Ire und Katholik, als „non-freemason" (Nicht-Freimaurer) geführt.

Während Albion einst versuchte, dank der „Royal Navy" seine Herrschaft über die Sieben Weltmeere auszudehnen, arbeitet Amerika seit

1945 daran, mittels 65facher atomarer „Overkill"-Kapazität, Militärpräsenz in über 100 Vasallenstaaten auf sechs Kontinenten, Überwachung durch Weltraumsatelliten, unzähligen Drohnen,14 Geheimdiensten, dank Abhängigkeit von der Wall Street-Diktatur, Beeinflussung durch omnipräsente Medienimperien, das Hollywood-Monopol, der Unterwanderung durch „Friedens"-Stiftungen, Geheimlogen, sowie unzähliger hochbezahlter Lobbyisten in allen Parlamenten und Organisationen der „Westlichen Werte"-Gemeinschaft, die Globalisierung – die völlige Gleichschaltung aller Völker und Staaten – umzusetzen.

I. KAPITEL

Die Seeräuber und Landräuber Albions und ihre amerikanischen Erben

A.) Beispiele englischer Humanität und Heuchelei

„Whosoever commands the sea commands the trade, whosoever commands the trade commands the riches of the world and consequently the world itself."
(Wer auch immer die See beherrscht, beherrscht den Handel; wer ihn beherrscht, verfügt über die Reichtümer der Welt und beherrscht hiermit die Welt).

Sir Walter Raleigh (1552-1603) an König Jakob I.

1) Richard Löwenherz

Befleckt von historisch als gesichert geltenden Missetaten, betrat Richard Löwenherz, Sohn König Heinrichs II. (1154-1189) aus dem Hause Plantagenet, Herzog der Normandie, Graf von Anjou, als erster englischer Monarch die filmreife weltgeschichtliche Bühne. Begleitet von Philipp August II., König von Frankreich, dem Staufer-Kaiser Heinrich VI. und Leopold V., Herzog von Österreich, beteiligte er sich am dritten Kreuzzug und übernahm – ungebeten und überheblich – sogleich den Oberbefehl. Zunächst überwarf er sich mit Philipp August, als er sein Heiratsversprechen an dessen Halbschwester Alice zurückzog und die Prinzessin Berengaria von Navarra ehelichte. Danach folgte der Bruch mit Leopold: Als nach zweijähriger Belagerung der Festung Akkon die Kreuzritter am 11. Juli 1191 das zusammengeschossene Gemäuer stürmten und die siegreichen Feldherren ihre Banner auf die noch stehenden Zinnen setzten – Leopold von Österreich das seine gleich neben jenem von Richard Löwenherz – befahl dieser seinen Soldaten, das rotweißrote herunterzureißen. Da weder Herzog

Richard Löwenherz (1157-1199), war 1189-1199 König von England, Teilnahme am 3. Kreuzzug, erobert Zypern und wird auf dem Rückweg auf den Burgen Dürnstein und Trifels bis zur Zahlung eines hohen Lösegeldes gefangen gehalten

Leopold noch König Philipp August bereit waren, solchen Affront hinzunehmen, verließen sie das Heilige Land. Auch Richard Löwenherz zog es wieder in die Heimat, doch was sollte er mit den 2700 bei der Erstürmung der Festung Akkon Gefangenen tun? Sultan Saladin (1138-1193) bat ihn inständig, sie zu verschonen, doch Löwenherz ließ sie – gemeinsam mit dreihundert Ehefrauen und Kindern – allesamt abschlachten.

Mehrmals versuchte er Saladin zu treffen, um mit ihm über die Rückgabe Jerusalems zu verhandeln, doch dieser verweigerte jedes Gespräch. Dann versuchte Löwenherz, schon ganz perfide, Al Adil, den Bruder Saladins, mit Amors Pfeilen zu ködern: Er bot ihm seine schöne Schwester als Ehefrau an, deren Gatte, König von Sizilien, vor kurzem verstorben war. Das anglo-kurdische Ehepaar würde sich das Königreich Jerusalem teilen – sogar Saladin fand am Vorschlag Gefallen. König Richard lud sie nach Palästina ein, Saladins Bruder entbrannte vor Liebe zu ihr, doch als sie erfuhr, daß sie einen Muslimen heiraten sollte, kehrte sie zornerfüllt in ihre Heimat zurück.

Richard Löwenherzens abenteuerliche Heimreise in sein Königreich glich einer hollywoodgerechten Verfolgungsjagd: Der Landweg durch das Reich des Basileus Andronikos I. wäre zu zeitraubend gewesen; an den Küsten Italiens erwarteten ihn die Häscher Kaiser Heinrichs VI.; an der Südküste Frankreichs jene Philipp Augusts II., und deshalb beschloß er, die Küste Dalmatiens entlang sein Glück zu versuchen. Mit einer kleinen Schar von Getreuen zog er, als Pilger verkleidet, durch ungarische Lande und erreichte Ende 1192 Wien, wo man ihn erkannte, festnahm, und auf Befehl Herzog Leopolds auf Burg Dürnstein in der Wachau eingesperrte. Löwenherz wurde wegen seiner gegen den Kaiser gerichteten Sizilienpolitik, Majestätsbeleidigung des französischen Königs, Mißachtung des herzoglichen Banners vor Akkon sowie Verhandlungen mit dem „Schurken" Saladin der Prozeß gemacht, zur Zahlung eines ungeheuer hohen Lösegeldes von etwa 35 Tonnen

Silber verurteilt und bis zur Auszahlung auf die kaiserliche Burg Trifels verbannt. Dreizehn Monate verbrachte er dort, bis die letzte Unze des Lösegeldes ausbezahlt und unter den drei Geiselnehmern aufgeteilt wurde. Mit seinem Anteil rüstete Kaiser Friedrich das Heer aus, mit dem er Sizilien erobern sollte, Philipp August konnte mit dem Geld neue Truppen gegen die Engländer ausheben und Herzog Leopold verwendete seinen Teil des Lösegeldes am friedlichsten: Er ließ die sich vierzig bis fünfzig Kilometer südlich von Wien erstreckende Sumpflandschaft trockenlegen, in reiches fruchtbares Ackerland umwandeln und dort selbst Wiener Neustadt entstehen.
Amin Maalouf: „The Crusades through Arab Eyes", 1987.

2) Die Normannen

Perfide sehr wohl, aber war denn Richard Löwenherz (1157-1199) schon waschechter Engländer? Die meiste Zeit verbrachten die normannischen Herrscher aus dem Hause Anjou-Plantagenet im französischen Teil ihres Königreiches, schlugen sich mit französischen Kapetingern herum, deren Sprache sie viel besser verstanden als die in England gesprochene. Der vorletzte angel-sächsische König Edward I., der von 1044 bis Anfang Januar 1066 regierte, hatte normannische Adelige als Berater eingesetzt und somit der normannischen Invasion Vorschub geleistet, die Normannenkönig Wilhelm der Eroberer, der behauptete, Edward hätte ihn als seinem Nachfolger auserkoren, nun gleich in die Wege leitete. Edwards rechtmäßiger Nachfolger und letzter angel-sächsischer König Harold II. regierte nur wenige Tage und fiel am 14. Oktober 1066 bei der Entscheidungsschlacht zu Hastings. Ihre Schlachten gewannen die Normannen dank englischer Fußtruppen, die dank ihrer zwei Meter langen Bogen aus Eibe, Esche oder Ulme den Feind aus großer Entfernung treffen konnten. Es dauerte Jahrhunderte, bis die normannische Herrscherkaste sich herabließ, die Sprache ihrer englischen Untertanen zu erlernen. Eduard III. (1330-1377) war der erste Normannenkönig „who could speak a little English". Erst unter dem Tudor-König Heinrich VII. (1485-1509) wurde Englisch hoffähig. Doch was für ein Englisch! Hier der Text eines Gerichtsurteils aus dem Jahre 1633: „Richardson a Salisbury fuit assault per prisoner la condemne pur felony que puis son condemnation ject un brick a le dit Richardson que narrowly misst & pur eo son dexter manus ampute & fix al gibbet sur que luy mesme immediatment hange in presence de Court."
Christopher Brooke: „The Saxon and Norman Kings", 1963; Christopher Morris: „The Tudors",1955.

3) Englische Piraten im Auftrag der Königin

Als im Dezember 1568 eine Flotte spanischer Galeonen mit Gold- und Silberbarren aus Mexiko und Südamerika von englischen Piratenkapitänen mit Wissen der englischen Königin Elisabeth I. (1558-1603) gekapert, der Schatz in ihrem Namen beschlagnahmt wurde, erreichte die Erregung in Spanien den Siedepunkt. „Die Kaperer", so John E. Neale 1993 in „Queen Elisabeth I.", Königin von England 1558-1603 „wären sogar bereit gewesen, die Schätze auf eigene Verantwortung zu beschlagnahmen, wenn die Königin zugesichert hätte, sie könnten nach dem ersten, vorgetäuschten Entrüstungssturm mit ihrer nachträglichen Billigung rechnen." Elisabeth konnte das Gold gut brauchen, denn das Gold war ein Darlehen genuesischer Bankiers an den Herzog von Alba, Gouverneur von Spanien in den Niederlanden, und würde erst nach Ankunft am Bestimmungshafen spanischer Besitz. So nahm die Königin das Gold als „Darlehen" was – aus Sicht des perfiden Albion – in keiner Weise gegen die guten Sitten verstieß. 1577 ernannte sie den Kaperfahrer John Hawkins zum Marine-Schatzmeister.

Francis Drake (1540-1596),
Freibeuter und
erster englischer Weltumsegler,
Gemälde von Henry Bone

„Schon im Herbst 1585 war Elisabeth auf einen Krieg mit Spanien gefaßt gewesen. Sie hatte damals Leicester mit einem Heer in die spanischen Niederlande geschickt und Francis Drake auf Kaperfahrt nach Westindien losgelassen ... Sie sah in beidem keine eigentlichen Kriegshandlungen; das erste war eine Vorsichtsmaßregel gegen eine unerträgliche Bedrohung Englands, und Drake betreffend meinte sie, König Phillip II. sei sehr langmütig ... und würde – um einen Krieg zu vermeiden – lieber die freundschaftlichen Beziehungen zu ihr wieder aufnehmen.

Im April 1587 stach Drake mit einem sehr kleinen Geschwader in See mit dem Ziel, die spanische Flotte in ihren eigenen Häfen aufzusuchen, ihr jeden nur möglichen Schaden zuzufügen und zu verhindern, daß sich ihre verschiedenen Einheiten in Lissabon sammelten, von wo aus die Armada gegen England auslaufen sollte. Drake segelte nach Cadiz und drang entgegen aller guten, alten Kriegsregeln und angesichts von Forts und Galeeren in den Hafen und vernichtete Tausende Tonnen Schiffsraum und ungeheure Mengen an Vorräten. Nach Cadiz nahm er sich Kap St. Vincent (Cabo São Vincente) vor, ankerte mehrere Tage vor der Hafeneinfahrt von Lissabon und kaperte auf der Rückfahrt bei den Azoren eine Karake mit wertvoller Ladung."

4) Schottland

Wer das ebenso hollywoodgerechte schottische Heldenepos „Braveheart" gesehen hat, dem sind Robert the Bruce und William Wallace nicht mehr fremd und er weiß auch über die Jahrhunderte dauernden dynastischen, konfessionellen, militärischen Auseinandersetzungen zwischen Engländern und Schotten Bescheid. Um 600 v. Chr. gelangten die als Kelten bezeichneten Volksstämme nach Schottland. Im dritten Jahrhundert v. Chr. errichteten Zuwanderer aus Irland von Steinwällen umgebene „Brochs" (Turmbauten). Ab 43 n. Chr. begannen die Römer mit der Eroberung Britanniens, 80 n. Chr. stießen sie erstmals bis Schottland vor, konnten es aber nicht erobern. Kaiser Hadrian ließ ab 122 den nach ihm benannten Wall errichten, 209 bis 212 scheiterte ein letzter Eroberungsversuch. Ende des 4. Jahrhunderts setzte die Christianisierung ein und schon im 5. Jahrhundert begannen irisch-schottische Missionare halb Europa zum römischen Glauben zu bekehren.

In „Scotland's Story" schreibt Tom Steel (1984): „Seit der Vereinigung von Schottland und England im Jahre 1707 war der Anteil, den Schotten zum Wohlergehen und Fortschritt Britanniens beitrugen, überproportional hoch. Die meisten von ihnen bekannten sich mit Begeisterung zur neuen, gemeinsamen Nation und nannten sich ‚North Britons', doch leider haben sich die Engländer nie als ‚South Britons' betrachtet ... Ein Schotte ist zurecht empört, wenn Ausländer ihn als Engländer bezeichnen. Wenn schottische Sportler gut abschneiden, verweisen Presse und Fernsehen auf einen ‚britischen Erfolg'. Wenn Engländer siegen, sehen sie keinen Grund, dies zu verbergen..."
Kein Wunder, daß sich die große Mehrheit der Schotten als nicht wirklich gleichberechtigt mit den Engländern fühlt und davon überzeugt ist, daß sie von London aus nicht gut regiert wird. Als die Schotten am

1. März 1979 zu einem Volksentscheid über mehr Selbstbestimmung aufgerufen wurden, stimmten nur 33 Prozent dafür und gaben 36 Prozent keine Stimme ab. Auch am 18. September 2014 wählten 55,3 Prozent der Schotten für ihren Verbleib bei Großbritannien. Offensichtlich wollen sie „North Britons" bleiben – „for the time being" (vorläufig)...
Hier ein kleines Aufgebot berühmter Schotten: Oliver Cromwell, diktatorischer Königsmörder: James Watt, Weiterentwickler der Dampfmaschine: Graham Bell, Erfinder des Telefons: David Hume, Philosoph: Arthur Balfour, Premierminister: Ramsay McDonald, Premierminister: Douglas Haig, Feldmarschall im 1. Weltkrieg: Alexander Fleming, Entdecker des Penicillin: Jackie Stewart, dreimal Weltmeister in der Formel 1: Sean Connery, Filmschauspieler: Tony Blair, Premierminister.
Der amerikanische Historiker David Hoggan schreibt in „Das blinde Jahrhundert", 2. Teil: Ohne die schottischen Siedler in Amerika wäre die Sache George Washingtons unwiderruflich zum Scheitern verurteilt gewesen. Im Sinne der historischen Wahrheit wurde die amerikanische Unabhängigkeit tatsächlich aus Versehen durch den siegreichen englischen Feldherrn des 18. Jahrhunderts, Herzog von Cumberland, dank der englischen Artillerie gegen die unbesiegbar geltende schottische Infanterie 1746 bei Culloden gewonnen, woraufhin er den englischen Truppen befahl: „Stöbert jetzt die verwundeten Schotten auf und tötet sie."
Tatsächlich blieb das Vermächtnis schottischen Hasses auf alles, was englisch ist, so stark, daß er sich in späteren Jahren bei US-Präsidenten schottischer Herkunft wie Andrew Jackson (1829-1837) sehr deutlich bekundete. Ein anderer war James Polk (1845-1849), der Texas unter dem Vorwand annektierte, es könnten sich sonst die verhaßten englischen Imperialisten dieses Landes bemächtigen, ferner James Buchanan (1857-1861), der es wegen der Oregon-Krise fast zum Krieg gegen England ankommen ließ.

5) Lügenpropaganda gegen die Spanier

Mit „Leyenda Negra" (schwarze Legende) werden in Spanien die von Engländern verbreiteten Legenden und Greuelmärchen von Massakern bezeichnet, die vom 16. bis 19. Jahrhundert von spanischen Eroberern und Missionaren an 20 Millionen Eingeborenen in Süd- und Mittelamerika begangen worden sein sollen. Also frei nach Albions auch heute noch gültigem Motto: Je ehrloser, grausamer und blutrünstiger der Gegner dargestellt wird, um so größer die Verbrechen, die man diesem unterstellen, anlasten, und folglich ungestraft an ihm begehen kann.

Besonders die Berichte des englischen Geographen Richard Hakluyt (1552-1616) trugen dazu bei, Horrorgeschichten über die Spanier zu verbreiten und den Haß gegen sie zu schüren: „Wir müssen endlich lernen, das angebliche Heldentum dieser ‚Don Diegos' zu verachten, hinter dem sich in Wirklichkeit nur Prahlerei und Aufschneiderei verbergen. Welch himmelhoher Unterschied zwischen unseren Tugenden und den Lastern dieser Barbaren! Der Spanier ist eine Kreuzung von dreckigem Schwein, diebischer Hure und stolzem Pfau ... Freut euch, ihr Türken, Sarazenen, Tataren! Denn je schrecklicher die Grausamkeit der Spanier, umso geringer wird eure eigene erscheinen." Mit großer Freude bedienten sich englische Verbreiter der „Leyenda Negra" der Berichte des Dominikaners Bartolomé de Las Casas (1484-1566) über habgierige, grausame Conquistadoren und unschuldige Wilde, konnte doch Albion daraus sein Recht ableiten, spanische Besitzungen zu überfallen, spanische Siedlungen niederzubrennen und spanische Galeonen zu kapern.

Julián Juderías: „La leyenda negra y la verdad histórica", 1918; C.H. Haring: „The Buccaneers in the West Indies in the 17th Century", 1910; Juan Zaragoza: „Piraterias y agresiones de los ingleses en la América Española", 1883 Philip W. Powell: „Arbol de Odio", 1971.

Es gehörte viel Cant und Perfidie dazu, historische Tatsachen zu leugnen und durch Lügen zu ersetzen: Hätten spanische Korsaren und Piraten britische Kolonien in der Karibik und entlang der Küste Nordamerikas regelmäßig geplündert und niedergebrannt, Frachtschiffe gekapert, wären Englands Jeremiaden unüberhörbar gewesen. Tatsache ist, daß allein der Pirat Sir (!) Francis Drake – mit Freibrief der Königin Elisabeth I. ausgestattet – zwischen 1578 und 1586 Sto. Domingo, Cartagena und weitere spanische Häfen in der Karibik überfiel, spanische Galeonen kaperte und „for the pleasure of Her Majesty" ungeheure Mengen an Gold und Silber als Beute einfuhr. In jener Zeit waren außer Drake noch dreißig weitere britische Korsaren mit Kaperbriefen unterwegs: Sir (!) Walter Raleigh machte 1586 Guayana unsicher, Sir (!) Davis überfiel Coquimbo, Henry Morgan kreuzte (ohne Freibrief) vor Pánama, Bartholomew Sharp fiel über Concepción und Valparaiso her, John Coxon und Edward Cook machten Porto Belo unsicher. Kein Wunder, daß König Phillip II. zum Schutz der Handelsinteressen und Verkehrsrouten seines Weltreiches 1588 die unbesiegbare „Armada" – die bisher größte Flotte aller Zeiten – aufbot, um das räuberische Albion zu züchtigen und in seine Schranken zu weisen. Doch die mehr den Wetterunbilden als seemännischer

Überlegenheit der Briten zu verdankende Vernichtung der Armada des Habsburgerreiches, erzwang nicht nur eine militärische, sondern auch eine weltpolitische Neuausrichtung des „rey muy católico" Philip II.

6) Die geschlagene Armada und englische Korsare

Es ist an der Zeit, daß mit dem Märchen aufgeräumt wird, auf der Rückfahrt der geschlagenen Armada seien Tausende spanische Schiffbrüchige an der Küste Irlands von Landesbewohnern ausgeraubt und erschlagen worden. Der Amerikaner Garrett Mattingly schreibt in „The Armada" (1960): „Tausende von Spaniern müssen an der Küste ertrunken sein ... Das Schicksal derer, die an Land gelangten, war auch nicht besser ... Viele irrten umher, bis sie von Söldnerscharen gejagt und erschlagen oder von Iren, wenn auch widerstrebend, englischen Schergen ausgeliefert wurden ... Eine größere Anzahl Spanier ergab sich gegen das Versprechen, daß ihr Leben geschont werden würde. Später jedoch ... wurden sie auf ausdrücklichen Befehl des englischen Lord-Stellvertreters – Sir William Fitzwilliam – niedergemacht."

1595 herrschte erneut große Gefahr, als eine englische Expedition unter der Leitung der Korsaren Francis Drake und John Hawkins mit 27 Fregatten und 2500 Soldaten vor San Juan de Puerto Rico erschien, in dessen Hafen sich die spanische Goldflotte vor der Überquerung des Atlantiks versammelt hatte. Wohl gelang es den Engländern, mehrere spanische Fregatten in Brand zu schießen, doch verdankte Spanien an diesem Tag der Zielgenauigkeit seiner Küstenartillerie den Rückzug der Korsaren: Mit wenigen Salven hatte sie John Hawkins ausgeschaltet, die Kajüte Drakes getroffen, zwei seiner Offiziere und vierhundert englische Soldaten getötet. Erst 1655 gelang es einer vom englischen Lord Protector Oliver Cromwell (1599-1658) nach Westindien entsandten Flotte unter dem Befehl der Admirale Penn und Venables auf den Großen Antillen Fuß zu fassen. Wohl wurde ihre Landung auf der Insel Santo Domingo zurückgeschlagen, gelang aber auf Jamaika, die von den Engländern zu einem regelrechten Seeräubernest ausgebaut wurde.

Knapp einhundert Jahre später fühlt sich Albion stark genug, die Spanier in Nova Granada – auf dem südamerikanischen Festland – anzugreifen. Die Schlacht um Cartagena (heute Kolumbien) beginnt am 13. März 1741: Die britische Flotte unter Admiral Edward

Vernon greift mit 186 Schiffen, 23.600 Mann an Matrosen, britischen Soldaten, bewaffneten schwarzen Sklaven aus Jamaika, und 4000 Mann nordamerikanischer Miliz unter General Lawrence Washington (Halbbruder des George) an. Der spanische Admiral Blas de Lezo verfügt über 6 Kriegsschiffe, 500 reguläre Soldaten, 2500 wehrfähige Kolonisten sowie 600 indianische Hiwis. Blas de Lezo wird von den Spaniern „der halbe Mann" genannt, denn 22 Seeschlachten haben ihm das linke Bein, das linke Auge und die Fähigkeit gekostet, den rechten Arm einzusetzen. 16 Tage lang liegen Stadt und Festung Cartagena unter Dauerbeschuß der Schiffsartillerie. Die Spanier haben ihre Schiffe vor der Hafeneinfahrt versenkt, um diese zu sperren. Ungehindert kann Vernon seine Soldaten an Land setzen und die Stadt besetzen. Danach entsendet er eine Fregatte nach London mit der Siegesmeldung. Nur noch im Fort San Felipe leisten etwa 600 Spanier unter Blas de Lezo Widerstand. In der Nacht zum 20. April befiehlt Admiral Vernon General Woork den Sturmangriff auf das Fort, doch dieser mißlingt. Mit letzter Kraft wagen die Verteidiger einen Ausfall, der die Engländer auf ihre Schiffe zurückjagt. Noch einen Monat lang läßt Vernon Stadt und Befestigungen beschießen, doch umsonst. Am 20. Mai läßt er seine Flotte die Segel setzen und befiehlt den Rückzug. Doch diesmal überlebte Blas de Lezo seine erlittenen schweren Verwundungen nicht.

In London hatte man schon Siegesmedaillen prägen lassen: „The forts of Cartagena destroyed by Admiral Vernon" und „They took Cartagena 1741". Besonders peinlich wirkte die Medaille mit dem Bild des knienden (unversehrten) Blas de Lezo mit der Inschrift: „The pride of Spain humbled by Admiral Vernon" (Spaniens Stolz wird von Admiral Vernon gedemütigt).

Die auch heute noch in Wort, Schrift und von Hollywood weltweit verbreitete „Leyenda Negra" hat dazu geführt, daß man auch in Spanien sowohl Englands Helden und Schurken als auch dessen historische Sicht und Vorurteile geerbt hat. Umerzogene Spanier und Lateinamerikaner freuen sich über die Heldentaten englischer Piraten, die spanische Galeonen kapern, spanische Offiziere mit dem Degen durchbohren und feurige Señoritas entführen. Sie haben vergessen – wie die meisten anderen Europäer auch – daß erst durch Spaniens Endsieg über die Mauren 1492 bei Granada und den Sieg der spanischen Flotte unter Don Juan de Austria über die Osmanen 1571 bei der Seeschlacht von Lepanto die Gefahr einer islamischen Invasion von Westen her endgültig ausgeschaltet wurde.

7) Englische Hilfe für Simón Bolívar?

Salvador de Madariaga schreibt in seiner Biographie des südamerikanischen Freiheitshelden „Simón Bolívar“ (1783-1830), dieser sei 1806 in Paris als Freimaurer aufgenommen worden. Dies mag einige seiner großen Erfolge erklären. Madariaga schreibt, das Angebot Bolívars sei so großmütig gewesen, daß der spanische Oberst Pereira am 4. Juni 1821 der Kapitulation zustimmte. „Am 24. Juni nahmen in Cartagena (Venezuela) die meisten Offiziere an einem Freimaurerfest teil. Den Juli über war San Martín – ebenfalls ein Freiheitsheld – damit beschäftigt, die Unterstützung der Geheimbünde zu gewinnen. Kurz vor der Schlacht am Maipo hatte man in Valparaiso (Chile) die Fregatte ‚Windham‘ in ‚Lautaro‘ umgetauft – weniger zu Ehren des Araukanerhäuptlings gleichen Namens als der Lautaro-Loge, die insgeheim das politische Leben in Nord- und Südamerika beherrschte. Wie es häufig vorkam, kämpften alle Männer als Patrioten, doch war nicht ganz klar, welche ihre Patria war.“ 1822 erließ Simón Bolívar folgende Proklamation an seine Soldaten: „Die kolumbianische Garde richtet ihre Schritte zum uralten Tempel des Vaters des Lichtes. Hoffet und vertrauet! Bald werdet ihr sehen, wie der Regenbogen dem Engel des Sieges auf dem Fuße folgt.“
Organisation, Leistungsfähigkeit und Reichtum des spanischen Reiches in Amerika seien in bester Verfassung gewesen, als die Revolution der Separatisten 1810 begann. Der Bürgerkrieg, den diese Revolution auf dem ganzen Kontinent entfesselte, führte zum Zusammenbruch der Staatsgewalt und zum Versiegen fast aller Quellen des Reichtums. Bolívar war kein Wirtschaftsfachmann. So befanden sich Bergwerke, die dreihundert Jahre lang nicht nur dem spanischen Haushalt, sondern zum Beispiel Peru so viel Reichtum beschert hatten, in beklagenswertem Zustand, weil es an Kapital und Fachleuten mangelte. Bolívar befahl, die verlassenen, abgesoffenen, eingestürzten Gruben samt Ländereien und sonstigen Einkommensquellen dem Staat zu übergeben und zur Abgeltung der Staatsschuld an die Engländer zu verkaufen. Auf diese Weise verkaufte Spanisch-Amerika, das zur spanischen Zeit reich gewesen war, brüderlich seine wirtschaftliche Unabhängigkeit, sobald seine politische Unabhängigkeit ihm das gestattete.

8) England beliefert Kuba mit Sklaven

In seinem Buch „Cuba“ beschreibt Jean Lamore (1970) den nicht ganz sanften Übergang Kubas von der spanischen zur britischen und schließlich zur amerikanischen Herrschaft. Die von Christoph Kolumbus 1492 „entdeckte" Zuckerinsel wurde 1511 von den Spaniern in Besitz genommen. Auf Grund des immer stärkeren Hungers nach Zucker in Europa, entwickelte sich Kuba zur reichsten spanischen Besitzung in den Großen Antillen und die Hauptstadt Havanna wurde zur größten Festung Amerikas ausgebaut. 1762 schloß der spanische Gouverneur einen Vertrag (unter Brüdern?) mit den Engländern für die Lieferung von zehntausend afrikanischen Sklaven. Bis 1863 waren es insgesamt 816.000 „Stück".

9) Englische „Hilfe" für Portugal

Sklaventransport in Afrika, aneinander gebunden mit Wachpersonal

Die Umwandlung des einst die Weltmeere beherrschenden Portugals in ein englisches Protektorat begann im Jahre 1642, als König João IV., aus Furcht vor den Spaniern sich und sein Königreich unter die Schutzherrschaft Englands begab: Ein Zustand, der bis zum Ende des 19. Jahrhunderts andauern sollte. 1653 mußte sich João IV. dem protestantischen Königsmörder und Diktator Oliver Cromwell fügen und fortan waren die Engländer in Brasilien, Angola und portugiesisch Indien gleichberechtigte Partner. Als Ende des 17. Jahrhunderts in Brasilien größere Lagerstätten von Gold, Smaragden und Diamanten entdeckt wurden, bestimmte Albion, wie der Thronfolger König João V. mit den Reichtümern seines Landes umzugehen hatte. Obwohl es sich am Beginn der Napoleonischen Kriege neutral erklärte, blieb Portugal ein Instrument Englands und nahmen ihm die Franzosen zweihundert Schiffe weg. 1801 befahl

Napoleon den besiegten Spaniern, Portugal den Krieg zu erklären. Als sie einmarschierten, baten die Portugiesen England um Hilfe, doch Albion rührte sich nicht. Der portugiesische Botschafter in London, Conde de Pombeiro, schreibt: „Keinerlei Hilfsmaßnahmen zur Rettung Portugals geplant, keine Truppen werden entsandt, mit Geld wird geknausert. England ist aus dem Haß der Völker entstanden und die Sympathie aller Völker wendet sich jetzt den Franzosen zu."
In „História de Portugal" beschreibt Oliveira Martins (1879) den Niedergang Portugals: „...1807 diktierte Napoleon den Spaniern den Frieden von Fontainebleau und Maréchal Junot durchquerte Spanien, um Portugal zu besetzen. Jetzt erst beschlossen die Engländer uns zu ‚helfen', indem sie Madeira besetzten und ihrer ‚East India Company' den Befehl gaben, sich unserer indischen Kolonie Goa zu bemächtigen ... 1808 landeten die britischen Generäle Spencer und Wellesley mit 22.000 Soldaten, denen sich der portugiesische General Bernardino Freire mit 9.000 Mann anschloß. Bei Vimeiro wurden die Franzosen geschlagen, in Sintra kapitulierte Junot vor den Engländern. General Freire wurde weder nach den portugiesischen Bedingungen gefragt, noch eingeladen, seine Unterschrift unter die Kapitulationsurkunde der Franzosen zu setzen ... Beresford wurde neuer britischer Oberbefehlshaber in Portugal, ihm unterstanden auch die 60.000 portugiesischen Soldaten. Seine und auch Wellingtons Strategie bestand nicht darin, Portugal zu verteidigen, sondern Napoleons Soldaten in Spanien mit Hilfe portugiesischer Soldaten zu schlagen. Die Engländer fühlten sich wie zu Hause und verursachten größere Schäden als die Franzosen ... Sie brachten den Regenten João VI., der sich nach Brasilien abgesetzt hatte, dazu, ihnen die brasilianischen Häfen zu öffnen..."

Oliveira Martins beendet sein Geschichtswerk mit der Erkenntnis, daß sechzig Jahre britischer Oberherrschaft genügten, um die „decomposição [Zersetzung] nacional do Portugal" herbeizuführen.
Zu Beginn des 1. Weltkriegs blieb Portugal neutral. Seine afrikanischen Kolonien Angola und Moçambique standen unter britischem Schutz gegen einen allfälligen Einmarsch deutscher Kolonialtruppen. Diese Abhängigkeit nützte England, um die Portugiesen zu erpressen, ihrerseits gegen Deutschland vorzugehen. Anfang 1915 beschlagnahmte Portugal alle deutschen und österreichischen Schiffe, die sich in seinen Häfen und Gewässern befanden; woraufhin die deutsche und österreichische Kriegserklärungen erfolgten. 1916 verschärfte Albion den Druck und sah sich Portugal genötigt, Anfang 1917 ein erstes Expeditionskorps unter britischem Befehl an die Westfront nach Flandern zu entsenden. Im Laufe der kommenden Monate wuchs das

portugiesische Kontingent auf 60.000 Mann an. Im April 1918 kam es zu Meutereien, desertierten massenweise Soldaten des „Corpo Expedicionário Português" oder ergaben sich deutschen Einheiten. Der Rest des Korps wurde aufgelöst. Die Bilanz des CEP konnte sich sehen lassen: 14.000 Mann Verluste. Bei den Pariser Vorortverträgen wurden der „Siegermacht" Portugal sechs alte, ausrangierte Kanonenboote der K.u.K. Kriegsflotte überlassen.

10) Britisches Kapital kontrolliert Brasilien

Die Küste Brasiliens war 1500 vom portugiesischen Seefahrer Pedro Álvares Cabral rein zufällig entdeckt worden, als seine im Südatlantik auf dem Weg nach Indien segelnde Flotte zu weit nach Südwesten abgedriftet war. 1503 rüstete König Manuel I. eine zweite Expedition aus, die unter dem Befehl von Gonçalo Coelho das Landesinnere Brasiliens erforschen sollte. Als dieser nach seiner Rückkehr dem König meldete, er hätte dort weder Gold noch Edelsteine gefunden, übertrug dieser das gesamte Land dem Händler Fernão de Noronha „e outros cristãos novos" (zum Christentum übergetretenen Juden). Auch die holländische „Vereenigte Oostindische Compagnie" soll von jüdischen „cristãos novos" mit sieben Millionen Gulden finanziert worden sein, berichtet Professor Joaquim Silva in seiner 1948 verfaßten „História do Brasil", einem für die dritte Klasse Gymnasium herausgegebenen Lehrbuch für Geschichte. Britisches Kapital und britische Freimaurerei hätten daraufhin die Kontrolle über das riesige Land: „...Anfang des 17. Jahrhunderts kontrollierten britische Piraten und britisches Kapital die portugiesischen Niederlassungen entlang der brasilianischen Küste, begannen die Bewohner auszurauben, die Warenlager zu plündern und die Siedlungen niederzubrennen. Zu den damals bekanntesten Piraten zählten Thomas Cavendish, Lancaster und Werner ... Im 18. Jahrhundert hatte sich England in den ‚Banco de Portugal' verwandelt: In London nahm man drei Prozent und in Lissabon borgte man gegen zehn Prozent. Die brasilianische Handelsflotte fährt zwar unter dem Wimpel der ‚Companhia de Comércio', gehört aber faktisch englischen Reedern, die im Verlauf von sechzig Jahren ‚2 bilhões e 400 milhões francos de oro' (2,4 Milliarden Goldfranken) aus Brasilien herausgepreßt haben."

11) Nieder mit den Niederlanden!

Pech für die Niederländer, daß ihre Handelsinteressen und Außenpolitik den englischen auf's Haar glichen und dem Perfiden Albion deshalb im Weg standen. Nach der englischen Devise, daß jeder Schluck Wasser, das salzig schmeckt, „must be British", berief sich England auf seine Devise „Dieu et mon Droit" und damit auf gottgewolltes Vorrecht auf jedem Weltmeer, jeder Insel und jeder Küste. So kam es, daß das „House of Lords" (Oberhaus) König Charles II. (1660-1685) eine aggressive Seemachtpolitik empfahl, denn diese sei „der Weg, den Ihre Majestät zur Ausbreitung der Weltherrschaft Englands beschreiten müsse ... denn der Welthandel reicht nicht für zwei Weltmächte, eine von beiden muß untergehen." Von den Ursachen und Folgen des britisch-niederländischen Krieges berichtet Robert Rebitsch in „Die englisch-niederländischen Seekriege", 2014.

König Charles II. in einem Brief an seine Schwester Henrietta, Königin von Frankreich: „Ich glaube, daß es außer mir keinen Engländer gibt, der nicht aus ganzem Herzen den Krieg gegen ‚the Dutch' herbeisehnt."

Auch Samuel Pepys (1633-1703), Organisator der Englischen Flotte, meint, „daß die öffentliche Meinung den Krieg gegen ‚the Dutch' fordert. Unsere Vorbereitungen sind gewaltig, und genau so gewaltig sind unsere Provokationen gegen ‚the Dutch'. Trotz allem fürchten wir uns vor ihnen genau so wie wir sie vorher verachteten ...
Im Vertrag von Dover (1670) erklärte sich König Charles II. gegenüber Frankreichs Sonnenkönig Louis XIV. bereit, für einen Betrag von 150.000 Pfund Katholik zu werden und im Gegenzug für die jährlich Zahlung von 250.000 Pfund für die Ausrüstung der englischen Flotte, den Niederlanden den Krieg zu erklären. Louis und Charles gelang es tatsächlich, ihre aggressiven Absichten gegenüber den Niederlanden geschickt zu verbergen. Auf das diplomatische Desaster folgte aber das militärische..."

12) Der Opiumkrieg gegen China

1783 hatte Warren Hastings, britischer Vizekönig in Indien, mit unnachahmlicher Perfidie erklärt: „Opium ist ein sehr gesundheitsschädlicher Luxusartikel, mit dem kein Handel betrieben werden sollte, es sei denn, dies geschehe im Interesse der britischen Opium-Produzenten in Indien."
Im 12. Jahrhundert hieß die Großfamilie Sassoon noch Schoschan, lebte in Spanien und finanzierte drei Jahrhunderte von Toledo aus Kriegszüge maurischer Fürsten gegen die westgotischen Könige. Als die Juden Ende des 15. Jahrhunderts aus Spanien vertrieben wurden, zog die Familie nach Bagdad, eröffnete David Schoschan eine Bank und wurde

Finanzminister des Osmanischen Reiches. Ein späterer David, jetzt schon Sassoon, wurde 1792 in Bagdad geboren, arbeitete eine zeitlang für eine Bank in Basrah und kam 1832 nach Bombay, wo er sich als Opiumhändler niederließ, britischer Staatsbürger wurde, die Firma David Sassoon & Co. gründete, Filialen in Kalkutta, Shanghai, Kanton, Singapur eröffnete und 1864 verstarb. Als Opiumhändler erzielte Sassoon & Co. sagenhafte Gewinne. Doch weil die chinesische Regierung 1840 zum Schutz ihrer Bürger den weiteren Import von Opium verbot und große Mengen des in Kanton lagernden Opiums von Sassoon &. Co. beschlagnahmte, erklärte England China den Krieg. Die Engländer gingen äußerst brutal vor; ganze Städte, Klöster und Tempel wurden geplündert und niedergebrannt. Als Kriegsgrund hatte Albion die Mißachtung Chinas vor Englands Prestige, Flagge und Eigentum einer englischen Firma angegeben. Da Albion siegte, mußte China an Sassoon & Co. Wiedergutmachung leisten und weiterhin Opium von den Sassoons importieren, die das Monopol für den Export nach China besaßen. Kein Wunder, daß die Sassoon-Dynastie auf Grund ihrer Geschäftserfolge – gleich nach den Rothschilds – zur zweiteinflußreichsten jüdischen Familie in England aufstieg und Sir Edward Sassoon, geboren 1856 in Bombay, die Tochter des Barons Gustave de Rothschild heirate. Der von Sassoon & Co. geförderte Tod von Millionen Chinesen hatte sich wahrlich ausgezahlt.

David Sassoon (1792-1864) zeugte nach seiner Flucht aus Bagdad 13 Kinder und erwirbt mit Textil- und dann Opiumhandel in Bombay ein riesiges Vermögen

13) Der Burenkrieg in Südafrika

Im 1940 erschienenen deutschen Dokumentarwerk „Englische Humanität im Burenkrieg" ist der Bericht enthalten, den der Abgeordnete

Zeitgenössische Darstellung einer „Opiumhöhle" in China

Dillon am 26. Februar 1901 im Unterhaus über den Geheimbefehl erstattete, den der Oberbefehlshaber Lord Kitchener an die britischen Truppen erteilte, keine Gefangenen zu machen. Hier ein Auszug aus Dillons Rede: „...Nun, meine Herren, gehe ich zu einer anderen Seite des Krieges über, nämlich die gegen Lord Kitchener erhobene Anklage. Ich behaupte, das vorhandene Material genügt, um eine sofortige eingehende Untersuchung von Ihnen zu verlangen. Was besagt diese Anklage? Sie besagt, daß Lord Kitchener in Transvaal kürzlich das wiederholt hat, was er am Vorabend von Omdurman [der Schlacht gegen den Aufstand des Mahdi im Sudan] getan haben soll, nämlich, daß er seinen Offizieren den Geheimbefehl erteilte, keine Gefangenen zu machen ... Ich behaupte, daß das Beweismaterial für die Anklage genügt, es beruht auf Briefen von Soldaten, deren Namen ich bekanntgeben werde ... Der Inhalt dieses Geheimbefehls wurde von einem Offizier zuerst im ‚Freeman's Journal' (Dublin) bekanntgemacht, danach von Mr. Stead, Herausgeber der Zeitschrift ‚Review of Reviews', publiziert.
Hier ein Auszug: ‚Die Befehle Lord Kitcheners lauten dahin, daß man alle Vorräte der Buren verbrenne; Vieh und Pferde wegnehme und keine Lebensmittel für die Bewohner zurücklasse. Dies bezieht sich auch auf Häuser, die nur von Frauen und Kindern bewohnt sind. Weiter, daß keine Gefangenen gemacht werden sollen, d.h. alle Männer erschossen werden sollen ... Ich glaube nicht, daß alle Soldaten oder jüngeren Offiziere die Befehle ihrer Vorgesetzten in die Tat umsetzen werden; aber unter diesem Regime werden alle möglichen Schandtaten verübt.'

Es folgen zwei weitere Beweisstücke: Erstens ein Brief des Soldaten William Clyne vom Liverpool Regiment, der im ‚Liverpool Courier' erschien: ‚Lord Kitchener hat Befehl ergehen lassen, daß kein Soldat einen Buren als Gefangenen einbringen darf...'
Burengeneral De Wet ließ durch Boten General Knox um einen Waffenstillstand bitten, doch Kitchener befahl General Knox, die Beschießung fortzusetzen ... Es folgt ein Brief des Soldaten John Harries vom Royal Welsh Regiment, der im ‚Wolverhampton Express and Star' erschien: ‚Wir machen keine Gefangenen, zufällig waren noch ein paar verwundete Buren übrig. Denen haben wir's gegeben! Jeder ist umgebracht worden'."
Und hier der Brief, den der Präsident des Oranje-Freistaates M. T. Stejn am 15. August 1901 dem britischen Oberbefehlshaber Lord Kitchener sandte: „...Was die 74.000 Frauen und Kinder betrifft, von denen Ew. Exz. behauptet, daß sie in Lagern versorgt werden, so scheint mir, daß Sie gar nicht wissen, auf welch scheußliche Weise diese armen wehrlosen Geschöpfe von Ew. Exz. Truppen aus ihren Häusern verschleppt werden, während ihr Hab und Gut vernichtet wird ... Ebensowenig scheint mir Ew. Exz. zu wissen, daß Ihre Truppen sich nicht geschämt haben, auf diese hilflosen Wesen, wenn sie mit ihren Wagen oder zu Fuß flohen, während IhreTruppen wußten, daß sie nur Frauen und Kinder vor sich hatten, mit Gewehren und Geschützen zu schießen, wodurch manche Frauen und Kinder getötet oder verwundet wurden. Dies ist am 6. Juni in Graspan geschehen, wo, als ein Frauenlager von Ihren Truppen gefangengenommen und von uns wieder befreit wurde, Ihre Truppen hinter den Frauen Deckung suchten und, als Verstärkung kam, mit Geschützen und Gewehren das Feuer auf sie eröffneten ... Ich könnte Hunderte solcher Fälle anführen, halte es aber nicht für nötig, denn Ew. Exz. braucht nur den erstbesten und nur einigermaßen wahrheitsliebenden Soldaten darüber zu befragen. Zu behaupten, daß Frauen und Kinder freiwillig in den Lagern verweilen, weil sich die Buren geweigert hätten, für den Unterhalt ihrer Frauen und Kinder zu sorgen, wie es der englische Kriegsminister kürzlich im Parlament behauptete, ist nichts weiter als eine infame Verleumdung..."
Recht aufschlußreich ist das Verhalten von Englands dauerregierenden Königin Elisabeth II. gegenüber ehemaligen britischen Kolonien gewesen. Anläßlich ihrer häufigen Staatsbesuche fand sie es – wenn auch sehr verspätet – moralisch rechtens und politisch korrekt, sich in Neuseeland für das Massaker an den Maori, in Kenya für das Massaker an den Kikuyu, in Südafrika für das Massaker an den Zulu, nicht jedoch in Südafrika für das Verrecken lassen weißer Burenfrauen und -kinder in britischen Konzentrationslagern zu entschuldigen.

14) Irland in Not

Das Unheil kam aus unheiterem Himmel: Den ganzen Juli 1845 hatte es geregnet; im August wurde in Südengland und Irland ein Brandbefall der Kartoffeln festgestellt. Premierminister Robert Peel setzte eine Kommission ein, die nicht erkannte, daß Brand ein Pilzbefall ist, und deshalb falsche Gegenmaßnahmen empfahl ... Auf Grund der bestehenden „corn laws“ (Verbot von Importen irischen Getreides zum Schutz englischer Produzenten) und der Weigerung der englischen „landed gentry“ (Großgrundbesitzer), mehr als die Hälfte der Kosten für Hilfsmaßnahmen zu tragen, brach Panik aus. Hungrige Banden durchstreiften das Land. Im Februar 1846 wurde der Höhepunkt der Krise erreicht: Atlantikstürme peitschten über die schneebedeckte Insel. Eine Typhusepidemie brach aus, Hunderttausende erkrankten an Ruhr, weil sie sich von rohen Rüben und Seetang ernährt hatten. Als der Sommer anbrach, machten sich Massen auf den Weg zu den Häfen, um eine Möglichkeit zu ergattern, die grüne Insel auf sogenannten „Sargschiffen“ zu verlassen. Die irische Auswanderungswelle hielt die nächsten Jahre an. 1851 war die Zahl der Iren nach fünf Jahren auf 6½ Millionen gesunken. Eine Million war verhungert, eine weitere Million ausgewandert. Der tiefe Groll, den die Iren seit der „great potato famine“ gegen das perfide Albion hegen, ist seither kaum geringer geworden.

In „The Course of Irish History“, 1967, berichten T. W. Moody und F. X. Martin von der „great potato famine“ der Jahre 1843-1847: „Unser übermächtiger Nachbar hatte uns in frühen Jahren die Freiheit genommen, die Eroberung aber nur halb vollzogen. Es kam zu Religionskriegen, in denen die englischen Herrscher obsiegten und sich der Protestantismus nach 1688 endgültig durchsetzte. In der Folge wurden auch in Irland die katholischen Landbesitzer von protestantischen Adelsfamilien enteignet und vertrieben; das Volk jedoch blieb sowohl seinem keltischen Erbe als auch der römischen Kirche treu. Der Übergang vom Hirtenvolk zum Bauernvolk führte in Irland zu wachsendem Wohlstand und schnell zunehmender Bevölkerung.

Ein Grund dafür war der landesweite Übergang zur Ernährung von Kartoffeln. Zählte Irland 1800 etwa fünf Millionen Einwohner, waren es 1841 schon über acht Millionen. Zwei Drittel von ihnen lebten von der Landwirtschaft und fast die Gesamtheit der irischen Bevölkerung war von der Kartoffel abhängig. Als der schlimmste Winter seit Menschengedenken hereinbrach, waren die Scheunen leer und brach.“

Im deutschen Dokumentarwerk „Britische Humanität“ steht in Bezug auf Irland:
„Im August 1914 stand Irland am Abgrund des Bürgerkrieges. Das Land führte den Kampf um die sogenannte ‚Homerule‘ (Selbstbestimmung), der damals auf seinem Gipfelpunkt stand. Die englische Regierung Asquith hatte ‚Homerule‘ gewährt, aber mit so vielen Hypotheken belastet, daß sie für Irland unannehmbar war ... In der Folge kam es zum Osteraufstand der sogenannten ‚Sinnfeiner‘ im Jahre 1916, der von England mit brutaler Gewalt niedergeschlagen wurde. Alle Anführer wurden erschossen, der oberste, Sir Roger Casement, zum erschreckenden Exempel gehenkt. Er hatte verlangt, in Irland vor Gericht gestellt zu werden, doch sein Ansuchen wurde abgewiesen, denn es gab nur ein einziges Gesetz, nach welchem er zum Tode verurteilt werden konnte: Ein altes normannisch-französisches Statut aus der Zeit, da die Könige von England zugleich Könige von Frankreich waren.

Hier ein Auszug der Rede, die er nach seiner Verurteilung hielt: ‚...Irland erlebt, wie seine Söhne und Töchter von Generation zu Generation immer für dieselbe Sache gelitten haben, immer von demselben Schicksal betroffen wurden, und immer kamen Leiden und Schicksal aus den Händen der gleichen Macht; und immer wieder stand eine neue Generation auf zum Widerstand gegen die Unterdrückung. Und wenn auch die englische Autorität allmächtig sein mag – eine Macht, die, wie (Premierminister) Gladstone prahlte, bis an das Ende der Erde reicht – übersteigen Irlands Hoffnungen doch die Ausmaße dieser Macht ... Die Sache, die diesen unbezähmbaren Widerstand erzeugt, die Fähigkeit, durch Jahrhunderte des Elends die Erinnerung an die verlorene Freiheit zu bewahren, ist wahrlich die edelste Sache, für die Männer je gekämpft haben und gestorben sind. Wenn dies die Sache ist, für die ich heute als Angeklagter hier stehe, dann befinde ich mich in guter Gesellschaft und werde edle Nachfolger haben.“

15) England erobert Nordamerika

1885 erschien das Standardwerk über die Geschichte Nordamerikas „France and England in North America“ (in 2 Bänden) des amerikanischen Historikers Francis Parkman (1823-93). 1983 erlebte es die 20. Auflage.
„Englischer Pionier des abscheulichen atlantischen Sklavenhandels war John Hawkins, der nach seinen karibischen Seeraubzügen der Jahre1564 und 1565 zum ‚Sir‘ geadelt wurde. Dies stellte ihn auf die gleiche Stufe wie Francis Drake, ‚a man borne for the honour of the English

name' (ein Mann, geboren zu Ehren von Englands Namen) ...‚As for the abject humanity stowed between the reeking decks, they were merely in his eyes so many black cattle tethered for the market' (und die unter Deck verstaute, elende, stinkende, menschliche Fracht war in seinen Augen nichts anderes, als gefesseltes schwarzes Vieh, das für den Markt bestimmt war)."

Im August 1619 ankerte erstmals an der amerikanischen Ostküste ein Schiff mit einer Ladung afrikanischer Sklaven in Jamestown (Virginia) und verkaufte zwanzig „Stück". Einhundert Jahre später hatte sich der Sklavenhandel zu einem der einträglichsten Wirtschaftszweige entwickelt. Um 1800 lebten auf den französischen Besitzungen Saint Domingue (Haiti) und Gouadeloupe etwa 640.000, auf den britischen Karibikinseln Jamaica, Barbados und Trinidad an die 520.000 afrikanische Sklaven. In den Jahren 1600 bis 1800 verfügte Albion über die größten Flotten von Sklavenschiffen und importierte für die Fronarbeit auf englischen Zucker-, Tabak- und Kaffeeplantagen insgesamt 1,7 Millionen Sklaven aus Afrika. Erst mit der Französischen Revolution kam es im Zuge der Anerkennung allgemeiner Bürger- und Menschenrechte zur Ächtung des Sklavenhandels und beschlossen England 1807, Frankreich 1815, diesen zu verbieten.
1613, mitten im Frieden, befiehlt Thomas Dale, Gouverneur der englischen Kolonie Virginia, die französischen Siedler aus allen Gebieten Nordamerikas zu vertreiben „and to wipe off all stain of French intrusion" (und von allen Verunreinigungen durch französische Einmischung zu befreien), dessen vollständiger Besitz König Jakob I. (1603-25) für seine Krone erstrebt. Als Begründung für seine Ansprüche gibt King James an, die Entdeckung Nordamerikas durch den Engländer John Cabot verleihe ihm das Recht auf den Besitz des gesamten Halbkontinentes. Wußte denn, oder wollte der Cant-beflissene gute Jakob nicht wissen, daß sich hinter John Cabot kein Engländer, sondern der berühmte venezianische Seefahrer in englischen Diensten Giovanni Caboto verbarg? Und daß Samuel de Champlain (1567-1635, erster Gouverneur de la Nouvelle France in Nordamerika), schon 1604 den Hafen Port Royal in der Acadie (Name der französisch besiedelten Gebiete an der Atlantikküste, heute New Brunswick, Nova Scotia, Maine) und 1608 das Fort Québec am St. Lorenzstrom errichtet hatte?
Unter dem Befehl Captain Argalls erscheinen drei mit englischen Soldaten bemannte Schiffe vor der Küste der Acadie. Die Siedlungen Mont Désert, Ile Ste. Croix und De Monts werden niedergebrannt, in Port Royal werden in den Ställen alle Rinder und Schafe geschlachtet, die Häuser geplündert und zerstört. Den meisten Siedlern gelingt

die Flucht in die umliegenden Wälder, einige katholische Priester und zahlreiche französische Siedler werden als Gefangene an Bord genommen und nach Virginia entführt. Port Royal sollte bald darauf von den nach und nach zurückkehrenden Acadiens und neuen Siedlern wieder aufgebaut werden.
Hundertvierzig Jahre später: Der Plan, den der Herzog von Cumberland, dritter Sohn des englischen Königs Georg II., mit Generalmajor Braddock und William Shirley, Gouverneur der britischen Provinz Massachusetts 1749 entworfen hatte, sah vier Angriffe auf die französischen Befestigungen in Kanada vor, mit dem Ziel, die Franzosen endgültig aus Kanada zu vertreiben. Als erstes sollte ein Angriff auf das Fort Beauséjour erfolgen. Die Franzosen waren gewarnt: Schon zuvor hatte Marquis de Duquesnes, Gouverneur von Kanada, seinerseits Vorkehrungen für einen Angriff auf die Engländer getroffen. 1754 gelingt es Oberstleutnant Monckton, die Garnison von Beauséjour zu überraschen und diesen Stützpunkt zu besetzen. Danach beschließt er, alle französischen Bewohner aus dieser Provinz zu vertreiben. Er befiehlt seinen Soldaten, aus allen Siedlungen die Männer nach Beauséjour zu treiben, doch die meisten können entkommen. Die restlichen 2110 französischen Männer sowie ungefähr 4000 Frauen und Kinder werden im November und Dezember 1755 auf neun Schiffe verladen. Einigen gelingt es, die englischen Bemannungen auszuschalten und die kanadische Küste zu erreichen, alle übrigen Gefangenen werden auf das englische Massachusetts, New York und Georgia verstreut aufgeteilt. Insgesamt verschleppen die Engländer verschleppen 18.000 Acadiennes und Acadiens in die New England-Kolonien. Von hier aus werden viele von ihnen versuchen, auf dem Landweg die französische Kolonie Lousiane am Golf von Mexiko zu erreichen.

16) Das Schicksal der Indianer und Frankokanadier

Der Frankokanadier Michel Brulé schrieb 2010 die Anklageschrift „Anglaid" („laid" bedeutet auf Französisch „häßlich") In der deutschen Fassung lautet der Titel: „Die Englische Verdrengung" (sic!).
„Um das Jahr 1500 betrug die indianische Bevölkerung Nordamerikas – je nach Quelle – zwischen 2,4 und 18 Millionen ... Eine Volkszählung im Jahre 2010 ergab für Nordamerika 2,9 Millionen Indianer reiner und 2,2 Millionen gemischter Rasse. Die Ursache für diesen Millionenschwund waren die Gewalt und Rücksichtslosigkeit der britischen Kolonisten gegenüber den Eingeborenen. General Sheridan predigte, daß nur ein toter Indianer ein guter Indianer sei ... Auf die Frankokanadier blickten die ‚Anglos' herab. Lord Durham, britischer Kolonialverwalter

in Kanada, bekennt 1838: ‚Ich kenne keine nationalen Merkmale, die eine derart hoffnungslose Minderwertigkeit kennzeichnen und fortpflanzen, wie die franko-kanadische. Man kann sich kaum ein Volk vorstellen, das ärmer an allem ist, was ein Volk beleben und erheben kann, als die Nachfahren der Franzosen in Kanada, denn sie haben ihre Sprache und besonderen Bräuche beibehalten'..."
Der schottische Dichter John Davidson (1857-1909) schrieb 1908 in sein Testament: „Der Engländer ist ein Übermensch, und die Geschichte Englands ist die Geschichte seiner Machtausdehnung." Albions Hybris spiegelt sich auch in der Überzeugung wider, der englischen Sprache gehöre die Welt. Am 21. November 2001 leitartikelte „The Guardian", die einfachste, billigste und wirtschaftlichste Lösung sämtlicher Probleme wäre es, wenn alle Völker der Welt die englische Sprache übernähmen. Übergangen wurde die im „The World Factbook" erwähnte Tatsache, daß nur 4,68 Prozent der Weltbevölkerung Englisch als Muttersprache sprechen.

17) Die Indianer Nordamerikas

Der deutsche Völkerkundler Elmar Engel weist in „Blackfoot, Cree, and Mohawk" (1993) auf die Wahrscheinlichkeit hin, daß es unter französischer Herrschaft zu keinem Völkermord an den Indianern Nordamerikas gekommen wäre.
Nach dem Friedensvertrag von Paris mußte Ludwig XV. 1763 Kanada an England abtreten: „Im Bereich der Großen Seen ziehen für die Indianerstämme nach dem Abzug der Franzosen Sturmwolken auf. Sie haben Mühe, sich auf den neuen Partner - den Engländer - einzustellen. Es weht ein rauherer ökonomischer Wind. Vordem räumten die französischen Händler den Indianern im Sommer oder Herbst einen Warenkredit ein, den die Indianer dann am Ende der Fang- und Jagdsaison im Frühjahr ablösten. Den Rum bekommen die Indianer jetzt kostenlos. Der erwünschte Nebeneffekt tritt ein, daß die Indianer von den Gütern des weißen Mannes abhängig werden. Wenn die Lieferungen länger ausbleiben, machen sich Not und Elend breit. Zwei, drei Generationen unter dem Einfluß der weißen Händler haben genügt, viele der alten Künste und Fertigkeiten zu vergessen; wie das Schlagen und Schleifen von Steinwerkzeugen, die Herstellung von Töpfen aus Birkenrinde, die Fleischversorgung ohne den Einsatz von Pulver und Blei. Das nach dem Abzug der meisten Franzosen entstehende Vakuum füllen die Engländer und die unter ihrem Schutz stehenden Händler aus New York rasch auf. Sie besetzen die von den Franzosen errichteten Forts, stationieren dort zur Verwunderung der Indianer ihre Garnisonen. Für die Indianer

besteht dazu nicht die geringste Veranlassung. Die Franzosen haben das Feld geräumt. Die Indianer sehen in den Briten, die jetzt die Szene beherrschen, genauso wenig ihre Feinde wie in den Franzosen vor ihnen, sondern inzwischen lebenswichtig gewordene Handelspartner. Aber das Verhalten der neuen Machthaber ist anders, ganz anders. Die meisten ihrer Untertanen, die unter den Indianern auftauchen, sind skrupellose Kerle. Sie sind auf nichts anderes als auf den eigenen, sofortigen Profit bedacht. Ihre Taktik besteht meistens darin, scheinbar generös unter den Indianern Fusel der billigsten Sorte zu verteilen und ihnen, wenn die Roten lallend und kaum noch ihrer Sinne mächtig sind, nach mehr und mehr schreien, ihre Pelze abzunehmen und spurlos zu verschwinden. Wenn die düpierten Trapper mit trockenen Zungen und schweren Köpfen aus ihrem Rausch erwachen, stehen sie mit leeren Händen da. Das mühsam beschaffte Pelzwerk ist weg, Not und Elend klopfen an die Wände der Wigwams ... Die Ressentiments der Roten gegen die Weißen vertiefen sich: ‚Hört, ihr Briten! Auch wenn ihr die Franzosen geschlagen habt, so habt ihr uns noch lange nicht besiegt. Wir sind nicht eure Sklaven! Diese Seen, diese Wälder und Berge sind unser Erbe, und wir werden sie mit niemandem teilen‘."
1763 gelingt es Pontiac, Häuptling der Ottawa, seine eigenen Krieger, Reste der Huronen und Ojibwa zu einem großen Feldzug gegen die Briten zu vereinen. Sie versammeln sich vor Michilimackinack, dem stärksten britischen Fort. Dank einer List gelangen sie in das Innere des Forts. Von der 90-köpfigen Garnison werden 70 getötet und 20 gefangengenommen. In der Folge fallen sieben weitere britische Forts und belagern Pontiacs Krieger das Fort Detroit. Bei Bloody Run vernichten die Indianer eine heranrückende britische Entsatzstreitmacht. 200 Soldaten fallen. Als im Fort Detroit nur noch Mehl für drei Wochen vorhanden ist, scheint es nur ein Frage der Zeit zu sein, bis auch diese Festung fällt. Doch auch diesmal fehlt den Indianern die letzte, tödliche Konsequenz. Es sind einmal mehr die Uneinigkeit, die Eifersucht auf Pontiacs Erfolge, die den totalen Sieg vereiteln. Es ist sicher auch die nüchterne Überlegung, daß man die Lieferanten der europäischen Waren zwar mit Krieg überziehen, aber nicht gänzlich vernichten darf ... Die Indianer übergeben den Weißen sechs Gefangene als Zeichen ihrer Friedensbereitschaft. Gegen den Willen Pontiacs kommt es zu einer Friedensberatung, an der Gladwin, Kommandant von Fort Henry, und Häuptlinge der Ottawa und Ojibwa teilnehmen. Die Indianer sind der Meinung, vor den Engländern keinerlei Kompromisse eingegangen zu sein und kein Land abgetreten zu haben, doch General Jeffrey Amherst, Oberbefehlshaber der britischen Truppen und würdiger Vertreter des Perfiden Albion, besitzt wirksame Mittel, um diesen von ihm nicht zu gewinnenden Urwaldkrieg

Jeffrey Amherst (1717-1797), britischer General

letztendlich doch zu seinen Gunsten zu entscheiden: Er läßt den Indianerstämmen pockeninfizierte Decken und riesige Mengen an Feuerwasser zusenden. Wohl dafür wurde er geadelt und in Montréal eine Straße nach ihm benannt.

1778 wird George Washington seinen General John Sullivan mit 4500 Soldaten gegen die Indianer entsenden. Der vermag zwar nicht alle Krieger zu töten, vernichtet aber ihre Felder und brennt an die vierzig Dörfer nieder.

18) Englische Raubzüge und Humanität in Indien

a. Sprudelnde Quellen

Es dauerte nicht lange, bis die britischen Eroberer Indiens vor Gold und Edelsteinen sprudelnde Quellen entdeckten. Dort besiegte 1746 Robert Clive zunächst das Heer des französischen Generalgouverneurs Joseph Dupleix und 1757 bei Plassey die Armee des bengalischen Fürsten Siradsch ad Daula dank Bestechung dessen Heerführers. Darüber schrieb der Schriftsteller Thomas Macaulay: „Für Clive gab es keine Grenzen für seinen Gewinn, als allein seine eigene Mäßigung. Die Schatzkammern Bengalens standen ihm offen. Hier waren – nach der Gewohnheit indischer Fürsten – ungeheure Mengen gemünzten Geldes angehäuft, unter denen sich nicht selten Gulden und Byzantiner befanden, mit denen die Venezianer, bevor noch ein europäisches Schiff das Kap der Guten Hoffnung umsegelt hatte, die Stoffe und Spezereien des Ostens bezahlt hatten. Clive schritt zwischen Bergen von Gold und Silber einher, gekrönt von Diamanten und Rubinen, und er konnte sich nehmen, soviel er wollte..." Ab diesem Zeitpunkt, so Generalmajor John F. Fuller in „Das Problem Europa" (1939) „... wurden in Indien ungeheure Schätze erworben oder geraubt, die nach England verbracht und zur Finanzierung neu entstehender Industrien verwendet wurden oder dem Anhäufen von Vermögen der Hocharistokratie und von Emporkömmlingen dienen würde. Nach 1760 entstand in England ein kompliziertes Kreditsystem, das auf diesem Schatz an Edelmetallen basierte. Während es um 1750 in den Provinzen Englands keine zwölf Banken gab, wurde bis 1796 in jedem Marktflecken ein Bankhaus gegründet. 1756 belief sich die öffentliche Schuld auf 4,5 Millionen £, 1815 kletterte sie auf 861 Millionen £ !"

b. „Über die englische Humanität"

In diesem deutschen Dokumentarwerk (Berlin, 1940) werden die Kolonialmethoden der Engländer in Indien beschrieben und berichten britische Offiziere von ihren Einsätzen gegen indische Aufständische. General Neill in einem Brief aus Cawnpore 1857 an einen Freund in Schottland: „...Sobald ein Aufständischer gefangen wird, verhört man ihn sofort, und falls er keinen Verteidigungsgrund angeben kann, wird er sofort zum Tode durch den Strang verurteilt. Die Hauptrebellen und Anführer lasse ich zuerst die Blutlachen reinigen. Blut anzurühren ist für die Eingeborenen der höheren Kasten etwas Furchtbares! Sie glauben, daß ihre Seelen dadurch der Verdammnis anheimfallen. Der erste, den ich erwischte, war ein Eingeborenenoffizier, Brahmane einer hohen Kaste. Er versuchte, sich meinem Befehl zu widersetzen, das Blut wegzuschaffen, doch ein paar Hiebe brachten ihn dazu, seine Aufgabe zu erfüllen. Als er fertig war, wurde er sofort aufgehängt und danach in einem Graben am Wegesrand verscharrt..."
„Major Neill, Sohn des Generals, wurde am 14. März 1887 bei einer Parade in Agra erschossen. Unteroffizier Mazar Ali wurde zu Unrecht beschuldigt, die Tat begangen zu haben. Er wurde von Soldaten ausgepeitscht und gezwungen, Blutflecken am Tatort aufzulecken und danach gehängt. Sein Vater, Sufar Ali, war beschuldigt worden, 1857 in Cawnpore den Kopf des gefangenen Generals Neill abgeschlagenen zu haben. Als ihn die Engländer faßten, leugnete er die Tat, wurde gezwungen den Boden des Raumes, auf dem noch Blutflecken zu erkennen waren, mit der Zunge zu reinigen und wurde dann aufgeknüpft."
Bericht des Captain's Havelock über Hinrichtungen durch „Fortblasen".
„Bei einem Aufstand in Allahabad war ein junger Sepoy (Eingeborenensoldat) als Spion gefaßt worden. Als seine Hinrichtung bekanntgegeben wurde, versammelten sich abends Soldaten und zahlreiches Volk nahe der Hinrichtungsstätte. Der junge Sepoy bat, nicht gefesselt zu werden, aber das konnte ich nicht erlauben. Ich ließ seine Handgelenke am oberen Teil je eines Rades der Kanone binden, dann senkte ich die Mündung, bis sie auf seine Magengrube unterhalb des

Brustbeins gerichtet war. Die Kanone wurde nicht mit einer Kugel, sondern nur mit Pulver geladen. Ich stand etwa zehn Fuß links neben der Kanone. Der junge Sepoy sah uns während des ganzen Prozesses furchtlos an und zitterte nicht eine Sekunde. Dann befahl ich ‚Feuer!' , es gab einen beträchtlichen Rückstoß und eine dichte Rauchwolke hing über uns. Als sie sich verzog, sahen wir zwei Beine vor dem Geschütz liegen, weiter nichts von dem, was gerade vorher ein menschliches Wesen und ein tapferer Mann gewesen war. In diesem Augenblick, vielleicht sechs bis acht Sekunden nach der Explosion, fiel des Mannes Kopf zwischen uns nieder, etwas geschwärzt, aber sonst kaum verändert. Der Kopf muß gerade in die Luft geflogen sein, wahrscheinlich etwa 200 Fuß hoch. Genau dasselbe geschah bei den nächsten Hinrichtungen ... Dasselbe geschah mit den weiteren Meuterern, nur daß die meisten von ihnen sich wehrten und wir gezwungen waren, sie mit dem Rücken zur Mündung der Kanone zu fesseln. Erst am Abend bemerkte ich, daß meine Uniform von winzigen Stückchen Fleisches des jungen Sepoys übersät war."
Der amerikanische Historiker David Hoggan bestätigt in „Das blinde Jahrhundert" 2. Teil: „Es ist eine Tatsache, daß es Hungerkatastrophen in Indien nur unter der britischen Herrschaft von 1763 bis 1947 gegeben hat. Weder die Harappo-Indus-Kultur kannte sie, noch die ruhmvolle Zeit der Gupta-Dynastie oder das Reich der Großmogule. Auch während seiner Beziehungen zu den Portugiesen und Franzosen kannte Indien keinen Hunger, und von den Jahren nach 1947, als es seine Unabhängigkeit wieder gewonnen hatte, ganz zu schweigen. Das Unglück kam mit der absichtlichen Zerstörung der indischen Wirtschaft durch die Engländer und das zwangsweise, unter Drohung englischer Bajonette erfolgte Erpressen von ‚Anleihen' bei unzähligen indischen Fürsten in der Absicht, sie nie zurückzuzahlen."

c. In seinen Memoiren „The Indian Struggle 1920-1942" (Der Kampf um Indien, erschienen 1997) beschreibt Indiens größter Freiheitsheld Subhas Chandra Bose (1897-1945) den Absturz Indiens von einem unermeßlich reichen, mächtigen Kulturstaat zur Kolonie einer privaten englischen Handelsschiffahrtsgesellschaft.

„Vom Anfang an waren Bestechung und Korruption die ständigen Begleiter der in Indien herrschenden ‚John Company' (East India Company). 1784 wurde deshalb eine Kontrollbehörde eingerichtet, die dem britischen Parlament unterstand. 1833 wurde die ‚East India Company' in eine Art Ministerium umgewandelt, das im Namen der britischen Monarchie in Indien regierte. Doch verhinderte die unausrottbare Macht von Korruption und Bestechung eine Gesundung der Verhältnisse in Indien. Willkür und Mißwirtschaft der Kolonialmacht waren die Ursache für die 1857 landesweit ausgebrochene Revolution, die von den Indern ‚First War of Independence', von den Engländern ‚Sepoy Mutiny' (Meuterei der Kolonialsoldaten) benannt wird, an der sich sowohl Hindus als auch Muslime beteiligten und die auf beiden Seiten zu Greueltaten und Massakern führte. 1858 verfügte Königin Viktoria die Übernahme der Regierung Indiens durch das britische Parlament und nahm 1876 den Titel ‚Empress (Kaiserin) of India' an. 1885 wurde trotz starken Widerstandes seitens der Kolonialmacht der ‚Indian National Congress' gegründet. Weil in Bengalen der nationale Widerstand am größten war, verlegten die Engländer die Hauptstadt von Kalkutta nach Delhi."

Die perfide Hinrichtungsmethode der britischen Truppen durch „Fortblasen" von Gefangenen

Ergänzung: In den späten 30er Jahren setzte sich Subha Chandra Bose im „Indian National Congress" für eine Zusammenarbeit mit den Achsenmächten ein. Beim Ausbruch des 2. Weltkriegs erklärte der britische Generalgouverneur im Namen Indiens Deutschland den Krieg, ohne den „National Congress" zu fragen und ließ Bose verhaften. Nach abenteuerlicher Flucht erreichte er Deutschland und gründete dort die aus 3500 indischen Kriegsgefangenen und Deserteuren zusammengestellte „Indische Legion", die an der Seite der Wehrmacht gegen die Engländer kämpfte. Am 8. Februar 1943 ging Bose in Kiel an Bord des U 180 und wurde bei Madagaskar von einem japanischen U-Boot übernommen. In Japan gründete er am 21. Oktober 1943 eine Exilregierung unter dem Namen „Azad Hind" (Freies Indien), die von den Achsenmächten und all ihren Verbündeten anerkannt wurde. In Burma stellte er eine aus 40.000 indischen Kriegsgefangenen und zahlreichen Indern aus Malaya und Burma bestehende „Indian National Army" auf, die an der Seite der Japaner in Indien einmarschieren sollte. Ende August 1945, nach der Kapitulation Japans, verlieren sich Boses Spuren.

d. Jawarharlal Nehru

Der Regierungschef Indiens (1947-1964) schrieb 1946 in „The Discovery of India" (Die Entdeckung Indiens):
„Als Königin Elisabeth I. anno 1600 der ‚East India Company' einen Freibrief ausstellte, lebte noch Shakespeare ... Es ist schwer zu sagen, was die Inder den Engländern am meisten vorwerfen. Wahrscheinlich ist es die hochfahrende Art, wie sie von der Geschichte Indiens und ihrer Herrschaft über die Inder berichten... Die einzigen Europäer, die Schah Akbar der Große (1556-1605) bis dahin zu Gesicht bekommen hatte, waren portugiesische Händler und Seefahrer. Nachdem diese von den Engländern aus den indischen Gewässern vertrieben worden waren, entsandte König Jakob I. 1615 Sir Thomas Roe als seinen Botschafter an den Hof des Schah Dschehangir, um für die ‚East India Company' in Madras und Surat erste Faktoreien und Handelskontore zu eröffnen. Ihm gelang auch der Erwerb von Stadt und Hafen Bombay gegen eine jährliche Miete von zehn Pfund Gold ... Im Laufe des 18. Jahrhunderts setzten sich auch die Franzosen entlang der indischen Küste fest und machten den Briten Konkurrenz. 1757 kam es zur Entscheidungsschlacht bei Plassey, bei der die Briten siegten, weil ihr Feldherr Robert Clive die indischen Hilfstruppen der Franzosen bestochen hatte ... Dieser Methode" so Nehru „blieben die Engländer bis zuletzt treu, ermöglichte sie ihnen doch den ‚Kauf' indischer Landesfürsten, Landesbeamter und Landespolitiker..."

19) Genozid in Tasmanien

Die Vernichtung der Eingeborenen Tasmaniens ist mit unseren heutigen Vorstellungen eines Genozids nicht zu vergleichen. Doch trotz unterschiedlicher Motive und Methoden, mangelte es nicht an britischen Siedlern und Militärbehörden, die die Rechte der britischen Einwanderer auf den Besitz des Landes betonten und durch Deportation der Eingeborenen sowohl eine ethnische Säuberung als auch Ausmerzung ihrer autochthonen Kultur in Australien und Tasmanien vollzogen.

In der Tat war man in britischen Kreisen noch vor hundert Jahren der Überzeugung, daß nicht nur in Tasmanien, sondern quer durch das „British Empire" die als primitiv angesehenen Eingeborenenkulturen nach und nach der überlegenen britischen weichen würden. Wenn heute von Genoziden geredet wird, sollten wir nicht vergessen, daß Großbritannien große Teile der Welt mit dieser Geißel bedroht und geschlagen hat und diese Waffe ein wesentliches Attribut der britischen Geschichte darstellt. Kein Mensch, der das Gesicht dieser Frau längere Zeit betrachtet, kann sich dem Eindruck des ungeheuren Leidens entziehen, das aus ihm spricht. Es handelt sich um das Gesicht einer Frau namens Truganini. Sie war die letzte Angehörige einer mit ihr ausgestorbenen Menschenart.

Truganini,
die letzte Überlebende der Tasmanier

20) Britische Humanität im Iran

Eines der wohl am besten verschwiegenen britischen Kriegsverbrechen ist die Ausrottung der Hälfte der iranischen Bevölkerung im 1. Weltkrieg durch das Perfide Albion. Selbst im heutigen Iran ist das Wissen um dieses ungeheure Kriegsverbrechen wenig verbreitet, zumal im Urheberland dieses Massakers die entsprechenden Beweise und Dokumente – nach wohl bewährtem Brauch – bis zum Sankt Nimmerleinstag weggesperrt sind. Der einzige über dieses furchtbare Kriegsverbrechen existierende Bericht stammt aus der Feder des Agrarökonomen Mohammad Gholi Majd und erschien vor zehn Jahren unter dem Titel „The Great Famine and Genocide in Persia 1917-1918" (Die große Hungersnot und der Völkermord in Persien von 1917 bis 1918) bei University Press of America.

Der Hintergrund dieses Genozids liegt in der völkerrechtswidrigen Besetzung des damaligen Persischen Kaiserreiches durch Großbritannien und Rußland zu Beginn des 1. Weltkrieges. Obwohl Persiens Herrscher Ahmad Schah Qadschar schon am 28. Juni 1914 unmittelbar nach dem Attentat in Sarajewo die absolute Neutralität seines Landes im kommenden Konflikt erklärt hatte, besetzten zaristische Truppen den nördlichen, britische Truppen den südlichen Teil des Landes samt Ölquellen und Häfen entlang des Persischen Golfes.

Der Sturz des Zaren und die Machtübernahme durch die Bolschewisten veranlaßte die Russen Nordpersien zu räumen, was den Engländern die Gelegenheit gab, auch dieses zu besetzen. Ende 1917 begannen die englischen Besatzer sämtliche persische Lebensmittel aufzukaufen oder zu beschlagnahmen, um ihre Truppen in der Levante zu verpflegen. Gleichzeitig verhinderten sie die dringend notwendig gewordenen Importe von Lebensmitteln für die hungernde persische Bevölkerung. Die Folgen dieses Verhaltens ließen nicht lange auf sich warten: Ja'afar Sahiri, einer von vielen Zeitzeugen, berichtete: „Während der Hungersnot starb die Hälfte der Einwohner der Hauptstadt Teheran ... Leichen lagen zu Haufen gestapelt überall in den Gassen und im Basar ... Für die Bestattung dieser Massen fehlte der Platz." Dazu kam, daß die britischen Besatzer in jener Zeit keinerlei Hygienevorschriften beachteten und somit der Verbreitung von Grippe, Cholera und Typhus Vorschub leisteten. Das Resultat war dementsprechend: Die durch Hunger bereits Geschwächten hatten kaum mehr Kraft, sich der Krankheiten zu erwehren und es folgte ein Massensterben von neun Millionen Persern. So nebenbei ergriff die britische Besatzungsmacht die Gelegenheit, sich der Ölquellen im Süden des Landes im Auftrag der British Petroleum Cy. zu bemächtigen.
Bijan Bahadorvand Shenhi: „Kar Inglise" The Bloody, Invisible Hand of the British Empire, Executive Intelligence Review, 2. Dezember 2011; Fartáib und Ardasir Párse: „Der iranische Genozid", Online-Magazin Párse & Párse, 9. Dezember 2012, Teil 1, S. 5; Josef Haas in „Aula", Juli/August 2014.

21) Englische Humanität in Malaya

Entlang der schmalen malaiischen Halbinsel entstanden vor tausend Jahren nach und nach mehrere Fürstentümer, die stets Einflüssen fremder Handelsmächte ausgesetzt waren. Erst die Chinesen, ab dem 14. Jahrhundert die Araber, im 16. die Portugiesen, gefolgt von den Holländern. 1826 werden sie von den Briten abgelöst, die alle 12 malaiischen Sultanate zur Kolonie „Strait Settlements" vereinigen, aus der sie im Laufe der nächsten 120 Jahre reichlich Zinn, Gummi und Erdöl herauspressen werden. Auf Grund des beim Ausbruch des 2. Weltkriegs gegebenen Versprechens der Alliierten, sie würden Malaya die Unabhängigkeit schenken, wenn es an ihre Seite tritt, kämpften und fielen Tausende Malaien als Partisanen im Kampf gegen die Japaner. Als die Malaien im Sommer 1945 mit dem Abzug der Japaner gleichzeitig ihre Freiheit feiern wollen, erleben sie die Wiederbesetzung durch britisches Militär, das Englands Kolonialregime fortführen will. Es folgt ein jahrelanger blutiger Freiheitskrieg bis zum Abzug der Briten. 1957 erfolgt die Gründung der „Federation of Malaya", die 1963 – nach Einbeziehung der ehemaligen britischen Kolonien Nordborneo und Sarawak – in „Federation of Malaysia" umgetauft wird.

22) Araber lernen das Perfide Albion kennen

a. Der Weg zum Öl

Vor 120 Jahren ereignete sich etwas Ungeheuerliches: Die Regierungen der Hohen Pforte (des Osmanischen Reiches) und des Deutschen Reiches hatten sich 1895 erlaubt – ohne in London um Erlaubnis zu fragen – den 1871 von ihnen gemeinsam in Angriff genommenen Bau der Bagdadbahn bis an die Küste des Persischen Golfs voranzutreiben, denn das gerade erst entstandene Zweite Reich der Deutschen befand sich auf der Suche nach neuen Absatzmärkten. Die Briten empfanden dies als Zumutung und als Bedrohung ihrer Interessen in einem Teil der Welt, der – nach Gottes Willen – ihnen alleine zustand.
Nun sollte die Bahn über Ankara hinaus, einerseits nach Süden bis zu den heiligen Stätten Mekka und Medina, anderseits ostwärts über Bagdad und dem versandeten Hafen Basrah bis zum Fischerdorf Kuwait am Persischen Golf vorangetrieben werden. In London wurde dies als Affront empfunden, den das viktorianische Weltreich niemals dulden könne. Fortan würden Erzeugnisse „made in Germany" auf einer *deutsch*-türkischen Eisenbahn zu einem von Deutschen und Türken kontrollierten Hafen mit Zugang zum Indischen Ozean rollen und mit deutschen Schiffen nach Britisch Indien – dem Herzstück des Empires – verfrachtet werden!

Nun mußte schnell gehandelt werden. Die kleinen, unbedeutenden arabischen Stämme entlang der Golfküste unterstanden nominell dem türkischen Sultan und waren ihm tributpflichtig, und deshalb auch die wenigen Einwohner von Kuwait, die einem Scheich Muhammad Al Sabah unterstanden. Dem britischen Aufpasser in dieser Region war bekannt, daß Mubarrak Al Sabah, der Bruder des in Kuwait regierenden Scheichs, nach der Herrschaft strebte und deshalb in die Verbannung geschickt worden war. Den weiteren Verlauf kann man sich leicht vorstellen: Die Briten versorgten Mubarrak mit dem nötigen Geld und einigen Vorderladern. Nach Einbruch der Nacht zum 17.Mai 1896 schlich sich dieser mit einigen gedungenen Halsabschneidern in das Dorf und ermordete dort seinen Bruder im Schlafe. Am Morgen darauf erklärte er sich zum neuen Scheich, und es war natürlich reiner Zufall, daß an diesem Morgen eine britische Fregatte vor der Küste auf Reede lag und ihre Kanonen auf die Lehmhütten von Kuwait gerichtet hatte. Eine der großen Prunkstraßen der heutigen Ölmetropole ist nach Mubarrak Al Kebir benannt, nach Mubarrak dem „Großen", dem Brudermörder. 1897 war dann „Zahltag": Mubarrak verpflichtete sich in einem Vertrag mit dem Abgesandten der britischen Krone gegen ein Handgeld von fünfzehntausend Rupien niemals fremde Gesandte zu empfangen, niemals ohne Genehmigung des britischen Gesandten mit Fremden zu verhandeln. Dieser Vertrag war natürlich geheim, und es vergingen einige Jahre bevor die Regierungen in Berlin und Konstantinopel begriffen, daß es den Engländern gelungen war, das Bahnprojekt zum Golf abzuwürgen.

1913 kam es zwischen den Briten und den Al Sabah zum Abschluß eines erweiterten Vertrags, denn alle Seemächte mußten sich dem kategorischen Imperativ einer Umrüstung ihrer Kriegsflotten auf Ölfeuerung beugen. Ohne Erdöl, keine Royal Navy! Und wiederum war es Mubarrak „der Verläßliche", der gegen eine Provision von fünf Prozent für sich und seine Nachkommen die immensen Ölreserven Kuwaits der britischen Regierung vermachte. Seit über hundert Jahren hat sich am Golf also nichts geändert: Wer die Ölfelder besitzt, kontrolliert den ganz besond'ren Saft, der in den Adern aller Industriestaaten fließt.

b. Am Beispiel des „Arabischen Reiches" und von Palästina

1911 war es in Kairo zu einer vertraulichen Aussprache zwischen Prinz Abdallah, Sohn des Scharif Hussein von Mekka vom Stamm der Haschemiten und Lord Kitchener, dem britischen Hochkommissar in Ägypten, gekommen. Scharif Hussein, Wächter der Heiligen Stätten Mekka und Medina, war besorgt über die Ankündigung des Khalifen Abdül Hamid, das Osmanische Reich wolle seine arabischen Vasallen enger an sich binden. Prinz Abdallah möge herausfinden, ob England ihnen Schutz bieten könne. Vorerst war Albion nicht interessiert, doch dies sollte sich ändern, als im Oktober 1914 auch in der Levante der Krieg ausbrach. Denn 75 Prozent der Ölfelder Mesopotamiens befanden sich im Besitz der Familien Rothschild und Samuel sowie der Royal Dutch des Herrn Deterding und waren nun schutzlos den Türken und ihren deutschen und österreichischen Bundesgenossen ausgeliefert. Als im Februar 1915 eine türkische Armee durch Syrien marschierte und es am Suezkanal zu ersten Gefechten kam, erschien es den Engländern immer dringlicher, mit den Arabern zu einer Einigung zu kommen, um die Front im Rücken des türkischen Heeres zu zersetzen und zu schwächen.

An die Stelle Kitcheners als Hochkommissar in Ägypten war Sir Henry McMahon getreten, der nun die Fäden zu Scharif Hussein eifrig spann. Es begann ein Briefwechsel, der Anlaß zu einer der großen Tragödien der arabischen Völker wurde. Der erste Brief Husseins war vom 14. Juli 1915 datiert und enthielt die Forderung nach der Unabhängigkeit aller arabischen Gebiete, mit Ausnahme der britischen Kolonie Aden. Diese Forderung gestand McMahon in seiner Antwort vom 30. August ausdrücklich zu. Nach Rücksprache mit Außenminister Sir Edward Grey, sandte McMahon am 24. Oktober 1915 jenes denkwürdige Dokument an den Scharif von Mekka, in dem das den Arabern im Gegenzug für ihre Waffenhilfe zugesagte künftige Staatswesen eng umrissen wurde. Unter der Voraussetzung, daß die im künftigen Arabischen Reich benötigten Berater und Beamten Engländer sein würden, sollten dessen Grenzen entlang den Küsten des Roten Meers, des Indischen Ozeans (unter Aussparung von Aden), des Persischen Golfs bis zur persischen Grenze verlaufen, unter Einschluß von Urfa, Aleppo und Damaskus, um bei Akkon das Mittelmeer zu erreichen. Die Sinai-Grenze Ägyptens sollte mit der Grenze des Arabischen Reiches zusammenfallen. Palästina und das heutige Syrien waren also in die Planung dieses neuen Staates eingeschlossen. Ausdrücklich ausgenommen waren nur die Gebiete von Alexandrette (Iskenderun) und Mersin sowie die westlich von den Bezirken (Wilayat) Damaskus, Homs, Hama und Aleppo gelegenen syrisch-libanesischen Gebiete. Syrien war nach arabischen und türkischen Begriffen, aber auch nach Auffassung europäischer, also auch britischer Kartographen und Diplomaten, die amtliche Bezeichnung für einen Landstrich, der sich entlang der Ostküste des Mittelmeers zwischen Suez und dem Taurus erstreckt.

Während sich in der syrischen Etappe deutsche, österreichische und türkische Truppen sammelten und Kilometer an Kilometer eines Schienenstranges gefügt wurde, der von Haifa nach Jerusalem und von dort bis in die Sinaihalbinsel vorstieß, wurde im Februar 1916 in St. Petersburg die zukünftige Landkarte des Nahen Ostens ausgehandelt. Rußland waren im Geheimvertrag vom 20. März 1915 bereits Konstantinopel, die Dardanellen, Südthrazien sowie die Inseln Imbros und Tenedos zugesprochen worden. Frankreich erhielt Zentralanatolien und Kilikien sowie die Küstengebiete Syriens, also jene Gebiete, die in dem Schreiben McMahons an Scharif Hussein vom Arabischen Reich

ausgenommen waren. England verbriefte für sich den Anspruch auf Südmesopotamien (Basrah) und die Häfen Akkon und Haifa.
In den Verhandlungen, die in aller Stille im Frühjahr 1916 zwischen den prononciert zionistisch eingestellten Sir Mark Sykes für England und Charles Picot für Frankreich begonnen wurden, trat der Anspruch auf diese beiden Häfen zum ersten Male in präziser Form in Erscheinung. Die Unterredungen dieser beiden Beauftragten, hinter denen die Interessen französischer, englischer und amerikanischer Ölkonzerne standen, fanden zum Zeitpunkt statt, als Englands militärische Not eher noch gewachsen war. General Townsend war am 29. April mit seiner gesamten Armee in Kut el Amara am Tigris in Gefangenschaft gewandert und der Weg zu den südpersischen Ölfeldern schien für die Deutschen und Türken nun frei. In dem nach den beiden Unterhändlern benannten Sykes-Picot-Abkommen, das am 16. Mai 1916 abgeschlossen wurde, mußte England einwilligen, daß Frankreich außer dem ihm zugesagten libanesischen Küstenstreifen eine „blaue" Einflußzone erhielt, deren Gebiet ungefähr die Fläche des heutigen Syriens, ferner des nördlichen Jordaniens, sowie die Ölfelder bei Mosul und Kirkuk einschließt. England ließ sich nochmals seine „rote" Einflußzone samt Rechten auf die Häfen Haifa und Akkon verbriefen. Ferner wurde eine dritte Zone eingerichtet, die zum Unterschied von der „blauen" und „roten" als „braune" Zone bezeichnet wurde. Sie umfaßte ungefähr das Gesamtgebiet Palästinas und sollte weder unter französischer noch unter englischer, sondern unter internationaler Verwaltung stehen, über deren Form die Alliierten sich mit Scharif Hussein nach dem Kriege einigen wollten. Diese Vereinbarung ist umso wichtiger, als aus ihr klar hervorgeht, daß auch nach Auffassung des englischen Unterhändlers ein Rechtsanspruch des Scharifen auf Mitbestimmung der Geschicke Palästinas unzweifelhaft bestand.

Sowohl für Englands „Arabisches Büro" in Kairo als auch seine Mitarbeiter am Hofe Scharif Husseins sowie für die Stammeshäuptlinge in den Wüsten Arabiens, die den Aufstand vorbereiteten, war Palästina geographisch und politisch nach wie vor ein Teil Syriens, das den Arabern zur Gänze versprochen worden war und das die Engländer zu befreien sich anschickten, um es dem Arabischen Reiche als künftigem Bundesgenossen Albions gewissermaßen als Lohn für den arabischen Beistand im Kriege einzugliedern. Vom Sykes-Picot-Abkommen erfuhren die Araber nichts und auch vor Scharif Hussein wurde das Abkommen begreiflicherweise geheim gehalten. Dieses Versteckspiel steht im ursächlichen Zusammenhang mit den eigentlichen Gründen für die Errichtung der als „braune Zone" bezeichneten

Keimzelle des späteren britischen Mandatsgebietes Palästina, die in ihrer wahren Bedeutung und ihren weltpolitischen Ausmaßen selbst in England nur einem sehr kleinen Kreis eingeweihter Politiker bekannt waren.

Scharif Hussein, der nach Erhalt der englischen Zusicherung begonnen hatte, bei arabischen Landes- und Stammesfürsten für die neue Reichsidee zu werben, gelang es dank englischer Subsidien, einige Beduinenstämme zu bewegen, deutsche und türkische Nachschubkolonnen entlang der von Maan nach Mekka führenden Bahn zu überfallen und auszurauben sowie die Geleise dieser Teilstrecke der Hidschas-Bahn gelegentlich zu sprengen. Engländer wie Captain T. E. Lawrence und Ronald Storrs, Sekretär für Orientfragen beim Hochkommissar in Kairo und andere, die damals im amtlichen Auftrag um die Bundesgenossenschaft der Araber im Krieg warben, waren Fachleute und alle ihre Schriften und Berichte beweisen, daß sie nicht im Entferntesten am Betrug an den Arabern beteiligt waren, der später zustande kam, als den geschulten englischen Fachleuten im Ablauf der Ereignisse das Steuer entrissen wurde und die Neuordnung Arabiens nicht mehr von Kennern des Landes, sondern ausschließlich von Geschäftemachern der Londoner City, von Paris, der Wall Street, den Zionisten und den Ölgesellschaften bestimmt wurde.

Im Bericht, den Lord Robert Peel als Vorsitzender einer Untersuchungskommission zur Palästinafrage im Jahre 1937 verfaßte, wird ausdrücklich auf die äußerst kritische militärische und finanzielle Lage Englands und Frankreichs im Jahre 1916 hingewiesen, die die britische Regierung verhindert habe, Scharif Hussein ihre Absichten bezüglich Palästina rechtzeitig mitzuteilen. Die Araber konnten demnach den Sinn der am 23. Juli 1937 in der „Times" veröffentlichten Behauptung des perfiden McMahon nicht verstehen, daß „Palästina in das englische Versprechen nie einbezogen war". Für jeden Kenner der arabischen Welt, völkerrechtskundigen Historiker und Beobachter britischer Diplomatie liegt die Absicht einer bewußten Täuschung klar auf der Hand. Hinter Albions Perfidie steckten Premierminister Asquith, Lloyd George, Arthur Balfour, Herbert Samuel, ferner Henry Wickham Steed (Auslandschef der „Times"), Captain Amery (Sekretär von Lloyd George), Lord Newton (Leiter des britischen Propaganda Departments), Sir Ronald Graham (zuständig im Außenministerium für den Nahen Osten), Kriegsminister Lord Derby, C. P. Scott, Chefredakteur des „Manchester Guardian", der liberale Unterhausabgeordnete Joseph King, der Pressemagnat Lord Northcliffe, der Leiter des

Arthur Balfour (1848-1930), britischer Premierminister 1902-1905, Vater der Balfour-Deklaration

Colonial Office Lord Milner und sein erster Sekretär Ormsby-Gore, der Ministerpräsident Südafrikas General Smuts. Auf zionistischer Seite Innenminister Sir Herbert Samuel, Samuel Montagu (Privatsekretär Lord Asquiths und Staatssekretär für Indien), Lord Lionel Rothschild (Hochfinanz), Leonard Montefiore (Hochfinanz), Marcus Samuel (ehemals Lordmayor von London und Besitzer einer Tankerflotte), Peter Montefiore (leitender Direktor der „Shell"), Sir Waley-Cohen (Präsident mehrerer Ölgesellschaften in Ägypten, Mexiko, USA, im Kaukasus, usw.), Lord Melchett (geb. Ludwig Mond, Präsident der Imperial Chemical Industries), usw. In Sèvres, wo die besiegten Türken 1919 abgefertigt werden sollten, kommt es zu einem Eclat: Dorthin war auch eine Delegation der Araber eingeladen worden. Sie erscheint unter der Leitung Emir Feisals, Sohn des Scherifen von Mekka und vorgesehener „König von Arabien" aus dem Stamm der Haschemiten. Als ihm bei der Eröffnung der Konferenz eine Rede übersetzt wird, von einem ihm völlig unbekannten Zionistensprecher, der behauptet, daß gemäß einer Deklaration des britischen Außenministers Balfour den Zionisten ganz Palästina als Heimstätte zugesprochen worden war, springt er auf, schwenkt seinen vom britischen Hochkommissar für Ägypten, Sir Mac Mahon, unterfertigten Vertrag, droht die Konferenz zu sprengen und vor der Weltöffentlichkeit das schändliche Vorgehen des Perfiden Albions bloßzustellen.

Die ehrenwerten anwesenden Diplomaten, Völkerrechtler, Berichterstatter erbleichen und geben das Große Notzeichen. Es wird vertagt. Bernhard Baruch, Oberzionist und Mitglied der amerikanischen Delegation, wird als Vermittler zu Feisal geschickt. Es gelingt ihm eine persönliche Aussprache zwischen diesem und Dr. Chaim Weizmann, dem Leiter der zionistischen Delegation, herbeizuführen, bei welcher sicher alle Mißverständnisse aufgeklärt werden könnten. Noch am selben Tage erfolgt das Dreiertreffen, und schon am nächsten Tage, am 3. März 1919, schreibt Feisal, König der Araber, den folgenden Brief an Felix Frankfurter, Mitglied der zionistischen Delegation, mit Abschriften

Bernard Mannes Baruch (1870-1965), Finanzexperte und Präsidentenberater

an die Hohen Herren Delegationsleiter der Siegermächte:
„Im Namen Gottes des Allmächtigen und Barmherzigen. Wir haben jetzt engste Beziehungen zu unserem Freunde Dr. Chaim Weizmann hergestellt, der ein großer Helfer unseres gemeinsamen Anliegens ist – Wir Araber betrachten die Zionistische Bewegung mit größter Sympathie und werden ihre Anliegen stets befürworten. Den zurückkehrenden Juden entbieten wir ein herzliches Willkommen in der alten Heimat. Wir hoffen sehr, daß es uns gelingen möge die Juden für ihre Güte zu entgelten. Sicherlich gibt es in Syrien (Palästina) Platz sowohl für Araber als auch für Juden."
Vom „König der Araber", ward nichts mehr gehört, nichts mehr gesehen. Als Könige Transjordaniens und später Jordaniens spielten und spielen die Haschemiten bis heute eine unrühmliche Rolle als verläßliche Satrapen Albions. Weitere „Liebesbeweise" von Seiten Albions erlebten türkische Soldaten am 17. April 1917 bei ihrem Ansturm auf Gaza, als die britische Artillerie mit Giftgasgranaten zurückschoß; ferner arabische Aufständische, die 1920 im Irak englische Kolonialtruppen angriffen und von der Royal Air Force mit Giftgasbomben beworfen wurden.
Essad Bey: „Flüssiges Gold, ein Kampf um die Macht", 1933; Harold Nicolson: „Curzon: The Last Phase", 1934; Giselher Wirsing: „Engländer, Juden, Araber in Palästina", 1939; Vladimir Jabotinsky: „Der Judenstaat", 1938; Mamun al Hamaui: „Die britische Palästinapolitik", 1943; Iwan Kirchner: „Sperrfeuer um Nahost", 1941; Friedrich W. Fernau: „Imperialismus und Arabische Frage", 1943; Chaim Weizmann: „Trial and Error", 1949;

Feisal I. (1883-1933), König von Syrien und Irak

Bernhard Baruch: „My Own Story", 1957; Anthony Nutting: „Lawrence of Arabia", 1956; Friedrich Kochwasser: „Kuwait", 1969; Lucien Cavro Demars: „Aux sources du Sionisme", 1972; Walter Laqueur: „A History of Zionism", 1972; Shlomo Avineri: „Profile des Zionismus", 1981; Ron Chernow: „The House of Morgan", 1990; und „The Warburgs", 1993; Charles Enderlin: „Paix ou Guerres 1917-1997", 1997; Amnon Rubinstein: „Geschichte des Zionismus", 2000; Peter Scholl-Latour: „Lügen im Heiligen Land", 2000; Richard Melisch: „Pulverfaß Nahost", 2003; Gudrun Krämer: „Die Geschichte Palästinas", 2002; Tom Segev: „Es war einmal ein Palästina", 2005.

23) Albion verrät den Zaren

„Zum Jahresbeginn 1917 steht es um Rußland schlecht: Rückschläge an allen Fronten, in den Großstädten ruft das hungernde Volk nach Brot, in einigen Großbetrieben wird gestreikt, der Zar regiert vom Hauptquartier in Mogiljow aus und erläßt Durchhaltebefehle. Der 12. März bringt die Entscheidung: Hungerndes Volk und streikende Arbeiter gehen auf die Straße, Soldaten der Eliteregimenter verweigern den Befehl, auf das demonstrierende Volk zu schießen. Zar Nikolaus beschließt am 13. März, in die Hauptstadt zurückzukehren, sein Zug wird aber unterwegs von Aufständischen aufgehalten. Seine engsten Berater, ja sogar höchste Offiziere wenden sich von ihm ab ... In Petersburg hat sich eine provisorische Regierung gebildet. Am 16. März tritt Zar Nikolaus zu Gunsten seines Sohnes zurück ... Am 21. März verabschiedet er sich von den letzten Getreuen, wird nach Zarskoje Selo verbracht und dort mit seiner Familie unter Hausarrest gestellt."

„Die englische Regierung sah es als nicht opportun an, dem Exzaren Asyl zu gewähren. Es wurden Solidaritätsdemonstrationen der englischen Industriearbeiter mit der russischen Arbeiterschaft befürchtet. Der britische Botschafter in Petrograd, Sir George Buchanan, schlug dem Foreign Office vor, für die Aufnahme der Zarenfamilie einzutreten; doch es war der Brief von Francis Bertie, Botschafter des perfiden Albion in Paris, der den Ausschlag gab: ‚Ich glaube nicht, daß der Exzar und seine Familie hier willkommen wären ... Die Zarin ist nicht nur eine ‚Boch' von Geburt her, sondern auch in ihren Gefühlen. Sie hat alles getan, was sie konnte, um ein Einverständnis mit Deutschland herbeizuführen. Sie gilt als kriminell oder geisteskrank, der Exzar ist kriminell und zugleich schwach, weil er sich dem unterordnet, was sie ihm eingibt.'

König Georg V. ließ seinem Cousin Nikolaus durch seinen Sekretär ausrichten, ‚Ihre Königliche Hoheit möchte ihren Zweifel zum Ausdruck

bringen, ob es - abgesehen von den Gefahren einer langen Reise - ratsam ist, daß die russische Kaiserliche Familie hier ihren Wohnsitz nimmt...'
Und die USA? Ende April, in einer Rede vor dem Kongreß, war Präsident Wilson regelrecht ins Schwärmen geraten, als er auf ‚die wundervollen, herzerwärmenden Ereignisse' zu sprechen kam, die ‚gerade in den letzten paar Wochen in Rußland vor sich gingen und die Autokratie abgeschüttelt haben...'

Woodrow Wilson (1856-1924), 28. US-Präsident, regierte 1913-1921

Nikolaus und seine Familie erfahren am 30.Juli 1917, daß sie am nächsten Tag abreisen würden; doch weder nach England noch nach Frankreich, sondern nach Tobolsk in Sibirien. Dort werden der Zar, die Zarin und ihre Kinder die nächsten Monate unter strengster Bewachung festgehalten. In der Nacht vom 16. auf den 17. Juli 1918 wird die Familie geweckt und in den Keller des Hauses getrieben. Jankel Jurowski, Chef des Mordkommandos: ‚Wir haben den Auftrag, Sie zu erschießen' und drückt als erster ab; danach schießen auch die anderen, oder greifen zum Bajonett, bis Zar, Zarin, Zarjewitsch und seine vier Schwestern in ihrem Blute liegen ... Die Weiße Armee hat unterdessen Jekaterinburg eingenommen, General Koltschak setzt Untersuchungsrichter ein, um das Schicksal der Zarenfamilie aufzuklären. Spuren werden gesichert, Fundgegenstände, eindeutige Identifikationsmerkmale geborgen ... Die Überreste will Richter Sokolow zu den überlebenden Verwandten der Zarenfamilie nach England senden lassen, doch die prompte Antwort aus London lautet: ‚We cannot...'"
Elisabeth Heresch: „Geheimakte Parvus - die gekaufte Revolution", 2000.

Epilog: Was der Zarenfamilie und den Belegen für ihren Tod nicht gewährt wurde - nämlich ein Refugium in England - das wurde ihren Schätzen zuteil: Die kostbarsten Stücke des Juwelenschatzes der Zaren, darunter eine Tiara und ein Collier der Zarin, sind heute zusammen mit anderen Schmuckstücken der Zarenfamilie sowie Erzeugnissen von Fabergé dem britischen Kronjuwelenbestand einverleibt. Die Schwestern des Zaren, Xenia und Olga, waren mit ihrer Mutter in den Westen gelangt und wollten ihre Juwelen versteigern lassen, um ihren Lebensunterhalt zu sichern. König Georg hatte geraten, sie nach London zu bringen, doch noch vor der Versteigerung hatte Queen Mary die Zarinnenkrone und die wertvollsten Colliers für sich selbst ausgewählt. Als gekrönte Vertreterin des perfiden Albions und Anhängerin der englischen Devise „Dieu et mon Droit" versprach sie den Erbinnen der Zarenfamilie, ihnen den Gegenwert auszuzahlen. Xenia und Olga haben jedoch das Geld nie erhalten und starben beide 1960 in einfachsten Verhältnissen.

In seinem Buch „Nikolaus II. - Der letzte Zar und seine Zeit" (1992) bestätigt der zeitgenössische russische Autor und Dramatiker Edward Radsinski: „Nach der Festnahme der Zarenfamilie am 21. März 1917 sprach der britische Botschafter bei der Provisorischen Regierung Rußlands vor, verlangte Maßnahmen zu ihrer Sicherheit und bat sie, die Ausreise der Zarenfamilie nach England zu ermöglichen. Am 23. März wurde ein Übereinkommen erzielt und Botschafter George Buchanan schrieb dem Zaren, ‚die Regierung Seiner Majestät und der König schätzen sich glücklich, die Zarenfamilie bald bei sich zu begrüßen ...' Doch inzwischen wurde es Juli und noch immer saß die Zarenfamilie in Zarskoje Selo. Warum? Später wird der englische Premierminister Lloyd George die Provisorische Regierung beschuldigen, sie habe den Widerstand des Petrograder Sowjets nicht überwinden können. Aber es gibt auch eine andere Version: Lloyd George selber war es nämlich, der König George riet, die Einreise der Romanows zu verhindern, um sich bei den Linken in England populär zu machen, auch wenn dies seine Verwandten das Leben kosten sollte."

Und in seinen „Erinnerungen an Schloß Fickel und die Nachkriegszeit in Berlin und München 1919-1920" schreibt Berend Freiherr von Uexküll, Erbe von Schloß Fickel in Estland: „...sehr bald erschienen 1919 englische Kriegsschiffe vor Reval (Riga) und gewährten der neu aufzustellenden estnischen Armee und den finnischen Freiwilligen, die sich den angreifenden Bolschewiken entgegenstemmten, wenigstens einen moralischen Rückhalt. Als allerdings später die ‚weiße' russische Armee bis Petersburg vordrang, eröffneten die englischen Kriegsschiffe das Feuer nicht etwa auf die Roten, sondern auf die Antibolschewisten und zwangen sie zum Rückzug. Erst durch diesen Verrat ist dem Bolschewismus der endgültige Durchbruch ermöglicht worden..."

24) Albions größter „Sieg" im 2. Weltkrieg gegen Deutschlands Streitmacht

Den größten „Erfolg" über deutsche Streitkräfte im 2. Weltkrieg errang England zweifellos am 18. April 1945 – kaum zwei Wochen vor Kriegsende – als es ganz allein und ohne logistische Hilfe der Amerikaner eintausend 4-motorige Bomber der „Royal Air Force" nach Helgoland entsandte, die in drei Großangriffen innerhalb von zwei Stunden 5000 Tonnen Bomben über der 2000 Meter langen, 800 Meter breiten und karg besiedelten Insel abluden. Albions Bilanz konnte sich wahrlich sehen lassen: 120 tote Zivilisten, an die 200 tote junge Flakhelfer, Sanitäter und ältere Marinesoldaten, die völlige Zerstörung der Siedlung im Oberland und Unterland sowie der vernichtete Hafen. In die tief in den Fels getriebenen Bunker überlebten Mütter und Kinder, Kranke, Verwundete und die meisten älteren Inselbewohner. Am 20. April wurden die Überlebenden auf das Festland verbracht und am 12. Mai besetzten die Engländer Helgoland.

In weiser Voraussicht, daß es den „bloody Germans" dereinst gelingen könnte, sich wieder auf Helgoland festzusetzen, beschlossen die britischen Besatzer, diese Insel ein für allemal aus der Welt zu schaffen. Zu diesem Zweck füllten sie sämtliche Bunker, Stollen und Höhlen Helgolands mit 6700 Tonnen Sprengstoff und Munition, um es durch Sprengung zu versenken und sich damit gleichzeitig günstig von altem, jetzt nicht mehr gebrauchtem Kriegsmaterial zu trennen. Um 13 Uhr des 18. April 1947 – zwei Jahre nach Albions verheerendem Bombenangriff – lösten die britische Besatzer den „Big Bang" aus, die größte nicht-nukleare Sprengung aller Zeiten: Seismographen in ganz Europa schlugen heftig aus, Helgoland erzitterte, blieb aber unversehrt.

Nicht etwa bundesrepublikanische Politiker waren es, die den Abzug der britischen Besatzer aus Helgoland erzwangen, sondern Georg von Hatzfeld und René Laudesdorff, zwei Studenten aus Heidelberg: Am 20. Dezember 1950 gelang es ihnen, in einem kleinen Boot die Insel zu erreichen und dort die schwarz-rot-goldene deutsche und eine grün-weiße Europafahne zu hissen. Nicht nur der Mut, sondern auch das Anliegen der beiden Jungen wurde europaweit gefeiert und anerkannt. Am 30. Mai 1951 erfolgte die Proklamation: Helgoland ist wieder deutsch!
Fragen naive Touristen nach dem Denkmal zu Ehren der beiden Studenten, antworten die Insulaner mit verlegenem Schulterzucken.

25) Der Absturz Großbritanniens zum Restbritannien

Die Trilogie „Heaven's Command", „Pax Britannica", „Farewell the Trumpets" handelt vom Aufstieg und Niedergang des Britischen Weltreiches. In den zwischen 1973 und 1978 erschienenen drei Bänden wird Englands imperiale Geschichte beweihräuchert und mancher Blick auf dessen gelegentlich heroische, oftmals perfide, zu allen Zeiten aber krämerische Kolonialpolitik gestattet. Der Autor James Morris erfuhr im Zuge des Verfassens dieses Werkes eine Umwandlung und schreibt seither unter dem Namen Ms. Jan Morris.

a. „Heaven's Command"

Die Worte entstammen dem Text, den James Thomson (1700-48) zur Hymne „Rule Britannia" schrieb: „When Britain first, at Heaven's command, arose from out of azure main..." (Als himmlischem Gebote folgend England sich aus blauer See erhob...) Nur kurz wird hier die Geschichte des grausamen Sklavenhandels gestreift, der die märchenhaften Erträge englischer Baumwollpflanzer in Nordamerika und Zuckerrohrpflanzer in der Karibik erst ermöglichte. Vorrangig geht es in diesem Band um Albions segensreiche Herrschaft in Irland und Indien. Bevor das eigentliche Thema der „Great Famine" (großen Hungersnot) der 40er Jahre des 19. Jahrhunderts in Irland angesprochen wird, beschreibt der/die Autor(in) die Aufsäßigkeit und Primitivität des katholischen Inselvolkes, die es der wohlmeinenden, freundlichen britischen Kolonialmacht Albion schwermachten, die Iren zu zivilisieren. Von ihren Schlössern, Pfarrhäusern und Landgütern aus beherrschten die protestantischen „Anglo-Irish" seit Jahrhunderten ihre widerspenstigen katholischen Untertanen. In Kilkenny, zum Beispiel, einer Kleinstadt südwestlich Dublin, lebte die anglo-protestantische Oberschicht – so wie in Madras oder Kalkutta – in eleganten Vierteln und hielt Distanz zu den Eingeborenen. Am Stadtrand lag das Schloß der Herzöge von Ormonde, wo 1366 die „statutes od Kilkenny" verabschiedet worden waren, die jeglichen „intimate contact" zwischen „Anglo-Irish" und eingeborenen „Gaels" untersagte und somit jene Apartheid festschrieb, die seither auf der Grünen Insel von den Briten strikt eingehalten wurde.

Da fast die Hälfte des katholischen Inselvolkes sich von Kartoffeln ernährte, löste der 1845 eintretende Befall durch Kartoffelbrand eine ungeheure Hungersnot aus, der bis 1852 über eine Million Iren zum Opfer fielen und zur Auswanderung einer weiteren Million (zumeist nach Nordamerika) führte.

Autor(in) versichern: „Die Besten unter den ‚Anglo-Irish' verhielten sich beispielhaft, organisierten Suppenküchen, stellten Notzelte auf und pflegten Kranke und Sterbende. Es wäre die Aufgabe des herrschenden British Empire gewesen, dem drohenden Aussterben seiner irischen Untertanen mit allen Mitteln Einhalt zu gebieten. Doch 1846 entschied die Whig-Regierung unter John Russell, nichts zu tun, sondern die Linderung der Hungerkatastrophe den Kräften privater Unternehmer zu überlassen ... In den folgenden Jahren wurde Irland sich selbst überlassen. England schickte seinen katholischen Untertanen weder Geld noch Getreide. England ließ zu, daß irisch-protestantische Großgrundbesitzer weiterhin Butter, Milch und Eier nach England ausführen durften, anstatt sie den Hungernden daheim zu spenden. Nach dem Katastrophenwinter des Jahres 1847 beschloß die britische Regierung – entgegen all ihren Prinzipien – etwas für die hungernden Iren zu unternehmen: Im Februar 1848 wurde Alexis Soyer, weltberühmter Pariser Chefkoch im eleganten ‚Reform Club' an der Londoner Pall Mall, beauftragt, die Verteilung heißer Brühen (government soups) an Hungernde in Dublin zu organisieren: Am Eingang eines umfunktionierten Viehstalls befanden sich mehrere lange Tische, auf denen hundert Holzschalen mit an Ketten gesicherten Löffeln ausgelegt waren. Nach den ersten hundert Halbverhungerten, die im Inneren des Viehstalls ihren von Monsieur Soyer kreierten Bouillon faßten, folgten die nächsten hundert und so weiter, insgesamt 8750 hungernde Iren und Irinnen pro Tag..."

Weiter wird der Leser ziemlich einseitig über die Ursachen der „Indian Mutiny" (Meuterei) der Jahre 1857-1859 – auch Sepoy [Eingeborenensoldaten]-Rebellion genannt – informiert, die in den Städten Kanpur (Cawnpore), Laknau (Lucknow), Merat (Meerat) ausbrach, sich bis Delhi hin ausweitete und der mancherorts auch britische Frauen und Kinder zum Opfer fielen. „Britische Offiziere und Mannschaften übten blutige Vergeltung: Sie machten keine Gefangenen, sondern hängten und schlitzen Verdächtige auf oder banden sie an den Mündungen ihrer Geschütze und zerfetzten sie ...; zahlreiche unbeteiligte Bewohner der genannten Städte wurden wahllos massakriert..."

„Schon lange bevor Darwin seine Thesen entwickelt hatte, hegten die Engländer auf Grund ihrer Geschichte die Überzeugung, sie seien eine höhere Rasse. Im Jahre 1640 stimmte zu New York eine Bürgerversammlung eingewanderter Briten wie folgt ab. 1: Die Erde und alles auf ihr ist des Herrn. (Einstimmig: Ja). 2: Der Herr hat die Erde ganz

oder in Teilen Seinem auserwählten Volk gegeben. (Einstimmig: Ja).3: Wir sind Sein auserwähltes Volk. (Einstimmig: Ja) ...
Jeder Brite betrachte Nicht-Weiße als minderwertig. Je weniger weiß, umso minderwertiger. Sowohl Gebildete als auch einfache Arbeiter oder Soldaten blickten auf die Eingeborenen herab. In Indien war es üblich, Mischlingsgrade mit Münzen zu vergleichen: sie seien eine viertel, halbe oder ganze Rupie wert... In den meisten Kolonien redeten die englischen Übermenschen mit den eingeborenen Untermenschen in einer Art Babysprache oder auf Pidgin English ... Erst 1911 ließ sich das berühmte Londoner Victoria and Albert Museum herab, in seinen Räumlichkeiten eine indische Statuette auszustellen..."

„Es war der Dichter Thomas Macaulay (1800-1859), der die englische Sprache in Indien einführen wollte, um eine Klasse von Vermittlern zwischen uns und den von uns regierten Eingeborenen zu schaffen: Eine Klasse indischen Blutes und indischer Farbe, aber englisch im Geschmack und Urteil, in ihrer Moral und Auffassungsgabe."
Bereits eine Generation später konnte Albion seine politische Ernte einfahren: In den Sitzungsprotokollen des Indian National Congress vom Oktober 1886 ist festgehalten, daß der Vorsitzende Runiah Naidu im Namen aller Eingeborenen die Resolution verabschiedete, Königin Victoria die Treue ihrer indischen Untertanen zu versichern und ihr für den reichen Segen der britischen Herrschaft zu danken. (Stephen Cohen: „The Indian Army", 1971, S. 66).
Fast vermeint man die Rede eines indischen Richard von Weizsäcker, eines Walter Ulbricht, eines Joachim Gauck oder einer Angela Merkel zu vernehmen, die sich bei der Besatzungsmacht für die „Befreiung" ihres Volkes bedanken.

b. „Pax Britannica – The Climax of an Empire" (Britische Friedensordnung – Höhenflug eines Weltreiches)

Typisch für die Zeit, da sich Albion unbezwingbar wähnte und auf seine Feinde mit Verachtung herabblickte, sind folgende Worte, mit denen Admiral John Jervis (1735-1823) die Gefahr einer Landung von Napoleons Flotte in England abtat: „I do not say the French cannot come; I only say they cannot come by sea." (Ich behaupte nicht, daß die Franzosen nicht kommen werden; ich sage nur, daß sie nicht über See kommen können.)
„Das größere Britannien wurde 1583 geboren, als Sir Humphrey Gilbert die Insel Neufundland in Besitz nahm und 1609 ein paar englische

Schiffbrüchige an den Strand der Insel Bermuda geschwemmt wurden. Es folgte die Besetzung mehrerer Inseln der Karibik, von Gebieten im Nordosten Amerikas, in Honduras, Westafrika und Indien. Im 18. Jahrhundert ‚übernahm' (took over) das Empire Kanada, ganz Indien, das Land am Kap der Guten Hoffnung, Ceylon. Im 19. Jahrhundert kamen große Teile Ost- und Südafrikas, Neuseeland, Fidschi, Nord-Borneo, Malaya und Zypern dazu ... Die Römer verehrten den Gott Terminus in Form eines großen Grenzsteines; die vergleichbare britische Gottheit könnte man als funktionierendes ‚trading system' (Handelsübereinkommen) bezeichnen ... Bombay fiel uns [rein zufällig und ganz friedlich] zu, weil es zur Mitgift der Prinzessin Katharina von Bragança gehörte, die König Charles II. ehelichte. Hongkong erhielten wir 1841 im Zuge des [wohl genau so zufälligen und friedlichen] Opiumkrieges, den wir zum Schutz der britischen Opiumproduzenten in Indien gegen China führten. Als Begründung für die drei Eroberungskriege, die England gegen Burma vom Zaun brach, wird angeführt: ‚Oriental Powers were unable to appreciate the fact that it was for their own interest to maintain peace and to abstain from provoking their European neighbours.' (Orientalische Mächte waren eben nicht in der Lage einzusehen, daß es in ihrem Interesse lag, sich friedlich zu verhalten und ihre europäisch beherrschten Nachbarstaaten nicht zu provozieren)."

Kann es schönere Beispiele für britischen Cant geben?

c. „Farewell the Trumpets – An Imperial Retreat" (Ein Lebewohl den Fanfaren – der imperiale Rückzug)

Thema des dritten Bandes ist der Abgesang des „British Empire". Ein letztes Mal beschwört Autor(in) Morris den Idealismus, die Selbstlosigkeit der britischen „Empire Builders" und zitiert den sarkastischen Iren George Bernard Shaw: „Jeder Engländer wurde mit einer übernatürlichen Macht geboren, die ihn zur Weltherrschaft befähigt. Wenn er etwas anstrebt, gesteht er dies niemals ein, sondern wartet geduldig, bis er – man weiß nicht wie – von der brennenden Überzeugung ergriffen wird, es sei seine moralische und religiöse Pflicht, jene zu unterwerfen, die sich im Besitz jener Dinge befinden, die er haben will..."

„1920 schien Großbritannien aus dem Ersten Weltkrieg als stärkste Macht hervorzugehen. Seine Industrien waren intakt, seine Finanzen gesichert [England schuldete den USA 4 Milliarden Goldfranken!], es besaß die stärkste Luftwaffe und stärkste Flotte der Welt sowie eine der stärksten Armeen. Doch war ihm das Vertrauen auf den sicheren Erfolg abhanden gekommen; es hatte keine neuen Ideen anzubieten, keinerlei Botschaft der Hoffnung oder Veränderung als Alternativen zum sowjetischen Kommunismus oder amerikanischen Liberalismus. In Versailles, wo die Zukunft der Welt entschieden wurde, spielten nicht die Briten, sondern die Amerikaner die erste Geige ... Für das Überleben des Britischen Weltreiches war das von Präsident Wilson weltweit geforderte Recht auf Selbstbestimmung der Völker unannehmbar; ebenso die Annahme der Klausel zur Gleichstellung aller Rassen."

„Auch nach dem Ende des Zweiten Weltkrieges glaubten noch viele Briten an das Prestige, das ihr Empire ausstrahlte und blickten auf die neue Welt durch viktorianische Brillen. Sie betrachteten sich noch immer als eine überlegene Rasse. Vor allem aber glaubten sie, sie hätten den Krieg gewonnen. Sie erwarteten, – so der australische Schriftsteller Alan Moorehead – wie die Kinder reicher Familien, daß man ihnen weltweit mit Ehrerbietung begegnet, ihnen in den besten Hotels die besten Zimmer reserviert und die besten Tische freihält ... 1947 erwies eine landesweite Umfrage, daß drei Viertel der britischen Bevölkerung den Unterschied zwischen Dominion und Kolonie nicht kannten, die Hälfte nicht eine einzige britische Besitzung nennen konnte und drei Prozent glaubten, die Vereinigten Staaten seien noch immer eine britische Kolonie ... Den Briten, sei es dank ihres Hausverstandes, sei es aus mangelndem Willen, wurden bei ihrem Abzug aus ihren Kolonien solche blutigen Konflikte erspart, wie sie Frankreich in Indochina oder Algerien auszufechten hatte ... In Kenya, Malaya, Zypern, Palästina, Ägypten, Aden, werden britische Soldaten Zug um Zug ihre Kasernen räumen, bis zuletzt – hinter Sandsäcken gedeckt – britische Botschaften, Schulen und Klubhäuser bewachen, blonde und rothaarige Kinder auf ihrem Schulweg begleiten und in den Straßen patrouillieren. In Indien und im Irak wird es nach dem Abzug der Briten zu blutigen Revolutionen und Massakern kommen..."

1956 kam es zu einem letzten Aufbäumen des bereits vom Tode gezeichneten britischen Löwen. Premierminister Anthony Eden, einst Kampfgefährte Churchills, setzte ein letztes Mal zum Prankenschlag gegen einen Frevler am Britischen Weltreich an: Die dahergelaufenen ägyptischen Offiziere Nagib und sein Nachfolger Gamal Abd el Nasser, die den braven, englandhörigen König Faruk verjagt und die Republik ausgerufen hatten, wagten es, den im eigenen Land gelegenen Suezkanal zu besetzen und die von England kontrollierte Kanalgesellschaft zu verstaatlichen. Albion drohte, seine allerletzte Bastion zu verlieren. Doch aus dem Löwensatz wurde ein Katzensprung: Sowohl die bei Port Said gelandeten anglo-französischen Marineinfanteristen und

Fallschirmjäger als auch die in der Wüste Sinai vorstoßenden israelischen Panzerkeile wurden durch den Befehl des US-Präsidenten Eisenhower angehalten. Seiner amerikanischen Majestät war es nicht genehm, daß seine ungehorsamen Trabanten in London und Paris militärische Sonderaktionen unternahmen, die mit Ihr nicht abgesprochen worden waren. Englands brüllender Löwe war nun endgültig kastriert, Frankreichs gallischer Hahn hatte seine letzte Schwanzfeder verloren. Die hysterische Begeisterung, mit der „Groß"-Britannien seinen „Sieg" über Argentinien im Falklandkrieg feierte, so als hätte Albion gerade eine zweite Armada vernichtet, war nur noch peinlich. Der Autor weilte Mitte Juni 1982 zufällig in den Arabischen Emiraten, als im englischsprachigen Fernsehen stündlich die Sondermeldung „Victory, Victory, Victory in the Falklands!" wiederholt wurde. Untermalt von den Klängen der Hymnen „God save the Queen" und „Rule Britannia" winkten die Queen, Prinz Philip und die übrigen Royals von der Terrasse des Buckingham Palace, deklamierte die Eiserne Lady Thatcher mit churchillschem Pathos „Britain has won the war!!!" Im Speedbird-Hotel und Country Club zu Bahrain, im British Embassy Club zu Kuwait, im Yacht Club am Strand von Abu Dhabi und am Creek von Dubai, überall hingen Union Jacks, Bilder der Queen, wurde englisch gegrölt, Unmengen Whisky, Gin und Ale gesoffen. Dabei wußte jeder, der seriöse Berichte lesen konnte und wollte, daß Royal Navy und Royal Air Force – ohne amerikanische Amtshilfe und Logistik zu Lande, zu Wasser und in der Luft – nicht in der Lage gewesen wären, auch nur ein einziges Flugzeug oder Schlauchboot heil zu den Falkland Inseln zu transportieren. Großbritannien war endgültig zu einem drittklassigen Restbritannien geschrumpft.

B.) Beispiele amerikanischer Humanität und Heuchelei

Dazu Joachim Fernau in „Halleluja, die Geschichte der USA" (1979): „Ich kann mir zur Not die Conquistadoren Pizarro und Cortez erklären, aber nicht jene Menschen, die ohne Grund, ohne Haß, ja nicht einmal mit dem Hauch eines Wahns ein Volk von der Erde vertilgen. Inkas und Azteken sind überfallen worden wie von einer Naturkatastrophe, wie von einem Vulkanausbruch. Die Indianer Nordamerikas aber wurden von Gehirnen ausgelöscht, die schon einer mutierten Menschenrasse angehörten. Ich weiß, was in Hellas an Furchterregendem geschah, in Rom, im Mittelalter, in der Inquisition, in der Französischen Revolution ... aber endgültig unheimlich wird der Mensch erst dann, wenn er die

Taten ohne Wahn, ohne Rausch, ohne Glauben oder Haß begeht. Nicht einmal Haß haben sie gefühlt, gar nichts. Sie haben sich Millionen geraubter Neger gekauft und versklavt und in zwei Jahrhunderten eine Million Indianer abgeschlachtet..."

1) Die Monroe-Doktrin

Am 3. Dezember 1823 erließ Präsident James Monroe (1758-1831) seine berühmte Ankündigung, deren Inhalt als „Monroe Doktrin" bekannt wurde. Sie lautet:

- Die Vereinigten Staaten mischen sich nicht in europäische Angelegenheiten ein und entsprechen in allen Fällen gerechten Forderungen jeder Macht zu.
- Die Vereinigten Staaten nehmen von keiner Macht eine Kränkung hin.
- Die Vereinigten Staaten werden jeden Versuch einer europäischen Macht, ihre Herrschaft auf irgendeinen Teil dieser Hemisphäre auszudehnen, als eine Gefährdung des Friedens und ihrer Sicherheit betrachten.
- Die Vereinigten Staaten werden sich nicht in Angelegenheiten vorhandener Kolonien oder Schutzgebiete einmischen, würden es aber als unfreundlichen Akt ansehen, wenn eine europäische Macht versuchen sollte, von den Vereinigten Staaten bereits als unabhängig anerkannte Gebiete zu unterdrücken oder zu kontrollieren.

Wie wär's, wenn gelegentlich die SCO (Shanghai Cooperation Organization) die Arabische Liga und CELAC (Comunidad de Estados Latinoamericanos y Caribeños)
eigene „Monroe"-Doktrinen verkünden, aus deren Mitgliedsländern sich die Amerikaner heraushalten müssen?

2) Der amerikanische Dollar erobert Lateinamerika

Nach der Befreiung von ihren spanischen Kolonialherren fielen die lateinamerikanischen Völker vom Regen in die Traufe: Die neuen Herren aus Nordamerika versprachen Frieden, Freiheit, Demokratie und kauften um Millionen Dollar ganze Staaten samt ihren Politikern ein, schickten Maschinen und Transportmittel, um den einzelnen Ländern Monokulturen, fremde Industrien und Importe aus den USA aufzuzwingen.

In „Mythos Amerika – Paradies und Albtraum" (2011) stellt Emilio Redondo eine Liste der von den Briten und den USA begangenen Aggressionen gegen lateinamerikanische Staaten auf:

James Monroe (1758 – 1831), 5. US-Präsident

Nach dem selbst provozierten Krieg gegen Spanien hatten sich 1898 die „siegreichen“ USA das Privileg gesichert, mit Kuba nach eigenem Belieben zu verfahren. Ein gutes halbes Jahrhundert verfuhren dunkelste Geschäftsleute und die bekanntesten Gangster Floridas und New Yorks mit der Zuckerinsel wie es ihnen gefiel. In Havanna sorgte der Diktator Fulgencio Batista im Auftrag Washingtons für deren Sicherheit. Mit dem Jahr 1959 erschien auf Kuba die vieldeutige Gestalt Fidel Castros und mit ihm die Revolution der „Barbudos“, der bärtigen Camilo Cienfuegos und Ernesto Guevara, die alles zu verändern schien, was Kuba je gekannt hatte. Standard Oil, General Motors, ITT, General Electric, Sheraton und Hilton, United Fruit usw. sowie die mächtige Familie Bacardi mußten um ihre Pfründe bangen. Zum ersten Mal seit der Unabhängigkeit der lateinamerikanischen Kolonien wagte es ein Staatsmann, dem zornigen Onkel Sam die Gefolgschaft zu verweigern – und überlebte es!

Im Rahmen ihrer sogenannten „Interventionen“ behelligen die Vereinigten Staaten alle Länder zwischen Mexiko und Argentinien, Kuba und Chile. Die dabei gebrauchten oder mißbrauchten Mittel gehen von der schlichten Erpressung und Bestechung, über Mordanschläge bis zu „fachgerechten“ Bombenangriffen und Überfällen durch Marineinfanterie. Juan Perón: „Die Yankees wollen keine Freunde gewinnen, sie wollen Freunde kaufen.“

Argentinien: Zum ersten Mal überfielen die Engländer Buenos Aires 1806, plünderten und mordeten. Den Schatz der damaligen Staatsbank nahmen sie mit. Trotz aller späteren Verträge wurde dieser nie zurückerstattet; die in London gezeigte Beute wog dreißig Tonnen.

Bolivien und Paraguay: Den „Chaco-Krieg“ (1932-1935) fochten diese beiden Länder stellvertretend für den amerikanischen Ölkonzern „Standard Oil“ und den britisch-niederländischen Ölmulti „Royal Dutch“ aus. Dieser Krieg kostete Bolivien etwa 60.000 Tote bei einer Einwohnerzahl von ca. 2 Millionen, und Paraguay an die 50.000 Tote bei einer Einwohnerzahl von ca. 900.000 Einwohnern.

In Brasilien, dem Land des Kaffees, errichtet Getúlio Vargas 1937 den „Estado Novo" (Neuen Staat). Er bemüht sich eine arbeiterfreundliche, soziale Politik zu betreiben, führt eine Agrarreform durch, um den Großgrundbesitz zu teilen und fördert die Industrialisierung. Aber die Oligarchie des Landes und die Hochfinanz, die er nicht entmachten kann, treiben ihn zur Verzweiflung. Im August 1954 begeht er Selbstmord.
Guatemala: 1944 will eine Gruppe nationalrevolutionärer Offiziere Sozialgesetze einführen und landesweit Schulen eröffnen. Als Staatspräsident Jacobo Arbenz sogar den allmächtigen US-Konzern „United Fruit" verärgert, indem er im Rahmen einer Bodenreform Brachland an landlose Bauern vergibt, wirft ihm Washington sozialistische Maßnahmen vor. Im Juli 1954 wird er im Zuge eines gut geschmierten Putsches entmachtet.

3) Der „Sklavenbefreier" Abraham Lincoln, US-Präsident 1861-65

„Mein wesentliches Ziel ist es, die Union zu retten. Es geht nicht darum, die Sklaverei zu retten oder zu zerstören. Wenn ich die Union retten könnte, ohne einen Sklaven zu befreien, täte ich es. Wenn ich es erreichen könnte, ohne Sklaven zu retten, täte ich es ebenfalls. Wenn ich es erreichen könnte, indem ich einige von ihnen befreite, ohne an das Schicksal der anderen zu rühren, täte ich es auch ... Und was die Schwarzen betrifft, so ging es ihnen nach der Niederlage der Südstaaten (1865) und der ‚Abolition' (Aufhebung der Sklaverei) kaum besser als früher..."
Ungern erinnern sich deshalb die heuchlerischen amerikanischen Erben des Perfiden Albion und Tugendwächter von „peace, freedom and democracy" an die Rede, die der angebliche Sklavenbefreier Präsident Lincoln nach dem Bürgerkrieg hielt: „Ich möchte betonen, daß ich niemals für die politische und soziale Gleichheit von schwarzer und weißer Rasse eingetreten bin. Ich will nicht, daß die Schwarzen Geschworene oder Wähler werden noch ihnen erlaubt wird, politische Ämter zu bekleiden oder Weiße zu heiraten. Da die beiden Rassen nicht als Gleiche zusammenleben können, muß es, solange sie in einem Lande vereint sind, eine untergeordnete und eine übergeordnete Rasse geben. Und ich wünsche ebenso wie jeder andere hier, daß die weiße Rasse die überlegene bleibt."

Es waren übrigens deutsche Einwanderer in der Kleinstadt Germantown, die am 30. Mai 1688 die erste Protestschrift gegen die Sklaverei verfaßten. Wenige Tage zuvor war von vier Bewohnern der Stadt bereits ein lokaler Protest organisiert worden, nachdem die erste geschlossene Gruppe deutscher Siedler mit dem Schiff „Concord" Nordamerika erreicht hatte. 1854 wurde Germantown der Stadt Philadelphia einverleibt. Die Sklaverei wurde in den USA erst nach dem Sezessionskrieg mit dem 13. „Amendment" (Zusatzartikel) zur Verfassung der Vereinigten Staaten abgeschafft, der am 18. Dezember 1865 in Kraft trat.

4) Amerikas Kolonien

a. Die Amerikaner erobern Hawaii

Am 20. Januar 1778 „entdeckte" Captain James Cook die Inselgruppe Hawaii und hinterließ dort einige Schweine und Ziegen. Ein Jahr später besuchte er ein weiteres Mal Hawaii und wurde von den Insulanern samt einem Teil seiner Mannschaft getötet. Diese hatte so viele Geschlechtskrankheiten verbreitet, daß die Inselbevölkerung im Laufe von drei Generationen von 300.000 auf 60.000 sank.

1842 erfolgte die Anerkennung der Unabhängigkeit des Königreichs Hawaii durch die Amerikanische Union. Doch schon bald verhielten sich die Amerikaner wie eine Kolonialmacht, kontrollierten den Zukkerexport des Inselstaates und bauten auf der Insel Oahu den Flottenstützpunkt Pearl Harbor.
Auf Grund der steten Zuwanderung Tausender US-Amerikanern und Asiaten, gerieten die Hawaiianer in die Minderheit und 1894 gelang den Amerikanern, die Umwandlung des Inselkönigreichs in eine Republik durchzusetzen - ein erster Schritt zur völligen Annexion des „Hawaii Territory", die 1898 erfolgte. Auf Grund des Zurückdrängens der einheimischen Kultur und Sprache, wurde die Inselbevölkerung völlig cocacolonisiert und geriet ihre autochthone Kultur in museale Vergessenheit, sofern sie nicht gelegentlich zu touristischen Zwecken mißbraucht wird.
Per Volksentscheid entschied sich 1959 eine Mehrheit der Inselbewohner für den Beitritt der Inselgruppe als 50. Bundesstaat in die USA.

b. Die Amerikaner besetzen die Philippinen

Eine wahrhaft „kriegsentscheidende" Heldentat beging General John „Black Jack" Pershing (1860-1948), der 1913 in die Philippinen entsandt wurde, um einen Aufstand aufsässiger muslimischer Insulaner gegen die amerikanischen Besatzer niederzuschlagen. Nach dem Sieg seiner Truppen beschließt Pershing, ein Exempel zu statuieren: Er läßt 50 gefangene muslimische „Terroristen" an Pfosten festbinden und befiehlt einem Soldaten, ein paar Schweine vor den Muslimen zu schlachten, 49 Gefangene zu erschießen und ihre Leichen in Schweineblut und Innereien zu wälzen. Danach wird der fünfzigste Gefangene, Zeuge dieser für Muslime unauslöschlichen Schande und Besudelung, die ihre Aufnahme im Paradies für alle Ewigkeiten ausschließt, losgebunden und freigelassen, auf daß er seinen Landsleuten von Amerikas Zivilisation berichte.

Noch heute wird in radikalen Kreisen der USA diese Schweinerei auf Grund ihrer nachhaltigen Wirkung als beispielhaft dargestellt, denn bis zum Einmarsch der Japaner im Jahre 1942 herrschte fortan auf den Philippinen Friedhofsruhe.

„Black Jack" Pershing galt fortan als großer Held und wurde 1917 zum Oberkommandierenden der amerikanischen Truppen ernannt, die gegen Deutschland an der Westfront eingesetzt wurden. Kein Wunder, daß Amerikas heute herabgekommene, von dunklen Flecken übersäte „schimmernde Wehr" glaubt, auf Folter, Besudelung und Entehrung von Gefangenen zurückgreifen zu müssen, um „Siege" zu erringen.

5) Das Bekenntnis des Generals Smedley Butler

Selten genug, daß hohe Offiziere auspacken und aus der Kaserne plaudern. Hier ist, was das amerikanische „Grunt" (Frontschwein), General der Marineinfanterie Smedley Butler (1881-1940) über seine Erfahrungen in mehreren Kriegen zwecks Machtentfaltung der USA auspackte: „Krieg ist ein einträgliches Geschäft: Nur eine kleine verschworene Minderheit weiß, worum es eigentlich geht. Krieg wird zum Vorteil von ganz Wenigen auf Kosten der Mehrheit des Volkes geführt. Ich glaube an die Pflicht zur Verteidigung unserer Küsten, falls es ein Feind wagen sollte, uns anzugreifen. Niemals würde ich wieder in den Krieg ziehen, um miese Investitionen von Bankiers zu schützen, wie ich öfters zu tun gezwungen war. Es gibt nur zwei Dinge für die wir kämpfen sollten: Für die Verteidigung unserer Heimat und für die ‚Bill of Rights' [die zehn Zusatzartikel zur amerikanischen Verfassung]. Kriege um anderer Ziele willen zu führen ist Betrug ... Sie haben Strategen, die Kriegsvorbereitungen treffen und ihren Big Boss, den internationalen Kapitalismus. Es mag vielleicht merkwürdig scheinen, daß

ausgerechnet ich als Angehöriger des Militärs einen solchen Vergleich wage. Aber Wahrheitsliebe zwingt mich dazu: Ich habe dreiunddreißig Jahre und vier Monate als Leutnant bis Generalmajor bei der Marineinfanterie, dem fronterfahrensten Wehrmachtsteil dieses Landes gedient und wußte nicht, daß ich in dieser Zeit lediglich als Gladiator für die Interessen des ‚Big Business' und der Wall Street mißbraucht wurde. Ich ahnte, daß ich nur Teil des großen Gangsterplans war, jetzt weiß ich es. Ich habe 1903 mitgeholfen, Honduras für den amerikanischen Konzern ‚United Fruit' reif zu machen. Ich habe 1914 mitgeholfen, Mexiko für die amerikanischen Ölinteressen abzusichern. Ich habe dazu beigetragen, daß die Jungs von der National City Bank, die in Haiti und Kuba abkassierten, einen angenehmen Aufenthalt hatten. Ich half mit bei der Plünderung von einem halben Dutzend Republiken in Mittelamerika, zu Gunsten der Wall Street. Die Liste der Gangstereinsätze ist lang. 1909-1912 war ich an der ‚Säuberung' Nicaraguas im Interesse des internationalen Bankhauses Brown Brothers beteiligt. 1916 machte ich in der Dominikanischen Republik den Weg frei für die amerikanische Zuckerindustrie. In China nahm ich an den Kämpfen zur Durchsetzung der Interessen von Standard Oil teil. In all diesen Jahren habe ich, wie die Drahtzieher zu Hause sagen würden, ein tolles Ding nach dem anderen gedreht. Rückblickend glaube ich, daß ich Al Capone ein paar wertvolle Tips hätte geben können. Er kontrollierte bestenfalls drei Stadtbezirke von Chicago. Ich führte Krieg auf drei Kontinenten."
Wie viele „General Smedleys" würden es heute wagen, auszupacken?

C.) Wer das Erdöl kontrollieren will, muß den Nahen Osten beherrschen

Die jüngere Geschichte und Entwicklung der arabischen Staaten können nicht verstanden, können nicht geschrieben werden, ohne die Bedeutung des Erdöls zu erfassen. Schon aus den frühesten Berichten von Reisenden, die Mesopotamien durchquert hatten, kennen wir das Wort „Naft", denn so heißt auf arabisch diese schwarze Brühe, die gelegentlich aus dem sandigen Boden sickert und kleine Seen bildet. Man verwendete dieses teerartige Öl zum Kalfatern von Schiffsplanken oder zum Dichten von Körben. Den Quantensprung von einer kaum beachteten Substanz zum eigentlichen, „ganz besonderen Lebenssaft" aller modernen Industriestaaten, schaffte das „Naft" innerhalb sehr kurzer Zeit. Die Schicksalsstunde schlug, als vor über hundert Jahren die Regierungen und Admiralitäten aller Staaten, die auf die Stärke ihrer

Kriegsflotten bauten, den Antrieb ihrer Schiffsmaschinen von Kohle auf Ölfeuerung umstellten.
Wohl hatte man schon in den USA, im Zarenreich und anderen Ländern nach Öl gebohrt, doch der gewaltige Ansturm auf bisher festgestellte Lagerstätten und die Suche nach neuen Ölquellen begann erst kurz vor dem Ersten Weltkrieg. Weil es in Europa kaum nennenswerte Reserven gab, waren jene Staaten und Kolonialmächte begünstigt, die sowohl die Ölfelder als auch den Transport des Rohstoffes sicherstellen konnten. In den USA begann der Aufstieg des John D. Rockefeller mit seiner Standard Oil Company, in England folgte Marcus Samuel mit der Shell Company. Rockefeller hatte vom Anfang an verstanden, daß im Ölgeschäft nur derjenige Erfolg haben kann, der das Rohöl raffinieren und dann auch transportieren kann: Von der Ölquelle zur Zapfsäule. Innerhalb von nur zwanzig Jahren bildete sich das berühmt-berüchtigte Kartell der „Seven Sisters" heraus, das fortan, getreu der Philosophie des großen Rockefellers, seit damals und bis heute zwei Drittel des Treibstoffbedarfs der Industrienationen kontrolliert. Dieses Kartell bestand anfangs aus den fünf amerikanischen Ölfirmen Mobil, Gulf, Texaco, Socal, und Exxon, der Nachfolgefirma von Standard Oil, sowie der britischen British Petroleum, BP.
Die letzte „Sister" war die Royal Dutch/Shell, die aus der britischen Shell des Marcus Samuel und der holländischen Royal Dutch des Niederländers Henry Deterding entstanden war, als beide Firmen fusionierten. In die beiden europäischen Ölfirmen hatten auch die britischen und französischen Rothschild gewaltig investiert.
Hatten die Engländer 1920 bei der Gründung der britisch-irakischen Ölgesellschaft noch versucht, die irakische Vasallenregierung mit Almosen von vier englischen Shilling pro geförderter Tonne Erdöl abzuspeisen, lernten die arabischen Ölscheiche nach dem Zweiten Weltkrieg recht bald, wie man die allmächtigen Ölgesellschaften gehörig

John D. Rockefeller (1839-1937), Unternehmer und Gründer der Standard Oil Company

Abd el Aziz (1906-1975)
König von Saudi-Arabien

unter Druck setzen kann: Seit Gründung der OPEC werden die Förderländer von den Ölmultis mit dreißig bis fünfzig Prozent an den Gewinnen des in ihren Ländern geförderten Rohöls beteiligt. Als 1973 die arabischen Ölproduzenten während des Yom Kippur-Krieges feststellen mußten, daß die US-Ölfirmen ihr gutes arabisches Öl für die Belieferung an Israel abzweigten, gelang es König Feisal Abd el Aziz von Saudi Arabien, seine arabischen Kollegen zum Ölboykott gegen die USA und ihren europäischen Vasallen zu bewegen. Ferner drohte er, die gesamte Ölindustrie in seinem Königreich zu verstaatlichen. Die amerikanischen Ölmultis, die ihre Milliardenprofite gefährdet sahen, versuchten Druck auf Präsident Richard Nixon und Außenminister Henry Kissinger auszuüben, Israel nicht so einseitig zu begünstigen, sondern die legitimen Anliegen der Araber und die Interessen der amerikanischen Wirtschaft zu berücksichtigen. Dazu Anthony Sampson in „The Seven Sisters" (1978): „Als der saudi-arabische Außenminister Sakkaf Präsident Nixon im Oktober 1973 einen Brief von König Feisal überreichte, daß er im Falle weiterer Öllieferungen der USA an Israel in zwei Tagen den Ölboykott ankündigen würde, erklärte Nixon, er sei verpflichtet, Israel zu unterstützen und noch am selben Tage beschloß der Senat mit zwei zu eins, den Israelis Nachschub zu gewähren. Hier hatte sich die eine Lobby der anderen eindeutig überlegen gezeigt. Kein Wunder, daß König Feisal 1975 Opfer eines tödlichen Attentates wurde.
Wie lange werden die Nationen dieser Welt es noch hinnehmen, daß die USA, deren Anteil an der Weltbevölkerung lediglich 5 Prozent beträgt, 25 Prozent der gesamten Erdölproduktion für sich beanspruchen und verbrauchen?

I. Kirchner: „Sperrfeuer um Nahost", 1941; A. Zischka: „Ölkrieg", 1940; Anthony Sampson: „The Seven Sisters", 1976; W. Engdahl: „Mit der Ölwaffe zur Weltmacht", 2003; R. Melisch: „Pulverfaß Nahost", 2003.

1) Amerikanische „Diplomatie" am Beispiel des Irak

Wie machte das bloß der Saddam Hussein, daß er seit Beginn der neunziger Jahre unangefochten den zweiten Platz in der „Top Ten" Hitliste der schlimmsten Bösewichter aller Zeiten verteidigte, weit vor Pol Pot, Idi Amin und Josef Stalin, und nur knapp hinter Adolf Hitler? Diese Rolle des Oberpfui verdankte Iraks Staatschef der Tatsache, daß er an drei Tabus der amerikanischen Weltordnung gleichzeitig rüttelte: Erstens gefährdete die von ihm geplante Wiedervereinigung des Wüstenlandes Kuwait an das irakische Mutterland das seit über achtzig Jahre lang bestehende Abhängigkeitsverhältnis sämtlicher arabischer Marionettenscheichs von westlichen Ölmultis. Zweitens bedrohte das Waffenarsenal des von den westlichen Demokratien in den achtziger Jahren gegen den Iran aufgerüsteten Irak nunmehr die Sicherheit des Zionistenstaates. Drittens hatte Saddam Hussein 1985 beschlossen, aus dem Teufelskreis der bestehenden Weltwirtschaftsordnung auszubrechen, um sich der Zwickmühle zwischen benötigten und nur allzu gern gewährten Milliardenkrediten einerseits, ewig währenden Zinsbelastungen andererseits, zu entziehen. An der OPEC mit ihrem über dem US-Dollar abzuwickelnden Zwangskurs vorbei, schloß er bilaterale Verträge mit Pakistan, Brasilien und den Philippinen. Im Tausch gegen irakisches Öl erhielt er Reis, Kaffee, Textilien und Nutzfahrzeuge. Keine Frage: Hier war höchste Gefahr im Verzuge: Nicht auszudenken, wenn solche Beispiele bei anderen strategisch wichtigen Rohstofflieferanten der Zweiten und Dritten Welt Schule machten! Nun mußte schnell gehandelt werden, der Irak zum Krieg provoziert werden: Mit entsprechender Rückendeckung aus den USA hatte der kuwaitische Außenminister Anfang 1990 dem Irak die Stundung von 4 Milliarden Dollar Kriegsschulden verweigert, obwohl doch gerade Kuwait den Irak zum Krieg gegen das Regime der finsteren Mullahs gedrängt und Saddam Hussein fleißig finanziert hatte, aus Angst, die strengen Gotteskrieger könnten unter den schiitischen Gemeinden in den Golfstaaten immer stärkeren Anhang gewinnen und die Herrschaft der fetten Drohnen von Amerikas und der OPEC Gnaden gefährden.

Im Sommer desselben Jahres hatte man den Erzbösewicht soweit; er tappte in die Falle und besetzte Kuwait. Wie konnte das geschehen? Die gerade erst vor einem Jahr als Botschafterin der USA nach Bagdad entsandte April Glaspie hatte aus Washington den Auftrag erhalten, Präsident Saddam Hussein in einer dringenden Angelegenheit zu sprechen. Am 25. Juli wurde sie empfangen, und schon am 2. August marschierten irakische Truppen in Kuwait ein. Einen Monat

später wurde englischen Journalisten in Bagdad eine Tonbandkopie des Gesprächs Saddam Husseins mit der Botschafterin zugespielt. Hier der Text:
Glaspie: „Exzellenz, ich habe von Präsident Bush persönlich den Auftrag bekommen, unsere Beziehungen zu Irak zu verbessern. Wir haben volles Verständnis für ihr Anliegen, höhere Erdölpreise zu erzielen, die von Kuwait aber abgelehnt werden ... Wir wissen, daß Sie diese Mittel für den Wiederaufbau Ihres Landes nach dem Krieg gegen den Iran benötigen ... Wir haben erfahren, daß Sie zahlreiche Truppen an die Grenze zu Kuwait verlegt haben. Normalerweise würden wir uns nicht darum kümmern, doch im Hinblick auf unsere engen Beziehungen zu Kuwait habe ich den Auftrag bekommen, Sie im Geiste der Freundschaft und nicht der Konfrontation zu fragen, welche Pläne Sie verfolgen."
Präsident Saddam Hussein: „Wie Sie wissen, war Kuwait im Osmanischen Reich vor 1918 Teil der Provinz Basrah, daher Teil des später unabhängigen Irak, und errang 1961 die Unabhängigkeit. Nach Ende unseres Krieges gegen den Iran, den uns Kuwait mit 14 Milliarden Dollar finanzierte, kam es zu Meinungsverschiedenheiten über Ölpreise, Grenzziehung und Bohrrechte. Seit Jahren versuche ich mit Kuwait eine Einigung über unsere gemeinsame Grenze zu erzielen, wir fordern die Kontrolle über den gesamten Schatt el Arab. In zwei Tagen werden wir mit den Kuwaitern ein letztes Gespräch führen: Sollte sie sich weigern, nehmen wir uns das gesamte Kuwait. Was halten Sie davon?"
Glaspie: „Wir haben zu Ihren innerarabischen Konflikten keine Meinung. Außenminister Baker hat mich beauftragt, Ihnen mitzuteilen, daß das Thema Kuwait keine amerikanischen Interessen berührt."
Tags darauf wurde Margaret Tutweiler, Pressesprecherin des Außenministeriums in Washington anläßlich einer Pressekonferenz gefragt, ob die USA gegen die Stationierung von 30.000 irakischen Soldaten an der Grenze zu Kuwait protestiert hätten, darauf antwortete sie: „Mir ist kein solcher Protest bekannt." Zwei Tage vor dem Einmarsch der Iraker in Kuwait bekräftigte John Kelly, Referent für den Nahen Osten im Außenministerium: „Die USA sind weder verpflichtet Kuwait zu verteidigen, noch werden sie dies tun, sollte es vom Irak angegriffen werden." Am frühen Morgen des 2. August 1990 überschritten irakische Panzer und motorisierte Infanterie die Grenze und besetzten innerhalb weniger Stunden Kuwait. Ein Jahr später wurde Glaspie in die Zentrale zurückbeordert, erhielt den strikten Befehl, über ihre Rolle im Irak-Kuwait Konflikt zu schweigen und weder mündliche noch schriftliche Aussagen über ihr Gespräch mit Saddam Hussein zu machen. 2002 schied sie aus dem „State Department" (Außenministerium) und hielt sich seither strikt an ihre Auflagen.

2) Unternehmen „Wüstensturm"

Um die Weltmeinung auf das nun folgende Strafgericht „Desert Storm" gegen den Irak vorzubereiten, wurden weitere Horrormeldungen verbreitet. Medien berichteten weltweit über die Anhörung „echter" Zeugen vor der UNO-Menschenrechtskommission: Vor laufenden Kameras von CNN beschworen ein kuwaitischer Arzt und eine kuwaitische Krankenschwester, sie hätten selbst die schlimmsten irakischen Kriegsverbrechen erlebt. Sie behaupteten, irakische Soldaten hätten Babys aus Brutkästen geworfen und schwangere Frauen in kuwaitischen Spitälern vergewaltigt. Der Weg war nun frei. Im UNO-Sicherheitsrat wagte kein Staat mit Nein zu stimmen. Bush durfte seine 450.000 US-Krieger in die Wüste schicken, ausgerüstet mit modernsten elektronisch gesteuerten Vernichtungssystemen. Nach Ausschaltung aller irakischen Verteidigungsanlagen, nach tagelangem Bombardieren mit Raketen und ihre Ziele selbst erfassenden „smart bombs", gab der kommandierende Feldherr Norman „Rambo" Schwarzkopf den Befehl zum Einmarsch. In nur wenigen Stunden wurden die noch kampffähigen irakischen Einheiten mit Napalm gegrillt, die Überlebenden von Panzerketten im Wüstensand plattgewalzt.

So nebenbei kam wenige Monate später die Wahrheit über die Brutkastenaffäre ans Tageslicht: Für zehn Millionen Dollar hatten die kuwaitischen Ölscheiche die New Yorker Werbeagentur Hill & Knowlton mit der bühnengerechten Inszenierung beauftragt: Die als „Augenzeugin" vor der UNO-Menschenrechtskommission aufgetretene Krankenschwester entpuppte sich als die Tochter des kuwaitischen Botschafters in den USA. Eine Befragung kuwaitischer Ärzte durch Inspektoren des Internationalen Roten Kreuzes und von Amnesty International nach dem Abzug der Iraker brachte diese Propagandalüge zu Tage.

Getreu ihrer bewährten, perfiden Tradition gingen die Amerikaner nun daran, Vorbereitungen zu treffen, die friedensbereiten Iraker aus „anticipatory self defence" (vorweggenommener Notwehr) zu überfallen. Sie verkündeten urbi et orbi, Saddam Hussein sei ein blutrünstiger Tyrann. Ziele der amerikanischen Invasion seien die Befreiung von Kuwait und die Segnung des irakischen Volkes mit „peace, freedom and democracy". Am 9. Januar 1991 behauptete Präsident Bush, er verfüge über die verfassungsmäßige Befugnis, ohne Zustimmung des Kongresses zu handeln und eine halbe Million US-Soldaten gegen den Irak in die Wüste zu schicken.

In der sternenklaren Nacht vom 16. auf den 17. Januar fielen um 02:30 die ersten amerikanischen Bomben auf den Irak und dann griff 52 Tage lang durchschnittlich alle 30 Sekunden ein amerikanisches Flugzeug

G.W. Bush zu Besuch auf einem Flugzeugträger

Ziele im Irak an. Amerikanische Technik zermalmte entlang des Euphrat und Tigris die Wiege der Zivilisation; George Bush nannte es Befreiung...

Am 23. Februar 1991 verkündete Präsident Bush, der einen kampflosen Rückzug der Iraker aus Kuwait befürchtete, Saddam Hussein hätte angedroht, vor dem Abzug seiner Truppen alle Kuwaiter umzubringen und die Stadt zerstören zu wollen. Tags zuvor hatte der russische Diplomat Ewgenij Primakow Washington verständigt, die Iraker würden ohnehin in den nächsten Tagen aus Kuwait abziehen. Genau dies wollte Präsident Bush vermeiden, denn ihm und dem US- Militär lag daran, ihr Arsenal an neu entwickelten Massenvernichtungswaffen an dem in jeder Hinsicht unterlegenen irakischen Gegner auszuprobieren. Dies war der Grund, warum Bush das Unternehmen „Desert Storm" sofort auslöste. Die US-Air Force, von irakischer Abwehr unbehindert, begann die aus Kuwait nach Norden Richtung Basrah abziehenden irakischen Panzer- und Lastwagenkolonnen mit Streubomben, Napalmbomben, GBU-28 Superbomben, FAE-Druckbomben einzudecken: Letztere haben eine den Atombomben vergleichbare Sprengkraft. Beim Einschlag entweicht eine Wolke hochgiftiger Dämpfe, die sich mit der Luft vermischen und detonieren. Washington befahl auch einen Attentatsversuch auf Saddam Hussein mittels zweier 5000 Pfund schwerer GBU-28 „Superbomben" auf den Al-Tadsch Bunker, in dem sich der irakische Präsident vermutlich aufhielt. Nur wenige Stunden vor dem Waffenstillstand am 27.Februar wurde der Bombenangriff gestartet. Die Bomben durchschlugen mehrere Betondecken, explodierten im Bunker und zerrissen Hunderte Zivilisten, die hier Schutz gesucht hatten, nicht jedoch Saddam Hussein, der sich anderen Ortes aufgehalten hatte.

Welches Gemetzel von den Amerikanern zu Lande angerichtet wurde, legte folgende Aussage Mike Erlichs, Mitglied des Military Counseling Network, bei den Anhörungen des Europaparlaments zum 1. Golfkrieg im April 1991 Zeugnis ab: „...Tausende irakischer Soldaten setzten sich unbewaffnet und mit erhobenen Händen zu Fuß in Bewegung in Richtung auf die amerikanischen Stellungen, um sich zu ergeben. Da die Amerikaner keinen Befahl erhalten hatten, Gefangene zu machen, eröffnete ihr Kommandeur das Feuer und zerfetzte einen der irakischen Soldaten mit einem panzerbrechenden Geschoß. Daraufhin begannen alle anderen Amerikaner auf die Iraker zu schießen. Kurz, es war ein Massaker." Am zweiten Tag des Bodenangriffs zeigten Radarbilder, daß eine endlose Masse tausender flüchtender irakischer Soldaten sowie zahlloser zerstörter und liegengebliebener Fahrzeuge die Straße nordwärts nach Basrah verstopften. Eintausend Soldaten der 101. US-Luftlandedivision wurden mit 66 Blackhawk-Hubschraubern nahe dieser Straße abgesetzt. Mit Panzerabwehrraketen und Sprenggranaten schossen sie die zu Fuß flüchtenden, wehrlosen Iraker zusammen. Am 2. März 1991, zwei Tage nach dem Waffenstillstand, befahl US-General Norman Schwarzkopf die Vernichtung der 7000 Mann starken irakischen Division „Hamurabi", die sich auf dem Rückzug befand, durch lasergesteuerte Hellfire-Raketen, die von Apache-Hubschraubern abgefeuert wurden. Und mit halbjähriger Verspätung veröffentlichte die Zeitschrift „Newsday" den folgenden Bericht: „Die 1. motorisierte US-Infanteriedivision ‚The Big Red One', die Saddam Husseins Abwehrlinie durchbrach, setzte auf Panzern montierte Pflüge und für den Kampfeinsatz konstruierte Bagger ein, um Tausende irakische Soldaten – manche noch lebend und aus ihren Waffen feuernd – in ihren mehr als 70 Meilen langen Gräben zu verschütten. Sie verwendete die grausame Erfindung, um Gräben und Bunker zu zerstören, in denen sich mehr als 8000 irakische Soldaten befanden. Während sich 2000 ergaben, wurden die toten und verwundeten Iraker wie auch die letzten Kämpfenden unter Tonnen von Sand begraben. ‚Nach unserem Durchbruch, war kein Iraker mehr lebendig' brüstete sich Captain Bennie Williams und wurde mit dem ‚silver star' ausgezeichnet."
Ramsey Clark: „Wüstensturm", 1992; Scott Ritter: „Krieg gegen den Irak", 2002.

3) Washington lügt, daß die Freiheitsstatue errötet

Am 16. Dezember 2000 gab Präsident George W. Bush bekannt, Colin Powell zum Außenminister ernennen zu wollen; seine Berufung erfolgte im Januar 2001. Der als gemäßigt geltende Powell wurde im Kabinett der Bush-Regierung als Gegenspieler des zum Krieg treibenden Verteidigungsministers Donald Rumsfeld angesehen. Im Sommer 2002 kam es zu offenen Differenzen um die Frage, ob der Irak tatsächlich über Massenvernichtungswaffen verfüge. Letztlich unterstützte aber Powell den US-Angriff. Am 5. Februar 2003 kam es zum denkwürdigen Auftritt Powells vor dem Weltsicherheitsrat der Vereinten Nationen: Dort plädierte er für den Sturz Saddam Husseins, da dieser im Besitz von Massenvernichtungswaffen sei. Als „Beweis" legte er dem Plenum einen technischen Bauteil vor, der angeblich einer solchen irakischen Wunderwaffe entstammte, und so kam es zum 2. Krieg gegen den Irak.

Der militärische Spaziergang nach Bagdad und Basrah hatte die Amerikaner knapp ein Dutzend Gefallene und 65 Milliarden Dollar gekostet. Allein im ersten Vierteljahr haben sie als Besatzungsmacht im Irak offiziell 60, nach inoffiziellen Angaben gar 600 Gefallene zu beklagen gehabt, ohne daß sich in Mesopotamien auch nur ein Lichtblick am Horizont abgezeichnet hätte. Und welche Fortschritte hatten sie bei der Einführung demokratischer Verhältnisse vorzuweisen, waren sie doch zur „Befreiung" des irakischen Volkes von der Tyrannei angetreten? Welche Organisationspläne wurden von ihnen ausgearbeitet, geschweige denn umgesetzt, um die zerstörte Infrastruktur des Irak wieder in Gang zu setzen? Wo blieben denn die von US- Kriegstreibern hinausposaunten „Beweise" von irakischen Massenvernichtungswaffen? US-Verteidigungsminister Donald Rumsfeld mußte höchstpersönlich eingestehen, daß es nie Beweise für ein irakisches Bedrohungspotential gegeben hat,

Colin Powell, 4Sterne-General und erster farbiger Außenminister der USA, der im Sicherheitsrat der UNO wegen angeblicher Massenvernichtungswaffen zum Krieg gegen Sadam Hussein aufruft

und dieses daher auch nicht der Grund für den Überfall der USA auf den Irak war.
Im September 2005 bereute Powell in einem ABC-Fernsehinterview diese Rede, in der er den Weltsicherheitsrat mit gefälschten Tatsachenbehauptungen von der Notwendigkeit des Irak-Krieges zu überzeugen versucht hatte und bezeichnete sie als einen „Schandfleck" seiner Karriere.

4) Amerikanische Kriegsverbrechen kommen ans Licht

a. Freude am Abschlachten wehrloser Gegner und am Massakrieren von Zivilisten

Über tatsächliche US-Kriegsverbrechen konnte hingegen die US-Zeitschrift „New York Newsday" vom 31. März 1991 berichten, und zwar über das schon erwähnte Massaker an der irakischen Elitedivision „Hamurabi", die sich entlang der Route 8 in Begleitung zahlreicher ziviler Fahrzeuge, Busse mit Fremdarbeitern und von Flüchtlingen in Richtung Bagdad befanden. Der US-Kommandeur McCaffrey gab am 2. März – also zwei Tage nach dem Waffenstillstand – den Befehl, den Konvoi zu vernichten. Filmaufnahmen dieses Massakers, bei dem kein einziger amerikanischer Soldat ums Leben kam bewiesen, daß die Iraker keine Gegenwehr leisteten.
Das irakische Volk hatte auch die Ehre, dem amerikanischen und britischen Militär beim Einsatz eines neuen Bombentyps und neuer Artilleriemunition, die mit „depleted uranium" (abgereicherten Uran) ummantelt waren, 1991 als Versuchskaninchen zu dienen. Schon ein Jahr davor hatte die britische Atomenergiebehörde in einem Bericht an ihre Regierung gewarnt, daß der Abwurf von nur 50 Tonnen derart behandelter Munition innerhalb eines Jahres zu schätzungsweise 50.000 Todesfällen durch Krebserkrankungen führen würde. Nach dem „Desert Storm" schätzten Fachleute, die verbliebene Menge auf 900 Tonnen, die über Kuwait und dem Südirak verteilt wurden. Jahrelang wird seither in Washington und London alles vertuscht, obwohl inzwischen auch ein Drittel der im Golfkrieg eingesetzten amerikanischen, und ein Viertel der britischen Soldaten sich hilfesuchend an ihre zuständigen Militärhospitäler und Rechtsberater gewendet haben. Während man in Kuwait mit hohem finanziellen Aufwand daran gehen konnte, die schlimmsten Schäden und Gefahren zu beseitigen, fehlt es im Irak sowohl an Medikamenten zu Behandlungen, als auch an Geräten für das Feststellen der verstrahlten Umgebung. Weil die USA gegen den

Plan der Weltgesundheitsbehörde WHO, im Irak im größeren Maßstab Feldstudien und Messungen durchzuführen, ihr Veto einlegen, können nur empirische Daten, die irakische Ärzte und ausländische Hilfsorganisationen vor Ort erhoben haben, als Grundlage dienen. Die britische Atomenergiebehörde hat nach dem Krieg nochmals auf die geschätzten Mengen an Bomben und Munition mit angereichertem Uran hingewiesen, die auf den Irak herabgeregnet sind, und sie rechnet „unter Umständen" mit 500.000 Opfern.
R. Göbel, J. Guilliard, M. Schiffmann: „Der Irak, ein belagertes Land", 2001.

b. An den Spätfolgen werden noch Generationen von Irakern leiden müssen.

Seit Februar 2001 leitet Dr. Eva-Maria Hobiger, Fachärztin für Radioonkologie, das Hilfsprojekt „Aladins Wunderlampe" zur Hilfe von krebskranken Kindern in Basrah. Dort ist die Leukämie-Inzidenz seit 1990 auf das Fünffache gestiegen. Die Untersuchungskommission der WHO durfte mit ihrer Arbeit erst nach Jahren beginnen, doch ermittelten die irakischen und europäischen Ärzte recht bald, daß abgereichertes Uran der Grund für den Anstieg von Leukämie und Krebserkrankungen in diesem Land ist. Auf Grund der Sanktionsmaßnahmen gegen den Irak, ist das Blutspendesystem schon vor Jahren zusammengebrochen. In einer Region mit etwa zwei Millionen Menschen gibt es kaum Plastiksäckchen für das Blut. Dr. Hobiger berichtet: „Inzwischen ist es uns gelungen, praktisch alle benötigten medizinischen Geräte und Einrichtungen zu sammeln. Mitte Januar 2002 haben wir bei der UNO in New York um die Bewilligung angesucht, das Gerät nach Basrah zu verschiffen. Nach neun Monaten wurden wir verständigt, daß einige Bestandteile des Projektes – nämlich Zentrifugen, Separatoren, Gefrierschränke, Infusomaten – vom amerikanischen Vertreter im Komitee für Sanktionen gegen den Irak beeinsprucht worden waren. Monatlich sterben an die 5000 Kinder, drei Prozent der Neugeborenen in Basrah kommen schwerst mißgestaltet auf die Welt..."
2004 schrieb Dr. Hobiger: Die Opfer der fast 13 Jahre dauernden Sanktionen der Westlichen „Werte"-Gemeinschaft gegen den Irak führten zu einem Völkermord, der mehr als eine Million Menschenleben gefordert hat ... Der Bruch des Völkerrechts, die Lügen vor den Augen der ganzen Welt, die stillschweigende Verwandlung der „Befreiungs"-Armee in eine Besatzungsarmee – es war jedes Mittel recht, um die Interessen der Amerikaner zu verfolgen. Die aber den Preis bezahlen müssen, sind die Gleichen geblieben: Die Kinder, die Kranken, die Alten.

Im Mai 1996 wurde die US-Außenministerin Madeleine Albright in der CBS-Fernseh-Sendung „60 minutes" gefragt, ob nicht der Tod von mehr als einer halben Million irakischer Kindern ein zu hoher Preis sei. Sie antwortete: „Wir glauben, daß es den Preis wert ist."

c. Mißhandeln und Foltern von Kriegsgefangenen am Beispiel von Abu Ghraib

Nach und nach gelangt ans Tageslicht, wie männliche und weibliche Angehörige der US-Infanterie, der Militärpolizei, der CIA und privater Wachdienste irakische Kriegsgefangene und Zivilisten in Abu Ghraib und anderen irakischen Lagern mißbraucht, gefoltert, vergewaltigt, oder einfach liquidiert haben. Am 1. November 2003 bringt „Associated Press" (AP) einen ersten offiziellen Bericht über schwere Menschenrechtverletzungen im amerikanischen Lager Abu Ghraib: Es ist die Rede von Folter, von Prügeln, vom schutzlosen Aussetzen von Gefangenen in der prallen Sonne, von Vergewaltigungen und von „strappado": Gefangenen werden die Handgelenke am Rücken gefesselt und dann an einem Strick hochgezogen, bis die Schultergelenke ausgekugelt werden.

Die zuständige Generalin Janis Karpinski dementiert: Irakische Gefangene würden dort „humanely and fairly treated" (menschlich und korrekt behandelt). Am 28. April 2004 erscheint im „New Yorker" ein Leitartikel von Seymour Hersh über unhaltbare Zustände in Abu Ghraib, dem auch Bilder von Folterungen und entwürdigender Behandlung von Gefangenen angefügt sind. Woraufhin zwischen Mai 2004 und März 2006 nach und nach elf Bewacher entlassen werden, unter ihnen Charles Graner und seine Verlobte Lynndie England, die wegen Folterns von Gefangenen mittels Elektrokabel, wegen Erzwingens unzüchtiger Handlungen unter Gefangenen, wegen Aufhetzens von Hunden gegen unbekleidete Gefangene zu zehn Jahren Haft verurteilt werden und Frau General Karpinski wird degradiert. Gegen diese Urteile protestiert Dr. John Yoo, Militärrechtsexperte des Pentagon: Er argumentiert, Folterverbot gelte nur in der Heimat, nicht jedoch bei Einsätzen in Übersee. In diese Aufklärungsphase platzt im November 2003 der Bericht des Generalmajors Antonio Taguba. Anhand von Bildmaterial und Zeugenaussagen werden zahlreiche Kriegsverbrechen dokumentiert: Darunter die Vergewaltigung eines irakischen Knaben durch einen US-Militärdolmetscher, Vergewaltigungen von irakischen Frauen durch US-Soldaten, die von US-Soldatinnen gefilmt werden.

Die Fernsehsendung „60 minutes“ bringt im April 2004 ein Interview mit US-Brigadegeneral Mark Kimmit, stellvertretender Kommandeur der amerikanischen Truppen im Irak, in dem er sich an die Iraker wendet: „Bei den von amerikanischen Soldaten begangenen Verbrechen handelt es sich um einige Ausnahmefälle. Sie tragen dieselbe Uniform wie wir und durch ihre Handlungen habe sie Schmach über uns gebracht. Dem irakischen Volk sage ich: Beurteilt nicht die 150.000 amerikanischen Soldaten, die Euch befreit haben, nach den wenigen, die versagten!“.

Am 12. Januar 2005 berichtete „New York Times“ über folgende Vorkommnisse in Abu Ghraib: Amerikanische Bewacher urinieren auf Gefangene und auf den Koran, springen mit beiden Stiefeln auf die Unterschenkel von am Boden liegenden Gefangenen, schütten Phosphorsäure auf ihre offene Wunden, sodomisieren sie mittels Schlagstöcken und Leuchtstäben, binden Stricke an ihre Hoden und ziehen sie über den Boden.

Einige der verurteilten bzw. aus dem Militärdienst entlassenen amerikanischen Folterknechte haben Klage gegen Verteidigungsminister Donald Rumsfeld eingereicht. Er habe nicht nur über das Foltern in amerikanischen Kriegsgefangenenlagern Bescheid gewußt, sondern dieses ausdrücklich zugelassen.

5) Amerikanische Heldentat à la Hollywood

Der zweite Irak-„Krieg“ hat im März und April 2003 in Wirklichkeit gar nicht stattgefunden. Die Inszenierung hatte vollauf genügt, denn die rüstungstechnische Überlegenheit der USA war derart erdrückend, daß die irakische Führung keinen Sinn in einem selbstmörderischen Widerstand erblickte und das Land deshalb nach wenigen Tagen schnell und fast kampflos preisgab. Die wenigen zuverlässigen Nachrichten, die aus dem Irak zu erhalten waren, stammten von arabischen Medien. Aus Mangel an echten Heldentaten, nach denen die zum „Krieg gegen das Böse“ aufgestachelte breite Öffentlichkeit in den USA dürstete, mußten die amerikanischen Propagandastaffeln auf gestellte Szenen zurückgreifen. So kam es zur Fernseh-Komödie „Saving Private Lynch“ (Rettung des Soldaten Lynch): Jessica Lynch, eine attraktive 19-jährige Soldatin, die bei einer Nachschubkolonne ihren Dienst versah, war nach einem Feuerüberfall irakischer Soldaten schwerverwundet in Gefangenschaft geraten, in ein Spital der Stadt Nasirije eingeliefert und wurde dort von irakischen Ärzten und Pflegerinnen bestens versorgt.

Als nach einer Woche amerikanische Panzer nahten, zogen sich die irakischen Truppen aus Nasirije zurück. Doch anstatt die völlig gefahrlose Übergabe ihrer Gefangenen durch die irakischen Ärzte abzuwarten, inszenierten die Amerikaner hollywoodgerecht ein heroisches Befreiungsspektakel „live". Zur besten amerikanischen Nachrichtensendezeit schwebten ein Dutzend Hubschrauber herab, schwerbewaffnete Kommandotruppen und Fallschirmjäger veranstalteten vor laufenden Kameras einen Feuerüberfall, „stürmten" brüllend und schießend das unbesetzte Spital, terrorisierten Pflegerinnen und Ärzte, nahmen diese gefangen und „befreiten" dann ihre Jessica Lynch.

6) Beispiel von Unterwürfigkeit eines EU-ropäischen Vasallen

„Peter van Walsum ist Botschafter der Niederlande bei den Vereinten Nationen und dort Vorsitzender des Sanktionsausschusses des Sicherheitsrates" schreibt John Pilger in „Der Irak, ein belagertes Land" (2003) und hat diesen Herrn zur Lage im Irak befragt: „Warum sollen unschuldige Menschen für Verbrechen Saddams bestraft werden?" Walsum: „Das ist ein schwieriges Problem, man hat da eben das unlösbare Problem mit den Kollateralschäden." Pilger: „Welchen prinzipiellen Unterschied sehen Sie zwischen Menschenrechtsverletzungen, die vom Saddam-Regime begangen wurden, und denen, die von Ihrem Ausschuß bewirkt werden?" Walsum: „Das ist eine sehr komplexe Angelegenheit..." Pilger: „Ist der Tod von einer halben Million Kindern keine Massenvernichtung?" Walsum: „Es geht doch hier um die Invasion von Kuwait 1990." Pilger: „Nehmen wir an, die Niederlande gerieten unter die Herrschaft eines holländischen Saddam Hussein, Sanktionen würden verhängt und holländische Kinder würden sterben wie die Fliegen. Wie würden Sie das finden?" Walsum: „Das ist meiner Ansicht nach keine faire Frage, hier geht es um eine Regierung, die im Besitz von Massenvernichtungswaffen ist." Pilger: „Wieviel Macht haben die USA über Ihren Ausschuß?" Walsum: „Wir handeln im Konsens." Pilger: „Und wenn die Amerikaner dagegen sind?" Walsum: „Dann handeln wir eben nicht."

II. KAPITEL

Das unbequeme Zweite Reich der Deutschen (1871-1918)

Erster Teil: Geschichte und Vorgeschichte des 1. Weltkrieges aus deutschen und österreichischen Quellen

Einleitung

Bei der Lektüre der meisten Memoiren, Redetexte, Lageberichte und Stellungnahmen deutscher Zeitzeugen der hier behandelten Zeitepoche wird deutlich erkennbar, daß es in Deutschland, trotz Millionen tüchtiger Arbeiter und Arbeiterinnen, fleißiger Bauern und Bäuerinnen, Tausenden hervorragender Forscher, Ärzte, Techniker, Offiziere, Wirtschaftsfachleute, begabter Künstler und Erfinder, trotz vorbildlichen Schulwesens und fortschrittlicher Infrastruktur, trotz moderner Industrien, Werften, Verkehrsmittel zu Wasser, zu Lande und in der Luft, trotz expandierenden Welthandels, angefangen beim Kaiser, bei den Landesfürsten, Ministern, Diplomaten, Generälen, Admirälen und Industriekapitänen, an jenem Kitt mangelt, der dringend notwendig wäre, um das gerade erst vor vierzig Jahren vom König von Preußen und seinem genialen Reichskanzler gegründeten Zweiten Reich der Deutschen zusammenzuhalten.

Welche Elemente trennen die von 1871 bis 1914 von 41 auf 66 Millionen angestiegene Bevölkerung des Kaiserreiches? Noch immer bestehen enge regionale Bindungen des Volkes zu den Dynastien der vier Königreiche, zahlreichen Großherzogtümer, Herzogtümer, Fürstentümer und Senatsherren der Freien Städte. Noch immer erinnert die zwar unsichtbare, jedoch fühlbare quer durch Deutschland verlaufende Weißwurstgrenze an Deutschlands strenge Spaltung in Protestanten und

Katholiken, während in Großstädten und Industriegebieten ein radikalrevolutionäres Proletariat heranwächst. Welches Element wird das Reich zusammenschmieden können? Es ist der Stolz des ganzen Volkes auf Deutschlands Ansehen in der Welt, auf seine Kolonien, auf die Leistungen seiner Forscher, Erfinder und Produkte seiner Industrie sowie auf die Achtung, die seine Wehmacht errungen und Bewunderung, die seine Flotte erweckt haben. Wird der noch unerfahrene, von Neidern und Schmeichlern umgebene Wilhelm II. – ohne Hilfe des eisernen Kanzlers – das Kaiserreich an innerdeutschen politischen Klippen und von Feindmächten ausgelegten Fallstricken vorbei in eine sichere Zukunft steuern können? Wird er bei seinen Ministern, Generälen, Diplomaten, die volle Unterstützung, den nötigen Rückhalt finden? Beim Lesen der Zeugnisse deutscher Entscheidungsträger aus jener Zeit erhält man freilich den Eindruck, daß die Wenigsten an einem gemeinsamen Strang ziehen.

A.) Die oftmals voneinander abweichenden Meinungen und Zeugnisse aus deutschen Quellen

1) „Denkwürdigkeiten" des Fürsten Chlodwig zu Hohenlohe-Schillingfürst

erschienen 1907 in 2 Bänden. 1866-1901 bekleidete er den Posten des bayrischen Ministerpräsidenten, 1894 bis 1901 jenen des Reichskanzlers.
Über die Reichstagsitzung vom 2. November 1897 schrieb der Fürst in Band 2, Seite 106: „Man sagt immer, die Marine sei eine Laune des Kaisers. Und doch ist nicht zu leugnen, daß das deutsche Volk die Schuld trägt oder das Verdienst hat, daß wir eine Marine haben. Zur Zeit des Bundestags hatten wir ein harmloses, friedliches Dasein. Wir hatten keine auswärtigen Sorgen und sahen zu, wie Österreich und Preußen sich bekämpften und dann die Mittelstaaten und die Kleinstaaten sich bald auf die eine, bald auf die andre Seite schlugen ... Dann kam 1870, die Einheit wurde mit Blut und Eisen geschaffen und das Reich erstand unter dem Jubel des deutschen Volkes ... Die Schutzzollpolitik erzeugte einen kolossalen Aufschwung der Industrie. Wie hörten auf, ein Agrarstaat zu sein und wurden ein Industriestaat. Damit war man genötigt, auch

Ein Geschwader der kaiserlichen Hochseeflotte in Kiellinie

die Politik zu ändern und die Ausfuhr zu sichern. Der Handel nahm eine solche Entwicklung, daß von der Regierung verlangt wurde, ihn zu schützen. Das konnte nur durch eine Flotte geschehen, ... die unsre Zufuhren freihalten kann. Wir können nicht mit England in der Flottengröße rivalisieren. Wir müssen eine Flotte haben, die ein feindliches Geschwader ... zurückzuweisen imstande ist. Wenn wir dies nicht können, wird unser Handel vernichtet. Das ist ein Verlust von Milliarden, wogegen die fünf- bis sechshundert Millionen für die Flotte nicht ins Gewicht fallen ... Was die Kolonien betrifft, so glaube ich, daß wir nach und nach lernen müssen, es den Engländern nachzumachen ... Daß der Kaiser durch sein impulsives Wesen beunruhigt, ist nicht zu leugnen. Etwas mehr Phlegma wäre ihm zu wünschen. Aber es ist eine Ungerechtigkeit, wenn man ihm vorwirft, daß er die Flotte aus Laune oder zu seinem Vergnügen schaffen will. Er tut nichts andres, als das auszuführen, was das deutsche Volk seit hundertfünfzig Jahren angestrebt hat."

2) Die „Denkwürdigkeiten" des Fürsten Bernhard von Bülow

Reichskanzler 1900-1909, erschienen 1930 in vier Bänden.
Der dem alt-mecklenburgischen Adel entsprossene von Bülow hat Kaiser Wilhelms Außenpolitik als Botschafter an mehreren europäischen Höfen vertreten und als Außenminister mitgestaltet. Er gehört zweifellos zu den erfahrensten Diplomaten des Zweiten Deutschen Kaiserreiches. In seinen Memoiren erweist er sich als über den Dingen stehender, die handelnden dramatis personae mit gebührender Distanz betrachtender und die herannahende Katastrophe mit olympischer Ruhe erwartender Stoiker. Er strotzt vor Selbstgefälligkeit und Selbstüberschätzung, bringt auf fast jeder Seite seiner Memoiren ein bon mot, eine Anekdote. Man kann sich des Eindrucks nicht erwehren, daß er sogar anläßlich eines Kondolenzbesuchs bei Hof nicht gezögert hätte, sein Gegenüber zu fragen: „Kennen sie den schon?"
Mehrmals läßt von Bülow in seinen Memoiren durchblicken, wem er den größten Anteil der Schuld an Deutschlands Unglück und

Kaiser Wilhelm II. (1859-1941), Deutscher Kaiser und König von Preußen 1888-1918, verbrachte nach seiner Abdankung den Rest seines Lebens im Exil in Holland

Untergang des Kaiserreiches gibt. Band 2, S.136: „Wie konnten wir von solcher Höhe so tief sinken? Woran gingen wir zugrunde? Das Ärgernis kam von oben" und er zitiert aus dem Brief, den Kaiser Willhelm II. am 20. August 1897 an seinen Freund Philipp Eulenburg, damals Botschafter in Wien, schrieb: „‚Lieber Phili! ... Der Besuch in Rußland ist über alles Erwarten hinaus gut verlaufen, und habe ich mich in eingehenden Privatgesprächen vollkommen über alle großen politischen Fragen mit Nicki [Zar Nikolaus II.] geeinigt, so daß wir beide sozusagen über die Welt disponiert haben! Eine Rückgabe der Reichslande [Elsaß, Lothringen] an Frankreich mit russischer Hilfe ist absolut, glattermaßen ausgeschlossen. Daher ist ein Krieg zwischen Gallien und uns oder Rußland und uns, so Gott will, nicht mehr zu befürchten. Die Kontinentalsperre gegen Amerika und eventuell England ist beschlossene Sache. Rußland hat sich verpflichtet, Frankreich dazu bon gré, mal gré [wohl oder übel] mitzubringen. An Dir wird es liegen, Wien von London zu trennen!' Welche Übertreibungen! Welche Illusionen! Welche bedenkliche Art, Menschen so zu sehen, wie man sie im Affekt sehen möchte. Als ich diesen Brief las, begriff ich, daß Fürst Hohenlohe schon zweimal, seitdem ich ihm als Minister des Äußeren zur Seite getreten war, ruhig und mit Ernst die Frage an mich richtete, ob ich Wilhelm II. für einen geistig normalen Menschen hielte. Er habe, meinte der alte Fürst, schon einmal in seinem Leben das Unglück gehabt, erster Minister eines Souveräns [Ludwig II.] zu sein, der in geistige Umnachtung verfallen wäre..."

S.340: „Der Prince of Wales, der spätere König Eduard VII., schätzte die deutsche Arbeitskraft, das deutsche Pflichtgefühl, die deutsche Genauigkeit, wenn auch ohne den Trieb, diese Tugenden selbst auszuüben ... Als wir fünfzig Jahre später an den Bau einer Flotte gingen, fand er dies überflüssig und störend. Die antideutschen Empfindungen wurden bei ihm gesteigert durch die tief verwurzelte Abneigung, die er gegen seinen Neffen Kaiser Wilhelm II. empfand. Seine Frau, Tochter der Königin Louise von Dänemark, nannte die Deutschen ‚those bestial Germans'."

Von Bülow schildert den Éclat, den Kaiser Wilhelm im Januar 1904 anläßlich des Besuchs des Belgierkönigs Leopold II. verursacht hatte. Der Kaiser habe dem Belgierkönig von seinen stolzen Vorgängern, den Burgunderherzögen, erzählt und hinzugefügt, wenn er wolle, könne er deren Reich wieder errichten und sein Zepter über Französisch Flandern, Artois und die Ardennen ausweiten. Der König habe ihn zunächst verständnislos angeglotzt und schließlich grinsend gemeint, daß von so hochfliegenden Plänen weder die belgischen Minister noch die belgischen Kammern etwas wissen wollten. Der Kaiser habe die Geduld verloren und dem König gesagt, daß er einen Monarchen nicht achten könne, der sich Ministern und Abgeordneten verantwortlich fühle anstatt dem Herrgott im Himmel. Er ließe nicht mit sich spaßen: Wer im Falle eines europäischen Krieges nicht für ihn sei, sei gegen ihn.

S.427: Von Bülow: „Die Herbeiführung einer Flottenverständigung zwischen Deutschland und England ist jene Frage, die mir während der letzten Periode meiner Amtszeit mehr als irgendeine andere am Herzen gelegen hat. Im Frühjahr 1909 erzählte mir Albert Ballin, sein englischer Freund [und Bankier] Sir Ernest Cassel, der König Eduard sehr nahe stand, habe ihm vertraulich geschrieben, unsere Schiffsbauten wären das Alpha und Omega des englischen Mißtrauens gegen uns ... Nicht lange danach übersandte mir [der deutsche Reeder] Ballin einen langen Bericht, in dem Walter Rathenau seine Eindrücke über England geschildert hatte. Darin hob er hervor, daß England von zwei schweren Sorgen erfüllt sei: Einer wirtschaftlichen und einer kolonialen. England behaupte seine starke Position noch immer in den älteren Industriezweigen, aber in moderneren Großindustrien bleibe es hinter Deutschland zurück. Und in den englischen Kolonien machten sich immer mehr zentrifugale Kräfte geltend, denen England nichts entgegenzusetzen habe, als seine Flotte. Mit jedem Schiff, das Deutschland baue, lockere sich ein Stein des britischen Kolonialgebäudes. Gegen diese zwei schweren Sorgen habe England nur zwei Mittel der Abhilfe: Das eine die Schutzzölle, das andere die Flottenvermehrung ... Bezüglich beider Sorgen richte sich der Blick nach Deutschland. Hier sitze der Konkurrent und Rivale. Aus allen Unterhaltungen mit gebildeten Engländern klinge bald ein Kompliment, bald ein Vorwurf heraus: ‚Ihr werdet uns überflügeln!' Und ein drittes gewichtiges Moment tritt hinzu: Die Beurteilung Deutschlands, wie es sich dem Außenstehenden darstellt ... Ein Volk von rastloser Aktivität und enormer physischer Expansion ... Und man fragt sich, wie lange das sich leerende Frankreich diesem Bevölkerungsdruck von außen standhalten könne ... Was bei den Gebildeten als motivierende Überzeugung aufscheint, das äußert sich beim Volk als Vorurteil, als Haß, der weit über das Maß unserer journalistischen Apperzeption hinausgeht ... Nur unsere Gesamtpolitik ist imstande, England wenigstens den Eindruck zu verschaffen, daß von Deutschland aus keine Verstimmung, kein Expansionsbedürfnis besteht und keine Offensive droht." Von Bülow machte diesen Bericht zum Gegenstand eines Vortrages beim Kaiser, aber leider, so von Bülow, „...wollte Wilhelm II. nicht einsehen, daß es höchste Zeit sei, mit England zu einer vernünftigen Flottenverständigung zu kommen..."

Band 3, Seite 120ff.: Auch in diesem Band seiner Memoiren läßt von Bülow keinen Zweifel daran, daß er in der schwankenden, oft brüskierenden Art Kaiser Wilhelms, politische Ziele nicht nur vor seinen Ministern und Vertrauten, sondern auch vor fremden Staatsoberhäuptern und Diplomaten zu vertreten, ferner in der Unfähigkeit des Reichskanzlers Theobald von Bethmann Hollweg, sein höchst wichtiges Amt zum Segen und Wohle Deutschlands zu erfüllen, die zwei Hauptgründe für den fatalen Kriegsausgang sah. Aufschlußreich ist auch, daß nirgendwo in von Bülows Memoiren ein Hinweis enthalten ist, daß ihm – immerhin Außenminister – die regelmäßig stattfindenden französisch-britisch-russischen Geheimverhandlungen zur Kenntnis gelangt sind. „Im Sommer 1913 bekannte von Bethmann Hollweg: ‚Wenn ich trotzdem bleibe, so ist es, weil ich tatsächlich für den Frieden der Welt unentbehrlich geworden bin. Das gilt ganz besonders für unser Verhältnis zu England. Bismarck war ein großer Mann, aber getraut hat ihm niemand. Mir traut man! Europa traut mir, vor allem traut mir England! Ich kann ohne Überhebung sagen, ich bin die Säule des europäischen Friedens geworden. Deshalb ist es meine Pflicht, zu bleiben...' Gewiß ein schauerliches Symptom für die politische Unzulänglichkeit des fünften Reichskanzlers, aber auch ein Beweis, wie fern ihm friedenstörende Absichten lagen..."

S.154: Und wieder bekommt von Bethmann Hollweg sein Fett ab: „... Der professorale Zug in seinem Wesen trat darin zutage, daß er mit eigensinnigem Doktrinarismus an der Vorstellung festhielt, er habe sich durch seine Ehrlichkeit und Loyalität die sichere Freundschaft und zuverlässige Unterstützung Englands erworben. Als nach und nach

alle diese Vorstellungen sich als Illusionen und Träumereien erwiesen und Bethmann Hollweg vor einem Abgrund stand, verlor er den Kopf ... Seine Kopflosigkeit ging schließlich so weit, daß er am Vorabend des Tages, an dem wir Rußland den Krieg erklärten, den englischen Botschafter, Sir Edward Goschen, in das Reichskanzlerpalais beschied und ihm aus heiterem Himmel ein ‚understanding' zwischen Deutschland und England vorschlug ... In der Antwort, die der englische Außenminister Sir Edward Grey auf das seltsame Bündnisangebot des deutschen Kanzlers erteilte, war von einem ‚bargain', einem Schacher die Rede, ‚a disgrace, from which the good name of this country would never recover' (eine Schande, von der sich der gute Ruf dieses Landes nie erholen würde). Während Bethmann Hollweg mit ungeschickten diplomatischen Schachzügen das Reich der schwersten Kriegsgefahr aussetzte, in der wir uns seit mehr als vierzig Jahren befunden hatten, traf er keinerlei Vorbereitungen für den Ernstfall. Wieder und wieder muß darauf hingewiesen werden, daß Bethmann den Krieg nicht wollte. Bei Ihm wie bei seinen Mitarbeitern lag kein Dolus [List, Betrug] vor, sondern nur Stultitia [Torheit, Einfalt]."
S.168: „...Als am 3. August 1914 unsere durch die Kriegserklärung an Rußland militärisch notwendig gewordene Kriegserklärung an Frankreich folgte, wurde der Bruch mit Frankreich beschleunigt, indem an Frankreich das Ansinnen gestellt wurde, uns als Pfand die Festungen Belfort, Toul und Verdun zu überlassen, eine Zumutung, die von der Propaganda der Entente natürlich als Beweis für deutsche Eroberungspläne ausposaunt wurde."

Den drei ersten Memoirenbänden des Fürsten von Bülow (der vierte Band behandelt seine Jugendzeit) ist zu entnehmen, daß er bis 1909, als er von seinem Posten als Reichskanzler abberufen wurde, zum inneren Kreis der Mitentscheidenden und Eingeweihten um Kaiser Wilhelm gehörte, daher Authentisches berichten konnte, danach aber nur noch zu den von sekundären Quellen gespeisten Beckmessern zählte, die den Herrscher, ihre Amtskollegen und Nachfolger kritisierten. Auffällig ist, daß in von Bülows Memoiren die bereits seit Jahren in Gang befindlichen und regelmäßig stattfindenden, gegen Deutschland gerichteten Geheimgespräche britischer, französischer, russischer Diplomaten, Generalstäbler und Admiralitätsoffiziere, mit keinem Wort erwähnt werden. Leserinnen und Leser mögen beurteilen, welche Tatsache ein höheres Erstaunen hervorruft: Das jahrelange, verläßliche Dichthalten der gegen Deutschland Verschworenen oder die meisten mit Blindheit geschlagenen höchsten Entscheidungsträger des Deutschen Kaiserreiches.

3) Theobald von Bethmann Hollweg „Betrachtungen zum Weltkriege“

erschienen 1919 in zwei Teilen. Er lebte von 1856 bis 1921 und bekleidete von 1909 bis 1917 das Amt des Reichskanzlers.
Seinen Memoiren stellt der Autor im Mai 1919 folgendes Bekenntnis voran:
„Während diese Aufzeichnungen zum Druck gehen, werden die Friedensbedingungen bekannt. Ein furchtbareres Instrument zur Knechtung der Überwundenen hat die Welt noch nicht gesehen. Dieser Friede ist die Krönung der Politik, die mit der Stiftung der ‚entente cordiale‘ begonnen hat. Über alles Maß bestätigen die Pariser Beschlüsse die Grundauffassungen der vorliegenden Schrift. Ich finde an meinen Darlegungen nichts zu ändern.“

S.3ff.: „Als mir Fürst Bülow bei seinem Rücktritt vom Amte im Juli 1909 die Geschäfte des Reichskanzlers übergab, entwarf er mir in eingehenden Gesprächen eine Schilderung der auswärtigen Beziehungen Deutschlands. Die Beziehungen zu Frankreich waren momentan ruhig. Jules Cambon, der französische Botschafter in Berlin, betonte mir wiederholt die Notwendigkeit eines vertrauensvolleren Verhältnisses zwischen beiden Regierungen ... Ehrlich gab er sich auch davon Rechenschaft, daß die Erinnerung an 1870 und an Elsaß-Lothringen, die Sehnsucht nach Auswetzung der damals erlittenen Scharte ein bleibender Faktor in der französischen Politik war, der bei jeder Versteifung der Lage zu den schicksalschwersten Folgen führen konnte...
In England stand König Eduard auf dem Gipfel seiner Macht. Englische Politiker haben ihn vielfach als den großen ‚peacemaker‘ gefeiert und mit Emphase die Vorstellung abgelehnt, als habe die Kombination, in die sich Englands Politik zu Frankreich und Rußland gestellt hatte, die Einkreisung Deutschlands oder gar einen kriegerischen Überfall bezweckt ... Aber zu leugnen, daß König Eduard unsere Einkreisung betrieben und auch erreicht hat, ist ein Spiel um Worte...
Die äußere Lage, die ich im Sommer 1909 vorfand, war – zusammenfassend gesagt – folgende: England, Frankreich und Rußland zu fester Koalition zusammengeschlossen. Angegliedert war ihnen durch englisches Bündnis Japan ... In dieser Situation mußte Deutschland, meiner Überzeugung nach versuchen, die Hauptgefahr der französisch-russischen Allianz, die wir in sich nicht sprengen konnten, zu brechen...
Nicht scharf genug kann betont werden, daß selbst die Auswüchse des [radikal nationalen] Alldeutschtums zu nicht geringem Maße nur das Echo auf die leidenschaftlichen Ausbrüche von Chauvinismus in den

Ententeländern waren, der – sehr zum Unterschied von den deutschen Zuständen – in der offiziellen Politik dieser Mächte seinen Untergrund hatte."

S.104: „Nachdem Lüge im Weltkriege Triumphe gefeiert hat und Todhaß sein Siegel unter das Dokument setzen will, das nach der Absicht des Präsidenten Wilson die Versöhnung der Völker einleiten soll, sträubt sich jede Faser, eigene Wunden aufzureißen. Die Hungerpeitsche, die die Feinde auch nach beendetem Kriege noch monatelang über das wehrlos gewordene Deutschland ohne Erbarmen weiter schwangen, kündigt uns an, daß, was wir früher als öffentliche Moral ansahen, vom Weltkriege verschlungen worden ist...
Es ist denkbar, daß auch solche Gegner, die sich ein unvoreingenommenes Urteil zu bewahren suchten, in unserem Verhalten Elemente der Unruhe fanden, die unserer wieder und wieder betonten Friedensliebe zu widersprechen schienen. Die aufstrebende Macht Deutschlands, schon im friedlichen Wettbewerb als Auflehnung gegen eigene Suprematie-[Macht]-ansprüche lästig empfunden, schien Weltherrschaftsgelüste zu verraten, wo naives Kraftgefühl mit der Angeberei auftrat, durch deutsches Wesen die Welt von ihren Übeln zu befreien. Wir sind damit -- um einen vulgären Ausdruck zu gebrauchen – dem Auslande oft auf die Nerven gefallen. Sehr bezeichnend hat der englische Schriftsteller Bigbie während des Krieges den Satz geschrieben: ‚Für den Frieden gab es in der Welt nur eine Bedrohung, und diese war die wachsende Bevölkerung, der wachsende Wohlstand und die wachsende Unruhe des Deutschen Reiches'."

4) „Die Politik von Bethmann Hollweg"

von Professor Dr. Hans Freiherr von Liebig, erschien ebenfalls 1919.

Keinen Zweifel läßt der nationalkonservative Publizist von Liebig (1874-1931) daran, daß er von Bethmann Hollweg sowohl menschlich als auch beruflich für unfähig hielt, den Posten eines Reichskanzlers zu bekleiden. Hier einige Anklagepunkte:
S.6: „Die Politik Herrn von Bethmann Hollwegs bietet der kritischen Behandlung eine Erleichterung: Sie ist sich selbst stets treu geblieben."

S.10: In seiner Reichstagsrede vom 2. Dezember 1914: „Meine Herren, als ich vor fünf Jahren auf diesen Platz berufen wurde, stand die Triple-Entente festgefügt dem Dreibund gegenüber. Ein Werk Englands, bestimmt, dem seit Jahrhunderten befolgten Grundsatz, sich gegen

Theobald von Bethmann Hollweg (1856-1921), erst preußischer Innenminister, dann Reichskanzler von 1909-1917

die jeweils stärkste Macht auf dem Kontinent zu wenden, zum Durchbruch zu verhelfen. Darin lag von vornherein der aggressive Charakter der Triple-Entente im Gegensatz zur rein defensiven Bedeutung des Dreibundes, denn ein Volk von der Größe und der Tüchtigkeit des deutschen läßt sich in der Entfaltung seiner Kräfte nicht einschnüren. Angesichts dieser politischen Konstellation war der deutschen Politik der Weg klar gewiesen..."

Daraus schließt von Liebig: „Es ist eine bekannte psychologische Erscheinung: Wenn sich Männer, denen die Natur Willens- und Charakterstärke versagt hat, anscheinend überlegenen Feinden gegenüberstehen, suchen sie nicht ihre Unterlegenheit durch furchtlos selbstbewußtes Auftreten und letzte Ausnutzung der möglichen Hilfen auszugleichen, sondern richten in weibischer Art ihr ganzes Augenmerk darauf, den Feind versöhnlich zu stimmen..."

Von Bethmann Hollweg legte in derselben Reichstagsrede das Geständnis ab: „Wir mußten versuchen, durch Verständigung mit einzelnen Mächten der Entente die Kriegsgefahr zu bannen. In Frankreich stießen wir immer auf den alten Revanchegedanken; mit Rußland kam es zwar zu vereinzelten Vereinbarungen, aber der Gegensatz Rußlands zu Österreich-Ungarn sowie der großgezüchtete Deutschenhaß verhinderten jede Verständigung zur Abwehr einer Kriegsgefahr ... Am freiesten stand noch England da; hier konnte am ehesten eine Verständigung versucht werden, die – ich glaub', ich sage nicht zu viel – den Weltfrieden garantiert hätte. Danach mußte ich handeln und habe ich gehandelt."

Bethmann Hollweg hält also seinen Weg für den richtigen. Wir werden sehen – so von Liebig – wie dieser Weg zum Zusammenbruch vom August 1914 führen mußte.

S.207: „Am 28. Juni 1914 wurde Österreichs Thronfolger Erzherzog Franz Ferdinand in Sarajewo (Serbien) ermordet. Als darauf am 3. Juli der Befehl an die Royal Navy erging, die gesamte britische Flotte samt

Reserven bis zum 17. Juli auf Kriegsfuß zu setzen, ist die Wilhelmstraße [Reichskanzlei] nicht im geringsten beunruhigt, unternimmt Kaiser Wilhelm eine Nordlandreise, werden Anfragen von wissenschaftlichen Expeditionen, Schiffahrtsgesellschaften usw. an deutsche Konsulate und Botschaften, ob Kriegsgefahr bestehe, noch am 27. Juli mit ‚Nein' beantwortet und tritt von Bethmann Hollweg seinen Urlaub in Hohenfinow an."

S.224ff.: Bericht des britischen Botschafters Sir E. Goschen an Sir Edward Grey: „Am Nachmittag des 4. August teilte ich Außenminister von Jagow mit, daß, wenn die Reichsregierung nicht bis Mitternacht die Versicherung abgebe, sie wolle ... dem Vorrücken der deutschen Truppen in Belgien Einhalt gebieten, ich die Weisung hätte, meine Pässe zu fordern ... Am Abend desselben Tages traf ich den Reichskanzler in sehr aufgeregter Stimmung an. Er begann sogleich mit einer Ansprache, der von der britischen Regierung unternommene Schritt sei über alle Maßen schrecklich; nur wegen eines Wortes – Neutralität – ein Wort, daß in Kriegszeiten so viel mißbraucht worden sei – nur wegen eines Stückes Papier wolle Großbritannien mit einem stammverwandten Volke, welches nichts Besseres als die Freundschaft mit dem ersteren wünsche, Krieg führen. All seine Bestrebungen, die, wie ich wohl wüßte, seien nun wie ein Kartenhaus zusammengebrochen... Er hielte Großbritannien für all die sich ergebenden schrecklichen Folgen verantwortlich."

Von Liebig: „Der Mangel an Würde, der von Bethmann Hollweg auch sonst auszeichnet, wäre das Geringste. Wahrhaft erschreckend aber ist der Einblick, den die Unterredung in die politische Urteilsfähigkeit des leitenden deutschen Staatsmannes gewährt. Also noch am 4. August glaubt dieser Herr allen Ernstes, England werde ‚nur wegen eines Stücks Papiers' Krieg führen; so unfaßlich wenig erkennt er die Zusammenhänge und den Charakter der englischen Politik, da er noch an diesem Tage mit dem ‚stammverwandten Volke' Eindruck zu machen glaubt!...

Einen weiteren ‚Dienst' erwies der Reichskanzler seinem Vaterland, als er am selben Tag vor dem Reichstag erklärte: ‚Unsere Truppen haben Luxemburg besetzt, vielleicht schon belgisches Gebiet betreten. Meine Herren, *das widerspricht den Geboten des Völkerrechts ... Das Unrecht – ich spreche es offen aus – das Unrecht, das wir damit tun, werden wir wieder gutzumachen suchen, sobald unser militärisches Ziel erreicht ist.'* Mit diesen Worten fügte von Bethmann Hollweg dem Vaterland den denkbar größten Schaden zu, die ganze Hetzarbeit der Triple-Entente gegen Deutschland stützt sich bis heute auf dieses Wort..."

S.552: Über die Kriegserklärung der Vereinigten Staaten an Österreich-Ungarn (7. Dezember 1917) berichtet von Liebig: „...es wurde bekannt, der amerikanische Botschafter in Wien, Denfield [richtig: Penfield], habe Österreich vor seiner Abreise die Länder Bayern und Schlesien angeboten, falls es die verräterischen Pfade Italiens und Rumäniens einschlage,"
S.520: „Die ganze Welt, darüber dürfen wir uns keiner Täuschung hingeben, wünscht kein starkes Deutschland. Der Germane ist allen andern Völkern unheimlich; sie wissen, wenn in Deutschland bewußtes Germanentum wieder zum Durchbruch gelangte, drohe ihnen Überflügelung auf allen Gebieten der Wirtschaft, Kultur und Volksausdehnung. Es liegt im Nutzen ihrer Lebensart, den unbändigen, leistungsfähigen und deshalb unbequemen Stamm der Germanen niederzuhalten. Tschechen, Ungarn, Bulgaren, Türken, Russen, Romanen, Anglokelten und Angloamerikaner reichen da den liberal-demokratischen Regierungen Hollands, der Schweiz, Dänemarks und Schweden-Norwegens die Hände; sie alle suchen den liberal-demokratischen Elementen Deutschlands die Herrschaft zu sichern ... Den Aufstieg Deutschlands, das ist in Wirklichkeit die Gefahr, die alle Völker meinen, wenn sie den deutschen ‚Militarismus' gerne vernichtet sehen möchten..."

5) „Erinnerungen" des Großadmirals Alfred von Tirpitz (1919)

Von Tirpitz war von 1897 bis 1916 Chef des Marineamtes. Gleich zu Beginn seiner Memoiren stellt er klar, wie der 1. Weltkrieg ausgegangen wäre, hätte man nur auf ihn und die Marine gehört.
S.31ff.: „Seit etwa 1896 begann in der britischen Marine das Gefühl, daß wir Gegner seien und seit sie uns so ansahen, haben sie uns auch studiert. Sie werden es nie eingestehen, daß sie bei uns in die Schule gingen; es ist aber so, und wir waren uns auch schon damals bewußt, daß die britische Flotte den neuen Geist ihrer Entwicklung durch uns bekommen hat ... Das unbegründete Prestige der britischen Flotte hat den an der Spitze Deutschlands stehenden Männern den Mut geraubt, zu Anfang des Krieges, als die deutsche Flotte die besten Aussichten hatte, sie um den Sieg kämpfen zu lassen. Die Schlacht vor dem Skagerrak ist – durch die Dunkelheit unterbrochen – nicht bis zu Ende geschlagen worden, in welchem Falle sie nach meiner Meinung Aussicht

Großadmiral Alfred von Tirpitz (1849-1930) machte durch die Flottengesetze die kaiserliche Marine zur zweitgrößten und von England gefürchteten Hochseeflotte

darauf geboten hätte, der Weltgeschichte ein anderes Antlitz zu geben ... Ich glaube sagen zu können, daß es uns im Laufe der Jahre gelungen ist, die englische Schiffbaukunst an Güte nicht nur zu erreichen, sondern in vieler Hinsicht zu überflügeln..."

S.79ff.: „Ich habe mir die Meinung gebildet, daß des Kaisers Konstitution dem Druck der Verantwortung nicht gleichmäßig gewachsen war. Jedenfalls hat der Kaiser sowohl beim Ausbruch wie während des Krieges mehrmals vor gesundheitlichen Zusammenbrüchen gestanden ... Damit hängt es vielleicht zusammen, daß er mit zunehmenden Jahren immer mehr geneigt war, den schwachen Naturen in seiner Umgebung nachzugeben ... Man mußte den Kaiser unter vier Augen sprechen, da, wenn Dritte anwesend waren, sein eigenes wirkliches Urteil leicht abgelenkt wurde durch den stark gefühlten Drang, bei jeder Stellungnahme als Kaiser zu erscheinen ... Während ich unter Hohenlohe und Bülow eine natürliche und verfassungsmäßige Unterstützung fand, war bei Herrn von Bethmann Hollweg das Gegenteil der Fall ... Der englische Kriegsminister Haldane sagte nach seinem Besuch in Berlin 1912, es sei ihm aufgefallen, welcher Mangel an Charakteren in Berlin gegen früher herrsche."
S.142: „Am 19. August 1914 sagte ich dem Kanzler in Gegenwart von Moltke und Jagow: ‚Was wir gegen Rußland erreichen können, drückt nicht auf England, sondern entlastet es. Die Verhältnisse haben uns gezwungen, an einer Front zu kämpfen, die nicht unseren politischen Interessen entspricht ... Unsere Zukunft kann nur gerettet werden, wenn wir England bedrängen. Es kommt für die Entscheidung des Kriegs einzig darauf an, ob Deutschland oder England länger durchhalten kann...'. Bethmann war der Meinung, es könne Friede und Freundschaft mit England hergestellt werden, wenn Deutschland seine Flotte opferte:

'Der Krieg mit England ist nur ein Gewittersturm, der rasch vorüberbraust. Nachher wird das Verhältnis besser denn je...'"
S.210: Schon am 4. September 1914 hatte Tirpitz seinem Tagebuch anvertraut: „Ich fürchte den Kanzler und seine Leute; ich bin durchdrungen, daß sie der großen Zeit nicht gewachsen sind, und wie sie den Krieg nicht verhindert haben durch ihre Politik, so werden sie auch einen jämmerlichen Frieden zustande bringen. Die Engländer, niederträchtig, brutal als Nation – als einzelne Persönlichkeit sind sie zu achten. Sie haben sich in hundert Jahren eine Moral zurecht gemacht, an die sie glauben. Alles ist gut, gerecht und religiös sogar, was ihnen Nutzen bringt. Alle Völker sind ihre Auspreßobjekte nach Gottes Ratschluß."

6) „Deutschland und Amerika – Erinnerungen aus dem fünfjährigen Kriege" (1920).

Graf Johann-Heinrich Bernstorff war 1908-1917 deutscher Botschafter in den USA.

Schon im Vorwort erweist sich der liberale, pazifistische Bernstorff als Anhänger einer Schmeichel- und Streichelpolitik gegenüber England: „Wir mußten damit rechnen, daß England unserer explosiven wirtschaftlichen Entwicklung auch als Freund einen Dämpfer aufsetzten würde. Das hätte ich aber nicht für einen entscheidenden Nachteil gehalten. Tatsächlich sind wir zu schnell gewachsen. Wir hätten als junior Partner des britischen Weltreichs langsam erstarken müssen ... Der deutsche Flottenbau hat zweifellos seit der Jahrhundertwende unser Verhältnis zu England ausschlaggebend verschlechtert und die Gefahr unserer weltpolitischen Lage entscheidend erhöht."

S.9: „Ich habe konsequente Friedenspolitik betrieben und halte sie auch heute noch für die einzig richtige. Denkbar war aber auch eine konsequent umgesetzte U-Bootpolitik. Das Schlimmste, was wir tun konnten, war, einen Zickzackkurs zu steuern, bei dem Amerika dauernd angeärgert und Herr Wilson durch unsere halben Nachgiebigkeiten immer mehr zu einer unnachgiebigen Prestigepolitik getrieben wurde ... Es war falsch, unseren Friedenswillen öffentlich zu bekunden. Nach außen hin mußten wir stark erscheinen und unsere tatsächlich noch vorhandene Widerstandskraft durch Betonung unsere Stärke ... weiterhin vermehren. Innerlich dagegen mußten wir, meiner

Auffassung nach, seit der ersten Marneschlacht den Sieg verloren geben und infolgedessen auf einen Friedensschluß abzielen..."

S.68: „Präsident Wilson sandte noch vor Ablauf des Winters 1914/1915 seinen vertrauten Freund, Oberst Edward House, nach London, Paris, Berlin, um in halbamtlicher Weise festzustellen, ob sich Friedensmöglichkeiten böten. Herr House nahm im Weißen Hause eine ganz eigenartige und sehr einflußreiche Stellung ein und beriet den Präsidenten namentlich in auswärtigen Angelegenheiten. Dem Präsidenten in inniger Freundschaft verbunden, hat er stets abgelehnt, ein Staatsamt einzunehmen, obgleich er in bescheidenen Verhältnissen lebte ... Zu intimen Beziehungen gelangte ich mit ihm zur Zeit seiner erwähnten Reise nach Berlin ... Ich habe nie einen aufrichtigeren und ehrlicheren Pazifisten gekannt als ihn..."
[Bemerkung des Autors: Die Naivität Bernstorffs ist wohl kaum zu überbieten. Auch wenn ihm keine vertraulichen Informationen über die wirkliche politische Rolle des Colonel House vorlagen, muß ihm doch die keineswegs geheime Tatsache bekannt gewesen sein, daß er einer steinreichen Südstaatenfamilie entstammte und enge Beziehungen zum Wall Street-Financier J. P. Morgan unterhielt. Da Bernstorffs ‚Erinnerungen' erst 1920 erschienen, hätte sich ihm Housens wahre Rolle längst erschließen müssen].

S.253ff.: Es folgt ein Beispiel des von Tirpitz kritisierten Zickzackkurses und des Tappens im Dunklen der deutschen Diplomatie: Telegramm Bernstorffs vom 4. Mai 1916 an Reichskanzler: „House sagte mir, [US-Botschafter] Gerard habe telegraphiert, daß wir Friedensvermittlungen annehmen würden und daß Housens Besuch in Berlin zu diesem Zwecke willkommen sei..." Antwort von Bethmann Hollweg an Bernstorff vom 6. Mai: „Wir hoffen, daß unsere Note und großes Zugeständnis den Zustand des Mißtrauens endgültig beseitigt und Ära gegenseitiger vertrauernsvoller Beziehungen eröffnet ... Wegen Ton und Inhalt

Edward Mandell House (1856-1938), enger Berater Wilsons und amerikanischer Unterhändler bei den Waffenstillstandverhandlungen

ist Wilsons Note und Eindruck in hiesiger öffentlichen Meinung der Parteinahme gegen uns allerdings so groß, daß eine erkennbare Aktion gegenüber England vorhergehen muß, bevor er als unparteiischer Friedensvermittler akzeptiert würde ... Unterläßt Wilson diese Aktion, besteht Gefahr, daß sich Animosität vertieft und Möglichkeit der Friedensvermittlung in weiteste Ferne gerückt wird..."
Die Folge ließ nicht lange auf sich warten. Bernstorff: „Als Herr House mit mir den deutschen Vorbehalt ... besprach, sagte er, die Verhältnisse hätten sich so gestaltet, daß der Präsident nicht mehr die Macht habe, England zur Beobachtung des Völkerrechts zu zwingen. Großbritannien würde nur nachgeben, wenn es einen Krieg befürchten müsse ... Infolge der Entwicklung der Handelsbeziehungen der Amerikaner zur Entente sei aber ein Krieg gegen England ausgeschlossen..."
13. Juli, Bernstorff an Jagow: „Die Passivität Herrn Wilsons, der nur den einen Gedanken hat, wiedergewählt zu werden, erklärt sich dadurch, daß keinerlei Druck auf ihn ausgeübt wird, gegen England vorzugehen. Diejenigen amerikanischen Kreise, welche durch die englische Blockade finanzielle Verluste erleiden, kommen nicht in Betracht gegenüber dem ungeheuren Goldstrom, den unsere Feinde, ohne im einzelnen zu knausern oder ‚graft' [Bestechung] übelzunehmen, über dieses Land ergossen haben..."

S.369ff.: Rückblickend meint von Bernstorff: „Die gehässige Beurteilung und Behandlung, welche der Präsident uns während des Kriegs und der Friedensverhandlungen in Versailles angedeihen ließ, ist psychologisch daraus zu erklären, daß wir seine Friedensvermittlung ablehnten und den U-Bootkrieg erklärten. In allen Verhandlungen spielten die persönliche Empfindlichkeit und das egozentrische Naturell Herrn Wilsons eine wesentliche Rolle ... Was die Frage anbelangt, ob wir durch Herrn Wilson einen annehmbaren und erträglichen Frieden erhalten hätten, so bin ich noch heute fest davon überzeugt, daß dies der Fall gewesen wäre ... In seinem Abschiedsbrief an mich schrieb House:
‚Es ist traurig, daß Ihre Regierung den uneingeschränkten U-Bootkrieg im Augenblick erklärt hat, wo wir dem Frieden so nahe waren...'." Soweit von Bernstorff, dessen Naivität und Fehleinschätzung wohl nicht zu überbieten ist.

Bei den Besprechungen über den Friedensvertrag, kam es am 19. August 1919 zu folgendem, entlarvendem Wortwechsel:
Senator McCumber: „Würde unsere moralische Überzeugung von der Ungerechtigkeit des deutschen Krieges uns in diesen Krieg gezogen

haben, wenn Deutschland keine aggressiven Handlungen gegen uns begangen hätte?"
Präsident Wilson: „Wie sich die Dinge entwickelten, hoffte ich, sie würde es schließlich getan haben, Herr Senator."
McCumber: „Glauben Sie, daß wir, wenn Deutschland keinen Akt der Ungerechtigkeit gegen unsere Bürger begangen hätte, in diesen Krieg eingetreten wären?"
Wilson: „Ich glaube es."
McCumber: „Sie glauben, wir würden sowieso hineingekommen sein?"
Wilson: „Yes."
Bernstorff muß schließlich einräumen: „In Versailles stellte Wilson plötzlich die Theorie auf, daß die Deutschen für ihre Verbrechen bestraft werden müßten, und zwar nicht nur die verantwortlichen Personen, sondern auch das unschuldige deutsche Volk..."

7) Ernst Graf zu Reventlow (1869-1943): „Von Potsdam nach Doorn"

(erschienen 1940). Der Holsteiner Reventlow war im Ersten Weltkrieg Marineoffizier, gehörte konservativen Kreisen an und trat in den 30er Jahren der NSDAP bei. Sein Buch handelt vom Kreuzweg Kaiser Wilhelms II. vom Kaiserthron zum Exil in Doorn.
S.319ff: Reventlow nimmt Bezug auf den berühmten, im Herbst des Jahres 1897 in der Londoner Wochenschrift „Saturday Review" veröffentlichten Aufsatz, der damals wie heute noch als ein geschichtlich bedeutendes Ereignis festgehalten werden muß. In diesem wird ausgeführt: „...England und Deutschland wetteifern miteinander in jedem Winkel des Erdballs ... Wenn Deutschland morgen aus der Welt vertilgt (extinguished) würde, so gäbe es keinen Engländer in der Welt, der nicht um so reicher wäre. Völker haben jahrelang um eine Stadt, um ein Erbfolgerecht gestritten; müssen sie nicht um ein jährliches Handelsvolumen von fünf Milliarden Mark Krieg führen?" Der Artikel schloß bezeichnenderweise mit den Worten: „Germaniam esse delendam!"

S.362: „Etwas Großartiges hatte Bismarck mit der Reichsgründung geschaffen: Das vielfach noch unklare Gefühl der Zusammengehörigkeit im Reiche, nicht zum wenigsten durch die allgemeine Wehrpflicht, den stürmisch anwachsenden Verkehr, das ungeheure Ansteigen der Wirtschaft, die ohne Ansehen von Klassen und Parteien die gesamte Bevölkerung ergriffen hatte ... Welch nachhaltige Wirkung hätte Wilhelm II. erzielt, wenn er auch nur einmal auf diese Tat des Reichsschöpfers hingewiesen hätte! Aber er sprach so, wie der Hahn im französischen Theaterstück ‚Chanteclair': Der Hahn, der ehrlich überzeugt, jeden Morgen krähte, damit die Sonne aufgehen konnte. Krähte er nicht, so konnte sie nicht aufgehen, und – ehe er krähte – war die Sonne auch nie aufgegangen!"

S.416: „Folgendes geschah am 28. Oktober 1908. Ein Jahr zuvor hatte sich Kaiser Wilhelm in England aufgehalten. Die letzten vier Wochen verbrachte er auf dem Schloß eines britischen Obersten. Und nun erschien im ‚Daily Telegraph' die Wiedergabe der Gespräche, die der Kaiser mit seinem Gastgeber geführt hatte: ‚Mit seiner Freundschaft für Großbritannien stehe er, der Kaiser, beinahe allein im deutschen Volke da ... In Englands schwerster Zeit habe er zu Großbritannien gehalten, immer im Gegensatz zum größten Teil der deutschen Bevölkerung ... Er habe jene Versuche Frankreichs und Rußlands, ihn für eine Koalition gegen Großbritannien zu gewinnen, abgelehnt und ihnen gesagt, er würde mit seiner ganzen Macht zu England stehen. Er habe während des Burenkrieges einen Kriegsplan gegen die Buren im deutschen Generalstab ausarbeiten lassen. Der letzte Argumentationspunkt des Kaisers: Eine starke deutsche Flotte solle man in England lieber begrüßen, denn sie würde für kommende Kämpfe ... für Großbritannien von höchster Bedeutung sein...' Ein großer Teil der deutschen Bevölkerung war empört ... Wohl einer der schlimmsten deutschen Vorwürfe gegen den Kaiser war, daß er sich nicht, oder nur zum Teil, als Deutscher fühle ... Obgleich der Kaiser und sein Onkel Eduard einander haßten, war dem Kaiser gefühlsmäßig England die zweite Heimat. Wilhelm II. glaubte, die Engländer durch und durch zu kennen und verstand sich – meinte er – ausgezeichnet mit ihnen und merke nicht, daß seine Kritik und mündliche wie schriftliche persönliche Einmischung in britische Angelegenheiten englischerseits nicht dankbar empfunden würden ... Die Engländer, denen der Kaiser sein Vertrauen schenkte und auf deren Schlössern er wochenlang als Gast wohnte, wären keine Engländer gewesen, wenn sie nicht aus dem hemmungslosen Mitteilungsbedürfnis des Kaisers auf ihre Art Nutzen gezogen hätten..."

S.420ff.: „Am 9. und 10. November 1908 fand die Reichstagssitzung über den Fall ‚Daily Telegraph' statt. Die Fraktionsredner sämtlicher Parteien, von den Sozialdemokraten bis zu den Konservativen, führten eine Sprache, wie sie im Reichstag bisher niemals gehört worden war. Die Person der Kaisers durfte zuvor nie zum Gegenstand der Besprechungen gemacht werden ... Alle Redner warfen die Frage auf, wie derartiges nur geschehen konnte und warum das Manuskript des kaiserlichen Gesprächs mit seinem englischen Gastgeber vom Reichskanzler vorher nicht gelesen worden war. Vor dem Reichstag erklärte von Bülow, er habe das Schriftstück, da unleserlich, einem Beamten des Auswärtigen Amtes zur Prüfung übergeben, übernehme aber in seiner Eigenschaft als Reichskanzler selbstverständlich die ganze Verantwortung ... Es war und ist kein Zweifel, daß der Monarch und auch die Monarchie im November 1908 eine erhebliche, bis zu einem gewissen Grade entscheidende Erschütterung erlitten hatte."

„In Wirklichkeit hatte sich der Hergang folgendermaßen abgespielt: Der englische Gastgeber hatte das Gespräch mit dem Kaiser in Form eines längeren Zeitungsartikels bringen lassen und übersandte ihn dem Kaiser, der das Manuskript dem Reichskanzler übermittelte, mit der ausdrücklichen Weisung, es auf eine eventuelle Veröffentlichung hin zu prüfen. Bülow las den Text, ließ von einem höheren Beamten des Auswärtigen Amtes einige Anmerkungen anbringen, gab die Anweisung, den Artikel dem Kaiser zurückzusenden. Als nach der Veröffentlichung sowohl in England als auch in Deutschland die Explosionen hochgingen, hatte Bülow nicht den Mut einzugestehen, er sei der allein Schuldige ... In den folgenden Monaten ist der Kaiser der Sache nachgegangen und zu dem Schluß gelangt, daß der Kanzler ihn betrogen habe. Er hat Bülow noch eine Zeitlang im Amt belassen und bei nächster Gelegenheit sein Rücktrittsgesuch angenommen. Formal war Wilhelm II. in der Behandlung der ‚Daily Telegraph' Angelegenheit nicht der leiseste Vorwurf zu machen, doch war es bedauerlich und unbegreiflich, daß er erwartete, von der Veröffentlichung eines Gesprächs mit einem Engländer eine gute Wirkung zu erzielen..."
Jetzt muß dieses ganze Getriebe schonungslos aufgedeckt, ihm öffentlich die Maske christlicher Friedfertigkeit abgerissen und die pharisäische Heuchelei an den Pranger gestellt werden!
Reventlow: „Dieser Erguß spontaner, ohnmächtiger, hilfloser Verzweiflung ... hatte etwas Ergreifendes, diese bittere Klage, und dabei das rückhaltlose Eingeständnis der eigenen Unterlegenheit gegenüber Eduard ... und das unumwundene und unmittelbare Gefühl, daß dieser Krieg nicht gewonnen werden könne und daß er, der Kaiser, durch ihn zugrunde gehe. Und trotzdem der maßgebende Grundton: Das alles würde nicht gekommen sein, wenn man auf ihn, den Kaiser, nur gehört hätte; immer hatte er recht gehabt, immer die andern unrecht..."

8) „Die Vorgeschichte des Weltkrieges"

von Karl Helfferich (1872-1924) erschien 1919 in drei Bänden. Der Autor war Finanzminister bis 1916, danach Innen- und Wirtschaftsminister.

Edward Grey (1862-1933), englischer Außenminister 1905-1916, Vermittler bei vielen Krisen machte die bekannte Aussage: In ganz Europa gehen die Lichter aus ...

Band 1, S.22: „Wir wissen heute aus der großen Rede, die Sir Edward Grey am 3. August 1914 im Unterhaus, am Tag vor dem Eintritt Englands in den Krieg gehalten hat, daß schon während der ersten Marokkokrisis die englisch-französische Entente eine militärische Ausgestaltung erhalten hat. Auf Wunsch des französischen Botschafters erklärte sich Grey damit einverstanden, daß die beiderseitigen militärischen und maritimen Stabschefs miteinander in regelmäßig wiederkehrende Beratungen eintreten sollten, deren Zweck die Vereinbarung über einen gemeinschaftlichen Feldzugsplan gegen Deutschland war ... Er führte aus, daß die Vereinbarung für England eine moralische Verpflichtung geschaffen habe, Frankreich zu helfen...

Das britische Parlament erhielt von ihr zum ersten Mal Kenntnis am 3. August 1914, als der Eintritt Englands in den Krieg auf Grund dieser Abmachung bereits unabwendbar geworden war ... Diese englisch-französische Kombination geht also bereits auf die Wende 1905 und 1906 zurück."

Seite 156ff.: „Am 21. April 1914 besuchte König Georg den Präsidenten Poincaré in Paris. Er war begleitet vom Außenminister Edward Grey. Diese Tatsache unterstrich die politische Bedeutung des Besuchs umso stärker, als Grey bisher die britischen Inseln überhaupt nie verlassen hatte ... Der russische Botschafter Iswolski hatte angeregt, den Besuch des Königs zu nutzen, um das lose Gefüge des dreifachen Einvernehmens in ein ‚Bündnis nach Analogie des Dreibundes' umzuwandeln. Sein Vorschlag wurde vom französischen Außenminister Paul Doumergue beifällig aufgenommen. Sir Edward Grey lehnte den Abschluß eines förmlichen Bündnisses zwar ab – denn ein solches bestand ja auch gegenüber Frankreich nicht, und seinen Briefwechsel mit dem französischen Botschafter Paul Cambon über das militärische Zusammenwirken der beiderseitigen Land- und

Seestreitkräfte hatte er vor dem britischen Parlament geheim gehalten – aber er zeigte sich geneigt, die bestehenden militärischen Abmachungen zwischen England und Frankreich durch gleichartige Abmachungen zwischen England und Rußland zu ergänzen ... Jeder Zweifel an der Bedeutung dieses engeren Zusammenschlusses der Triple-Entente wird beseitigt durch die von der sowjetischen Regierung veröffentlichten Berichte des russischen Ex-Botschafters in London, Grafen Benckendorff."

Wir wissen heute, daß der Zar am 30. Juli 1914 den Mobilmachungsbefehl bereits unterzeichnet hatte und daß er am selben Abend, stark beeindruckt durch die inzwischen eingegangenen Nachrichten, insbesondere das Telegramm Kaiser Wilhelms, in dem dieser den Zaren nochmals eindringlich auf die Gefahren und schweren Konsequenzen einer Mobilisation hinwies, seinem Generalstabschef Januschkjewitsch und seinem Kriegsminister Ssuchomlinow telephonisch den Befehl zur Einstellung der Mobilisation gab; daß Ssuchomlinow dem General Januschkjewitsch auf dessen Frage, was er auf diesen Befehl des Zaren veranlassen solle, die Antwort gab: „Tun Sie nichts", und daß dem Zaren am nächsten Tag – so Ssuchomlinow – „eine andere Überzeugung aufgedrängt würde. Wir wissen ferner, daß diesen Verbrechern der Rücken gestärkt war durch die am 29. Juli abends eingelangte Zusicherung der französischen und britischen Waffenhilfe. Wer diesen Zusammenhang bezweifelt, lese nach, was der belgische Geschäftsträger in Petersburg, M. de l'Escaille, am 30. Juli an seinen Minister in Brüssel berichtet hat: „Unbestreitbar bleibt nur, daß Deutschland sich hier, ebenso sehr wie in Wien, bemüht hat, irgendeinen Weg zu finden, um einen allgemeinen Konflikt zu vermeiden ... England hat zunächst zu verstehen gegeben, daß es sich nicht in einen Konflikt hineinziehen lassen wolle ... Doch heute (30. Juli 1914) hat man in Petersburg die feste Überzeugung, daß England an der Seite Frankreichs mitgehen wird. Dieser Beistand ist hier von entscheidender Wichtigkeit; er hat nicht wenig zum Sieg der Kriegspartei beigetragen."

Seite 312ff.: „...In dieser bereits schwierigen und äußerst gespannten Lage fand am Abend des 6. Januar 1917 im Hotel Adlon in Berlin ein Festmahl der amerikanischen Handelskammer zu Ehren des aus den Vereinigten Staaten zurückgekehrten Botschafters Gerard statt. Weil Außenminister Zimmermann sich verspätete, hielt ich [Helfferich] die Begrüßungsrede. Nach der üblichen Einleitung, fuhr ich fort: ‚Ich hätte noch manches hinzuzufügen, was Ihr und unser Herz bewegt, aber als Gast an einem neutralen Tische will ich nicht über Dinge reden, die die Welt entzweien. Ich will nicht den Eindruck erwecken, als wollte ich bei Ihnen für unsere Sache werben. Sie wissen, wir verlangen von den Neutralen nichts als Neutralität...' Ich schloß mit dem Wunsche, daß ... ‚friedliche Schiffe bald wieder zwischen Deutschland und den Vereinigten Staaten das jetzt gefesselte, künftighin freie Meer befahren möchten zum Wohle der beiden Länder und Völker'. Auf diese Begrüßung antwortete Herr Gerard in einem auffallend herzlichen und freundschaftlichen Tone. Seine Ansprache gipfelte in der Versicherung, daß die Beziehungen zwischen den Vereinigten Staaten und Deutschland niemals besser gewesen seien, als in diesem Augenblick und daß die Fortdauer dieser ausgezeichneten Beziehungen gewährleistet sei, solange Männer wie Bethmann Hollweg, Helfferich, Zimmermann, Hindenburg, Ludendorff, die Geschicke Deutschlands leiteten ... Diese Rede hat damals großes Aufsehen erregt ... Erst recht war ich erstaunt, als ich in dem Buch des Herrn Gerard (Kapitel 8, Seite 65) gelesen habe, daß der Krieg zwischen den Vereinigten Staaten und Deutschland bevorstehe. Wie konnte er dann von den Beziehungen zwischen den beiden Völkern, die niemals besser gewesen seien, in so hohen Tönen reden?"

„...Wie scharf die Meinungsverschiedenheiten zwischen Reichskanzler und Auswärtigem Amt einerseits, der Obersten Heeresleitung andrerseits sich zugespitzt hatten, ... beleuchteten mir [im März 1918] grell die Unhaltbarkeit der Verhältnisse in unserer politischen Leitung: Wir hatten einen Kanzler [Graf von Hertling], der zum mindesten körperlich seinem Amte in keiner Weise gewachsen war und der geistig jedenfalls nicht mehr die Spannkraft besaß, schwierige Fragen aufzunehmen und durchzukämpfen. Wir hatten einen Außenminister [von Kühlmann], der resigniert den Kampf mit der Obersten Heeresleitung ... aufgegeben hatte...

Was ich am 1. Oktober [1918] im Auswärtigen Amt sowie über die militärische und politische Lage hörte, erschütterte mich auf das tiefste. Die Darstellung ging dahin, daß wir nach den Erklärungen der Obersten Heeresleitung auf dem westlichen Kriegsschauplatz vor einer Katastrophe stünden, daß jeder Augenblick den Durchbruch des Feindes und die völlige Zertrümmerung unseres Heeres bringen könne. Unter diesen Umständen bleibe nur das von Ludendorff ungestüm verlangte sofortige Ersuchen um Waffenstillstand ... Um diesen auf dem raschesten Wege herbeizuführen, sei ein Schritt beim Präsidenten Wilson

geplant, der unter grundsätzlicher Annahme der 14 Programmpunkte seiner Rede vom 8. Januar 1918 um seine Vermittlung gebeten werden solle ... Alles in mir lehnte sich gegen den Gedanken auf, daß ... wir jetzt unter dem Druck eines unmittelbar bevorstehenden Zusammenbruchs zum Ersuchen um sofortigen Waffenstillstand, das unter diesen Verhältnissen nur die Einleitung zur schmählichsten Kapitulation sein konnte, gezwungen sein sollten...
Vor allem warnte ich vor der Anrufung der Vermittlung des Präsidenten Wilson. Ich konnte diesem Manne nach allen bisher mit ihm gemachten Erfahrungen nicht das für eine solche Rolle erforderliche Maß von Unvoreingenommenheit zutrauen...
In der Nacht zum 4. Oktober ließ der neue Reichskanzler [Max Prinz von Baden] eine Note an die Schweizer Regierung zur Übermittlung an die Regierung der Vereinigten Staaten abgehen. Darin ‚...ersucht die deutsche Regierung den Präsidenten der Vereinigten Staaten, die Herstellung des Friedens in die Hand zu nehmen ... Sie nimmt das vom Präsidenten ... namentlich am 27. September 1918 aufgestellte Programm als Grundlage für die Friedensverhandlungen an...‘
Es ist nötig, darauf hinzuweisen, daß der Präsident in dieser Rede unter anderem gesagt hatte: ‚Wir sind uns alle einig darüber, daß es keinen Frieden geben darf, der durch irgendeine Art von Handel oder Kompromiß mit den Regierungen der Mittelmächte erreicht wird ... Sie haben uns davon überzeugt, daß sie ohne Ehre sind und nicht Gerechtigkeit wollen. Sie beobachten keine Verträge und erkennen keinen Grundsatz an als den der Gewalt und ihres eigenen Interesses ... Dem deutschen Volk muß jetzt klar geworden sein, daß wir nicht den Worten derjenigen trauen können, die uns diesen Krieg aufgezwungen haben.‘

Faustschläge in das deutsche Gesicht! Aber die neue [republikanische] Regierung nahm in ihrer Note an den Mann, der diese Faustschläge ausgeteilt hatte, ausdrücklich auch die Rede vom 27. September als ‚Grundlage für Friedensverhandlungen‘ an. Man kann sich ausmalen, in welchem Respekt sie sich damit beim Empfänger der Note setzte! Die neue Volksregierung tat nichts ... sie setzte Volk und Heer fünf lange Wochen hin der Zermürbung aus, führte mit Wilson einen Notenaustausch, der an Kläglichkeit in der Weltgeschichte wohl kaum seinesgleichen hat. Die unerhörtesten Demütigungen wurden höflich quittiert und Schritt für Schritt wurde alles zugestanden, was äußerstenfalls Inhalt des Waffenstillstandvertrages hätte sein dürfen.“

9) Emil Ludwig: „Wilhelm der Zweite"

1926 erschien in fest republikanisch gesicherter Zeit diese Biographie des Kaisers.

Gewohnt spöttisch, konzentriert sich der 1881 als Emil Cohn geborene, 1948 verstorbene Biograph und Publizist, auf seines Objektes Schwachstellen und diplomatische Fehltritte, denen man zugegebenermaßen nicht gerade selten begegnete. Für Journalisten und Kommentatoren der Entente-Mächte waren sie gefundenes Fressen.
Dem Autor muß man zugute halten, daß er keinen der unzähligen Feinde des Kaisers, sondern nur ihn selbst und seine Nächsten zu Worte kommen ließ.

Seite 245ff.: Als 1904 das Zarenreich gegen Japan den Krieg begann, sandte der Kaiser sein politisches Programm an alle deutschen diplomatischen Vertretungen:
„Zur Nachachtung für meine Herren Diplomaten! Es wird zum Endkampf des Christentums mit dem Buddhismus kommen, der abendländischen Kultur und orientalischen Halbkultur. Es wird der Kampf werden, den ich im Bilde gezeichnet vorausgesagt habe, bei dem ganz Europa als ‚États Unis de l'Europe' sich unter deutscher Führung zusammenscharen müsse zur Verteidigung unserer heiligsten Güter. Es ist der Instinkt, der den Japanern warnend im Busen dasselbe Gefühl uns gegenüber erweckt, wie es Caesar gegen Casca und Wallenstein gegen Butler hatte!... Daher gehören unsere Sympathien auf Rußlands Seite! Daher ist es von allergrößter Wichtigkeit, daß die Baltische Flotte, wenn fertig und eingeübt, hinausfährt, um die Seeherrschaft zurückzuerobern und Japan zu entreißen ... Es handelt sich um die Zukunft Rußlands und auch indirekt Europas! ... Ich weiß genau, daß wir einst mit Japan auf Tod und Leben werden fechten müssen, und ich treffe meine Vorbereitungen dafür! Die Russen ... sollen uns später die Japaner abschlagen helfen, aber besser wäre es, sie täten sie jetzt schon ordentlich verdreschen!"

„Der sogenannte Boxeraufstand in China gab 1900 der Habgier Europas den Vorwand eines Kreuzzugs gegen die Gottlosen Gelben ... Als der Kaiser von der Ermordung seines Gesandten in Peking erfuhr, arrangierte er mit ungewöhnlicher Wut und Hast einen Sühnefeldzug ... Zu den vor der Verschiffung in Parade stehenden Marinetruppen sprach er: ‚Ihr wißt, ihr sollt fechten gegen einen verschlagenen, gut bewaffneten, grausamen Feind. Kommt ihr an ihn, so wird derselbe

Vormarsch der Deutschen beim Boxeraufstand in China. „The Germans to the front", ein Gemälde von C. Röchling

geschlagen! Pardon wird nicht gegeben! Gefangene werden nicht gemacht! Wer euch in die Hände fällt, sei euch verfallen! Wie vor tausend Jahren die Hunnen unter ihrem König Etzel sich einen Namen gemacht, der sie noch jetzt in Überlieferungen und Märchen gewaltig erscheinen läßt, so möge der Name Deutscher in China auf tausend Jahre durch euch in einer Weise bestätigt werden, daß niemals wieder ein Chinese es wagt, einen Deutschen auch nur scheel anzusehen!'."
Die Stunde der Wahrheit bereitete dem Kaiser der Anfang 1905 zum Chef des Generalstabes vorgesehene Helmuth von Moltke, der sich vornimmt, dem Kaiser reinen Wein einzuschenken. Er beginnt mit der Kritik an den Manövern, die immer mit der Gefangennahme einer Armee von einer halben Million enden. „Eure Majestät wissen, daß die von Ihnen geführten Armeen alljährlich den Gegner einkesseln und somit angeblich den Krieg mit einem Schlage entscheiden. Diese Art des Kriegsspiels, bei dem der Gegner Eurer Majestät sozusagen mit gebundenen Händen ausgeliefert wird, muß ganz falsche Vorstellungen eines wirklichen Krieges hervorrufen. Für noch bedenklicher halte ich, daß durch die Verniedlichung, die dem Kriegsspiel angetan wird, dem großen Kreis der daran beteiligten Offiziere das Interesse an der Sache genommen wird. Was ich aber am allermeisten beklage und was ich Eurer Majestät sagen muß, ist, daß das Vertrauen der Offiziere zu ihrem Allerhöchsten Kriegsherrn dadurch aufs tiefste erschüttert wird. Die Offiziere sagen sich, der Kaiser ist viel zu klug, als daß er nicht merkt, wie hier alles aufgestellt wird, damit er immer brav siegen

soll. Weiß er, daß alles nur gespielt wird, oder will er es so?" Der Kaiser: „Ich hatte keine Ahnung! Sagen Sie Schlieffen, er möge mich beim nächsten Kriegsspiel nicht besser behandeln als den Gegner." Moltke: „Graf Schlieffen sagt, wenn der Kaiser spielt, muß er siegen. Eure Majestät dürften daher überhaupt nicht führen, sondern müßten über den Parteien stehen." Kaiser: „Warum haben Sie mir das nicht schon längst gesagt?" Moltke: „Es kann doch nicht jeder zu Eurer Majestät kommen und sagen, ich finde dies oder jenes nicht richtig."

10) „Erinnerungen" von Kronprinz Wilhelm (1882-1951)

Sohn und Thronfolger Kaiser Wilhelms II., erschienen 1922. Er folgte seinem Vater ins Exil nach Doorn.

Seite 69ff.: „Besonders tiefe Eindrücke empfing ich in dieser Zeit begierigen Lernens beim Reichsmarineamt durch dessen Leiter, den Admiral von Tirpitz. In ihm erschloß sich mir eine überragend große Persönlichkeit, ein Mann, der nicht stur auf das engere Feld seiner Aufgaben und Pflichten starrte, sondern das Ganze bis in seine weltpolitischen Fernen sah und dem Ganzen mit allen schöpferischen Kräften seines umfassenden Könnens diente ... Nur in einer grundlegenden Frage war ich anderer Ansicht als der Großadmiral. Er hielt daran fest, daß der Kampf mit England einmal ausgetragen werden mußte, und sein Ziel war der ‚Risikogedanke', das will sagen: Er trat dafür ein, unsere Flotte so stark zu machen, daß den Engländern ein etwaiger Kampf gegen uns als ein zu schweres Wagnis erscheinen mußte ... Es blieb die Gefahr, daß die Engländer das volle Ausreifen unseres Risikogedankens gar nicht erst abwarten, sondern ihre Politik folgerichtig fortsetzen und unsere mit dem größten Mißtrauen beobachtete Flotte vernichten würden, ehe sie sich zu dem ihnen ebenbürtigen Gegner entwickeln konnte ... Nachdem die verschiedenen Versuche, zu einer Verständigung zu kommen, in nichts zerronnen waren, war der Augenblick – der letzte Augenblick! – der deutschen Flotte mit einiger Aussicht auf Erfolg an den Kragen zu gehen, für England mit der im Jahre 1914 gegebenen Kriegsgelegenheit gekommen ... Die Energien, die jenseits des Kanals nach Krieg und Austrag drängten, waren die gleichen, die vorher unsere wirtschaftliche Einkreisung bewirkt hatten, und entwuchsen dem Existenzkampfe Englands gegen den ungeheuren Auftrieb der deutschen Industrie, des deutschen Handels. Jene wirtschaftliche Abschnürung der

Vorkriegsjahre hatte ihren Zweck nicht erreicht, die deutsche Expansion ging weiter. Damit ließ England den Versuch, um den Krieg herumzukommen, fallen. Nur Mangel an politischem Blick und staatsmännischem Instinkt konnte das übersehen und auf eine Neutralität Englands hoffen – wie Bethmann Hollweg das tat.
Als wir dann im Kriege mit England standen ... war es ein verhängnisvoller Fehler, dem Großadmiral von Tirpitz die freie Hand in der Führung der Flotte und ihren Einsatz zur Schlacht zu versagen. Man klebte an dem Bethmannschen Gedanken, die Flotte wenn möglich unbeschädigt durch den Krieg zu bringen ... Heute wie damals bin ich überzeugt, daß Tirpitz ... die volle Wucht der Flotte so rasch wie möglich gegen England eingesetzt und zum Sieg geführt hätte..."

Seite.136: „Mein letztes Gespräch mit dem Reichskanzler von Bethmann Hollweg über diese Fragen hatte ich am 3. August 1914 ... Es steht wie eingehämmert in meiner Erinnerung, denn es hat damals schon einen tief erschütternden Eindruck auf mich gemacht und mit letzter, furchtbarer Klarheit erkennen lassen, daß allein in der Kraft des deutschen Heeres unsere Aussicht auf Erfolg liegen könne. Ich traf mit dem soeben zum Vortrage bei Seiner Majestät kommenden Kanzler zusammen. Bethmann: ‚Kaiserliche Hoheit gehen jetzt zur Front?' Ich: ‚Jawohl.' Bethmann: ‚Wird die Armee es schaffen?' Ich: ‚Was eine Armee der Welt schaffen kann, das schaffen wir, aber ich kann es nicht unterlassen, Eure Exzellenz darauf hinzuweisen, daß die politische Konstellation, unter der wir in den Krieg eintreten, die denkbar ungünstigste ist.' Bethmann: ‚Inwiefern?' Ich: ‚Das ist doch klar: Rußland, Frankreich, England auf der Gegenseite, Italien und Rumänien bestenfalls neutral – aber auch das ist unwahrscheinlich.' Bethmann: ‚Das ist ausgeschlossen, England bleibt bestimmt neutral!' Ich: ‚Eure Exzellenz werden in wenigen Tagen die Kriegserklärung haben. Es bleibt uns jetzt nur noch eines zu tun: Bundesgenossen zu finden.' Bethmann: ‚Ich würde dies für das größte Unglück für Deutschland halten.'
Bei seiner unbegreiflichen Naivität meinte er, wir könnten uns die Freundschaft und Neutralität Englands durch solche Bündnisse verscherzen ... Diese unglaubliche Auffassung von unserer Lage klingt auch in dem Bericht des englischen Botschafters Sir Edward Goschen über seine schon am nächsten Tage erfolgte entscheidende Aussprache mit dem Kanzler auf. Danach hat Bethmann Hollweg, nachdem er hier endlich Englands wahres Gesicht erkennen mußte, erschüttert zugegeben: Nun sei seine ganze Politik wie ein Kartenhaus zusammengebrochen."

11) General der Infanterie Erich Ludendorff „Meine Kriegserinnerungen 1914-1918"

General Erich Ludendorff, nach der Einnahme der Festung Lüttich gelang ihm im Osten die Befreiung Ostpreußens durch die Siege in den Schlachten von Tannenberg und bei den Masurischen Seen

Ludendorff (1865-1937) war im Weltkrieg Erster Generalquartiermeister und Stellvertreter des Chefs der OHL (Obersten Heeresleitung), Generalfeldmarschall Paul von Hindenburg (1847-1934). Seinen Ende 1918, Anfang 1919 in Schweden verfaßten und dann erschienen Memoiren stellte er folgendes Vorwort voran: „Während der vier Kriegsjahre konnte ich keine Aufzeichnungen machen. Mir fehlte die Zeit dazu. Die Kriegserinnerungen sollen von den Taten des deutschen Volkes und Heeres erzählen. Noch hat der Deutsche die Zeit zum Selbstbesinnen und zur Einkehr nicht gefunden. Es lastet zu viel auf ihm. Und doch kann er sich stolz aufrichten an den gewaltigen Taten seines Heeres und den Leistungen daheim. Aber er hat keine Zeit zu verlieren, aus Geschehnissen, die zu seinem Unglück führten, zu lernen, denn die Weltgeschichte schreitet unerbittlich weiter und zertritt die Völker, die sich in Uneinigkeit selbst zerfleischen."

Ohne auf die Strategien der Obersten Heeresleitung noch auf den Ablauf der Völkerschlachten und des Völkerschlachtens einzugehen, sollen hier einige Bemerkungen Ludendorffs zur politischen Lage angeführt werden.
Seite 81ff.: „Die Lage um die Jahreswende 1916/1917 war trotz des so günstigen Abschlusses des Jahres 1916 überaus ernst. Die OHL hatte damit zu rechnen, daß die gewaltige feindliche Überlegenheit an Menschen und Kriegsmitteln sich im Laufe des Jahres 1917 noch schärfer fühlbar machen würde als im Jahre 1916. Wir arbeiteten ja nicht mit Hungerblockade und Propaganda gegen die Psyche der feindlichen Völker. Beruhigendes lag nur in dem stolzen Gedanken, daß wir bisher dem überlegenen Gegner getrotzt hatten und überall vorwärts unserer Grenzen standen ... Der Reichskanzler beschäftigte sich im September 1916 mit einer Friedensvermittlung des Präsidenten Wilson ... Ich war

damit durchaus einverstanden ... wenn ich auch in Einschätzung des Vernichtungswillens unserer Feinde dem Vorschlage gegenüber skeptisch blieb. Ihre Aussichten für das Jahr 1917 waren so viel günstiger als die unsrigen, daß ich an einem Erfolg des Friedensschrittes des Präsidenten zweifelte. Am 12. Dezember erfolgte ein Friedensangebot des Vierbundes [Deutschland, Österreich, Bulgarien, Türkei]. Der Widerhall, den es in der Entente-Presse fand, war denkbar ungünstig. Die Entente hatte sich fest durch Abmachungen und Geheimverträge gebunden, die nur durch unsere vollständige Niederlage zu verwirklichen waren. Am 30. Dezember erfolgte die Antwort der Entente, die jeden Zweifel an ihrem Vernichtungswillen beseitigte. Ihr Einwand, der Ton unseres Friedensangebotes hätte von vornherein einen Erfolg ausgeschlossen, ist nicht stichhaltig ... Die Ablehnung der Entente hier und bei allen späteren Gelegenheiten zeigt ebenso klar, daß sie keine Verhandlungen wollte, die von unserer ehrlichen Friedensbereitschaft aller Welt Kunde gegeben hätten. Sie befürchtete davon eine Schwächung des Vernichtungswillens im eigenen Lager und wollte uns doch im Frieden entscheidend treffen und schwächen..."

S.186: Über den Endkampf im Sommer und Herbst 1918: „Der 8. August ist der schwarze Tag des deutschen Heeres in der Geschichte dieses Krieges ... Früh, bei dichtem Nebel, griffen Engländer ... zwischen Albert und Moreuil mit starken Tankgeschwadern, im übrigen aber mit keiner großen Überlegenheit an. Sie brachen an der Somme tief in unsere Front ein. Die dort stehenden Divisionen ließen sich vollständig überrennen ... Die Einbruchstelle erweiterte sich sehr bald ... die sich noch tapfer wehrenden Truppen wurden aufgerollt. Sechs bis sieben deutsche Divisionen, die durchaus als kampffähig angesprochen werden konnten, waren vollständig zerschlagen...
Der 8. August brachte Klarheit ... Der große Entente-Angriff, der Endkampf des Weltkrieges, begann und wurde vom Gegner nun mit umso größerer Energie durchgeführt, je deutlicher unser Niedergang für ihn erkennbar wurde."

In Band 1 seiner Lebenserinnerungen 1919-1925 schreibt der General:
S.66: „Aus den angeführten Dokumenten ist klar ersichtlich, daß die Revolution von oben planmäßig in Berlin vorbereitet worden ist, ganz unabhängig von den Besprechungen der Obersten Heeresleitung über die Notwendigkeit eines Waffenstillstandes am 29.9. in Spa. Ich habe von diesen Tatsachen erst durch das amtliche Weißbuch Mitteilung erhalten. Damals im September 1918 waren mir nur unklare

Andeutungen hierüber zugegangen. Leider kann ich nicht bezweifeln, daß Offiziere meiner Umgebung durch irgendwelche Kanäle besser unterrichtet waren als ich; denn so wird mir ihr in diesen Tagen einsetzendes, damals mich merkwürdig berührendes Drängen, daß die Oberste Heeresleitung mit einem Waffenstillstandsantrage hervortreten möchte, nur zu verständlich. Ich gab dem nicht nach, sondern handelte nach eigener Überzeugung. Walter Rathenau aber sagte, wie ich später hörte: ‚Es ist uns noch im letzten Augenblick gelungen, alle Schuld auf Ludendorff zu werfen.'
Ich muß mich hier auf diese geschichtliche Feststellung und noch auf die andere beschränken, daß ich selbstverständlich nie den Abschluß eines Waffenstillstandes innerhalb von 24 Stunden verlangt habe, wohl aber habe ich verlangt, und zwar auf Grund von Angaben des Herrn v. Hintze, nachdem in Berlin nur hin- und hergeredet wurde, daß das Waffenstillstandsangebot nun endlich, und zwar innerhalb von 24 Stunden, herausgehen solle. Dies war in Rücksicht auf das Heer notwendig; denn es war die Kunde von der Absicht, Waffenstillstand zu schließen, auch zum Heere gelangt. Die Rücksicht auf dieses Heer verlangte statt Schwatzen zielklares Handeln."

12) Prinz Max von Baden: „Erinnerungen und Dokumente"

Die unter diesem Titel 1928 erschienenen Memoiren ermöglichen einen tiefen Einblick in die Politik des Kaiserreiches.

Prinz Max von Baden (1867-1929) war Thronfolger des Erzherzogtums Baden, Ehrenpräsident des Badischen Roten Kreuzes und widmete sich der Kriegsgefangenenfürsorge. Im Oktober/November 1918 wurde er zum letzten Reichskanzler des Deutschen Kaiserreiches berufen.
Seite 25ff.: „Des Prinzen vielfältige Aufgaben brachten ihn in Verbindung mit interessanten Persönlichkeiten, die auch abseits offizieller und diplomatischer Kanäle wirkten, Informationen sammelten und auch weitergaben. Jakob Noeggerath war Amerikaner deutscher Abstammung und unterstützte mein Wirken für die Gefangenen. Er erklärte den Kampf um unseren guten Namen für so wichtig wie die Schlachten, die unsere Heere schlugen. Um jeden Preis müsse verhindert werden, daß unsere Feinde ihren ‚Greuelbedarf' aus deutschen Gefangenenlagern deckten. Sie brauchten ‚German atrocities' [Greuel] nicht nur zum Zweck der Auslandspropaganda, sondern in erster Linie,

Prinz Max von Baden wurde 1918 zum Reichskanzler berufen, verkündete am 9.11.18 vorzeitig die Abdankung des Kaisers und trat sein Amt an Friedrich Ebert ab.

um die Moral der eigenen Völker zu festigen ... Es gelte, der Weltmeinung bestimmte Tatsachen der Kriegsentstehung stets aufs Neue einzuhämmern, die das Dogma vom deutschen Überfall schließlich zerstören müßte. Zweitens den Kampf in der Greuelfrage. Wir dürften nicht nur der Ententepropaganda keine Angriffsfläche bieten, sondern zur Offensive gegen die Unfehlbarkeitspose der Feinde übergehen. Wir hätten überwältigendes Material über Greueltaten der Alliierten, das wir aus Zartgefühl zurückhielten ... Noeggerath stand in dauernder Verbindung mit gleichgesinnten Männern, unter ihnen einige Herren der ‚Zentralstelle für Auslandsdienst'. Dieser war dem Auswärtigen Amt angegliedert und unterstand dem Legationsrat von Radowitz. Diese von Paul Rohrbach [1869-1956, völkisch gesinnter Publizist] gegründete ‚Pressestelle' beobachtete die feindliche und neutrale Presse und beschäftigte zahlreiche Lektoren, die genaue Kenner der Länder waren, deren Zeitungen sie bearbeiteten und zu Wochenberichten auswerteten. Die gewonnenen Informationen wurden durch Erkundigungen im neutralen Ausland ergänzt ... Das englische Referat wurde von Kurt Hahn geleitet, der England beim Kriegsausbruch nach jahrelangem Aufenthalt verlassen hatte..."

„Die ‚Zentralstelle' erkannte die Sonderstellung, die Lord Northcliffe einnahm: Er arbeitete nicht nur an den Entscheidungen mit, sondern gab häufig die Direktiven aus. So war die ‚Zentralstelle' imstande, wichtige Ereignisse vorauszusagen, wie die Einführung der allgemeinen Wehrpflicht, die abrupte Bildung eines Koalitionsministeriums, und daß am 14. Juli 1915 Lloyd George sich bereit finden würde, aus Northcliffes Händen die nationale Führerschaft anzutreten.
Mit Rohrbachs Ausscheiden 1916 verlor die ‚Zentralstelle' ihre Selbständigkeit. Einzelne Lektoren wurden von der Nachrichtenabteilung

des Auswärtigen Amts übernommen, unter ihnen Oberstleutnant Hans Georg von Haeften [Vater des Leutnants Werner von Haeften, der wegen seiner Beteiligung am Attentat vom 20. Juli 1944 erschossen wurde], der seit Sommer 1916 die ‚Militärische Abteilung' des Auswärtigen Amtes leitete..."

Seite 242: „Zwischen dem 5. und 9. März 1918 fanden im neutralen Den Haag Gespräche zwischen Oberstleutnant von Haeften, Kurt Hahn und Max Warburg (1867-1946) statt. Max ging beim Bankhaus Rothschild (London) in die Lehre, war seit 1910 Chef der Warburg-Bank in Hamburg, Berater Kaiser Wilhelms II., Mitglied der deutschen Delegation in Versailles. Sein Bruder Felix war Partner beim Bankhaus Kuhn, Loeb & Cy., New York. Max Warburg war vor seiner Reise nach Holland vom Reichskanzler Graf Hertling empfangen worden und über die deutschen Kriegsziele in Kenntnis gesetzt worden. Man war sich einig, der Eintritt in amtliche Friedensverhandlungen mit den Alliierten sei von folgenden Bedingungen abhängig gemacht worden: Bedingungslose Räumung Nordfrankreichs, Belgiens, Elsaß-Lothringens, Zahlung der Wiederherstellungskosten, Nichtigkeitserklärung der im Osten zustande gekommenen Friedensabschlüsse, völliger Wechsel des Regierungssystems in Deutschland."

Seite 265: „Das Gefühl der Unwiderstehlichkeit, das seit Beginn der siegreichen Offensive (Anfang März 1918) unsere Truppen begleitete, läßt sich nicht beschreiben ... Am 27. März ist bei den Alliierten ein Aufatmen zu spüren, das zu einer großen Erleichterung führt, nachdem am 29. März der deutsche Angriff auf Arras abgeschlagen ist. Lloyd George handelt rasch. Er nutzt die Bestürzung in der Allianz, um Entscheidungen zu erzwingen und Marschall Foch wird zum Generalissimus ernannt ... Am 19. Mai wird die alliierte Offensive mit unerhörter Wucht fortgesetzt ... In Paris droht eine Panik, aber dem greisen Clemenceau gelingt es, sie zu beschwören: ‚Ich schlage mich vor Paris, ich schlage mich in Paris und ich schlage mich hinter Paris!' Am 3. Juni kommt der deutsche Angriff zum Stehen. Ludendorff versucht, seine Offensive voranzutreiben, aber die französischen Gegenangriffe, nunmehr von Amerikanern verstärkt, zwingen ihn, am 11. Juni die Schlacht abzubrechen ohne die Entscheidung erzwungen zu haben..."

Seite 335.: „Am 30. September wird der Rücktritt des Kanzlers Graf Hertling bekannt, am 1. Oktober traf ich in Berlin ein und besprach die Lage mit Herrn von Haeften, einigen Abgeordneten und Major von dem Busche, Abgesandter der Operationsabteilung der OHL ...

Am 1. Oktober hatte Kaiser Wilhelm den Großherzog von Baden – meinen Onkel – gebeten, mir die Genehmigung zu erteilen, den Posten des Reichskanzlers zu übernehmen. Dieser antwortete: ‚Herzlichen Dank für Dein mich tief bewegendes Telegramm. Ich kann nicht verstehen, daß es gerade Max sein muß, der solch Angebot mit seinem Namen decken soll; wenn dies aber unabwendbar ist, so ist es mir vaterländische Pflicht, nicht entgegen zu sein.'
Am 2. Oktober beschloß ich, Max Warburg zu Hilfe zu rufen, um gegen die Illusion anzukämpfen, Amerika würde Entgegenkommen zeigen, wenn wir uns demütigten. Warburg war als einer der besten Kenner Amerikas von unseren militärischen und politischen Führern mehrfach zu Rate gezogen worden."

S.352ff.: „In der Nacht vom 3. auf 4. Oktober ging unsere Note hinaus: ‚Die deutsche Regierung ersucht den Präsidenten der Vereinigten Staaten, die Herstellung des Friedens in die Hand zu nehmen ... Sie nimmt das vom Präsidenten der Vereinigten Staaten in der [seine 14 Punkte beinhaltenden] Rede vom 8. Januar 1918 aufgestellte Programm als Grundlage für die Friedensverhandlungen an ... gez. Max Prinz von Baden, Reichskanzler.'
Am 5. Oktober abends war der Entwurf fertig und ich las ihn den Herren von Haeften, Hahn, Solf, Warburg vor: ‚Meine Herren Reichstagsabgeordneten! ... Wir haben mit der Note, die wir an Präsident Wilson gesandt haben, die Verpflichtung auf uns genommen, auf der Basis der von ihm vertretenen Grundsätze ... die dieser Krieg aufgeworfen hat, zu verhandeln. Das Programm ist am ausführlichsten in den 14 Punkten seiner Botschaft vom 8. Januar enthalten. Ich will jetzt diese Punkte einzeln besprechen...' Prinz Max geht jeden einzelnen Punkt durch, beruft sich auf Wilsons oftmaliger Zusicherung von Freiheit, Mitbestimmung und Gleichberechtigung für alle Völker und somit auch für das deutsche. Bezüglich Punkt 8 führt er aus: ‚Wir sind entschlossen, auch die elsaß-lothringische Frage mit unseren Gegnern zu erörtern. Wenn Wilson im Friedensvertrag von 1871, der Elsaß-Lothringen an Deutschland brachte, ein Unrecht sieht, so muß er – getreu seinen Grundsätzen, auch ein Unrecht in den Gewaltakten sehen, mit denen einst Frankreich die elsaß-lothringischen Gebiete von Deutschland raubte...'
Um Mitternacht trat von Haeften ins Zimmer. Er war totenblaß. Er meldete: Die versammelten Staatssekretäre und besonders die hinzugezogenen Mitglieder des Auswärtigen Amtes, darunter der Referent für Amerika, seien einstimmig der Meinung, unsere Lage vertrüge nicht eine solche Rede. Die Interpretierung der 14 Punkte würde die ganze

Aktion gefährden. Wilson wolle seine 14 Punkte selbst interpretieren und würde ein detailliertes Gegenprogramm übelnehmen ... Wir aber brauchten den Waffenstillstand. Das Auswärtige Amt halte nur die Annahme der 14 Punkte für möglich ... Ich verzichtete auf meine Rede; heute bereue ich diesen Entschluß. Wilson würde meine 14 Punkte als eine Herausforderung genommen und mit entehrenden Bedingungen beantwortet haben, die ihn entlarvt hätten ... Es klingt vermessen, aber ich glaube heute, daß meine Rede zwar sicher nicht zu dem Waffenstillstand geführt hätte, den die Oberste Heeresleitung schließen wollte, aber auch nicht zu dem Waffenstillstand, wie er am 11. November geschlossen werden mußte."

Seite 408ff.: „Am 16. Oktober traf die Note des Präsidenten Wilson ein: ‚Dear Sir, es muß Klarheit darüber bestehen, daß die Durchführung der Räumung und die Bedingungen des Waffenstillstands Angelegenheiten sind, welche dem Urteil und der militärischen Berater der Regierung der Vereinigten Staaten und der alliierten Regierungen überlassen werden müssen ... Eine der Friedensbedingungen lautet wie folgt: ‚Vernichtung jeder willkürlichen Macht, die es in Händen hat, allein, geheim und absichtlich, den Weltfrieden zu stören ... Die Macht, die bis jetzt das Schicksal der deutschen Nation bestimmt hat, ist von der hier beschriebenen Art ... gez. Robert Lansing, Außenminister'."

„Am 17. Oktober 1918 fand die Sitzung des Kriegskabinetts statt. Der Reichskanzler: ‚Die Lage, in der wir uns befinden, ist die Folge des Schritts, den wir am 5. Oktober getan haben. Damals war es der dringende Wunsch der Obersten Heeresleitung, daß wir die Friedensnote und das Waffenstillstandsersuchen an den Präsidenten Wilson gerichtet haben...' Die Sitzung dauerte mehrere Stunden ... Meinungen und Gegenmeinungen prallten auf- und gegeneinander. Niemand wollte oder konnte entscheiden, nichts wurde entschieden. Der Reichskanzler abschließend: ‚Ist zu den Fragen, die wir an Exzellenz Ludendorff zu stellen hatten, noch etwas zu bemerken? Dann schließe ich die Sitzung.' Das Gutachten Ludendorffs hatte mich nicht befriedigt. Ich fragte den General unter vier Augen: ‚Glauben Sie, daß wir im nächsten Jahr den Krieg unter besseren Bedingungen beenden würden als heute?' Die Antwort war ein klares ‚Ja'. ‚Sie sehen also den Abbruch der Beziehungen zu Wilson mit Ruhe entgegen?'. Die Antwort war wieder ein klares ‚Ja'."

Nachtrag: Des öfteren ist Max von Baden vorgeworfen worden, persönliche Beziehungen zu Personen gepflegt zu haben, deren Loyalität zu Deutschland fragwürdig erschien. Da ist die Rede vom oftmals genannten Amerikaner Noeggerath, dem transnationalen Bankier Max Warburg, schließlich auch von August Bebel, Mitbegründer und Fraktionschef der Sozialdemokratischen Arbeiterpartei, der als überzeugter Pazifist gegen die deutsche Flottenaufrüstung eintrat, über die Schweiz mit britischen Regierungskreisen in Verbindung stand und England vor dem Nachlassen seiner Rüstungsanstrengungen warnte.

13) „Ulrich Graf Brockdorff-Rantzau – Wanderer zwischen zwei Welten"

Dieses 1929 erschienene Lebensbild schrieb der Publizist Edgar Stern-Rubarth.

Seite 45ff.: „Im Mai 1912 wurde Graf Brockdorff-Rantzau (1869-1928) der wichtige Posten des Gesandten in Kopenhagen anvertraut ... Über seine dänische Zeit sind später in der dem ‚Abtrünnigen', dem ‚roten' Grafen übelwollenden Presse die tollsten Gerüchte verbreitet worden. Rantzau hat sie, wo nicht gerade der Zwang zu einer Berichtigung bestand, immer einfach ignoriert ... Die nachträglichen Vorwürfe seiner Gegner richten sich freilich weniger gegen die dänische Politik des Kopenhagener Gesandten, als gegen seine ungewöhnlichen persönlichen Beziehungen, gegen den Verkehr mit allerhand vermeintlich oder wirklich subversiven Elementen, die er für die Durchführung seiner vielfältigen und schwierigen Missionen brauchte. Da ist Parvus-Helphand, der sozialistische Millionär, der die Austausch-Transaktion deutscher Kohle für die dänische Industrie gegen dänische Lebensmittel für die blockierte deutsche Bevölkerung vermittelte ... Da ist weiter eine Mitwirkung des Brockdorff-Rantzaus bei der ‚Verfrachtung' Lenins und Trotzkis nach Rußland, die sich auf die Ausführung erhaltener und von der Obersten Heeresleitung gebilligter Befehle beschränkte..."

„In seiner ersten Rede an die Vertreter der deutschen Presse am 24. Januar 1919 spricht er das Thema ‚Kriegsschuldlüge' an, die von französischen Staatsmännern unter Führung Clemenceaus zum Ausdruck kommt ... Er hat gegen einen Teil des Reichskabinetts vom ersten Augenblick an die offene Erörterung dieses Problems aufgenommen; denn er weiß, daß aus der Übernahme der alleinigen Kriegsschuld der Vorwand zur beliebigen Strafbemessung erwachsen würde. Er widerspricht dem tatsachenwidrigen Bußegedanken, der von Erzberger vertreten wird. Es waren dem Außenminister in Versailles bestimmte Informationen zugetragen worden, daß die Frage der Kriegsverantwortlichkeit als eine heuchlerische Begründung eines Friedens im Gegensatz zu den 14 Punkten Wilsons und zur Befriedigung nachträglicher Ansprüche von einer dreißigköpfigen Schar von Kriegsgewinnlerstaaten konstruiert werden könnte."

Graf Brockdorff erleidet seine Passion. Man schreibt den 7. Mai 1919. Durch die Hintertür des Hotels Trianon-Palace in Versailles treten sechs Männer in das Palais, das den Sitzungssaal für die Friedenskonferenz enthält, und schreiten durch den schmalen Korridor, der an allen Zugängen von spähenden Blicken umlauert wird, in den Saal. Triumph, Neugier und Haß, liegt auf den Zügen der zahlreichen Teilnehmer und Zuschauer, als sie der kleinen Gruppe ansichtig werden. ‚Les v'là, les boches!' [da sind sie, die boches!] Aber etwas wie Enttäuschung schwingt dabei mit. Man hatte sie sich anders vorgestellt, diese Boches, zerknirschter, plumper, und mehr nach der Karikatur geartet, die seit fünf Jahren allein den Gegner in der Vorstellungswelt der Westvölker wiedergegeben hatte. In unwillkürlicher Selbstkritik zeigen alle Zeichnungen und retuschierten Photos jener denkwürdigen Szenen in den illustrierten Zeitungen Englands und Frankreichs aus jenen Tagen von Versailles eine gewisse neugierige Verblüffung, eine verhaltene Wut auf den Zügen der beteiligten Entente-Vertreter und bei aller Karikaturabsicht doch noch eine seelische und physische Überlegenheit Brockdorff-Rantzaus und der Seinen über ihre distanzierte Umgebung. Es ist 3 Uhr nachmittags, die ‚Stunde der Vergeltung', so nennt sie Clemenceau, ‚ist gekommen!' Brockdorff-Rantzau sitzt – und bleibt sitzen – als er auf die haßerfüllten Worte des Anklägers Clemenceau zu erwidern hat. Der Sekretär der Friedenskonferenz schreitet zum Tisch der deutschen Abgesandten: ‚Ich nehme mir die Ehre, Ihnen die Bedingungen für den Frieden zu überreichen.' Der Außenminister legt den Band neben sich, sieht ihn nicht an, blättert ihn nicht auf. Scheinbar unabsichtlich wirft er seine Handschuhe auf den weißen Einband ... Dann beginnt er von seinem Sitze aus zu sprechen. Er liest das Dokument, in dem das Unglück seines Landes und die Kapitulation zugestanden werden, aber er tut es mit jenem Stolz. Brockdorff-Rantzau läßt keinen Zweifel an seiner Überzeugung und entgegnet den Vertretern der Siegermächte: ‚Meine Herren! Wir täuschen uns nicht über den Umfang unserer Niederlage, den Grad unserer Ohnmacht. Wir wissen, daß die Gewalt der deutschen Waffen gebrochen ist, wir kennen die Wucht des Hasses, die uns hier entgegentritt und wir haben die leidenschaftliche Forderung gehört, daß die Sieger uns zugleich als Überwundene zahlen lassen und als Schuldige bestrafen wollen. Es wird von uns verlangt, daß wir uns als die allein Schuldigen am Kriege bekennen, ein solches Bekenntnis wäre in meinem Munde eine Lüge. Ich will nicht Vorwürfe mit Vorwürfen erwidern, aber die Hunderttausende von Nichtkämpfern, die seit dem 11. November an der Blockade zugrunde gingen, wurden mit kalter Überlegung und Berechnung getötet, nach dem für unsere Gegner der Sieg errungen und verbürgt war. Denken Sie daran, wenn Sie von Schuld sprechen...'"

14) Walter Görlitz „November 1918"

In dem 1968 erschienenen Buch schildert der Historiker (1913-1991) die damalige Revolution.
Darin beschreibt er das Bühnenstück in mehreren Akten, das vom 7. bis 9. November sowohl im kaiserlichen Hauptquartier zu Spa als auch in Berlin und den deutschen Landeshauptstädten aufgeführt wurde.
Seite 143ff.: „Der Kaiser gibt sich optimistisch, obwohl ihn die Tatsache schwer getroffen hat, daß die Marine, seine Lieblingswaffe, gemeutert hat. Für die nächste Fahrt nach Berlin wird der Hofzug mit Maschinengewehren ausgerüstet. Flügeladjutant von Ilsemann notiert, der Kaiser schlafe nur noch mit Schlafmitteln. Die Revolution frißt sich weiter ins Land. Braunschweig ... wird unruhig. Matrosen tauchen vor dem Schloß auf und demonstrieren ... Vom Schloß wird die herzogliche Standarte heruntergeschossen. Mann der Stunde ist der zwergenhafte, bucklige Schneider August Merges, ein fanatischer Volkstribun ... Auch hier bildet sich ein Arbeiter- und Soldatenrat. Am Mittag des 7. November findet in München auf der Theresienwiese eine Massenversammlung statt. Sozialdemokraten und Unabhängige, der ‚bayrische Ebert' Erhard Auer und ein nur wenigen Münchnern bislang bekannter Mann, der Journalist Kurt Eisner von der USPD, Sohn eines jüdischen Effektenhändlers und preußischen Hoflieferanten, sind als Redner vorgesehen...

Es ist ein goldener Spätherbsttag in München. Nach dem Mittagessen geht der alte König Ludwig III. von der Residenz hinüber in den Englischen Garten und genießt die späte, letzte Sonne. Die Königin liegt krank im Schloß ... Zwischen 14 und 15 Uhr füllt sich die Theresienwiese. Das Militär hat Ausgangssperre, trotzdem sind viele Feldgraue gekommen ... Erhard Auer spricht, dann tritt der vollbärtige Kurt Eisner auf. Er setzt sich an die Spitze eines Zuges, Gebrüll, Johlen, Rufe gegen den König erschallen. Erstes Ziel sind die Kasernen. Die Soldaten schließen sich an, ihre Offiziere riskieren

Die Delegation der Alliierten mit Marschall Foch (zw.v.r.) nach der Unterzeichnung des Waffenstillstandes in Compiègne

kaum Widerstand ... Alles flutet in die Innenstadt, zur Residenz. Der Schloßwache nimmt man die Gewehre fort ... Im Englischen Garten hat ein Radfahrer dem alten König gesagt, es sei Revolution, er möge zurückgehen ins Palais. Das tut der alte Herr, trübe nimmt er am Bett seiner Gemahlin Platz. Um 20 Uhr läßt sich Ministerpräsident von Dandl melden: München ist in der Hand der Revolutionäre. Spät abends erläßt Kurt Eisner folgenden Aufruf an die Bayern: ‚Volksgenossen! Das Volk hat die Macht der Zivil- und Militärbehörden gestürzt und die Regierung selbst in die Hand genommen. Die Bayrische Republik wird hierdurch proklamiert. Die oberste Behörde ist der von der Bevölkerung gewählte Arbeiter-, Soldaten- und Bauernrat, der provisorisch eingesetzt ist, bis eine endgültige Volksvertretung geschaffen werden wird ...Die Dynastie der Wittelsbacher ist abgesetzt. Es lebe die Deutsche Republik!'"

Am Vormittag des 8. November hatten die französischen, britischen und deutschen Unterhändler im Salonwagen von Compiègne den Waffenstillstand unterschrieben. Am selben Abend tritt das deutsche Kabinett noch einmal zusammen. Prinz Max von Baden versucht in einem Telefongespräch abermals, den Kaiser in Spa zur Abdankung zu bewegen. Flügeladjutant von Ilsemann verzeichnet in seinem Tagebuch die Antwort des Kaisers: „Du hast den Waffenstillstand eingeleitet, nun mußt Du ihn auch unterschreiben. Der Reichstag allein kann mich nicht

absetzen, dazu müssen Bundesfürsten und Bundesrat gehört werden, die mich eingesetzt haben. Werdet ihr in Berlin nicht anderen Sinnes, so komme ich nach Abschluß des Waffenstillstandes mit meinen Truppen nach Berlin und schieße die Stadt zusammen, wenn es sein muß."
Am 9. November, so heißt es angeblich aus Spa, entsagen Kaiser und König von Preußen und der Kronprinz dem Thron. Reichskanzler Max von Baden gibt diese Nachricht zur Veröffentlichung frei und verläßt die Reichskanzlei durch die Hintertür. Neuer Regierungschef ist der Parteichef der SPD Friedrich Ebert.
Vor dem Reichtagsgebäude sammeln sich die Menschen; von einem Balkon des Reichstagsgebäudes verkündet der sozialdemokratische Abgeordnete Philipp Scheidemann dem Volk: „Es lebe die Deutsche Republik!" Am Nachmittag proklamiert Karl Liebknecht die „Räterepublik"; gegen Abend trifft Rosa Luxemburg aus Breslau ein und stürzt sich ins Getümmel der Rede- und Kundgebungsschlachten...
Am Morgen des 10. November überqueren der abgedankte Kaiser Wilhelm II. und sein engstes Gefolge die holländische Grenze und bitten Königin Wilhelmine der Niederlande um Asyl.

15) Die britische Hungerblockade Deutschlands nach dem Kriegsende 1918

Und weil das Siegen erst richtig Spaß macht, wenn der Gegner sich nicht mehr wehren kann, beschloß das Perfide Albion, ihn auszuhungern: Das Deutsche Reich und Österreich hatten im Ersten Weltkrieg mehr als eine Million zivile Opfer der völkerrechtswidrigen englischen Hungerblockade zu beklagen. Sie war ein Völkermord an der deutschen Zivilbevölkerung und wurde zum Zwecke der Erpressung Deutschlands auch noch nach Kriegsende 1918 beibehalten. Erst im Sommer 1919 wurde sie wieder aufgehoben. Bei Kriegsausbruch erklärte die britische Regierung, daß sie sich nicht an Geist und Buchstaben der „Londoner Deklaration" halten werde, sondern für sich das Recht beansprucht, Nahrungsmittel auf See zu erbeuten und zu beschlagnahmen, auch wenn diese auf neutralen Schiffen zu neutralen Häfen transportiert werden. Der Vorwand für diesen Bruch des Völkerrechts war, daß die nicht ausdrücklich für britische Häfen bestimmten Güter der deutschen Armee zugute kommen könnten. Der wahre Grund dieser staatlichen Piraterie lag in der Absicht, die gesamte Bevölkerung auszuhungern sowie Deutschlands und Österreichs Regierung zur Aufgabe zu zwingen. Erst Ende März 1919, vier Monate nach Kriegsende, wurde die Blockade gelockert.

B.) Was bedeutete das Diktat von Versailles?

1) John M. Keynes über das Diktat von Versailles

Er schreibt 1921:
Das Schanddiktat, genannt „Vertrag von Versailles“ wurde mit folgenden Worten eingeleitet: „Die Vereinigten Staaten von Amerika, das Britische Reich, Frankreich, Italien, Japan, Belgien, Bolivien, Brasilien, China, Kuba, Ecuador, Griechenland, Guatemala, Haiti, Hedschas (!), Honduras, Liberia, Nicaragua, Panama, Peru, Polen, Portugal, Rumänien, der serbisch-kroatisch-slowenische Staat, Siam, Tschechoslowakei und Uruguay einerseits, Deutschland andererseits, sind in Anbetracht, daß auf Antrag der Kaiserlich Deutschen Regierung am 11. November 1918 Deutschland von den alliierten Hauptmächten ein Waffenstillstand mit dem Ziel demnächstigen Friedenschlusses bewilligt worden ist; über folgende Bestimmungen übereingekommen.“

Hierauf wurden die von den Hauptsiegermächten diktierten 14 Punkte aufgezählt, die für Deutschland folgende Verluste in Prozenten bedeuteten: 10% der Einwohner, 13% der Fläche, 15% des Rinderbestandes, 14% der Weizenanbaufläche, 17% der Roggenanbaufläche, 17% der Kartoffelanbaufläche, 26% der Steinkohle, 68% der Zinkerze, 75% der Eisenerze, 90% der Handelsflotte, usw. Besonders bitter war Artikel 231: „Die alliierten Regierungen erklären und Deutschland erkennt an, daß Deutschland und seine Verbündeten als Urheber für alle Verluste und Schäden verantwortlich sind,

Die Gebietsverluste des Deutschen Reiches nach dem Diktat von Versailles (aus Fischer-Geistbeck 1931)

die die alliierten Regierungen und ihre Staatsangehörigen [also auch in Haiti, Liberia und im Hedschas?] infolge des Krieges, der ihnen durch den Angriff Deutschlands und seiner Verbündeten aufgezwungen wurde, erlitten haben." Dieser Artikel ist das Herzstück des Versailler Vertrages, weil er die Tributpflicht Deutschlands mit der Lüge von der deutschen Schuld am Kriegsausbruch begründet. Auf der Londoner Reparationskonferenz von 1921 erklärte der englische Ministerpräsident Lloyd George: „Für die Alliierten ist die deutsche Verantwortung für den Krieg grundlegend. Sie ist die Basis, auf der der Bau des Vertrages errichtet worden ist. Wenn dieses Eingeständnis abgelehnt oder aufgegeben wird, ist der Vertrag zerstört."

1929 schrieb der englische Ökonom über diesen „Friedens"-Vertrag: „Die im Laufe des verflossenen Jahres uns zugänglich gemachten Beweise haben mich überzeugt, daß der Krieg während der dem August 1914 vorangegangenen Wochen von führenden Personen Deutschlands mit voller Überlegung provoziert worden ist, mit der Absicht, ihn zum gegebenen Zeitpunkt beginnen zu lassen. Wenn dem so ist, dann waren wir laut anerkannten Gesetzen des internationalen Rechts befugt, Deutschland Bedingungen aufzuerlegen, die geeignet waren, die Zerstörungen zum Teil wieder gut zu machen..." Keynes schätzte Deutschlands Gesamtkriegsschulden an Frankreich, England und die USA auf 40 Milliarden Dollar.

C.) Meinungen und Zeugnisse aus österreichischen Quellen

„Das ist der Fluch von unserm edlen Haus:
Auf halben Wegen und zur halben Tat
mit halben Mitteln zauderhaft zu streben."

Franz Grillparzer (1791-1872)

1) Hugo Hantsch: „Leopold Graf Berchtold"

Diese Biographie erschien 1926 in zwei Bänden.
Der Titelheld (1863-1942) stand seit 1893 im diplomatischen Dienst der Donaumonarchie in Paris und London, war 1906-1911 Botschafter in St. Petersburg und wurde 1912 mit der Leitung der österreichisch-ungarischen Außenpolitik betraut.

König Eduard VII., König von Großbritannien 1901-1910, hegte eine persönliche Abneigung gegen seinen Neffen Kaiser Wilhelm II.

Gleich zu Beginn äußert sich Berchtold zu den Memoiren Aleksander P. Iswolskys [1856-1919, seit 1906 Außenminister des Zarenreiches], die von seiner Tochter Hélène veröffentlicht worden waren. Darin erklärte dieser, er habe es bei seinem Amtsantritt als seine Hauptaufgabe angesehen, eine Hegemonie Deutschlands in Europa, ja in der Welt zu verhindern. Dieser Politik haben die Allianz mit Frankreich als unverrückbares Fundament und die Abkommen mit England und Japan als feste Stützen gedient. Im Kampf um die Wiedergewinnung der alten führenden Stellung Rußlands in Südosteuropa müßte es notwendigerweise zur Auseinandersetzung mit Österreich-Ungarn kommen.

Band 1, Seite 101ff.: „Im Sommer 1908 besuchte König Eduard VII. Rußland, brachte gleich auch seinen Kriegs- und seinen Marineminister mit und führte Gespräche mit Iswolsky, die zur Annäherung der beiden Monarchien führten ... Die britischen Akten dieser Zeit belehren uns darüber, daß er in ständigem intensivstem Gedankenaustausch mit Sir Edward Grey stand, auf dessen versprochener Unterstützung er die größten Hoffnungen setzte. Die Direktiven und Ratschläge aus London lähmten die Entschlußfähigkeit des Ministers, verwirrten ständig die zwischen St. Petersburg und Wien gesponnenen Fäden ... Berchtold hielt es für eine ausgemachte Sache, daß Sir Arthur Nicolson der eigentliche Spiritus rector der russischen Politik sei ... Auf der Durchreise in Berlin führte Berchtold Gespräche mit dem Kaiser und Reichskanzler. Kaiser Wilhelm ... die Brust mit Orden bedeckt, stand in der Mitte des Gemaches; ich wurde ihm vorgestellt, worauf der Kaiser, der schon im Fortgehen begriffen war und die Konversation sofort auf Rußland im Allgemeinen und Herrn Iswolsky im besonderen brachte ... Der Kaiser sprach zu mir im instruierenden Tone, so als wäre ich sein Botschafter in St. Petersburg."

Ende Januar 1912 kam Berchtold nach Wien und wurde vom Kaiser Kaiser Franz Joseph empfangen.
„Seine Majestät hörte achtsam zu, erwähnte die möglichen Kandidaten für den Posten des Außenministers, um schließlich, mir gerade ins Gesicht schauend, auszurufen: ‚Der Geeignetste von allen sind Sie!' Und als ich eine abwehrende Bewegung machte, fügte er bei: ‚Ja, Sie! Sie werden doch nicht glauben, daß ich hier bin, um Ihnen Komplimente zu machen?'."
Seite 505ff.: „Als Kaiser Wilhelm am 26. Oktober 1913 nach Wien kam, hatte Berchtold Gelegenheit, sich ausführlich mit dem deutschen Herrscher zu unterhalten; der impulsive, schneidige, sporenklirrende Kaiser und der sensible, immer beherrschte Diplomat. Mit Nachdruck betont Wilhelm die Bundestreue des Reiches und unterstütze die Politik der Monarchie gegen Serbien in einer Weise, die wenig die realen Verhältnisse berücksichtige. Serbien müsse völlig der Monarchie untergeordnet werden, so der Kaiser, seine Armeen in ein Militärbündnis einbringen. Berchtolds Einwand, daß Serbien niemals für eine solche Politik zu haben sein werde, tat Wilhelm mit dem mehr als sonderbaren Argument ab: ‚Wenn S. M. der Kaiser Franz Joseph etwas verlangt, so muß die serbische Regierung sich beugen, und tut sie es nicht, so wird Belgrad bombardiert und so lange occupiert, bis der Wille S. M. erfüllt ist.' Und fährt fort, wobei er eine Handbewegung nach dem Säbel macht: ‚Und Sie können sicher sein, daß ich hinter Ihnen stehe und bereit bin, den Säbel zu ziehen, wann immer Ihr Vorgehen es nötig machen wird.'"
Am 28. Juni 1914 wurden Österreichs Thronfolger Erzherzog Franz Ferdinand und seine Gemahlin in Sarajewo ermordet. Am Nachmittag des 8. Juli 1914 erschien der deutsche Botschafter [in Wien] Tschirschky bei Berchtold, um im Auftrag Kaiser Wilhelms „mit allem Nachdruck zu erklären, daß man in Berlin eine Aktion der Monarchie gegen Serbien erwarte und daß es in Deutschland nicht verstanden würde, wenn wir die gegebene Gelegenheit vorübergehen ließen, ohne einen Schlag zu führen."

Erzherzog Franz Ferdinand und seine Gemahlin Sofie. Ihr Tod beim Attentat in Sarajewo löste den Ersten Weltkrieg aus.

Seite 602ff.: Am frühen Morgen des 21. Juli kam Berchtold in Bad Ischl an. „Wir besprachen die Note an Serbien. Ich bemerkte, sie sei ziemlich scharf gehalten. Se. Majestät: ‚Ja, sehr scharf' – Ich: ‚Es war aber notwendig, weil Serbien seine uns gegenüber eingegangene Verpflichtungen nicht gehalten hat und unentwegt auf unsere Zertrümmerung hinarbeitete."

Die als „Demarche" (Eingabe) gekennzeichnete Note, die gewöhnlich als „Ultimatum" bezeichnet wird, was sie auch war, wurde am 21. Juli 11 Uhr nachts Baron Giesl, unserem Gesandten in Belgrad, ausgehändigt ... Serbien hatte schon vor der Übergabe seiner Antwortnote die Mobilisierung seiner Streitkräfte und die Verlegung der Regierung aus Belgrad nach Nisch angeordnet. Man wußte damals in Wien natürlich nicht, daß das Eingreifen Rußlands zugunsten Serbiens unvermeidlich und Serbien schon vor der Ablehnung des Ultimatums im Besitze einer diesbezüglichen russischen Zusicherung war ... Als dann am 25. Juli die Nachricht von der unbefriedigenden serbischen Antwort, dem Abbruch der diplomatischen Beziehungen und der Abreise unseres Gesandten eingelangt war, sagte mir der Kaiser in entschlossenem Tone: ‚Jetzt wissen wir wenigstens, woran wir sind' und tat mir den Entschluß kund, zum Äußersten zu gehen, sofern die serbische Rückäußerung auch von mir unbefriedigend befunden werden sollte. Letzteres mußte ich tags darauf nach Anhörung unseres inzwischen eingetroffenen Gesandten Freiherr von Giesl konstatieren, da serbischerseits die wesentlichsten Punkte unseres Begehrens mit Reserven beantwortet waren, die die verlangten Garantien illusorisch gemacht hätten ... Am 28. Juli erfolgte die Kriegserklärung an Serbien und am 29. Juli wurde das kaiserliche Manifest in den elf Sprachen der Doppelmonarchie erlassen: ‚An meine Völker! Die Umtriebe eines haßerfüllten Gegners zwingen mich, zum Schwert zu greifen'.'"

Seite 650ff.: „...Die nationalistischen Aspirationen Italiens bezogen sich genau wie die Serbiens auf Gebiete innerhalb der Monarchie und konnten nur erfüllt werden, wenn der österreichische Vielvölkerstaat zum Absterben kam ... Während der Balkankrise hatten wir untrügliche Beweise dafür gewonnen, daß unsere geheimen Mitteilungen an die verbündete italienische Regierung regelmäßig tags darauf durch den Draht nach St. Petersburg weitergeleitet worden waren ... Die Informationen, die einerseits Sir Edward Grey aus Rom vom britischen Botschafter und andererseits vom italienischen Außenminister Marchese Antonino de San Giuliano durch weitgehende Indiskretionen des deutschen Botschafters von Flotow zugingen, ließen kaum einen

Zweifel an den ernsten Absichten der Monarchie, das serbische Problem endgültig zu lösen ... Italien hatte bereits vor zwölf Jahren Frankreich zugesichert, neutral zu bleiben. Er könne – so San Giuliano – nicht mit Österreich und Deutschland brechen, solange Italien nicht die Gewißheit eines Sieges hat. Mehr könne er nicht tun und fügte hinzu: ,Cio non è eroico, ma è saggio e patriotico' (wenn auch nicht heroisch, so ist dies weise und patriotisch)...

Kaiser Franz Joseph I. (1830-1916) regierte 68 Jahre lang und war mit Elisabeth von Bayern (Sissi) verheiratet

Am 23. Mai 1915 las Italiens Botschafter in Wien, Herzog von Avarna, die vom italienischen Außenminister Baron Sidney Sonnino aufgesetzte Kriegserklärung Italiens Außenminister Berchtold vor. Kaiser Franz Joseph erließ an seine Untertanen ein Manifest, das mit den Worten begann: ,Der König von Italien hat Mir den Krieg erklärt. Ein Treuebruch, dessengleichen die Geschichte nicht kennt.'"

Die Belohnung holte sich Sonnino am 26. April 1915 bei der ,Londoner Konferenz' ab, Avarna selbst bezeichnete diesen Schritt als ,l'onta suprema dell'Italia' (Italiens größte Schande). Beim Friedensdiktat von St. Germain erhielten die „siegreichen" Italiener das gesamte Trentino und Südtirol, Tarvis, Triest, die Grafschaften Görz und Gradisca, ganz Istrien bis zum Quarnero, ferner Dalmatien mit allen Inseln, bis zur Bucht von Cattaro.

[Bemerkung des Autors: Italienische Regierungen mögen zwar des öfteren ihre Verbündeten verraten haben, niemals aber das eigene Volk.]

2) Graf Ottokar Czernin „Im Weltkriege"

In diesen 1919 veröffentlichten Memoiren des Grafen (1872-1932) schreibt er:
„Am 20. Januar 1917 fand im Außenministerium eine Besprechung statt, an der ich selbst, der Staatssekretär des deutschen Auswärtigen Amtes Dr. Zimmermann, der Chef des deutschen Marinestabes Admiral von Holtzendorff, der königlich ungarische Ministerpräsident Graf Tisza, der k.u.k. Großadmiral Haus ... teilnahmen. Die deutschen Delegierten stellten sich auf den Standpunkt der ehebaldigsten Aufnahme des verschärften U-Bootkrieges, Holtzendorff garantiere für den Erfolg ... Deutscherseits herrscht die Ansicht vor, daß die Vereinigten Staaten es auf einen Bruch mit den Zentralmächten nicht ankommen lassen werden. Täten sie dies, so würden sie jedenfalls zu spät kommen und erst dann aktiv eingreifen können, wenn England bereits mürbe gemacht sein wird. Amerika sei auf einen Krieg nicht vorbereitet; es lebe in der Furcht vor Japan, habe mit wirtschaftlichen und sozialen Schwierigkeiten zu kämpfen. Zudem sei Mr. Wilson ein Pazifist und verdanke seine Wiederwahl nicht den germanophoben Oststaaten, sondern der Zusammenarbeit der vornehmlich kriegsfeindlichen Mittel- und Weststaaten mit den Iren und Deutschen..."

S.198: „Im April 1918 schrieb ich einen Bericht an Kaiser Karl – [Kaiser Franz Joseph war 86-jährig nach einer Regierungszeit von 68 Jahren am 21. November 1916 verstorben] – in welchem ich ihm unsere Situation schilderte: ‚...Es ist vollständig klar, daß unsere militärische Kraft dem Ende zugeht ... Wenn ich auch hoffe, daß es uns gelingen wird, noch die allernächsten Monate durchzuhalten ... so bin ich mir doch vollständig klar darüber, daß eine weitere Winterkampagne vollständig ausgeschlossen ist, mit anderen Worten, daß im Herbst oder Spätsommer um jeden Preis Schluß gemacht werden muß ... Ich kann hier das Thema nicht beiseite lassen, auf welchem der Nachdruck meiner ganzen Argumentation liegt. Es ist die revolutionäre Gefahr, welche auf dem Horizont ganz Europas aufsteigt und welche – von England gestützt – seine neueste Kampfart darstellt. Fünf Monarchen sind in diesem Krieg entthront worden, und die verblüffende Leichtigkeit, mit welcher jetzt die stärkste Monarchie der Welt gestürzt worden ist, möge uns nachdenklich stimmen ... Man antworte mir nicht, in Deutschland und Österreich-Ungarn seien die Verhältnisse anders, man erwidere nicht, daß die festen Wurzeln des monarchistischen Gedankens in Berlin und Wien ein solches Vorgehen ausschlössen'."

3) „Private Aufzeichnungen des k.u.k. Feldmarschalls Franz Graf Conrad von Hötzendorf"

Diese Aufzeichnungen wurden vom Archivoberrat des Kriegsarchivs Dr. Kurt Peball bearbeitet und erschienen 1977.

> *„England verdankt seine Macht und Größe einer Politik, die stets das tut, was sie bei anderen mit Entrüstung verpönt."*
>
> *k.u.k. Feldmarschall Graf Conrad von Hötzendorf*

S. 52ff.: „Im November 1906 wurde ich zum Chef des Generalstabes ernannt und vor die große Aufgabe der Kriegsvorbereitungen an höchster Stelle gestellt ... Bald war ich im Klaren und erkannte die Gefahren, die Österreich-Ungarn und Deutschland drohten, sah den Ring, der sich um beide schloß. Ihn rechtzeitig zu sprengen schien mir der einzige Weg, der Gefahr zu begegnen...
Schon 1907 forderte ich den Krieg gegen Italien und 1908 jenen gegen Serbien, stets darauf hinweisend, daß Rußland, nach den Folgen des japanischen Krieges zu einer großen Aktion unfähig wäre, bei einem Zuwarten aber die Gefahr bestünde, von einem erstarkten Rußland, Serbien und Italien gleichzeitig und gemeinsam angefallen zu werden, ein Fall, den ich mit Sicherheit voraussah ... Das haben unsere Diplomaten, allen voran [Außenminister] Graf Aehrenthal, nicht erkannt...
Nach Kriegsbeginn: Das sogenannte Wunder an der Marne bestand nicht darin, daß die Franzosen siegten, sondern darin, daß sich die Deutschen ohne zwingenden Grund für besiegt erachteten. Damit brach aber das Fundament zusammen, auf dem der Bau des großen Planes für die Führung des gemeinsamen Krieges fußte. In den Jahren vor dem Kriege hatte die deutsche Politik, in der Marneschlacht die deutsche Führung versagt. Zu Deutschlands Politik hatte ich kein Vertrauen, zu Deutschlands militärischer Kraft hatte ich es unbedingt. Was Deutschland in vierjährigem Kampf gegen eine erdrückende Überzahl von Feinden leistete, bewies meine Einschätzung."

S.111: „Wir haben den Krieg in den Formen altherkömmlicher Sitte, unsere Gegner haben ihn mit allen Kniffen modernen Gaunertums geführt. Die Strategie der halben Taten und die milde Nachgiebigkeit in der Schärfe der Kriegführung – zum Beispiel im U-Bootkrieg – entgegen brutalster und skrupelloser Rücksichtslosigkeit unserer Gegner, tragen zum großen Teil Schuld an unserer Niederlage. Die Staaten der Entente haben würdelos das ritterliche Kleid ihrer Krieger mit dem schmutzigen Unflat einer niedrigen, verächtlichen, auf die krasseste Dummheit und Lästersucht der Massen berechnete Propaganda, besudelt. Das stolze Albion hat sich nicht gescheut, den verworfenen Harmsworth, der diese Propaganda am schamlosesten betrieb, zum Lord Northcliffe zu ernennen. Er endete, seines Wirkens würdig, im Irrenhause..."

S.124: „Es ist lächerlich anzunehmen, daß Amerika nur aus spontaner Entrüstung über den verschärften U-Bootkrieg in den Krieg eingetreten ist. Es hieße Amerika geradezu Albernheit zuzumuten, wenn es nur deshalb den Krieg begonnen hätte. Amerika ist viel zu berechnend, um nicht ausschließlich auf Grund materieller Erwägungen zu handeln, und diese verlangten den Sieg der Entente, auf daß Amerika seine Forderungen für gelieferte Waffen, Munition und Ausrüstung wieder hereinbringe ... Ende Dezember 1922 betrugen die Schulden Englands an die Wall Street 11,5 Milliarden Goldmark, die Schulden Frankreichs 23 Milliarden Goldmark, jene Italiens 10 Milliarden Goldmark."

Kaiser Karl I. (1887-1922) trat als letzter Kaiser Österreich-Ungarns die Nachfolge seines Großonkels Franz Josephs an. Über die Familie seiner Frau Zita nahm er geheime Verhandlungen mit den Ententemächten über einen Separatfrieden auf und betrieb damit Landesverrat. Er starb in der Verbannung auf Madeira.

S.258: Zu Kaiser Karl: „Einzelne sympathische Züge wurden durch das reichliche, tiefer greifende Gegenteil verwischt. Vor allem war es die Unaufrichtigkeit, die seinem Charakter eigen war und sein Handeln beherrschte ... Im April 1918 wurde ich von meinem Amt entlassen.

Besonders gefährlich entwickelten sich die Machenschaften, die Kaiserin Zita Hand in Hand mit ihrem Bruder Sixtus betrieb und in die sich der schwache Kaiser hineinreißen ließ, wobei es ihm nicht erspart blieb, in eine schiefe Stellung zu Deutschland zu geraten. Die Machenschaften beruhten auf dem Irrglauben, die Entente würde Österreich-Ungarn in seiner alten Machtvollkommenheit wieder herstellen, wenn er mit Deutschland bräche und einen Separatfrieden abschlösse. Er vergaß,

daß die Entente bereits nicht nur den Verbündeten Staaten, sondern auch den abtrünnigen Nationalitäten der Habsburger Monarchie Zugeständnisse gemacht hatte...
Kaiser Karl, wohl getrieben durch die Kaiserin, hatte nicht mehr das Schicksal des Reiches vor Augen, ihn leitete nur mehr der Drang, sich seinen Thron und seine Krone zu erhalten, er hätte sich auch den Kommunisten angeschlossen, wenn sie ihm eine Krone angeboten und gesichert hätten. So stürzte er sich den Ungarn in die Arme, für die er plötzlich sein Herz entdeckt hatte..."

4) Gottfried Zarnow: „Verbündet, Verraten! Habsburgs Weg von Berlin nach Paris"

Diese Anklageschrift des Zeitgeschichtlers Zarnow gegen den letzten Habsburger Kaiser erschien 1936 in Bern.

S.10ff.: „...Am 23. Juli 1914, dem Tag als Österreich-Ungarn das Ultimatum an Serbien richtete, reisten die französischen Prinzen Sixtus und Xaver von Bourbon aus Paris nach Österreich ab, um ihre Mutter, die ehrgeizige Herzogin von Parma in Schloß Schwarzau zu besuchen und bei dieser Gelegenheit auch ihren nach der Ermordung des Erzherzogs Franz Ferdinand zum Thronfolger Österreich-Ungarns avancierten Schwager Erzherzog Karl und ihre Schwester Zita in Schloß Hetzendorf zu treffen.
Dort führten die beiden französischen Offiziere – auch nach Frankreichs Kriegserklärung an Österreich-Ungarn am 12. August! – Geheimgespräche und reisten dank Vermittlung ihres Schwagers Erzherzog Karl erst am 19. August über die Schweiz zurück nach Frankreich.
Hier das Zeugnis des politisch engsten Vertrauten des späteren Kaiserpaares, Kabinettchef Graf Polzer (in „Kaiser Karl", S.319): ‚...Obgleich Erzherzog Karl und sein Schwager Prinz Sixtus vom Tage des Kriegsausbruchs in einander feindlichen Lagern standen, kamen sie sich – von zwei völlig verschiedenen Standpunkten ausgehend – politisch näher: Ein Anwachsen der preußischen Militärmacht war bedrohlich in gleicher Weise für die Sicherheit Frankreichs wie für die Selbständigkeit des Habsburgerreiches ... In jenen ersten Tagen des Weltkrieges schon wurde durch solchen Gedankenaustausch der Grund gelegt für die Friedensversuche im Frühjahr 1917...‘

Solange der alte Kaiser Franz Josef lebte, mußten sowohl die Erzherzog-Thronfolgerin Zita als auch ihre Mutter, Herzogin von Parma, ihre

Interessen, die von Prinz Sixtus in Paris vertreten wurden, nämlich sich den uralten Habsburger Thron von Frankreich garantieren zu lassen, zurückstellen. Als jedoch im November 1916 der Todesengel über dem Schloß Schönbrunn schwebte, ließ Prinz Sixtus den französischen Staatsmann Jules Cambon und durch diesen den damaligen Außenminister Aristide Briand wissen, daß in Wien ein zuverlässiger Verbündeter auf ihren Wink warte. Am 21. November starb Kaiser Franz Josef. Genau zwei Wochen später schrieb die Herzogin von Parma an ihren Sohn Sixtus und regte eine geheime Zusammenkunft in der Schweiz an. Der junge Kaiser Karl war seit Kriegsbeginn in die Pläne seiner Schwiegermutter und seiner Frau eingeweiht. Weil auf beiden Seiten absolute Verschwiegenheit garantiert sein mußte, entschied Kaiser Karl, mit dieser geheimen Mission keinen Diplomaten, sondern einen Jugendfreund, den Rittmeister Graf von Erdödy zu betrauen..."

S.53: „Am 12. Februar 1917 trifft Kaiser Wilhelm II. zum Besuch des k.u.k. Herrscherpaares in Wien ein. An der Hoftafel werden herzlich bundestreue Trinksprüche gewechselt ... Kaiser Karl wird zum preußischen Generalfeldmarschall, Kaiser Wilhelm zum k.u.k. Großadmiral ernannt ... Am 13. Februar verspricht Graf Erdödy im schweizerischen Neufchâtel (Neuenburg) im Auftrag Kaiser Karls Elsaß-Lothringen den Franzosen und Konstantinopel den Russen ... Erdödy hält am 16. Februar beim Kaiser Vortrag und ist am 21. Februar zurück in der Schweiz, um Prinz Sixtus – im Auftrage seines Kaisers zur Weiterleitung an Premierminister Poincaré – mitzuteilen, wie man in Wien bereits beginne, sich von Deutschland zu lösen..."

S.84. 24. März 1917: Dieser Tag sollte für die Zukunft Österreich-Ungarns schicksalhafte Bedeutung erlangen. An diesem Tag händigte Kaiser Karl den französischen Prinzen und Offizieren Sixtus und Xaver in Wien(!) jenes selbstgeschriebene Dokument aus, das für die wenigen unterrichteten Persönlichkeiten in Wien, Paris und London als ‚der erste Kaiserbrief' ein geheimes Staatsdokument erster Ordnung war, bis die französische Regierung ihn trotz gegebener feierlichster Zusicherung unverbrüchlicher Verschwiegenheit ein Jahr später veröffentlichte..."

S.157ff.: „Am 7. Mai ist Prinz Sixtus, begleitet von Erdödy, wieder in Wien. Im Schloß Laxenburg wird ihm der ‚zweite Kaiserbrief' ausgehändigt, der die vier Punkte eines Angebotes für einen Separatfrieden enthält...

Unter dem Eindruck der Enthüllungen, die im April 1918 das ganze Lügengewebe zerrissen, sagte Feldmarschall Conrad von Hötzendorf zum deutschen General von Cramon: ‚Ich bin überzeugt, daß auch während meiner Amtszeit Verschiedenes hinter meinem Rücken versucht worden ist; ...sicher hat man mich kaltgestellt, um freie Hand zu bekommen.'"

Aus der „Sixtus Brief"-Affäre ergaben sich folgende ungeheuerliche Folgen und Tatsachen: Der letzte Habsburger Kaiser hatte zum Zweck der Sicherung seiner dynastischen Interessen Landesverrat begangen: Er führte – während seine Armeen zur Verteidigung des Kaiserreiches blutige Abwehrschlachten gegen übermächtige Feinde lieferten – mit Abgesandten Frankreichs Geheimgespräche und ließ sich von den Regierungen der Feindmächte im Gegenzug für den Verrat am deutschen Bündnispartner und für das Abtreten weiter Teile Österreichs an Italien sowie den Verzicht auf Böhmen, österreichisch Polen und der südslawischen Kronländer, den Weiterbestand seiner Dynastie in Rest-Österreich garantieren. Der treibende Teil hinter der Verschwörung war die gebürtige Italienerin Zita und ihre Mutter, Herzogin von Parma, die der Ehe von Herzog Robert von Parma mit einer Prinzessin von Löwenstein-Wertheim-Rosenberg entsproß. Erstaunlich, daß Kaiser Franz Joseph dem in zweiter Wartereihe stehenden Thronfolger Erzherzog Karl das Plazet für die Vermählung mit einer Italienerin erteilt hatte, deren Verwandtschaft pro-französisch und anti-habsburgisch war. Durch seine Geheimgespräche auf österreichischem Boden mit französischen Offizieren über deren Inhalt auch Sir Edward Grey, Georges Clemenceau, Präsident Poincaré und Präsident Wilson in Kenntnis gesetzt wurden, sowie die Entsendung eines österreichischen Offiziers als Abgesandten zu Besprechungen mit Vertretern des Feindes in die neutrale Schweiz, beging Kaiser Karl I. Landesverrat. Dieser Schande ist nichts hinzuzufügen.

5) Georg von Franckenstein: „Zwischen Wien und London"

Aus den 2005 erschienenen Erinnerungen Franckensteins, der von 1920 bis 1938 Boschafter der Republik Österreich in London war, sei hier sein Bericht über die Eröffnung der sogenannten „Friedensverhandlungen" von St. Germain en Laye herausgegriffen:
S.195: „Als die österreichische Delegation im Extrazuge zu den Friedensverhandlungen nach St. Germain fuhr, begleitete ich sie in der Eigenschaft eines Generalsekretärs. Die Franzosen hatten für uns einige Villen vorbereitet ... Eine Straße verband sie und führte auf die Terrasse

des großen Parks von St. Germain. Die Zugänge zu dieser Straße und ein kleiner Teil der Terrasse waren mit Stacheldrahtverhau abgesperrt und von Militärposten bewacht. Hinter diesem Stacheldraht durften wir uns ‚frei' bewegen, an Sonntagen von dem aus der Umgebung und von Paris kommenden Publikum angegafft und beobachtet wie Tiere im Zoo. Die gleiche ‚Bewegungsfreiheit' hatten wir auf dem Gebiete der sogenannten ‚Friedensverhandlungen'. Wir sind mit den Unterhändlern der ‚alliierten und assoziierten Mächte' überhaupt nur zweimal zusammengekommen: Das erste Mal zur Entgegennahme der Friedensbedingungen im historischen Schloß von St. Germain, das zweite Mal zur Unterfertigung des Friedensvertrages im Pavillon Henry IV..
Im langgestreckten Saale des Schlosses saßen die Vertreter der Kriegsgegner Österreichs – es hatten sich ihnen Paderewski und Beneš als Repräsentanten der neugeschaffenen Staaten Polen und Tschechoslowakei angeschlossen – an einem hufeisenförmigen Tisch, an dessen Kopfende Clemenceau Platz genommen hatte. Wir, die ‚Angeklagten', hatten unsere Sitze diesen gegenüber am anderen Ende des Saales. Cemenceau erhob sich zu einer ganz kurzen Ansprache. Staatskanzler Renner (ein Sozialdemokrat!) antwortete in einer würdigen Rede, in der er auf die furchtbare Lage Österreichs verwies und in Aussicht stellte, daß unsere Delegation die uns am Abend vorher übersandten Friedensbedingungen mit dem Willen prüfen werde, sie, soweit es möglich sei, zu erfüllen. Eine Gelegenheit, in mündlichen Verhandlungen unsere Argumente, Einwendungen und Abänderungsvorschläge vorzubringen, ist uns überhaupt nie gewährt worden. So vermochten wir die zuerst geradezu vernichtenden, unter den Einflüsterungen der Italiener, Serben, Tschechen und Polen redigierten Friedensbedingungen nur schriftlich zu bekämpfen.
Wir hatten am Abend vor dieser Zusammenkunft mehrere Ausfertigungen der Friedensbedingungen erhalten ... Zur tiefsten Bestürzung der ganzen Delegation Österreichs wurde festgestellt, daß die Bedingungen im großen und ganzen eine Wiederholung der Deutschland auferlegten Bedingungen waren. Österreich sollte Reparationen und andere Entschädigungen nach denselben Prinzipien leisten wie sein großer Nachbarstaat. Gleicherweise wurde das Eigentum Österreichs von den alliierten Mächten für beschlagnahmt erklärt. Es mußte vom Anfang an als absurd erscheinen, an den kleinen österreichischen Reststaat solche Forderungen zu stellen...
Es gehört zu meinen schmerzlichsten Erinnerungen, als zu der von den alliierten und assoziierten Mächten vorgeschriebenen Stunde die Antwort Deutschlands kam, daß es die ungeheuerlichen, vernichtenden

Bedingungen des Friedens von Versailles, unwiderstehlichem Zwange weichend, angenommen habe.
Kurz darauf unterzeichnen die österreichischen Delegierten den Friedensvertrag von St. Germain, der mit seinen furchtbaren, niederdrükkenden Bedingungen so schwer auf unserm Lande lasten sollte. Damals schrieb ich die folgenden Gedanken nieder:
‚Einem gewaltigen Schiff vergleichbar ist das Vaterland, das durch die Wogen der Geschichte steuert. Wir, seine Mannschaft, sind ihm auf Gedeih und Verderb verbunden – im Irdischen, nicht für die Ewigkeit. Den Mannschaften, die einander im Lauf der Zeiten folgten, war, von des Einzelnen Willen unabhängig, ein wechselndes Geschick beschieden – bald frohe Fahrt, bald sturmbewegte See; den einen Sieg, den anderen Niederlage. Uns traf der furchtbare Zyklon, des Weltkriegs Leidenschaft, der unser Schiff in Stücke riß und Hab und Gut verschlang. Nun treiben wir, die Überlebenden, im lecken Rettungsboot, dem Hunger preisgegebenen, auf hoher See. Noch ist es Nacht um uns, doch es beginnt zu tagen. Zu mutigem Handeln heißt es sich erheben, den Weg zu bahnen in eine bessere Zeit.‘“

II. KAPITEL

Das unbequeme Zweite Reich der Deutschen, (1871–1918)

Zweiter Teil
Der Erste Weltkrieg und das Diktat von Versailles, (1914–1919)

„Timete Albionenses, dona ferrentes“
(Fürchtet die Albioniten, wenn sie Geschenke bringen)

der Gegenwart angepaßte Warnung des Laokoon an die Trojaner (Vergilius, „Aenëis“, II/49)

A.) Der Erste Weltkrieg im Zeitraffer

Infolge der getroffenen Geheimabkommen, bestehenden Militärbündnisse und des Zwanges, Mobilisierungen zeitgerecht anzusetzen und zügig durchzuführen, schlittern Anfang August 1914 zwei Kaiserreiche, zwei Königreiche, das Zarenreich, eine Republik und – etwas später – ein Kalifat in das – bisher – größte Völkerschlachten aller Zeiten. Während der ersten Monate geben sich die Feldherren und Regierenden auf beiden Seiten der Hoffnung hin, daß schneidig vorgetragene strategische Durchbrüche und Umfassungsschlachten eine schnelle Entscheidung à la Königgrätz und Sedan bringen würden. Wirklichkeitsfern und abgehoben hatte General Henry Wilson noch 1910 erklärt, britische Offiziere seien an der Topographie „of a funny little country like Belgium“ nicht interessiert. Acht Jahre später waren 37.326 britische Offiziere und 672.287 Soldaten inmitten der Topographie dieses funny little country verscharrt worden. Nach den ersten Materialschlachten des Herbstes 1914, als die Offensiven in Flandern, Galizien und Ostpreußen durch konzentriertes Artillerie- und Maschinengewehrfeuer in einen Matsch von Schlamm und Fleisch zerstampft werden, müssen Generalstäbler und Politiker eingestehen, daß man die voraussichtliche Kriegsdauer nach Jahren bemessen müßte und vor allem zweierlei in ungeheuren Mengen benötigen werde: 1.) Menschenmaterial, und 2.) Geld, Geld und nochmals Geld.

In einem einzigen Lande kann man sich mit Munition und Rüstungsgütern aller Art in Hülle und Fülle eindecken: In den USA. Die Industriegiganten Ford, Rockefeller, Carnegie, Mellon, Harriman, Vanderbilt, Dupont, Guggenheim sind knallharte Geschäftsleute, können alles liefern, doch fordern sie Barzahlung. Und im selben Lande befinden sich die großen Bankhäuser und Verleiher, die mächtigen Börsenbosse, die bereit sind, diese monumentalen Munitions-, Waffen- und Ausrüstungsexportgeschäfte zu finanzieren und die nötigen Anleihen zu gewähren. Es sind die Lehman Brothers, J.P. Morgan, die Speyer, Rockefellers First National City Bank sowie die Interessensvertreter der Rothschild in den USA: Die Warburg und die Kuhn & Loeb, allesamt in New York. Zu Kriegsbeginn stehen die Aussichten der Mittelmächte bei den Bankhäusern in den USA, Kredite zu erhalten, gar nicht schlecht. Jakob Schiff vom Bankhaus Kuhn und Loeb, der das Zarenreich wegen seiner judenfeindlichen Politik mit unauslöschlichem Haß verfolgt, und der schon das japanische Reich zum Aufbau seiner Kriegsflotte gegen Rußland finanziert hatte, zeichnet 1914 eine erste deutsche Kriegsanleihe und spendet persönlich eine Million Dollar für den deutschen Endsieg. Derselbe Jakob Schiff wird dann auch den bolschewistischen Revolutionär Trotzki finanzieren und ihm den Transport in das Zarenreich ermöglichen, wo er dann 1917 mit dem aus dem Schweizer Exil kommenden und von der kaiserlich deutschen und der österreichisch-ungarischen Regierung finanzierten Kollegen Lenin in Sankt Petersburg zusammentreffen wird. Ende 1917 ist das Zarenreich ausgeschaltet.
Melisch: „Pulverfaß Nahost"

Ende 1914 laufen sich die Verhandlungen um Kriegskredite seitens der bevollmächtigten deutschen Experten und den amerikanischen Financiers fest. Schuld daran ist die fehlende direkte Kommunikation zwischen Berlin und der deutschen Botschaft in Washington, hatten doch die Briten gleich in den ersten Kriegstagen das deutsche transatlantische Telephonkabel gekappt, ferner die Tatsache, daß in zunehmendem Maße die Entscheidungen auf deutscher Seite nicht mehr von Politikern getroffen werden, sondern im Großen Hauptquartier. Das Verständnis der Herren Generäle für schwierige internationale Finanztransaktionen, ihre Kontakte zu den Geldhäusern diesseits und jenseits des Atlantiks sowie zu deren Hintermännern sind nicht gerade

Robert Lansing (1864-1928), Staatsekretär und Außenminister (ab 1915) führte Verhandlungen über Blockade und U-Boot-Krieg, scheiterte an seiner ablehnenden Haltung zum Völkerbund

herzlich. Vorbei die Zeiten, da Fürst Otto von Bismarck, in Kenntnis aller außenpolitischen Zusammenhänge und Zwänge, mit Weitsicht, diplomatischem Feingefühl und vor allem viel Geduld die Fäden zog. Er wußte um die überragende Bedeutung der neuen Herren über das Kapital und unterhielt zu diesen die engsten Beziehungen. Dieses Wissen fehlte sowohl dem Kaiser als auch den Herren der Obersten Heeresleitung völlig.

Erschwerend für die Erfüllung deutscher Kreditwünsche erwies sich, daß Präsident Wilson und Außenminister Robert Lansing verkündet hatten, Anleihen zu Gunsten kriegführender Staaten seien nach wie vor verpönt, die US-Regierung würde es jedoch „weder billigen noch mißbilligen", wenn seitens Banken den Kriegführenden direkte Kredite für den Kauf amerikanischer Rüstungsgüter eingeräumt würden. Welch leuchtendes Beispiel von – diesmal – amerikanischer Perfidie und eines perfekt angewandten Cant! Die Heuchelei dabei war, daß die Freigabe von Krediten für Rüstungsgüter ja nur den Ententemächten zugute kommen konnte, denn England kontrollierte alle Seewege und weder Deutschland noch Österreich-Ungarn hätten auch nur ein einziges Frachtschiff von einem amerikanischen Hafen heil bis in die Elbmündung oder die Adria gebracht. Klar, daß der für strikte Neutralität eintretende Außenminister Bryan untragbar und bald darauf abserviert wurde, der Englandfreund Robert Lansing seinen Posten übernahm und somit erwiesen war, daß die USA – ohne zu erröten – endgültig Albions perfiden Spuren folgen würden. Nach kurzer, dollargepolsteter „Überzeugungsarbeit" folgten auch die Briten dem Beispiel der Franzosen: Schon am 16. Dezember unterbreitete Finanzminister David Lloyd George seinem Premierminister Herbert Asquith den bereits mit J.P.Morgan ausgehandelten Vertrag und Asquith „approved every word". Gemäß diesem Übereinkommen übertrug nun auch die Britische Regierung am 15.Januar 1915 dem Bankhaus Morgan und den mit diesem verknüpften Finanzhäusern in New York die Vollmacht für die Beschaffung von Krediten und die Anschaffung von Rüstungsgütern.

Zu diesem Zeitpunkt hatte der britische Kriegsminister Lord Kitchener dem Vertreter des Bankhauses Morgan, Harry Davison, mitgeteilt, die Summe für den aus den USA benötigten Materialbedarf würde höchstens zehn Millionen Pfund betragen. Als zu Kriegsende 1918 das britische Schatzamt Bilanz zog, belief sich der Schuldenstand gegenüber den amerikanischen Kreditgebern auf drei Milliarden Dollar! Dreißig Millionen davon hatte J.P.Morgan an Provisionen einbehalten.
Doch 1916 steht es um die Sache der Entente-Mächte schlecht: Die Fronten in Flandern und Nordfrankreich sind erstarrt, die ausgebluteten Armeen haben sich fest eingegraben, jeder kleinste Geländegewinn kostet tausenden Soldaten das Leben. Weder in Ober-Italien noch am Balkan können die Mittelmächte zurückgedrängt werden. Die englischen Offensiven gegen die Türken in Mesopotamien und bei den Dardanellen sind abgeschlagen worden. In Rußland künden sich erste Vorboten der Revolution an, die Ermüdungserscheinungen beim russischen Heer sind unübersehbar. Deutsche U-Boote bedrohen den Nachschub an Lebensmitteln und Rüstungsgütern aus den USA und den britischen Dominions nach Frankreich und England. Die amerikanischen Verleiher beginnen sich um Zinsen, Sicherheiten und Fälligkeitstermine Sorgen zu machen.
Die Entente ist pleite. Englische und französische Guthaben und das liquide Kapital in den USA sind erschöpft, und erneut müssen Briten und Franzosen 1916 eine Delegation von Finanzexperten, Militärs und anderen Fachleuten zusammenstellen, die mit den amerikanischen Bankiers über die alles entscheidenden Kriegsanleihen verhandeln soll. Wen ernennt das Kabinett des Premierministers Lord Asquith zum Leiter der Delegation? Welchem Lord, Earl, Träger höchster Orden und Würden wird diese unendlich heikle Mission anvertraut? Gar keinem der most honourable peers aus höchsten Adelsgeschlechtern, deren Namensträger seit Generationen die goldenen Seiten der Geschichtsbücher des British Empire füllen. Als Leiter der britisch-französischen Delegation, die diesseits des Atlantik die Verhandlungen koordinieren wird, ernennt His Majesty's Government Herbert Samuel, britischer Innenminister und Bruder des allmächtigen Herrschers über die Shell-Ölgesellschaft, mit besten Verbindungen zu den New-Yorker Finanzkreisen. Zum Leiter der britisch-französischen Delegation, die

nach New York reist, um die kriegsentscheidenden Verhandlungen zu führen, wird Isaacs Rufus auserkoren. Er ist geadelter Lord Reading, Lord-Oberrichter von England und bekennender Zionist.
Bei aller Freundschaft, die Herren über Kredite und Zinsen sind keineswegs Philanthropen. Sie haben weder gegenüber Franzosen und Engländern, Deutschen und Türken besondere Sympathien oder Antipathien. Sie haben ein einziges Interesse, nämlich möglichst hohe Profite einzufahren. Und sie alle wissen, daß die allerbeste Gelegenheit zu höchsten Profiten Kriege zwischen Weltmächten sind. Das wissen sie genau, seitdem ihr großes Vorbild, das Bankhaus Rothschild, während der Napoleonischen Kriege weidlich auf Seiten aller kriegführenden Parteien gewaltig riskiert, aber auch gewaltig abgeräumt hat. Bei Kriegsanleihen gilt es unbedingt nur eine goldene Regel zu befolgen: Borge niemals dem späteren Verlierer, sondern stets nur dem kommenden Sieger!
Immer höher schrauben die amerikanischen Verleiher ihre Konditionen. Ihre Angst, am Ende auf der Verliererseite dazustehen und ihren bisher schon gewährten Milliardenkrediten noch weitere à fond perdu hinterher zu jagen, ist beträchtlich. Sie verlangen absolute Garantien. Und was könnte eine bessere Absicherung bedeuten als der Einstieg der USA in den Weltkrieg auf Seiten der Entente? Das würde die absolute Gewähr für deren Sieg bedeuten und unermeßliche Zins- und Zinseszinsgewinne in alle Ewigkeit für die Wucherer an der Wallstreet.

Karl Theodor Helfferich (1872-1924), erfolgreich als Schatzkanzler während der Kriegszeit, war als Innenminister gegen den uneingeschränkten U-Boot-Krieg

Und wie steht es um die Finanzen des Deutschen Reiches? Darüber berichtet Karl Helfferich, Finanzminister bis Mai 1916, danach Minister des Inneren, in seinen Memoiren „Der Weltkrieg“, 3 Bände, 1919, „...Als ich das Reichsschatzamt übernahm, beliefen sich die in den ersten sechs Monaten des Krieges [August 1914 bis Januar 1915] entstandenen Ausgaben auf 8650 Millionen Mark... Die erste Kriegsanleihe im Herbst 1914 hatte 4½ Milliarden Mark erbracht und deckte nur etwa die Kriegsausgaben der ersten drei Monate. Bis zum Mai 1916 blieben die monatlichen Kriegsausgaben

bei einem durchschnittlichen Stand von etwa 2 Milliarden Mark, stiegen in den folgenden Monaten und in den Jahren 1916 und 1917 auf drei Milliarden und gegen Ende des Krieges auf 5 Milliarden Mark im Monat. Die Kriegsausgaben des Jahres 1915 hatten insgesamt 23 Milliarden, diejenigen des Jahres 1918 50,2 Milliarden Mark betragen. Die zweite Kriegsanleihe im Frühjahr 1915 übertraf alle Erwartungen und erbrachte ein Ergebnis von 9100 Millionen Mark. Die dritte Anleihe im September des selben Jahres erzielte 12.160 Millionen. Die Summen beider auf dem Anleiheweg des Jahres 1915 aufgebrachten Beträge deckten fast völlig die Kriegskosten dieses Jahres ab. Die vierte Anleihe im März 1916 immerhin noch 10,7 Milliarden Mark..." Trotz der totalen Seeblockade aller deutschen Einfuhren durch die Alliierten und der daraus folgenden Hungersnot, trotz Armut und Elend in den letzten beiden Kriegsjahren, blieb die Opferbereitschaft des deutschen Volkes ungebrochen: Die letzte Kriegsanleihe im März 1918 brach mit 15 Milliarden Mark alle bisherigen Rekorde. In England wurde die im November 1914 aufgelegte Anleihe über 350 Millionen Pfund Sterling vom Publikum nicht voll angenommen, die britischen Großbanken mußten unter sanftem Druck der Regierung beschließen, knapp ein Drittel davon selbst zu übernehmen. Weil auch zwei weitere Versuche, Anleihen in England aufzulegen, wenig Erfolg zeigten, waren die Briten gezwungen, andere Wege zu gehen und Kredite in den USA aufzunehmen. Frankreich kam erst im November 1916 mit einer Anleihe heraus, die beachtliche 13,7 Milliarden Francs (etwa 12 Milliarden Mark) einbrachte... Dabei waren sowohl England als auch Frankreich wesentlich günstiger gestellt als wir: Es stand ihnen die finanzielle Unterstützung der Vereinigten Staaten von allem Anfang an zur Verfügung. Während England und Frankreich ohne jede Schwierigkeit die gewünschten Kredite erhalten und im Herbst 1915 sogar eine gemeinschaftliche Anleihe von 500 Millionen Dollar mit einem amerikanischen Finanzkonsortium abschließen konnten, hatten wir die größten Schwierigkeiten, auch nur die bescheidensten Beträge in Amerika aufzubringen ... Gerne hätte ich von Amerika Geld genommen, wenn ich es nur bekommen hätte!..."
Welche Schuldnerstaaten boten den Industriellen in den USA und den Verleihern an der Wall Street wohl die besseren Aussichten auf fette Profite und unermeßlich hohe Zinsgewinne? England und Frankreich, oder Deutschland und Österreich?

Amerikas Kriegseintritt

Jetzt beginnen sich die seit Jahrzehnten geknüpften familiären, weltanschaulichen, politischen Beziehungen diesseits und jenseits des

Federal Reserve Gebäude in Washington D.C., früher mußten die Noten noch teilweise durch Gold gedeckt sein, heute kann dort Geld beliebig gedruckt werden

Atlantik zwischen den handelnden Personen auszuwirken. Da gibt es engste persönliche und geschäftliche Verknüpfungen, Bindungen und Privatinteressen unter den politischen und finanziellen Establishments der Londoner City und den großen Bankhäusern in New York. Es gibt darüber hinaus ein enges Band des Verständnisses und der Freundschaft zwischen den britischen und amerikanischen Zionisten. Die engsten Berater des 1913 gewählten Präsidenten Woodrow Wilson sind fast allesamt engagierte Zionisten, unter ihnen Louis Brandeis, Felix Frankfurter, Oberst Mandell House, Bernard Baruch, Samuel Untermeyer. Der Bankier Jakob Schiff und Henry Morgenthau (sen.) hatten Wilsons Wahlkampagne mitfinanziert. Sie alle unterhalten enge Bindungen mit den Regierenden und den Finanzhäusern in Großbritannien. Der britische Außenminister Lord Edward Grey ist begeisterter Zionist, ebenso wie sein Nachfolger Lord Balfour. Sowohl der britische Botschafter in Washington, Sir Cecil Spring Rice, als auch der amerikanische Botschafter in London, Walter Page, setzen sich schon ab 1914 für den Kriegseintritt der USA an der Seite der Entente ein. Der Leiter und Koordinator des britischen Geheimdienstes in den USA, Sir William Wiseman, wird nach dem Kriege beim Bankhaus Kuhn & Loeb als Partner einsteigen.

Der Nachfolger des Premierministers Lord Asquith, Lloyd George, war bis 1916 in London Anwalt und Konsulent der britischen Zionisten. Mit den genannten Herbert Samuel und Isaacs Rufus war er eng verbunden. Ja auch in Frankreich ist der zionistische Einfluß prägend, denn diesem und auch seinem Kabinettschef Georges Mandel (Jerobeam Rothschild) verdankt der sechsundsiebzigjährige Georges Clemenceau im November des vierten Kriegsjahr 1917 seine Ernennung an die Spitze der französischen Regierung zum Président du Conseil. Er gilt als Garant für den unbedingten Durchhaltewillen Frankreichs bis zur totalen Niederlage Deutschlands und somit für den erfreulichen Schuldenstand der Entente zu Gunsten der amerikanischen Wucherer am Ende des Krieges.

Beim Präsidenten Wilson haben die fleißigen Berater und Wahlkampfspender leichtes Spiel, hatten sie ihm doch gerade erst vor drei Jahren ihre Vorstellung von einer privaten amerikanischen Zentralbank

– genannt Federal Reserve – aufgedrängt und somit die Kontrolle über die amerikanische Währung einer Handvoll privater Financiers übertragen. Dazu William Greider in seinem durchaus politisch korrekten Buch „Secrets of the Temple", einem „New York Times" Bestseller (1989): „...dieser Federal Reserve Plan wurde 1910 während eines Geheimtreffens auf der Jekyll Insel von A. Vanderlip, dem Delegierten von Rockefellers National City Bank, von Henry Davison, Delegierter von J.P.Morgan und Paul Warburg von Kuhn & Loeb ausgeheckt ... Der Plan sah vor, daß vierzehn im Privatbesitz befindlichen Banken von Seiten der US-Regierung das Recht eingeräumt würde, Geld aus dem Nichts zu schaffen und dieses an die übrigen Privatbanken – gegen 6% Zinsen – zu verleihen..."

Paul Warburg (1868-1932) einer der Gründervater der FED, heiratete eine Tochter von Salomon Loeb, dem Gründer des Bankhauses Kuhn, Loeb & Co

Die Demokratische Partei, die schon seit über zwanzig Jahren keinen Präsidenten mehr in Washington gestellt hatte, versprach den Bossen an der Wallstreet, diese „Währungsreform" im Gegenzug für die Finanzierung der Wahl ihres Kandidaten Woodrow Wilson einzuführen. Wer gewann die Wahl? Richtig! Es war Wilson ... Dazu Greider: „...after his election to the Presidency, Wilson relied for more ‚expert advice' on the currency question...". (Nach seiner Wahl zum Präsidenten, verließ sich Wilson immer mehr auf ‚fachmännische Beratung' in Währungssachen). Das bestätigt auch Ron Chernow in „Die Warburgs" (1993) und Emanuel Josephson in „The Federal Reserve Conspiracy and the Rockefellers" (1968): „...als Gegenleistung für die Sicherung seiner Nominierung für die Präsidentschaft durch die Demokratische Partei und die nachfolgende Wahl hatte Wilson zugestimmt, er würde als erste Maßnahme seiner Verwaltung dafür Sorge tragen, daß der Kongreß den gewünschten ‚corrupt banking bill' – den von den Privatbanken gewünschten Gesetzesentwurf zur Schaffung des Federal Reserve Systems – annimmt."

In „Die Insider" (1971) zitiert Gary Allen den Kongreßabgeordneten und Vorsitzenden des „House Banking Committee" (Bankenaufsicht des Senats) Wright Patman: „In den USA gibt es heute in Wirklichkeit zwei Regierungen ... wir haben die ordnungsgemäß konstituierte Regierung, und dann haben wir eine unabhängige, unkontrollierte, nicht koordinierte Regierung genannt Federal Reserve System, welche die Finanzkraft handhabt, die gemäß Verfassung dem Kongreß vorbehalten ist." Weder Präsidenten, Kongreßabgeordnete noch Finanzminister haben Befugnisse bezüglich der Federal Reserve! So mußte US-Finanzminister David Kennedy am 5.5.1969 in einem Interview mit „US News & World Report" bekennen: „Es ist nicht meine Aufgabe, die letzten finanzpolitischen Entscheidungen der Federal Reserve gutzuheißen oder zu kritisieren. Das ist allein die Angelegenheit der Federal Reserve..."

Natürlich war schon 1917 den Eingeweihten in New York, London und Paris völlig klar, was auf dem Spiel stand. Sie wußten ebenso, daß Präsident Wilson „in guten Händen" war und ganz sicher nicht die glänzenden Erwartungen amerikanischer Industrieller auf ungeheure Kriegsgewinne dämpfen würde. Und schon gar nicht würde er die Aussichten der amerikanischen Geldverleiher auf die niemals versiegenden Rückflüsse an Zins und Zinseszinsen mit seinem Gefasel von Friedensvermittlungen und Neutralität gefährden wollen - standen denn nicht bald wieder Wahlen vor der Tür? Schließlich mußte ja irgend jemand seine Wiederwahl finanzieren.

Wilson war ein kluger Politiker, freilich auch einer dieser Moralprediger der schlimmsten Art, nämlich der amerikanischen. Er träumte von einer Weltregierung unter seiner Führung, in der die USA als „God's own country" im Verfolgen seiner „Manifest Destiny" - ihrer offensichtlichen Bestimmung - die gleichgeschalteten Völker dieser Welt in eine glückliche, friedliche Zukunft führen würden. Alle Menschen seien gleich und als Kinder des Großen Baumeisters aller Welten im Sinne von Toleranz und Brüderlichkeit weltweit im Sinne von „American Democracy" sanft zu regieren und zwangszubeglücken. Seinem engen Berater Felix Frankfurter gestand er, er sei „ein persönliches Instrument Gottes".

Als Englands und Frankreichs Regierungen auf dringendes Anraten ihrer Finanzberater hin sich beeilen, Präsident Wilson zu garantieren, daß sie einem durch seine Vermittlung zustande kommenden „Frieden ohne Sieger, ohne Gebietsabtretungen, ohne Reparationszahlungen" zustimmen und nach dem Krieg einem Völkerbund unter seinem Vorsitz beitreten würden, ist Wilson weichgeklopft und bereit, das Kreuz zu ergreifen. Und nun kann Isaacs Rufus die Frohbotschaft und Vollzugsmeldung nach London und Paris kabeln: Die Herren an der Wallstreet borgen den Alliierten weitere zehn Milliarden Goldfranken, wie schon gesagt, zum Zinssatz von 6 Prozent.

Bernard Baruch über viele Jahrzehnte Berater der US-Präsidenten

Im April 1917 erklärt Wilson Deutschland und im Dezember desselben Jahres auch Österreich-Ungarn den Krieg im Namen einer „Universal Justice". Wie man sieht, hat sich das Vokabular bis heute nicht geändert. Der amerikanische Botschafter Penfield bot – so Dr. Freiherr von Liebig in „Die Politik von Bethmann Hollweg" – vor seiner Abreise aus Wien den Österreichern Schlesien und Bayern an, falls sie, wie die Italiener 1915, die Fronten wechseln und Deutschland den Krieg erklärten. Der Sieg der Entente ist gesichert, ebenso gesichert sind nunmehr die Profite der Verleiher in New York. Die US-Regierung beschließt ein Gesetz zur Schaffung einer allgewaltigen Behörde, dem „War Industries Board", die sämtliche amerikanischen Industriezweige im Hinblick auf die Notwendigkeiten der Kriegswirtschaft ausrichten und koordinieren soll. Zum Leiter dieser Behörde ernennt Präsident Wilson seinen engen Berater Bernard Baruch. Dieser ist nicht nur zuständig für die Koordination der Kriegsproduktion für die US-Streitkräfte, sondern auch für sämtliche Belieferungen an die Briten, Franzosen, Italiener und andere Alliierte. Er arbeitet nun Hand in Hand mit dem Hause J.P.Morgan, den Beschaffungsagenten der Briten und Franzosen. In seinem Buch „My own story" (1957) beschreibt Baruch, wie er kurz nach der US-Kriegserklärung 1917 Wilson aufsucht, um über mangelnde Erdölreserven zu berichten und schlägt vor, in Mexiko einzumarschieren, um die Erdölfelder bei Tampico zu besetzen. Wilson darauf: „Was Sie mir vorschlagen ist doch genau das, was wir den Deutschen zur Last legten, als sie in Belgien einmarschierten. Sie müssen den Krieg mit jenen Mitteln führen, über die Sie verfügen!"

Das Ende ist bekannt: 1917/1918 landen 1,5 Millionen US-Soldaten in Frankreich und im November 1918 ist der Krieg vorbei.

Und die Moral von der Geschicht'? Wer Milliarden verleihen konnte, stürzte Throne und überwand die stärksten Heere. Alle gekrönten Häupter, Staatsmänner und Feldherren der Verliererseite, die in Abwandlung der von Josef Stalin zwanzig Jahre später gestellten Frage:

„Wie viele Divisionen hat der Papst?" im Ersten Weltkriege die Frage gestellt hatten: „Wie viele Divisionen hat denn die Wallstreet?", waren mitsamt ihren Armeen und Kriegsflotten innerhalb von nur vier Jahren hinweggefegt worden.
Und wie erging es den Herren Herbert Samuel und Isaacs Rufus? Großbritannien hat sie wahrlich königlich entlohnt: Aus dem Lord Reading wurde ein Earl Reading und somit der am höchsten geadelte Jude des British Empire. Ferner erhielt er den einträglichsten und am höchsten dotierten Posten, den Seine Majestät zu vergeben hatte: Er wurde zum Vizekönig von Indien ernannt. Und Herbert Samuel bekam den Posten, den er heiß ersehnte: Er wurde der erste Hochkommissar des Britischen Mandatsgebietes Palästina, wo er, so darf man wohl annehmen, die zionistischen Bestrebungen nicht gerade behindert haben wird.

Die „Balfour Declaration", Befürworter und Gegner

Da gab es eine so nebenbei erwähnte Lappalie, eine kleine Nebensächlichkeit, auf die jedoch die zionistischen Kreditgeber – sozusagen als causa sine qua non --unbedingt bestanden. Diese Herren wollten eine verbindliche Erklärung der Briten und Franzosen, daß sie im Falle ihres Sieges, Palästina als Heimstätte für auswanderungswillige Juden öffnen mögen. James de Rothschild diktierte Außenminister Lord Balfour den gewünschten Text und dieser kommt der Aufforderung in Rekordzeit nach. Im November 1917 wird die sogenannte „Balfour Declaration" veröffentlicht. Weniger bekannt ist, daß gleichzeitig auch die französische Chambre des Députés, das Parlament, eine fast gleichlautende Deklaration beschließt, in vorauseilendem Gehorsam bereits von einem „Etat des Juifs", einem „Judenstaat" spricht. Dr. Chaim Weizmann, Sprecher der Zionisten, hatte der britischen Regierung zugesagt, ein Kontingent von 100.000 jüdischen Kriegsfreiwilligen aufzustellen, doch es meldeten sich nur wenige hundert, die schließlich als Maultier-Transportkolonne in Palästina zum Einsatz kamen. Die mangelnde Einsatzfreude dieser Einheit brachte die dort eingesetzten englischen Soldaten dazu, ihren jüdischen Kameraden den Wahlspruch anzudichten: „No advance without security", der freilich auf zweierlei Weise übersetzt werden kann.
In seiner Biographie Wilsons beschreibt Jennings Wise (1938) das erste Zusammentreffen des amerikanischen Präsidenten Anfang 1919 in Paris mit dem sehr gut englisch sprechenden Georges Clemenceau und David Lloyd George. Letzterem zufolge führte Wilson aus, Jesus Christus habe nicht erreicht, daß die Welt seiner Lehre folgte, weil er Ideale verkündete, ohne ein praktisches Schema aufzuzeigen, wie diese

verwirklicht werden könnten. Ihm, Wilson – so klärte er seine beiden Kollegen auf – würde eine solche Panne nicht passieren. Lloyd George schildert, wie Clemenceau währenddessen die Augen verdrehte und unverwandt an die Decke starrte.

B.) Offenlegung einer weiteren Verschwörung Albions und seiner amerikanischen Erben

1) W.B. Fowler: „British-American Relations 1917-1918 – the Role of Sir William Wiseman“

William Wiseman (1885-1962), Wilsons Verbindungsmann zur britischen Regierung, wechselte nach dem Krieg zum Investmentbankhaus Kuhn, Loeb & Co

das ebenfalls 1969 (bei Princeton University Press) erschien, befaßt sich mit der wundersamen Rolle eines 32-jährigen Leutnants der Royal Army, und Geschäftspartner der Bank Kuhn & Loeb, Freund der grauen Eminenz Oberst Edward Mandell House und Chef des britischen Secret Services in den USA.

Wie aus dem Nichts erschien plötzlich der junge Leutnant William Wiseman in den USA und verursachte Schlagzeilen. Am 16. Januar 1917 schrieb Colonel House – engster Berater von Woodrow Wilson – seinem Präsidenten: „Gestern hatte ich eine Unterredung mit Sir William Wiseman. Er ist der vernünftigste Engländer im Umfeld der britischen Botschaft, den ich seit Kriegsbeginn gesprochen habe...“ Trotz Bestehens so mancher gemeinsamer Interessen, habe das amerikanisch-britische Verhältnis unter der Rivalität zweier gegensätzlicher

Persönlichkeiten gelitten: Der britische Botschafter in Washington, Sir Cecil Spring-Rice, ein Konservativer, sei mit den liberalen Anschauungen der Wilson-Regierung nicht zurechtgekommen, habe die Interessen seines Heimatlandes aggressiv vertreten, ohne die Neutralität seines Gastlandes zu berücksichtigen. Sowohl Wilson als auch das Foreign Office hätten sich von ihm distanziert. Ähnlich sei es seinem amerikanischen Amtskollegen in London, Walter H. Page, ergangen. Dieser entpuppte sich als derart anglophil, daß er die neutrale Politik seines Präsidenten offen kritisierte und deshalb auf Wilsons Abschußliste gekommen war. Es sei erstaunlich, daß beide Diplomaten erst 1918 abberufen wurden. Verantwortlich für diesen Langmut sei Colonel House gewesen, der seinen Einfluß auf den Präsidenten sowie sein Mißtrauen gegenüber beiden Botschaftern nutzte, um seine Kontrolle über die amerikanische Außenpolitik zu bewahren ... Kennen und schätzen gelernt hätten sich House und Wiseman anläßlich einer Unterredung im Dezember 1916 in New York, als House sich auf der Suche nach einem direkten Draht zur neuen englischen Regierung des David Lloyd George befand. William Wiseman, Chef des britischen Geheimdienstes in Amerika, kam ihm wie gerufen, denn seine Berichte gingen direkt an Außenminister Arthur Balfour. Kein Wunder, daß Housens intimes Verhältnis zu den Rothschilds und J.P.Morgan, Wisemans Partnerschaft mit dem Bankhaus Kuhn & Loeb Anlaß zu anhaltendem Verdacht einer Verschwörungspartnerschaft von Hochfinanz und Politik liefern sollten.

Der 1858 in Texas geborene Edward House, der nie gedient hatte, dessen Titel „ehrenhalber“ erworben worden war, studierte an der Cornell University, verkaufte seine Baumwollplantagen, etablierte sich im Bankenkartell und freundete sich mit den Bankiersdynastien Morgan und Rothschild an. Diese Verbindungen nützte er ab 1913 zur Stärkung der Kontrolle, die von der Federal Reserve auf die amerikanische Regierung ausgeübt wurde. House wurde Präsident Wilsons „alter ego“ und engster Berater in außenpolitischen Fragen. 1918 vertrat er ihn bei der Pariser „Friedens“-Konferenz. Als House 1919 für den Beitritt der Vereinigten Staaten von Amerika in den Völkerbund eintrat, verlor er Wilsons Vertrauen. Er starb 1938 in New York.
Im Nachlaß des Präsidenten Wilson befand sich ein undatierter Brief des Colonel House, dem folgende Passagen entnommen sind, die sich auf das perpetuum mobile des – dank Federal Reserve – aus dem Nichts erschaffenen Geldsegens bezieht:
„...Dank dieser Methode, werden wir alle Amerikaner dazu bringen, sich unseren Plänen zu unterwerfen, sich registrieren zu lassen und

unser Kunstgeld (fiat money) als Entlohnung anzunehmen ... Sie werden ihre Rechte verlieren und wir werden ihnen lediglich jenen materiellen Wert beimessen, den sie für uns als Profit erbringen, als Entlohnung."

Vor der Kriegserklärung der USA an Deutschland im April 1917, besuchte House als Wilsons persönlicher Gesandter zweimal die wichtigsten europäischen Hauptstädte. Am 31. Januar 1917 benachrichtigte der deutsche Botschafter Graf Bernstorff die US-Regierung von der Wiederaufnahme des eingeschränkten U-Bootkrieges; am 3. Februar brachen die USA die diplomatischen Beziehungen zu Deutschland ab. Ab diesem Zeitpunkt begannen Wiseman und House „their program of Anglo-American cooperation". Als Großbritanniens Außenminister Balfour im April 1917 den amerikanischen Präsidenten im Weißen Haus aufsuchte, lehnte dieser den Vorschlag ab, einen Bündnisvertrag mit Großbritannien zu unterzeichnen. Wilson wollte freie Hand behalten und verweigerte jede Vereinbarung, die Amerika in einen Krieg verwickeln konnte. Balfour zeigte vollstes Verständnis und übergab Wilson – als Zeichen seines Vertrauens – Abschriften der Geheimverträge Großbritanniens mit seinen Verbündeten.
Die britische Regierung war der Auffassung, daß sie mit der Kriegserklärung Amerikas ihrer finanziellen Sorgen enthoben sei. Wenige Stunden bevor die US-Regierung das Kabinett Balfour von ihrer Kriegserklärung in Kenntnis gesetzt hatte, genehmigte William McAdoo, US-Finanzminister und Schwiegersohn Wilsons, als erste Anleihe einen „Liberty Loan" von drei Milliarden Dollar an England. Erste Anzahlungen aus dieser Summe gelangten auf die Konten Albions just zu dem Zeitpunkt, da seine Tresore völlig geleert waren. Weil McAdoo sich in der Folge als recht knauserig und pingelig erweisen sollte, herrschte bei den Banken der Londoner City Ratlosigkeit. Doch Wiseman gelang es mit einem Geniestreich, den einflußreichen und englandfreundlichen Benjamin Strong, Chef der New Yorker Federal Reserve Bank, so zu bearbeiten, daß er bereit war, im Sinne Englands bei McAdoo zu intervenieren..."

Fowler, Seite 51: „House war überzeugt, daß Wisemans Ansehen in London gewaltig ansteigen würde, wenn es ihm gelänge, Bekanntschaft mit dem Präsidenten zu schließen ... Eine – selbstverständlich rein zufällige – Gelegenheit des Kennenlernens ergab sich am 26. Juni bei einem Empfang von Außenminister Lansing für den russischen Botschafter. Präsident Wilson durchquerte den Saal, blieb vor Williamson stehen und redete etwa eine Viertelstunde mit ihm. Zwei Wochen

David Lloyd George (1863-1945) verfolgte eine harte Linie gegen das Deutsche Reich und gründete das War Propaganda Bureau

später lud ihn der Präsident zum Lunch ins Weiße Haus ... Am 16. Juli trafen sich Sir Wiseman, der Pressemagnat Lord Northcliffe und Colonel House, um jenen Vertrauensmann zu erwählen, der auf britischer Seite als Berater des amerikanischen Finanzministers McAdoo agieren sollte. Die Wahl fiel auf Lord Reading, Lord Chief Justice of England, geboren als Rufus Isaacs, ‚who overcame his Jewishness and the lack of university training to become a leading member of the English bar' (der das doppelte Hindernis seines Jüdischseins und die fehlende Ausbildung an einer Universität überwand, um das Amt des Lord-Oberrichters des Empire zu erklimmen).
Er wurde zu einem der wichtigsten Berater des Premierministers David Lloyd George und nahm bei ihm sozusagen die Stelle eines britischen Colonel House ein. Kein Wunder, daß ihn Lloyd George 1918 als britischen Botschafter in die USA entsandte – ‚with full authority to decide on behalf of the British government any question which might be raised' (mit der Blankovollmacht, im Namen der britischen Regierung über jede aufkommende Frage eine Entscheidung zu treffen).

Seite 61 ff.: „Am 22. September 1917 trägt House in sein Tagebuch ein: ‚Niemand, außer Reading, Wiseman, dem Präsidenten und mir, weiß in Wirklichkeit, welche Mission Reading hierzulande zu erfüllen hat.' Ende August 1917 vertraut Wiseman dem Herausgeber des ‚Manchester Guardian' an, daß es in den USA nur zwei absolute Mächte gäbe – den Präsidenten und die Presse...
Außenminister Balfour spricht von ‚alarming news from Petrograd'. Dort hätten revolutionäre Pazifisten, die vom englischen Secret Service als Juden identifiziert wurden, eine provisorische Regierung gebildet und wollten aus dem Krieg ausscheiden ... Wiseman wird beauftragt, mit Richard Gottheil, Professor für semitische Studien an der Columbia Universität und Sprecher der Zionisten, Verbindung aufzunehmen, er

möge prominente, amerikanische Juden auffordern, einen Aufruf an ihre russischen Brüder zu richten, den Krieg gegen Deutschland fortzuführen. Die Appelle des Justizministers Louis Brandeis, Ex-Botschafters Oscar Straus, Rabbi Stephen Wise, dem Bankier Jakob Schiff, blieben wirkungslos, denn ausschlaggebend waren die Ereignisse vor Ort, die Wühlarbeit des deutschen Geheimdienstes, die entscheidende Meinung der großen Anzahl von Juden, die aus den USA – zumeist von der New Yorker Lower East Side – nach Rußland hereinströmten."

Jakob Heinrich Schiff (1847-1920) startete bei der Commerzbank in Hamburg und wurde schließlich Leiter von Kuhn, Loeb & Co, war mit Therese Loeb verheiratet

Anfang 1918 erwartete man, daß die Deutschen ihre Frühlingsoffensive im März beginnen würden, doch den Engländern fehlten 250.000 Mann. Die ersten 500.000 amerikanischen Soldaten sollten erst im Juni und Juli eintreffen. Die Premierminister der drei europäischen Alliierten sandten Wilson einen Dankesbrief und forderten ihn gleichzeitig auf, insgesamt 100 Divisionen – vier Millionen Mann (sic!) – zu entsenden.

Am 16. Oktober erfuhr Wiseman von der zentralen Bedeutung, die Wilson der „League of Nations" beimaß, einem Völkerbund, den er schaffen wollte, dessen Mitglieder gleichberechtigt sein sollten und dem auch Deutschland angehören würde. Sie besprachen auch die „Vierzehn Punkte" des Friedensvertrages, den Wilson allen Kriegsparteien unterbreiten wollte. Sowohl in den USA als auch in England gab es Widerstand gegen die von ihm geplante Gleichstellung der Weltmächte mit zweit- und drittrangigen Staaten. Dagegen opponierte in den USA vor allem die Republikanische Partei, deren Vorsitzender Charles E. Hughes bei den kommenden Präsidentschaftswahlen gegen Wilson kandidieren würde, sowie Senator Lodge, der in einem Brief an Außenminister Balfour die „unconditional surrender" (bedingungslose Kapitulation) des Deutschen Kaiserreiches forderte. Derselben Meinung war auch der Weggefährte von Winston S. Churchill und Zionist Leo S. Amery: „Das wichtigste Ergebnis, das vom British Empire als Kriegziel anzustreben ist, wäre die Sicherung einer dauerhaften anglo-amerikanischen Zusammenarbeit und gegenseitigen Verständnisses," ein Ziel, dem sich auch Wiseman verschrieben hatte. Deshalb fragte er John Pierpont Morgan, Englands allerbedeutendsten Financier und Gläubiger, um seine Meinung, ob Colonel Mandell House der geeignete Mann sei, einen Waffenstillstand und Friedensverhandlungen zu führen. Hier Morgans Antwort: „...Bei jeder nur möglichen Gelegenheit habe ich mein Vertrauen zu und meine Zufriedenheit mit ihm beteuert ... der Präsident hätte keinen besseren Mann erwählen können ... er weiß, daß ein gerechter Frieden nicht Gerechtigkeit für Deutschland bedeutet, denn diese würde Ungerechtigkeit für die Alliierten bedeuten ... Sollte sich die Notwendigkeit von Ungerechtigkeiten ergeben, sollten wir diese Deutschland aufhalsen und nicht den Alliierten."

C.) Meinungen und Zeugnisse aus englischen Quellen

Wie ein roter Faden zieht sich durch fast alle Memoiren und Reisebeschreibungen englischer Bildungsbürger der „high society", vor allem von Akademikern und Politikern, der Hang zum Festhalten an ihren vorgefaßten Meinungen. Mit „stiff upper lip" (selbstbeherrscht und ohne Gefühlsregung) berichten sie von europäischen Kulturvölkern, als seien sie „rarae species" (seltene Arten) in einem zoologischen Garten und von sich selbst als hätte „homo albionensis" den uneinholbaren Zenith an Weisheit, Wissen und Würde erklommen. Hier sollen einige Exemplare einer gelegentlich heute noch anzutreffenden Art zu Wort kommen:

Als erstes Beispiel eines in jeder Hinsicht bevorzugten Mitglieds der britischen Oberschicht, soll Sir Edward Grey, 1st Viscount of Fallodon, vorgestellt werden, der von 1905 bis 1916 als Außenminister (Foreign Secretary) amtierte. Er entstammte einer langen Ahnenreihe von Baronets, Viscounts, Earls, und war mit Anthony Eden und Lord Halifax verwandt. Von seinem Großvater wird er ein Landgut von zweitausend acres (8 Quadratkilometern) erben. Er wird das elitäre Balliol College an der Universität Oxford besuchen, Literatur und Jura studieren. Um in die Politik einzusteigen, wird er der Liberalen Partei beitreten. Mit 23 Jahren wird er als jüngstes „Member of Parliament" in das Unterhaus gewählt.

Cant-gerecht wurden und werden heute noch die exklusiven Privatschulen Harrow, Eton, Rugby, Westminster sowie zahlreiche andere nicht etwa „private schools", sondern „public schools" genannt. Obwohl nur etwa zwei bis drei Prozent der Studierenden Eliteschulen besuchen, stellen sie bis zu neunzig Prozent der Mitglieder konservativer Regierungen, achtzig Prozent der Direktoren der Bank of England, fünfzig bis siebzig Prozent der Geschäftsführer großer Industrien und hoher Offiziere.
Seinen Memoiren wird er anvertrauen, daß er von Anfang an den Deutschen mißtraute: „Als sie von England Handelserleichterungen für ihren Handel mit dem Chinesischen Reich verlangten, machten sie durchaus vernünftige Vorschläge; es ist die grobe und herrische Art gewesen, mit der sie diese vorbrachten, die mich empörten."
Den Preußen fehle eben die „feine englische Art".

Schon Ende 1905 kündigte Grey dem russischen Botschafter Benckendorff an, er werde mit Rußland und Frankreich ein Abkommen schließen, um die „balance of power" (Ausgewogenheit durch Schaukelpolitik) in Europa sicherzustellen. Doch schon 1911 wird er eingestehen, daß seine Hände durch die „Entente Cordiale" gebunden seien. Greys halbherzige Vermittlungsversuche zwischen Österreich-Ungarn und Serbien sowie der Austausch von mißverständlichen Depeschen mit Deutschland während er „Juli-Krise" 1914 führten am 3. August zur Kriegserklärung Deutschlands an Frankreich und dem Einmarsch in Belgien.
Am Abend dieses Tages blickte Grey aus dem Fenster seines Büros im Foreign Office und weissagte: „The lamps are going out all over Europe. We shall not see them lit again in our time."

1) Sir Edward Grey: „Twentyfive Years 1892-1916"

Memoiren in zwei Bänden, 1926.
„Die Zeiten, da der Barometer Schönwetter in den englisch-deutschen Beziehungen angezeigt hatte, waren vorbei. Balfour, dem Lord Salisbury als Premierminister gefolgt war, schlug eine Politik der Verständigung mit Frankreich ein: Guter Wille und gegenseitiges Vertrauen sollten die latente Konflikte ausschließen. Von den Außenministern Lord Henry Lansdowne (1900-1905) in London und Théophile Delcassé in Paris war nach langer, geduldiger Vorarbeit ein Übereinkommen erzielt worden, das Reibungsflächen zwischen beiden Nationen glätten, alte Streitigkeiten beseitigen und freundschaftliche Beziehungen herstellen sollte. Es wurde ein Abkommen geschlossen, dessen Hauptpunkt die gegenseitige diplomatische Hilfe Frankreichs in

Ägypten und Englands in Marokko behandelte.
„Konnten die Männer" fragt Grey, „die dieses einfache und ehrliche Abkommen trafen, um bestehende Schwierigkeiten zu beseitigen, damals ahnen, daß daraus die ‚Entente Cordiale' entstehen würde? Ein Bündnis ohne neue Verpflichtungen, aber mit Vorkehrungen für den eventuellen Fall eines deutschen Angriffes auf Frankreich. Ein Fall, der zehn Jahre später eintreten sollte."

Théophile Delcassé (1852-1923) war maßgeblich an der Entstehung der Entente Cordiale beteiligt

Am 10. Januar 1906 urgiert der französische Botschafter Paul Cambon bei Sir Grey, seine Regierung hätte gerne vor Beginn der Marokko-Konferenz gewußt, ob England auch ohne formelle Allianz bereit sei, Frankreich im Falle eines deutschen Angriffs bewaffnete Unterstützung zu gewähren. Darauf sagte ihm Grey, wenn es sich um ein definitives Versprechen handle, so sei er nicht in der Lage, das Land zu mehr zu verpflichten, als zur Neutralität – eine wohlwollende Neutralität, wenn es denn so etwas gäbe. Cambon hielt es für ratsam, wenn in der Zwischenzeit ein inoffizieller Gedankenaustausch zwischen beider Länder Admiralitäten und Kriegsministerien sowie dem französischen Marine- und Militärattaché darüber stattfände. Es wäre außerdem von Vorteil, wenn sich beide Länder in einem solchen Kriege verbündeten.
Grey, Seite 81: „Als der französische Botschafter am 31. Januar erneut nachfragt, ob Frankreich im Falle eines Angriffs seitens Deutschlands auf englische Hilfe zählen könne, antworte ich ihm, ich hätte diese Angelegenheit mit dem Premierminister [Campbell-Bannerman] besprochen und hätte dazu dreierlei zu bemerken: Erstens sei seit meiner letzten Unterredung mit ihm ein bemerkenswerter Fortschritt zu verzeichnen. Unsere Militär- und Marinebehörden seien mit den französischen in Verbindung getreten und ich nähme an, daß alle Vorbereitungen getroffen seien, so daß im Falle einer Krise keine Zeit aus Mangel an einem formalen Engagement verlorengegangen sein würde. Zweitens hätte ich, wie auch Lord Lansdowne, vor ungefähr einer

Woche eine günstige Gelegenheit wahrgenommen, dem [deutschen Botschafter] Graf Metternich als meine persönliche Ansicht erklärt, daß im Falle eines deutschen Überfalls auf Frankreich, der aus unserem Marokkoabkommen hervorginge, die öffentliche Meinung in England derart erregt sein würde, daß keine britische Regierung neutral bleiben könne ... Drittens hob ich gegenüber Cambon hervor, daß wir Frankreich freie Hand ließen und ohne Reserve unsere diplomatische Unterstützung gewähren, auf die es zählen könne; sollte aber unser Versprechen über das diplomatischer Unterstützung hinausgehen und sollten wir eine Verpflichtung eingehen, die uns in einen Krieg verwickeln könnte, so würden meine Kollegen sicherlich verlangen, daß wir von da ab betreffs der französischen Politik in Marokko zu Rate gezogen würden und es uns freistehen müßte, von der französischen Regierung im Bedarfsfall die Beschränkungen und Änderungen ihrer Politik zu verlangen, die uns wünschenswert erscheinen würden, um einen Krieg zu vermeiden..."

Grey geht der Frage nach, was er vielleicht noch hätte tun können, um 1914 den Krieg abzuwenden, kommt aber zum Schluß, daß Deutschlands Führung und Militär den Zeitpunkt für den Krieg längst gewählt und dessen Ausbruch beschleunigten. Er sei überzeugt, daß aus dem österreichisch-serbischen Konflikt kein großer europäischer Krieg entstanden wäre, hätte ihn Deutschland nicht geschürt. Im Mai 1906 verfällt Grey in typisch englischen Cant: „Deutschland beutet die Lage in Konstantinopel stets zu seinem eigenen Vorteile aus. Wir dagegen opfern unseren Einfluß und unsere materiellen Interessen in der Türkei, halten dort tatsächlich unsere Hände rein und folgen der Stimme des nationalen Gewissens. Die deutsche Politik scheint auf dem wohldurchdachten Glauben aufgebaut zu sein, daß moralische Bedenken und altruistische Motive bei der Behandlung von internationalen Angelegenheiten nicht zählen. Das oberste Moralgesetz jeder deutschen Regierung ist stets das Interesse der eigenen Nation gewesen und verdrängt alle anderen Rücksichten. So war es auch in Konstantinopel: Deutschlands Politik brachte einen vollen Erfolg, die unsere nur Stillstand und Fehlschläge ... Der Reichtum Kleinasiens ging in deutsche Hände über, nach dem Grundsatz, daß Moral in der Politik nicht zählt. Und diese irrige Ansicht von der Humanität im Verkehr zwischen den Nationen war es, die Deutschland schließlich den Krieg verlieren ließ."

Grey, Seite 218: Desselben Cant's befleißigte sich Schatzkanzler David Lloyd George am 21. Juli 1911 in einer Rede vor dem Lord Mayor und Vertretern des Großkapitals in der Londoner City Hall: „...Ich fühle mich verpflichtet, zu betonen, daß ich es für höchst wichtig halte, nicht nur im Interesse Englands, sondern auch im Interesse der Welt, Großbritanniens Platz und sein Prestige unter den Großmächten aufrecht zu halten. Englands mächtiger Einfluß hat sich in der Vergangenheit als unschätzbar für die Sache menschlicher Freiheit erwiesen und kann es vielleicht auch in Zukunft sein. Es hat in der Vergangenheit mehr als einmal kontinentale Nationen, die manchmal nur zu geneigt sind, solche selbstlosen Dienste zu vergessen, aus erdrückender Not gerettet und vor totaler Vernichtung bewahrt. Ich glaube, daß nur Fragen von ernstester nationaler Bedeutung eine Störung des Weltfriedens rechtfertigen könnten. Sollte Großbritannien aber vor der Entscheidung stehen, den Frieden nur durch Aufgabe seiner Großmachtstellung und unserer Lebensinteressen erhalten zu können, die sich England in Jahrhunderten von Helden- und Ruhmestaten erworben hat, dann würde ein Friede um diesen Preis eine Erniedrigung sein, die ein mächtiges Land wie das unsere nicht ertragen könnte..."

Grey, Seite 240.: „Wann immer wir während dieser ganzen Periode [1912-13] in Sicht besserer Beziehungen zu Deutschland zu sein schienen: Die fortgesetzte Verstärkung der deutschen Flotte warf uns wieder zurück. Es ist seither klar geworden, daß Deutschland eine Position zur See anstrebte, die eine äußerst ernste Gefahr für das britische Reich bedeutet hätte. Und die deutschen Staatsmänner waren sich dieser Tatsache so sehr bewußt, daß sie ganz gewohnheitsmäßig von der Periode ihrer Schiffsbauten als von der ‚Gefahrenzone für Deutschland' sprachen, indem sie so stillschweigend annahmen, man könne von Großbritannien erwarten, daß es, um der Gefahr zuvorzukommen, Deutschland angreifen und dessen Flotte, ehe sie zu stark wäre, vernichten würde ... Anfang 1912 berichtete Kriegsminister Haldane von seinem Besuch in Deutschland, die Deutschen seien nicht ernstlich willens, den Wettbewerb zur See aufzugeben. Sie wünschten sich eine politische Formel, die unsere Handlungsfreiheit tatsächlich kompromittiert hätte. Wir konnten uns nicht durch ein Versprechen, in einem europäischen Kriege neutral zu bleiben, fesseln lassen. Wir hatten bestimmt nicht die Absicht, Frankreich und noch weniger Rußland in einem Angriffskriege zu unterstützen. Die Enthüllung der Methoden Bismarcks im Falle der Emser Depesche sagte genug über die Nichtigkeit solcher Formeln und Fesseln aus. Wir waren verpflichtet, unsere Hände freizuhalten..."

Während der russisch-deutschen Verhandlungen über die Ostsee hatte Frankreich bezüglich der russischen Loyalität eine große Nervosität gezeigt. Grey glaubte nicht, daß Paris dem russischen Minister des Äußeren [Iswolski] mißtraute, doch in Rußland gab es in der Außenpolitik keine gemeinsame Linie der Regierung. Fast jeder Minister verfolgte seine eigene Politik und nur der Zar konnte entscheiden. Alles hing von ihm ab. Der Zar war ein ehrenwerter und gewissenhafter Mann, doch verstand er es nicht, sich dem Einfluß von Einflüsterungen und Verdrehungen zu entziehen. Die Franzosen hatten mit den Russen vor einiger Zeit über den militärischen Gedankenaustausch zwischen Frankreich und England gesprochen. Um diesen Besprechungen eine größere Bedeutung zu geben, sprachen die Franzosen von „Konventionen", um vielleicht den Eindruck zu erwecken, diese enthielten bindende Vereinbarungen. Als sich die Sache bis London herumsprach, wurde Grey aufgefordert, sich zu äußern, ob maritime Verabredungen mit Rußland bestünden. Hier seine Antwort [im Parlamentsprotokoll]: „... Es existieren keine Verträge, die im Falle eines Krieges zwischen den europäischen Mächten die Freiheit des Entschlusses der Regierung oder des Parlaments, ob England an diesem Kriege teilnehmen sollte oder nicht, einschränken oder hemmen würden."

Grey, Seite.282: „Dies ist vielleicht die beste Gelegenheit, mit der Behauptung abzurechnen, ich hätte 1912 während [Außenminister] Sasonows Besuch in Balmoral ein Versprechen gegeben, das weit über das hinaus ging, was Frankreich in den Unterhandlungen mit der französischen Regierung von uns zugesagt worden war. Ein Versprechen, das der ehemalige Reichskanzler von Bethmann Hollweg im März 1920 in seinen Erklärungen vor dem deutschen Parlamentsausschuß – wie folgt – erwähnte: ...In Balmoral Castle spielte sich die Episode ab, über die Sasonow den Zaren unterrichtete: ‚Grey erklärte, ohne mit der Wimper zu zucken, daß England jede Anstrengung machen würde, um Deutschland den entscheidendsten Schlag zu versetzen, wenn die in Frage stehenden Ereignisse (d.h. der europäische Krieg) eintreten sollten. Es ist wichtig, die Tatsache zu betonen, daß England hiermit seine Teilnahme am Krieg gegen Deutschland ohne Rücksicht darauf, wer für den Krieg verantwortlich sein würde, in Aussicht stellte.' Hier der Text meiner Aufzeichnung von der besagten Unterredung: ‚Sasonow fragte mich, auf welche Weise unsere Flotte Rußland helfen und es beschützen würde, wenn es durch sein Bündnis mit Frankreich in einen Krieg mit Deutschland verwickelt werde ... Ich sagte, unsere Teilnahme am Kriege hinge davon ab, wie der Krieg zustande käme. Keine britische Regierung könnte, ohne von der öffentlichen Meinung gestützt zu sein, einen Krieg führen. Die öffentliche Meinung würde einen Angriffskrieg für eine Revanche-Idee, oder um Deutschland einzukreisen, nicht

Balmoral Castle in Schottland, heute im Besitz von Königin Elisabeth II.

gutheißen ... Sollte jedoch Deutschland seine ... beispiellose Stärke zu dem Versuch verleiten, Frankreich zu zermalmen, so glaube ich nicht, daß wir abseits stehen und zuschauen würden, sondern unser Möglichstes tun, um Frankreich vor diesem Schicksal zu bewahren'."

Grey, Seite 208ff.: „Am 26. Juli 1914 billigte ich Staatssekretär Nicholsons Vorschlag, eine Konferenz nicht länger hinauszuschieben und ließ diesen versenden. Ich hielt Deutschlands Kriegsvorbereitungen für viel weiter fortgeschritten als jene Frankreichs und Rußlands. Die Konferenz würde also Frankreich und Rußland Zeit zu Vorbereitungen verschaffen und dadurch die Situation zu Deutschlands Ungunsten ändern ... Ich war daher sehr überrascht, als [Rußlands Botschafter] Benckendorff der Meinung Ausdruck gab, die russische Regierung werde wohl nicht zustimmen ... Er drängte, ich möge Deutschland eine Andeutung machen, daß England im Falle eines Krieges nicht abseits stehen würde. Ich erwiderte, ich hätte keine Andeutung gemacht, daß wir beiseite stehen würden, sondern hätte dem deutschen Botschafter gesagt, solange es nur einen Streit zwischen Österreich und Serbien gäbe, fühle ich mich nicht berechtigt, zu intervenieren. Doch da dieser sich jetzt zu einer Streitfrage zwischen Österreich und Rußland ausweitete, stelle er den Frieden in Europa in Frage, was uns alle interessiere ... Ich fürchtete, daß Deutschland antworten würde, die deutsche Mobilisation sei eine Sache von wenigen Stunden, jene Rußlands dagegen von mehreren Tagen ... Deutschland erhob nicht die Einwendung, die ich befürchtet hatte, vereitelte jedoch die Konferenz, obgleich es ihr

im Prinzip zustimmte ... Es hieß, eine solche Konferenz würde einem Schiedsgerichtshof gleichen, der jedoch nur über Verlangen Rußlands und Österreichs zusammengerufen werden könne.
Am 28. Juli 1914 berichtete [Botschafter] Sir E. Goschen an Grey: ‚Auf Einladung des Reichskanzlers besuchte ich seine Exzellenz heute Abend. Er bat mich, Ihnen mitzuteilen, er wünsche dringend, daß Deutschland gemeinsam mit England für die Erhaltung des Friedens hinwirke ... Er fügte hinzu, Österreich habe bis jetzt nur teilweise mobilisiert ... Wenn jedoch die eben den Zeitungen entnommenen Nachrichten über die Mobilisierung von vierzehn Armeekorps in Südrußland den Tatsachen entsprächen, so hielte er die Lage für sehr ernst ... Unter diesen Umständen wäre es ihm nicht mehr möglich, in Wien Mäßigung zu predigen...‘ Ich erinnere mich, gesagt zu haben, daß ich nichts mehr tun könne, da Deutschland diese Konferenz verhindere. Deutschland habe daher die Verantwortung zu tragen, wenn es zum Kriege kommen sollte...
Doch jetzt trat etwas in den Vordergrund, was stets befürchtet wurde, und nahm immer deutlichere und gefährlichere Gestalt an. Neben Bethmann Hollweg regierten noch andere Mächte in Deutschland. Er war nicht Herr der Situation; wenn wir mit ihm verhandelten, so sprachen wir nicht mit der Hauptperson. Er war aber die einzige Autorität, mit der wir überhaupt verhandeln konnten...“

Anfang des Sommers war Colonel House [Berater von US-Präsident Wilson] nach London gereist und hatte Grey getroffen. House war gerade aus Berlin gekommen und erzählte sehr ernst vom Eindruck, den er dort empfunden hatte: Die Luft sei erfüllt von Waffengeklirre und Kriegsgeschrei. Grey war geneigt, den Eindruck dieses Amerikaners, der zum ersten Male mit einem europäischen militärischen Konflikt konfrontiert war, zu unterschätzen. Doch House war ein Mann von außerordentlichem Wissen, kühlem Urteil und wachem Verstand. Er fragte sich, was geschehen würde, wenn der deutsche Militarismus die Herrschaft über die Politik und Diplomatie des Kaiserreiches an sich gerissen hätte? Der Präzedenzfall von 1870 war ja noch in frischer Erinnerung. Vom Augenblick an, da von Bethmann Hollweg einen Einspruch gegen die Konferenz erhob, hatten Grey und House das Gefühl, daß das Militär ihm nicht gestatten würde, die Verhandlungen zu einem friedlichen Ende zu führen. Nur ein diplomatischer Triumph Deutschlands, der eine Demütigung Englands, Frankreichs und Rußlands in sich schlösse, würde von den militärischen Machthabern Deutschlands akzeptiert werden. Solch ein Triumph würde die Entente zertrümmert haben. Nach der deutschen Ablehnung der

Konferenz folgte ein die Friedensaussichten vermindernder Schlag auf den andern.
Donnerstag, den 30. Juli erhielt Grey folgendes Telegramm, das Sir E. Goschen am Vortag aus Berlin gesandt hatte: „Ich bin aufgefordert worden, den Kanzler heute Abend zu besuchen. Er sagte mir, sollte Österreich von Rußland angegriffen werden, so fürchte er, daß trotz seiner Bemühungen um den Frieden, eine europäische Konflagration unvermeidlich sei, da Deutschland seinem Verbündeten Österreich verpflichtet sei. Er machte dann folgendes gewichtige Angebot im Gegenzug für Englands Neutralität: Er meinte, so weit er die Hauptprinzipien der britischen Politik beurteilen könne, sei es klar, daß England nicht zuschauen und erlauben könne, daß Frankreich im Falle eines Krieges zerschmettert würde. Das sei ja auch nicht Deutschlands Absicht. Wenn Großbritannien seine Neutralität zusichere, wäre die deutsche Regierung bereit, sich zu verpflichten, im Falle eines siegreichen Krieges keine territoriale Erwerbung auf Kosten Frankreichs anzustreben. Ich fragte seine Exzellenz bezüglich der französischen Kolonien und er erwiderte, er sei außerstande in dieser Hinsicht ein ähnliches Versprechen zu geben ... Es würde von Frankreichs Verhalten abhängen, ob Deutschland gezwungen sei, Belgien zu betreten. Doch nach Beendigung des Krieges würde Belgiens Integrität respektiert werden, sofern es nicht gegen Deutschland Partei ergriffen habe ... Seine Exzellenz fragte mich dann, wie Sie – meiner Meinung nach – sein Ersuchen aufnehmen würden. Ich erwiderte ihm, ich hielte es in dieser Phase der Ereignisse nicht für wahrscheinlich, daß Sie sich in irgendeiner Richtung binden wollten, sondern meiner Meinung nach wünschten, volle Handlungsfreiheit zu bewahren." Grey las diese Depesche mit dem Gefühl der Verzweiflung. Die Annahme des England unterbreiteten Vorschlages hätte ewige Schmach bedeutet. Er erwog zurückzutreten, falls England im Falle eines Krieges nicht zu Frankreich hielt. Er wunderte sich, daß Bethmann Hollweg nicht begreifen konnte, daß er uns ein Angebot machte, dessen Annahme Schande über uns gebracht hätte. Was für ein Mann war er, wenn er dies nicht sah? Grey setzte sich an den Schreibtisch und antwortete Botschafter Goschen wie folgt: „Seiner Majestät Regierung kann nicht einen Augenblick lang den Vorschlag des Kanzlers, sich zur Neutralität unter solchen Bedingungen zu verpflichten, in Erwägung ziehen. Er verlangt von uns im Wesentlichen, daß wir uns verpflichten, solange zuzuschauen, wie Frankreich die Kolonien fortgenommen werden und es geschlagen wird ... Vom materiellen Gesichtspunkt aus ist dieser Vorschlag unannehmbar, denn, wenn auch Frankreich in Europa keinen

Gebietsverlust hinnehmen müßte, so könnte es doch so erniedrigt werden, daß es seinen Ruf als Großmacht verlöre und sich der deutschen Politik unterwerfen müßte. Von alledem abgesehen, würde es uns zur Schande gereichen, wenn wir mit Deutschland einen solchen Handel auf Frankreichs Kosten eingingen. Von dieser Schmach würde sich der gute Name unseres Landes niemals wieder erholen..." Er brachte diese Depesche zu [Premierminister] Asquith in die Downing Street 10 und kam mit ihm überein, die Antwort sofort abzusenden. Am folgenden Tag, Freitag den 31. Juli, unternahm er einen weiteren diplomatischen Schritt, der die Möglichkeit eines Krieges in Betracht zog: Er verlangte von der französischen und der deutschen Regierung die Zusicherung, daß beide die belgische Neutralität respektieren würden, solange keine andere Macht sie verletze. Hätte die deutsche Regierung auf Greys Frage mit dem Versprechen geantwortet, sie würde die Neutralität Belgiens respektieren, solange Frankreich sie nicht verletze, wäre diese neue Lage vom Kabinett vermutlich beraten worden. Doch wäre England beiseite gestanden, so hätte Deutschland Frankreich und Rußland unterworfen, England isoliert und das Schwerwiegendste: Deutschland würde das Szepter über dem ganzen Kontinente schwingen ... Nachdem es auf unser Verlangen, die belgische Neutralität zu respektieren, nur Ausflüchte gemacht hatte, nahm mit dem 1. August die Periode der Unentschlossenheit im Kabinett ein Ende."

Am 1. August hielt Grey seine Rede vor dem Unterhaus. Es war ihm höchst wichtig, den Parlamentsabgeordneten und vor der internationalen Presse zu versichern, daß seine Entscheidungsfreiheit durch keinerlei früheren oder ohne sein Wissen eingegangenen geheimen Vereinbarung mit anderen Staaten behindert worden sei.
Nach seiner Rede wurde ihm folgende, gerade von der belgischen Gesandtschaft in London übermittelte Nachricht zugestellt: „Deutschland übersandte gestern Abend eine Note, in der es Belgien eine wohlwollende Neutralität vorschlug, die einen freien Durchzug durch belgisches Gebiet decken sollte. Deutschland versprach im Gegenzug, beim Friedensschluß die Unabhängigkeit Belgiens und sein Territorium aufrechtzuerhalten und drohte, Belgien im Falle seiner Weigerung als Feind zu behandeln. Die Antwort müsse binnen zwölf Stunden erfolgen..."
Nun könne niemand mehr daran zweifeln, daß der Krieg sicher und unvermeidlich war. London richtete seinerseits an Berlin ein Ultimatum, das bis zum 4. August Mitternacht eine befriedigende Antwort bezüglich Belgiens forderte.

Um seine Politik zu loben und Handlungsweise zu rechtfertigen, griff Grey in die Propagandakiste und verkündete, Deutschland strebe vorsätzlich nach der Vorherrschaft in der Welt. Sein erstes Ziel sei die Hegemonie über den Kontinent, sein zweites die Suprematie über das Britische Weltreich. Stellen aus Reden des Deutschen Kaisers seien Beweise, daß sich die Deutschen für ein auserwähltes Volk hielten ... Viele Deutschen seien überzeugt, ihre „Kultur“ [im englischen Original mit „K“ geschrieben] sei allen anderen überlegen und glaubten, es gäbe für das Britische und das Deutsche Reich nicht genug Platz auf Erden; eine von beiden müsse weichen.
Nun käme es zum großen Ringen zwischen der friedlichen, englischen „benevolent culture“ und der mit „K“ geschriebenen militaristischen, undemokratischen deutschen Unkultur. „Es war“ so Grey „diese uns im Verlauf des Krieges aufdämmernde Erkenntnis, daß wir für all das zu kämpfen haben, was Großbritannien und den Dominions am Herzen liegt.“
Zum Glück, so Grey, war 1913, gleich nach der Wahl Woodrow Wilsons zum Präsidenten, Walter H. Page als amerikanischer Botschafter nach London entsandt worden. Man wußte, daß er ein persönlicher Freund Wilsons war. Niemand konnte voraussehen, wie ungeheuer wichtig seine Ernennung war. Seine Weltanschauung und seine Ideale waren die eines Amerikaners. Als der Krieg ausbrach, sah er darin ein Todesringen der europäischen Mächte, die amerikanischen Idealen anhingen, gegen jene, die diese zerstören wollten. Er litt darunter, daß sein Land so lange untätig blieb, während das liberale England um sein Leben kämpfte.

Band II:
Grey, Seite 109: „Es ist an der Zeit, über die Verhandlungen zu berichten, die ich während der ganzen Zeit, da ich im Amte war, mit dem Manne hatte, der mehr als irgend jemand andrer das Vertrauen des Präsidenten Wilson besaß: Colonel Edward M. House. Durch House wurde kein amtliches Geschäft behandelt, das ging alles über Page. Die Beziehungen zu House waren also ganz informell. Die Niederschrift unserer Unterredungen in amtlichen Dokumenten und ihre Vorlage beim State Department durch den britischen Botschafter in Washington kam nie in Frage. Was immer ich House oder er mir sagte, war privat und informell ... Als House nach Ausbruch des Krieges nach London kam, wurden unsere Unterredungen sehr rasch freundschaftlich und sogar intim ... House ließ mich vom ersten Augenblick an nicht im Zweifel, daß er den deutschen Militarismus für den Krieg verantwortlich hielt und diesen als Kampf zwischen Demokratie und etwas ansah, das undemokratisch war ... House

weilte in Europa, um die Lage in Europa zu studieren und seinen Freund im Weißen Haus zu unterrichten und zu beraten..."
S.112: Vertrauliches Memorandum des Außenministers Sir Edward Grey: „Am 22. Februar 1916 sagte mir Colonel House, daß Präsident Wilson bereit wäre, auf die Nachricht aus Frankreich und England, daß der geeignete Zeitpunkt gekommen sei, eine Konferenz einzuberufen, um dem Kriege ein Ende zu setzen. Nähmen die Alliierten diesen Vorschlag an, und wiese ihn Deutschland zurück, so würden die Vereinigten Staaten wahrscheinlich in den Krieg gegen Deutschland eintreten..."

Im 2. Band bietet Grey zwei wunderbare Beispiele von Heuchelei der Marke „perfides Albion" und echt englischen Cant's:
„Mit der Gefahr eines bulgarischen Angriffs auf Serbien war im September 1915 die Notwendigkeit einer Kooperation mit den Griechen in eine neue und dringende Phase getreten. Griechenland hatte ein Bündnis mit Serbien, das nur Kriege zwischen Balkanstaaten regelte. Es bestand für Griechenland keine Pflicht, Serbien im Kriege gegen Österreich beizustehen. Doch um dieses Bedenken zu überwinden und Griechenland zu bewegen, sich an diesem Feldzug zu beteiligen, wurde vorgeschlagen, französische und englische Truppen nach Saloniki zu entsenden, um die griechische Armee bei der Abwehr eines bulgarischen Angriffs auf Serbien zu unterstützen. Der Hochgradfreimaurer Venizelos, damals Premierminister in Athen, war dazu bereit, doch angesichts des Zauderns der griechischen öffentlichen Meinung, wurde ein formaler Protest bei gleichzeitiger Erleichterung der Landung englischer und französischer Truppen in Saloniki vorgeschlagen. Mir widerstrebte die erzwungene Landung unserer Truppen in Griechenland. Im Krieg gibt es Dinge, die selbst die harte Kriegsnotwendigkeit nicht zu rechtfertigen vermag. Im Falle Belgiens hatten wir behauptet, daß die gewaltsame Verletzung der belgischen Neutralität durch ein zum Schutz dieser Neutralität vertraglich verpflichtetes Deutschland mit der griechischen nicht zu vergleichen war. Die öffentliche Meinung Griechenlands führte zum Rücktritt Venizelos. Die Vorbereitungen für die Landung der alliierten Truppen in Saloniki waren schon zu weit fortgeschritten, um eingestellt werden zu können."

„Auch über Albions Verhalten zu Portugal muß ein Wort gesagt werden: Portugal war Englands ältester [Zwangs-]Bundesgenosse in Europa. Ich hatte den Eindruck, daß Portugal vom Anfang an bereit gewesen wäre, auf Englands Wunsch hin in den Krieg einzutreten. Es erschien mir jedoch verfrüht, Portugal dieser Gefahr auszusetzen. Ich hielt es nach

Kriegsausbruch für vernünftiger, Portugal einige Wochen lang neutral zu belassen, doch im Herbst machte sich sowohl bei der britischen als auch der französischen Armee ein dringender Bedarf an Feldartillerie geltend. Die Portugiesen besaßen etliche ausgezeichnete Kanonen und Kitchener sagte, es sei notwendig, diese sofort zur Verwendung an der französischen Front heranzuziehen. Es war meine Aufgabe, an diese Kanonen heranzukommen, doch Portugal bestand darauf, als vollwertiger Bundesgenosse angesehen zu werden. Wir erfüllten seinen Wunsch und Portugal trat an unserer Seite in den Krieg ein."

[Wo blieb hier das Aufheulen der sonst – ach! – so lauten amerikanischen Heuchler, Friedenstauben und Tugendwächter?]

Es gibt da noch einen zu Anfang des Krieges von England abgeschlossenen Geheimvertrag, der bereits erwähnt wurde: Er enthielt Englands Versprechen an König Hussein vom Stamm der Haschemiten, daß Arabien ein unabhängiger, mohammedanischer Staat werden solle. Am 23. März 1915 schrieb Sir Bertie, britischer Botschafter in Paris, an Außenminister Grey: „Cambon teilte mir mit, Delcassé schlage vor, es sollten inoffizielle Besprechungen über französische und britische Belange in Kleinasien aufgenommen werden." Grey antwortete, wir hätten ausgemacht, daß nach dem Verschwinden der Türkei – im Interesse des Islam – irgendwo ein mohammedanischer unabhängiger Staat entstehen solle, in dem die heiligen Stätten des Islam einzubeziehen seien. Es wäre zu entscheiden, was sonst noch dazukommen sollte und wir seien uns noch nicht schlüssig geworden, ob Mesopotamien diesem Staat anzugliedern wäre...

[So einfach war das! Warum nicht auch gleich den Iran?]

„Taten und Amtsführung der Regierung Lloyd Georges nach dem Friedensschluß" so Grey, „erfüllten mich mit einer Empörung und Verzweiflung, wie ich sie niemals über ein anderes britisches Kabinett empfunden habe..."
Mit Seite 251 beendet er sein Werk: „Es ist klar, daß Europa wieder in denselben unglücklichen Kurs, dem es vor 1914 folgte, gedrängt werden wird, wenn die Politik und die Mentalität Deutschlands dieselbe bleibt. Deutschland ist nach Einwohnerzahl und Leistungsfähigkeit potentiell das stärkste Land Europas. Gegenwärtig ist es entwaffnet, doch auf Dauer wird es in Europa weder Sicherheit noch Frieden geben ohne ein Deutschland, das wirklich für den Frieden wirkt. Wenn seine gegenwärtigen und heranwachsenden Generationen nichts aus

den Erfahrungen des Krieges gelernt haben, dann können ihnen die Alliierten auch nicht mehr helfen."

2) Sir Austen Chamberlain: „Down the Years"

Er (1863-1937) war Halbbruder des Neville Chamberlain, Berater von Asquith, 1915-18, Mitglied der Kriegskabinette Asquith und Lloyd George. Seine Memoiren erschienen 1935.
Chamberlain studierte ein Jahr in Berlin und schrieb über diese Zeit: „Treitschke eröffnete mir eine neue Sicht des deutschen Wesens – den engstirnigen, stolzen, intoleranten preußischen Chauvinismus. Predigt man ständig der Jugend eines Landes, sie stünde auf einer höheren Stufe der Schöpfung, wird sie nur zu gerne bereit sein, es zu glauben. Ich fürchte, daß die Deutschen meiner Generation und auch die etwas jüngeren sich auf die Siege der Jahre 1866 und 1870 viel mehr einbilden als jene, die diese Siege erfochten. Hier entsteht eine Weltanschauung, die in Kronprinz Wilhelm einen Befürworter finden wird, dem Idol der Kriegspartei, von dem man sagt, ihn dürste nach Bewährung im Kriege…" Ein Jahr später notierte er: „Treitschke begann seine Vorlesungen mit Ausbrüchen gegen das ‚Perfide Albion', von dem Preußen Ende des 17. Jahrhunderts besiegt worden war."

1908 führte Chamberlain ein längeres Gespräch mit Graf Metternich, dem deutschen Botschafter in London. Metternich: „Warum behandeln Sie uns immer als Feind? Warum stehen Sie der Bagdad-Bahn so feindlich gegenüber? Wir möchten doch dort nur Handel betreiben und wollen niemanden vertreiben! Glauben Sie im Ernst, wir wollten eine Armee mit dieser Bahn zum Persischen Golf schicken?"
Ich gab zu, daß die Bahn keine Gefahr für Indien bedeute. Sollte jedoch das Türkische Reich zerfallen, könnte Deutschland Kleinasien als seinen Anteil fordern. Was wir wirklich befürchteten war, daß die Deutschen ihren Einfluß ausüben würden, um dem britischen Handel zu schaden. Darauf Metternich: „Vor einigen Jahren waren gewisse Kreise der Überzeugung, England wolle Deutschland angreifen. Ich war damals der Einzige, der dies nicht glaubte. Doch heute bin ich mir nicht mehr so sicher. Im Anschluß an den jüngsten Besuch des französischen Präsidenten, feierten englische Medien die Gründung einer gegen Deutschland gerichteten Tripelallianz."
Natürlich stellte Metternich die Lage so dar, als sei der deutsche Wolf fromm und friedlich und werde vom englischen Lamm bedroht. Ich erwiderte: „Well, lieber Graf, vor der Gründung der Entente mit Frankreich, gaben wir Deutschland die Chance, warum ergriff es sie nicht?

Geplanter Streckenverlauf der Bagdadbahn,
ein weiterer Dorn im Auge der Briten

Mein Vater [Joseph Chamberlain, Handels- und Kolonialminister] war damals bereit, die Sache mit Fürst Bülow durchzuziehen. Warum wandte sich dieser von uns ab? Schon Treitschke predigte der deutschen Jugend, daß der Krieg unvermeidlich sei. Wenn der deutsche Geist von einem solchen Glauben erfüllt wird, werden wir an die Bismarcksche Politik der ‚unausweichlichen Konflikte' der Jahre 1866 und 1870 erinnert. Eine Nation, die zweimal mit Fleiß, Ausdauer und außerordentlicher Meisterschaft zum richtigen Zeitpunkt auf diese beiden Konflikte hinarbeitet und beide Male behauptet, nicht sie, sondern ihre Gegner seien die Angreifer gewesen, wäre in der Tat ein höchst gefährlicher Feind, vor allem dann, wenn er ein weiteres Mal den ‚unausweichlichen Krieg' predigt und sich auf einen solchen vorbereitet..."
Chamberlain, Seite 66: „Seit 1909 war ich weniger darum besorgt, daß Deutschland absichtlich einen Krieg auslösen würde, als durch die Tatsache, daß seine Außenpolitik nach Bismarcks Abgang zu den ungeschicktesten in Europa gehörte. Die Entente mit Frankreich entsprach einer formellen Allianz und würde, so dachte ich, dieselbe Funktion ausüben wie die amerikanische Monroe-Doktrin ... Ich war überzeugt, daß die Bekanntgabe dieser Allianz Deutschland davor bewahren würde, unbeabsichtigt in einen Krieg gegen uns zu stolpern und suchte

deshalb [Außenminister] Edward Grey auf, der jedoch darauf bestand, diese geheim zu halten; eine Entscheidung, die er auch in seinen Memoiren begründete..."
In unnachahmlicher, von Cant und Moralin triefender Überheblichkeit hebt Sir Austen Chamberlain nach dem Krieg auf Seite 165 die Tugenden Albions hervor: „Es ist eine feststehende Tatsache, daß Frieden zu allen Zeiten ein britisches Anliegen war – das größte der britischen Anliegen. Weil dies der Fall ist, üben wir zurecht unseren Einfluß aus, den Frieden in der Welt zu erhalten, wobei wir nicht in jedem Fall für diesen garantieren können ... Dies ist ein Prinzip, an das wir von den Zeiten der spanischen Armada bis heute festgehalten haben. Weil unsere Inseln nur vom Ärmelkanal und der Nordssee vom europäischen Kontinent getrennt sind, ist es zu allen Zeiten die heilige Aufgabe jeder britischen Regierung gewesen, dafür zu sorgen, daß die Niederlande niemals von der stärksten Militärmacht beherrscht werden. Dies ist der Grund, warum wir gegen Philipp II., Ludwig XIV. und Napoleon Krieg führten. Es war die Invasion Belgiens, die unseren Eintritt in den Weltkrieg auslöste ... Deutschland – obwohl abgerüstet – stellt heute nach wie vor potentiell die größte militärische Macht auf dem Kontinent dar ... Das Britische Weltreich umfaßt eine gewaltige Fläche unseres Planeten und erweckt immer wieder den Neid anderer Länder ... Nichts könnte gefährlicher sein, als unsere Abkehr von Europa und unser Desinteresse an der Entwicklung auf dem Kontinent..."

Mit achtzehn Jahren studierte Richard Haldane an der Universität Göttingen bei Professor Lotze Metaphysik und Philosophie, danach in London Jura, wurde 1879 „Barrister" (Anwalt) und schloß Freundschaft mit dem etwas älteren Herbert H. Asquith, der 1894 Premierminister werden sollte. 1895 wurde Haldane als Abgeordneter der Liberalen Partei im Parlament aufgenommen.

3) Frederick Maurice: „Haldane"

Dies ist eine der besten Biographien über Sir Richard Haldane (1856-1928), Kriegsminister 1905-12. Der Generalmajor berichtet:
Neben Fragen der neuen Handelszölle fesselte Haldane vor allen Dingen die Neugestaltung des Heeres. Der Burenkrieg hatte gezeigt, daß Vieles nicht in Ordnung war. Kriegsminister Brodrick schlug vor, in Großbritannien ein Heer von sechs Armeekorps aufzustellen. Als man der Sache auf den Grund ging, stellte sich heraus, daß der größere Teil dieses Heeres überhaupt nicht vorhanden war. Weder die ‚Yeomanry' (Territorialstreitkräfte) noch die Miliz besaßen Artillerie und Pioniere.

1903 trat Brodrick zurück. Fortan sollten zwei lang dienende Heere gebildet und ein Generalstab eingerichtet werden. Haldane erschien als der geeignete Mann, diese Neuerungen durchzusetzen. 1905 wurde er zum Kriegsminister ernannt. Da die Wahlen des Jahres 1906 mit einem Sieg der Liberalen Partei endeten, blieb Haldane Kriegsminister und wurde ihm vom neuen Premierminister Campbell-Bannerman der Spitzname „Schopenhauer" verpaßt.

Sir Richard Haldane, britischer Kriegsminister, galt als deutschfreundlich, was ihm 1915 nach einer Pressekampagne das Amt kostete, reformierte die englischen Streitkräfte nach deutschem Vorbild, versuchte im Flottenstreit zu vermitteln

Maurice zitiert Haldane auf Seite 159ff.: „Unsere Beziehungen zu Deutschland waren natürlich heikel ... Man verdächtigte mich, deutschfreundlich zu sein. In Wirklichkeit war alles, was ich wollte, dies: Meine Landsleute erkennen zu lassen, daß der deutsche Charakter ein Problem war, uns vor Fragen ernster Art stellte, und daß die Fähigkeit Deutschlands, nötige Organisationen durchzusetzen, verstanden werden mußte, bevor wir uns selbst verteidigen konnten. Dies war nicht nur auf militärischem Gebiet so. Im Handel und in der Industrie erschien mir die Gefahr nicht geringer zu sein; hier hatte ich besondere Möglichkeiten, mich mit dem Fortschritt der deutschen Entwicklung vertraut zu machen. Was ich von Albert Ballin [deutscher Großreeder, 1857-1918] und von Sir Ernest Cassel [deutsch-englischer Bankier, geb. 1852 in Köln, gestorben 1921 in London, mit enger Beziehung zu König Edward VII.] und von deutschen Großkaufleuten, die ich bei Cassel traf, erfuhr, überzeugte mich, daß die Gefahr auf diesem Gebiet in Wirklichkeit größer war, als die eines Krieges, bei dem wir uns immerhin auf unsere Seemacht hätten verlassen können...

Gegen meine Pläne, erstens eine Truppenmacht mit höchster Schlagkraft ins Feld zu stellen, zweitens diese während der Fortdauer des Krieges in Zahl und Schlagkraft unvermindert zu erhalten, standen die Flottensachverständigen der sogenannten ‚Bluewater' (Hochsee)-Schule, die besagte: Habe England einmal die Herrschaft zur See

verloren, brauche sich kein Feind mehr der Mühe zu unterziehen, in England einzufallen. Andererseits sei keine Landung möglich, solange England die See beherrsche."
Auf den folgenden Seiten bestätigt Haldane die 1904 von Lansdowne mit Frankreich getroffene Vereinbarung, die zur „Entente Cordiale" geführt hatte: Frankreich erhielt freie Hand in Marokko, England in Ägypten. Weil Deutschlands Ansprüche übergangen worden waren, Rußland nach dem verlorenen Krieg gegen Japan nicht mehr handlungsfähig war, befürchteten Franzosen und Engländer einen Überfall Deutschlands auf Frankreich. Daraufhin [Januar 1906] sprach Haldane den Generalstabschef Neville Lyttelton und den Chef für militärische Operationen Grierson an und ermächtigte ihn, sich mit dem französischen Militärattaché in Verbindung zu setzen. So begannen die Heeresbesprechungen, die schließlich in dem 1914 vorliegenden englischen Kriegsplan mündeten ... Sir John Fisher, Erster Seelord, glaubte nicht an die Möglichkeit des ernsthaften Einsatzes eines britischen Expeditionsheeres auf dem europäischen Festland. Sein Plan bestand aus gemeinsamen Angriffen der Flotte und der Landungstruppen gegen die Küsten Schleswig-Holsteins – doch diesen Plan hielten die Franzosen und der englische Generalstab für undurchführbar. Die militärischen Besprechungen wurden zunächst mit Frankreich und Belgien aufgenommen. Grierson schrieb dem englischen Militärattaché in Brüssel: „Sie können dem [belgischen] Stabschef sagen, daß wir bereit sind, im Kriegsfall vier Kavalleriebrigaden, zwei Armeekorps und eine Division Infanterie ins Feld zu stellen. Die Gesamtzahl wird ungefähr 105.000 Mann betragen; wir werden sie zur französischen Küste übersetzen und sie, wenn notwendig, von dort mit der Bahn nach Belgien schikken." Belgien zog sich von diesen Besprechungen bald zurück, denn seine Regierung wollte weder Frankreich noch Deutschland einen Vorwand liefern, ihr einen Bruch der Neutralität vorzuwerfen.

Im August 1906 erhielt Haldane über die deutsche Botschaft die persönliche Einladung des Kaisers, ihn in Berlin zu besuchen. Hier Auszüge seines Berichtes an König Eduard VII.: „Zunächst führte ich Gespräche mit Reichskanzler von Bülow, der versicherte, daß Deutschland mit dem Anwachsen seines Handels eine Vergrößerung seiner Flotte aus seepolizeilichen Gründen wünsche. Es habe weder die Kraft noch den Wunsch, eine Flotte gegen uns zu bauen, wenn man bedenke, welche Anforderungen das große Heer stellt. Am 2. September erhielt ich vom Kaiser eine Einladung zum Mittagessen. Der Kaiser sprach von der Entente mit Frankreich. Er glaube, sie könnte die guten Beziehungen zwischen Frankreich und Deutschland

Giaurdere Viadukt der Bagdadbahn im Taurusgebirge

sogar erleichtern. Er sehne sich nach keinem weiteren Zoll französischen Bodens. Elsaß und Lothringen seien ursprünglich deutsch gewesen. Daß er in Tanger gelandet sei, wo ihn die Engländer und Franzosen begrüßten, sei ganz natürlich gewesen. Er habe keinen Streit gewollt und alles sei die Schuld Delcassés, der einen Zank vom Zaune habe brechen wollen, um England in diesen hineinzuziehen ... Der Kaiser sagte, was er wolle, sei nicht Land, sondern Ausdehnung des Handels ... Ich erwiderte, es gäbe eine Art Wettbewerb, der nicht nur zulässig, sondern nützlich sei: ‚Die Deutschen haben uns um jährlich über 50 Millionen £ im Handel mit Chemikalien bloß durch ihre bessere wissenschaftliche Durchbildung und Organisation überholt...' – ‚Das', sagte der Kaiser, ‚freut mich, denn dieser Wettbewerb besteht zurecht und spricht für mein Volk.' Ich stimmte zu und sagte, daß wir unsererseits die Spitze im Weltschiffbau hielten. Jedes Volk könne vom anderen lernen..."

Maurice auf Seite 223 über den Kaiserbesuch in London: „Im November 1907 besuchte Kaiser Wilhelm König Eduard VII. in Windsor und Haldane nahm an den Besprechungen bezüglich der Bagdadbahn teil. In England wuchs die Besorgnis, daß Deutschland am Persischen Golf einen festen Stützpunkt finden und dann die kürzeste Bahnverbindung nach Indien überwachen könne. Haldane erklärte dem Kaiser, England wünsche ein ‚Tor', um Indien zu schützen. Damit sei die Oberhoheit über die dem Persischen Golf am nächsten gelegene Region gemeint. ‚Ich werde Ihnen das Tor geben', antwortete der Kaiser ... Auf die Frage von Haldane, ob sein Angebot ernst gemeint sei, erhielt er am nächsten Morgen vom Kaiser die Bestätigung, er habe genau das gemeint, ... woraufhin Haldane Außenminister Sir Edward Grey und den stellvertretenden Minister Sir Charles Hardinge sofort in Kenntnis setzte. Abends wurde Haldane vom Kaiser empfangen, der ihm mitteilte, er hätte mit König Eduard bereits über die Bagdadbahn gesprochen ... Haldane: ‚Ich sagte ihm, es gebe noch etwas anderes, was seine Aufmerksamkeit erfordere. Das Verhältnis, in dem wir jetzt zu Rußland und Frankreich stünden, sei so freundschaftlich, daß es unmöglich sei, solche Dinge zu besprechen, ohne sie darüber auf dem laufenden zu halten; es sei wesentlich, daß die Verhandlungen deshalb zu viert statt zu zweit weitergeführt werden.' Der Kaiser sprach sich hierüber in ganz freundschaftlicher Weise, aber mit beträchtlichem Nachdruck aus. Er sagte, er wisse, daß Rußland Gegner des ganzen Plans sei und sofort Schwierigkeiten machen würde. Auch war er überzeugt, daß Frankreich sofort mit Ansprüchen hervortreten werde, die auf eine weitere Anerkennung der französischen Stellung in Marokko hinauslaufen würden, um so eine Gegengabe für die Haltung in der Bagdadbahnfrage zu erhalten ... Es sei zwar für Deutschland sehr schön, die Angelegenheit mit einer Macht, mit der es so gut stehe wie mit England, zu besprechen. Das deutsche Volk werde aber gewiß Einwände gegen Besprechungen mit Frankreich und Rußland erheben. Im Verlauf einer zweiten Besprechung sagte der Kaiser, er verstehe vollkommen die Notwendigkeit für England, bei jedem Schritt mit voller Kenntnis und Zustimmung der französischen und russischen Regierung vorzugehen. [Botschafter] Graf Metternich hatte bei dieser zweiten Unterhaltung allerdings gewarnt, er glaube nicht, daß eine Zusammenkunft der vier Mächte wünschenswert sei. Der Plan gehöre Deutschland und solle nicht auf derartige Weise zur Aussprache gestellt werden ... Am Ende dieser Aussprache war die mißtrauische Haltung Metternichs der Überzeugung gewichen, wir seien berechtigt, mit voller Zustimmung Frankreichs und Rußlands vorgehen zu wollen. Abschließend gratulierte König Eduard: ‚Haldane, Du hast ein riesiges Stück Arbeit für uns geleistet' und auch der Kaiser dankte ihm überströmend ‚für den großen Dienst, der nicht nur mir und meinem Volke, sondern auch Ihrem geleistet worden ist'. Wie so oft zeigte es sich leider, daß Verhandlungen mit dem Kaiser keine feste Grundlage für eine Politik abgaben, denn wenige Wochen später widersprach von Bülow der Einbeziehung Frankreichs und Rußlands in die Verhandlungen über die Bagdadbahn. Das von Haldane veranlaßte Abkommen fiel unter den Tisch."

Unter Premierminister Asquith blieb Haldane Kriegsminister und setzte sich für eine radikale Heeresreform ein. 1909 überboten sich englische Zeitungen mit hysterischen Meldungen von deutschen Luftschiffen, die England nächtlich überflogen, von deutschen Waffenverstecken in Londoner Kellern, von der Gefahr, daß englische Kriegsschiffe während der Flottenparade auf der Themse von der deutschen Kriegsmarine versenkt werden könnten. Im Herbst 1910 versuchte Haldane anläßlich einer Rede die aufgeheizte Stimmung zu entschärfen: „Wir Engländer und Deutschen sind zwei große Völker, denen die Erde zum Handel und Wandel ein weites Feld eröffnet hat. Meine Hoffnung geht dahin, daß wir mit fortschreitender Zeit, in der wir mehr von diesem großen Volk kennenlernen – groß in der Organisationsfähigkeit und an glänzender Wissenschaft und Literatur – daß wir dann mehr und mehr [Anknüpfungspunkte] finden werden. Wir sollten mit Deutschland verbunden sein, um den Fortschritt der Welt zu fördern. Und deshalb, glaube ich, haben wir kein Vorrecht, Deutschland nur deshalb zu kritisieren, weil es eine Flotte nach Gutdünken baut. Es hat Anspruch auf eine große Flotte, denn es hat einen weltweiten Handel. Ebenso wenig ist Deutschland berechtigt, sich zu beschweren, wenn wir unser Heer und unsere Flotte verbessern und danach sehen, daß sie auf sicherer Grundlage ruhen."

Viele solcher Reden wurden später von Haldanes Feinden zur Behauptung mißbraucht, ihn habe seine Hinneigung zu Deutschland blind gegenüber dem Wohl seines Landes gemacht.

1912 wurde Haldane ein weiteres Mal nach Berlin entsandt. Hier sein Bericht: „Am 8. Februar kamen wir an ... Ich besuchte unseren Botschafter, der mein Treffen mit Reichskanzler Bethmann Hollweg vereinbart hatte ... Wir verbrachten eine Stunde in vertrautem Gespräch, das sehr erfolgreich abschloß ... Am nächsten Tag wurde ich zum Mittagessen ins Schloß geladen. Dort traf ich den Kaiser, die Kaiserin und ihre Tochter, den Kanzler, den Kriegs- und den Flottenminister. Das Essen war kurz, und dann führte mich der Kaiser mit Admiral Tirpitz in ein Zimmer. Tirpitz und ich begannen die sehr schwierige Verhandlung. Er ist ein kraftvoller, schwierig zu behandelnder Mensch, ein echter Preuße; er und ich fochten hart. Es herrschte vollkommene Höflichkeit, aber keiner von uns wollte aus seiner Stellung weichen. Nach zwei Stunden Argumentierens und Gegenargumentierens errang ich mit Hilfe des Kaisers ein beträchtliches Zugeständnis. Aber ich sagte, ich könne, wenn ich mich darüber auch freue, nicht versprechen, daß meine Regierung dieses für ausreichend halten werde ... Nach dem Abendessen nahm mich Kanzler Bethmann Hollweg zur Seite. Er war niedergeschlagen, und auch ich war es. Der Kaiser war mir gegenüber entzückend gewesen. Ich bin sicher, daß er den Frieden ganz aufrichtig will; aber er muß mit Gegenkräften in Deutschland rechnen. Meine einzige Erfolgsaussicht bestand darin, sehr entschlossen zu sein. Am folgenden Tag bekam ich vom Kanzler den Wink, daß ich der Sache am besten helfen könne, indem ich in der Flottenfrage unbedingt unnachgiebig bleibe. Der Kanzler und ich setzten uns an einen Tisch und verhandelten die Hauptpunkte eines möglichen Friedensvertrages ... Wir stellten klar, daß ich nur auf der Grundlage unbedingter Treue gegenüber den Beziehungen zu Frankreich und Rußland verhandeln könne und es unser Ziel sei, sie beide einzubeziehen..."

Haldane kehrte mit der Überzeugung heim, daß der Kaiser die Freundschaft mit England wünsche. Aber es bestand Zweifel, ob nicht Tirpitz die wesentlichen Zugeständnisse im deutschen Flottenprogramm verhindern würde. Dies sollte auch geschehen: Es wurde klar, daß der einzige Preis, gegen den man erhebliche Zugeständnisse erhalten könne, die Neutralitätserklärung für den Fall sei, daß Deutschland in einen Krieg verwickelt werde; mit anderen Worten bedeutete dies, daß England Frankreich fallen lassen mußte, und „...das war natürlich unmöglich", so Haldane.

Anfang Juli 1914 empfing dieser den neuen deutschen Botschafter Fürst von Lichnowsky, der ihm mitteilte, in wohlinformierten deutschen Kreisen sei bekannt geworden, daß England mit Rußland einen Flottenvertrag geschlossen hätte, was Grey als puren Unsinn abtat. Am 24. Juli 1914 schlug Grey vor, Großbritannien, Deutschland und Frankreich sollten in Beratungen eintreten mit dem Ziel, im österreichisch-serbischen Streitfall zu vermitteln. Am 28. Juli lehnte Deutschland die Einladung Greys zu einer Konferenz ab und Österreich erklärte Serbien den Krieg. Daraufhin gab Haldane alle Hoffnung auf. Sein abschließendes Urteil: „Der deutsche Generalstab hat die Oberhand gewonnen."

Warum sollen hier nur die Hohen Herren über Krieg und Frieden zu Wort kommen, und nicht auch eine der Hohen Frauen an ihrer Seite?

4) Margot Asquith: „Places and Persons"

Die Countess of Oxford and Asquith (1864-1945), heiratete 1894 Herbert H. Asquith, der 1908-16 als Premierminister amtierte. In ihren Memoiren (1925) über Reisen und Bekanntschaften schrieb sie ihre Bekenntnisse und Eingeständnisse nieder:

„Ich trete keine Reise an, ohne voller Stolz auf mein Land erfüllt zu sein. Wir sind ehrlich und glaubwürdig; wir sind tapfer und mutig, wir sind sauber und kultiviert.

Herbert Henry Asquith (1852-1928), nach einigen Niederlagen während des Krieges (Osteraufstand in Irland, Gallipoli, Schlacht an der Somme) mußte er 1916 als Premierminister gehen und Lloyd George wurde sein Nachfolger

Will man einem Franzosen oder Österreicher schmeicheln, sagen wir ihm, man hätte ihn für einen Engländer gehalten ... Wir Frauen beziehen unseren Modegeschmack aus Paris, die Franzosen und Österreicher beziehen aber ihre Kleidung aus London und ihre Sportleidenschaft von uns. Vielleicht sollten wir uns bemühen, das Benehmen der Österreicher, die Höflichkeit der Araber, die Ausdrucksweise der Franzosen sowie ihr Talent für die Zubereitung von Gemüse nachzuahmen. Doch kenne ich kein einziges Land, das mir nicht das Bekenntnis entlockt hat: ‚Thank God I am English!'"

In den frühen 20er Jahren wird Lady Asquith anläßlich eines Besuchs in Rom von Benito Mussolini empfangen. Sie empört sich über seine Aussage, das Recht auf Freiheit müsse man sich erst erkämpfen: „Dies möge ja in Italien der Fall sein, doch wir Briten betrachten Freiheit als ein Geburtsrecht, das wir aus Gewohnheit und per Gesetz beschützen und erhalten wollen..." [War dies die ehrliche Meinung der Lady Asquith, oder hatte sie die Unfreiheit der 450 Millionen nicht-britischer Untertanen des British Empires ganz einfach vergessen?] Und Mussolini fragte sie ungalanterweise nach den Vorgängen in Irland...

5) Harold Nicolson: „Curzon: the last phase 1919-1925"

Der Autor (1886-1968) hat aus erster Hand ein wahrhaft sensationelles Geständnis über die Geheimpolitik des perfiden Albion abgelegt (deutsch: „Nachkriegsdiplomatie", 1934), denn immerhin war er höchst selbst Abgeordneter im Unterhaus und erlebte als Sohn des Botschafters Arthur Nicolson, der Großbritannien in mehr als einem

Dutzend Staaten vertreten hatte, hautnah das politische Geschehen im Zentrum des British Empire.

Nicolson, Seite 47: „Allzu oft vergißt man, daß das Wort Geheimdiplomatie in der Tat eine sehr gefährliche Form der Beziehungen zwischen souveränen Staaten bezeichnet ... Man vergißt, daß ein Mann von Lord Greys Unantastbarkeit nichts Unrechtes darin sah, die militärischen ‚Gespräche' zwischen dem französischen und dem britischen Generalstab vor dem Kabinett zu verheimlichen oder mit Deutschland über einen Geheimvertrag zwecks Aufteilung der portugiesischen Kolonien zu verhandeln. Man vergißt, daß der genaue Wortlaut und die Wirksamkeit der französisch-russischen Abkommen und Vereinbarungen der Tripel-Allianz jenen Völkern unbekannt blieben, die durch sie dem Krieg ausgeliefert wurden... ‚Es gibt' – so Curzon – ‚zwei Komponenten erfolgreicher Diplomatie. Die eine ist, daß man sich über seine eigenen Absichten im Klaren ist, die andere, daß man sie die Anderen wissen läßt.'"

D.) Pierre Guiral, ein französischer Zeuge

Pierre Guiral in „Clemenceau en son temps" (Clemenceau in seiner Zeit) 1994.
Nach drei Jahren blutigen Gemetzels um Festungen, Stellungen, Schützengräben an der Somme, bei Ypern, Cambrai, Arras, Verdun, steht es schlecht um die Sache der Entente. Frankreich ist kriegsmüde. Aristide Briand und Joseph Caillaux haben Friedensfühler ausgestreckt, Papst Benedikt XV. will einen gerechten und anhaltenden Frieden vermitteln. Am 19. August 1917 empört sich Clemenceau: „Nous ne voulons pas de la paix boche, nous combattons pour une paix de droit humain." (Wir wollen keinen Boche-Frieden, wir kämpfen für einen Frieden des Menschenrechtes). Am 14. November 1917 stürzt das Kabinett Painlevé. Präsident Raymond Poincaré überträgt Georges Clemenceau „la présidence du Conseil" – die Ratspräsi-

Georges Clemenceau (1841-1929), wurde 1917 als 76-jähriger zum zweiten Mal französischer Ministerpräsident und setzte harte Bedingungen gegen Deutschland in den Friedensverhandlungen durch

dentschaft, das Amt des Regierungschefs. Der „Tiger" ist 76 Jahre alt, „il va sauver la France", er wird Frankreich retten...
Clemenceau pflegt beste Beziehungen zu Oberst House, der grauen Eminenz des Präsidenten Wilson, mißtraut aber der engen angelsächsischen „Camaraderie" zwischen Woodrow Wilson und Lloyd George. Nach den Prinzipien seiner Politik befragt, antwortet le Tigre: „On m'a demandé une formule, la voilà: elle est la même partout. Politique intérieure, je fais la guerre! Politique étrangère, je fais la guerre! Je fais toujours la guerre! ... La Russie nous trahit? Je continue à faire la guerre jusqu'au dernier quart d'heure car c'est nous qui aurons le dernier quart d'heure." (Man hat mich nach meiner Formel gefragt, hier ist sie: Sie gilt für alle Bereiche. Innenpolitik? Ich führe Krieg. Außenpolitik? Ich führe Krieg. Ich führe immer Krieg! Rußland fällt von uns ab? Ich führe Krieg bis zur letzten Viertelstunde, weil ich überzeugt bin, daß uns die letzte Viertelstunde gehören wird.)
Und dieser Mann sprach Recht zu Versailles!

E.) Meinungen und Zeugnisse aus russischen Quellen

Erst lange nach dem 2. Weltkrieg sollte sich erweisen, welch verräterische Politik die englisch-französische „Entente cordiale" - die Alliierten des Zaren - hinter seinem Rücken betrieben.

1) Elisabeth Heresch: „Nikolaus II. - Leben und Ende des letzten Zaren"

S.229ff.: „Zum Jahresbeginn 1917 steht es um Rußland schlecht: Rückschläge an allen Fronten, in den Großstädten ruft das hungernde Volk nach Brot, in einigen Großbetrieben wird gestreikt, der Zar regiert vom Hauptquartier in Mogiljow aus und erläßt Durchhaltebefehle. Der 12. März bringt die Entscheidung: Hungerndes Volk und streikende Arbeiter gehen auf die Straße, Soldaten der Eliteregimenter verweigern den Befehl, auf das demonstrierende Volk zu schießen. Zar Nikolaus beschließt am 13. März, in die Hauptstadt zurückzukehren, sein Zug wird aber unterwegs von Aufständischen aufgehalten. Seine engsten Berater, ja sogar höchste Offiziere wenden sich von ihm ab ... In Petersburg hat sich eine provisorische Regierung gebildet. Am 16. März tritt Zar Nikolaus zu Gunsten seines Sohnes zurück. Am 21. März verabschiedet

Zar Nikolaus II. letzter Zar (1894-1917) aus der Romanow-Dynastie

er sich von den letzten Getreuen, wird nach Zarskoje Selo verbracht und dort mit seiner Familie unter Hausarrest gestellt. Anfang April ist die Zeit reif für Lenin. Seine Parteigenossen telegraphieren ihm aus Petrograd: ‚Bitte sofort kommen!' Deutsche Diplomaten in der Schweiz, in Berlin und Schweden sorgen für die reibungslose Durchfahrt des plombierten Zuges, der die ‚crême de la crême' der bolschewistischen Revolution zur finnisch-russischen Grenze befördern wird. Auf Zwischenstation in Malmö klärt Lenin mit Parvus ‚einige organisatorische Fragen', der deutsche Generalstab telegraphiert ans Außenamt: ‚Lenins Eintritt in Rußland geglückt! Er arbeitet völlig nach Wunsch.' In Anerkennung seiner Verdienste im Interesse der deutschen kaiserlichen Regierung erhält Parvus die preußische (!) Staatsbürgerschaft."

Wie treu und hilfsbereit erwiesen sich die früheren Alliierten des Zaren? Die britische Regierung sah es als nicht opportun an, dem Ex-Zaren Asyl zu gewähren. Es wurden Solidaritätsdemonstrationen der englischen Industriearbeiter mit der russischen Arbeiterschaft befürchtet. Der britische Botschafter in Petrograd, Sir George Buchanan, schlug dem Foreign Office vor, für die Aufnahme der Zarenfamilie einzutreten; doch es war der Brief von Francis Bertie, Botschafter des perfiden Albion in Paris, der den Ausschlag gab: „Ich glaube nicht, daß der Exzar und seine Familie hier willkommen wären ... Die Zarin ist nicht nur eine ‚Boche' von Geburt her, sondern auch in ihren Gefühlen. Sie hat alles getan, was sie konnte, um ein Einverständnis mit Deutschland herbeizuführen. Sie gilt als kriminell oder geisteskrank, der Ex-Zar ist kriminell und zugleich schwach, weil er sich dem unterordnet, was sie ihm eingibt."

König Georg V. ließ seinem Cousin Nikolaus durch seinen Sekretär ausrichten, „Ihre Majestät möchte ihren Zweifel zum Ausdruck bringen, ob es – abgesehen von den Gefahren einer langen Reise – ratsam ist, daß die russische Kaiserliche Familie hier ihren Wohnsitz nimmt..."

Die Familie des Zaren in noch glücklicheren Zeiten

Und die USA? Ende April, in einer Rede vor dem Kongreß, war Präsident Wilson regelrecht ins Schwärmen geraten, als er auf „die wundervollen, herzerwärmenden Ereignisse" zu sprechen kam, die „gerade in den letzten paar Wochen in Rußland vor sich gingen und die Autokratie abgeschüttelt haben..."
Nikolaus und seine Familie erfahren am 30.Juli 1917, daß sie am nächsten Tag abreisen würden; doch weder nach England noch nach Frankreich, sondern nach Tobolsk in Sibirien. Dort werden der Zar, die Zarin und ihre Kinder die nächsten Monate unter strengster Bewachung von einem Mordkommando der bolschewistischen „Tscheka" festgehalten. In der Nacht vom 16. auf den 17. Juli 1918 wird die Familie geweckt und in den Keller des Hauses getrieben. Jankel Jurowski, Chef des Mordkommandos: „Wir haben den Auftrag, Sie zu erschießen" und drückt als erster ab; danach schießen auch die anderen, oder greifen zum Bajonett, bis Zar, Zarin, Zarewitsch und seine vier Schwestern in ihrem Blute liegen. Die Weiße Armee hat unterdessen Jekaterinburg eingenommen, der „weiße" General Koltschak setzt Untersuchungsrichter ein, um das Schicksal der Zarenfamilie aufzuklären. Spuren werden gesichert, Fundgegenstände,

eindeutige Identifikationsmerkmale geborgen ... Diese Überreste will Richter Sokolow zu den überlebenden Verwandten der Zarenfamilie nach England senden lassen, doch die prompte Antwort aus London lautet: „Sorry, we cannot..."

Epilog: Was der Zarenfamilie und den Belegen für ihren Tod nicht gewährt wurde – nämlich ein Refugium in England – das wurde ihren Schätzen zuteil: Die kostbarsten Stücke des Juwelenschatzes der Zaren, darunter eine Tiara und ein Collier der Zarin, sind heute zusammen mit anderen Schmuckstücken der Zarenfamilie sowie Erzeugnissen von Fabergé dem britischen Kronjuwelenbestand einverleibt. Die Schwestern des Zaren, Xenia und Olga, waren mit ihrer Mutter in den Westen gelangt und wollten ihre Juwelen versteigern lassen, um ihren Lebensunterhalt zu sichern. König Georg hatte geraten, diese nach London zu bringen, doch noch vor der Versteigerung hatte Queen Mary die Zarinnenkrone und die wertvollsten Colliers für sich selbst ausgewählt. Als gekrönte Vertreterin des perfiden Albion und Anhängerin der englischen Devise „Dieu et mon Droit" versprach sie den Erbinnen der Zarenfamilie, ihnen den Gegenwert auszuzahlen. Xenia und Olga haben jedoch das Geld nie erhalten und starben beide 1960 in ärmsten Verhältnissen.

2) Edward Radsinski: „Nikolaus II. – Der letzte Zar und seine Zeit"

Die Biographie des zeitgenössischen russischen Autors und Dramatikers erschien 1992.
Seite 226: „Nach der Festnahme der Zarenfamilie am 21. März 1917 sprach der britische Botschafter bei der Provisorischen Regierung Rußlands vor, verlangte Maßnahmen zu ihrer Sicherheit und bat sie, die Ausreise der Zarenfamilie nach England zu ermöglichen. Am 23. März wurde ein Übereinkommen erzielt und Botschafter George Buchanan schrieb dem Zaren, ‚...die Regierung Seiner Majestät und der König schätzen sich glücklich, die Zarenfamilie bald bei sich aufnehmen zu können...' Doch inzwischen wurde es Juli und noch immer saß die Zarenfamilie in Zarskoje Selo. Warum wohl? Später wird der englische Premierminister Lloyd George die Provisorische Regierung beschuldigen, sie habe den Widerstand des Petrograder Sowjets nicht überwinden können. Aber es gibt auch eine andere Version: Lloyd George selber war es nämlich, der König George riet, die Einreise der Romanow zu verhindern, um sich bei den Linken in

Die Zarenresidenz Zarskoje Selo (Katharinenpalast) erbaut 1752-1756

England populär zu machen, auch wenn dies seine Verwandten das Leben kosten sollte."

3) Berend Freiherr von Uexküll: „Erinnerungen an Schloß Fickel und die Nachkriegszeit in Berlin und München"

Er (geb. 1879) war Erbe von Schloß Fickel in Estland und schreibt in seinen Memoiren von den Jahren 1919-1920:
„...Sehr bald erschienen englische Kriegsschiffe vor Reval (Tallinn) und gewährten der neu aufzustellenden estnischen Armee und den finnischen Freiwilligen, die sich den angreifenden Bolschewiken entgegenstemmten, wenigstens einen moralischen Rückhalt. Als allerdings später die ‚weiße' russische Armee bis Peterburg vordrang, eröffneten die englischen Kriegsschiffe nicht etwa das Feuer auf die Bolschewisten, sondern auf die antibolschewistischen Truppen und zwangen sie zum Rückzug. Erst durch diesen Verrat ist dem Bolschewismus der endgültige Durchbruch ermöglicht worden..."
Very British, indeed...

F.) Meinungen und Zeugnisse aus belgischen und italienischen Quellen

Wie in vorhergehenden Kapiteln und auf manchen Seiten schon einige Male aufgezeigt wurde, scherte sich Albion nie um Empfindlichkeiten neutraler Staaten und gab keinen Pfifferling auf deren öffentliche Meinung.

1) Albert Jay Nock: „Conspiracy 1914“

Der amerikanische Autor und Journalist (1870-1945) lebte mal in New York, mal in Brüssel, und verfaßte 1919 das Buch über den Bruch der belgischen Neutralität.
Nock, Seite 5.: „Ich glaube, daß der Anteil der deutschen Schuld am Ausbruch des Ersten Weltkrieges viel geringer ist, als jener der gegen Deutschland alliierten Mächte ... Für die Alliierten stand freilich das Gegenteil fest. In seiner Rede am 4. August 1917, dem Tag der Kriegserklärung der Vereinigten Staaten an das Deutsche Reich, donnerte Premierminister Lloyd George: ‚Wofür kämpfen wir eigentlich? Wir kämpfen für die Niederschlagung der größten Verschwörung, die jemals gegen die Freiheit der Nationen angezettelt worden ist. Einer Verschwörung, die in allen Einzelheiten mit Vorsicht, Heimtücke und Geschicklichkeit geplant war.‘ In Versailles wird Lloyd George am 3. März 1921 erklären, worum es den Siegermächte ging: ‚Für die Alliierten besitzt die Frage der Schuld am Kriege eine fundamentale Bedeutung. Um sie dreht sich alles ... Deshalb fordern wir ein für allemal die Klarstellung, daß die Verantwortung Deutschlands für den Krieg eine ‚chose jugée‘ ist (als rechtsverbindliche und geschichtsnotorisch unbezweifelbare Tatsache angesehen wird) ... Dagegen sprechen aber andere Tatsachen; nämlich erstens, daß der britische und der französische Generalstab seit Januar 1906 Geheimgespräche über einen Krieg gegen Deutschland

John Fisher (1841-1920) britischer Sealord und Gegenspieler von Admiral Tirpitz, rüstete die englische Flotte mit schweren Schlachtschiffen aus

führten; zweitens, die britische und französische Admiralität dieselbe Sache besprachen; drittens, der Erste Seelord Admiral Fisher in dieser Zeit zweimal vorschlug, die deutsche Flotte – ohne Kriegserklärung – zu überfallen; viertens, die russische Generalmobilmachung bereits im Frühjahr 1914 unter der Tarnung von ‚Manövern' anlief."

Nock, Seite 64ff.: „Am 18. Februar 1905 meldet der belgische Botschafter in Berlin, Baron Greindl: ‚Die wirklichen Gründe für Englands Haß auf Deutschland, sind der Ausbau der deutschen Handelsflotte, der Erfolg seines Handels und die hohe Qualität seiner Produkte ... Dieser Haß wird andauern, bis England merkt, daß es kein Monopol auf den Welthandel besitzt. Ferner wird dieser Haß von der ‚Times' und einer ganzen Reihe anderer Zeitungen verbreitet.

Am 27. Oktober 1905 berichtet Greindl: ‚Viele Deutsche sind überzeugt, daß England – britischer Tradition gemäß – daran arbeitet, einen Kontinentalkrieg gegen Deutschland zu provozieren, dem es sich nicht anschließen würde, dessen Profit es aber einstreichen möchte...'
Am 18. März 1907 schreibt der belgische Botschafter Lalaing aus London, Englands diplomatische Bemühungen richteten sich ausschließlich danach, Deutschland zu isolieren. Am 19. Juni bestätigt er, mit dem Abschluß des französisch-englisch-spanischen Vertrages über die Zusammenarbeit im Mittelmeer sei es der Entente gelungen, Deutschland weiter einzuschnüren..."
Baron Greindl meldet am 6. Dezember aus Berlin: „Die Entente Cordiale wurde nicht mit der Absicht gegründet, gemeinsame Interessen zu vertreten, sondern aus Haß gegen das Deutsche Reich..."
„Nach Ausbruch der Russischen Revolution, gelangten die meisten Archive zaristischer Ämter und Behörden in die Hände der Bolschewisten, die Anfang der 20er Jahre einen Teil davon veröffentlichten. Obwohl unzählige derart aufgedeckter Protokolle und Dokumente die abgeschlossenen Geheimverträge zwischen den Mächten England, Frankreich und Rußland belegten, bestritten und dementierten die noch lebenden britischen und französischen Zeitzeugen bis zuletzt das Bestehen militärischer Geheimabkommen."

2) Francesco Nitti: „Die Tragödie Europas – und Amerika?"

Nitti (1868-1953) war Italiens Ministerpräsident von Juni 1919 bis Juni 1920 und einer der heftigsten Kritiker des Versailler Vertrages.

Böse Zungen behaupten, die Italiener würden nie an der Seite jener Alliierten den Krieg beenden, an deren Seite sie ihn begannen. Sowohl im Ersten als auch Zweiten Weltkrieg wechselten sie so rechtzeitig die Seiten, daß sie beide Male als Sieger dastanden.

Nitti schrieb 1924: „Der 10. Januar 1920 war für mich ein Tag großer Trauer: Ich mußte in Paris, wie auch Clemenceau, Lloyd George und der Japaner Matsui, die Bestätigungsurkunde des Vertrags von Versailles unterschreiben. Die Vereinigten Staaten von Amerika waren nicht vertreten. Der Protokollführer William Martin führte die zwei Vertreter Deutschlands, von Lersner und von Simson herein. Clemenceau erklärte, dieser Text entspreche dem ihnen am 2. November 1919 zugestellten Protokoll und lud sie ein, zu unterschreiben. Dies geschah im Uhrensaal, wo eine Menge Staatsmänner, unter ihnen Clemenceau, Lloyd George, der Belgier Hymans, der Grieche Venizelos, der Serbe Paschitsch, der Japaner Matsui, meine Wenigkeit sowie zahlreiche Journalisten und Neugierige versammelt waren, die erleben wollten, wie die deutschen Vertreter gefaßt und mit bitterem Schmerz das Dokument unterschrieben. Daraufhin erklärte Clemenceau: ‚Von diesem Augenblick an tritt der Vertrag in Kraft und muß mit allen Klauseln erfüllt werden.' Draußen jubelte das Volk und glaubte, Deutschland werde das Joch der Sklaverei auf sich nehmen und zugleich alle Mittel aufwenden, um die Kriegskosten der Alliierten zu decken und die Sieger zu bereichern ... Als ich im Juni 1919 die Leitung der italienischen Regierung übernahm, mußte ich als erste Handlung den fluchwürdigen Vertrag von Versailles unterschreiben, den ich als den Ruin Europas betrachtete. Umsonst hatte ich Giorgio S. Sonnino (Außenminister seit 1914) gebeten, dies für mich zu tun...
Als ich aus der Regierung austrat, hatte sich in mir eine Gewissenskrise abgezeichnet, die mich tief beunruhigte. Einige andere Staatsmänner, die am Versailler Vertrag mitgearbeitet und sich vom Betrug umgarnen ließen, erlitten nach mir ähnliche geistige Krisen, so zum Beispiel der amerikanische Außenminister R. Lansing, der seine schmerzliche Enttäuschung offen aussprach: ‚Dieser Krieg' schrieb Lansing ‚ist von Amerika geführt worden, um die Zustände zu beseitigen, die ihn hervorgerufen hatten, aber diese Zustände sind nicht beseitigt, sie sind vielmehr durch andere ersetzt worden, die nicht weniger von Eifersucht, Haß und Mißtrauen diktiert sind. Die Sieger wollen ihre verschiedenartigen Begierden auf Kosten der Besiegten befriedigen und ordnen das Interesse der Menschheit ihrem eigenen unter ... Die Sieger haben zur Wahrung ihrer Interessen einen sogenannten ‚Völkerbund' geschaffen, der nichts anderes ist als ein Spielball jeder Gier, jeder

Intrige und noch dazu berufen ist, all das als gerecht zu erklären, was ungerecht ist.'

Zur Vermehrung meiner Trauer im Januar 1920 trugen die Konferenzen bei, in denen an Deutschland die Forderung gestellt wurde, Tausende Offiziere auszuliefern und von Holland gefordert wurde, den deutschen Kaiser zwecks Aburteilung als Kriegsverbrecher aus ihrem Land zu jagen. Ich widersetzte mich diesen zwei Forderungen mit aller Energie, denn wie konnte man gegen den deutschen Kaiser prozessieren, wenn wir, seine Feinde, auch seine Richter sein sollten und der Versailler Vertrag das ganze deutsche Volk für schuldig erklärte und ihm die härtesten Bußen auferlegte? Hatte man doch beabsichtigt, den Kaiser auf die Insel Curacao zu verbannen ... Was wäre 1815 und 1870 aus Frankreich geworden, wenn die Deutschen sich so verhalten hätten, wie die Franzosen heute gegenüber Deutschland?"

Es wäre interessant zu erfahren, was Nitti 1946 zum Nürnberger Kriegsverbrecherprozeß zu sagen gehabt hätte...

G.) Meinungen und Zeugnisse aus „neutralen" amerikanischen Quellen

Zum ersten Mal seit der vom US-Präsidenten James Monroe (1817-25) erlassenen und nach ihm benannten Doktrin zur Nichteinmischung europäischer Staaten auf dem amerikanischen Kontinent, beschloß 1917 eine US-Regierung, sich ihrerseits in europäische Angelegenheiten finanziell und militärisch einzumischen. Schon längst hatte sich in europäischen Salons, auf jedem diplomatischen Parkett und bei vornehmen Empfängen herumgesprochen, daß die gelegentlich auf Europa-Tournee aufkreuzenden vorlauten, neureichen, unkultivierten Uncle Sams vor Selbstüberschätzung, Arroganz, Unkenntnis von Geographie, historischen Zusammenhängen, politischen Entwicklungen der europäischen Kulturstaaten strotzten, sich aber um so lauter und eindringlicher über ihre in Europa verbliebenen Vorfahren abfällig und besserwisserisch äußerten. Und tatsächlich würden sie – dank gewisser Banken an der Wall Street – sehr bald und weltweit ihr Erbe antreten.

Hier zwei Leuchten amerikanischer „Diplomatie":

1) Burton J. Hendrick „The Life and Correspondence of Walter Hines Page"

Hendrick war 1913-18 amerikanischer Botschafter in London und betrieb beharrlich den Kriegseintritt der USA gegen Deutschland. Sein Buch erschien 1923.
Geboren 1855 in North Carolina, wurde Walter H. Page nach Abschluß des Studiums Journalist und setzte sich im Wahlkampf des Jahres 1912 für den demokratischen Präsidentschaftskandidaten Woodrow Wilson ein, der die Wahl - dank Unterstützung durch die Hochfinanz an der Wall Street - auch überlegen gewann. Schon 1913 wurde Page von Präsident Wilson - auf Anraten seines engen Beraters Colonel House - als Botschafter nach London entsandt, dem wichtigsten diplomatischen Posten, den die USA damals zu vergeben hatten. Von dem sich abzeichnenden Verfall des British Empire überrascht, dem unaufhaltbaren Aufstieg Amerikas überzeugt, berichtet Page dem Präsidenten, die Engländer gingen daran, ihr letztes Kapital, das sie zur Aufrechterhaltung ihrer Weltmachtstellung benötigten, zu verschleudern. „Wie werden wir die Welt regieren, wenn diese uns in Bälde rechtens zufällt " fragt Page den Präsidenten. „Wir befinden uns inmitten des Wettstreits um den Sieg im ‚Great Game' um die Weltherrschaft. Die Engländer und ihr gesamtes englisches Universum würden längst uns gehören, wenn wir es nur gewollt und die Courtoisie gehabt hätten, sie samt ihrer Flotte und ihrem Handel zu übernehmen ... Warum schrecken wir vor einigen irischen Narren und deutschen Großmäulern zurück? Noch eine kleine Anstrengung, und wir werden die Zukunft der Welt bestimmen."
Page ist überzeugt, daß nur ein Abkommen zwischen England, Deutschland und den USA zur weltweiten Abrüstung und deshalb zum Frieden in der Welt führen könnte, doch sei es gerade Deutschland, das sich einer freundlichen Annäherung entziehe und jede bindende Vereinbarung ablehne.

Hendrick, Seite 293: „Am 2. August 1914 notiert Botschafter Page: ‚Gestern überreichte der deutsche Botschafter in St. Petersburg die Kriegserklärung Deutschlands an Rußland ... Deutschland ist überzeugt, den Sieg zu erringen. Es verdient, von Frankreich, Rußland und England tüchtig verprügelt zu werden...'"
Nach Kriegsausbruch wird Page von Präsident Wilson und Außenminister Bryan mehrmals aufgefordert, die in seinen Berichten offen gezeigte Parteinahme für England und Feindseligkeit gegenüber Deutschland zu unterlassen: Die USA seien neutral, ihre Regierung und diplomati-

schen Vertretungen deshalb gehalten, absolute Neutralität zu wahren. Ein Befehl, den Page bis zu seiner Abberufung strikt ignoriert.
Er zeigt sich von der Politik Washingtons sehr beunruhigt, einen vorzeitigen Frieden vermitteln zu wollen. Er ist überzeugt, Wilson habe nicht klar erkannt, daß Deutschland nicht am Frieden, sondern an einer Waffenruhe interessiert sei, um Zeit zur Stärkung des preußischen Absolutismus zu gewinnen. Außenminister Bryan sei ein ausgemachter Pazifist.

Hendrick, Seite 433ff.: „Am 25. Juni 1915 schreibt Colonel Edward House: ‚Mein lieber Page, Präsident Wilson hat soeben Lansing zum Außenminister ernannt ... Ich hätte es lieber gesehen, wenn er Sie zum Chef des Außenministeriums erwählt hätte. Dies hätte die Umsetzung unserer gemeinsamen Absichten erleichtert...‘
Page am 29. Mai 1916 in einem Brief an den Verleger Frank Doubleday: ‚...nach zwei Jahren Aufenthalt (in London) gewann ich die Überzeugung, ... daß nur die Engländer über einen hervorragenden Charakter verfügen ... Auf dem Kontinent verdienen nur Franzosen eine Erwähnung, ebenso die Schweizer, Schweden und Holländer. Die übrigen Völker sind überhaupt nichts wert, sie sind verfault... In allen Belangen des menschlichen Fortschritts sind wir den Europäern um tausend Jahre voraus ... Seit einem Jahr bin ich der Überzeugung, daß wir in den Krieg eintreten sollten, um seine Dauer abzukürzen, die Kreditwürdigkeit Deutschlands zu untergraben und es dadurch zu zwingen, sich zu unterwerfen. Dies wäre auch das geeignete Mittel, um der ganzen Welt unseren Nationalcharakter und das amerikanische Wesen vorzuführen...“

Seite 634: „Früh am Morgen des 16. Januar 1917 erreichte die amerikanische Botschaft in London ein chiffriertes Telegramm aus Washington, das den Text einer Rede enthielt, in der Wilson einige Tage später ein Vermittlungsangebot für einen ‚Frieden ohne Sieger‘ unterbreiten wollte. Woraufhin Page sich erlaubt, dem Präsidenten folgende Vorhaltungen machen zu dürfen: ‚Der Präsident glaubt, den Frieden herbeiführen zu können. Er versteht überhaupt nicht (und wenn er’s versteht, dann um so schlimmer für ihn), daß Großbritannien und Frankreich keinen ‚Frieden ohne Sieg‘ abschließen können, ohne Gefahr zu laufen, Vasallen Deutschlands zu werden. Der Präsident kennt nicht die Deutschen, er wird unbewußt von ihnen beeinflußt. Weil er in seiner Rede beide Kontrahenten auf die gleiche Stufe stellt, wird er England damit tief verletzen...‘“ Bald darauf wird Page von seinem Posten abberufen.

Das erfolgreichste U-Boot U 9 versenkte in einer Stunde 3 britische Kreuzer unter Kapitänleutnant Weddigen

Im März 1917 informiert Außenminister Balfour, auf Besuch in Washington, Präsident Wilson vom Inhalt der Geheimabkommen zwischen den europäischen Alliierten. Am wichtigsten erweist sich Balfours Offenlegung der fast hoffnungslosen finanziellen Lage, in der sich die europäischen Alliierten befinden. US-Finanzminister McAdoo fordert Balfour auf, alle Zahlen offenzulegen und abzuschätzen, wie lange der Krieg noch dauern würde. Es wird eine Arbeitsgruppe gebildet, an der Botschafter Page, US-Admiral Sims, Admiral Jellicoe von der Royal Navy teilnehmen. Es erweist sich, daß Großbritanniens Lebensmittelreserven nur noch sechs Wochen reichen würden, daß die deutschen U-Boote mehr britische Schiffe versenken als nachgeliefert werden können und England nur dann den Krieg gewinnen würde, wenn es den USA gelänge, diese Katastrophe abzuwenden. Folglich erklären die USA am 6. April 1917 dem Deutschen Kaiserreich den Krieg. Hier das abschließende Urteil Wilsons: „Botschafter Page war ein richtiger Engländer geworden. Ich sah mich gezwungen, starke Abstriche von all dem vorzunehmen, was er aus Großbritannien berichtete."

2) James W. Gerard: „My four years in Germany"

Gerard (1867-1951), US-Botschafter in Berlin 1913-17, macht schon im Vorwort zu seinen 1918 noch vor Ende des Krieges beendeten Memoiren (erschienen 1919) kein Hehl aus dem tiefen Haß, den er gegenüber Deutschland und den Deutschen empfindet. Auf keiner einzigen der 393 Seiten seiner Memoiren erweist sich Gerard als Botschafter eines Staates, der sich der Neutralität verschrieben hat, sondern geifert und lügt über Deutschland, daß die Liberty-Statue errötet und sich sie „Golden Gate"-Brücke biegt. Am Ende seiner Memoiren (siehe unten) wird Gerard ein leuchtendes Beispiel amerikanischen Cants abliefern, das ihn englischen Meistern dieses Faches ebenbürtig zeigt.

Auf Seite 9 flunkert Gerard: „Ich muß meinem Volke [1918] sagen, daß die Kriegs- und Seemacht des Deutschen Reiches ungebrochen ist, daß von zwölf Millionen Mann, die der Kaiser unter die Fahnen gerufen hat, erst eine 1,5 Million gefallen, eine halbe Million kampfunfähig und eine weitere halbe Million kriegsgefangen sind, sodaß jederzeit noch rund neun Millionen tatsächlich unter den Waffen stehen. Die deutsche Flotte hat keine großen Verluste erlitten. Es soll keiner glauben, Deutschland werde durch Aushungerung zusammenbrechen ... Wir sind in einen Krieg verwickelt gegen die größte Militärmacht, die die Welt jemals gesehen hat, ... und als Entgelt des Krieges winken den Deutschen unermeßliche Reichtümer und die Weltherrschaft ... Wir führen einen Krieg gegen eine Nation, deren Dichter und Denker, Pädagogen und Pastoren sich vereint haben, um sie in eine Weißglut von Haß, erst gegen Rußland, dann gegen England, und jetzt gegen Amerika zu versetzen ... Wir führen Krieg, weil wir dazu gezwungen wurden, weil Deutschland nicht nur unsere Bürger [die als Passagiere auf britischen Schiffen fahren] auf hoher See ermordete, sondern unser Land mit Spionen füllte und unser Volk zum Bürgerkrieg aufzuhetzen suchte ... Nur weil ich glaube, unser Volk unterrichten zu müssen, willigte ich ein, dies Buch zu schreiben, auf daß wir diesen Kampf für uns, für die Sache der Demokratie und des Weltfriedens gewinnen..." [Amen!]

Gerard erteilt seinen Lesern Unterricht in deutscher Geschichte: „Zu allen Zeiten drängte ein blinder Trieb die Bewohner der ungastlichen Ebenen Norddeutschlands zu Krieg und Eroberung. Die Zimbern und Teutonen, Ariovist, die Goten und Westgoten, Franken und Sachsen, sie alle sind aus diesem unfruchtbaren Gebiete hervorgeströmt zur Eroberung fremder Länder. Die heutigen Deutschen drücken dieses Sehnen der Norddeutschen nach freundlicheren Klimazonen mit dem Satz aus, sie beanspruchten ‚einen Platz an der Sonne'. Der preußische Adel ist immer für den Krieg. Geschäftsleute, Industrielle und Reeder wünschen sich einen größeren Lebensraum, der Ihrem Tätigkeitsdrang entspreche, denn die deutschen Kolonien seien für Europäer unbewohnbar ... Im Winter 1913 versicherte Kronprinz Wilhelm [1885-1951] einer meiner amerikanischen Bekannten, er hoffe, es käme zum Krieg solange sein Vater noch lebe; wenn aber nicht, so werde er den Krieg eröffnen, sobald er auf den Thron gelangt sei. Bei einer früheren Gelegenheit hatte er unserer Bekannten gesagt, sein Plan bestehe darin, Frankreich anzugreifen und zu erobern, dann England, Rußland, und danach die Vereinigten Staaten von Amerika; Deutschland würde dann die Welt beherrschen."

Gerard, Seite 121ff.: „Als am 29. Juli 1914 die deutsche Kriegshysterie ihren Siedepunkt erreichte, führte ich Gespräche mit Baron Beyens, dem Gesandten Belgiens, mit Jules Cambon, dem Botschafter Frankreichs und mit dem englischen Botschafter Edward Goschen. Sie sähen keine Hoffnung mehr, den Krieg zu vermeiden, es sei denn, die USA wären zu einer diplomatischen Intervention bereit. Am Morgen des 31. Juli kabelte ich dem State Department, der Krieg in Europa sei unvermeidlich. Auf eigene Verantwortung schickte ich dem deutschen Reichskanzler folgenden Brief: ‚Exzellenz! Kann denn mein Land nichts tun, kann ich nichts tun, um diesen grausamen Krieg aufzuhalten? Ich bin mir sicher, daß der Präsident jeden meiner Schritte im Sinne des Friedens billigen würde. Immer der Ihre, James W. Gerard.' Auf diesen Brief erhielt ich nie eine Antwort. Am 1. August wurde der Mobilmachungsbefehl erteilt und von Deutschland der Krieg an Rußland erklärt... Jede Nacht paradierten große Volksmengen auf den Straßen Berlins und verlangten den Krieg."

Seite128ff.: „Am 4. August stieß ich auf eine große Menschenansammlung vor der britischen Botschaft an der Wilhelmstraße. Die Menge warf Steine und zertrümmerte sämtliche Fenster ... Etwas später kam ich Unter den Linden vorbei, wo sich eine große Menge vor dem Hotel Adlon gestaut hatte, wo noch einige britische Zeitungskorrespondenten auf ihren Abtransport warteten. Ich fuhr langsam durch die Menge, nur bestürmt vom besonderen Zischwort, dessen sich die Deutschen bedienen, wenn sie besonders aufgebracht sind und ihre äußerste Verachtung ausdrücken wollen. Dieses Wort ist ‚Pfui' und übt eine seltsame Wirkung aus, wenn es aus Tausenden teutonischen Kehlen gezischt wird...

Am 19. März 1915 kamen Oberst House und seine Frau auf Besuch und blieben bis zum 28. in Berlin. Während dieser Zeit kam House mit den wichtigsten Mitgliedern der deutschen Regierung zusammen und führte auch Gespräche mit Herrn von Gwinner, Direktor der Deutschen Bank und Dr. Walter Rathenau von der AEG ... Ein letztes Mal kam House Ende 1916 auf drei Tage nach Berlin, wo Staatssekretär Arthur Zimmermann der Bereitschaft Deutschlands Ausdruck gab, es mit den Vereinigten Staaten auf den Krieg ankommen zu lassen. Derselbe Zimmermann übrigens, der im Januar 1917 die berüchtigte Zimmermann-

Depesche über eine angeblich geplante deutsch-mexikanische Allianz gegen die USA gekabelt hatte..."

Am 28. April 1916 wurde Gerard eingeladen, Kaiser Wilhelm im Großen Hauptquartier in Charleville in den Ardennen zu besuchen. Anwesend waren Reichskanzler von Bethmann Hollweg, Herren des Außenministeriums sowie Finanz- und Wirtschaftsminister Helfferich. Dort wurde er gefragt, was Amerika tun könne, den Fall gesetzt, es würde den verschärften U-Bootkrieg mit der Kriegserklärung an Deutschland beantworten. Er antwortete, nahezu alle großen in diesem Krieg verwendeten Erfindungen seien von Amerikanern gemacht worden; selbst das U-Boot, das so viel von sich reden mache, sei eine amerikanische Erfindung, wie auch das Flugzeug, der Stacheldraht, das Telephon und der Telegraph. Er sei überzeugt, daß Amerika, wenn es zum Kriege gezwungen würde, irgendetwas Neues erfinden würde, das im Krieg die Entscheidung herbeiführen werde.
[Ob Gerard mit „entscheidender Erfindung" nicht schon auf das Perpetuum Mobile der Dollardruckerpresse bei der Federal Reserve hinweisen wollte?]

Gerard, Seite 328: „Am Nachmittag des 31. Januar 1917 erhielt ich von Zimmermann einen kurzen Brief mit der Einladung, ihn um 18 Uhr im Außenministerium aufzusuchen. Dort las er mir auf Deutsch eine Note der kaiserlichen Regierung vor, welche die Schaffung von Kriegszonen um Großbritannien und Frankreich ankündete und den Beginn des uneingeschränkten U-Bootkrieges auf die kommende Mitternacht anzeigte ... Die Note wurde übersetzt und in aller Eile nach Washington gemeldet ... Zimmermann hatte mir bei der Überreichung der Note erklärt, dieser U-Bootkrieg sei für Deutschland eine bittere Notwendigkeit, wegen der Lebensmittelknappheit würde es den Krieg kein ganzes Jahr mehr aushalten. Er sagte noch: ‚Wenn Sie uns nur zwei Monate dieser Seekriegführung zugestehen, werden wir innerhalb drei Monaten den Sieg erringen und Frieden schließen.'
Samstag den 3. Februar 1917 verkündete der Präsident dem Kongreß den Abbruch der diplomatischen Beziehungen mit Deutschland. Die Nachricht gelangte erst am nächsten Tag nach Berlin. An jenem Abend dinierte ich mit Zimmermann, der überzeugt war: ‚Sie werden sehen, es wird alles gut ablaufen. Amerika wird nichts tun, Präsident Wilson will Frieden und weiter nichts. Es bleibt alles wie zuvor. Ich habe es eingerichtet, daß Sie nächste Woche in das Große Hauptquartier reisen und den Kaiser sehen, dann wird alles gut.' Tags darauf, nachdem die amtliche Depesche aus Washington über den Abbruch der

diplomatischen Beziehungen mit Deutschland eingetroffen war, suchte ich Zimmermann auf, um meine Pässe zu fordern. Meine sämtlichen Beobachtungen sprechen dafür, daß ihm, sowie auch den anderen Mitgliedern der Regierung, der Abbruch der Beziehungen ein völlig unerwarteter Schlag war; anderseits kann man sich fragen, wie gescheite Leute nur auf den Gedanken kommen konnten, die Vereinigten Staaten seien so tief gesunken, daß sie ohne zu reagieren diesen Faustschlag ins Angesicht einstecken würden."

Hier die Prognose des deutschfeindlichen Botschafters Gerard über die Zukunft seines Gastlandes: „Die Schwierigkeit, mit dem gegenwärtigen Deutschland Frieden zu schließen besteht darin, daß alle Welt fühlt, ein mit der gegenwärtigen deutschen Regierung geschlossener Friede könne nicht von langer Dauer sein; ein solcher Friede würde die Abkehr einiger Mitglieder des gegenwärtigen gegen Deutschland gerichteten Weltbundes bedeuten, während Deutschland auf Grund seiner in diesem Krieg erwachten Bedürfnisse nach neuen Eroberungen einen neuen Krieg vorbereiten würde, in dem keine Marne-Schlacht mehr der deutscher Angriffslust entgegentreten könnte. Sollte es jedoch zu einer vernünftigen Anpassung und pazifistischen Umorientierung Deutschlands kommen, so würden Theodor Wolff (‚Berliner Tageblatt') und sein Schwiegervater Mosse ein großes Verdienst daran haben. Es tut mir aufrichtig leid um Georg Bernhard, den begabten Herausgeber der ‚Vossischen Zeitung', der – ein Liberaler und Jude – die Livrée des Junkertums tragen muß, vor der ihn gewiß selbst ekelt..."

Gerard zum Abschluß seiner Memoiren: „Als ich nach zweieinhalbjährigem Aufenthalt im Mittelpunkt des Weltunglücks nach Amerika zurückkam, wie schien mir da alles so klein ... Frei von anstrengendem ablenkendem Tagewerk, fühlte ich zum ersten Mal so ganz das entsetzliche zwecklose Elend, das diese preußischen Militärautokraten über die Welt gebracht hatten; sah ich im Geist, was in Deutschland geschehen wird, wenn das einfache Volk zur Wahrheit erwacht und erfährt, aus welch niedrigen Beweggründen seine Herrscher eine ganze Generation der Menschheit in Krieg und Tod gehetzt hatten. Ist es nicht eine Schande, daß die Welt solches zu erleiden hatte, daß friedliche Menschen zur Winterszeit im Kot liegen mußten, unter dem Geschoßhagel den Augenblick abwartend, wo sie andere ebenso friedliche Menschen ermorden konnten? Warum mußte das polnische Volk Hungers sterben ... warum das Volk Belgiens und Nordfrankreichs – dem heimischen Boden entrissen – als Sklaven für die Deutschen arbeiten? Warum zehn Millionen Seelen unschuldig geschlachteter Menschen, wo wir doch meinten, daß Liebe und Freundschaft und Gemeinsinn herrsche, Geist und Wissenschaft, Religion und Zivilisation? Das alles mußte geschehen, weil über den dunklen, kalten Ebenen Deutschlands eine Autokratie herrschte, die ein großes Volk betrog, sein Gemüt vergiftete und predigte, dieser Krieg sei gerecht und notwendig. Doch dann kam Joffre, ein neuer Karl Martell, der die eindringenden Barbarenhorden zurückschlug! ... Einen deutschen Frieden sollte es nicht geben ... Zum Glück stand Amerika auf dem Plan. Amerika, geführt von einem kampfesmutigen Präsidenten, der mit jener entmenschlichten Gewaltherrschaft niemals verhandeln würde."

3) Justus D. Doenecke: „Nothing Less Than War – A New History of America's Entry into World War I"

Das Buch des Professors am New College of Florida erschien 2011. Die ersten vier Worte des Buchtitels sind der Anweisung entnommen, die Präsident Wilson am 2. April 1917 dem Kongreß erteilte: „I advise that the Congress declare the recent course of the Imperial German Government to be in fact nothing less than war against the Government and people of the United States." (Ich weise den Kongreß an, die Erklärung abzugeben, daß der jüngst eingeschlagene Kurs der Kaiserlich Deutschen Regierung nicht anders gedeutet werden kann als Krieg gegen die Regierung und das Volk der Vereinigten Staaten).

Schon Jahre bevor Wilson – seine Mutter war Engländerin – in das Weiße Haus einzog, sei er überzeugt gewesen, die Vereinigten Staaten seien gegründet worden, um der Menschheit als Vorbild zu dienen und allen Menschen Freiheit zu gewähren. Dank guten Beispiels, könne Amerika einer zurückgebliebenen Welt als Vorbild für Unabhängigkeit, fortschrittliche Gesetzgebung und milde Gerichtsbarkeit dienen. In seiner ersten Rede als Präsident zum Nationalfeiertag „Fourth of July" verkündete er, Amerika hätte die Fackel, die allen Generationen voranleuchteten und die Schritte der Menschheit auf dem Pfad des Friedens und der Gerechtigkeit leiten würden, stets hoch gehalten. 1904 beschwor der spätere Präsident, das Volk der Angelsachsen sei angetreten, um die Welt umzuformen; es wäre eine Schande, wenn ihm dies nicht gelänge. „Es ist unsere Bestimmung, unser Land auszudehnen ... Mögen sich andere Völker hüten, uns in die Quere zu kommen." In seiner Antrittsrede sprach Wilson keine internationalen Themen an, sondern konzentrierte sich auf sein Wirtschaftsprogramm, dem er den Namen „New Freedom" gegeben hatte, das unter anderem die

Kontrolle und Erschaffung der amerikanischen Dollarwährung aus dem Nichts, an ein privates – Federal Reserve genanntes Bankenkonsortium – vorsah.
Mehrere Jahre lang war Colonel (Oberst) Mandell House engster Berater Wilsons und genoß sein vollstes Vertrauen. Ihm verdankten Außenminister Robert Lansing, Landwirtschaftsminister David Houston, Innenminister Franklin Lane, Botschafter in London Walter Page ihre Ernennungen. Lediglich Miss Edith Bolling Galt, die Wilsons Ehefrau werden sollte, könne House das Wasser reichen. Von Kriegsbeginn an hätte House die Sache der Alliierten – mit Ausnahme Rußlands – gefördert und beschlossen, Amerika in den Krieg zu verwickeln. Um dieses Ziel zu erreichen, hätte er eine zunehmend gefährliche und destruktive Rolle gespielt. Als House im Auftrag Wilsons im Februar 1916 Verhandlungen mit Spitzen der französischen und britischen Regierungen führte, ignorierte er Wilsons Instruktionen, Friedensbedingungen zu besprechen, sondern tat das Gegenteil indem er versuchte, Amerika in den Krieg zu manövrieren ... Auch [US-Außenminister] Lansing tat sein bestes, um die USA vor 1917 in den Krieg zu hetzen. Zwei weitere wichtige Staatsdiener hätten sich als höchst unzuverlässig erwiesen: Walter H. Page, US-Botschafter in London, der sich englischer als ein Engländer aufführte, ferner James W. Gerard, US-Botschafter in Berlin, der sich als völlig überfordert und ungeeignet für diesen wichtigen Posten erwies.

Doenecke, Seite 27ff: „Am 2. August 1914 hatte der deutsche Botschafter in Brüssel dem belgischen Minister eine Note überreicht, wonach zuverlässige Nachrichten vorlägen, daß französische Truppen durch das belgische Tal der Maas Deutschland angreifen wollten. Es sei deshalb aus Notwehr gezwungen, in Belgien einzurücken, um den Franzosen zuvorzukommen. Deutschland werde seine Truppen nach dem Krieg zurückziehen und für allfällige Schäden Wiedergutmachung leisten. Sollte Belgien Widerstand leisten, würde es von Deutschland als Feind behandelt werden. Die Antwort müsse nach spätestens zwölf Stunden erfolgen ... Am 4. August marschieren die Deutschen in Belgien ein. Zur Verteidigung dieser Entscheidung erklärt Reichskanzler Bethmann Hollweg vor dem Reichstag: ‚Notwendigkeit kennt kein Gesetz!' und teilt Francis Bertie, dem britischen Botschafter in Berlin mit, ‚...die belgische Neutralitätsgarantie sei ja nur ein Fetzen Papier'. Am selben Tag erklärt England Deutschland den Krieg."

Schon im Herbst 1914 waren sich die Entscheidungsträger in den USA einig, daß die kriegführenden Staaten von amerikanischen Krediten

Der Untergang der „Lusitania". Nach einem Torpedotreffer und einer zweiten Explosion wegen der geladenen Munition versank der Luxusliner innerhalb von 15 Minuten und riß 1200 Menschen in den Tod. Starke internationale Proteste führten zur Einstellung des uneingeschränkten U-Boot-Krieges

abhängig sein würden. Kämen sie nicht zu Hilfe, würden Kanada, Australien, Mexiko, Argentinien einspringen und das große Geschäft machen. In Kenntnis der an der Wall Street und folglich auch im Weißen Haus herrschenden Umstände, übertrug England dem Wall Street Financier J.P.Morgan das alleinige Recht, im Auftrag der britischen Regierung in den USA Rüstungseinkäufe zu tätigen.
Anfang Mai 1915 erscheint in amerikanischen Zeitungen die Warnung der deutschen Botschaft in Washington, daß unter britischer Flagge fahrende Schiffe von deutschen U-Booten versenkt werden und amerikanische Passagiere auf eigene Gefahr auf britischen Schiffen fahren würden. Am 7. Mai wird der britische Luxusliner „Lusitania" versenkt und reißt 124 amerikanische Passagiere mit in die Tiefe, dazu freilich auch 4200 Kisten Remington Gewehrmunition und 1250 Kisten Schrapnell-Patronen, die für das Royal Arsenal in Woolwich bestimmt waren, was aber von britischen und amerikanischen Medien verheimlicht wird.

Doenecke, Seite124ff.: „Im Sommer 1915 benötigen die Alliierten weitere Kredite für die Fortführung des Krieges. US-Finanzminister McAdoo meldet Wilson, England sei ‚unser bester Kunde', fördere durch seine Massenkäufe von Lebensmitteln, Waffen und Munition nicht nur die amerikanische Landwirtschaft, sondern auch Industrie .... Am 10. September kommt eine anglo-französische Delegation unter der Leitung von Lord Reading (Isaacs Rufus) nach New York, um über eine Anleihe von einer Milliarde Dollar zu verhandeln ... Es wird vereinbart, daß das Wall Street Bankhaus J.P.Morgan zunächst die Hälfte dieser Summe zu einem Zinssatz von fünf Prozent vermitteln wird...

Anfang Januar 1916 kommt Oberst House nach London und bespricht die Lage mit US-Botschafter Page, Munitionsminister Lloyd George, Austen Chamberlain und Isaacs Rufus (Lord Reading). Während House überzeugt ist, die deutschen U-Boote würden die USA in den Krieg zwingen, glaubt Wilson, daß es Amerika gelingen könnte, als neutraler Vermittler den Frieden herbeizuführen.

Ende Januar fährt House weiter nach Berlin, wo er von Bethmann Hollweg erfährt, die Führung von Armee und Marine sei derart überzeugt, mittels unbeschränkten U-Bootkrieges England in die Knie zwingen zu können, daß sie den Krieg gegen Amerika in Kauf nehmen würde. Anfang Februar besucht er Paris und versichert Premierminister Aristide Briand und Außenminister Jules Cambon – entgegen den Instruktionen des Präsidenten – die USA würden im Falle eines Rückschlags an ihrer Seite in den Krieg eintreten. Am 14. Februar führt er in London Gespräche mit Prime Minister Asquith, Außenminister Lord Grey, First Lord of the Admiralty Arthur Balfour, Lloyd George und Isaacs Rufus. Innerhalb von drei Tagen verfassen Lord Grey und House das folgende Memorandum: ‚Colonel House sagte mir, Präsident Wilson sei bereit, eine Konferenz einzuberufen mit dem Ziel, den Krieg zu beenden, sobald die Nachricht einträfe, Frankreich und England seien sich einig. Sollten die Alliierten diesem Vorschlag zustimmen, Deutschland aber ablehnen, würden die Vereinigten Staaten wahrscheinlich am Krieg gegen Deutschland teilnehmen...' Da die Amerikaner keinerlei Verpflichtung eingegangen waren, lehnten die Franzosen empört ab. Edward Grey hatte das Spiel des Colonel House durchschaut. Überzeugt, daß es dem Präsidenten gelingen würde, den Krieg bald beenden zu können, reist House am 25. Februar nach New York, wo ihn Wilson mit den Worten empfängt: ‚Es fehlen mir die Worte, um ihnen meinen Dank und meine Bewunderung auszudrükken für das, was Sie geleistet haben'."

Am 18. April 1916 unterbreitet Wilson Deutschland ein Ultimatum, in dem die deutsche U-Bootkriegführung gegen Fracht- und Passagierschiffe, seien sie feindlich oder neutral, gegeißelt wird. Sie sei unvereinbar mit den Grundsätzen von Humanität, dem Schutz der Neutralen sowie der geheiligten Immunität nichtkriegführender Nationen: „... Sollte die kaiserliche Regierung nicht sofort zusichern, daß sie ihre U-Bootkriegführung gegen Passagier- und Frachtschiffe unterläßt, bliebe der Regierung der Vereinigten Staaten keine andere Wahl, als die diplomatischen Beziehungen zum Deutschen Kaiserreich abzubrechen." Wilson sucht die Entscheidung: Am 19. April wiederholt er vor dem Kongreß seine den Deutschen gestellten Bedingungen und beruft sich auf die Rechte der neutralen Staaten. Die Abstimmung erweist, daß 20 Kongreßabgeordnete für, aber 112 gegen den Abbruch der Beziehungen stimmten und 187 sich der Stimme enthielten.

Doenecke, Seite 171ff: „Während Reichskanzler von Bethmann Hollweg, besorgt wegen des amerikanischen Ultimatums, unterstützt von Bernstorff (deutscher Botschafter in Washington), die Einstellung des uneingeschränkten U-Bootkrieges fordert, besteht Generalstabschef Erich von Falkenhayn auf die Fortführung dieser radikalen Strategie, widrigenfalls er gezwungen wäre, die Offensive gegen Verdun einzustellen. Kaiser Wilhelm hatte eine Woche zuvor Wilsons ‚Humanität' als Heuchelei entlarvt, weil er den deutschen U-Bootkrieg als inhuman bezeichnete, selbst aber – als Neutraler – gewaltige Mengen an Waffen und Munition an die Alliierten liefere ... Am 4. Mai trifft von Jagows Antwort auf das amerikanische Ultimatum ein: Deutsche U-Boote würden sich fortan an die Regeln des Kreuzerkrieges halten [wobei Schiffe erst durchsucht werden müssen], doch sollte England sich weiterhin nicht an das internationale Seerecht halten, würde sich Deutschland vorbehalten, nach eigenem Gutdünken zu reagieren...
Gar nicht erfreut über die sich abzeichnende Friedensvermittlung der Amerikaner sind Asquith, Balfour und Grey, die aus einer Position der Stärke heraus verhandeln wollten ... Am 27. Mai hält Wilson vor zweitausend Mitgliedern der Liga für den Frieden eine von Colonel House aufgesetzte Rede, in der er ausführt, der Krieg sei nicht infolge einer deutschen Aggression, sondern durch ein System internationaler Bündnisse und Geheimabkommen ausgelöst worden...
Im Juni beginnen die Briten ihre Offensive an der Somme, die schon am ersten Tag 20.000 Tommies das Leben kostet. Bis November können die Briten nur sieben Kilometer vorstoßen und verlieren weitere 400.000 Mann ... Im Sommer 1916 müssen Wilson und House einsehen, daß die Alliierten aus einer Schwächeposition heraus nicht verhandeln wollen. Am 28. September fordert Lloyd George im Unterhaus: ‚Der Kampf muß bis zum knock-out ausgefochten werden...' Der französische Premierminister Aristide Briand assistiert ihm mit der Losung: ‚Krieg bis zum totalen Sieg'!"

Johann Heinrich Graf von Bernstorff (1862-1939), Botschafter in verschiedenen Ländern, ab 1908 in den USA, hatte schon in der Marokkokrise vermittelt und versuchte bei Präsident Wilson den Kriegseintritt der USA hinauszuzögern

Am 18. Oktober wird Botschafter Bernstorff von Berlin gedrängt, er möge Wilson auffordern, Vermittlungsgespräche einzuleiten, andernfalls Deutschland sich volle Handlungsfreiheit vorbehalte. Am 22. Dezember 1916 warnt Admiral von Holtzendorff, Deutschland müsse entweder auf den unbeschränkten U-Bootkrieg zurückgreifen oder seine Vernichtung in Kauf nehmen. Dieser Meinung schließt sich Generalquartiermeister General Erich Ludendorff an. Im selben Monat kommt es zu mehreren Treffen des „Joint Anglo-French Financial Committee“ die zu sehr dramatischen Ergebnissen führen: Sowohl die britischen Reserven an amerikanischen Anleihen als auch Frankreichs Dollarguthaben und Goldreserven seien erschöpft. Als das Joint Committee J.P.Morgan (jun.) und seinen Partner H. P. Davison (auch Davidson geschrieben) fragt, ob sie bis kommenden März 1,5 Milliarden Dollar locker machen können, schlagen sie vor, vorübergehend kurzfristige Kontenüberziehungen zuzulassen. Als Davison diesen Vorschlag dem Aufsichtsrat der Federal Reserve unterbreitet, gibt es starken Widerstand. Bankenchef Paul M. Warburg warnt Benjamin Strong, Gouverneur der mächtigen New Yorker Federal Bank, es bestünde die Gefahr, der Krieg könne unentschieden ausgehen. Die Abhängigkeit von den einzelnen kriegführenden Gläubigern sei deshalb zu groß. Am 12. Dezember schreibt Bethmann Hollweg dem amerikanischen Präsidenten und bittet ihn, Friedensverhandlungen zu vermitteln. In den USA sind die Meinungen geteilt: Die Hearst-Presse und andere Organe unterstützen die deutsche Initiative, andere sind dagegen. Als ausschlaggebend wird sich erweisen, daß alle Alliierten diesen Vorschlag zurückweisen werden: Zar Nikolaus und die Duma suchen die Entscheidungsschlacht, Premierminister Briand nennt Bethmanns Angebot eine Falle, die französische Regierung erklärt, kein Frieden könne geschlossen werden, solange sich noch ein einziger feindlicher Soldat auf französischem Boden befände und Ministerpräsident Sydney Sonnino beschwört Italiens Solidarität und stets zuverlässige Allianz mit seinen Verbündeten.

Das Ansuchen Bethmann Hollwegs hatte Wilson in die unangenehme Lage versetzt, als Förderer des deutschen Wunsches nach Friedensgesprächen dazustehen. Am 18. Dezember reagiert er mit einem Aufruf an alle Kriegführenden, offen ihre Friedensbedingungen bekanntzugeben, erfährt aber von allen Seiten eine Abfuhr. Lansing unternimmt alles, was in seiner Macht steht, um Wilsons Friedensplan zu torpedieren. Am 21. Dezember führt er bei einer Pressekonferenz aus, Wilsons Aufruf könne zu einem früheren Kriegsende führen; der Aufruf sei keine Friedensnote, sondern diene ja nur dem Zweck, Kriegsziele zu definieren. Selten, so Doenecke, habe ein hoher amerikanischer Amtsträger seinen Präsidenten so desavouiert, wie Lansing es tat. Seither spekulieren Historiker, warum Wilson seinen Außenminister nicht entließ. Keiner Schuld bewußt, trifft sich Lansing mit dem britischen Botschafter Cecil Spring Rice und dem französischen Botschafter Jules Jusserand und versichert ihnen, daß Wilson das Angebot Bethmann Hollwegs verschmäht habe, um den Alliierten zu helfen. Von diesen Unterredungen setzte er den Präsidenten freilich nicht in Kenntnis. Offensichtlich war es Lansings Absicht, die USA an der Seite Englands und Frankreichs in den Krieg zu manövrieren. Auch Colonel House habe seine britischen Kontakte informiert, daß Wilson Zeit gewinnen wolle, weil er befürchte, England könne nicht so lange durchhalten, bis Amerika zum Eingreifen bereit sei. Am 26. Dezember lehnt Deutschland Wilsons Vermittlungsangebot höflich ab.
Am 4. Januar 1917 traf Deutschland die Entscheidung, den uneingeschränkten U-Bootkrieg wieder aufzunehmen. Hindenburg warnt vor der erwarteten Frühlingsoffensive der Alliierten, doch Holtzendorff sagt voraus, die U-Boote würden sowohl die Engländer als auch die Amerikaner ‚erledigen'... Am 9. Januar erteilt Kaiser Wilhelm den knappen Befehl: '"Hiermit befehle ich, mit aller Kraft und Entschlossenheit am 1. Februar den uneingeschränkten U-Bootkrieg wieder aufzunehmen. Operationspläne sind mir vorzulegen..."

Am 26. Januar habe William Wiseman, Vertreter des britischen Geheimdienstes in den USA, Colonel House mitgeteilt, England werde sich im Falle erträglicher Friedensbedingungen von Seiten Deutschlands, einem von den USA vermittelten Frieden nicht widersetzen. Am 28. Januar entwirft Lansing ein Memorandum, das mit den Worten

'certainty of war with Germany' beginnt. Präsident Wilson – so Doenecke – konnte nicht glauben, daß sich die Entente am Rande der Niederlage befand. Im März hatten deutsche U-Boote 550.000 t versenkt, 850.000 t im April. Teile des französischen Heeres meuterten, von Rußlands März-Revolution erwartete man sich einen neuen Schwung, doch das Gegenteil geschah...
Es sollen wirtschaftliche Faktoren und die Financiers „von der Ostküste" gewesen sein, die Amerika in den Krieg hineinzwangen, um ihre Kriegsanleihen an die Alliierten zu besichern. Es war am Abend des verregneten 2. April des Jahres 1917, daß Präsident Wilson die Kriegserklärung vor dem Kongreß aussprach. Erst nach minutenlangen Ovationen kam er zu Wort. Er umriß die deutsche Strategie des uneingeschränkten „U-Bootkrieges gegen die Menschheit" und forderte den Kongreß auf, nothing less than war – den faktisch bereits bestehenden Kriegszustand – zwischen den Vereinigten Staaten und Deutschland anzuerkennen. Diesmal stimmten zweiundachtzig Abgeordnete für den Krieg, nur sechs dagegen."

4) Die unselige Zimmermanndepesche

Die vom amerikanischen Präsidenten Wilson betriebene, von der Wall Street finanzierte, von medialen Auftragskläffern heftig unterstützte, von der Bevölkerungsmehrheit jedoch abgelehnte Teilnahme am Krieg gegen das Deutsche Kaiserreich an der Seite Großbritanniens und Frankreichs, rückte Anfang 1917 ihrer Verwirklichung einen großen Schritt näher, als deutschen Diplomaten ein arges Mißgeschick widerfuhr: Ausgerechnet in jenen Tagen und Wochen, da die antideutsche Stimmung in den USA auf Grund der von Deutschland angekündigten Eröffnung des uneingeschränkten U-Bootkrieges auf den Siedepunkt stieg, war am 1. März 1917 in der amerikanischen Presse in Riesenlettern zu lesen, Deutschland habe mit Mexiko einen Militärpakt gegen die USA geschlossen.

Folgendes hatte sich zugetragen: Außenminister Arthur Zimmermann hatte am 16. Januar den deutschen Gesandten in Mexiko, von Eckardt, in einer chiffrierten Depesche angewiesen, der mexikanischen Regierung für den Fall, daß es zu deutsch-amerikanischen Feindseligkeiten kommen sollte, ein Militärbündnis anzubieten. Mexicos Aufgabe wäre es, US-Streitkräfte zu binden, so daß diese nur in begrenztem Umfang in Europa gegen Deutschland eingesetzt werden könnten. Der britische Marinenachrichtendienst fing das Telegramm ab, dechiffrierte es und leitete es dem Foreign Office zu. Am 24. Februar 1917 händigte dieses dem US-Botschafter Page eine Abschrift aus, die Präsident Wilson am 1. März 1917 veröffentlichen ließ. Die Depesche war ein Glücksfall für Wilsons psychologische Kriegsvorbereitungen. Von Eckardt sollte den Mexikanern für den Fall; daß die USA dem Deutschen Reich den Krieg erklärten, folgendes vorschlagen: „Gemeinsame Kriegsführung, gemeinsamer Friedensschluß, reichlich finanzielle Unterstützung und Einverständnis unsererseits, daß Mexiko die verlorenen Gebiete Texas, Arizona usw. zurückerobert..."

Das Dokument, das nach Inhalt, Zeitpunkt, Interessenlage und den Umständen seines Bekanntwerdens eigentlich fast alle Anzeichen geheimdienstlicher Fälschung und Manipulation in sich vereinigt, war dennoch echt: Außenminister Zimmermann, ein sonst überaus urteilsfähiger Politiker, hat seine Urheberschaft an diesem unsinnigen, den Reichsinteressen ungeheuer schädlichen Vorstoß später ausdrücklich eingeräumt ... Die Vorschläge Zimmermanns waren zur Gänze illusorisch und konnten von niemandem ernst genommen werden ... Obwohl sie nur für den Fall gelten sollten, daß die USA zuvor Deutschland angegriffen hatten, wurden sie von der US-Propaganda als Beweis für deutsche Angriffsabsichten umgefälscht. Der Theaterdonner um die Depesche war bestens geeignet, die Kriegshysterie der amerikanischen Bevölkerung noch weiter aufzuputschen. Insgesamt ruft diese Affäre Assoziationen wach zu den im Zweiten Weltkrieg von Präsident Roosevelt vorgelegten – in jenem Falle freilich gefälschten – Beweisen für eine geplante deutsche Invasion der USA über Dakar, Süd- und Mittelamerika.

5) Robert Lansing: „Die Versailler Friedens-Verhandlungen – Persönliche Erinnerungen"

Die Erinnerungen vom Außenminister der Vereinigten Staaten 1915-1920, erschienen 1921.
Am Beginn seiner Memoiren, zitiert Lansing aus dem Brief vom 11. Februar 1920, den Präsident Wilson an ihn gerichtet hatte.
„...Schon während wir noch in Paris waren, habe ich gemerkt, daß Sie sich meiner Führerschaft in Fragen, in denen ich Ihnen Instruktionen zu erteilen hatte, nur mit wachsendem Widerstreben gefügt haben ... Ich muß Ihnen jetzt, Herr Staatssekretär, erklären, daß Sie mich von dem peinlichen Gefühl Ihres Widerstrebens und Ihrer dauernden Meinungsverschiedenheiten mit mir befreien würden, wenn Sie aus Ihrem gegenwärtigen Staatsamte ausscheiden und mir die Gelegenheit

gäben, mir jemand anderen zu suchen, dessen Gedankengänge sich den meinigen besser und williger anpassen..."
Am nächsten Tage reichte Lansing seine Demission als Außenminister ein und antwortete dem Präsidenten:
„Schon seit Januar 1919 war ich mir bewußt, daß Sie, Herr Präsident, nicht mehr geneigt waren, sich von mir über die Pariser Verhandlungen ... und internationale Angelegenheiten im Allgemeinen beraten zu lassen. Wäre ich meiner persönlichen Neigung gefolgt, so würde ich schon längst meine Demission als Außenminister und Friedensunterhändler eingereicht haben. Ich war mir jedoch bewußt, daß ein solcher Schritt sowohl in Amerika wie im Ausland leicht hätte mißverstanden werden können und hielt es für meine Pflicht, Ihnen, Herr Präsident, keine Schwierigkeiten bei der Ausführung des großen Werkes zu machen, mit dem Sie sich damals beschäftigten."

Lansing, Seite 2ff.: „Präsident Wilson hatte recht, wenn er glaubte, daß ich schon während wir in Paris waren, mich seiner Führerschaft und Leitung nur mit Widerstreben gefügt hatte ... Das amerikanische Volk hat ein Recht, über die Meinungsverschiedenheit zwischen zweien seiner amtlichen Vertreter in einer für das Land so schwerwiegenden Angelegenheit, wie es die Versailler Friedensverhandlungen waren, die Wahrheit zu erfahren ... Es ist möglich, daß gewisse Leute die folgenden dargestellten Tatsachen als eine Illoyalität gegenüber einem Vorgesetzten und als Verletzung der für den Umgang zwischen einem Präsidenten und seinen Ratgebern in der Regel üblichen Verschwiegenheit kritisieren werden ... Wilson hat unsere Differenzen als einen der Hauptgründe für seine Bereitwilligkeit bezeichnet, auf meine Rücktrittsabsichten einzugehen. Er meinte offenbar, daß ich ihn falsch beraten hätte.

Die Hauptpunkte, über welche zwischen Wilson und mir eine Meinungsverschiedenheit bestand, waren folgende: Seine Anwesenheit in Paris während der Friedensverhandlungen, besonders seine Anwesenheit als Konferenzdelegierter, die Grundprinzipien der von ihm vorgeschlagenen und vertretenen Statuten eines Völkerbundes, das Defensivbündnis mit Frankreich, die Verwendung privater Unterredungen und vertraulicher Abmachungen bei der Regelung schwebender Fragen, eine Methode, die dem Vorwurf der Geheimdiplomatie ständig neue Nahrung gab, und schließlich die Duldung der Geltendmachung japanischer Ansprüche auf den Besitz deutscher Vertragsrechte in Kiautschou und Schantung ... Auf Grund meiner engen Beziehungen zum Präsidenten vor der Pariser Konferenz, fühle ich mich

zur Feststellung verpflichtet, daß er sich, nach seiner Abreise aus den Vereinigten Staaten im Dezember 1918, bis zu einem gewissen Grad verändert hatte...
Angesichts der Wichtigkeit der Waffenstillstandsbedingungen und ihres Zusammenhanges mit den später zu verhandelnden Friedensbedingungen hielt es der Präsident für erforderlich, daß Amerika einen Vertreter in den Obersten Kriegsrat entsandte, der damals aus den Premierministern der drei alliierten Mächte, Lloyd George, Clemenceau und Orlando bestand. Wilsons Wahl fiel auf Oberst Edward House, den er zum Sonderkommissar in persönlicher Vertretung des Präsidenten ernannte. House fuhr am 17. Oktober mit einem Stab von Sekretären und Mitarbeitern von New York nach Paris, wo der Oberste Rat tagte...
Es stellte sich heraus, daß Wilson von Anfang an fest entschlossen war, das ausgearbeitete Völkerbundstatut in den Friedensvertrag einzubeziehen ... Die schlimmsten Mängel lagen in den Grundprinzipien. Das in Vorschlag gebrachte Prinzip der Anwendung von Gewalt zur Durchsetzung von Hoheitsrechten und die Verkündigung des Primats der Großmächte kamen im Text so deutlich zum Ausdruck, daß darüber nicht der geringste Zweifel bestehen konnte: Als Nachfolger der Weltreiche ist der Völkerbund direkt ... ermächtigt, über die gegenseitigen Beziehungen aller ... neuen Staaten zu wachen, und übernimmt und erfüllt die Pflicht, Differenzen zwischen diesen Staaten im Hinblick auf die Erhaltung der Ordnung und des Weltfriedens auszugleichen und beizulegen...."

War dies ein erster Versuch, eine Weltregierung zu installieren?

H.) Ansichten und Denkweise der Siegermächte

Schon William E. Gladstone, 1892-94 zum vierten Mal Prime Minister, übte Einsicht in Notwendigkeiten: „Kein anderes Land als die Vereinigten Staaten von Amerika kann und wird in kommenden Zeiten imstande sein, uns unsere Vormacht im Welthandel zu entreißen ... Wenn Amerika die Vormacht übernimmt, so wird dies geschehen auf Grund der Rechte des Stärksten und Besten. Wir haben keinen besseren Rechtstitel gegenüber Amerika als einst Venedig, Genua oder Holland gegen uns hatten."
Ludwell Denny: „America Conquers Britain", 1929.

Unvorstellbar, daß zehn, zwanzig, dreißig Jahre später ein Austen Chamberlain, ein Edward Grey, ein Lloyd George, ein Winston Churchill mit ebensolchem Verständnis kundgetan hätten, dem aufstrebenden Deutschland gebühre kraft seiner Stärke und Tüchtigkeit auch nur ein Platz an der Sonne. Im Gegenteil: Unter der Anleitung des Perfiden Albion verschworen sich Deutschlands Neider und einigten sich auf die Formel: „Ceterum censemus, Germaniam esse delendam!" (Übrigens sind wir der Meinung, Deutschland müsse vernichtet werden).

US-Präsident Woodrow Wilson, 1919 in Versailles:
„Dieser Krieg war vom Anfang an ein Krieg um Wirtschaft und Industrie ... Die deutschen Bankiers, Händler und Industriellen wollten diesen Krieg nicht; sie waren dabei, die Welt ohne Krieg zu erobern."
Pat Buchanan: „Unnecessary War" S.48.

David Lloyd George, britischer Premier 1916-1922 nach seiner Rückkehr von Versailles zu König Georg V., der ihm eine hohe Auszeichnung überreichte: „In 25 Jahren werden wir die ganze Sache wiederholen müssen – zum dreifachen Preis!"
Pat Buchanan: „Unnecessary War", S.110.

David Lloyd George: „Unsere Bedingungen an Deutschland dürfen hart, sogar grausam und selbst erbarmungslos sein, aber gleichzeitig können sie so gerecht sein, daß es kein Recht zur Klage hat. Aber Ungerechtigkeit und Anmaßung, ausgespielt in der Stunde des Triumphes, können niemals vergessen und vergeben werden ... Ich kann mir kaum eine stärkere Ursache für einen künftigen Krieg vorstellen, als daß das deutsche Volk rings von einer Anzahl kleiner Staaten umgeben werden soll, von denen viele noch nie eine stabile Regierung hatten, aber breite Massen von Deutschen einschließt, die eine Vereinigung mit ihrem Heimatland fordern werden. Der Vorschlag der polnischen Kommission, 2,1 Millionen Deutsche der Aufsicht eines Volkes anderer Kultur und Religion zu unterstellen, muß meiner Überzeugung nach zu einem neuen Krieg in Osteuropa führen."
Franz Scholz: „Kollektivschuld und Vertreibung", 1995, S.40

I.) Zusammenfassung des Autors

- Keiner der späteren Kriegsgegner Deutschlands hatte eine deutsche militärische Invasion zu befürchten, aber alle wußten, daß Deutschlands friedlicher Aufstieg zur führenden Weltmacht nicht mehr aufzuhalten war. Diesen Aufstieg wollten führende Kreise in Großbritannien, in den Vereinigten Staaten, in Frankreich und Rußland nicht zulassen und stellten Deutschland deshalb eine Falle.

- Keiner der führenden Entente-Politiker wollte den Eindruck erwekken, er würde eigennützige Politik betreiben. Alle heuchelten und versicherten, sie zögen an einem Strang und wollten nur die friedliche, demokratische Weltgemeinschaft vor der Diktatur der „Schurkenstaaten" Deutschland und Österreich-Ungarn schützen.

- Alle an der geheimen Planung und Vorbereitung des Ersten Weltkriegs verantwortlichen Entscheidungsträger des perfiden Albions und Frankreichs haben die Verschwörung geleugnet und über die seit 1904 angelaufenen, gegen Deutschland gerichteten politischen und militärischen Geheimgespräche eisern geschwiegen. Erst nach Ende des Krieges wurde durch das Ausplaudern russischer und belgischer Diplomaten, die Veröffentlichung zaristischer Dokumente durch das bolschewistische Narkomindjel [Volkskommissariat für Auswärtige Angelegenheiten] und das Eingeständnis einiger amerikanischer Zeitzeugen und Publizisten, das Ausmaß der Verschwörung zur Auslösung des Krieges bekannt.
Erst in den 60er und 80er Jahren wurden in England und in den USA Teile bis dahin gesperrter Archive aus der fraglichen Zeit für die Öffentlichkeit freigegeben.

- Auf Seiten der Kriegsgegner Deutschlands und Österreichs betraten oftmals obskure Persönlichkeiten die politische und diplomatische Bühne, nahmen im Auftrag oder als Berater ihrer Regierungen an wichtigen Konferenzen teil, führten vertrauliche Gespräche um die Vergabe von Milliardenkrediten oder um Krieg und Frieden. Ihr Werdegang, ihre Herkunft, Loyalitäten und Motive liegen größtenteils noch immer im Dunkeln. Gemeinsam ist ihnen eine enge Beziehung zur Hochfinanz und zum britischen Geheimdienst, gelegentlich auch zum Zionismus, und daß sie nach Erfüllung ihrer oft entscheidenden Aufgaben hoch belohnt wurden oder in der Versenkung verschwanden.
Die Rede ist von den Herren Edward M. House, William Wiseman, Isaacs Rufus, Herbert Samuel, Parvus Helphand und einige mehr.

- Von Anfang an gelang es der britischen Northcliffe-Presse das Steuer der Propaganda an sich zu reißen und sowohl die gegen Deutschland Krieg führenden Staaten als auch die neutralen Völker von erfundenen, haarsträubenden Kriegsverbrechen der blutrünstigen „Boches" in Wort und Bild zu überzeugen.

- Italien erfüllte die ihm zugedachte Verräterrolle, möglichst viele österreichische und deutsche Truppen im Süden zu binden und wurde mit österreichischen Provinzen reichlich belohnt.

- Das Zarenreich Rußland diente britisch-amerikanischen Interessen nur so lange, als es in Polen und auf dem Balkan deutsche und österreichische Armeen band. Als sich 1917 die Revolution durchsetzte, wurden der Zar samt seiner Anhängerschaft wie heiße Kartoffeln fallengelassen und engste, freundschaftliche Beziehungen zum blutrünstigen Regime der Bolschewisten hergestellt. Diese rot-goldene Allianz hielt bis zum Ende des Zweiten Weltkrieges.

- Die entscheidenden mächtigen Kreise und Politiker in den „neutralen" USA erwiesen sich zu keiner Zeit als neutral. Die amerikanischen Botschafter in London und Berlin waren verläßliche Erfüllungsgehilfen Albions.

- Weder gewonnene noch verlorene Schlachten, weder diplomatische Initiativen noch ehrliche Vermittlungsversuche, sondern ausschließlich die Interessen der Hochfinanz an der Absicherung ihrer Milliardenkredite entschieden letztlich über den Ausgang des Krieges.

- Der vom amerikanischen Präsidenten und seinen Beratern angestrebte Völkerbund war der erste Versuch, eine Weltregierung, sprich die Globalisierung, durchzusetzen.

- Nach der Devise „quod decet Jovi non licet bovi" (was dem Jupiter geziemt, darf der Ochs' noch lange nicht), verurteilte das perfide Albion den deutschen Einmarsch in das neutrale Belgien, fand aber nichts dabei, selbst Truppen in das neutrale Griechenland zu entsenden und das neutrale Portugal zu zwingen, Deutschland den Krieg zu erklären.

II. KAPITEL

Das unbequeme Zweite Reich der Deutschen (1871-1918)

Dritter Teil
Von der Planung bis zum Beginn des Ersten Weltkrieges 1905-1914

„England ist als Staat der verderblichste, herrschsüchtigste und kriegserregendste von allen."

Immanuel Kant, 1724-1804

A.) Einleitung und Rückblick

In diesen Zeitraum fällt die erste der zwei größten von Menschen teils mit voller Absicht herbeigeführten, teils durch unverzeihliche Versäumnisse und grobe Unfähigkeit der handelnden Personen ausgelösten, folgenschwersten Katastrophen der Weltgeschichte: Der Erste Weltkrieg, nach dessen Ende auf Grund der aufgezwungenen „Friedens"-Diktate der Zweite unausweichlich wurde.

Obwohl seit Ende des 1. Weltkriegs fast 100 Jahre, seit Ende des 2. Weltkriegs 70 Jahre vergingen, werden bestimmte britische, amerikanische, französische, russische, italienische, vatikanische, Schweizer und sogar spanische Archive, die Aufschluß über politische und militärische Geheimabkommen sowohl der späteren Sieger als auch der Besiegten geben könnten, bis 2017 – und manche wohl ad calendas graecas – unter Verschluß gehalten. Warum wohl? Während das Interesse Englands, Frankreichs, Rußlands und der USA am Verschweigen von Dokumenten, die Aufschluß über ihre Geheimabsprachen zur

Vorbereitung und Auslösung beider Weltkriege geben könnten, klar auf der Hand liegt, stellt das stets verläßliche, bereitwillige Festhalten nachkriegsdeutscher Unterwerfungspolitiker aller Couleurs an dem von den Besatzungsmächten geprägten Weltbild, ferner der unerschütterliche Glaube einer großen Mehrheit deutscher Nachkriegsbürgerinnen und -bürger an die Alleinverantwortung deutscher Führungspersönlichkeiten an der Planung und Auslösung beider Weltkriege, an die persönliche Mitschuld des deutschen Volkes an allen Kriegsverbrechen des 20. Jahrhunderts und ihrer daraus erwachsenen, niemals nachlassenden Verpflichtung, für diese ewig büßen zu müssen, sowohl den Beweis der gelungenen Umerziehung als auch einer „déformation pathologique" – englisch „pathologic altruism" genannt – des bundesrepublikanischen Volkes dar.

Dazu 1964 Harry Elmer Barnes, amerikanischer Historiker und Revisionist: „Dies stellt zusammen mit dem deutschen Kriegsschuldbewußtsein einen Fall von geradezu unbegreiflicher Selbstbezichtigungssucht ohnegleichen in der Menschheitsgeschichte dar." (Zit. in „Der Große Wendig" I., S.40) und Otto von Habsburg (Sohn des letzten Habsburger Kaisers) im „Münchner Merkur" am 15.6.1989: „Es gibt nichts Unerträglicheres als diesen Typ des Sühnedeutschen, der nichts anderes tut, als auf den Knien herumzurutschen und die Welt um Verzeihung zu bitten, daß er existiert."
Wie anders da die Einstellung des französischen Schriftstellers und Jagdfliegers Antoine de Saint-Exupéry (abgestürzt 1944): „Ich werde niemals die Meinen verleugnen, was sie auch tun mögen. Ich werde niemals vor jemand anderem gegen sie predigen. Wenn ich ihre Verteidigung übernehmen kann, werde ich sie verteidigen. Wenn sie sich mit Schande bedecken, werde ich diese Schande in meinem Herzen verschließen und schweigen. Was ich auch über sie denken mag, ich werde nie als Belastungszeuge dienen. So werde ich mich auch mit einer Niederlage völlig solidarisch erklären, die mich oft erniedrigen wird. Ich gehöre zu Frankreich!"

Das Transponieren der geschichtlichen Wahrheit in den Konjunktiv, das Aufstellen von „was wäre wenn"-Theorien, die durch viele Fragezeichen angereicherte Beweisführung zu abenteuerlichen Verschwörungstheorien, bedeuten nichts anderes als historische Masturbation. Möge Klio darüber befinden, ob der 1. Weltkrieg auf Grund der Selbstüberschätzung und des Fehlverhaltens einiger krankhaft egomanischer Autokraten ausgelöst wurde, und ob der 2. Weltkrieg ein schicksalhaft unabwendbarer, unentrinnbarer Kataklysmus (Katastrophe) war, dessen mögliche Abwehr am seidenen Faden des knappen Ausgangs der Vorwahlen zur amerikanischen Präsidentschaft des Jahres 1940 hing, als Herbert Hoover ein weiteres Mal kandidierte – und verlor.

B.) Das Vorspiel

Anders als der unübersetzbare Begriff „Empire", dem wir in der Geschichte Englands und Frankreichs begegnen und der den imperialen Zentralismus und Nationalismus beider Völker widerspiegelt, bedeutete der Begriff „Reich" sowohl den Karolingern, Sachsen, Staufern als auch den Habsburgern das leitende Prinzip und die gemeinsame Wertehierarchie einer tausendjährigen Herrschaft über Völker verschiedener Kulturen. So trug Österreichs Kaiser auch den Titel König von Ungarn, Böhmen, Kroatien, Galizien, Lodomerien, Illyrien, Jerusalem, Großherzog von Toskana und Krakau, Herzog von Lothringen, Kärnten, Krain, Großfürst von Siebenbürgen, Markgraf von Mähren, Herzog von Ober- und Niederschlesien, Modena, Parma, Piacenza, Guastalla, Auschwitz, Teschen, Friaul, Ragusa, Zara, Gefürsteter Graf von Habsburg und Tirol, Kyburg, Görz und Gradisca, Fürst von Trient und Brixen, Markgraf von Nieder- und Oberlausitz, Istrien, Graf von Hohe-

Der Vielvölkerstaat Österreich-Ungarn litt schon Jahrzehnte unter den Unruhen und Veränderungen auf dem Balkan

nems, Feldkirch, Bregenz, Herr von Triest, Cattaro und auf der Windischen Mark, Großwojwode von Serbien, etc., etc.

Ausgelöst von einem unbedeutenden Erbfolgestreit um die spanische Krone, war es 1870 zum Krieg Frankreichs gegen Preußen gekommen. Nach wenigen Wochen war Frankreich geschlagen, beschlossen deutsche Fürsten die Gründung des Zweiten Deutschen Reiches – diesmal unter preußischer Führung. Getragen von einer Welle nationaler Begeisterung, die alle deutschen Stämme erfaßt, regiert vom beliebten, pflichtbewußten Kaiser Wilhelm I., geleitet vom genialen Reichskanzler Bismarck, verwaltet von tüchtigen Beamten, begnadet mit bedeutenden Wissenschaftlern und erfolgreichen Industriellen, gehen Kaiser, Reichskanzler und deutsche Landesherren daran, aus einer 70 Millionenmasse von Preußen, Sachsen, Rheinländern, Bayern, Norddeutschen, die noch in den Freiheitskriegen gelegentlich gegeneinander fochten, *Ein Volk* zu schmieden, das bereit sein würde, seine Arbeitskraft, Leistungs- und Opferbereitschaft sowie neu gewonnenes Selbstbewußtsein in das gemeinsame Reich einzubringen. Das Experiment gelingt zunächst vollständig, doch angesichts der furchtbaren Katastrophe des Jahres 1918 und ihrer Folgen, erweist sich der stellenweise noch nicht getrocknete Kitt – dann erst recht nach dem Zusammenbruch von 1945 – als eines der Elemente der nationalen Dekomposition.

Sehr bald hatten Industrie-Erzeugnisse „made in Germany" den Ruf erworben, englischen Produkten qualitativ überlegen zu sein. Um weltweit exportieren, Rohstoffe importieren zu können, legt sich Deutschland eine Handelsflotte zu, erwirbt Kolonien und beginnt 1871 mit dem Bau einer Eisenbahnlinie, die – how shocking! – zu den Ölquellen in Mesopotamien, am Persischen Golf und Roten Meer führen soll. 1895 donnert Außenminister Lord Curzon: „Ich betrachte die Erteilung der Konzession für einen Hafen am Persischen Golf an eine fremde Macht als Angriff und Beleidigung des Britischen Empire, als eine bewußte Kriegsprovokation, und werde jeden britischen Minister, der sich dazu erniedrigen sollte, als Hoch- und Landesverräter zur Anklage bringen!"

Kein Wunder, daß das neugeborene, aufstrebende Deutsche Reich nicht nur einen Platz an der Sonne, sondern – sehr zum Mißfallen der etablierten Konkurrenz – auch Gleichberechtigung im Konzert der führenden europäischen Mächte England, Frankreich und Rußland fordert. In London, Sankt Petersburg und Paris ist man ob solcher Zumutung, Anmaßung und Impertinenz des zu spät Arrivierten irritiert, sieht die

Das Deutsche Reich mit seinen
Königreichen und Fürstentümern vor 1914

eigenen imperialen Ziele gefährdet, befürchtet einen neuen Ausbruch des „furor teutonicus", einen Raubzug neo-vandalischer Horden, die sich aus den hercynischen Wäldern (dem Harz) über die Alpen, den Rhein und die Weichsel ergießen würden und denkt deshalb nicht im Traum daran, dem drängelnden Neuling einen Sonnenplatz einzuräumen, geschweige denn, ihn als gleichberechtigt anzuerkennen.

Zu Beginn des 20. Jahrhunderts blickt die ganze Welt voller Neid auf das britische Empire, das in „splendid isolation" (blendende Abgeschiedenheit) die von keinem Land der Erde in Frage gestellte Rolle des „arbiter mundi" (Weltenrichters) einnimmt.
Getreu dem von Viscount Palmerston – Premierminister 1855-65 – verkündeten Dogma, Großbritannien besäße keine immerwährenden Feinde, sondern nur immerwährende Interessen, verfolgt Albion seit Jahrhunderten dieselbe Schaukelpolitik mit dem Ziel, keinen starken Konkurrenten auf dem Festland zu dulden. Doch hinter seiner glanzvollen Fassade verbirgt Albion arge finanzielle und auch moralische

Defizite: Die Teilnahme seiner Regimenter an zahlreichen kontinentalen und überseeischen Kriegen, die vom Ersten Seelord Admiral John Fisher (1841-1920) befohlene Umrüstung der Royal Navy von Kohlebefeuerung auf Ölantrieb, der Bau Dutzender moderner „Dreadnoughts"-Schlachtschiffe von 17.900 tons, die 21 Knoten schaffen, mit zehn 12 Zoll-Geschützen ausgerüstet und nach Fishers Wahlspruch „fear God and dread nought" (fürchte Gott und erschrecke vor nichts) benannt sind – ferner steigender Bedarf an Lebensmittelimporten, wachsende Konkurrenz durch deutsche Industrieerzeugnisse, gewaltige Verluste durch Fehlinvestitionen und Spekulationen an der Londoner Börse, laufende Kosten an Subsidien und Beistandszahlungen für Agenten, geldgierige Minister, Diplomaten und gekrönte Häupter in aller Welt, verschlingen Unsummen, zwingen zur Aufnahme immer höherer Kredite bei den Wucherern an der Londoner City, bald auch an der Wall Street, und lassen im Ober- und Unterhaus, bei der Admiralität und im Buckingham Palace die Alarmglocken schrillen.

C.) Albions Suche nach Bündnispartnern

Überzeugt, daß Deutschlands Aufstieg zur führenden Weltwirtschaftsmacht in absehbarer Zeit von keiner anderen Macht mit friedlichen Mitteln aufgehalten werden kann, macht sich Englands Majestät Eduard VII., beraten von erfahrenen Ministern und Diplomaten, auf die Suche nach einer geeigneten Strategie zur Abwehr der „deutschen Gefahr". Doch anstatt – wie Deutschland – die Weisheit „si vis pacem para bellum" (willst du Frieden, so rüste zum Krieg) zu beherzigen, verstellt sich das perfide Albion – wie sich aus englischen Quellen sogleich erweisen wird – und wählt die Devise „si vis bellum praetende pacem" (willst du Krieg, so gib vor, den Frieden zu erstreben).

Das seit der Niederlage von 1870 militärisch geschwächte Frankreich, das fünf Milliarden Goldfranken von Alfonse de Rothschild borgen mußte, um die von Bismarck auferlegten Kriegskontributionen an Deutschland bezahlen zu können, politisch heillos zerstritten ist und von 1871 bis 1914 siebenundvierzig Regierungen über sich ergehen lassen mußte, kennt nur ein Ziel: Revanche für die schmähliche Niederlage und Rückeroberung der von den Preußen gestohlenen Provinzen Elsaß-Lothringen; wobei die Franzosen die Tatsache verdrängten, daß diese Provinzen achthundert Jahre dem Deutschen Reich angehörten, bevor sie von Ludwig XIV. (1661-1750) geraubt wurden.

In einem Reiseführer von Paris des Jahres 1929 beschreibt Pierre Gauthiez die 1871 auf der Place de la Concorde errichtete, stets mit schwarzem Schleier verhüllte „statue de Strasbourg, la ville volée," (die gestohlene Stadt) und berichtet, „l'Opéra de Paris" sei 1870 von den triumphierenden germanischen Horden durch die Aufführung der „formidables Nibelungs de Teutonie" entweiht worden. Trotz tausendjähriger Erbfeindschaft zwischen „les français" und „les anglais", kommt es im Laufe des letzten Jahrzehnts des 19. Jahrhunderts zu ersten englisch-französischen Geheimgesprächen und gegenseitigen Staatsbesuchen, die zur „Entente Cordiale", zum „herzlichen Einvernehmen" führen sollten.

Das Russische Reich, dessen Armeen 1904 von den Japanern in der Mandschurei geschlagen, dessen mächtige Geschwader 1905 von der japanischen Kriegsflotte in der Seeschlacht von Tsuschima versenkt wurden, leckt seine Wunden und sucht nach Möglichkeiten, seinen angekratzten Ruf wieder herzustellen. Zar Nikolaus II., allrussischer Samodjerschez (Alleinherrscher), verfolgt imperiale Ziele und hegt den Traum, seinem Reich Korea, Tibet, die Mandschurei, Persien und mit den Dardanellen gleich auch Istanbul – das alte Konstantinopel und zweite Rom – einverleiben zu können. Doch an der Newa knistert es kräftig im Gebälk: Der Bau der neuen Kriegsflotte, die Ausrüstung frischer Regimenter, die Modernisierung der Infrastruktur des Riesenreiches, verschlingen Unsummen, die Rußland nur gegen hohe Zinsen von den französischen Bankhäusern Erlanger und Alfonse de Rothschild borgen konnte. Der Zar weiß freilich, daß Deutschland die Schwächung der Türkei und Österreich-Ungarns durch den Vorstoß Rußlands zu den Dardanellen und somit seinen Zugang zum Mittelmeer und der Levante niemals zulassen würde. Auch er ist deshalb nicht abgeneigt, Albions Sirenenklängen sein Ohr zu leihen.

Es liegt in der Natur von Geheimkonferenzen, deren Zustandekommen nie mit hundertprozentiger Sicherheit vor Agenten und der Öffentlichkeit verborgen werden können, daß die teilnehmenden Personen beschwichtigende Communiqués und irreführende Protokolle veröffentlichen. So kommt es, daß die regelmäßig stattfindenden politischen und militärischen britisch-französischen Geheimgespräche, an denen sich im Laufe der Zeit auch Belgier, Russen und Italiener beteiligen sollten, als reine Routinetreffen hingestellt werden, wodurch Deutschlands Regierung, Generalstab und Admiralität eingeschläfert werden sollten. In Wirklichkeit ist es Englands Absicht, zwecks Zurückdrängung des unaufhaltsam aufstrebenden Deutschland, eine Koalition mit den

Kontinentalmächten Frankreich und Rußland zu schmieden, wobei den beiden Bündnispartnern die Hauptlast des militärischen Kampfes aufgebürdet werden sollte, England selbst, bei weitestgehender Schonung seiner materiellen und humanen Ressourcen, zuletzt – wie nach Waterloo – als glücklicher Sieger die Kriegsernte einfahren würde. Um den oft gutgläubigen Kaiser Wilhelm II., die unerfahrenen Nachfolger des Eisernen Kanzlers und die sich am Hofe von St. James, am Quai d'Orsay und an der Sängerbrücke zu St. Petersburg im Glanze ihrer Rolle sonnenden deutschen Botschafter in Sicherheit zu wiegen, täuschen die Monarchen Eduard VII., Georg V., Nikolaus II., die französischen Ministerpräsidenten und deren Außenminister das Interesse ihrer Staaten am Knüpfen freundschaftlicher Bande zum Deutschen Reich vor.

D.) Der Dreibund, aus dem ein Zweibund werden sollte

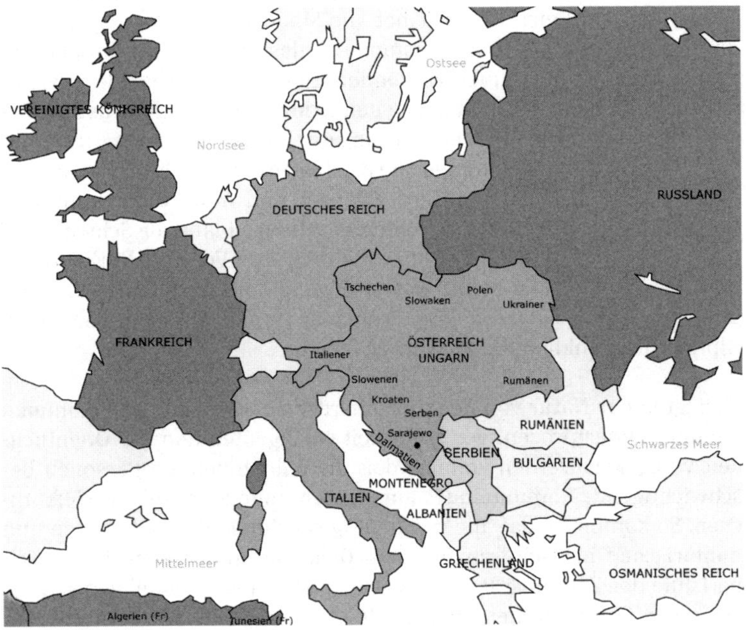

Europa mit dem Drei/Zweibund und den Mächten der Entente cordiale vor dem Ersten Weltkrieg

Der 1882 auf fünf Jahre geschlossene Dreibund war ein keineswegs geheimes Verteidigungsbündnis zwischen dem jungen, aufstrebenden Deutschen Reich, Österreich-Ungarn, Italien, und ergänzte den seit 1879 bestehenden deutsch-österreichischen Zweibund. Deutschland erwartete sich von Österreich-Ungarn im Falle eines Krieges mit Rußland eine Entlastung im Osten, von Italien im Falle eines Krieges gegen Frankreich eine Entlastung im Süden. Für das dahinschwächelnde Österreich-Ungarn bedeutete das Bündnis mit dem mächtigen Deutschland den nötigen Rückhalt für seine Balkanpolitik und die Gewähr, daß kein Feind es wagen würde, den langsam auseinanderbrechenden Vielvölkerstaat anzugreifen. Italien, dem die Franzosen bei der Besetzung Tunesiens zuvorgekommen waren, hoffte auf Deutschlands Hilfe bei der Umsetzung seiner kolonialen Ambitionen in Nord- und Ostafrika. Bei Ausbruch des 1. Weltkrieges blieb Italien zunächst neutral, unterzeichnete aber mit England den geheimen „Londoner Vertrag" und erklärte Deutschland und Österreich-Ungarn 1915 den Krieg. 1919 werden den „siegreichen" Italienern beim Diktat von St. Germain als Dank für ihren Verrat Triest und Südtirol bis zum Brenner zugesprochen.

E.) Vorurteile beeinflussen – auch heute noch – die Politik

Seit Jahrhunderten versahen europäische Völker ihre Nachbarn mit mehr oder weniger schmeichelhaften Attributen: Der Franzose wurde zum Frog, der Engländer zum *Tommy, Limy und le Goddam,* der Spanier zum *Don*, der Italiener zum *Katzelmacher* und *Maccaroni*, der Österreicher zum *Kamerad Schnürschuh*, der Deutsche zum *Boche, Kraut* und *Hunnen*. Nach den siegreichen Blitzkriegen des Jahres 1866 gegen Österreich-Ungarn, 1870 gegen Frankreich, wird das neue Deutschland in London, Paris, St. Petersburg als lästig vorlauter, neureicher Eindringling empfunden und steht den etablierten Weltmächten, die sich auf wohlerworbene Lorbeeren früherer Eroberungen und zusammengeraubten Kolonialbesitzes ausruhen, ganz einfach im Wege. In Londoner Clubs, Salons der High Society, Couloirs des Quai d'Orsay, Palästen an der Newa, gehört es zum guten Ton, sich über die impertinenten, aufdringlichen „Prussiens" zu ereifern. In englischen und französischen Gazetten werden Bismarck, der Kaiser, ja alle Deutschen mit Pickelhaube, Stiefeln, gezücktem Säbel karikiert. Hier eine kleine Auswahl öffentlich kund getaner Äußerungen aus jener Zeit:

Eines der vielen Hetzplakate gegen das Deutsche Reich mit dem Aufruf, amerikanische Anleihen zum Kampf gegen die Hunnen zu erwerben

Sir Joseph Austen Chamberlain, Mitglied im Kriegskabinett und Schatzkanzler erhielt 1926 mit anderen den Friedensnobelpreis

Aus den Memoiren („Down the Years") von Sir Austen Chamberlain (1863-1937):
„Keine zwei Nationen sind so sehr auf gegenseitiges Verstehen angewiesen, wie England und Frankreich, doch keinen zwei Nationen fällt dies schwerer. ‚Nicht, daß es Engländern und Franzosen unmöglich wäre, sich auf gleicher Augenhöhe zu begegnen, das Problem liegt darin' – so Salvador de Madariaga –‚daß ihre Augen so verschieden sind.' Die Klarheit des in Prosa so strahlenden französischen Geistes ist der schlampigen Ausdrucksweise der englischen Gedankenwelt oft fremd. Die strenge Logik, die Franzosen fordern, ist dem englischen Wesen nicht nur fremd, sondern geradezu widerwärtig. Die gesamte Geschichte Englands ist ein Kompromiß. Während die Erfinder der Französischen Revolution einen neuen Glauben verkünden und eine neue Ordnung schaffen wollten, beharrten die englischen Reformer vom Anfang an darauf, keine Neuerungen einzuführen, sondern nur darauf, alte Privilegien und Freiheiten, die abgeschafft oder in Vergessenheit geraten waren, wieder einzuführen.
Verschiedenheit der Sitten und Gebräuche, Unterschiede in der Tonleiter geäußerter Gefühle bei Engländern und Franzosen bringen es mit sich, daß letztere die Engländer oft als hochmütig und abweisend, erstere die Franzosen als aufdringlich und unehrlich empfinden. Doch je tiefer Engländer und Franzosen ihr gegenseitiges Wesen erforschen, desto mehr Gemeinsamkeiten werden sie entdecken ... Im Gegensatz zu den Empfindungen, die Begegnungen zwischen Engländern und Franzosen auslösen, verläuft das erste Treffen zwischen einem Engländer und einem Deutschen zumeist unkompliziert und trügerisch freundlich. Wohl entdecken sie gemeinsame Sitten und Meinungen, doch werden die Kontakte vertieft, erkennen beide ihre grundlegenden Unterschiede in Geisteshaltung und in Glaubensdingen. Es ist bezeichnend, daß es gerade jene Engländer waren, die Deutschland gut

kannten und lange Jahre unter Deutschen gelebt hatten, die [vor 1914] ihre Landsleute vor der drohenden deutschen Gefahr warnten. Gebe Gott, daß England und Frankreich – in Treue fest – zueinander stehen, auf daß unsere Zivilisation nicht untergehe."

Ministerpräsident George Clemenceau: „Il y a 20 millions d'Allemands de trop..." (es gibt 20 Millionen Deutsche zuviel). Außenminister Théophile Delcassé: „Mais qu'est-ce donc cette ‚culture' allemande que l'on écrit avec un ‚K'?" (Was soll die deutsche ‚Kultur' schon bedeuten, die sich mit einem ‚K' schreibt?) Premierminister Cecil Salisbury auf die Frage Kaiser Wilhelms, wo Deutschland denn Kolonien erwerben könnte: „We don't want you anywhere." (Wir wollen euch nirgendwo haben). König Eduard VII.: „A big German fleet and bad German manners are more than we can stand!" (Eine große deutsche Flotte und schlechte deutsche Manieren sind mehr, als wir vertragen können.) Außenminister Arthur J. Balfour bedauert gegenüber US-Botschafter White: „Wir sind Narren, daß wir Deutschland nicht den Krieg erklären bevor es genügend Schiffe gebaut hat, um unseren Handel zu rauben ... Geht es hier um Recht? Nein, es geht nur darum, daß wir unsere Überlegenheit behalten wollen." Admiral John Fisher, Chef der Royal Navy: „1908 schlug ich König Eduard vertraulich vor, die deutsche Kriegsflotte in Kiel à la Nelson zu ‚kopenhagisieren'. Doch leider haben wir heute keine Männer mehr wie Pitt oder Bismarck, die einen solchen Befehl gegeben hätten." US-Präsident Woodrow Wilson wird 1919 bekennen: „Dieser Krieg war vom Anfang an ein Wirtschaftskrieg. Die deutschen Bankiers, Händler und Industriellen wollten ihn nicht, denn sie waren dabei, die Welt auch ohne Krieg zu erobern ..." David Lloyd George, britischer Premierminister, 1919 nach seiner Rückkehr von Versailles: „In 25 Jahren werden wir die ganze Sache wiederholen müssen." Francesco S. Nitti, Ministerpräsident Italiens: „Als ich den Versailler Vertrag unterschreiben mußte, habe ich mich davon überzeugen können, daß man nicht den Frieden wollte, sondern nur darauf aus war, Deutschland zu erwürgen und zu zerstückeln ... Was die Sieger hierbei bestimmte, waren nicht Haß und Rachsucht, sondern die Furcht, Deutschland werde sich kraft seiner Leistungsbereitschaft und Arbeitskraft seinen Platz auf dem Weltmarkt zurückerobern."

Schon vor Beginn des 1. Weltkrieges erwies sich das Perfide Albion als Meister der Greuelpropaganda. Es hatte erkannt, daß wenn es gelänge, einen Staat, dessen Volk, dessen Militär, dessen Regierung und Herrscher mit schlimmsten Kriegsverbrechen und Kriegsgreueln zu identifizieren, jedes andere Volk dann nicht nur das Recht, sondern auch die moralische Pflicht hätte, diesen „Schurkenstaat", dessen Volk und Militär, dessen Regierung und Herrscher mit ebensolchen Kriegsverbrechen und Kriegsgreueln, aber auch wirtschaftlich – wenn nötig auch präventiv – im Namen der Gerechtigkeit und Menschlichkeit zu bestrafen. Albions historische Hagiographie (Heiligengeschichte) ist reich an solchen selbstgerechten „Kreuzzügen". Es seien hier nur einige Beispiele angeführt:

Alexander Graf Brockdorff zitiert in seiner Schrift „Von Chauvinismus, Kriegsschuld und deutscher Regierungspolitik" 1932 aus dem Roman „Clerambault" des deutsch-freundlichen(!) französischen Nobelpreisträgers Romain Rolland: „Diese blutübervolle Nation, die an ihrer Kraft erstickte, hatte sich in einem Delirium von Stolz, Zorn und Furcht auf den Gegner gestürzt; die Bestie im Menschen, kaum losgelassen, zog mit den ersten Schritten einen Kreis methodischen Schreckens um sich. Alle Brutalität des Instinkts ... war bewußt von jenen aufgestachelt worden, die das Volk am Zügel hielten, von seinen Führern, seinem Generalstab, den einberufenen Professoren und Militärgeistlichen ... Deutschland erhob den Totschlag und das Niederbrennen zum Kriegsgesetz ..." Der sehr katholische Autor Paul Claudel (1868-1955): „Deutschland, du wirrer Haufen von Europas Eingeweiden und Gedärm! Volk Luthers und Kants, Erfinder neuer Giftgaswolken! Den Tod nur bringst du, und allein der Tod erfüllt dir all deine Wünsche!" Erstaunlich immerhin, daß die Uraufführung von Claudels berühmtem Bühnenstück „Der seidene Schuh" 1943 im wehrmachtbesetzten Paris erfolgte.
Übereinstimmend wurde Deutschland seit seinem Wiedererscheinen auf dem weltpolitischen Schachbrett von anderen europäischen Mächten vorgeworfen, machtgierig, hochgerüstet, waffenstarrend, auf eine günstige Gelegenheit zu warten, seine friedlichen Nachbarn zu überfallen. In Graf Brockdorffs Schrift sind auch Zeichnungen abgebildet, die französische und englische Journale zierten: Erschossene Mutter mit Kind, dazu der passende Text: „Kultur (sic!) has passed here"; in Blaubarts Kammer sind in Blut watende belgische Frauen und Kinder, im Hintergrund ein Säbel schwingender preußischer „Blaubart" zu erkennen; ferner das im „Salon de Paris" ausgestellte Gemälde von Louis Beroud „Die Sühne": Kaiser Wilhelm, der Kronprinz und der Außenminister Österreichs Graf Berchtold sind – den Kopf nach unten – an Kreuzen genagelt; und dergleichen mehr.

Mit den Begriffen „Jingoism" und „Chauvinismus" wird Deutschlands angeblich angeborene Kriegslüsternheit auch heute noch stigmatisiert.

Wer weiß schon, daß es der englische Liedermacher G. W. Hundt war, der um 1870 zu einem erfolgreichen Gassenhauer den Text dichtete: „We don't want to fight, but by Jingo [Umschreibung für Jesus] if we do, we have got the men, we have got the ships, and we got the money too!" (Zwar woll'n wir uns nicht schlagen, doch bei Gott wenn wir es müßten, hätten wir die Männer und die Schiffe und das Geld auch noch dazu.) Und es waren die „frères Cognard", zwei Brüder, denen wir das 1931 verfaßte Kolonialkrieg-verherrlichende Theaterstück „la cocarde tricolore" verdanken, in dem der Titelheld Chauvin singt: „J'suis Français, j'suis Chauvin, et j'tappe sur le bédouin!" (Ich bin Franzos', ich heiß' Chauvin und hau' auf den Beduinen drein!"

Während in der zweiten Strophe der britischen Hymne „God save the King/Queen" Gott höchst selbst aufgerufen wird, die Feinde Albions zu vernichten: „O Lord our God arise, scatter His/Her enemies, and make them fall. Confound their politics, frustrate their knavish tricks, on Thee our hopes we fix, God save us all." (Erhebe Dich, unser Gott, zerstreue seine/ihre [des Königs/der Königin] Feinde und fälle sie. Verwirre ihr Ränkespiel, durchkreuze ihre schurkischen Tricks, auf Dich vertrauen wir, oh Gott, rette uns alle), geht es in der dritten Strophe der amerikanischen Hymne „The Star Spangled Banner" (das sternenübersäte Banner) den Feinden von „God's Own Country" gleich hart an den Kragen:
„And where is that band who so vauntingly swore that the havoc of war and the battle's confusion, a home and a country, should leave us no more? Their blood has washed out their foul footsteps' pollution. No refuge could save the hireling and slave from the terror of flight, or the gloom of the grave: And the star-spangled banner in triumph doth wave, o'er the land of the free and the home of the brave."
(Wo ist die Horde geblieben, die sich rühmend geschworen, daß die Verwüstung des Krieges und die Wirren der Schlacht uns kein Heim, kein Land mehr belassen wollte? Längst hat ihr Blut die Unreinheit ihrer stinkenden Fußspuren ausgewaschen. Keine Zuflucht gab es für die Söldlinge und Sklaven vor dem Schrecken der Flucht und dem Dunkel des Grabes. Und das Sternenbanner wird im Triumph wehen über das Land der Freien und der Heimat der Tapferen).

Und wie heißt es doch so friedlich in der ersten Strophe der „Marseillaise", der Nationalhymne der Franzosen, auf konterrevolutionäre österreichische und deutsche Soldaten des Jahres 1792 gemünzt?: „Hört ihr nicht das Grölen der wilden Söldner, die Frauen und Kinder aus Euren Armen reißen und ihnen die Kehle durchzuschneiden?

Marschieren wir, auf daß unreines Blut unsere Ackerfurchen tränken möge." Nicht auszudenken, wenn Hoffmann von Fallersleben das Morden und Plündern der französischen Besatzer zu Napoleons Zeiten mit ähnlichen Worten beklagt hätte und der entsprechende Text heute noch das Deutschlandlied zierte!

Das neue Deutsche Reich – wie übrigens auch das republikanische Frankreich – tat sich auf der diplomatischen Bühne noch recht schwer. Es fehlte ihm ein Netz traditioneller Beziehungen, wie es die wohletablierten monarchischen Mächte England, Österreich-Ungarn, das Zarenreich, im Laufe von Jahrhunderten untereinander gepflegt und geflochten hatten. Während seine Konkurrenten eine Reihe hochbezahlter Informanten und Geheimagenten an Europas Höfen, Generalstäben und Ministerien unterhalten, müssen Deutschlands Regierung und Generalstab auf unsichere, oft fragwürdige Quellen zurückgreifen. Zunächst kommt es ja auch ohne Geheimdiplomatie, ohne Säbelrasseln und Rüstungen aus. Allein auf Grund der Erfindergabe seiner Wissenschaftler, Tüchtigkeit und Leistung seiner Bürger, Bauern und Arbeiter, gelingt es ihm Zug um Zug in kürzester Zeit, auf neuen Märkten Fuß zu fassen und alt eingesessene Konkurrenten ganz friedlich zu verdrängen.

Unfähig, Deutschland mit gleich friedlichen Mitteln entgegenzutreten, getreu seinem imperialen Wahlspruch und in Befolgung seiner Schaukelpolitik, geht das perfide Albion um die Jahrhundertwende daran, mit dem bisherigen Erbfeind Frankreich, danach mit Rußland, seinem Konkurrenten um die Ölfelder in Mesopotamien und im Iran, Geheimgespräche darüber zu führen, ob und wie sich die drohende Deutsche Gefahr durch gemeinsame Anstrengungen aufhalten ließe. Bis zum Ausbruch des Krieges im August 1914 und darüber hinaus werden die an Geheimgesprächen beteiligten Minister, Diplomaten, Generäle, ihren Mitbürgern und der Nachwelt gegenüber eisern schweigen. Als im Verlauf der „Friedens"-Konferenzen von Versailles, St. Germain, Trianon, Sèvres, die Wahrheit über die gezielten Kriegsvorbereitungen der Ententemächte England, Frankreich, Rußland und der „neutralen" USA langsam ans Tageslicht kommen und sich nicht mehr verbergen lassen, wird England auf das bewährte Mittel des „Cant" zurückgreifen, um sich ins rechte Licht zu setzen, seine Unschuld zu betonen, alle Schuld und Kriegsverbrechen auf Deutschland abzuwälzen.

In der Broschüre „British is best" (1940) versucht Wilhelm von Kries der englischen Neigung auf den Grund zu gehen, „...jedes englische

Urteil und jede englische Meinung als eine gottwohlgefällige, von der Vorsehung ausdrücklich genehmigte Verfügung im Sinne einer himmlischen Weltordnung zu sehen ... Kein Volk hat eine solche Affenliebe zu sich selbst wie der Brite." Den Grund für die verpaßte Evolution des deutschen Volkes zur europäischen Kulturnation erklärte Lord Rennell, ehemals Britischer Botschafter zu Rom, 1939 in der „Times" wie folgt: „Als Kaiser Augustus den Beschluß faßte, der Ausdehnung des römischen Imperium ein Ziel zu setzen, rief er Germanicus vom Schauplatz seiner Triumphe zurück. Das Ergebnis bestand darin, daß der größere Teil Deutschlands außerhalb der imperialen Einflußsphäre blieb, niemals zivilisatorischen Einschränkungen und Gesetzen unterworfen wurde und niemals die Hochachtung vor der Heiligkeit von Verträgen lernte, wie sie das römische System kannte und nach seiner Zerstörung von der Kirche gepflegt wurde ... Die Einigung Deutschlands hat für Europa nur Unruhe erzeugt und überdies Vorwände für weitere Expansion ... Wir Engländer hingegen werden niemals unsere Politik aufgeben, die Freiheit schwächerer Staaten zu verteidigen, die ihr eigenes Leben frei von fremder Beherrschung leben wollen." Amen!

Daß in England und den USA auch achtzig Jahre nach dem Schmieden der „Entente" in Wort und Bild noch immer Angstgefühle gegen Deutschland geschürt und Lügen verbreitet werden, ist kein Geheimnis. 1985 erschien das Buch „Über die Deutschen" des Historikers Gordon Craig. Darin zitiert er Goethe: „Es ist der Charakter der Deutschen, daß sie über allem schwer werden, daß alles über ihnen schwer wird" (S.19) und folgert daraus: „Vielleicht ist das der Grund, weshalb es immer ein deutsches Problem gegeben hat, und Ausländer immer wieder gestehen mußten, sie könnten das deutsche Verhalten nicht begreifen..." Danach zitiert Craig einen Artikel der „Times" aus dem Jahre 1860: „Die Launen der deutschen Politik sind solcher Art, daß wir ihnen nicht mehr zu folgen vermögen. Es ist nutzlos, nach Profundität Ausschau zu halten, wo vielleicht nur der Wunsch besteht, irgendeine traumhafte historische Idee zu verwirklichen. Wäre die Art der Deutschen wie unsere Art, wären sie von praktisch denkenden Staatsmännern regiert anstatt von Zuchtmeistern und Sophisten, könnten wir uns vorstellen, sie hätten irgendein fernes Ziel in Sicht. Aber wir wissen, was sie sind, und sehen in ihrem Verhalten nur ein weiteres Beispiel von Schwäche und Perversität, die ihnen so viele Mißgeschicke gebracht hat." Auf S.40 führt Craig aus, die Deutschen hätten die Entwicklung der deutschen Nation als einmaligen kulturellen Ausdruck betont. Ihre wahrhafte Besessenheit von dieser Idee mache sie gleichgültig

Ein einfaches gezeichnetes Bild der Kriegspropaganda ging um die Welt und erzeugte mit Erfolg Stimmung gegen die „bösen Deutschen“

gegenüber der westlichen Ansicht, daß Menschen und Völker auf Grundlage der Gleichheit nach einer immer höher steigenden, bis zur Menschheitseinheit strebenden Mehrung von Vernunft, Wohlfahrt und Freiheit ... trachten.“ Wollte Gordon Craig damit andeuten, daß die „höher steigenden westlichen Werte“ der englischen, französischen, amerikanischen Menschheitsbeglücker zur Befreiung der von ihnen unterdrückten Ur- und Kolonialvölker geführt haben, reiht er sich nahtlos in die lange Reihe von Heuchlern und Meistern des Cant ein.

Auf die im 1. Weltkrieg von der britischen Northcliffe-Presse und französischen Zeitungen verbreiteten Märchen, daß deutsche Soldaten belgischen Kindern die Hände abhackten, Nonnen vergewaltigten und/oder Schweinen zum Fraß gaben (siehe die Broschüre „Es begann 1914...“ von Alexander Graf Brockdorff, 1932), ist schon hingewiesen worden.

F.) Gewitterwolken am Horizont

Von 1905 an läßt sich die Tendenz der britischen Außenpolitik wie folgt zusammenfassen: Wiederaufnahme von Gesprächen mit Deutschland zwecks Beendigung des gegenseitigen Übertrumpfenwollens im Millionen und Abermillionen Pfund und Mark verschlingenden Wettrüsten mit Luft- und Schlachtschiffen, Flugzeugen und Kriegsgerät. Es kommt zur Wiederaufnahme von Gesprächen über die Abrüstung zur See, an der sich Albert Ballin, Direktor der „Hamburg Amerika Linie“ und der Finanzberater von Winston Churchill, Sir Ernest Cassel, ein

Albert Ballin (1857-1918) machte als Reeder die HAPAG zur größten Schiffahrtslinie der Welt, versuchte im Flottenstreit zu vermitteln und nahm sich bei der Abdankung des Kaisers das Leben

aus Deutschland stammender, frisch eingebürgerter internationaler Bankier, beteiligen. Dieser Annäherung widersetzen sich die Staatssekretäre Crowe und Nicholson und bleiben den Zielen der „Entente Cordiale" treu. Als Grey, Lloyd George und Churchill von Deutschland eine schriftliche Anerkennung der britischen Oberherrschaft zur See und ein Ende deutscher Rüstungen zur See fordern, sind sowohl Kaiser Wilhelm als auch Reichskanzler Bethmann Hollweg sofort bereit, nachzugeben, sofern die britische Regierung ihrerseits bestätigt, Deutschland dürfe sein Flottenaufrüstungsprogramm 1918 wiederaufnehmen. England lehnt empört ab und entsendet Anfang Februar Kriegsminister Haldane nach Berlin. Hier führt er eine Reihe fruchtbarer und offener Gespräche mit dem Kaiser, mit Bethmann Hollweg und Admiral von Tirpitz. Seine Bemühungen werden von Winston Churchill boykottiert, der in einer Rede betont, Britannien werde seine Seegeltung niemals aufgeben; die deutsche Kriegsflotte sei lediglich ein kostspieliger Luxus. Nach Haldanes Rückkehr kommen seine Gegner zum Schluß, Deutschlands Gegenvorschläge seien unannehmbar und kämen England viel teurer zu stehen als die ursprünglich vorgesehene Vereinbarung. Asquith teilt König Georg V. mit, daß England auf dieser Grundlage kein tragbares politisches Übereinkommen mit Deutschland abschließen könne.

Im Juli 1912 unterzeichnen Frankreich und Rußland in Paris ein Marineabkommen zur Abstimmung ihrer Strategien im Mittelmeer. Am 10. Mai 1913 kommt es im Unterhaus zu einem Rededuell zwischen dem konservativen Abgeordneten Lord Cecil, der behauptet, England

sei im Kriegsfall verpflichtet, „to send a very large armed force out of this country to operate in Europe," worauf hin Asquith ihn unterbricht und donnernd entgegnet: „This is not true!" Tags darauf erklärt der Premierminister den Abgeordneten mit bravourösem Cant die Lage, in der sich die Regierung befindet: „England ist vertraglich nicht verpflichtet, an einem Krieg teilzunehmen. Sollte ein Krieg unter europäischen Mächten ausbrechen, bestehen keinerlei unveröffentlichte Vereinbarungen, die Englands freie Entscheidung, ob es an diesem teilnehmen oder nicht teilnehmen sollte, einschränken würden. Wie diese Entscheidung ausfallen könnte, ist freilich nicht Gegenstand einer öffentlichen Debatte." Angesichts der in Küstennähe stationierten, landesweit längst erkannten Eingreifsarmee für den kommenden europäischen Krieg – genannt „British Expeditionary Force" – ist wohl jedem Abgeordnetem klar, daß England Verpflichtungen eingegangen ist, denen es nicht mehr entrinnen kann. Als ein belgischer Offizier anläßlich eines Manövers im September 1913 General Wilson fragt, ob Belgien im Kriegsfall mit englischer Hilfe rechnen könne, antwortet dieser, England werde innerhalb 15 Tagen 160.000 Mann „hinüber" schicken. Im Mai 1914 informiert Grey den russischen Botschafter Benckendorff, daß parallel zu den englisch-französischen, nunmehr auch englisch-russische Generalstabsbesprechungen stattfänden.
Wie reagiert Deutschland? Schon 1905 hatten Gerüchte Berlin erreicht, wonach England und Frankreich Geheimgespräche über eine militärische Zusammenarbeit führten. Im Februar 1911 bestätigt der deutsche Militärattaché in Paris dieses Gerücht, woraufhin Schlieffen seinen Plan entsprechend ändert. Als Botschafter Lichnowsky am 6. Juli 1914 Grey geradeheraus fragt, ob es zwischen England und Rußland Geheimabsprachen gäbe, antwortet dieser, er könne nicht leugnen, daß „conversations had taken place between military and naval authorities of France, Russia, and ourselves since 1906" (daß französische, russische und unsere Militär- und Marinefachleute seit 1906 Gespräche geführt haben).

G.) Offenlegung von Albions Verschwörung nach Freigabe britischer Geheimdokumente im Jahre 1967

Erst 1967, als die britische Regierung dem PRO (Public Record Office) grünes Licht zur Veröffentlichung der seit bald sechzig Jahren unter

Verschluß gehaltenen Dokumente und Aufzeichnungen des Foreign Office (Außenministeriums) über die Vorgeschichte des Ersten Weltkriegs gegeben hatte, konnten Clio und ihre Jünger hinter die Kulissen jener Institutionen blicken, die maßgeblich, im Geheimen und mit voller Absicht, Albions perfide Politik gestalteten, die zum Krieg führen sollte. Aus der Menge an Aufschluß gebenden Publikationen, die hierauf erschienen, seien zwei herausgegriffen:

1.) Samuel Williamson: „The Politics of Grand Strategy – Britain and France prepare for War 1904-1914"

erschien1969 bei Harvard University Press.
Williamson gehört zu den wenigen unparteiischen Autoren auf britischer Seite, die sich dieses Themas angenommen haben. Obwohl ihm Zugang zu zahlreichen offiziellen und privaten Archiven aller Kriegsparteien gewährt wurde, blieben ihm gewisse Unterlagen zu bestimmten Ereignissen und handelnden Personen –so zum Beispiel zu Winston Churchill – auch nach bald hundert Jahren ex post facto verwehrt. Hier die Ergebnisse seiner Nachforschungen: Bereits 1902 sei H. Arnold-Forster, Finanzchef der britischen Admiralität, nach Besuchen in Kiel und Wilhelmshaven zum Schluß gekommen, daß „Germany must be regarded as possible enemy" und Englands Kriegspläne in Nah- und Fernost deshalb revidiert werden müßten. Diesem Urteil habe sich im selben Jahr auch „Second Sea Lord" Sir John Fisher angeschlossen, „convinced, that the great new German Navy is built up for a war against us and self restriction therefore is an imbecility..." (überzeugt, daß die gewaltige deutsche Flotte für einen Krieg gegen uns gebaut wird und jede Selbstbeschränkung deshalb ein Schwachsinn wäre) und er beantragte auch gleich weitere drei Millionen Pfund Sterling zur Gewährleistung der Überlegenheit der Royal Navy. Théophile Delcassé, französischer Außenminister seit 1898, der Deutschland stets mit Mißtrauen, wenn nicht mit Verachtung betrachtete, betrieb zunächst die Annäherung Frankreichs an Rußland, danach an England. 1904 ist es soweit: Am 8. April unterschreiben Außenminister Lansdowne und der französische Botschafter Paul Cambon ein erstes Übereinkommen, das zur „Entente Cordiale" führen sollte. Anläßlich des Besuchs Eduards VII. in Paris im Mai desselben Jahres erweist sich, daß die Franzosen ihre Erbfeindschaft mit dem perfiden Albion noch immer nicht vergessen haben. Der „roi d'Angleterre" wird mit „vive Jeanne d'Arc!", „vivent les Boers!" (die Buren), „vive Marchand" (der Held von Faschoda) empfangen, doch bald sollte es dem bon vivant und Frauenhelden Eduard gelingen,

Paul Cambon (1843-1924)
hat als Botschafter in London
an der Entstehung der
Entente cordiale mitgewirkt

das Herz der Pariser und Pariserinnen zu erobern. Ab 1905 führte das „trio formidable", bestehend aus Eduard VII., Außenminister Edward Grey und Botschafter Paul Cambon Geheimverhandlungen und schloß Geheimabkommen mit dem Ziel, das Deutsche Reich einzukreisen, das - nach ihrer Überzeugung - die wirtschaftliche und militärische Weltherrschaft anstrebte. 1906 sollte sich Kriegsminister Richard Haldane diesem Trio anschließen und dafür sorgen, daß im Kriegsfall die „British Expeditionary Force" (BEF) von 158.000 Mann für den sofortigen Transport nach Nordfrankreich und dem neutralen(!) Belgien zur Verfügung stehe.

Auch wenn die normative Kraft der faktisch bestehenden französisch-britischen Allianz die politische Kaste beider Länder zusammenführte, blieb die traditionelle Feindschaft zwischen Tommy und Poilu noch lange bestehen: Als Henry Wilson, Chef der Admiralität, General Foch fragt, welche kleinste britische Militäreinheit den Franzosen im Falle eines Krieges gegen Deutschland von Nutzen sein könnte, soll Foch, ohne eine Sekunde zu zögern, geantwortet haben: „Einen einzigen Soldaten, und wir würden dafür sorgen, daß dieser auch gleich getötet wird."

1907 gelingt es Grey, die Beziehungen zu Rußland zu verbessern, so daß Botschafter Arthur Nicholson in Sankt Petersburg noch im selben Jahr ein Geheimabkommen mit Rußland abschließen kann. Mit Frankreich wird vereinbart, daß die Royal Navy sich aus dem Mittelmeer zurückzieht, den Schutz der französischen Atlantikküste und des Ärmelkanals übernimmt, die Nordsee beherrscht, die Elbmündung sperrt, die Inseln Borkum und Sylt besetzt; ferner, daß Frankreichs „Marine de Guerre" (Kriegsmarine) sich aus dem Atlantik zurückzieht und im Mittelmeer dafür sorgt, daß Österreichs Kriegsflotte nicht aus der Adria ausbrechen kann.

Zur Tarnung seiner wahren Absichten, wollte sich Eduard VII. bemühen, ein freundliches Verhältnis zu seinem Neffen Wilhelm II. herzustellen, was sowohl das Mißtrauen Frankreichs hervorrief als auch herbe Kritik seitens der deutschfeindlichen Clique im Foreign Office (Außenministerium) – vor allem bei Unterstaatssekretär Eyre Crowe – auslöste. Als wäre es bestellt, erschien 1906 das Buch „Invasion of 1910" von William Le Queux, das millionenfach verkauft, in 27 Sprachen übersetzt und von „Daily Mail" als Serie abgedruckt wird. Es handelt von einer fiktiven deutschen Invasion Großbritanniens im Jahre 1910. Hier ein Auszug: „... widerwärtiges preußisches Soldatengesindel erschießt wehrlose Frauen, verängstigte Londoner müssen ihre Gräber vor den Augen deutscher Erschießungskommandos ausheben, brutale Bekanntmachungen künden die Beschlagnahme von Villen und allen persönlichen Besitzes an."

1907 und 1908 bereiten sich die Franzosen im Rahmen ihres „Plan XVI" auf die Einkreisung in Belgien einmarschierender deutscher Armeen vor, die sie mit Hilfe von elf Armeekorps (680.000 Mann) bewerkstelligen wollen. Gleichzeitig finden in Sankt Petersburg französisch-russische Geheimgespräche statt, um die gegen Deutschland gerichtete Strategie zu koordinieren. Durchsetzen wird sich das offensive französische Prinzip der „offensive à outrance" (Offensive bis zum Zerbersten), der sich General Foch verschrieben hat. Offensive sei die beste Verteidigung, während die Angst vor Verlusten unmoralisch sei. Um Deutschland in Sicherheit zu wiegen und den eigenen Landsleuten Englands Friedenswillen zu demonstrieren, behaupten Eyre Crowe und Arthur Nicholson steif und fest, die „Entente Cordiale" sei kein Militärbündnis, es bestünde deshalb für England keinerlei militärische Beistandspflicht. Kriegsminister Haldane warnt im Oktober 1911 den deutschen Militärattaché Major Ostertag, England sei zwar keinerlei Verpflichtungen gegenüber Frankreich eingegangen, würde aber im Falle einer deutschen Kriegserklärung an Frankreich nicht zögern, einzuschreiten. Kaiser Wilhelm weiß nun, daß er mit Englands Feindseligkeit zu rechnen hat. In seiner Rede im Unterhaus am 27. November versucht Grey abzuwiegeln: „Laßt mich mit dem Verdacht aufräumen, es bestünden Geheimabkommen. Dem Unterhaus wurden die Artikel des Geheimvertrags mit Frankreich aus dem Jahre 1904 unterbreitet, es gibt keine anderen Geheimartikel! Es gibt keinen Grund, warum die Regierung Geheimvereinbarungen treffen sollte, die das Parlament zum Krieg verpflichten würden. Keine britische Regierung würde es wagen, ohne Rückhalt der öffentlichen Meinung einen Krieg zu führen. Sämtliche Vereinbarungen, die das Parlament tatsächlich verpflichten, sind in Verträgen enthalten, die dem Parlament vorliegen. Diese Regierung hat seit ihrem Bestehen keine einzige Geheimklausel unterzeichnet..." In seiner sophistischen Rede hatte Außenminister Grey – sowohl geflissentlich als auch Cant-triefend – die Intimität der englisch-französischen Kontakte verschwiegen und überging auch völlig deren militärischen Charakter. Cant-gerecht assistiert ihm Premierminister Asquith noch am selben Tag, als er vor dem Parlament erklärt: „There is no secret arrangement of any sort or kind which has not been disclosed, and fully disclosed to the public..." (Es gibt keinerlei Geheimvereinbarung, die nicht der Öffentlichkeit in ihrer Gesamtheit vorliegt.) Überzeugt, daß Deutschland bei Kriegsbeginn in Belgien einmarschieren wird, fordert General Foch das Recht auf präventives Vorgehen gegen dieses neutrale Land. Im Januar 1912 assistiert ihm General Jungbluth, Chef des belgischen Generalstabs mit den Worten: „Belgiens Neutralität ist ein Hindernis!" Am 21. Februar lädt Raymond Poincaré, Frankreichs neuer Premierminister, die politischen und militärischen Führungspersönlichkeiten ein, die kommende Strategie Frankreichs zu definieren. Joffre fordert erneut den Angriff Frankreichs gegen das neutrale Belgien, vorausgesetzt, England sei einverstanden und es ließe sich vorab eine Absprache mit der belgischen Regierung erzielen.

Als Grey am 1. August 1914 – am Tag des Kriegsausbruchs zwischen Frankreich und Deutschland – den französischen Botschafter empfängt, eröffnet er ihm zu seinem größten Erstaunen, „that Britain was under no obligation to France, especially since France was being drawn into war because of its Russian alliance" (...England nicht verpflichtet ist, Frankreich beizustehen, zumal Frankreich auf Grund seines Bündnisses mit Rußland in den Krieg hineingezogen wurde). Cambon sieht sein 23-jähriges Lebenswerk als Boschafter Frankreichs in London gescheitert und glaubt, das Wiederauferstehen „de la perfide Albion" erleben zu müssen. Zwei Tage später, Montag morgen den 3. August, warten Frankreichs Botschafter Paul Cambon und Rußlands Botschafter Alexander Benckendorff gespannt auf das Erscheinen des Außenministers Lord Edward Grey im Parlament, wo dieser seine Rede um Krieg oder Frieden halten sollte, denn deutsche Truppen sind tags zuvor im neutralen Belgien einmarschiert. Er benötigt über eine Stunde, um die Politik der Regierung darzulegen und zu versichern, daß England seinen Verpflichtungen nachkommen werde. Tags darauf wird Deutschland ein Ultimatum überreicht, es möge bis Mitternacht seine Truppen aus Belgien abziehen. Als bis

23 Uhr keine Antwort aus Berlin eintrifft, kabelt Churchill der Royal Navy: „Commence Hostilities against Germany!" (Eröffnet die Feindseligkeiten gegen Deutschland.)

H.) Wie beurteilen Enzyklopädisten und Historiker die Frage nach der Schuld am Ausbruch des Ersten Weltkrieges?

„Geschichte sollte man heute mit dem Bleistift schreiben"

Pierre Gaxotte, Historiker, 1895-1982

1) Helmolts Weltgeschichte

Johann Hohlfeld schreibt im 8.Band (1922) im Kapitel „Die englische Weltherrschaft und der Weltkrieg" auf Seite 189 ff.: „Die wahre Ursache des Hasses der Engländer gegen Deutschland, berichtet Baron Greindl aus dem Kreise belgischer Diplomaten 1905 nach Brüssel, ist Eifersucht, hervorgerufen durch außergewöhnlich rasche Entwickelung der deutschen Handelsflotte, des deutschen Handels und der deutschen Industrie. Dieser Haß wird so lange fortbestehen, bis die Engländer sich mit dem Gedanken vertraut gemacht haben, daß der Welthandel kein Monopol ist, welches England von Rechts wegen zukommt ... Wie die Demütigung von Faschoda (1898) Frankreich, so machte die Niederlage in Ostasien nunmehr Rußland bündnisreif. Die politische Einkreisung Deutschlands bis zur völligen Isolierung war Zweck der Politik König Eduards VII.. Deutschlands vorderasiatische Absichten (Bagdadbahn) durch die sich England unmittelbar angegriffen wähnte, beschleunigten die Verhandlungen, die 1904 zum Kolonialvertrag mit Frankreich, zur Überreichung eines Vertragsentwurfs an den russischen Grafen Witte in Paris durch König Eduard selbst und zur Erweiterung des Bündnisses mit Japan (1905) gediehen. Italiens Dreibundtreue wurde durch einen Vertrag mit Frankreich über Tripolitanien 1901, dem auch eine Verständigung mit England folgte, zum ersten Mal erschüttert..."

2) Jacques Bainville: „Histoire de France"

erschien 1924 und er berichtet auf S.467 ff.: „Außenminister Théophile Delcassé arbeitete unermüdlich an dem Geflecht von Allianzen, das 1914 seine Nagelprobe bestehen sollte. 1902 hatte er sich die Neutralität Italiens zusichern lassen, 1904 gelang ihm die Regelung aller noch offenen Kolonialfragen mit England. Bis zum Tag der Mobilisation wird Frankreich unter einer ständigen Bedrohung seitens Deutschlands leben müssen. Auf Grund deutscher Aufrüstung und Kriegsvorbereitungen ist Frankreich gezwungen, den Militärdienst von zwei auf drei Jahre zu verlängern ... Deutschland wollte den Krieg! Wie schon seit seiner frühesten Geschichte, fühlte es den Drang, seine Nachbarn überfallen zu müssen..."

3) Richard Suchenwirth: „Deutsche Geschichte"

„Im Jänner 1906 besprechen Engländer und Franzosen gemeinsame Operationen gegen das Reich ... Auf Grund großspuriger Worte Kaiser Wilhelms und mißverständlicher Erklärungen seiner Diplomaten wird Englands König Eduard VII. verärgert. England bereitet außerordentlich geschickt seinen Propagandafeldzug gegen das angeblich nach der Welthegemonie strebende Deutschland vor. Diesen Bemühungen gegenüber ist das Reich nahezu hilflos. 1908 kommt es zur Annäherung zwischen Zar Nikolaus II. und Eduard VII. Reichskanzler Bethmann Hollweg glaubt, daß zwischen Deutschland und England nur Mißverständnisse bestünden, die durch Nachgiebigkeit von deutscher Seite in der Flottenpolitik beseitigt werden könnten ... Der Krieg ist unausweichlich..."

4) „Le Larousse Illustré"

erschien während der deutschen Besetzung 1940 (!): „La Grande Guerre dauerte 52 Monate vom 2. August 1914 bis 11. November 1918 ... Kriegsgründe waren die ehrgeizigen Ziele Deutschlands, das im neutralen Belgien einfiel und Nordfrankreich besetzte..."

5) G.M. Trevelyan: „History of England"

Er schreibt in dem 1959 veröffentlichten Werk auf Seite 521ff.: „Bis zur Jahrhundertwende pflegte England auf Grund seiner „splendid isolation" freundliche Beziehungen zu allen Kontinentalmächten. Sie begannen aufzurüsten und sich in zwei Lager zu spalten: In den Dreibund, bestehend aus Deutschland, Österreich und zunächst noch Italien, und der Allianz Frankreich und Rußland. England blieb zunächst abseits, bis es gezwungen wurde, sich gegen die Gefahren der Bismarckschen Militärbürokratie sowie Kaiser Wilhelms Wunsch, die britische Flotte übertrumpfen zu wollen, zur Wehr zu setzen..."

6) Deutsche Buchgemeinschaft Lexikon

Darin (1964) steht auf Seite 965: „Die schwankende deutsche Politik des ‚Neuen Kurses' nach Bismarcks Abgang hatte die Annäherung des von Revanchegedanken erfüllten Frankreichs an Rußland ermöglicht ... Die britischen Versuche, Streitpunkte mit allen kontinentalen Mächten zu bereinigen, scheiterten an der deutschen Flottenpolitik. Die aus militärischen Erwägungen geforderte Verletzung der belgischen Neutralität machte den Kriegseintritt Großbritanniens unvermeidlich..."

7) A.J.P. Taylor: „Essays in History"

Schreibt 1976 auf S.126 ff.: „Ich bin der Meinung, daß Salisbury [1895-1902 das dritte Mal Premierminister] Englands außenpolitische Weichen für die nächsten Jahre gestellt hat: Er hatte erkannt, daß unsere Streitigkeiten mit Frankreich um Ägypten, mit Rußland in Persien und im Fernen Osten, uns immer tiefer in die Abhängigkeit Deutschlands trieb, die es zu vermeiden galt. Er bereitete die Entente mit Frankreich und Rußland vor. Ihm verdanken wir die in zwei Weltkriegen gewonnene Einsicht, daß im Falle der Uneinigkeit Englands und Rußlands – der beiden Großmächte am Rande Europas – Deutschland sich Europas bemächtigen wird..."

8) Fischers Weltgeschichte

Dort finden wir in Band 28 (1978) in „Das Zeitalter des Imperialismus" von Wolfgang Mommsen, S. 244: „Am 21. Juli 1911 gab Lloyd George in einer Rede im Mansion House zu London, die zuvor mit (Premierminister) Asquith und (Außenminister) Grey abgesprochen war, in verhüllter aber gleichwohl unmißverständlicher Form zu erkennen, daß England im Kriegsfalle nicht abseits stehen werde. Vergeblich bemühte sich die deutsche Regierung, den bedrohlichen Charakter der Rede Lloyd Georges, der bisher als Anhänger einer Verständigung mit Deutschland gegolten hatte, in der dem Auswärtigen Amt nahestehenden Presse hinwegzudisputieren. In

Deutschland brach ein Sturm der Entrüstung über Großbritanniens Haltung los, welches sich wieder einmal den legitimen weltpolitischen Bestrebungen des Deutschen Reiches in den Weg gestellt habe. Die französische Regierung aber war angesichts der Rückendeckung durch England, die nun auch in französisch-englischen Generalstabsbesprechungen über die Entsendung und den Einsatz eines Expeditionskorps auf dem europäischen Kontinent ihren Niederschlag fand, weniger denn je dazu bereit, gegenüber dem Deutschen Reiche nachzugeben und sich zu Konzessionen nennenswerten Umfangs herbeizulassen." Weiter S.282 ff.: „Am 30. Juli 1914 traf in Berlin die Nachricht von der russischen Gesamtmobilmachung ein. Damit setzte ... der verhängnisvolle Automatismus der Mobilmachungen ein, der nun den Politikern in Europas Hauptstädten jeglichen Spielraum für weitere Verhandlungen raubte. Namentlich Frankreich hätte seinen Bundesgenossen dazu veranlassen können, diesen folgenschweren Schritt erst dann zu tun, wenn alle diplomatischen Mittel erschöpft sein würden; Paléologue, der französische Botschafter in Petersburg, tat – wie es scheint, unautorisiert – das genaue Gegenteil. England aber, auf dessen Haltung Bethmann Hollweg gerade in diesem Punkte gewisse Hoffnungen gesetzt hatte, scheute vor entsprechenden Vorstellungen in Petersburg zurück ... Der deutsche Einmarsch in Belgien gab dann Sir Edward Grey das erwünschte Argument, um den Kriegseintritt Englands auf Seiten Frankreichs und Rußlands ... durchzusetzen..."

[Im Anschluß an dieses – angesichts der nachkriegsbedingten Umkehrung geschichtlicher Tatsachen – geradezu heldenmütig zu bezeichnende Zeugnis des genannten deutschen Historikers, muß wohl die hausinterne Zensur des Fischer-Taschenbuchverlages zugeschlagen haben, denn die Redaktion der Bände 30 und 34, die sich mit der Geschichte Nordamerikas, der Zwischenkriegszeit sowie des Zweiten Weltkriegs befassen, wurde – typisch neudeutsch – mehreren politisch korrekten, zuverlässigen angloamerikanischen Autoren anvertraut. Dementsprechend widerspiegelt deren Inhalt ausschließlich die Versailler und Nürnberger Sicht der Siegermächte.]

9) Hellmut Diwald: „Geschichte der Deutschen"

Darin schreibt er 1978 auf Seite 263ff.: „Die rücksichtslose Energie, mit der Wilhelm II. den Bau einer kampffähigen Hochseeflotte betrieb, war einer der Gründe dafür, daß die langjährige Freundschaft mit England zerbrach ... 1909 stellte der englische Außenminister Grey kategorisch fest: ‚Für uns ist die Flotte, was für Deutschland die Armee ist.

Die U-Bootflotte im Hafen von Kiel (1914) hat im Laufe des Krieges 12 Mio BRT an feindlichen Schiffen versenkt und führte dadurch zu großen Spannungen und schließlich zum Kriegseintritt der USA

Für Deutschland würde eine starke Flotte Vermehrung des Ansehens, Vermehrung des diplomatischen Einflusses, Vermehrung des Handelsschutzes bedeuten. Sie ist für Deutschland aber durchaus keine absolute Existenzfrage wie für uns. Die gewaltigste Überlegenheit der englischen Seemacht könnte uns nie in die Lage versetzen, die Unabhängigkeit Deutschlands anzutasten.'

Sowohl dem Kaiser als auch seinen Ministern und Diplomaten waren die englischen Sorgen vom ersten Tag an bekannt. Ohne Beschönigung hatte 1908 der deutsche Botschafter in London [Metternich] an Reichskanzler Bülow geschrieben: ,Wir sind entschlossen, eine starke Flotte zu besitzen und müssen uns daher auch die Folgen klarmachen...' Die Unfähigkeit der verantwortlichen [deutschen] Staatsmänner, diese Folgen zu übersehen und der starre Wille der Engländer, sie zu überzeichnen, waren weit schwerwiegender als der forcierte Schiffsbau und die Flottenrüstung selbst. So führte ein gerader Weg von der

Entfremdung zwischen Deutschland und England bis zum Abschluß der ‚Entente cordiale' zwischen Briten und Franzosen im Jahr 1904 sowie zu der Allianz Englands mit Rußland..."

10) „Der Große Wendig", Herausgeber: Rolf Kosiek und Olaf Rose

Band 1 (2006) auf Seite 150ff.: „...Seit 1906 hatten regelmäßig geheime englisch-französische Generalstabsbesprechungen stattgefunden. Im Juli 1912 gelang es Poincaré, Großbritannien durch den Abschluß einer Marinekonvention enger an Frankreich zu binden. Im November desselben Jahres konnten Poincaré und der französische Botschafter in London, Paul Cambon, dem englischen Außenminister, Sir Edward Grey, die geheime Zusage abgewinnen, daß England im Falle eines europäischen Krieges fest an der Seite Frankreichs stehen werde. Das britische Kriegsministerium versprach, Frankreich im Ernstfall durch Entsendung eines Expeditionskorps von 160.000 Mann zu unterstützen ... Grey hatte England durch geheime Absprachen ohne Wissen des britischen Kabinetts an Frankreich gebunden; am 22. November 1912 hatte er dem französischen Botschafter schriftlich zugesichert, England werde im Falle eines europäischen Krieges an der Seite Frankreichs stehen. Sasonow und Poincaré hätten es wahrscheinlich nicht gewagt, das Risiko eines Krieges einzugehen, wenn sie nicht auf die Unterstützung Greys vertraut hätten ... Das Problem, vor dem er stand, war, wie er den Kriegseintritt Englands vor dem Kabinett und der Öffentlichkeit rechtfertigen sollte. Er mußte darauf hoffen, daß Deutschland die Neutralität Belgiens verletzen würde, was der deutsche Kriegsplan auch tatsächlich vorsah. Großbritannien konnte sich dann als Beschützer der neutralen Nationen ausgeben und seinem Vorgehen damit eine moralische Rechtfertigung geben..."

11) Christopher Clark: „Die Schlafwandler"

Dieses 2013 veröffentlichte Werk stellt die Alleinschuld Deutschlands am Ausbruch des Ersten Weltkrieges in Frage.
S.709ff.: „Daß die Krise von 1914 außerordentlich komplex war, zählt zu den zentralen Aussagen dieser Studie. Zum Teil war diese Komplexität auf Verhaltensmuster zurückzuführen, die noch heute auf der politischen Bühne anzutreffen sind ... Ausschlaggebend für die Komplexität der Ereignisse von 1914 waren die raschen Veränderungen im internationalen System: die plötzliche Entstehung eines albanischen National-

staates, das türkisch-russische Wettrüsten im Schwarzen Meer oder die Umorientierung der russischen Politik von Sofia auf Belgrad, um nur einige zu nennen ...Das machte wieder das System erheblich undurchsichtiger und unberechenbarer, und eine alles durchdringende Stimmung des gegenseitigen Mißtrauens wurde gefördert, selbst unter den jeweiligen Bündnisblöcken – eine Entwicklung, die den Frieden gefährdete. Im Jahr 1914 war das Vertrauen zwischen der russischen und britischen Führung relativ gering, und es nahm noch weiter ab. Das minderte jedoch nicht die Bereitschaft des Foreign Office, einen europäischen Krieg zu den von Rußland festgelegten Bedingungen zu akzeptieren; im Gegenteil, es bekräftigte noch die Argumente für eine Intervention. Das Gleiche läßt sich über das französisch-russische Bündnis sagen: Zweifel an seiner Zukunft hatte auf beiden Seiten den Effekt, daß die Bereitschaft, einen Konflikt zu wagen, eher stieg, als zu sinken ... Ob Rußland oder Deutschland in den Jahren 1912 bis 1914 eine klare Balkanpolitik hatten, ist fraglich – vielmehr sehen wir eine Vielfalt von Initiativen, Szenarien und Haltungen, deren allgemeine Tendenz manchmal kaum zu erkennen ist ... Das wohl wichtigste Narrativ war die weithin verbreitete Legende vom historisch notwendigen Niedergang Österreich-Ungarns. Nachdem diese Legende das ältere Bild von Österreichs Rolle als Garant der Stabilität in Mittel- und Osteuropa verdrängt hatte, nahm sie den Gegnern Wiens auch die letzten Skrupel und untergrub die Vorstellung, daß Österreich-Ungarn wie jede andere Großmacht auch Interessen hatte, die es mit gutem Recht verteidigte ... Für Österreich-Ungarn, dessen regionale Sicherheitsvorkehrungen durch die Balkankriege zunichtegemacht worden waren, waren die Morde von Sarajewo kein Vorwand für einen bereits existierenden Invasionsplan und Krieg ... Und wie steht es nun um die Frage der Schuld? Mit der Behauptung, daß das Deutsche Reich und seine Bündnispartner moralisch für den Ausbruch des Krieges verantwortlich seien, sorgte Artikel 231 des Versailler Vertrages dafür, daß die Frage der Kriegsschuld im Mittelpunkt der Diskussion um den Ursprung des Krieges blieb. Die gegenseitigen Schuldzuweisungen haben niemals Anziehungskraft verloren. Die wohl einflußreichste Manifestation dieser Tradition ist die sogenannte „Fischer-Kontroverse" – ein Kürzel für eine Reihe von Argumenten, die in den sechziger Jahren Fritz Fischer, Immanuel Geiss und eine Schar jüngerer deutscher Historiker vorbrachten und nach denen Deutschland die Hauptschuld am Kriegsausbruch trug ... Fischers Argumentation ist in vielen Punkten scharf kritisiert worden ... Der Kriegsausbruch von 1914 ist kein Agathe-Christie-Thriller, an dessen Ende wir den Schuldigen im Konservatorium über einen Leichnam gebeugt auf frischer Tat ertappen. In dieser Geschichte gibt es keine Tatwaffe als unwiderlegbaren Beweis, oder genauer: Es gibt sie in der Hand jedes einzelnen wichtigen Akteurs. So gesehen war der Kriegsausbruch eine Tragödie, kein Verbrechen ... Die Krise, die im Jahr 1914 zum Krieg führte, war die Frucht einer gemeinsamen politischen Kultur. Aber sie war darüber hinaus multipolar und wahrhaft interaktiv – genau das macht sie zu dem komplexesten Ereignis der Moderne, und eben deshalb geht die Diskussion um den Ursprung des Ersten Weltkriegs weiter ... So gesehen waren die Protagonisten von 1914 Schlafwandler – wachsam, aber blind, von Albräumen geplagt, aber unfähig, die Realität der Greuel zu erkennen, die sie in Kürze in die Welt setzen sollten."

I.) Die Rolle der Presse vor dem Kriege und während des Krieges

1) Dr. Joseph Eberle: „Großmacht Presse – Enthüllungen für Zeitungsgläubige"

Dies ist eine Muß-Lektüre (1920) für all jene, die an das Märchen einer neutralen Berichterstattung glauben und eine Fundgrube für all diese, die den Lügenjournalismus längst durchschaut haben.
S.132ff.: „Ihren Gipfel erstieg die staatliche Pressekorruption vor und während des Weltkriegs ... Speziell die Entente-Mächte überboten sich in ebenso erfolgreichen wie bedenkenlosen Leistungen. Dabei hatten sie um so freiere Hand und leichteren Weg, als sie vom ersten Kriegstage an die Mittelmächte weitestgehend von der übrigen Welt abzuschließen vermochten und so ungehindert und unwidersprochen die Stimmung der Auslandswelt in ihrem Sinn beeinflussen konnten. Natürlich wurde während des Krieges auch die Presse der Mittelmächte entsprechend staatlich beeinflußt; manche Lügen und Schönfärbereien zur Stütze der Siegeshoffnungen und des Durchhaltewillens der Heimatvölker wurden verbrochen ... Indes – alles hier von den Mittelmächten Geleistete wird ganz und gar in den Schatten gestellt durch das von der Entente Vollbrachte ... Die Allianz der Entente-Großmächte gegen Deutschland-Österreich wurde auch publizistisch schon vor dem Weltkrieg geschaffen. Northcliffe verstand es seit 15 Jahren ... die große Presse in Paris, Petersburg und zuletzt auch in New York unter seinen Einfluß zu bringen. Um 1907 traf Northcliffe mit Suworin von der ‚Nowoje Wremja' [Neue Zeit] ein Abkommen, das letzteres Blatt

verpflichtete, zu einer Reihe internationaler Fragen in gleicher Weise Stellung zu nehmen, wie ‚Times' und die übrigen Northcliffe-Blätter. Als Suworin 1912 starb, brachte Northcliffe einen guten Teil der Aktien der ‚Nowoje Wremja' an sich ... Auch in Paris setzte sich der Einfluß Northcliffes durch. Seine dortige ‚Daily Mail'-Redaktion wurde mehr und mehr zu der mit den französischen Blättern eng zusammenarbeitenden Zentrale für die Nachrichten des Kontinents ... Die Northcliffe-Korrespondenten in Berlin, Wien, auf dem Balkan, hatten ihre Nachrichten ... über Paris zu schicken, wo sie zuvor gesichtet, redigiert und kommentiert wurden, sodaß London alle Festlandnachrichten nur im Pariser Licht zu sehen bekam ... Paris bemühte sich seit einigen Jahren wirtschaftlich und geistig um die Gewinnung der italienischen Presse. Vom französischen Botschafter Barrère, seit 1898 in Rom tätig, wird von Kennern festgestellt, er habe vom Anfang seiner Tätigkeit an dauernd und systematisch die ganze maßgebende Presse Italiens bestochen. So sei zum Beispiel zu verstehen, warum die italienischen Irredentisten zwar stets gegen die ‚Besetzung' von Triest und dem Trentino, nie aber von Savoyen, Nizza und Korsika protestiert hätten ... Nach Ausbruch des Weltkrieges arbeitete die Presse der Verbündeten brüderlich zusammen ... Ihr Hauptziel hierzu war der Kauf der Presse in Rumänien, Italien, Amerika ... Die Entente-Mächte wußten, daß – wenn man die Zeitungen besaß – auch das Volk hinter sich hatte und dann auch die Regierung folgen muß ... und daß sich Deutschland in diesem Punkt eines argen Versäumnisses schuldig gemacht hat ... Die Eroberung der wichtigsten Blätter Nordamerikas erfolgte 1917 im Einklang mit der englischen Regierung und dank der ungeheuren Propagandatätigkeit Northcliffes, die ihn 150 Millionen Dollar und den Einsatz von 10.000 Agenten kostete. Die Bestechung der amerikanischen Blätter erfolgte teilweise durch Vermittlung des Bankhauses J.P.Morgan & Co, das sich, gleich der übrigen amerikanischen Hochfinanz, stark für die Entente engagiert hatte, um so mehr als diese gewillt war, die Vereinigten Staaten zum Eintritt in den Krieg an der Seite der Entente zu bewegen."

Hier das Beispiel einer glatten Fälschung „à la française": Am 31. Juli 1914 sandte der französische Botschafter in St. Petersburg, Maurice Paléologue, um 10 Uhr 43 die folgende Depesche an den Außenminister in Paris: „La mobilisation générale de l'armée russe est ordonnée" (die Generalmobilmachung der russischen Armee wurde befohlen). Doch im 1914 herausgegebenen, offiziellen französischen „Gelbbuch" zur Kriegsschuldfrage wurde folgende Formulierung in das Originaltelegramm des französischen Botschafters hineingefälscht: „Auf Grund der österreichischen Mobilmachung und der seit sechs Tagen erfolgenden deutschen Mobilisierungsmaßnahmen sowie zwingender strategischer Notwendigkeiten, konnte die Generalmobilmachung der russischen Armee nicht mehr aufgeschoben werden und wurde heute befohlen, um der drohenden Gefahr eines deutschen Zeitvorsprunges zu begegnen..."

2) Emil Seeliger: „König der Demokraten"

Der ehemalige österreichische Offizier und Diplomat, verfaßte 1942 das Buch über die Politik von König Eduard VII.. Vor Ausbruch des 1. Weltkrieges war Seeliger Pressereferent im k.u.k. Kriegsministerium und hatte des öfteren Gelegenheit zur Aussprache mit hohen Persönlichkeiten sowie mit seinem Vorgesetzten, Vizeadmiral von Kailer, wobei es vor allem um die britische Politik ging.
Auf S.374 wird Kailer zitiert: „Bemüht man sich zu einem noch so unparteiischen Urteil über Eduard VII. zu gelangen, so kann dies nur lauten: Er war die hundertprozentige Verkörperung des Dogmas einer gottgewollten Überlegenheit des Engländertums, dessen starre Religion Weltbeherrschung heißt. Er hat mit Zielbewußtheit Jahrzehnte seines Lebens daran gebaut. Jetzt steht der Bau. Die riesige Aufschrift über dem Eingang lautet: England will den Frieden. Darunter, etwas kleiner: Deutschland stört den Frieden. Die Fassaden sind hoffnungsgrün getüncht. Von diesen Worten wurden die Völker des British Empire angelockt und überzeugten auch manch andere Völker. Tatsächlich ist es Eduard VII. gewesen, der als mahnender Onkel seines allerdings oft unüberlegten Neffen [Wilhelm II.], den deutschen Friedenswillen immer wieder als verhüllte Feindschaft zu deuten verstanden hat. Ein klarer Beweis dafür, unter anderem, sein Verhalten im Feber 1901, also unmittelbar nach dem Tod der Queen Victoria 1901, bei seiner Thronbesteigung ... Der Deutsche Kaiser, der beim Hinscheiden seiner Großmutter anwesend war und an den Begräbnisfeierlichkeiten teilgenommen hatte, blieb bis zum 5. Feber in England ... An diesem Tage gab der königlich britische Onkel seinem kaiserlich deutschen Neffen ein Abschiedsfrühstück im Marlborough House. Anwesend waren vierzig Teilnehmer, unter ihnen führende Staatsmänner. Eduard VII. brachte einen Toast auf Kaiser Wilhelm aus. Die anscheinende Herzlichkeit des Trinkspruchs, zwei Wochen nach dem Tode der greisen, ihr ganzes Leben lang deutschfreundlichen Königin Viktoria, hatte naturgemäß den Deutschen Kaiser tief beeindruckt. Er stand auf zu einer, im Hinblick auf die damals so gespannte Lage wohl bedeutsamen Antwort: ‚Ich glaube, es muß der Wille der Vorsehung sein, daß zwei Völker, die Männer

wie Shakespeare, Schiller, Luther und Goethe hervorgebracht haben, einer großen Zukunft entgegengehen; ich glaube, daß die beiden teutonischen Nationen einander immer besser kennenlernen und daß sie gemeinsam mithelfen werden, der Welt den Frieden zu bewahren. Wir sollten ein englisch-deutsches Bündnis eingehen, bei dem Sie die Meere zu sichern hätten und wir die Verantwortung für die Länder übernehmen. Wenn ein solches Bündnis bestünde, könnte sich keiner der professionellen Unruhstifter in Europa ohne unsere Erlaubnis dagegen wenden und die Staaten würden die Notwendigkeit einsehen, ihre Rüstungen herabzusetzen.'
Was aber geschah? Keine einzige englische Zeitung hat diese Rede auch nur mit einer Zeile gewürdigt ... Selbst in den amtlichen Hofnachrichten erschien bloß eine Notiz, in der mit Absicht gerade das Wesentliche vernebelt war. In begreiflicher Verwunderung fragte der deutsche Botschafter nach der Ursache solchen Verschweigens. ‚Leider hat der Veranstaltung kein offizieller Reporter beigewohnt' entschuldigte sich das Foreign Office, ‚es war daher nicht möglich, den Text der Rede wörtlich wiederzugeben.' In Wirklichkeit hatte Eduard VII. unmittelbar nach dem Frühstück eine Unterredung mit Außenminister Lansdowne, der erwirkte, daß die Rede des Kaisers auf keinen Fall veröffentlicht werden durfte, ‚der Text könnte Frankreich verletzen'."

S.387ff.: „Aus dem Gespräch, das Seeliger mit dem österreichischen Thronfolger Erzherzog Franz Ferdinand im Dezember 1913 nach dessen Englandbesuch führte:
FF: ‚Die Engländer sind, ich muß schon sagen, ein ganz superbes Volk, aber ich hab' drüben die volle Überzeugung gewonnen, daß – wenn das so weitergeht mit den maritimen Rüstungen – der Krach unvermeidlich ist, und zwar schon in allernächster Zeit! Eine unserer wichtigsten Aufgaben wird sein, den von Tag zu Tag schärferen Gegensatz zwischen Deutschland und England zu mildern. Der offizielle britische Standpunkt lautet: Die Vormacht zur See bedeutet nichts weniger als Großbritanniens Existenz. Sie fürchten, der ganze englische Besitz, durch Jahrhunderte lange Leistungen erworben, würde verloren gehen, wenn sie ihre Vorherrschaft zur See aufgeben. Deshalb betrachtet die britische Außenpolitik jedes Anwachsen der deutschen Flotte als Gefährdung ihrer maritimen Vormachtstellung.'
Seeliger: ‚Das ist eben der gefährliche Irrtum, kaiserliche Hoheit, denn Deutschland beweist doch mit jeder neuen Flottenvorlage, daß es ... nicht daran denkt, eine Flotte zu bauen, die so stark wie die englische werden soll ... Aber Deutschland hat das Recht und die Pflicht, auch eine Flotte zu halten, die der Größe seiner Handelsinteressen

Alfred Harmsworth, 1. Viscount of Northcliffe (1865-1922), baute als britischer Zeitungsverleger ein Verlagsimperium auf, das auch starken politischen Einfluß ausübte

entspricht und der Aufgabe, die überseeischen Interessen zu schützen und die deutschen Küsten zu verteidigen.'
FF: ,Vollkommen richtig. Darüber habe ich eingehend mit Seiner Majestät dem Deutschen Kaiser [Oktober 1913] auf Schloß Konopischt g'sprochen. Sein ehrliches Bestreben ist, mit England in Frieden auszukommen. Und jetzt habe ich in Windsor bei Seiner Majestät König Georg den gleichen Willen nach friedlicher Verständigung hören können. Schuld an allem ist nur die verdammte Hetzpresse'.
Seeliger: ,Darf ich mir erlauben, als Pressereferent, eine rein sachliche Bemerkung zu machen?'
FF: ,Selbstverständlich, reden's nur, deshalb hab' ich Sie ja holen lassen.'
Seeliger: ,Nun, da lebte in London ein Zeitungsmann mit Namen Alfred Charles William Harmsworth. Heute ist er der mächtigste Zeitungsbesitzer der Welt und übt durch seine Blätter „Times", „Daily Mail", „Weekly Dispatch", „Evening News", „New York Times", „New York Sun", „Temps" und noch einigen Dutzend anderen, den größten politischen Einfluß aus. Die nationale wie die jüdische Weltpresse steht in seinem Dienst ... Im Burenkrieg hat er ... eine schrankenlose Hetze gegen Deutschland begonnen. Diese noch nie dagewesene Verleumdungsorganisation steigert sich in dem Maße, als die deutsche Seegeltung zunimmt. Das Naheliegende war da die Frage: Handelt dieser gefährlichste Journalist aller Zeiten nur als Privatmann? Oder erfreut er sich vielmehr hoher, ja höchster Billigung? Die eindeutige Antwort gibt die Tatsache, daß Mister Harmsworth von Seiner Majestät Eduard VII. im Jahre 1905 zum Viscount [Adelstitel zwischen „baron" und „earl"] erhoben und als Lord Northcliffe Mitglied des Oberhauses wurde'."

III. KAPITEL

Die Zwischenkriegszeit 1919-1939

Erster Teil
Die Völker Europas ziehen Bilanz und erhoffen ewigen Frieden, doch hinter den Kulissen wird der 2. Weltkrieg vorbereitet

A.) Einleitung

Am 11. November 1918 feierten die Völker der Siegermächte fröhlich und ausgelassen das Ende des 1. Weltkriegs. In allen Städten und Dörfern Frankreichs und Englands läuteten die Glocken, liefen die Menschen auf die Straße, umarmten sich, stürmten Stammkneipen und Gaststätten, wo der „patron“ seinen Besten kredenzte, der „inn-keeper“ Freibier kreisen ließ und am Abend bestaunte man das Feuerwerk. Jetzt, da die deutsche Bestie, die habsburgische Krake, niedergestreckt waren, würden sie bald heimkehren, die sehnsüchtig erwarteten Frontsoldaten, Matrosen, Kriegsgefangenen, und für das ganze Volk werde das Goldene Zeitalter anbrechen, denn das hatten sie immer wieder versprochen, der gute König Georg, der Tiger Clemenceau, der Maréchal Foch. Doch nicht allen war zum Feiern zumute, denn nur allzu viele Mütter und Väter, Witwen und Töchter, holten vergilbte Photos aus trauerflorumrandeten Rahmen hervor und beweinten jene, die nie mehr heimkehren würden.

Angeführt von Großbritannien, Frankreich und anfangs noch Rußland, hatten nach und nach 24 Länder aus aller Welt das Kriegsbeil ausgegraben, um die „Schurkenstaaten“ Deutschland, Österreich-Ungarn und das Osmanische Reich zu zerstören, auf daß ewiger Weltfriede walte und das Selbstbestimmungsrecht der Völker für alle Zeiten gesichert werde. Vernichtend geschlagen, hatten sich Deutschland, Österreich, Ungarn und die Türkei den Siegern auf Gedeih und Verderb ergeben.

Anders als nach der endgültigen Niederwerfung des „Schurken" Napoleon, als die siegreichen Monarchen und ihre Außenminister zunächst in London, danach in Wien kongregierten, berichten Chronisten des Jahres 1918 weder von einer triumphalen Konferenz noch einer heroischen Siegesfeier, an denen die Herren Clemenceau und Poincaré, Grey und Lloyd George, Wilson und Orlando teilgenommen, ihnen Ehrenjungfrauen Lorbeerkränze überreicht, Kinderchöre Lobeshymnen gesungen, Garderegimenter Ehrensalven um die Ohren geschossen, Kirchenfürsten den Segen des Allmächtigen gespendet hätten, sondern von fünf Zusammenkünften der Siegermächte, die den Besiegten – vae victis! – nach dem archaischen Recht des Stärkeren ganze Landesteile entrissen, Schiffe, Flugzeuge, rollendes Material, Maschinen raubten, Reparationszahlungen bis zum Sankt Nimmerleinstag auferlegten, das alles im Namen des Friedens, der Gerechtigkeit, Humanität und von „Democracy."

Ende 1918 sonnten sich die Herrscher Albions im Glorienschein des militärischen Sieges, fuhren von 1919 bis 1924 die Ernte ihrer Geheimdiplomatie und Urteilssprüche zu Versailles, St. Germain, Trianon, Sèvres, Neuilly ein und konnte Außenminister George Curzon 1919 verkünden: „Nie wehte die britische Flagge über ein derart mächtiges und geeintes Reich, wie es heute ist; nie hatten Briten mehr Grund, der Welt ins Antlitz zu schauen, nie zählte unsere Stimme mehr im Rat der Nationen und bei den Entscheidungen um die Zukunft der Menschheit."

Hatten die Siegermächte ihre Ziele wirklich erreicht? Hatte sich die Verschwörung ausgezahlt? Gewiß für die Investoren, Spekulanten und andere Aasgeier, aber bestimmt nicht für die zur Schlachtbank geführten Völker: Nur allzu bald würde die Zahl der Arbeitslosen in Frankreich auf 15 Prozent, in den Vereinigten Staaten gar auf 36 Prozent ansteigen.

Nach der im Laufe des 1. Weltkriegs erfolgten Auflösung von drei großen Monarchien – das Deutsche Kaiserreich, das Kaiserreich Österreich-Ungarn und das Zarenreich – entstanden im Osten Europas neue Staaten, die entweder Nachbarn des vorübergehend entmachteten, aber potentiell übermächtigen Deutschlands waren oder an das im Blutrausch der Bolschewisten versinkende Rußland grenzten, wobei im Falle des stark vergrößerten Polens sogar beides zutraf. Kein Wunder, daß die Tschecho-Slowaken, Polen, Jugoslawen, Rumänen, sich willig in den von Frankreich in den 20er Jahren eingerichteten

„Cordon Sanitaire" – einer Pufferzone – einbinden ließen, die sowohl gegen allfällige Revanchegelüste eines wieder erstarkenden Deutschlands als auch einer nach Weltrevolution gelüstenden Sowjetmacht geschaffen worden war. Für garantierte Dauerkonflikte sorgte freilich auch die Tatsache, daß die gerade erst von der Knute des preußischen Militarismus sowie des Habsburger Völkerkerkers „befreiten" Polen und Ruthenen, Tschechen und Slowaken, Slowenen und Italiener, Kroaten und Serben, Magyaren und Rumänen, die wegen gegenseitiger Gebietsansprüche, Grenzverläufen, religiösen Dogmen, Sprachenstreit und Minderheitenrechten seit Jahrhunderten in Fehde lagen, sich nun erst recht an die Gurgel springen wollten. Ohne Rücksicht auf bestehende orthodoxe, katholische, muslimische Sollbruchstellen, war ein Labyrinth balkanesischer, karpathischer, cis-danubischer und trans-silvanischer unlösbarer ethnischer, konfessioneller, dynastischer Konflikte entstanden, in dem sich nur die Österreicher auskannten.

Am 18. Januar 1919 begannen im Spiegelsaal des Schlosses zu Versailles die einseitigen Verhandlungen zwischen den Siegermächten und dem ihnen ausgelieferten besiegten deutschen „Schurkenstaat". Am 7. Mai übergab Frankreichs Ministerpräsident Clemenceau dem deutschen Außenminister Brockdorff-Rantzau den Rohtext des Vertrages, doch dieser protestierte, dieser Text stünde im Gegensatz zur vereinbarten Grundlage für einen anhaltenden Frieden und trat unter Protest zurück. Doch unter dem Druck der Siegermächte unterschrieben am 28. Juni der neue Außenminister Hermann Müller (SPD) und Verkehrsminister Johannes Bell (Zentrum) das unveränderte Friedensdiktat. Und obwohl Clemenceau versichert hatte, er wolle Deutschland nicht amputieren, mußte es im Versailler „Vertrag" urdeutsches Land um Posen, in Westpreußen und Schlesien an Polen abtreten.
Mit den erzwungenen Abtretungen rein deutscher, österreichischer, ungarischer Provinzen an Polen, Italien, Tschechien, Jugoslawien, Rumänien, hatten die geographisch, historisch, völkerkundlich völlig überforderten Siegermächte des Ersten Weltkriegs mit ihren „Friedens"-Diktaten von Versailles, St. Germain, Trianon, Neuilly, den Völkern Europas nicht etwa den Frieden gebracht, sondern das Ei einer baldigen Neuinszenierung der gerade erst erlebten Tragödie ins Nest gelegt.

Als Woodrow Wilson nach den Vertragsabschlüssen von Versailles und St. Germain gefragt wurde, warum er – entgegen anders lautender Zusicherungen – der Auslieferung von 3,25 Millionen Sudetendeutschen an die Tschecho-Slowakei zugestimmt hatte, stotterte er:

„Why, Masaryk never told me that!" (Wieso, davon hat mir Mazaryk nichts gesagt!)

Hellmut Diwald: „Geschichte der Deutschen", 1978; Pat Buchanan: „Churchill, Hitler, and the Unnecessary War", 2008.

B.) Krieg und Frieden im Urteil deutscher und österreichischer Zeitzeugen

Den Lesern von Memoiren und Lebensgeschichten deutscher und österreichischer Entscheidungsträger der Nachkriegs- und Zwischenkriegszeit wird aufgefallen sein, daß kaum eine dieser mitbestimmenden Persönlichkeiten mit den Ansichten anderer Mitwisser übereinstimmt.

1) Gustav Stresemann

So sieht zum Beispiel der Berliner Hochgradfreimaurer und engagierte Friedenspolitiker Gustav Stresemann (1978-1929), der zweimal Reichskanzler und mehrere Male Außenminister der Weimarer Republik war, die Hauptgründe für Deutschlands Niederlage im Versagen der deutschen Ostpolitik und der deutschen Verweigerung, Belgiens Neutralität zu garantieren. Stresemann: „Um überhaupt die Möglichkeit zu Friedensverhandlungen zu schaffen, wäre eine eindeutige Erklärung Deutschlands über die Integrität Belgiens die Voraussetzung gewesen. Eine solche ist bis zum Ende des Krieges nicht erfolgt." Daran seien auch die Verhandlungen gescheitert, die am 1. August 1917 vom Vatikan eingeleitet und in einer

Gustav Stresemann arbeitete als Außenminister und Reichskanzler an der Verständigung mit Frankreich und der Revision des Versailler Vertrages. Erhielt nach den Locarno-Verträgen mit Briand den Friedensnobelpreis

Friedensnote veröffentlicht worden waren. So weit Stresemann, der damit die Schuld am Ausbruch des 1. Weltkrieges zwar Deutschland gibt, es aber nicht verraten hat.

2) Heinrich Brüning: „Briefe und Gespräche"

Anders der katholische Konservative Heinrich Brüning (1885-1970) in „Briefe und Gespräche" (1974). 1911 besuchte er die britische Eliteschule London School of Economics and Political Science und wurde 1930 deutscher Reichskanzler. Er regierte zumeist mittels Notverordnungen gegen ein Parlament, das nicht mehr in der Lage war, gemeinsame Entschlüsse zu fassen.

Heinrich Brüning war Zentrumsabgeordneter und letzter Reichskanzler der Weimarer Republik. Er floh 1934 und verstarb 1970 in den USA.

Reichskanzler Brüning wird 1932 abgewählt und „flieht" am 21. Mai 1934 zunächst nach England, wo er von Prime Minister Ramsay McDonald, Winston Churchill und Vansittart sogleich empfangen wird. Noch im selben Jahr besucht er die USA, Frankreich, Spanien, Holland und stellt sich der britischen Regierung gegen sein Heimatland zur Verfügung.

Beginnend mit seiner Flucht aus Deutschland, füllen Brünings Gesprächsnotizen und Brieftexte fünfhundert Seiten. Leserinnen und Leser werden es bewundernswert finden, mit welcher Selbstverständlichkeit und Beflissenheit der gerade erst abgewählte Regierungschef eines führenden europäischen Kulturvolkes sich bereiterklärte, den Regierenden jener Feindstaaten, denen sein Volk nicht nur Krieg, Not, Elend, sondern auch einen schändlichen Unterwerfungsvertrag verdanken sollten, sein gesamtes Wissen, seinen

Rat, seine Verbindungen zur Verfügung zu stellen. Gab es da längst bestehende, wohl verborgene, hochgradige Verbindungen, denen dieser deutsche Reichskanzler viel enger verpflichtet war, als seinem Volk? Die folgenden Auszüge aus seinen Tagebüchern machen jeglichen Kommentar entbehrlich. Erwecken sie nicht den Eindruck, Brüning sei von seinen Kumpanen in England mit einem herzlichen „welcome home" empfangen worden?

14. Juni 1934: „Vansittart hatte mich unmittelbar nach meiner Ankunft in London besucht, und als er mich zu einem Treffen mit dem Premierminister einlud, nahm ich sofort an und gab meiner Freude Ausdruck, Mr. MacDonald wiederzusehen."
17. September 1934: „Essen mit Winston Churchill. Mit Branden Bratken (britischer Informationsminister) fuhr ich nach Chartwell, wo wir von Churchill, Professor Lindemann[1] und General Spears erwartet wurden ... Die üblichen Fragen nach den Gründen für den Aufstieg des Nationalsozialismus, nach Hindenburg und die weitere Entwicklung wurden gestellt ... ich war von Churchills Charme gefesselt ... Churchill geriet bald in eine deutschfeindliche Stimmung. Er sagte, die britische Diplomatie habe 300 Jahre lang um die Aufrechterhaltung des europäischen Gleichgewichts gekämpft und mußte deshalb auch gegenüber der wachsenden, vereinigten und energischen Masse des deutschen Volkes verteidigt werden ... Als ich um 2 Uhr nachts in das Haus meines Gastgebers zurückkehrte, haftete eine Bemerkung Churchills in meinem Gedächtnis, die er gegenüber Lindemann gemacht hatte: ‚Deutschland muß wieder besiegt werden, und dieses Mal endgültig, sonst werden Frankreich und England keinen Frieden haben'.
Als ich im August 1935 in der Schweiz mit Freunden sprach, sagte ich ihnen, wenn ihre Freunde Kontakt zu mir suchten, sollten sie ihn über den deutschen Militärattaché in London, Oberst Geyr von Schweppenburg, dem ich vollständig vertraute, zu mir aufnehmen ... Als ich im November 1935 nach Holland zurückkehrte, fand ich eine Nachricht vor, jemand mit einem Paßwort wolle mich besuchen, er habe eine wichtige Stellung in der ‚Abwehr' inne..."

1 F. A. Lindemann (1886-1957) war englischer Physiker, genannt „The Prof", entstammte einer jüdischen Familie aus dem Elsaß, die sich in England niedergelassen hatte. Er war mit Churchill befreundet und stieg im Krieg zum wissenschaftlichen Berater der britischen Regierung auf. Als solcher empfahl er das „dehousing" des deutschen Volkes: Die Vernichtung städtischen Wohnraumes durch Massenangriffe mit Spreng- und Brandbomben sowie die Umsetzung des Morgenthau Planes.

In den USA trifft Brüning auf alte Bekannte von den Dawes- und Young-Komitees sowie auf einige Fachleute der Hochfinanz. Von allen Seiten wird er aufgefordert, seine intimen Kenntnisse der deutschen Innen- und Außenpolitik sowie militärischen Pläne auszubreiten. Er erfüllt die Erwartungen, die seine Gastgeber in ihn setzen, zu ihrer vollen Zufriedenheit. Am 9. März hält er in New York eine Rede vor dem „Council on Foreign Relations", Kriegsminister Henry Stimson führte den Vorsitz. Mit ihm erörtert er die Pläne der Reichsregierung zur Aufrüstung der Deutschen Luftwaffe ... Brüning lernt auch Major General William Donovan kennen, der im Juni 1942 den amerikanischen Geheimdienst OSS gründen sollte.

4. August 1937: Besuch in London. „Mit General Spears Besuch bei Churchill in Chartwell: Anwesend waren Lindemann und Admiral Keyes. Wir sprachen über die Möglichkeit eines Putsches der Wehrmachtführer, falls Hitler in der Außenpolitik zu weit ginge..." Tags darauf schreibt der deutsche Ex-Reichskanzler Brüning an seinen Gastgeber, den größten Feind Deutschlands: ‚Die politische Diskussion mit Ihnen und Ihren Gästen war mir sehr wertvoll...'"

„In Harvard erhielt ich einen Brief von Dr. Carl Goerdeler [Bürgermeister von Königsberg 1920-1930, von Leipzig 1930-1936, danach als Finanzberater der Firma Robert Bosch weltweit tätig, in New York ebenfalls Gastredner beim Council on Foreign Relations] und traf ihn am 26. September in Alexandria (Virginia). Wir vereinbarten, uns in London zu treffen, um für ihn einen Kontakt zu Vansittart herzustellen."

15. Februar 1938: In einem Brief an einen Freund: „Meine Unterredung vom 30. Januar mit dem Herrn in Washington verlief sehr angenehm..." Brüning bezieht sich auf sein vertrauliches Gespräch mit dem US-Präsidenten Roosevelt über Anwendung geeigneter Druckmittel, die Deutschland zwingen würden, sein Wirtschaftssystem zu ändern. Wäre dieser Punkt erreicht, seien in Deutschland Männer bereit, die notwendigen politischen Veränderungen herbeizuführen... [Das Protokoll dieses vertraulichen Gesprächs auf höchster Ebene war nicht in den Akten des Weißen Hauses enthalten, sondern wurde in einer sechsseitigen Aktennotiz des stellvertretenden Außenministers George Messersmith gefunden.]

15. August 1938: Besuch Brünings in Chartwell bei Churchill, dem er wichtige Informationen über deutsche Pläne in der Tschechoslowakei gibt. Churchill: „Was wir wollen, ist, die deutsche Wirtschaft vollkommen zusammenschlagen." Brüning: „...was bedeutet, daß Sie Deutschland wieder aufbauen müßten zu Ihrer Unterstützung gegen die Russen." Churchill: „Die Nazis haben mich zu ihrem Reichsparteitag eingeladen..."

Chatham House in London beherbergt das Royal Institute of International Affairs, einen der weltweit führenden „Think Tanks"

18. Mai 1939: „...habe mir die Vorschläge zur Diskussion zentraleuropäischer Probleme im Rahmen einer mit Chatham House [Residenz des ‚Royal Institute of International Affairs', ein von der Weltfinanz und der Hochgradfreimaurerei betriebenes Institut zur Umsetzung der Globalisierung] in Verbindung stehenden Gruppe gründlich überlegt. Es gibt verschiedene Möglichkeiten zur Anpassung des konstitutionellen Deutschlands und einiger Nachbarvölker, die eines Tages vielleicht einen vereinigten Wirtschaftsblock bilden werden..."
28. Juli 1939: „...ich willigte ein, [Außenminister] Lord Halifax im Grosvenor Hotel zu treffen ... Ich hatte den Eindruck, er wolle erfahren, ob ich irgendeine Möglichkeit sehe, den Krieg zu verhindern. Wie bei allen derartigen Gesprächen im Frühjahr und Sommer 1939 sagte ich, der Krieg könne nur dann vermieden werden, wenn die britische Regierung bekanntgibt, daß jede Invasion polnischen Bodens durch die Nazis automatisch den Krieg mit England und Frankreich auslösen werde, vielleicht sogar ohne formelle Kriegserklärung."

27. Januar 1941: Langsam dämmert es Brüning, was seine lieben englischen und amerikanischen Freunde mit Deutschland vorhaben. Er schreibt einem militanten deutschen Emigranten: „Was Sie und ähnliche Gruppen tun können und müssen, falls Ihnen die Zusammenarbeit gelingt, ist, der britischen und anderen Regierungen klarzumachen, daß gewisse Tendenzen der in London wirkenden Polen, Tschechen und freien Franzosen für alle Deutschen im Exil unannehmbar sind ... Ich weiß, daß Beneš insgeheim schon wieder seinen alten Plan hegt, einen Teil von Sachsen und Schlesien zu einer wieder aufgebauten Tschechoslowakei hinzubekommen. Ich weiß auch, daß nach der Besetzung Ostpolens und der Baltenländer durch Rußland starke Einflüsse am Werk waren zu Gunsten der Abtretung Ostpreußens an Polen und der Aufteilung Schlesiens zwischen Polen und der Tschechoslowakei. Bei den Habsburgern – [Thronfolger Otto war ebenfalls in die USA ausgewichen] – bestehen ebenfalls Tendenzen, ganz Deutschland zu opfern, wenn es ihnen gelänge, das Resthabsburgerreich in Gestalt einer lockeren [katholischen] Föderation einschließlich eines Teils von Bayern wiederherzustellen..."
13. Juli 1946: Im Mai 1946 besuchte Brüning den Chef des Amerikanischen Geheimdienstes OSS, Allen Dulles, den er beim Verfassen seines Buches „Germany's Underground" beriet. „Ich mußte tagelang mit ihm ringen, um den Eindruck, den Gisevius mit seine Schriften und Gesprächen geschaffen hat, wenigstens ein bißchen zu korrigieren ... Gisevius war natürlich Dulles' wichtigster Informant und ein bevorzugter amerikanischer Zeuge in Nürnberg ... Nachdem Canaris seinen Geheimdienst ausgebaut hatte, besaß er eine Monopolstellung im Denken der Generäle..."

Selbstverständlich stellte sich Brüning 1946 als Zeuge der Kläger bei den Nürnberger Kriegsverbrecherprozessen zur Verfügung. Ein guter „Deutscher" eben, der tausende willige Nachahmer fand.

3) Hans Heinrich Dieckhoff: „Zur Vorgeschichte des Rooseveltkrieges"

Der deutsche Botschafter in den USA 1937-1938, schreibt in seinem Buch 1943:
„Wir wissen, daß die amerikanische öffentliche Meinung vom ersten Tag des Weltkrieges an überwiegend für die Gegner Deutschlands Partei nahm. Wir wissen, daß Präsident Wilson durch Geburt und Erziehung ausgesprochen britisch war ... Wir kennen die Haltung des

amerikanischen Außenministeriums, das ... nur noch pro forma Noten mit der britischen Regierung über die Kriegführung zur See wechselte, da es – wie Außenminister Lansing in seinen Memoiren offen zugibt – von vornherein klar war, ‚that we would ultimately become an ally of Great Britain' (daß wir letztendlich ein Alliierter Großbritanniens sein werden). Es ist uns bekannt, welch feindliche Haltung der amerikanische Botschafter in Berlin, James Gerard, Deutschland gegenüber einnahm. Wir wissen aus dem Bericht der Nye-Kommission, wie eng die Verflechtungen der amerikanischen Hochfinanz mit den englischen Interessen waren, und welche Rolle die amerikanische Rüstungsindustrie beim Kriegseintritt der Vereinigten Staaten spielte. Wir kennen den Haß, der Deutschland aus einem großen Teil der amerikanischen Presse vom ersten Tage des großen Konflikts an entgegensprühte und die geschickt geförderte Kriegspsychose, die schließlich das Land in den Krieg hineinriß. Wir kennen die Haltung Wilsons, der im Widerspruch zu seinen 14 Punkten und im Widerspruch zu dem zwischen Außenminister Lansing und der Reichsregierung geschlossenen Abkommen vom 5. November 1918, in Paris nahezu sein gesamtes Friedensprogramm preisgab und seinen Namen unter das Diktat von Versailles setzte. Wir wissen, daß die amerikanische Regierung, die 1921 Frieden mit der Deutschen Republik schloß, sich aber alle Rechte aus dem Versailler Vertrag ausdrücklich ausbedang. Und wir wissen in welch rigoroser Weise in den Vereinigten Staaten, besonders die deutschen Patente, beschlagnahmt und verschleudert wurden...

Fragen wir zum Schluß nach den Gründen dieser Entwicklung, gibt es nur eine Antwort: England! Der Schlüssel zum deutsch-amerikanischen Verhältnis liegt seit 1896 in London. Seit diese Datum faßte England die Möglichkeit einer früher oder später kommenden kriegerischen Auseinandersetzung mit Deutschland ins Auge und suchte daher Annäherung an die Vereinigten Staaten, um den Rücken frei zu halten."

Getreu der britischen Tradition der ‚balance of power' (Schaukelpolitik) sowie des ‚divide et impera' (teile und herrsche) gab es keinen Politiker, der britischer als Roosevelt war. Seine Politik war auf ein Ziel gerichtet: Verhinderung eines starken, geschlossenen, einheitlichen Europa. Roosevelt wollte, wie auch Churchill, den Zustand eines zerrissenen, uneinigen, ohnmächtigen Europa aufrechterhalten, das ein bequemer Spielball angelsächsischer Politik bleiben und sich zu einem leicht beherrschbaren Feld der angelsächsischen Finanzmafia entwickeln würde. Roosevelt hat diesen Krieg entfesselt. Was kümmerte es ihn, wenn sich Europa in eine Schlachtfeld verwandelt? Was verstand Roosevelt von Europa? Was bedeuteten ihm unsere Traditionen, unsere Geschichte und Kultur? Hand

in Hand mit den Bolschewisten versuchte Roosevelt, Europa in die Knie zu zwingen."
Darauf, so Dieckhoff, gäbe es nur eine Antwort: „Amerika, Hände weg von Europa!"

4) H. W. Thost: „England wollte keinen Frieden"

Der Autor bringt in seinem 1941 erschienen Buch zahlreiche Beispiele englischer Doppelzüngigkeit und Heuchelei. Bis zum Kriegsausbruch 1939 leitete er das Büro des „Völkischen Beobachters" in London.
„Der ‚Daily Telegraph', ein dem britischen Außenministerium besonders nahestehendes ‚Kapitalistenblatt', schrieb am 4. Oktober 1938, es sei tröstend, daß das Münchner Abkommen eine Atempause geschaffen habe, die dazu ausgenützt werden müsse, die Kriegsvorbereitungen Englands zu verdoppeln und zu verdreifachen. Und dies geschah am 4. Oktober, nur fünf Tage nach dem Friedensgespräch in München!
Selbst Verteidigungsminister Inskip hatte in seiner Rede in Gravesend am 13. Oktober von einigen Leuten gesprochen, ‚die Deutschland einkreisen, demütigen und mit einer Kombination von Staaten umgeben wollen, durch die es in seiner Entfaltung gehindert wird...' Ende Oktober warnte der ‚Völkische Beobachter': ‚Der Wunsch des britischen Volkes nach Sicherheit kann nirgends mißverstanden werden. Die neue britische Rüstung aber nimmt ein Ausmaß an, das weit über das Sicherheitsbedürfnis des Inselreiches hinausgeht und nicht ohne Rückwirkung auf jene Mächte bleiben kann, gegen die sich die Spitze des britischen Rüstungsfeldzuges offensichtlich richtet...'"
„Die ganze Welt weiß," – so Thost weiter – „daß der Balkan für unser rohstoffarmes Volk lebenswichtiger Lieferant, für unsere hochentwickelte Industrie willkommener Abnehmer ist. Großbritannien, das kleine Inselvolk, das ein Viertel der Welt beherrscht, das alle Rohstoffe besitzt, die die Natur diesem Erdball schenkte, dieses Großbritannien mit seinem weltumspannenden Handel, neidete uns diesen Markt in Südosteuropa ... Der britische Propagandafonds für Osteuropa wurde vergrößert. Handelspolitische Agenten wurden nach dem Balkan geschickt, um ihre Bemühungen zu verdoppeln, rumänische Ölfabrikanten zu verpflichten, kein Öl nach Deutschland zu liefern, falls es in einen Krieg verwickelt wird – und das nur einen knappen Monat nach München! Ganz offen und brutal sprach Churchill vom kommenden Krieg gegen Deutschland. In einer Rundfunkansprache an die Vereinigten Staaten bat er diese um Hilfe gegen Deutschland, Italien und Japan. Der amerikanische Zeitungsbesitzer Hearst antwortete darauf,

Amerika dürfe nicht nochmals das Opfer der selbstsüchtigen Propaganda anderer Länder werden..."

5) Werner Haverbeck: „Rudolf Steiner, Anwalt für Deutschland"

Über den Begründer der Anthroposophie schrieb Haverbeck 1989 vom Schicksal Österreichs:
„Schon am 12. November 1918 verkündete der Vollzugsausschuß der deutsch-österreichischen Nationalversammlung als Gesetz: ‚Deutsch-Österreich ist ein Bestandteil der Deutschen Republik'... Der sozialdemokratische Staatskanzler Karl Renner: ‚Wir sind ein Stamm und eine Schicksalsgemeinschaft. Von der in allgemeinen, freien und geheimen Wahlen gewählten Nationalversammlung wurden zugleich Delegierte gewählt, die an der Ausarbeitung der Verfassung der deutschen Republik in Weimar teilnehmen sollten. Doch entgegen dem proklamierten ‚Selbstbestimmungsrecht der Völker' setzte der französische Ministerpräsident Clemenceau diesen demokratischen Volksentscheid außer Kraft und erzwang die ‚unabänderliche, dauernde Selbstständigkeit' eines neuen österreichischen Donaustaates. Die republikanische, demokratisch gewählte, österreichische Nationalversammlung erklärte daraufhin: ‚Die Nationalversammlung erhebt vor aller Welt ihren Protest dagegen, daß der Friedensvertrag von Saint Germain unter dem Vorwande, die Unabhängigkeit Deutsch-Österreichs zu schützen, dem deutsch-österreichischem Volke sein Selbstbestimmungsrecht nimmt ... und die Vereinigung mit dem deutschen Mutterlande verweigert. Die Nationalversammlung spricht die Hoffnung aus, daß dem deutschen Volke das Recht auf Einheit und Freiheit der Nation, das allen anderen Völkern gewährt wird, nicht dauernd vorenthalten werde'."
Genau so wenig wie die Siegermächte, dachte ihr „demokratisches Friedensinstrument "– der Völkerbund – nicht im Traum daran, Arabern, Indern, Zulus, geschweige denn Deutschen, das Recht auf Selbstbestimmung einzuräumen.
Haverbeck berichtet, wie sich einst der letzte Bundeskanzler Dr. Kurt Schuschnigg zur Vereinigung Österreichs mit dem Deutschen Reich im März 1938 geäußert hatte: Im Prager Staatsarchiv wurde ein Brief Schuschniggs aufbewahrt, der aus NS-Akten stammt, die im Sommer 1964 geborgen wurden. Der Brief wurde am 17. Juni 1938, also etwa ein Vierteljahr nach dem Anschluß verfaßt. Der wesentliche Teil des Dokumentes lautet:

Dr. Kurt Schuschnigg (1897-1977),
letzter österreichischer Reichskanzler vor dem „Anschluß", war von 1939 bis 1945 im KZ und ging dann in die USA

„Die heutige Lösung ist ebenso zwangsläufig als endgültig, historisch bedingt und begründet. Der Führer, und nur er konnte sie bringen, hat damit das Problem gelöst, das seit 1866 offen stand. Er hat somit vollendet, was Bismarck begonnen hat. Ich halte es für sinnlos, dies nicht vorbehaltlos zu sehen und anzuerkennen – die geschichtliche Zwangläufigkeit nicht zur Kenntnis zu nehmen – die gegebene Tatsache, die Größe des Erfolges und des Mannes, der die Voraussetzungen hierfür schuf, nicht voll und ganz zu bejahen. Ich bin überzeugt, daß die vom Führer entschiedene Lösung der *vollkommenen* Eingliederung Österreichs ins Reich der halben Lösung eines verschleierten Anschlusses oder einer loseren staatsrechtlichen Bindung, wie sie mir vorschwebte, vorzuziehen und auf die Dauer richtiger ist ... Persönlich erkläre ich meinen festen und freien Willen, in bedingungs- und vorbehaltloser Loyalität zu Führer, Reich und Volk zu stehen und wäre froh, der deutschen Sache dienlich sein zu können. Wien, 11. Juni 1938, Kurt Schuschnigg."

Nach der totalen Niederlage im Ersten Weltkrieg und seiner von den Siegermächten im Friedensdiktat von St. Germain 1919 beschlossenen Zerstückelung, war der kleine zusammengeschrumpfte Rest von Deutsch-Österreich nach Überzeugung der Mehrheit seiner Einwohner sowie seiner sozialdemokratischen republikanischen Regierung nicht mehr lebensfähig

Hubertus Prinz zu Löwenstein: „Stresemann, das deutsche Schicksal im Spiegel seines Lebens", 1952; Karl Balzer: „Der 20. Juli und der Landesverrat", 1967; „Heinrich Brüning – Briefe und Gespräche 1934-45", hg. von Claire Nix, Reginald Phelps, George Pettee, 1974; Hellmut Diwald: „Geschichte der Deutschen", 1978; Werner Haverbeck: „Rudolf Steiner, Anwalt für Deutschland", 1989; Rolf Kosiek u. Olaf Rose (Hg.): „Der Große Wendig", Bd. 1–5, 2014.

C.) Krieg und Frieden im Urteil britischer Zeitzeugen

In manchen Enzyklopädien und Geschichtsbüchern wird oftmals behauptet, die englische Verfassung sei 700 Jahre alt. Bei nüchterner Betrachtung stellt sich die vielgerühmte „Magna Charta" freilich anders dar. Sie ist eine Sammlung all jener Privilegien, die die herrschende Klasse des Adels, der Großgrundbesitzer also, dem König Johann ohne Land (1199-1216), auch John Lackland genannt, abgetrotzt hatte. Für das konservative Beharrungsvermögen in der englischen Geschichte ist es bemerkenswert, daß – obwohl formell alle Unterschiede abgeschafft wurden – die herrschende Klasse auch heute noch ausschlaggebend bleibt. Sie ist jene „Society" Albions, die nicht nur gesellschaftlich, sondern auch politisch tonangebend ist. Es stellt sich deshalb die Frage, ob England jemals eine echte Demokratie war, oder eher eine gut getarnte Oligarchie, die mit dem Aufkommen des Welthandels zu einer kapitalistischen Plutokratie mutierte. Der Landadel war in der Regierungszeit der Kaiserin/Königin Victoria durch den Geldadel abgelöst worden. Der Mann, der dies bewirkte, war Premierminister Benjamin

Disraeli, geadelter Lord Beaconsfield, begeisterter Repräsentant dieser neuen, kapitalistischen Regierungsform.
In der Zeitschrift „Fortnightly Review" (Dezember 1939) schrieb der englische Gelehrte H.G. Wells: „Das britische Imperium hat sich als das am wenigsten konstruktive aller Regierungssysteme erwiesen. Es bringt keinen „New Deal" und keinen Fünfjahresplan hervor, sondern versucht einfach, seine unvermeidliche Auflösung hinauszuschieben und nach alter Weise weiterzumachen, bis es nichts mehr herzugeben hat. Die gegenwärtige britische Regierungspolitik ist verderblich. Ruhe um jeden Preis, selbst um den Preis eines Präventivkrieges, das ist der leitende Grundsatz der alt gewordenen britischen Staatsmänner. Dieser seltsame Haufen von Anführern hat noch nie irgendeine Idee über die Zukunft des Imperiums enthüllt. Es schien einmal, als ob dieses Imperium so etwas wie das einigende Band werden würde, aber jetzt hat es offenbar keine andere Zukunft mehr als die Auflösung. Nun haben die heutigen englischen Staatsmänner durch eine Kette von unglaublichen Fehlern das, was vom britischen Imperium noch übrig geblieben ist, in einen Krieg verwickelt, um „Hitler ein Ende zu bereiten". Aber weder für ihre Gegner noch für die übrige Welt haben sie irgendeinen Vorschlag, was nun eigentlich nach Hitler kommen soll. Offenbar hoffen sie auf irgendeine unklare Weise, Deutschland lähmen zu können, um dann wieder zu ihren Golfplätzen, Forellengewässern und zum Dahindösen am Kaminfeuer heimkehren zu können."

Durch die industrielle Revolution, die England zur wirtschaftlichen Vormachtstellung emporgetragen hatte, waren die Interessen von gut zwei Dritteln der englischen Gesamtbevölkerung dem Götzen der Industrialisierung geopfert worden. Die Stellung des englischen Bauern wurde vernichtet, die Handwerker wurden Opfer des technischen Fortschritts. So kam es zu den schweren sozialen Auseinandersetzungen, die sich schon vor der Jahrhundertwende bemerkbar machten. Der Kampf zwischen Manchestertum und britischem Imperialismus ließ die ersten innerenglischen Konflikte erahnen, deren Ursachen im imperialen englischen Machtaufstieg begründet lagen. Das Schwergewicht englischer Interessen verschob sich vom Produktions- auf den Finanzsektor. Das Unternehmerideal wich dem Rentnerideal, wodurch die englische Tatkraft gelähmt wurde. Dies mußte zu einer großen Gefahr anwachsen, denn im ausgehenden viktorianischen Zeitalter gab es nicht nur eine soziale Opposition, sondern auch eine geistige, die dem Nützlichkeitsprinzip als dem vom Puritanismus religiös verbrämten Grundgesetz englischer Entwicklung den Kampf ansagte.

Im November 1930 berechnete die „Financial Times" die während des Ersten Weltkrieges veräußerten englischen Auslandsguthaben und kam auf einen Betrag von 850 Millionen Pfund, die zur Finanzierung des Krieges ausgegeben und von den englischen Auslandsguthaben abgeschrieben werden mußten. Lloyd George, gewiß ein unverdächtiger Zeuge, erklärte im August 1919 vor dem Unterhaus, daß der Gesamtbetrag der für kriegswichtige Einfuhren veräußerten ausländische Effekten, die sich in britischem Besitz befanden, auf mindestens eine Milliarde Pfund zu beziffern sei. Im Oktober 1939, als Roosevelt das Waffenembargo aufhob und die Waffenausfuhr nach England ermöglichte, begann der große Ausverkauf des Empire. Dieser begann mit dem Besitzwechsel am malaiischen Zinn, am kanadischen Nickel, an kanadischer Kohle und setzte sich fort mit dem Verkauf zahlreicher Schlüsselindustrien an den amerikanischen Vetter.

Wohl hatte es nach dem 1. Weltkrieg zwei Männer gegeben, an deren Führungsstil und Organisationstalent nicht gezweifelt wurde. Der eine war Lloyd George von der Liberal Party, Premierminister von 1916-1922, der andere Ramsay McDonald von der Labour Party, Premierminister im Jahre 1924 und von 1929 bis 1935. Beide waren aus dem einfachen Volk hervorgegangen und auf dem Lande aufgewachsen. Beide kannten die Not des Volkes aus persönlicher Erfahrung, beide hatten von der Pike auf gedient und mußten sich erst emporkämpfen, bis sie an die Spitze des britischen Weltreiches berufen wurden.

Nach offiziellen englischen Statistiken war die Arbeitslosigkeit seit Ende des 1. Weltkrieges nicht unter einer Million gesunken, sondern 1939 auf 1,5 Millionen, gelegentlich 2 Millionen gestiegen. In Großbritannien gab es zahlreiche Elendsgebiete, die nach offiziellem Sprachgebrauch als „special areas" bezeichnet wurden. Sie entstanden 1924 im Zuge der Krise auf dem Kohlenmarkt, die 1926 zum Streik im Kohlenbergbau führte. 1937 bequemte sich die Regierung zu einem Rettungspaket von 2 Millionen Pfund zur Behebung des Elends der etwa 2 Millionen Arbeitslosen. Die Oppositionspresse machte zurecht geltend, daß diese Summe im Verhältnis zu den 18 Milliarden, die zur gleichen Zeit von der Regierung für die Aufrüstung gefordert wurden, eine Kleinigkeit sei. Im „Blaubuch" vom 1. März 1939 war zu lesen, „...daß die Raumnot und die Lebensverhältnisse in überfüllten Katen in Wales schlimmer sind als irgendwo in den Eingeborenenvierteln von Shanghai." Drastischer konnte man diese Zustände in South Wales unmöglich bezeichnen.

1) Wie funktionierte das politische System Albions?

Im Parlament des Jahres 1940 belegten die „Tories" (Konservativen) 415 von 600 Sitzen. Da sich die Opposition in hoffnungsloser Minderheit befand, stellten diese 415 Männer und Frauen die eigentlichen Repräsentanten des englischen Volkes dar.
Wer waren sie? 44 Prozent dieser 415 Parlamentsabgeordneten – nämlich 181 – waren Direktoren und Aufsichtsräte großer englischer Kapital- und Handelsgesellschaften. Diese 181 Abgeordneten besaßen zusammen 775 Aufsichtsrats- und Direktorenposten, und zwar bei den 700 größten Banken, Schifffahrtgesellschaften, Industrieunternehmen und überseeische Handelshäusern. Mit anderen Worten: Das von den Konservativen beherrschte englische Parlament war bei näherem Hinsehen keine Vertretung des englischen Volkes, sondern eine Vertretung mächtiger Kapitalinteressen, die sich irgendwo auf der Welt zusammenballten. Nahm man indes all jene Parlamentsmitglieder hinzu, die zwar nicht selbst Aufsichtsratposten bekleideten, deren Brüder, Söhne oder Schwäger aber auf wichtigen Stellen saßen, so gelangte man zur Schätzung, daß annähernd 80 Prozent aller konservativen Parlamentsabgeordneten direkt oder indirekt mit dem „Big Business" verbunden waren.
Ein Beispiel gefällig?
In den Händen der Familie Chamberlain befanden sich die Rüstungsfabriken Hoskins & Sons, Tubes Limited, Elliots Metal, die Munitionsfabrik Kynoch Company, ferner die Finanzierungsgesellschaft Birmingham Trust und die Colombo Commercial Company, eine Spekulationsgesellschaft, die von Ceylon aus undurchsichtige Geschäfte betrieb. Die wichtigsten Fäden werden freilich von der Hochfinanz der Londoner City gezogen. Im Sommer 1939 sah sich Premierminister Chamberlain gezwungen, die viel geschmähten Nazi-Methoden nachzuahmen und sich nach einem Wirtschaftsdiktator umzusehen. Seine Wahl fiel auf Lord Josiah Stamp, Aufsichtsrat der privaten „Bank of England", Vorsitzender der größten englischen Eisenbahngesellschaft und seit Januar 1940 auch Handelsminister. Nach einer Statistik des Jahres 1938 befanden sich achtzig Prozent des Privateigentums der britischen Bevölkerung im Besitz von nur fünf Prozent dieser Bevölkerung.

Auffallend ist, daß den meisten Memoiren und Zeugnissen britischer Politiker der dreißiger Jahre die gar nicht geringe Menge an Befürwortern und Förderern der „Appeasement" (Beschwichtigungs)-Politik Chamberlains bei den Tories, der „High Society" und aus Wirtschafts-

Joachim von Ribbentrop (1893-1946) war 1938-45 Reichsminister des Auswärtigen, wurde im Nürnberger Prozeß in allen Punkten der Anklage für schuldig befunden und am 16. Oktober 1946 durch den Strang hingerichtet

kreisen zu entnehmen ist. Zu diesen gehörten Ex-Minister Lord Mount Temple, Vorzeigearistokrat, Begründer der „Anti Socialist Union" und der Mitbegründer der „British Legion" – ähnlich dem Frontkämpferverband – Lord Londonderry, der von Außenminister Ribbentrop bewundert wurde. Aus der Überzeugung, daß der Versailler Vertrag äußerst ungerecht war, entstand der Wunsch vieler Tories und der Oberschicht, Deutschland entgegenzukommen. Die einflußreichsten Mitglieder des „Cliveden set“ trafen sich in Cliveden, dem Schloß des Viscount Waldorf Astor in Buckinghamshire, man traf sich auch im Londonderry House, in „fashionable clubs“, in Stadtpalästen oder Landhäusern. Zu den wichtigsten Schlüsselfiguren zählten Geoffrey Dawson, Herausgeber der „Times“, Lady Astor, J. L. Garvin, Herausgeber des „Observer“, Lord Halifax, Lord Lothian, Lord Mount Temple, Sir Arnold Wilson (Tory), Sir Thomas Moore (Tory) und der Erzbischof von Canterbury Cosmo Lang.

Lady Nancy Astor, geborene Nancy Witcher Longhorne, heiratete 1906 Waldorf Astor und vertrat über ihr Zeitungsimperium lange Zeit die Appeasement-Politik gegenüber dem 3. Reich

In den 30er Jahren wirkten landesweit etwa fünfzig Gruppen von „appeasers“ (Beschwichtiger). Darunter die „Peace Pledge Union“ PPU (Union der Friedensgelobenden), die „Peace Society“, das „No More War Committee“. Im Oktober 1934 schrieb der engagierte Pazifist Domherr Richard Sheppard einen Leserbrief an ein Dutzend britischer Zeitungen, den über 80.000 besorgte Leser beantworteten, was zur Gründung der PPU führte. 1939 zählte diese Organisation 130.000 Mitglieder. Unter den 250 Mitgliedern des „Right Club“ befanden sich ein Prinz, zwei Prinzessinnen, ein Fürst, ein Marquess, zwei Earls, fünf Lords, zwei Universitätsprofessoren, zwölf Geistliche, sechs Ärzte, zwölf Unterhausabgeordnete und neunzehn Offiziere. Auch Tyler Kent, Chiffrierbeamter an der amerikanischen Botschaft, von dem noch die Rede sein wird, war dort Mitglied. Freilich zog „appeasement“ auch viele Anhänger der extremen Rechten wie die von Sir Oswald Mosley angeführte „British Union of Fascists“ (BUF) an. 1934 verfügte sie über 50.000 Mitglieder.

An der Spitze der einflußreichen Gegner einer Beschwichtigungspolitik befand sich die Mehrheit der „Labour Party“ und der „Liberal Party“. Die meisten linken Abgeordneten und Gewerkschaftler verurteilten die Abschaffung der Gewerkschaften, der Demokratie, der linken Parteien und der freien Presse in Nazi-Deutschland. Ihre Sprecher waren Hugh Dalton und Stafford Cripps. Es war vor allem die Tschechenkrise im Jahre 1938, die die große Kluft zwischen Tories und der Labour Party offenbarte. Am 21. September warf die Linke der Rechten ‚a shameful surrender' (eine schändliche Auslieferung) des Sudetengaus an Hitler vor. Nicht einmal Chamberlains Garantie an Polen im März 1939 konnte die Labour Party beschwichtigen: Am 3. April 1939 drohte Hugh Dalton Chamberlain im Unterhaus: „Entweder Sie schließen einen Vertrag mit der Sowjetunion, oder treten zurück!"

Auch in der Konservativen Partei (den Tories) hatte sich um Winston Churchill eine kleine aber einflußreiche Minderheit versammelt, die in Opposition zu Chamberlains Politik stand. Den meisten Tories galt er aber als prinzipienloser Ehrgeizling, Einzelgänger und unsicherer Kantonist. Nur zwei Tory-Abgeordnete waren ihm restlos ergeben: Sein Schwiegersohn Duncan Sandys und der exzentrische irische Feuerkopf Brendan Bracken. 1936 wurde Churchill Anhänger der von Walter Citrine geleiteten „Anti Nazi Association" und stieg zur einer Führungsperson von „FOCUS" auf, einer bunt zusammengewürfelten Gruppe von Kriegstreibern, die strikt gegen jede Art von „appeasement" mit Deutschland war und deshalb Churchill finanzierte. Ganz anders Leopold Amery, ein enttäuschter Hinterbänkler des rechtsextrem-imperialistischen Tory-Flügels, der Chamberlains Politik gegenüber Deutschland unterstützte, eine Rückgabe der deutschen Kolonien im Gegenzug für Hitlers Entgegenkommen gegenüber dem British Empire jedoch empört zurückwies. Schärfster Gegner Chamberlains innerhalb der Tory-Partei war Sir Anthony Eden, der von seinem Außenministerposten zurückgetreten war und eine „Eden-Gruppe" von etwa 25 Abgeordneten um sich versammelt hatte, unter ihnen Ex-Minister Duff Cooper und eine Reihe junger Polit-Rebellen, „Glamour Boys" genannt, darunter der spätere Prime Minister Harold Macmillan, ferner Harold Nicolson, Richard Law und Ronald Cartland, Bruder des berühmten Romanciers. Was die auf Talfahrt befindliche Liberal Party anbelangte, so folgte sie – mit Ausnahme des ehemaligen Prime Minister Lloyd George und einiger weniger Abgeordneten, die eine Revision des Versailler Vertrages forderten – der politischen Linie Chamberlains.

Wie in den USA, verfügte auch in Großbritannien die Presse über gewaltige Macht.
Als erstes „The Times", auch genannt „the voice of the British government", im Besitz von J. J. Astor, verlegt vom regierungsnahen Geoffrey Dawson und mit einer Verbreitung von 205.000 Lesern. Ihr folgte

Cliveden, Wohnsitz von Lady und Waldorf Astor und Treffpunkt des Cliveden Set in den 20 und 30er Jahren des vorigen Jahrhunderts

der sehr regierungskritische „Daily Express", im Besitz von Lord Beaverbrook, dem auch der „Evening Standard" mit einer Auflage von 2,3 Millionen und der „Sunday Express" gehörte. Die „Daily Mail" mit einer Auflage von 1,6 Millionen gehörte Lord Rothermere und stand zunächst der Regierung nahe. Ward Price, ihr Berlinkorrespondent, malte Nazideutschland in den schönsten Farben, bezeichnete Hitler als Friedensfürsten und unterstützte eine Zeitlang sogar die BUF des Oswald Mosley, wechselte aber später die Fronten. Der konservative „Daily Telegraph" war nicht grundsätzlich gegen ein Arrangement mit Deutschland, sondern nur gegen ein „appeasement" Hitlers. Sein Berliner Korrespondent Arthur Mann sorgte dafür, daß nur kritische Berichte über den Führer die Redaktion erreichten. Der „Observer" befand sich im Besitz von William Waldorf Astor und wurde von J. L. Garvin, einem Mitglied des „appeasement"-freundlichen „Cliveden Set" verlegt und stand zunächst voll hinter Chamberlains Politik. Nach der Abtretung des Sudetenlandes an Deutschland änderte sich die Linie des Blattes und Garvin leitartikelte: „Dies ist die schändlichste Seite in den Annalen Europas..."
Es folgte der im Besitz der Schokoladendynastie Cadbury befindliche, streng regierungskritische und antideutsche „News Chronicle", gegen dessen Berichterstattung Botschafter von Ribbentrop sich beim britischen Außenministerium mehrmals beklagte. Die Reihung könnte seitenlang fortgesetzt werden und würde ein bezeichnendes Licht auf die ungeheure Macht der Presse sowohl auf die Meinungsbildung einer Millionenleserschaft als auch der im Hintergrund wirkenden Financiers werfen.

Beim Besuch des Außenministers Halifax im November 1937 bemerkte Hitler, neun Zehntel aller internationalen Spannung seien auf die tendenziöse Berichterstattung der Medien in den westlichen Demokratien zurückzuführen. Daraufhin führte Halifax mehrere Gespräche mit den britischen Zeitungsmagnaten Lord Southwood, Besitzer des besonders deutschfeindlichen „Daily Herald", Sir Walter Layton vom „News Chronicle" und Lord Beaverbrook vom „Evening Standard". Letzterem legte er nahe, er möge seinen Karikaturisten David Löw untersagen, hinfort führende Nazis despektierlich zu karikieren.

2) A.J.P. Taylor: „Essays in English History"

Der englische Historiker bekundet 1976, die Nachkriegsbilanz von Lloyd George könne sich sehen lassen: „Friede mit Deutschland, trotz Opposition von Wilson und Clemenceau, auf der Grundlage geringer Gebietsabtretungen, ohne Preisgabe deutsch besiedelter Landesteile. Ferner Zugeständnis an Deutschland, nur solche Reparationen zu leisten, zu denen es sein Einverständnis gab." Hatte Lloyd George denn geträumt oder Taylor gemogelt? Taylor weiter: „In Bezug auf den Zweiten Weltkrieg wird zumeist behauptet, Hitler sei unersättlich, der Krieg deshalb unausweichlich und ‚appeasement' deshalb illusorisch gewesen. Chamberlain habe in Kenntnis Englands militärischer Schwäche bei seinen Verhandlungen mit Hitler nur auf Zeit gespielt. Dies ist heute [in den Siebzigern] gängige Ansicht. Selbstverständlich war Hitler nach der Katastrophe von 1918 bemüht, Deutschland in Europa wieder eine dominante Rolle zu verschaffen, und dies schloß natürlich auch die Möglichkeit eines Krieges ein. Es bedeutete aber nicht, daß der 1939 ausgebrochene 2. Weltkrieg unausweichlich gewesen wäre.

...Deutschland wollte freie Hand im Osten, wurde aber zu einem Krieg gegen Frankreich und England gezwungen, den er nicht wollte. Wäre er gegen Rußland marschiert, hätten ihm dieselben Demokraten, die dem internationalen Kommunismus den Vorzug vor dem nationalen Sozialismus gaben, genau so den Krieg erklärt. Es kam, wie es kommen mußte: Dieser Krieg gegen Deutschland führte zur Vernichtung des British Empire durch die Sowjetunion und die USA.

Am 24. Januar 1956 starb Winston Spencer Churchill. Ihm wurde ein Staatsbegräbnis in der St. Pauls Kathedrale zuteil und erstmals nach König Alfred dem Großen der Titel ‚Retter des Empire' verliehen."
[Ein Empire, das in Wahrheit schon längst versunken war]

3) A. J. Sherman: „Island Refuge – Britain and the Refugees from the Third Reich 1933-1939"

Bis zum heutigen Tage wird in England eine Debatte darüber geführt, ob in den dreißiger Jahren zu viele oder zu wenige vor der Naziherrschaft Fliehende in Großbritannien aufgenommen wurden. Mit diesem Thema beschäftigte sich 1973 dieser Historiker.
Schon vor der Machtergreifung durch die Nationalsozialisten am 30. Januar 1933, vor allem aber gleich danach, sei es zu einem Exodus Tausender Marxisten, Pazifisten, Liberaler, Juden, Links- und Rechtsabweichler aller Couleurs gekommen, der sich aus Deutschland in die Nachbarländer, vor allem aber nach Westen ergoß. Auf Grund der „Arier-Paragraphen", des Gesetzes zur Wiederherstellung des Berufsbeamtentums, des Entzugs der Staatsbürgerschaft für alle zwischen 9. November 1918 und 30. Januar 1933 Eingebürgerten sowie eines von Adolf Hitler im März 1933 verfügten Boykotts jüdischer Geschäfte, dem ein in den USA ausgerufener Boykott deutscher Exporte vorangegangen war, stieg die Zahl der Deutschland den Rücken kehren Wollenden in die Hunderttausende, sank aber gleichzeitig die Bereitschaft der Zielländer, ihre Aufnahmequoten für Flüchtlinge zu erweitern. H.J.Sherman schreibt in „Island Refuge" Seite 22: „Der erste systematische Versuch ... den wirtschaftlichen Einfluß der Juden in Deutschland zu zerstören war der am 1.April 1933 verfügte nationale Boykott jüdischer Geschäfte ... Es gab jedoch bereits im Februar 1933 Terroraktionen gegen Geschäfte in jüdischem Besitz. Die Entscheidung einen deutschlandweiten Boykott gegen jüdische Unternehmen zu veranlassen wurde von Hitler und Goebbels Ende März [1933] gefällt und in der Partei-Propaganda als Antwort auf die ‚internationale jüdische Hetze' gerechtfertigt." Richtig umgesetzt wurde der Boykott dann nach der „Kristallnacht" im November 1938.

In England wurde die Soforthilfe für jüdische Flüchtlinge von Otto Schiff vom Bankhaus Bourke, Schiff & Co. organisiert, der das „German Jewish Aid Committee" gründete. Im März 1933 richtete der Labour-Abgeordnete Josiah Wedgwood an Innenminister Sir John Gilmour die Frage, ob er die Bestimmungen des „Aliens Act" (Fremdengesetzes) lockern könne. Der Gewerkschaftler Doran wollte wissen, ob Schritte unternommen worden seien, um zu verhindern, „...daß trotz drei Millionen Arbeitsloser in Großbritannien, Hunderttausende Juden aus Deutschland hereinströmten, und ob unsere Großzügigkeit gegenüber Flüchtlingen vor den Nazis nicht zur Massenflucht aus Osteuropa führen könnten. Hatte denn nicht erst kürzlich die polnische Regierung einen Plan zur Emigration von 80.000 bis 100.000 überzähliger Juden nach Madagaskar vorgelegt?"

[In der Tat gab es seit Mitte der 30er Jahre den sehr ernsthaft vorangetriebenen Plan der polnischen Regierung, die gesamte jüdische Minderheit Polens außer Landes zu treiben.1937 erhielt Polen von Frankreich die Genehmigung, so „Der Große Wendig, Band I, Seite 494", eine dreiköpfige Prüfungskommission nach Madagaskar zu schicken, um Ansiedlungsmöglichkeiten für polische Juden zu erkunden. Der Kommission gehörten Major Mieczyslaw Lepecki, Leon Alter, und Salomon Dyk an. Lepecki vertrat die Ansicht, daß 40.000 bis 60.000 Juden im Hochland angesiedelt werden könnten, doch Alter war der Meinung, die Insel böte höchstens 2000 Juden Platz. Neben der polnischen und der französischen Regierung erwogen auch die britische und sogar das „Joint Distribution Committee" (JDC), Juden in Madagaskar anzusiedeln.]

„Ende März schlug die Regierung der Vereinigten Staaten die Schaffung eines internationalen Komitees zur Steuerung und Erleichterung der Auswanderung politischer Flüchtlinge aus Deutschland und Österreich vor, war aber zunächst nicht bereit, über die Erweiterung ihrer eigenen Einwanderungsquoten zu reden ... Anläßlich der im Juli 1938 in Evian abgehaltenen Konferenz bewilligten die USA die Einreise von 27.370 Immigranten im laufenden Jahr ... Den ganzen Winter 1938 und Frühling 1939 wurde die Suche nach aufnahmebereiten Ländern fortgesetzt. Sogar in der Sowjetunion wurde angeklopft, ob sie denn bereit wäre, jüdische und politische Flüchtlinge aus Deutschland aufzunehmen. Doch die britische Botschaft in Moskau meldete, daß – trotz Nichtvorhandenseins antisemitischer Pläne – mit großer Wahrscheinlichkeit in der Sowjetunion im Laufe der zwei vergangenen Jahre eine unendlich größere Zahl von Juden hingerichtet wurde als von den Nationalsozialisten in Deutschland, wobei die gleiche Zahl, wenn nicht noch mehr, in sowjetische Konzentrationslager gesteckt wurde."

4) Marquess of Londonderry: „Wings of Destiny"

1934 erschienen die Memoiren des 7th Marquess (1878-1949), eines Edelmannes von uraltem Adel, mit dem Titel: Schwingen des Schicksals.
Weil er als Luftfahrtminister der Regierung Baldwin in den Jahren 1931 bis 1935 sechsmal Deutschland besuchte, mehrmals Adolf Hitler,

Hermann Göring, Rudolf Heß und Franz von Papen traf, avancierte er sehr bald zum „Deutschland-Experten".
So meldete er nach London, ein Bismarck hätte sicher einer Lösung zugestimmt, die Deutschlands Übermacht auf dem Kontinent und Englands Herrschaft zur See garantiert hätte, wäre er nicht vom säbelrasselnden Wilhelm II. abserviert worden.
Londonderry: „Am 1. Februar 1936 – kurz nach dem Ableben König Georges V. – flog ich nach Berlin und führte Gespräche mit Männern, deren Namen ewig mit Schande bedeckt sein werden. Doch dies konnte ich zum Zeitpunkt meines Besuches noch nicht absehen, fand doch meine Reise zu einem Zeitpunkt statt, da die Menschheit nach Frieden dürstete und jeder Versuch unternommen werden mußte, diesen zu erhalten..." Londonderry berichtet, Hitler hätte – im Unterschied zu Mussolini – unsicher und verlegen gewirkt, währen Göring arrogant aufgetreten sei. Botschafter Neville Henderson hätte schon fast alle Hoffnung auf Frieden aufgegeben, sei aber nach wie vor überzeugt, der einzige Weg zum andauernden Frieden in Europa führe über eine englisch-deutsche Verständigung, doch derzeit würde er auf Grund der Judenfrage abraten, einen Versuch in diese Richtung zu unternehmen...
Londonderry zitiert aus einem Brief des Völkerbund-Präsidenten Lord Robert Cecil vom Mai 1938, in dem er die Deutschen wie folgt charakterisiert: „Die Deutschen sind ein schwieriger Fall. Betrachten wir die Geschichte ihrer Diplomatie: Seit Friedrich dem Großen, wenn nicht schon früher, vertreten die Deutschen die Auffassung, daß es im diplomatischen Verkehr und internatonalen Meinungsaustausch nicht nötig sei, die Wahrheit zu sagen. Bethmann–Hollwegs bekannte Aussage, die belgische Neutralität sei lediglich ein Fetzen Papier, hat in Deutschland nicht die geringste Empörung ausgelöst. Von Bülow bekennt sich in seinen Memoiren voll zu dieser Methode. Sollten Sie es mit einem Deutschen – egal ob Hitler oder irgendeinem anderen – zu tun haben, müssen Sie sich dieser Tatsache stets bewußt sein. Da die Deutschen sich zu allen Zeiten als im Kriegszustand befindlich betrachten, wissen sie, daß Krieg Führende nicht der Wahrheit verpflichtet sind. Sie gehen davon aus, daß Krieg lediglich die Fortsetzung eines verschärften Friedens bedeutet. Um festzustellen, was sie wirklich beabsichtigen, dürfen Sie sich nicht auf ihre Aussagen verlassen, sondern darauf achten, was sie betreiben und unternehmen."

Kein anderer britischer Politiker wurde in den vergangenen hundert Jahren so geschmäht, wie Premierminister Neville Chamberlain. Vor sechzig Jahren feierte ihn die ganze Welt als den Friedensbringer, als „the greatest European states-man of this or any other time". Doch in

Birmingham, Geburtsort und frühe Wirkungsstätte dieses Mannes, erinnert weder Inschrift noch Gedächtnisstätte an ihn. Als 1999 das englische Denkmalamt dazu einlud, Vorschläge für Erinnerungstafeln an berühmte Bürger einzureichen, schlug der Schriftsteller David Dutton für Birmingham Neville Chamberlain vor, wurde aber keiner Antwort für würdig befunden.

5) David Dutton: „Neville Chamberlain"

Dafür schrieb Dutton 2001 eine Biographie über ihn. Der Titelheld (1869-1940) – Sohn des Joseph und Halbbruder des Austen Chamberlain – wurde im Mai 1937 Premierminister und im Mai 1940 von Winston Churchill abgelöst.
Schon im Vorwort weist Dutton auf die meist negativen Vorurteile hin, mit denen Politiker, Historiker, ja einfache Bürger – auch heute noch – Sir Neville begegnen. Held oder Bösewicht? Scharlatan oder Prophet? Sünder oder Heiliger?
1939 stand für die große Mehrheit fest, daß dieser Krieg allein Hitlers Krieg war. Schließlich sollte diese Tatsache bei den Nürnberger Kriegsverbrecherprozessen bewiesen werden. Je mehr Beweise für diese Tatsache und für Hitlers offensichtlich unerschöpflichen Fähigkeiten, Verbrechen zu begehen, ans Tageslicht kamen, um so dümmer erschien im Rückblick die Politik Chamberlains, der geglaubt hatte, man könne mit einem Hitler konventionelle Diplomatie betreiben...
Es war ein großer Nachteil für Chamberlain, daß Churchill sein Nachfolger wurde, der bis heute einen Ehrenplatz im Pantheon der britischen Politik einnimmt. In einer landesweiten Umfrage des Jahres 1999, wer der berühmteste Brite des Jahrtausends sei, siegte Shakespeare knapp vor Churchill, dem nur 760 Stimmen zum Sieg fehlten.
Daß Chamberlain ausgerechnet wegen der Pleite des englischen Landungsunternehmens in Norwegen im Mai 1940 stürzte und durch Churchill ersetzt wurde, ist ein historischer Scherz, denn es war Churchill selbst, der diese Unternehmung geplant, vorbereitet und zur Ausführung gebracht hatte. Daß deutsche Zerstörer und Luftlandetruppen den Engländern um wenige Stunden zuvorkommen konnten, war ein Beweis mangelhafter britischer Vorbereitung und Luftüberwachung...
Nach dem Fall Frankreichs, soll Churchill – der Heldensage nach – vor dem Kriegskabinett erklärt haben: ‚Sollte das Ende der langen Geschichte dieser Insel nahen, so möge dieses Ende erst kommen, wenn jeder einzelne von uns, am eigenen Blute erstickend, am Boden niedergestreckt liegt.' ... Inzwischen wissen wir, daß innerhalb des Kabinetts

Neville Chamberlain war als britischer Premierminister wesentlich am Münchner Abkommen beteiligt, seine Appeasement-Politik wurde nach seinem Rücktritt am 10. Mai 1940 durch seinen Nachfolger Churchill beendet

eine sehr viel weniger heroische Debatte stattfand, bei der es darum ging, die Bedingungen festzustellen, unter denen Hitler bereit sei, Verhandlungen aufzunehmen. Dies bedeutet, daß Churchill im Prinzip einverstanden gewesen wäre, Deutschland die führende Rolle in Europa zu überlassen.“

Dutton: „Jene, die darauf hofften, die wahre Rolle Chamberlains zu erhellen und ihn dadurch reinzuwaschen, erlebten eine herbe Enttäuschung, als 1957 im ‚Public Records Act‘ (Gesetz zur Veröffentlichung von Urkunden) eine allgemeine Sperre von 50 Jahren für sämtliche Unterlagen der Regierung auferlegt und für ‚particularly sensitive documents‘ (besonders heikle Dokumente) gar eine unbestimmte Wartezeit dekretiert wurde. So kam es, daß die 1975 freigegebene Korrespondenz Chamberlains und seit den 90ern offen verfügbaren Dokumente zu einer Flut revisionistischer Publikationen führten, die Chamberlains ehrliche Friedensbemühungen und gleichzeitig die

Aufrüstung Englands betreibenden Regierungschef erkennen ließen ... So wurde auch die zwielichtige Rolle des Ian Colvin aufgedeckt, der als Korrespondent des ‚News Chronicle' im Mai 1939 aus Berlin ausgewiesen worden war und danach in London die Nachricht verbreitete, er verfüge über Informationen aus sicherer Quelle, daß der deutsche Angriff auf Polen unmittelbar bevorstehe. Diese Information stellte sich als Lüge heraus, trug aber dazu bei, daß die britische Regierung Polen zusicherte, England werde seine Sicherheit garantieren ... 1938 ergab eine Studie des britischen Generalstabes, es sei – ungeachtet allfälliger militärischer Hilfe von Seiten Frankreichs – unmöglich vorauszusagen, wann Großbritannien in der Lage sein werde, sein Territorium gegen drei mächtige Feindstaaten auf drei Kriegsschauplätzen zugleich zu verteidigen. Ein neuer Weltkrieg würde mit Sicherheit das Britische Empire zerstören und seine Rolle als Großmacht beenden ... Chamberlain mißtraute den häufig wechselnden französischen Regierungen, die auf Grund Ihrer Schwäche gelegentlich selber Beschwichtigungspolitik betrieben: Während der Sudetenkrise hatte Daladier im Juli 1938 die tschechische Regierung vertraulich wissen lassen, Frankreich werde nicht für die Tschechoslowakei kämpfen."

6) Alfred Duff Cooper: „Old Men Forget"

Cooper (1890-1954) gehörte mit Lord Robert Vansittart und Sir Eyre Crow zu den drei größten Deutschenhassern im Foreign Office (Außenministerium).

Er war 1935 Kriegsminister, danach Erster Lord der Admiralität und schrieb 1953 seine Memoiren.

Darin berichtet Cooper, daß die großen Gewinne, die von bestimmten Personen aus dem Krieg bezogen worden waren, es diesen Kriegsgewinnlern erlaubte, in das Unterhaus gewählt zu werden ... Doch während sich diese kleine Minderheit bereichert hatte, hätte sich für die breite Mehrheit keine Verbesserung der Lebensbedingungen ergeben.1925 hätte man geglaubt, der Locarno-Pakt habe Deutschland in die Gemeinschaft der Nationen zurückgeführt und diene als Basis zukünftiger Beziehungen zwischen Frankreich und England. Doch die Deutschen hätten in ihm lediglich ein Mittel zur Wiedererlangung der für einen Vergeltungskrieg erforderlichen Stärke gesehen und ihn gebrochen, wann immer es ihnen paßte.

Während der Haager Konferenz von 1930 soll Stresemann zu Grandi, dem italienischen Botschafter in England gesagt haben: „Ich bin ein alter Mann und werde bald sterben, aber Sie sind jung und werden den zweiten Punischen Krieg noch erleben. Dies sollte jenen zu denken

geben, die geneigt sind, alle Verbrechen Deutschlands nur den Nazis in die Schuhe zu schieben."
Cooper erzählt von einer Fahrt mit dem Auto durch Österreich und Deutschland, die er 1933 mit seiner Frau unternahm. In Bayreuth hätte sich fast die Gelegenheit zu einem Gespräch mit Adolf Hitler ergeben, doch dieses kam nicht zustande... „Ich bin froh, daß die Unterredung nicht stattgefunden hat und ich niemals dem niederträchtigsten Verbrecher die Hand gegeben habe, dessen Name das Buch der Geschichte befleckt, und der das Volk, das ihm zujubelte, mit dauernder Schande gebrandmarkt hat ... Nach meiner Rückkehr mußte ich in London in meinem Wahlkreis eine Rede halten. Ich berichtete den Hörern, ... daß Deutschland einen Krieg in einem Ausmaß und mit einer Begeisterung vorbereite, die in der Geschichte ohne Beispiel dastünde. Während der seriösere Teil der Presse diese Rede ignorierte, stürzten sich meine Freunde Rothermere und Beaverbrook auf sie."
Cooper meint, Hitler würde in seinen schwülstigen Reden nur auf die Härten verweisen, die Deutschland durch den -- wie er es nannte – ‚diktierten' Versailler Vertrag zugefügt worden seien. Bis heute seien sich viele Menschen in England und Amerika nicht bewußt, daß die Bedingungen des Versailler Vertrages sehr großzügig für Deutschland waren, daß keinerlei Druck ausgeübt wurde, um die Durchführung der strengeren finanziellen Klauseln zu erzwingen, daß dank ihm Präsident Wilsons Ideal der Selbstbestimmung umgesetzt wurde und dank ihm das besiegte Deutschland im Laufe von sechzehn Jahren zur mächtigsten Nation Europas aufsteigen konnte."
[Leserinnen und Leser sollten Duff Cooper für diese Interpretation des Versailler „Vertrages" dankbar sein, die ein perfektes Beispiel echt britischen Cants darstellt.]

Cooper am Morgen des 1. September 1939, dem Beginn des 2. Weltkrieges: „Ich spielte in Goodwood Golf. Weil wir vorige Nacht die 11 Uhr-Nachrichten gehört und die 16 Bedingungen Deutschlands an Polen erfahren hatten, vermochte ich nicht, mich auf das Spiel zu konzentrieren. Diana [Duff Coopers Frau] meinte, die deutschen Bedingungen seien nicht unvernünftig. Ich rief Winston [Churchill] an, der berichtete, die ‚Daily Mail' werde auf die 16 deutschen Punkte positiv reagieren. Ich rief beim ‚Daily Telegraph' an und drang darauf, einen Leitartikel zu veröffentlichen, der die deutschen Bedingungen verurteilt ... Als wir unsere Golfrunde beendet hatten, gingen wir auf einen Drink ins Klubhaus. An der Bar saßen zwei Männer, der eine sagte beiläufig: ‚Hitler hat heute morgen in Polen angefangen' und wandte sich wieder seinem Freund zu, um mit ihm über das St. Leger-Pferderennen zu plaudern. Auf diese Weise erfuhr ich, daß der Zweite Weltkrieg begonnen hatte, und mein Herz war leichter als vor einem Jahr."

7) Laurence Thompson: „1940 – Year of Legend, Year of History"

Darin schildert Thompson (1966), Korrespondent des „News Chronicle" und Mitglied der Labour Party, die Szene, die sich Anfang September 1939 abspielte, als das Kabinett gerade beschlossen hatte, sich auf einen drei Jahre dauernden Krieg vorzubereiten: „Chamberlain legte seine Stirne auf die Tischplatte und verharrte wohl zehn Minuten in dieser Haltung. Als er dann aufblickte, war sein Gesicht totenbleich. Er wußte, daß er kein Kriegsherr war, glaubte aber, er könne sein Land durch die kommenden Stürme lotsen. Für die Kriegführung zuständig waren Luftfahrtminister Sir Kingsley Wood, Kriegsminister Leslie Hore Belisha und der Erste Lord der Admiralität Sir Winston Churchill. Seine Kollegen hatten nicht vergessen, daß er als Marineminister im Ersten Weltkrieg die Katastrophe bei den Dardanellen verschuldet hatte, und nun erschien er ihnen als der fette, zigarrenrauchende Kuckuck, der mißliebige Kollegen wie Sperlinge aus dem Nest befördert. Als ersten verdrängte er Hore-Belisha, den schwächsten."

Edward Wood, 1.Earl of Halifax mit W.Churchill. Er verfolgte als britischer Außenminister mit dem Cliveden Set die Appeasement-Politik, bis er 1940 von Churchill durch Anthony Eden ersetzt wurde

Auf Grund der peinlichen Pleite in Norwegen konnte sich Chamberlain nicht mehr halten. Am 9. Mai versammelten sich beim Parlamentssekretär Margesson die Herren Halifax, Kingsley Wood und Churchill, um den Nachfolger Chamberlains zu bestimmen. Nach kurzer Debatte erklärte Halifax, er wolle verzichten, denn Churchill sei am besten geeignet, das Land im Krieg zu führen. Somit war die Ablöse entschieden. Am frühen Morgen des 10. Mai wurde der neue Regierungschef durch einen Telefonanruf unsanft geweckt: Die deutsche Invasion Hollands und Belgiens hatte soeben begonnen ... Am 13. Mai hielt Churchill seine erste Rede im Parlament als Premierminister und betonte, er hätte nichts zu versprechen als „blood, toil, sweat and tears" (Blut, Mühe, Schweiß und Tränen). Sein Ziel sei der Sieg, sein Mittel der Krieg.

Im IV. Kapitel wird der Leser Winston Churchill noch mehrmals begegnen.

8) Harold Nicolson: „Tagebücher und Briefe 1930-1941"

Hier darf das Buch (1969) von Nicolson, einem typisch englischen Wichtigtuer aus der „Upper class", nicht fehlen. Das Durcheinander an Geschwätz und Informationen, das Nicolson (1886-1968) seinen Tagebüchern anvertraut, ist der Maßstab, den man beim Lesen seines Sammelwerkes anlegen muß. Es bietet einen Einblick in die Gesinnung des in London entscheidenden Personenkreises, aber auch in seine Kontakte zu einigen Personen des deutschen Widerstandes.
„15. Januar 1936: Albrecht Bernsdorff [1890-1945, einer der bedeutendsten Widerständler im deutschen Auswärtigen Amt] äußert sich sehr unverblümt über das derzeitige deutsche Regime. Hitler habe Kehlkopfkrebs und werde bald sterben. Die Armee warte nur darauf, die Nachfolge anzutreten ... Göring habe beim Münchner Putsch von 1923 einen Schuß in die Hoden bekommen, was zu psychopathischem Größenwahn geführt habe...
13. Februar 1936: Anthony Eden sagt, sein Ziel sei es, einen zweiten deutschen Krieg abzuwenden. Um das zu erreichen, sei er bereit, deutschen Forderungen sehr weit entgegenzukommen, sofern die Deutschen ein Abrüstungsabkommen unterzeichnen und in den Völkerbund eintreten...
28. April 1936: Zum Lunch bei Robert Vansittart. Er meint, die deutsche Hegemonie in Europa bedeute das Ende des British Empire; wir hätten nicht das Recht, uns für eine Generation loszukaufen indem wir Deutschland freie Hand gegen die slawischen Länder anböten. Hätte es sich erst eine unangreifbare Stellung verschafft, würde es kehrtmachen und gegen uns marschieren und wir wären zu schwach, um Widerstand zu leisten...
23. Juli 1936: Ich eile zum Dinner mit Duff Cooper und Winston ins Savoy Grill.

Albrecht Bernsdorff ist auch da. Dieser ist äußerst offenherzig in seinem Haß gegen die Nazis [er wurde im April 1945 hingerichtet]. Winston fragt ihn, wie wir einen zweiten Weltkrieg verhindern sollen, und er antwortet: ‚Totale Einkreisung!'
20. September 1936: Schloß St. Martin in Oberösterreich. Unsere Gesellschaft besteht aus dem Ehepaar Channon, Colin Davidson [beide Herren sind Abgeordnete der Tories] und Lalli Horstmann. Sie ist die Frau eines deutschen Diplomaten und fanatische Gegnerin der Nazis. Die Channons halten Ribbentrop für einen feinen Kerl und meinen, wir sollten das tapfere kleine Deutschland sich im Osten mit den Roten den Bauch vollschlagen lassen und derweilen das dekadente Frankreich ruhig halten. Ich sagte, das möge wohl bequem sein, sei aber verkehrt. Schließlich repräsentieren wir eine bestimmte Art zivilisierten Geistes und würden uns versündigen, wenn wir diesen Geist verrieten. Wir träten für Toleranz, Wahrheit, Freiheit und Anständigkeit ein. Die Nazis verträten Gewalt, Unterdrückung, Unwahrhaftigkeit und Bösartigkeit. Lalli gibt mir recht. Und in diesem Ton geht es Monat für Monat, Jahr für Jahr weiter...
17. Februar 1938: Ich dinierte bei Vansittart und fand ihn sehr niedergeschlagen: ‚Wenn wir den Frieden noch zwei Jahre erhalten können, sind wir fast über den Berg. Aber ganz zweifellos strebt Deutschland ‚die Weltmacht' [deutsch im Original] an und will seine Ansicht mit grimmiger Entschlossenheit verwirklichen.'
2. März 1938: Gestern war ich bei einem wirklich merkwürdigen Lunch. Es nennt sich die ‚Focus-Gruppe' und ist eine von Winston Churchills Unternehmungen. Sie besteht aus ihm, Norman Angell [Publizist], Wickham Steed [Herausgeber der ‚Times'], Walter Layton [Zeitungsbesitzer], Robert Cecil [Politiker], Violet Bonham Carter [Tochter des Ex-Premiers Asquith] und einige mehr. [Führendes Mitglied von ‚Focus' war der südafrikanische Multimillionär Strakosch, der Churchill finanzierte].

26. Mai 1938: Lunch bei... Halifax und Frau sind da. Er erzählt, Goebbels habe ihm gesagt: ‚Sie müssen begreifen, wie empfindlich wir sind. Hinter Ihnen liegen Jahrhunderte Tradition. Hinter uns nur vier Jahre.' Das bedeutet, daß sie sich tatsächlich als etwas völlig Neues betrachten. Wir sehen in ihnen eine Fortsetzung der preußischen Geschichte. Sie halten sich für Revolutionäre. Deshalb geraten sie in Wut, wenn wir vorschlagen, Hitler solle zu einem besseren Schneider gehen. In dieser Hinsicht sind wir ziemlich arrogant und ohne Gespür.'
17. Juni 1938: Ich traf einen Österreicher, der gerade den Nazis aus Wien entkommen war. Was er erzählte, macht mich krank. In ihrer

Grausamkeit steckt ein teuflischer Humor. So nahmen sie am vergangenen Sonntag alle Spaziergänger im Prater fest und schieden die Juden von den übrigen. Die jüdischen Männer mußten sich nackt ausziehen und auf allen vieren im Gras kriechen. Die alten Jüdinnen ließen sie auf Leitern in die Bäume klettern und dort wie Vögel zwitschern..."

[In diese Kategorie paßt der Bericht des bekannten Wiener Chansonnier Georg Kreisler (1922 -2011) von seinen Eindrücken nach dem Anschluß des März 1938, der im Dezember 1999 in „Die Presse" erschien: „Wien hatte damals an fast jeder Ecke ein Kaffeehaus, und es gab einige in jüdischem Besitz, in denen sich Juden trafen und Hiobsneuigkeiten austauschten. Das ging etwa vier Wochen lang gut, dann wurden diese Kaffeehäuser von Nazihorden überfallen, die ein Blutbad anrichteten. Menschen wurde die Zunge an den Tisch genagelt, sie wurden unter Garderobeständer gezwängt und zu Tode gequetscht, sie wurden mit Tischtüchern erwürgt und angezündet. Nach zwei Tagen gab es diese Kaffeehäuser nicht mehr".]

Nicolson weiter, 28. September 1938: „Langsam erhob sich Neville Chamberlain von seinem Platz und breitete das Manuskript seiner Rede vor sich aus ... Dann schilderte er seinen Besuch in Berchtesgaden ... Sein Gespräch mit Herrn Hitler habe ihn davon überzeugt, daß der Führer bereit war, um der Sudetendeutschen willen, einen Weltkrieg zu riskieren ... Der Premierminister hatte genau eine Stunde gesprochen ... Sir John Simon unterbrach ihn und reichte ihm ein Schriftstück. Chamberlain rückte seinen Kneifer zurecht und las es. Er hob sein Gesicht, wirkte plötzlich um Jahre jünger und schien zu triumphieren: ‚Herr Hitler' sagte er, ‚hat sich soeben einverstanden erklärt, seine Mobilmachung um vierundzwanzig Stunden aufzuschieben und mit Signor Mussolini, Monsieur Daladier und mir in München zu einer Konferenz zusammenzutreffen'."

21. Juni 1940: „Heute wurden die französischen Delegierten von Hitler in Compiègne im Speisewagen empfangen, in dem 1918 der Waffenstillstand unterzeichnet wurde. In seiner Ansprache schalt er sie, weil sie so böse waren, den letzten Krieg zu gewinnen. Die armen Leute, mein Herz blutet für sie."

[In Wirklichkeit hatte Hitler kein Wort zu den französischen Delegierten gesprochen, sondern verließ den Wagen, nachdem die Präambel zum Waffenstillstandsabkommen verlesen worden war.]

9) Sir Samuel Hoare: „Neun bewegte Jahre"

Er war einer der fähigsten britischen Diplomaten (1880-1959), entstammte einem der ältesten englischen Geschlechter, war aber Churchill im Weg. Weil er sowohl dem „appeasement"-Politiker Chamberlain als auch dem zurückgetretenen König Eduard VIII. und nachmaligen „Duke of Windsor" nahe stand, wurde er als Botschafter nach Spanien verbannt.

König Eduard VIII. mit seiner Frau Wallis Simpson, wegen der er nach nur 10 monatiger Amtszeit als König von Großbritannien zurücktrat

Vier Fünftel seines Buches (1946) sind den entscheidenden Jahren 1931-1940 gewidmet. Hoare geht von der These aus, daß die britische Friedenspolitik von 1931 bis Anfang 1939 unausweichlich, moralisch unanfechtbar, ihre Katastrophe am Ende unvorhersehbar war. „Nach dem 1. Weltkrieg", so Hoare, „habe Großbritannien in viel stärkerem Maße als andere Staaten seine Streitkräfte reduziert, so daß es für seine Außenpolitik keine wirksame Stütze mehr bedeuteten. Wie sehr man auch diese Tatsache mit Schweigen übergeht", so Hoare, „hing doch letztlich der Erfolg unserer Außenminister von der Vorherrschaft der britischen Flotte ab. Nachdem wir 1914 die Herausforderung durch die deutsche Kriegsflotte erfolgreich zurückgewiesen hatten, zögerten wir in den zwanziger und dreißiger Jahren zu lange, der sogar noch gefährlicheren Herausforderung durch die deutsche Luftwaffe entgegenzutreten. Diese halbpazifistischen Tendenzen wurden noch durch einen den Engländern eigenen Charakterzug gefördert: Wir tragen unseren Haß nicht nach. Haben wir uns mit einem Feind widerstrebend in einen Kampf eingelassen, so vergessen wir ihn gern, sobald er vorüber ist."

[Von Albions Neigung des Vergessens und Verzeihens merkte man in Versailles und St. Germain allerdings recht wenig.]

Hoare: „Kaum zwei Wochen nach der Besetzung Prags durch die Deutschen kam es am 31. März 1939 zu Chamberlains Erklärung vor dem Unterhaus. Hier seine Worte: ‚Im Falle irgendeiner Handlung, die eindeutig die Unabhängigkeit Polens bedroht und auf Grund derer die polnische Regierung es für lebenswichtig erachtet, sich mit ihren nationalen Streitkräften zur Wehr zu setzen, sieht sich Seiner Majestät Regierung gezwungen, mit ihrer ganzen Macht der polnischen Regierung sofort Beistand zu leisten. Sie hat der polnischen Regierung die entsprechende Zusicherung gegeben.'"
Hoare, Seite 356: „Churchill galt in der ganzen Welt als Hauptbefürworter der Kriegspolitik. Hätte man ihn zu einer Zeit in die Regierung aufgenommen, als das Gleichgewicht zwischen Krieg und Frieden noch in der Schwebe war, würde dies den endgültigen Ausschlag zugunsten des Krieges bedeutet haben. Nach Prag aber glaubte ich, daß der Eintritt Churchills in die Regierung eher dazu dienen könne, Hitler von weiteren Aggressionen abzuhalten ... Der Fehlschlag von 1940 war nicht Chamberlains Schuld. Seine Pläne bauten auf die Unterstützung durch Armee und Flotte der Franzosen. Man war sich in beiden Stäben der französischen Widerstandskraft so sicher gewesen, daß man sich nicht einmal Gedanken über die Lücke in der Maginotlinie hinter der holländischen und belgischen Grenze gemacht hatte, mochten wir noch so tief über Hitlers brutale Aktion erschüttert sein."

10) Sir Samuel Hoare: „Gesandter in besonderer Mission"

Dieses zweite Buch erschien 1949.
Am 10. Mai 1940 wurde Hoare zum Botschafter in Spanien ernannt, machte sich gleich auf die Reise und sandte im Juni seinen ersten Bericht an Winston Churchill: „Es ist ganz offensichtlich, daß Mussolini und Hitler große Anstrengungen machten, Spanien zugleich mit Italien in den Krieg zu stürzen..." Erster Bericht an Halifax, 26. Juni: „Die Ankunft der deutschen Wehrmacht an den Pyrenäen ist ein gewaltiges Ereignis in den Augen der Spanier. Bedeutet es den Durchmarsch deutscher Truppen durch Spanien nach Portugal oder Afrika?"
Hoares erste Audienz bei General Franco fand am 22. Juni im Palais des Prado statt. Obwohl es allgemein bekannt war, daß das Land vor einer Hungersnot stand, überhörte er Hoares diesbezügliche Bemerkungen und betonte, daß Spanien keine Einfuhren aus dem Britischen Weltreich brauche ... Ferner versicherte Franco, daß er nicht vom Kurs der Neutralität abweichen wolle. Zuletzt fragte er Hoare: „Warum beenden

Sie nicht den Krieg? Sie können ihn doch niemals gewinnen. Die einzige unvermeidliche Folge der Fortsetzung des Krieges ist die Zerstörung der europäischen Zivilisation!"
Hoare über Franco: „Ich finde es noch zu früh, um den Charakter des ‚Caudillo' [Führers] zu beurteilen und seinen Aufstieg zur Macht zu erklären. Sein Äußeres täuscht, und es steckt gewiß mehr in ihm, als man bei einer kurzen Begegnung erkennen konnte. Wie wäre es sonst möglich gewesen, daß dieser junge Offizier jüdischen Ursprungs von mittelmäßiger Erscheinung, der über geringe Beziehungen verfügte, zur höchsten Stellung im Staate aufstieg?"

11) Ivone Kirkpatrick: „Im Inneren Kreis – Erinnerungen eines Diplomaten"

Kirkpatrick (1897-1964) arbeitete bis 1936 an der britischen Botschaft in Berlin. Im Auftrag Winston Churchills vernahm er den 1941 von den Engländern gefangen genommenen Rudolf Heß. 1950 wurde Kirkpatrick zum Hochkommissar in der britischen Zone Deutschlands ernannt. Sein Buch erschien 1959.
Von Rom nach Berlin versetzt, traf er am 1. September 1933 auf dem Anhalter Bahnhof ein: „Die Szene, die sich meinen Augen bot, war gewissermaßen das Vorspiel zu dem sich ankündigenden Drama. Große Haufen abstoßend uniformierter Rowdies kamen gerade vom Nürnberger Parteitag zurück, andere reisten lärmend dorthin ab ... Die Männer, die ich hier sah, waren aus anderem Holz geschnitzt als die Faschisten, die ich in Rom kennengelernt hatte. Diese erste Probe von Nazi-Deutschland hinterließ einen Eindruck, der sich niemals ganz verlor...
Die Olympischen Spiele [1936] brachten höchst unsympathische Eigenschaften der Deutschen zutage. Viele waren weniger am Sport interessiert als an nationaler Rivalität. Vor allem Hitler, Göring und die anderen Naziführer gaben darin ein schlechtes Beispiel, denn sie zeigten durch ihr Verhalten, daß ihnen nur am Erfolg der deutschen Wettkämpfer gelegen war. Göring rannte mit einem Megaphon zum Bootssteg hinunter, um einen Soldaten aus dem Regiment ‚Hermann Göring' zu begrüßen und zu befördern, weil seine Mannschaft eben gesiegt hatte; eine Autogrammjägerin küßte Hitler auf der Tribüne zum Verdruß seiner SS-Wachen; eine Frau brach unter Hitlers stählernem Blick in Tränen aus, weil sie den Stab beim Staffellauf hatte fallen lassen ... Getrübt wurde die deutsche Freude nur durch den Erfolg amerikanischer Neger, die in sieben leichtathletischen Disziplinen gewannen...

Churchill nannte Hitler zurecht ‚jenen verrückten Menschen', denn Hitler war nichts anderes als ein konsequenter und erbarmungsloser Krimineller. Jedem, der in der vernünftigen Atmosphäre Englands lebte, schien es unvorstellbar, daß die regierenden Männer in Deutschland bereit, ja geradezu begierig darauf waren, einen politischen Kurs zu steuern, der die westliche Kultur in einen neuen Krieg stürzen mußte, wenn wir nicht alle willens wären uns einer deutschen Vorherrschaft zu unterwerfen.
...[Ende September 1938] hielt ich eine weitere Aussprache für wenig erfolgversprechend, denn Hitlers Benehmen war so beleidigend, daß ich ihn nie mehr sehen wollte. Er schien mit einer Aura skrupelloser Bösartigkeit umgeben, die fast wie ein Alptraum wirkte, wenn man mit ihm in einem Raum saß ... Hitler erfüllte mich mit einem solchen physischen Widerwillen, daß ich es nicht über mich brachte, ihm freiwillig noch einmal zu begegnen ... [In Begleitung des Diplomaten Horace Wilson kam es zwei Tage später zu einer unfreiwilligen Begegnung mit Hitler:] Wir reichten dem wütenden ‚Führer' die Hand und verließen den Raum. Als ich seine kurze, dicke Hand ergriff, fühlte ich mich tief erleichtert: Nun würde es Krieg geben, und ich brauchte ihn nie wieder zu sehen..."

„Am 10. Dezember 1938 aß ich bei der überzeugten Nazigegnerin Frau Solf. Es war ein Dutzend Gäste geladen, darunter ein ehemaliger Staatssekretär, der mich dringend und vertraulich zu sprechen wünschte. Kurz danach suchte ich ihn auf: ‚Bevor ich Ihnen sage, was ich auf dem Herzen habe, müssen Sie mir versprechen, daß Sie nicht nach London telegraphieren. Sie sollten wissen, daß wir Ihren Code entschlüsselt haben ... Was ich Ihnen zu erzählen habe, ist weder ein Gerücht noch eine Geschichte aus dunklen Quellen. Es sind Informationen direkt aus dem Luftfahrtministerium: Hitler hat die Vorbereitung eines Luftangriffs auf London in Friedenszeiten angeordnet. In drei Wochen soll ihm ein Plan mit den Standorten der Geschwader und den wichtigsten Zielen vorgelegt werden ... Meine Freunde und ich sind von Hitlers barbarischer Idee entsetzt ... Deshalb wollen wir diesen wahnwitzigen Plan hintertreiben, indem wir veranlassen, daß Ihre Regierung deutlich sichtbare Vorsichtsmaßnahmen ergreift...'"
„Die Episode Heß war von Anfang an eine Komödie. Heß selbst war ein einfacher, etwas dümmlicher Mensch mit starkem fanatischem Einschlag. Heß wollte mit dem Herzog von Hamilton Friedensgespräche führen ... Am 10. Mai 1941 flog er mit einer Me110 nach Schottland, sprang mit dem Fallschirm in der Nähe von Hamiltons Anwesen ab, wurde gefangen, gab an, ein ‚Hauptmann Horn' zu sein und dringend

Rudolf Heß (1894-1987) war Stellvertreter Adolf Hitlers und flog 1941 nach England, um Friedensmöglichkeiten auszuloten. Nach dem Nürnberger Prozeß war er lebenslang in Spandau inhaftiert

den Herzog sprechen zu wollen ... Sobald die beiden allein waren, erklärte er: ‚Ich bin Reichsminister Heß!' Daraufhin flog Hamilton nach London und berichtete Churchill vom seltsamen Besuch, den er aber nicht identifizieren konnte. Außenminister Eden und Staatssekretär Cadogan wurden eingeschaltet. Cadogan rief an und fragte, ob ich Rudolf Heß kenne. Als ich bejahte, wurde ich am nächsten Tag nach Schottland geschickt, besuchte den mysteriösen Deutschen in einem Spital, erkannte in ihm sofort Rudolf Heß und rief in London an, um dies Eden zu bestätigen."

Über seine Amtszeit als britischer Prokonsul in Germanien berichtet Kirkpatrick:
„Ich würde gerne wissen, wie viele Leute sich klar darüber sind, welche Bürde auf den Hochkommissaren lastete. Sie übten die höchste Gewalt aus, sie erließen Gesetze, sie führten Deutschlands außenpolitische Geschäfte und waren letztlich für alles verantwortlich, was im Lande geschah. Sie hatten die Macht, ohne Gerichtsverhandlung zu verhaften oder freizulassen. Sie konnten das Erscheinen deutscher Zeitungen zeitweilig oder ganz verbieten. Über die gemeinsame Verantwortung der Hochkommissare hinaus konnte jeder in seiner Zone selbständig Gesetze erlassen. Die britische Zone hatte über vierundzwanzig Millionen Einwohner und zu ihr gehörte auch das industrielle Ruhrgebiet. Infolgedessen fiel die Demontage hauptsächlich dem britischen Hochkommissar zu ... 1950 umfaßte der Stab des britischen Hochkommissars sechstausend Mitarbeiter ... Sie saßen in den verschiedenen Ausschüssen der Hohen Kommission für Politik, für Wirtschaft, für Finanzen, für die Gesetzgebung und für Arbeit; außerdem stellten sie die Polizei, kontrollierten den Geheimdienst, die Informations- und die Bildungspolitik, die Entkartellisierungsbehörde, die Kontrollorgane für die Kohle-, Stahl- und die IG-Farben, die Gerichte, die zivile Luftfahrt, das Transportwesen, die Grenzpolizei, Post,

Telegraphenverkehr und die Verwaltung ... Während meiner gesamten Zeit in Deutschland (1950-1953) bereitete mir eine umstrittene Angelegenheit schwere Sorgen: Das Problem der Kriegsverbrecher. Im Zuchthaus Werl befanden sich 242 Kriegsverbrecher, die von britischen Gerichtshöfen abgeurteilt worden waren und ich trug die volle Verantwortung für den Gewahrsam dieser Männer ... Ich wurde ständig gedrängt, Gnade walten zu lassen. Im Dezember 1952 schrieb ich einen Brief an eine deutsche Zeitung und erläuterte meine Vorstellung vom Kriegsverbrecherproblem: ,In den KZs herrschte eine unbeschreibliche Brutalität. Ich kann dazu nur sagen, daß jeder anständige Deutsche zurecht empört wäre und eine harte Bestrafung verlangte, wenn man auch nur einen Hund so behandeln würde, wie diese Millionen von Menschen behandelt wurden'."

Wilhelm Ziegler: „Dokumentenwerk über die englische Demokratie", 1940; Giselher Wirsing: „Hundert Familien beherrschen das Empire", 1940; Paul Schmitz-Kairo: „Die britische Schwäche", 1940; Marquess of Londonderry: „Wings of Destiny", 1943; Sir Samuel Hoare: „Neun bewegte Jahre", 1946, und „Gesandter in besonderer Mission", 1949; Alfred Duff Cooper: „Old Men Forget", 1953; Ivone Kirkpatrick: „Im inneren Kreis", 1959; Laurence Thompson: „Year of Legend, Year of History", 1966; Harold Nicolson: „Tagebücher und Briefe 1930-1941", 1969; A.J. Sherman: „Island Refuge", 1973; A.J.P. Taylor: „Essays in English History", 1976; David Dutton: „Neville Chamberlain", 2001.

D.) Krieg und Frieden aus französischer Sicht

Ihr Ende 1918 errungener Sieg über „les boches" konnte die jubelnden Franzosen nicht darüber hinwegtäuschen, daß sie 1,4 Millionen gefallene Soldaten zu beklagen hatten, ihre Industrieproduktion im Vergleich zu 1913 um 55, ihre Landwirtschaft um 40 Prozent geschrumpft waren, daß elf nordfranzösische Départements und somit eine Fläche von 120.000 Hektar zur „zone rouge" (roten Zone) erklärt worden war, die erst nach jahrelangem „désobusage" und „déminage" (Bergung von Granaten und Minen) wieder aufgebaut und wieder bewirtschaftet werden konnten. Zu diesem Leid gesellte sich unmittelbar nach dem Kriege noch die spanische Grippe, die in Frankreich an die zwei Millionen Opfer forderte. Wohl sah der Versailler Vertrag vom 28. Juni 1919 deutsche Reparationszahlungen in Milliardenhöhe und die Rückgabe von Elsaß-Lothringen vor, doch war damit das Sicherheitsbedürfnis Frankreichs keineswegs gestillt. Schon bald schritt es zur Besetzung des Rheinlandes und forderte die Annexion des Saarlandes. In den 20er Jahren betrugen Frankreichs Staatsschulden 180 Prozent des Bruttoinlandproduktes, 1931 wird es Opfer eines Börsenkrachs, der die Arbeitslosenquote auf 15 Prozent ansteigen ließ.

Es war die unvorsichtige Politik der Regierung gewesen, die 1924 im Rahmen des ‚Dawes Plans' [Charles Dawes, Präsident der ‚Trust Company of Illinois' war rein zufällig eng mit dem Wall-Street Giganten J.P. Morgan verbunden] zu einem katastrophalen Absturz führte.
Die Regierung hatte amerikanischen und englischen Financiers vertraut, die eine abenteuerliche Kombination planten: Mittels Milliardenkrediten sollte die darniederliegende deutsche Industrie neu aufgerüstet und ausgestattet werden, auf daß Deutschland seinen im Versailler Vertrag übernommen Lieferverpflichtungen endlich nachkomme. Ende der 30er Jahre war General Maxime Weygand reaktiviert und beauftragt worden, „...de coordoner les actions militaires avec les armées yougoslaves, turques, roumaines et grecques", was aber mißlang, weil diese Staaten, trotz französischer Zusagen militärischen Beistandes es vorzogen, neutral zu bleiben. General Maurice Gamelin, der wie fast alle Franzosen von der Undurchlässigkeit der entlang der Grenze zu Deutschland mit Bunkern befestigten „Ligne Maginot" überzeugt war, hatte sich – für den Fall eines Krieges – gegen einen Frontalangriff auf die stark befestigte deutsche „Siegfriedlinie" und für den Durchbruch quer durch das neutrale Belgien und neutrale Holland entschieden. Hinweisen von Kritikern, damit bediene er sich kriegsverbrecherischer Methoden, die eines Kaisers Willhelm würdig gewesen wären und deretwegen Deutschland 1919 zu Versailles als Aggressor verurteilt worden war, begegnete Gamelin mit der Bemerkung, er wolle ja nur den „Boches" zuvorkommen. Belgien das nach 1918 mit Frankreich eine militärische Allianz eingegangen war, hatte diese 1936 einseitig aufgekündigt. Als Deutschland Ende Oktober 1939 nach dem siegreichen Polenfeldzug damit begonnen hatte, seine Truppen nach Westen zu verlagern, erwartete man im November den Angriff auf Frankreich, der aber nicht stattfand. Als der belgische Außenminister Spaak sich an die französische Regierung mit der Frage wandte, wie sich Frankreich und England im Falle eines deutschen Einmarsches in Belgien verhalten würden, antwortete Premierminister Edouard Daladier, die englische und französische Regierung hätten schon vor Kriegsbeginn klargestellt, daß sie jeden Angriff auf Belgien und die Niederlande als „casus belli" betrachten würden.

Im April 1940 hatten die britische und französische Regierung beschlossen, das neutrale Norwegen zu überfallen, um Deutschland von schwedischen Erzlieferungen, die über norwegische Häfen geleitet wurden, abzuschneiden. „Cant"-gerecht veröffentlichten Chamberlain und Daladier eine gemeinsame Erklärung an Norwegen und Schweden, die englisch-französische Landung erfolge nicht in der Absicht, ihre Neutralität zu verletzen, sondern um sie vor Deutschland vorsorglich zu schützen.

Edourd Daladier (1884-1970), mehrfach französischer Premierminister, 1938 am Münchner Abkommen beteiligt, trat 1940 zurück

[Hätte der Römer Terenz noch gelebt, wäre sein berühmter Spruch „quod decet Iovi non licet bovi" (was den Jupiter ziert, das darf der Ochs' noch lange nicht) aus diesem Anlaß geändert worden in „quod decet Galliae et Britanniae non licet Germaniae" (was Gallien und Britannien zur Zierde gereicht, darf Germanien noch lange nicht)], beanspruchten doch Albion und Frankreich für sich das Recht, Recht zu brechen.
Bekanntlich war die Deutsche Kriegsmarine der Royal Navy in Norwegen nur um wenige Stunden zuvorgekommen, was die Engländer und Franzosen nicht davon abhielt, die Deutschen für dieses „Kriegsverbrechen" in Nürnberg abzuurteilen.

Am 19. April 1940 hatte Regierungschef Paul Reynaud versichert, „... es ist sehr zu bezweifeln, daß Hitler über die Mittel für eine Offensive verfügt." Am 3. Mai warnt ein deutscher General namens Oster den holländischen Militärattaché in Berlin vor der unmittelbar bevorstehenden deutschen Offensive. [Generalmajor Oster, Mitverschwörer des

Admiral Canaris, gehängt am 8. April 1945 in Flossenbürg]. Früh morgens am 10. Mai bricht der Westfeldzug über Frankreich, Belgien und Holland herein. Deutsche Truppen dringen tief nach Frankreich und Belgien ein. General Gamelin richtet folgenden Tagesbefehl an Frankreichs Armeen: „Deutschland führt gegen uns einen Kampf auf Leben und Tod. Aber wie schon Maréchal Pétain vor 24 Jahren sagte: Nous les aurons!“ (Wir kriegen sie!)

Im Verlauf der nächsten Tage mehren sich Tatarenmeldungen der Art: „Débandade générale (allgemeine Auflösung), 70.000 Soldaten, von ihren Offizieren in Stich gelassen, werfen ihre Gewehre weg und marschieren nach Hause.“
In der Nacht vom 16. zum 17. Mai beteuert Churchill gegenüber Reynaud, England werde auf jeden Fall weiterkämpfen, denn die Vereinigten Staaten werden sicher intervenieren ... Am Abend des 27. Mai entsendet der König der Belgier einen Parlamentär zu den deutschen Linien und bietet die Kapitulation der belgischen Armee an ... In Paris und London spricht man von Verrat...

Am 11. Juni kommt es in Orléans zum Treffen Reynauds mit Churchill, der mit Kriegsminister Eden eingeflogen ist. Die Engländer fordern die Franzosen auf, den Kampf mit allen Mitteln energisch fortzusetzen; die Franzosen drängen die Engländer, ihre Luftwaffe über Frankreich einzusetzen, was aber von Churchill abgelehnt wird. Dem amerikanischen Präsidenten Roosevelt schreibt Churchill noch am selben Abend, es müsse alles getan werden, um Frankreich zu überzeugen, den Krieg fortzuführen und den Verlust von Paris zu verhindern ... Am 16. Juni erreicht Reynaud in Bordeaux, wohin sich fast die gesamte französische Regierung abgesetzt hat, ein Brief Roosevelts voller frommer Wünsche und Beileidsbekundungen: „...Sie werden sicher verstehen, daß ich mich in keiner Weise festlegen kann, versichere Ihnen und dem französischen Volke aber meine volle Sympathie.“ Churchill ermahnt den französischen Regierungschef: „Da Frankreichs Ehre das Einhalten aller zwischen uns getroffenen Vereinbarungen erfordert, kann Frankreich von der britischen Regierung zwar nicht davon abgehalten werden, mit Deutschland in Waffenstillstandsverhandlungen zu treten, besteht aber darauf, daß Frankreich zuvor seine gesamte Flotte in britische Häfen überführt.“
Am selben Tag kommt es hier zu einem Treffen Churchills mit den französischen Marschällen Maxime Weygand und Philippe Pétain, die einen baldigen Waffenstillstand nicht mehr ausschließen. Als Churchill auf die schwierige Lage im Jahr 1918 hinweist, die von den Armeen

Philippe Pétain (1884-1970) wurde nach einer heldenhaften Verteidigung Verduns im Ersten Weltkrieg zum Staatschef der Vichy-Regierung und deshalb nach 1945 lebenslänglich verbannt

Englands und Frankreich doch noch gemeistert wurde, erwidert Pétain: „1918 habe ich 40 Divisionen aufgeboten, um die englische Armee zu retten. Wo sind heute die vierzig Divisionen, die Sie uns versprochen haben?"

Am Morgen des 17. Juni meldet sich ein sehr erregter Churchill am Telefon und schlägt Reynaud die Schaffung einer britisch-französischen „Union indissoluble" (unauflösliche Union) vor, deren französischen Angehörige die britische Staatsbürgerschaft erhielten, deren beiden Parlamente vereinigt und für die Dauer des Krieges von einem gemeinsamen Kriegskabinett regiert würden..." All dies ein Hinweis darauf, wie hoffnungslos die Lage in Frankreich betrachtet wird und wie hilflos die britische und französische Regierung auf diese reagieren.
Um 12 Uhr 30 desselben Tages verliest der zum neuen Regierungschef ernannte Maréchal Pétain im Rundfunk seine erste Proklamation an das französische Volk und beendet seine Rede mit den Worten: „Mit gebrochenem Herzen sage ich euch heute, daß wir den Kampf aufgeben müssen. Letzte Nacht habe ich mich an den Kriegsgegner gewandt und ihn gefragt, ob er nach dem ehrlichen Kampf und unter uns Soldaten bereit ist, nach Mitteln und Wegen zu suchen, um ein Ende der Feindseligkeiten herbeizuführen..."

1) Robert Coulondre: „Von Moskau nach Berlin – Die Erinnerungen des französischen Botschafters 1936-1939"

Wie gut sich Frankreich auf einen durchaus möglichen zweiten Waffengang gegen Deutschland vorbereitet hatte, schildert Coulondre in seinem Buch:

„Vor meiner Abreise nach Moskau hatte mir Yvon Delbos [Außenminister der Regierung des ‚Front Populaire' unter Léon Blum und Camille Chautemps] folgende Instruktionen erteilt: 1.) Kein Präventivkrieg gegen Deutschland 2.) Feststellen, wie die Hilfe der UdSSR im Konfliktfall aussehen würde 3.) Keine Einmischung Moskaus in unsere Angelegenheiten mehr dulden ... Ich muß bekennen, daß ich bei meiner Abreise nach Rußland den tieferen politischen Grund noch nicht erkannte, weshalb es für Frankreich wesentlich, ja lebensnotwendig war, den Krieg zu vermeiden. Erst spät ging mir die Erkenntnis auf, daß Frankreich im Kriegsfall so oder so verlieren mußte. Als besiegtes Land würde es nazifiziert werden; im Falle des Sieges mußte es – vor allem als Folge der Vernichtung Deutschlands – zusammen mit dem übrigen Europa das zermalmende Gewicht der slawischen, mit den Flammenwerfern des Kommunismus ausgerüsteten Welt auf sich nehmen."
Der März 1938 war für den Frieden entscheidend: „Zu diesem Zeitpunkt hätte die Bedrohung Prags durch Deutschland das ganze friedliebende Europa um die Tschechoslowakei scharen können. Indem die Westmächte versuchten, auf Kosten dieses unglücklichen kleinen Volkes die Chancen einer Verständigung mit dem deutschen Reichskanzler auszuschöpfen, schwächten sie die Kräfte des Friedens. Wieder einmal schlugen sie aus Furcht vor dem Kriege an einer Kreuzung den Weg ein, der zum Kriege führt ... Es ist überaus wichtig zu vermerken, daß es von diesem Zeitpunkt an der Chef der britischen Regierung Chamberlain war, der die Zügel des französisch-britischen Doppelgespanns ergriff und es mit eigenen Händen in den Krieg führte."

In den 30er Jahren konnten die mittel- und osteuropäischen Kleinstaaten sowie die Mitglieder des „Cordon sanitaire" bald erkennen, daß die in den 20er Jahren von den Siegermächten unterzeichneten Pakte von den jetzt zum neuen Kriege drängenden Großmächten leere Versprechungen waren und nur der Tarnung dienten.

2) René d'Argile: „Geheimnisse um die Ursachen des Zweiten Weltkrieges"

Er schrieb 1982:
„Es bedurfte keines besonderen Weitblicks, um festzustellen, daß der tschechische Pessimismus [der 30er Jahre] nur allzu gerechtfertigt war. Denn die im Innern schwache, ja hinfällige Tschechoslowakei konnte über die Gefühle, die ihre Nachbarn gegen sie hegten, nicht im Zweifel sein. Vergeblich hatte Dr. Beneš mit seinem Freunde Titulescu

die Errichtung der kleinen Entente zusammengebracht, die Rumänien, Jugoslawien und die Tschechoslowakei umfaßte: Titulescu war im August 1937 aus der rumänischen Regierung entfernt worden und Jugoslawien näherte sich jetzt Deutschland und Italien. Dagegen sah die Tschechoslowakei in Ungarn einen unversöhnlichen Feind, der die ihm beim Vertrag von Trianon zugefügten Verstümmelungen nicht vergaß. Ungarn ergriff jede Gelegenheit, um Gebiete zurückzufordern, die seit tausend Jahren Bestandteile der Krone des Heiligen Stefan gewesen waren. Im Norden war die Tschechoslowakei ganz von Polen umschlossen, das für sie keinerlei Sympathie empfand und dies auch nicht verbarg. Bei seiner Durchreise über Warschau im Mai 1935 versuchte Ministerpräsident Pierre Laval, der sich zur Unterzeichnung des französisch-sowjetischen Paktes nach Moskau begab, im Einvernehmen mit Beneš eine Besserung der Beziehungen zwischen Warschau und Prag herbeizuführen.

Der Diplomat Jan Graf Szembek (Schönbeck) berichtet über die Unterredung, die Laval mit dem polnischen Außenminister Beck führte: ‚Am Ende kam Laval auf den Auftrag zurück, den ihm Beneš mitgegeben hatte. Nachdem Beck zum zweiten Male erklärt hatte, Beneš könne sich mit uns direkt unterhalten, erwiderte Laval, daß im vorliegenden Fall es sich um eine Angelegenheit handle, die in gewisser Beziehung auch Frankreich interessiere. Beneš hätte ihn gefragt, ob im Falle eines deutschen Angriffs gegen sein Land, der Frankreich zwingen würde, diesem zu Hilfe zu kommen, Polen die Tschechoslowakei angreifen würde.‘ ‚Schön, Herr Ministerpräsident, wollen Sie Herrn Beneš bitte mitteilen, daß ich die Beantwortung dieser Frage ablehne.‘ Dann mit einem Lächeln: ‚Wenn Sie meine Meinung kennenlernen wollen, kann ich sie Ihnen sagen: Ich bin außerordentlich überrascht, daß Beneš diese Frage aufgeworfen hat. Wir haben uns niemals zu einer Angriffshandlung gegen die Tschechoslowakei hergegeben. Dagegen verzeichnet die Geschichte feindliche Akte seitens der Tschechen gegen Polen. So haben sie 1919 das schlesische Teschen angegriffen, als die Polen gegen die Bolschewiken kämpften ... Da die Verhältnisse bekannt sind, unter denen die polnische Minderheit in der Tschechoslowakei behandelt wird, ist es uns unmöglich, für dieses Land Sympathie zu empfinden.‘“

„Einer der größten Verdienste des französischen Schriftstellers und Journalisten Georges Champeaux besteht in seiner Feststellung, daß der Einfluß der City auf die Politik Englands während der Krisen im September 1938 und August 1939 entscheidend war. Kurz nach

Der nach dem Krieg wieder sehr schön aufgebaute Altstadtkern von Danzig

München wurden die Wirtschafts- und Finanzkreise Großbritanniens durch den Erfolg der Mission des Reichswirtschaftsministers Walter Funk aufgeschreckt, dem es in der ersten Oktoberwoche gelang, bedeutende Wirtschaftsverträge mit Jugoslawien, der Türkei und Bulgarien abzuschließen. Und am 10. Dezember unterzeichnete die mexikanische Regierung mit Berlin ein Handelsabkommen, das Deutschland gestattete, im Laufe des Jahres 1939 Erdöllieferungen im Werte von 17 Millionen Dollar aus Mexiko zu importieren."

In einem Geheimbericht, den er an den polnischen Außenminister Oberst Josef Beck sendet, erwähnt Graf Potocki, Polens Botschafter in Washington, die Heftigkeit der zum Kriege hetzenden Propaganda und bemerkt: „An diesem Feldzug beteiligen sich die verschiedensten Intellektuellen wie Bernhard Baruch, Lehman, Gouverneur des Staates New York, Felix Frankfurter, Richter am Obersten Gerichtshof, Schatzkanzler Morgenthau und andere, die dem Präsidenten Roosevelt in persönlicher Freundschaft verbunden sind ... In den westlichen Demokratien gibt es Elemente, die offen zum Kriege treiben: Die Großkapitalisten, die Rüstungsfabrikanten, alle stehen heute vor einer glänzenden Konjunktur, denn sie haben einen Ort gefunden, den man in Brand stecken kann: Danzig; und eine Nation, die bereit ist, zu kämpfen: Polen. Auf unserem Rücken wollen sie Geschäfte machen. Die Zerstörung unseres Landes würde sie gleichgültig lassen. Im Gegenteil: Da später alles wieder aufgebaut werden müßte, würden sie auch daran verdienen.

Sie behandeln uns wie Neger, die nur zu arbeiten haben, damit sie ihr Kapital vermehren können..."
Angesichts dieser Bedrohung machte sich R. S. Stokes, Mitglied des Kronrats und zuständig für den Überseehandel zum Fürsprecher der besorgten Finanzkreise. Am 30. November 1938 erklärte er im Unterhaus: „Die Frage, um die es hier geht, betrifft das weitaus größere Problem, wie es denn möglich sein wird, der neuen Form deutscher Konkurrenz in der ganzen Welt entgegenzutreten."

Am 30. September 1938 rückte der Schriftsteller Pierre Gaxotte in der Zeitschrift „Je suis Partout" (ich bin überall) die Dinge ins rechte Licht: „Wollen wir den Bestand unseres Vaterlandes für einen unsinnigen und verächtlichen Staat auf's Spiel setzen, der jeglicher Vernunft zuwider mit großen korrupten Vorstößen gegen das Nationalitätenprinzip geschaffen wurde? Ist ein Volk in Mitteleuropa das Leben des unseren wert? Für uns gibt es nur zwei Parteien: Diejenigen, die für Frankreich, und diejenigen, die für den Krieg sind. Etwas anderes gilt nicht und wird niemals gelten."

Jacques Bainville: „Histoire de France", 1924; André François-Poncet: „Botschafter in Berlin 1931-1938", 1947; E. Beau de Loménie: „La Mort de la Troisième République", 1951; Otto Abetz: „Das offene Problem", 1951; Robert Coulondre: „Von Moskau nach Berlin – Die Erinnerungen des französischen Botschafters 1936-1939", 1954; René d'Argile: „Geheimnisse um die Ursachen des Zweiten Weltkrieges", 1982; Marcel Déat: „Mémoires Politiques", 1989; Hans Meiser: „Das Ringen um Frankreich 1919-1940", 2007.

III. KAPITEL

Die Zwischenkriegszeit 1919-1939

Zweiter Teil
Das amerikanische Volk zieht Bilanz und erhofft ewigen Frieden, doch hinter den Kulissen wird der 2. Weltkrieg vorbereitet

A.) Kurzer historischer Rückblick

Kein Land der Welt wurde und wird noch immer so bewundert und beneidet wie Amerika, das Land der „unbegrenzten Unmöglichkeiten". Jeder, der in seiner Jugend den „Lederstrumpf", den „Old Shatterhand" gelesen, Clark Gable in „Vom Winde verweht", Garry Cooper in „High Noon" erlebt hat, ist mit tiefer Bewunderung für die Amerikaner, für ihren Pioniergeist, ihren selbstlosen Einsatz für Freiheit und Demokratie, ihren edlen Kampf für Gerechtigkeit und Frieden in aller Welt aufgewachsen. Seit bald 70 Jahren wird die Geschichte der Vereinigten Staaten von Nordamerika in allen Medienberichten sowie unseren Schul- und Geschichtsbüchern im politisch korrekten Lichte der Verklärung dargestellt. Sie ist ein Heldenepos, das bei den frommen Pilgrim-Fathers beginnt, über die Freiheitshelden und Vorkämpfer für Demokratie und Menschenrechte George Washington, Benjamin Franklin, Thomas Jefferson, geradewegs zu Abraham Lincoln führt, der die guten Nordstaaten gegen die bösen Südstaaten anführte, um die Negersklaven zu befreien. Dann wird die herzliche Aufnahme besungen, die alle Verfolgten dieser Erde, die vor den Tyrannen des alten Europas flüchteten, in Amerika fanden; ihr entbehrungsreicher Trek „westward ho!" nach Oregon und Kalifornien, im steten Kampf gegen blutrünstige Rothäute, wilde Tiere und entfesselte Naturgewalten. Die amerikanischen Thermopylen bei Los Alamos und dem Wounded Knee werden als Heldenepen dargestellt.

George Washington, erster amerikanischer Präsident (1789-97), führte mit Hilfe Frankreichs die anglo-amerikanischen Kolonien in die Unabhängigkeit

Wenige können heute rückblickend die Politik des englischen Königs Georg III. (1760-1820) und seiner Minister nachvollziehen. Die Entwicklung in Amerika war jedoch schicksalhaft vorgezeichnet: Die amerikanischen „Colonials“ (europäischen Siedler) waren zu zahlreich, zu selbstbewußt und lebten zu weit entfernt, um von London aus regiert zu werden. Wann immer die britische Politik im Krieg gegen Franzosen oder Indianer mit den Interessen der Amerikaner übereinstimmte, kämpften Amerikaner und Engländer Seite an Seite; doch als die Interessen des British Empire auf die Idee eines von England unabhängigen „America First“ kamen, wurde die Trennung unausweichlich. Der Glaube an Amerikas „Manifest Destiny“ (offensichtliche Bestimmung) erforderte die Vertreibung der Engländer. George Washington hatte 1778 den Vertrag begrüßt, in dem sich Frankreich verpflichtet hatte, General Rochambeau mit einer Armee und Admiral De Grasse mit einer Flotte gegen die Engländer zu entsenden, doch 1782, da Frankreich obsiegt hatte, schlossen die undankbaren „Colonials“ – entgegen dem Vertrag mit den Franzosen – einen Sonderfrieden mit England. George Washington schrieb dem Marquis de Lafayette: „Mein lieber Graf, während sich die europäischen Könige gegenseitig den Hals abschneiden, ziehen wir es vor, hier in Ruhe zu leben.“

Vor einhundertein Jahren verkündete US-Präsident William Taft, Vorgänger von Woodrow Wilson, den baldigen Antritt der amerikanischen Weltherrschaft: „Der Tag ist nicht mehr fern, da drei Sternenbanner unser Territorium abstecken werden: Das eine am Nordpol, das andere am Südpol, und genau zwischen beiden das dritte am Panamakanal. Zurecht wird uns die Herrschaft über die Hemisphäre kraft unserer rassischen Überlegenheit zufallen." Geflissentlich übergangen hatte Taft das Massaker an den Indianern, den Raub von Texas und Kalifornien, den Diebstahl von Kuba und den Philippinen, die Besetzung von Panama, Samoa und Hawaii. Dies alles in Befolgung einer eingebildeten „manifest destiny", eines von Gott vorbestimmten Schicksals und einer von Gott geschenkten „inviting geography", einer einladenden Geographie, die zur Eroberung der nördlichen und südlichen Hälfte des amerikanischen Kontinents geradezu einlud. Für Theodor Roosevelt, der in die zu Kolumbien gehörende Provinz Pánama einmarschieren läßt, war das Ganze „a splendid little war." Alle diese Interventionen, Aggressionen, Raubzüge, dienten der Absicherung und Abrundung des eigenen Territoriums einerseits, andererseits der Ausdehnung des kolonialen Machtbereichs, so wie es die europäischen Imperien in den vergangenen vier Jahrhunderten vorgeführt hatten. Als Maßstab der US-Außenpolitik galt ausschließlich das Interesse der jungen Nation. Diese Beschränkung auf das nationale Interesse war es, die den Amerikanern auf ihrem Halbkontinent die absolute Vorherrschaft verschaffte, denn bis zum Ende des 19.Jahrhunderts waren die damaligen Weltmächte England, Frankreich, Spanien und Rußland vom amerikanischen Kontinent fast gänzlich vertrieben worden.

Es folgt der erste amerikanische Kreuzzug unter Präsident Woodrow Wilson „to make the world safe for democracy" – ausgerechnet an der Seite des Britischen Empire und der République Française, beides Leuchten und Vorkämpfer für die Menschenrechte, deren Weltreiche freilich zu drei Vierteln aus Kolonien bestanden – gegen Kaiser Wilhelms preußische Hunnenschar und gegen Kaiser Franz Josef, Herrscher über den Völkerkerker des Habsburgerreiches. Zwei Jahrzehnte später folgt der zweite amerikanische Kreuzzug unter Präsident Franklin Roosevelt, der seinem Volk befiehlt: „Onward Christian Soldiers!" um vereint mit der Roten Armee des „dear Uncle Joe Stalin" zu marschieren, diesmal um Europa zu befreien, aufzuteilen, und in beiden Hälften des alten Kontinents die sowjetische und die amerikanische Version von „democracy" einzuführen. Die Geschichte Amerikas erreicht ihre Apotheose mit seinem Dritten und Vierten Kreuzzug, der eine unter Präsident Johnson gegen die Vegetation und gegen das Volk der Vietnamesen, der andere unter Präsident George W. Bush gegen den Irak. Der Kreuzzug gegen die Sowjetrussen, die „Macht des Bösen", findet nicht statt, denn Gorbi beendet vorzeitig die Pokerpartie und gibt sich 1989 geschlagen. Niemals den Tugendpfad verlassend, stets bestrebt, seine hehren Ziele zu erreichen und hohen Ideale zu verwirklichen, allen „civilized and peace loving nations" im Kampf gegen das Böse voranschreitend, in Kriegen immer siegreich gegen „Injuns", „Krauts", „Japs", „Gooks", „Arabs" und Schurkenstaaten in aller Welt - so sieht sich Amerika, und so will es von den Völkern dieser Welt bewundert werden. Beide Weltkriege und der Kalte Krieg haben Europa wirtschaftlich, geistig, moralisch und demographisch entscheidend und auf tragische Weise geschwächt, die USA haben von ihnen freilich gewaltig profitiert.

B.) Einleitung

Der Hauptgrund für den rasanten Aufstieg der Vereinigten Staaten und den Niedergang Englands und anderer verbündeter Staaten in den 20er und 30er Jahren waren deren Kriegsschulden an Amerika. Sie betrugen zu Beginn des 1. Weltkrieges etwas mehr als 12 Milliarden Dollar, 4,7 Milliarden davon die englischen, und wurden für Ankäufe von Nahrungsmitteln, Baumwolle, Schiffen, Maschinen, Waffen, Munition ausgeliehen. Nach Eintritt der Vereinigten Staaten (1917) in den Krieg, übernahmen diese - nunmehr auch offiziell - die Finanzierung der Ankäufe ihrer Verbündeten. Gedeckt waren diese Schulden durch Schatzwechsel der betroffenen Regierungen. 1930 sanken die Verpflichtungen der verschuldeten Alliierten - dank erzwungener deutscher Reparationszahlungen in Milliardenhöhe inklusive fünf Prozent Zinsen - auf 5,8 Milliarden Dollar, wobei der britische Anteil 3,3 Milliarden betrug.

Aus Sicht der Amerikaner handelte es sich um auf Treu und Glauben von fremden Regierungen eingegangene Verpflichtungen, die eingelöst werden mußten. In den Augen der verschuldeten Völker repräsentierten diese Summen freilich eine unberechtigte Abgeltung an die Amerikaner, hatten diese doch erst 1917 - mit drei Jahren Verspätung - in den Krieg eingegriffen, als Frankreichs und Englands Armeen schon ausgeblutet waren. Von den Amerikanern wollte man keine Ermahnungen hören, sondern Bekundungen schlechten Gewissens und tiefer Scham, hatten sie doch viel zu wenig unternommen, um die ungeheuren Verluste und das unermeßliche Leid ihrer Alliierten mit noch mehr Gold und noch mehr Blut auszugleichen. Die Verbündeten glaubten, Amerika sei durch den Krieg reich geworden und meinten, ihr Eintreiben von Schulden sei eine Form erpreßten Blutgeldes. Die Amerikaner bestritten, daß sie sich am Krieg bereichert hätten: Präsident Coolidge berechnete, daß sie der Krieg mehr als 36 Milliarden Dollar kostete – die Hälfte ihres BIP! Die Engländer und Franzosen konterten, ihre Opfer an Menschen, verwüsteten Landschaften und zerstörten Industrien könnten finanziell niemals ausgeglichen werden. Sie seien verarmt, und keine Summe amerikanischen Geldes könne sie trösten. Die Amerikaner erwiderten: „Ihr habt dank des Krieges fremdes Land an euch gerissen, den Besiegten Schiffe, Patente und Industrien weggenommen und dadurch euren deutschen Rivalen geschwächt. Wir haben nichts genommen und wollen auch nichts haben, außer dem, war Ihr uns schuldet. Wenn Ihr so arm seid, wie Ihr behauptet, woher nehmt Ihr Engländer dann die Mittel, den kostspieligen Prunk Eurer Monarchie aufrechtzuerhalten, Ihr Franzosen das Geld, um Eurer Kolonialreich zu erweitern? Und wieso gebt Ihr jetzt mehr Geld für Eure Rüstungen aus, als vor dem Kriege?

Amerikaner, die glauben, England habe am meisten am Krieg profitiert, ärgerte es am meisten, daß Außenminister Balfour durch eine typisch albionisch perfide Note den Rest der Welt dazu brachte, alle Schuld(en) auf Amerika abzuwälzen. Hier der Text: „Die englische Regierung befürwortet den Verzicht auf ihren Anteil an deutschen Reparationen und die Streichung des gesamten Schuldenkomplexes unter den Verbündeten. In keinem Fall beabsichtigen wir von unseren Schuldnern mehr zu fordern, als wir zur Bezahlung unserer Gläubiger [die USA] benötigen und rechnen mit allgemeinem Verständnis, daß wir uns nicht mit weniger zufrieden geben können..." Die Engländer kündeten damit an, daß sie im Gegensatz zu den Vereinigten Staaten nicht daran dachten, Geld von ihren Verbündeten für eigene Zwecke einzuziehen. Sie beabsichtigten nur soviel zu nehmen, wie sie zur Befriedigung des drängenden Gläubigers auf der anderen Seite des Atlantiks bräuchten. Diese Geste machte England populär und Amerika in Europa noch unbeliebter. Aus amerikanischer Sicht war dies ein starkes Stück. Im Kern war es eine Aufforderung an sie, die Kosten zu tragen. Denn England hatte Geld ausgeliehen und geborgt, und da es mehr ausgeliehen als geborgt hatte, waren seine Chancen nicht die besten. Natürlich gefiel dieser Plan den Engländern, Franzosen, Italienern. Die Deutschen, die ihre Schulden in dem Maße schrumpfen sahen wie die Amerikaner ihre Ansprüche reduzierten, klatschten Beifall. Als die USA die Franzosen 1926 endlich soweit hatten, daß sie ein Schuldenabkommen unterzeichneten, das sie übrigens erst 1929 ratifizierten, löschten die Amerikaner 60,3 Prozent ihrer Schulden, gewährten den Belgiern einen Nachlaß in gleicher Höhe und Mussolini gar von 75,4 bis 80,2 Prozent.

C.) Meinungen und Zeugnisse aus amerikanischen Quellen

1) Ludwell Denny: „Amerika schlägt England – Geschichte eines Wirtschaftskrieges"

„Die Umstände, die früher einmal England stark machten, schwächen es jetzt. Seine naturgegebene Abgeschlossenheit gehört der Vergangenheit an; der Kanal, früher eine Barriere, fordert jetzt zum Angriff aus der Luft sowie über und unter Wasser auf. Viele Völker, die den Engländern Tribut zu zahlen hatten, sind wirtschaftlich erwachsen geworden; sie brauchen England nicht länger. Im Inland bewirken industrieller Verfall und Steuerlasten Notstand und Unrast ... Seine Kolonien empören sich. Es fehlt ihm der alte Eroberergeist. Die gegenwärtige britische Politik, die Handels-, die Flotten- oder die auswärtige Politik wird von einer unerbittlichen Tatsache bestimmt: England ist ein übervölkertes, unselbständiges, exponiertes Inselland. Seine Tage als Weltmacht sind gezählt ... England gegen Amerika: Ein winziges und schutzloses Inselland gegenüber einem Kontinent, der von zwei Ozeanen geschützt wird. Eine unselbständige Insel, die unfähig ist, sich selbst zu ernähren oder zu bekleiden, im Gegensatz zu einer Nation von stärkerer Autarkie im Frieden und im Krieg, wie sie die Welt noch niemals kannte. England hat eine zu große Bevölkerung, Amerika eine wohl angemessene. England hat zu wenig Nahrungsmittel, Amerika hat zu viele. England hat zu kämpfen, Amerika lebt im Frieden mit seiner Industrie. England hat abnehmende Kohlenvorräte, Amerika besitzt Kohle im Überfluß und dazu die wichtigsten Kraftquellen der Zukunft: Erdöl und Wasser. England besitzt kaum Rohstoffe im Inland, Amerika sehr viele. England betreibt eine veraltete Industrie und Technik, Amerika führt die ganze Welt in industrieller Ausrüstung und Organisation an. England verliert Weltmärkte, Amerika erobert sie. Englands Seemacht verkümmert, jene Amerikas erblüht. England muß sich verteidigen, Amerika geht in die Offensive. Zu diesen gewichtigen Vorteilen gesellen sich Unwägbarkeiten: Winde des Sieges füllen Amerikas Segel, seine Zeit scheint gekommen. Der stürmische, jugendliche Siegeswille, die Energie und der Wagemut, die ihn begleiten, treiben Amerika voran. Im Bewußtsein seiner ‚manifest destiny', seiner gottgewollten Bestimmung, werden wir Amerikaner vorangetrieben."

Die anderen Nationen müssen zuschauen, wie Amerika gewinnt: „Wir Amerikaner sind besessen von der mächtigsten aller Illusionen, daß wir das Auserwählte Volk sind, und selbst diese biblische Deutung genügt uns nicht. Wir drücken es auf unsere Weise aus und sagen: ‚This is God's Own Country', Gottes eigenes Land. Nach dem Gesetz und den Propheten Amerikas ist Handelswettbewerb mehr als Marktgewühl. Der Markt wird zum Tempel. Der Erwerb von Handelsvorteilen ist für Amerikaner ebenso gut wie ein Glaubensbekenntnis, wie einstmals der Erwerb fremder Länder für die Engländer. Der junge Riese Amerika forderte England heraus mit mehr als bloß seiner physischen Kraft und Geschicklichkeit, sondern mit dem Glauben und mit der ganzen Glut und dem ganzen Fanatismus, die zu einem merkantilen Kreuzzug gehören. Unsere Anführer sind mehr als Priester einer neuen Religion materiellen Fortschritts, sie sind auch Dichter: Sie erfassen die Schönheit in dem Gemetzel des Wettbewerbs. Wenn sie die Eroberung der Welt mit amerikanischen Waren beschreiben, so erheben sie ihre Stimmen mit Pathos und ihre Sprache klingt hymnisch. Dr. Julius Klein, Unterstaatssekretär im Handelsministerium: ‚Amerikanische Registrierkassen läuten ihre muntere Melodie in den Geschäften von Johannesburg bis Shanghai, amerikanische Rasierklingen schaben auf den Wangen blonder Schweden in Stockholm und Schwarzafrikanern im Sudan. Amerikanische Flugzeuge wiesen einer staunenden Welt den Weg des kühnen Adlers ... Das Grammophon machte aus dem Jazz ein Welt-Volkslied und verdrängte Wagner aus Deutschland ... Wir waren einmal Englands Kolonie. England wird unsere Kolonie sein, bevor seine Tage gezählt sind ... Zu klug, um uns an der Regierung der Welt zu versuchen, werden wir uns mit ihrem Besitz begnügen. Nichts kann uns aufhalten, nichts!"
Und neben einem solchen Amerika soll England, soll die Welt eine Chance haben?

2a) Die Memoiren des US-Präsidenten Herbert Hoover

Nähern wir uns jetzt einem Ereignis, das allein schon genügen würde, die ungeheure Heuchelei und Verlogenheit der für den 2. Weltkrieg verantwortlichen Amerikaner zu entlarven. Die Rede ist vom Versuch, die Memoiren des 1929-1933 amtierenden US-Präsidenten Herbert Hoover zu vertuschen:
Clio sei dank, mangelt es nicht an deutschen und anderen Zeitzeugen, die nach dem Zweiten Weltkrieg eine riesige Menge von Propagandalügen entlarvt, Schuldzuweisungen und Anklagen entkräftet,

Herbert Clark Hoover , Präsident der Vereinigten Staaten (1929-33), vermittelnd und friedliebend, organisierte schon im 1. wie auch im und nach dem 2. Weltkrieg Hilfsprogramme für notleidende Staaten, wurde in der Wirtschaftskrise von Roosevelt abgelöst

falsche Darstellungen geschichtlicher Ereignisse richtiggestellt haben, die von den Siegermächten und weiteren Dutzenden Feindstaaten nach 1945 in Umlauf gesetzt worden waren. Doch während Revisionisten sich bisher meist nur mit einzelnen Zeitabschnitten, Ereignissen, Kriegsschauplätzen, Lebensdaten einzelner „dramatis personae" befaßten, schrieb Herbert Hoover, dem kraft seines hohen Amtes alle Archive Washingtons offenstanden und der dank intimer Kenntnis amerikanischen „political show-biz" und dessen Hintermänner die wahren Beweggründe Rooseveltscher Politik durchschaute, eine vernichtende Chronik der Kriegstreiberei und Heuchelei, die von Franklin D. Roosevelt, seinen Financiers, Beratern und Kumpanen beiderseits des Atlantik gegen den Wunsch des amerikanischen Volkes betrieben wurde, die zu dem von ihm heiß ersehnten Kriegseintritt der USA an der Seite der friedliebenden Demokratien Großbritannien, Frankreich, Sowjetrußland, Polen, gegen die Schurkenstaaten Deutschland und Japan führen sollte.

Leserinnen und Leser dieser Memoiren werden erkennen, daß es mit einem Präsidenten Hoover statt eines Franklin Roosevelts keinen Zweiten Weltkrieg gegeben hätte und deshalb verstehen, warum Hoovers Buch von der etablierten US-Polit-Nomenklatura jahrzehntelang unter Verschluß gehalten wurde und erst Ende 2011 auf den Markt kam. Selbstverständlich war die transatlantische, von Heuchelei, Kriegen, Lug und Trug zehrende anglo-amerikanische Bruderschaft auch

66 Jahre nach Ende des Zweiten Weltkriegs und 47 Jahre nach des Autors Tod bemüßigt, seine Kommentare zu wichtigsten Ereignissen – wie zum Beispiel der Affäre um Tyler Kent und des von Roosevelt provozierten Angriffs der Japaner auf Pearl Harbour – aus seinen Memoiren politisch korrekt wegzuzensieren.

2b) „Freedom Betrayed: Herbert Hoover's Secret History of the Second World War and its Aftermath"

Das Buch: „Verrat an der Freiheit: Herbert Hoovers geheime Geschichte des Zweiten Weltkriegs und seine Folgen" war bereits 1964, dem Todesjahr des Autors, abgeschlossen worden, erschien aber erst 2011 bei „Hoover Institution Press" (Stanford, Cal.). Es zählt 956 Seiten Text plus 120 Seiten Personenverzeichnis. Das im Titel eingefügte Adjektiv „geheim" ist nicht nur irreführend, sondern schlicht falsch, denn Hoover wollte keine geheime, sondern im Gegenteil eine feurige Anklageschrift gegen die Vorkriegs- und Kriegspolitik Roosevelts verfassen. Doch wie die Machtverhältnisse in den USA damals standen und heute noch stehen, ist es kein Wunder, daß Hoovers Geschichte des 2. Weltkriegs – wenn auch kastriert, desinfiziert und schaumgebremst – erst ein halbes Jahrhundert nach seinem Tode erscheinen durfte.

Der 1874 in Iowa geborene Hoover arbeitete als Bergbauingenieur, diente in den zwanziger Jahren den republikanischen Präsidenten Warren Harding und Calvin Coolidge als Handelsminister und wurde 1928 zum 31. Präsidenten der Vereinigten Staaten gewählt. Mit dem Schreiben seines „magnum opus" begann er 1939 und beendete das Manuskript als 90-Jähriger, kurz vor dem Tode 1964 in seiner Suite des Hotels Waldorf Astoria zu New York. Nach dem 1.Weltkrieg hatte Hoover ein gigantisches Hilfsprogramm zur Beseitigung der Hungersnot in Europa organisiert. Die Rettung von Millionen Franzosen, Belgiern, Deutschen, Österreichern, Italienern, Tschechen, Slowaken, Polen, Balten, Finnen vor dem Hungertod, hatte ihm den Ruf des selbstlosen Wohltäters aus dem mächtigen Amerika verschafft und öffnete ihm die Türen zu führenden Staatsmännern jener Zeit. Als Hoover im März 1933 das Weiße Haus verließ, zog er sich nicht aus der Politik zurück, sondern ergriff – im Gegensatz zu seinem Nachfolger Franklin D. Roosevelt – das Friedenspanier, besuchte noch im selben Monat den britischen Premier Neville Chamberlain und warnte ihn, das britische Empire würde einen zweiten Weltkrieg nicht überstehen. Um diesen zu verhindern, müsse man Deutschland in Sachen

Versailler Diktat entgegenkommen und einige seiner berechtigten Forderungen erfüllen.
Welche neuen Erkenntnisse, Einsichten, Erfahrungen, hätten die um sachliche Ausgewogenheit bemühten und für die Wiederherstellung der historischen Wahrheit eintretenden Revisionisten aus Hoovers fast achtzig Jahre Weltgeschichte umfassendes Lebenswerk gewinnen können? Gar keine, meint der Autor, denn Hoover plaudert weder Staatsgeheimnisse aus, noch berichtet er von bisher unbekannten Ereignissen. Die geschichtliche Bedeutung seiner Memoiren liegt darin, daß sie aus der Perspektive eines wohl informierten, VIP-Loge erste Reihe fußfrei placierten Ex-Präsidenten der übermächtigen Vereinigten Staaten geschrieben wurden, daß dieser Ex-Präsident alle von seinem Nachfolger aufgetischten Lügengeschichten und Heucheleien, die schließlich zum Kriegseintritt der USA gegen Deutschland und Japan führten, von Anfang an durchschaute und die eindeutige Kriegsschuld Roosevelts, seiner Hintermänner, Berater und Trabanten beiderseits des Atlantik anprangerte und entlarvte. Ein Krieg, der letztendlich Millionen und Abermillionen Soldaten und Zivilisten auf vier Kontinenten und auf hoher See das Leben kosten sollte.
Hoover konnte nach 1933 zwar keine weltpolitischen Entscheidungen mehr treffen, saß aber nie im Zuschauerraum, sondern betrat oft genug die Bühne, auf der Roosevelts Schelmenstücke aufgeführt wurden. Er war Roosevelts schärfster außenpolitischer Gegner, deshalb aber noch lange kein Freund Deutschlands, geschweige denn Bewunderer Adolf Hitlers, Anhänger einer völkischen Weltanschauung und einer vom Staat gelenkten Wirtschaft. Hoover war ein amerikanischer Vollblutimperialist, überzeugter Anhänger einer liberalen Wirtschaftsordnung, bekennender Kapitalist, blieb aber stets Nationalist und Bannerträger der Bewegung „America First!" Er wollte sein Land aus dem 2. Weltkrieg heraushalten, weil er überzeugt war, die imperialen Ziele der USA ohne Krieg erreichen zu können. Seine Thesen lauteten:

- Der Krieg zwischen Deutschland und der Sowjetunion ist unvermeidlich.
- Ohne Englands Garantie an Polen, hätte Hitler Frankreich und England niemals angegriffen.
- Englands Kriegserklärung an Deutschland, ohne vorherige Absprache mit Rußland, war der größte Fehler, den die britische Diplomatie je begangen hat.
- Zu keiner Zeit stellte Deutschland eine Gefahr für die USA dar.
- Der Krieg gegen Japan wurde von Roosevelt mit voller Absicht provoziert.

Den an Zeitgeschichte interessierten, zwischen-den-Zeilen-lesen-könnenden und zensurgeprüften Zeitgenossen, die sich im umfangreichen Inhaltsverzeichnis von Hoovers Memoiren auf die Suche nach sensiblen Begriffen begeben, wird bald auffallen, daß tuschegeschwärzte Finger just diese aus Hoovers Buch verbannt haben müssen. Es wäre sonst unverständlich, daß gerade der penibel recherchierende und aufdeckende Hoover zu den Themenkreisen Geheimkorrespondenz Roosevelts mit Churchill hinter dem Rücken der britischen Regierung, stark zionistisch geprägten Beraterstabes des US-Präsidenten nach 1933, stark zionistisch durchsetzter Nomenklatura in der Sowjetunion vor 1933, deutscher Friedensinitiativen vor 1941, Judenverfolgung, sowjetischer und amerikanischer Kriegsverbrechen, kein Wort verliert. Gerade das Verschweigen inzwischen längst geklärter, aber noch immer unter dem Teppich der politischen Korrektheit gekehrten, bis zum Sankt Nimmerleinstag in den Archiven amerikanischer und britischer Dienste begrabener historischer Tatsachen beweisen, wie groß im Kreise der noch immer bestimmenden Geschichtslügner und -verdreher auch bald siebzig Jahre nach dem Kriege die Angst vor einem Durchbruch der Wahrheit sein muß. Dies erklärt vielleicht auch, warum ein übereifriger Zensor dem Memoirenschreiber (auf Seite 771) folgende Aussage unterschob: „In my memoirs I have stated my contacts with ... German leaders extending over forty years, including two wars of aggression against us." Sollte damit politisch korrekt festgeschrieben werden, daß Deutschland sowohl 1917 als 1941 die USA überfallen hat?

1933 beklagt Hoover die Anerkennung der Sowjetunion durch Roosevelt: „Drei ehemalige US-Präsidenten und fünf ehemalige US-Außenminister sprachen sich gegen die Herstellung diplomatischer Beziehungen zu diesem Verbrecherregime aus!" 1935 berichtet er US-Außenminister Cordell Hull von seinem Gespräch mit dem sowjetischen Außenminister Maxim Litwinow, der ihm versicherte, die Sowjetunion denke nicht daran, die Aktivitäten der Kommunistischen Partei in den USA einzuschränken.

Im Oktober 1937 erklärt Roosevelt in seiner „Quarantäne-Rede" den „Schurkenstaaten" Japan und Deutschland verbal den Krieg: „Frieden und Freiheit von 90 Prozent der Weltbevölkerung werden von den restlichen 10 Prozent bedroht, die Recht und Ordnung zerstören wollen. Wenn eine Seuche droht, verhängt die Gemeinschaft eine Quarantäne über die Kranken, um die Gesunden zu schützen!" Die Verbrechen der Sowjetunion werden freilich still und leise übergangen.

Im März 1938 geht Hoover auf Europareise. Wenige Tage vor dem Anschluß trifft er den österreichischen Bundespräsidenten Wilhelm Miklas in Wien, Reichskanzler Adolf Hitler und Hermann Göring in Berlin. Er besucht Frankreich, Polen, Italien, Belgien, die baltischen Staaten und predigt überall den Frieden. Im selben Monat hat er in London eine lange Unterredung mit US-Botschafter Joe Kennedy, Vater des späteren Präsidenten John F. Kennedy, der ihm anvertraut, Premierminister Chamberlain zeige durchaus Verständnis für Hitlers Absicht, das Versailler Diktat zu revidieren, solange dies auf friedlichem Wege geschehe, doch Roosevelt unterstütze Churchill, mit dem er insgeheim konspiriert, um England zum Krieg zu zwingen. Die britische Blanko-Garantie an Polen sei auf Betreiben Roosevelts zustande gekommen, der Chamberlain klargemacht habe, England könne im Falle eines Krieges mit Deutschland nur dann auf die Hilfe Amerikas hoffen, wenn es Polens Grenzen garantiere. Ferner hätte Roosevelt seinen Sondergesandten Bullitt beauftragt, Druck auf die polnische Regierung auszuüben, sie möge Hitler unter keinen Umständen nachgeben. Die Absicht Chamberlains und Hitlers, anläßlich der Treffen in Berchtesgaden, München und Bad Godesberg eine friedliche Lösung der tschechischen und polnischen Krise herbeizuführen, sei von Roosevelt mit allen Mitteln bekämpft und schließlich verhindert worden. Im Juni 1938 kabelt Joseph Davies, US-Botschafter in Moskau, nach Washington: „Es besteht nicht der geringste Zweifel an der Ehrlichkeit des Sowjet-Regimes, den Frieden erhalten zu wollen. Es ist meine Überzeugung, daß von Seiten des Kommunismus keinerlei Gefahr für die USA droht."

Im August 1938 schreibt Hoover, daß es in den Chefetagen amerikanischer Ministerien, staatlicher Behörden und Agenturen, ja sogar des Weißen Hauses, von kommunistischen Agenten nur so wimmelt. Roosevelts „alter ego" Harry Hopkins bezeichnet er als „agent number 19". Als sich im Zuge der Ermittlungen von Martin Dies, Vorsitzender des Untersuchungsausschusses für „Un-American Activities" herausstellt, daß die kommunistischen Agenten Whittaker Chambers, Sidney Hillman, Laughlin Currie, Owen Lattimore, Nathan Witt, Herbert Fuchs, Klaus Fuchs, Bary Albaum, Lewis Balamuth, James Charnow, David Greenglass, Frank Oppenheimer, Felix Inserman, Lev Pressman, Irving Goldman, Sidney Rubinstein, Judith Coplon, Alger Hiss, Julius und Ethel Rosenberg, William Berl, Elisabeth Bentley, Morton Sobel, Mervin Cohen – die Liste geht über drei Seiten und enthält die Namen von 494 Mitgliedern der Kommunistischen Partei – die amerikanischen Gewerkschaften, Universitäten, Ministerien und Forschungsstätten infiltriert hatten, befiehlt Präsident Roosevelt, den Untersuchungsausschuß aufzulösen.

Im Januar 1939 erklärt Roosevelt vor dem Verteidigungsausschuß: „Die USA müssen sich am Kampf gegen die Diktatoren beteiligen. Unsere Grenzen verlaufen jetzt in Frankreich..." Er beschließt einen Aufrüstungsplan und verlangt die sofortige Produktion von 40.000 Flugzeugen, die er Frankreich und England überlassen will. Der US-Generalstab lehnt ab, Roosevelt muß sich mit 6000 zufriedengeben. Lange vor Abschluß des Stalin-Hitlerpaktes im August 1939 ist Hoover klar: „Der Krieg zwischen Stalin und Hitler ist unvermeidlich. Wir sollten uns zurücklehnen und zusehen, wie sich beide gegenseitig zerfleischen." Doch Roosevelt und die ihn umgebende Clique wollen unbedingt den Krieg. Mit Abscheu verfolgt Hoover die Bemühungen Roosevelts, Hitler lange vor Ausbruch des Krieges zu provozieren und nach Kriegsbeginn die US-Navy zu veranlassen, durch feindliches Verhalten die deutsche Kriegsmarine herauszufordern, den ersten Schuß abzufeuern. In London, von Chamberlain nach seiner Meinung befragt, meint Hoover: „Nach meiner Einschätzung der Lage, liegen die Interessen der Deutschen im Osten. Sie sind ein landbezogenes Volk und hungrig nach Boden. Die Russen rüsten gegen Deutschland. Ich befürchte, daß ein neues Armageddon droht und hoffe, daß dieses in den Weiten Rußlands und nicht in Frankreich ausgefochten wird..." Darauf Chamberlain: „Frankreich ist der Schwachpunkt bei den Demokratien, es hat mit den Ländern der kleinen Entente, mit Polen, und seit kurzem auch mit der Sowjetunion, Militärbündnisse geschlossen, die Deutschland einschnüren und provozieren. Dieses ist seinerseits mit Italien und Japan eine Allianz eingegangen. Solche Konstellationen können nicht nebeneinander bestehen, sondern verlangen nach einer Entladung." Hoover ist hoch erfreut über das Ergebnis der Gespräche zwischen Chamberlain und Hitler. Endlich „Peace in our time!"
Im Mai 1940 malt Roosevelt den Teufel an die Wand: „Hitler is coming! Es ist meine ehrlichste Überzeugung, daß die USA größter Gefahr ausgesetzt sind ... Wollen wir denn zulassen, daß Hitler sich in der Independence Hall [in Philadelphia] über die Freiheitsglocke lustig macht? Die Nazi-Herren Deutschlands wollen nicht nur Europa, sondern die ganze Welt beherrschen ... Immer wieder haben sie betont, daß die Völker anderer Rassen minderwertig sind und sich ihnen deshalb unterwerfen müssen." Bereits im Frühjahr 1941 wird das ABC (American British Command) eingerichtet und werden die Streitkräfte der neutralen(!) USA und Großbritanniens dem Oberbefehl der Amerikaner

Churchill und Roosevelt nach der Verkündigung der Atlantik-Charta in Neufundland am 12.8.1941

General Marshall und Admiral Stark unterstellt. In Schottland und Nordirland werden US-Stützpunkte eingerichtet.

Im August 1941 treffen in der stillen Placentia Bay Neufundlands an Bord des britischen Schlachtschiffes HMS „Prince of Wales" der Vertreter des perfiden Albion, Winston Churchill, Premierminister des kriegführenden Englands und Franklin Roosevelt, Präsident der neutralen USA zum ersten Mal aufeinander und unterzeichnen feierlich die „Atlantik-Charta", eine Art Aufreihung demokratischer Werte, zu deren Verteidigung diese beiden Schurken und Betrüger sich zum Zweiten Weltkrieg verschworen hatten. In dieser „Charta" werden alle friedlichen Demokratien der Welt eingeladen, sich dem Kampf gegen Hitler anzuschließen. Punkt 3 dieser Urkunde lautet: „Wir respektieren das Recht aller Völker auf eine selbsterwählte Regierungsform und fordern das Recht für alle Völker, denen die Selbstbestimmung verweigert wird, diese wieder zu erlangen." Es versteht sich von selbst, daß weder Roosevelt noch Churchill im Ernst daran dachten, diese Charter in ihren Machtbereichen Geltung zu verschaffen. Im Gegenteil: Im Dezember 1944 wird Roosevelt anläßlich einer Pressekonferenz gestehen: „Nobody ever signed the Atlantic Charter" (nie hat jemand die Atlantik-Charta unterzeichnet) und Churchill im Februar 1945 bei der Jalta-Konferenz erklären, die Länder des Britischen Commonwealth seien von der Atlantic Charter ausgenommen. An Bord des Schlachtschiffs „Prince of Wales" beschließen FDR und WSC, der unter den Schlägen der Wehrmacht notleidenden Sowjetunion Rüstungsmaterial zu liefern und Milliardenkredite zu gewähren. Zum Abschluß ihres Treffens, singen Franklin & Winston an Deck des Kriegsschiffes scheinheilig, heuchlerisch, gemeinsam mit der Schiffsbesatzung, die Hymne „Onward Christian soldiers, marching us to war, with the cross of Jesus going on before..." (Vorwärts, christliche Soldaten, in den Krieg, uns voran das Kreuz Jesu Christi). Halleluja!

Als die deutsche Wehrmacht im Oktober 1941 mit Kesselschlachten in Rußland voll ausgelastet ist und die Invasion Englands abgeblasen wird, zaubert Roosevelt, der durch die japanische Hintertür endlich am Krieg teilnehmen möchte, ein neues Kaninchen aus dem Hut: „Ich besitze eine geheime deutsche Landkarte zur Aufteilung Süd- und Mittelamerikas sowie der USA. Alle Religionen sollen abgeschafft, Kreuze und religiöse Symbole verboten und Geistliche eingekerkert werden, weil sie Gott über Hitler gestellt haben..." Im Zeichen des Hakenkreuzes würden die Nazis „Mein Kampf" als neue Bibel auf dem amerikanischen Kontinent einführen. Im selben Monat ergibt eine Volksbefragung, daß die Zahl der Interventionisten (Befürworter des Kriegseintritts) seit September 1939 von 6 auf 21 Prozent gestiegen, die Zahl der Isolationisten (Kriegsheraushalter) von 94 auf 79 Prozent gesunken ist. Kein Wunder deshalb, daß Roosevelt in seinen häufigen, im Rundfunk übertragenen Reden an das Volk niemals nachläßt, es zu belügen: „Ich habe es schon zuvor gesagt und werde es euch immer wieder und wieder versichern: Nie wieder werden eure Söhne an fremden Kriegen teilnehmen müssen!"

Hoover erwähnt ein Gespräch, das er 1946 mit General MacArthur in Tokio führte, in dem dieser bestätigte, daß Roosevelt durch unannehmbare Forderungen, angedrohte Sanktionen und Verweigerung von Lieferungen lebenswichtiger Rohstoffe, Japan mit voller Absicht zum Angriff auf die USA provoziert hatte. Am 30. September 1941 habe

Joseph Grew, der erfahrene US-Botschafter in Tokio, Roosevelt berichtet: „Eher begeht Japan Harakiri, als daß es sich Erpressungen fügen würde..." Ende Dezember 1941 tritt die „First Washington Conference" unter dem Vorsitz von Franklin Roosevelt und Winston Churchill zusammen. 26 „Nationen", darunter die Sowjetunion, die britischen Kolonien Indien, Südafrika, Australien, Neuseeland, Kanada, die Exilregierungen Frankreichs, Belgiens, Polens, der Niederlande, Luxemburgs, der Tschecho-Slowakei, Jugoslawiens, Norwegens, Griechenlands, sowie sämtliche amerikanischen Satellitenstaaten in Lateinamerika und der Karibik, unterzeichnen am 1. Januar 1942 den „United Nations Pact", der alle Mitglieder verpflichtete, „to render material assistance and contribution in the struggle for victory over Hitlerism" (materielle Hilfe und Beitrag zu leisten, um den Sieg über den Hitlerismus zu erringen). Nach dem Erringen des Endsieges, wird im Juni 1945 zu San Francisco die Charta der Vereinten Nationen verabschiedet, in der die Feindstaatenklausel in den Artikeln 53 und 107 Aufnahme findet.

Hoover ist überzeugt, daß die im Januar 1943 zu Casablanca von Roosevelt und Churchill geforderte bedingungslose Kapitulation Deutschlands, einem abgekarteten Spiel des kommunistischen Beraterstabs Roosevelts entstammt, denn diese Bedingung gewährleistete, daß weder die USA noch England einen Sonderfrieden mit Deutschland schließen durften. Ende 1943 beschließen die Friedenstauben Churchill und Roosevelt zu Teheran, Stalin das Recht zu übertragen, die drei baltischen Staaten, Bessarabien, die Bukowina, Teile Finnlands und Polens zu annektieren und in den „befreiten" Ländern Ungarn, Bulgarien, Rumänien und Tschecho-Slowakei kommunistische Regierungen zu installieren.

Über den Morgenthau-Plan, den Roosevelt und Churchill September 1944 bei der 2. Quebec-Konferenz verkünden, der das „...converting Germany into a country primarily agricultural and pastoral" (...Umwandlung Deutschlands in ein Land von Bauern und Hirten) vorsah, schreibt Hoover, „...daß der von Morgenthau ausgeheckte Plan von den Ministern Hull und Stimson abgelehnt, von Roosevelt aber befürwortet wurde. Dazu Churchill: ‚Anfangs lehnte ich den Plan ab, doch das Drängen [des Finanzministers] Morgenthaus, dem wir so viel Geld schuldeten, gab den Ausschlag für meine Einwilligung'."
Hoover im Februar 1945: „Über die äußerst wichtigen und langfristigen Abkommen und Vereinbarungen, die von den drei Alliierten in Jalta getroffen wurden, gibt es im Außenministerium reichliches Aktenmaterial im Umfang von 400.000 Worten, jedoch kein einziges

offizielles Protokoll. 1947 tauchten Texte angeblicher Geheimverträge auf und erst 1955 wurde vom State Department [Außenministerium] eine Zusammenfassung der in Jalta getroffenen Abmachungen publiziert, deren Autoren Alger Hiss und George Noble allerdings als Sowjetspione entlarvt wurden..." Kein Wunder deshalb, daß Dokumente über Geheimabsprachen, die Roosevelt mit Stalin traf, um die Sowjetunion zum Krieg gegen Japan zu drängen, nicht mehr auffindbar sind. Während Außenminister Stettinius in seinen Memoiren behauptet, Roosevelt hätte unter starkem Druck der militärischen Führung gestanden, Stalin zum Kriegseintritt gegen Japan zu bewegen, belegen alle Aussagen der Generäle und Admirale Marshall, Leahy, King, MacArthur, Nimitz, O'Donnell, LeMay, Eisenhower, Clark, ihre Ablehnung einer Intervention Moskaus auf dem Pazifischen Kriegsschauplatz. Nach Kriegsende werden General Curtis LeMay, Admiral Chester Nimitz und mehrere hohe Offiziere sinngemäß aussagen, weder das sowjetische Eingreifen noch Atombomben seien nötig gewesen: Japan hatte bereits Wochen vor der Auslöschung Hiroshimas und Nagasakis um Frieden nachgesucht."

Stalin, Roosevelt und Churchill in der Sommerresidenz des Zaren auf Jalta, wo sie im Februar 1945 die weitere Vorgehensweise in der Schlußphase des Zweiten Weltkrieges festgelegt haben

Die Einleitung der in Jalta unterzeichneten „Declaration on Liberated Europe" beginnt mit den salbungsvollen Worten und dem üblichen Cant der zwei angelsächsischen Signatarmächte: „Mit dieser Erklärung bestätigen wir unseren Glauben an die Prinzipien der Atlantic Charter, an die Charta der Vereinten Nationen und unseren Entschluß, in Zusammenarbeit mit anderen Nationen, eine Welt zu errichten, in der Frieden, Recht und Freiheit herrschen werden." Zu diesem Zeitpunkt, waren die drei baltischen Staaten, Teile Polens und Rumäniens von der Sowjetunion bereits geschluckt, die sowjetisch besetzten Staaten Ungarn, Polen, Tschecho-Slowakei, Rumänien, Jugoslawien, Bulgarien, Albanien von Kommunisten beherrscht, dachte England (noch!) nicht im Traum daran, auch nur eine einzige

Kolonie in die Freiheit zu entlassen und bastelten die Amerikaner bereits an der Atombombe.
Die von der Dreierbande Roosevelt, Churchill und Stalin am 11. Februar 1945 unterzeichnete Schlußerklärung der Jalta-Konferenz trieft vor *Cant* und Heuchelei: „Nur die andauernde Zusammenarbeit unserer drei Länder mit allen friedliebenden Nationen, kann das höchste Ideal der Menschheit erfüllen: Nämlich das Streben nach Frieden, Freiheit und Wohlstand für die Menschen in aller Welt!" (Amen).
Nach seiner Rückkehr aus Jalta versichert Winston Churchill seinen Landsleuten: „Ich kehre aus der Krim und von meinen Begegnungen mit Marschall Stalin und anderen sowjetischen Führern mit dem sicheren Eindruck zurück, daß sie in ehrlicher Freundschaft mit den westlichen Demokratien leben wollen. Ich glaube fest daran, daß keine Regierung der Welt so unverbrüchlich zu seinen Verpflichtungen steht, wie die sowjetische."

Harry S.Truman, 33. Präsident der USA (1945-53), nahm nach dem Tod Roosevelts an der Potsdamer Konferenz teil, unterzeichnete die Gründungsurkunde der Vereinten Nationen und genehmigte den Abwurf der Atombomben auf Japan.

Die Nachspiele fanden bekanntlich in Nürnberg und Tokio statt, wo diese vor Haß und Heuchelei triefenden Kriegstreiber auf der Grundlage rückwirkender Gesetze und entgegen abendländischen Rechtsnormen die politische und militärische Führerschaft der „Schurkenstaaten" Deutschland und Japan, an Galgen aufknüpfen ließen. Nach Kriegsende bereist Hoover das nun zum zweiten Mal zerstörte, hungernde Europa und organisiert die Verteilung von Lebensmitteln in den am schwersten getroffenen Ländern und Städten.

„Vizepräsident Harry Truman war schon am 12. April 1945 – Roosevelts Todestag - als Präsident angelobt worden. Er wechselte einige Minister aus, wußte aber nicht, daß ihm sein Vorgänger ein ganzes Heer von illoyalen Verrätern und Maulwürfen hinterlassen hatten, die verschiedenen Agenturen der kommunistischen Partei dienten und die meisten Schlüsselstellen der USA infiltriert hatten: Im Außenministerium spionierte Alger Hiss, im Finanzministerium Harry Dexter White, im Atomforschungszentrum Alamogordo der Physiker Klaus Fuchs, im Weißen Haus Laughlin Currie, und Moskau hört überall mit. Erst im Mai 1945 erfährt Truman von dem in Moskau weilenden Harry Hopkins, ein Jahr später auch der neue Außenminister James Byrnes, daß Stalin von Roosevelt – für den Fall seiner Kriegserklärung an Japan – die Insel Sachalin, die Kurilen, die Mandschurei und einen Teil Koreas versprochen worden waren, diesbezügliche Unterlagen aber unauffindbar seien. Obwohl Japan mehrmals signalisiert, es sei bereit, die Waffen zu strecken, bestehen die im State Department tonangebenden sowjetischen Agenten auf die Fortführung des Krieges, um Moskau die Gelegenheit zu geben, im Fernen Osten einzugreifen und sich dort auszubreiten."

Clement Richard Attlee löste nach dem Wahlsieg der Labour-Partei Churchill als Premierminister ab und vertrat Großbritannien damit bei der Potsdamer Konferenz.

Langsam beginnt Truman und Churchill zu dämmern, welch schädliche Politik Roosevelt hinter ihren Rücken gespielt hatte und beschließen, von Moskau abzurücken. Gleich nach Beginn der vom 17. Juli bis 2. August 1945 stattfindenden Potsdamer Konferenz, muß Churchill seinen Platz an Clement Attlee abtreten, dessen Labour Party soeben die Wahl gewonnen hatte. Im Verlauf dieser Konferenz werden die Rufe der von Deutschland besetzten und nunmehr befreiten Länder nach Rache und Wiedergutmachung immer lauter, und es stellt sich heraus, daß die siegreichen Westmächte – trotz aller Garantien, hehren

Parolen und Versprechen – Polen wie eine heiße Kartoffel fallen lassen. Japans Rufe nach Beendigung des Krieges werden immer eindringlicher. Am 25. Juli wird die sowjetische Regierung von Japan gebeten, einen Waffenstillstand zu vermitteln, doch nichts geschieht, denn Stalin liegt daran, den Krieg solange fortzuführen, bis er die Ernte an chinesischen und japanischen Provinzen, die ihm von Roosevelt in Jalta versprochen worden waren, einfahren konnte. Am 6. August fällt die erste Atombombe auf Hiroshima, am 8. August erklärt die Sowjetunion Japan den Krieg, am 9. August kommt die Reihe an Nagasaki, am 10. August 1945 kapituliert Japan und geht die Sonne über dem Reich der Aufgehenden Sonne unter.

3) Joseph E. Davies: „US-Botschafter in Moskau 1936-1938"

Ein schönes Beispiel amerikanischer Naivität und Leichtgläubigkeit bieten die Memoiren von Joseph Davies.
Der Autor war Jugendfreund des US-Präsidenten Roosevelt und faßt in seinen Erinnerungen (1943) zusammen: „Ich durfte die Führer der Union der Sozialistischen Sowjetrepubliken kennen lernen: Eine Gruppe fähiger starker Männer. Ich gestehe ihnen zu ... ehrliche Überzeugungen und reine Absichten zu haben. Sie glauben, daß sie das Rechte tun. Angesichts dieser Tatsachen kann nicht daran gezweifelt werden, daß sie der Sache des Friedens sowohl aus ideologischen als auch praktischen Gründen zugetan sind..."
Davies im Mai 1937 über einen Besuch in London: „Wir wurden von Sir und Mrs. Churchill eingeladen ... Beim Lunch erkundigte sich Churchill nach den Säuberungs- und Schauprozessen in Moskau. Ich sagte ihm die Wahrheit, wie ich sie erlebt habe:
Radek (recte Sobelsohn), Pjatakow, Sokolnikow hätten ruhig und leidenschaftslos ihre „kriminellen" Taten gestanden und keiner von ihnen um Gnade gefleht ... Zu schade, daß Churchill in der jetzigen Regierung nichts mehr zu sagen hat. Mit ihm wäre der Friede gesichert..."
August 1937: „Besuch meines alten Freundes Sam Untermyer [Millionär, Financier der Demokratischen Partei und Zionist]. Ist sehr begeistert von der außerordentlichen Leistung der sowjetischen Regierung und vom Bau der Moskauer Untergrundbahn ... Rußland übt auf ihn einen großen Zauber aus..."
Januar 1939: Brief an Harry Hopkins: „Dear Harry, hier herrscht das Chaos. Der Chamberlain-Frieden taugt nichts ... Unser Präsident hat die Fackel, die Chamberlain fallen ließ, aufgenommen, und seine

Presseerklärung über die Behandlung der Juden [in Deutschland] hat ihn zum unbestrittenen Führer der Weltmeinung sowie der demokratischen und moralischen Entrüstung gemacht ... Meiner Überzeugung nach, muß Rußland ermutigt werden, in seiner Entschlossenheit für Frieden und kollektive Sicherheit einzutreten und nicht zu wanken."
August 1939: „Anfang dieses Jahres sagte mir ein polnischer Minister der Beck-Regierung, die deutsche Militärmacht werde maßlos überschätzt. Drei Wochen nach Kriegsausbruch würden die polnischen Truppen in Berlin stehen ... Polen brauche keine russische Hilfe, es werde mit den Deutschen leicht allein fertig werden..."

4) David L. Hoggan: „Das blinde Jahrhundert – 1. Teil Amerika"

Schon geläutert, aufgeklärt und „rerum novarum cupidus" (begierig nach neuen Erkenntnissen) präsentiert 1979 der amerikanische Historiker (1923-1988) sein Werk.
Die moderne englische plutokratische Oligarchie war 1690 zur Macht gekommen, die moderne amerikanische plutokratische Oligarchie erst 1789, also 99 Jahre später. Diese willkürliche Natur des englischen Systems war noch immer verkörpert im „Permanent Foreign Office" und dessen Kabinetts-Privileg, Kriege erklären zu dürfen, ohne das Unterhaus fragen zu müssen ... Diese korrupte plutokratische Oligarchie erwies sich als von unwiderstehlicher Anziehungskraft auf die siebte Generation amerikanischer Kolonisten, die ihre Unabhängigkeit von England erklärt hatte ... Wäre der Föderalismus jemals ein wirklicher Bestandteil des amerikanischen Systems gewesen, dann hätte nicht der selbsternannte Diktator Abraham Lincoln, selbst ein Südstaatler, der den Süden haßte, den bis dahin größten Krieg der Geschichte (1861-1865) führen und die dreizehn souveränen Staaten des amerikanischen Südens vernichten können.

Hoggan erinnert daran, daß 1781 bei der Entscheidungsschlacht von Yorktown auf Seiten Washingtons vor allem französische Soldaten und Siedler zumeist schottischer Abstammung standen, während die amerikanischen „Kolonisten" sich in den Gräben gegenüber befanden. Die amerikanische Unterstützung für den Oberbefehlshaber General Washington war zu jeder Zeit gering. Er hatte nie mehr als 20.000 Mann unter Waffen im Vergleich zu den 30.000 deutschen Söldnern, die unter General Riedesel für England kämpften. Ohne Unterstützung durch die englischen „Whigs" (Antiimperialisten) und die Hilfe von König Ludwig XVI. hätte Washington wählen müssen zwischen Selbstmord und dem Baumeln an einem englischen Strick. Halunken, wie Nathan Rothschild in England nach Waterloo und wie John D. Rockefeller in den USA nach dem Bürgerkrieg hätten niemals die wirtschaftliche de facto-Kontrolle über ihre jeweiligen Länder erlangen können ohne die permissive Moral, wie sie François Quesnay [französischer Ökonom 1649-1714] und Jeremy Bentham [englischer Utilitarist 1748-1832] vertraten ... Die Bereitschaft zu lügen seitens der sogenannten Hof-Historiker der USA hat alle wichtigen amerikanischen Fragen des 20. Jahrhunderts in Dunkel gehüllt. Die Mehrheit der amerikanischen Berufshistoriker und insbesondere Historiker-Lobby der „American Historical Association", haben – nur um weiterhin Geldzuwendungen zu erhalten und Schwierigkeiten zu vermeiden – die plutokratische Oligarchie der USA reingewaschen. Ein Beispiel gefällig?

Admiral Samuel E. Morison, der den Auftrag zum Verfassen der offiziellen amerikanischen Seekriegsgeschichte im Zweiten Weltkrieg seinem kompetenteren Kollegen Harold Sprout wegnehmen wollte, versprach dem Präsidenten Roosevelt, daß er – sollte er und nicht Sprout den Auftrag bekommen – keinerlei Kritik an Roosevelts Verbrechen gegen das Völkerrecht üben werde.

Hjalmar Schacht (1877-1970), mehrmals Reichsbankpräsident, ab 1944 wegen Kontakt zum Widerstand im KZ, im Nürnberger Prozeß freigesprochen und ab 1953 Mitinhaber der Privatbank Schacht &Co.

„Als Hitler 1933 an die Macht kam", so Hoggan, „machte er sich sofort und mit Erfolg eine Methode zu eigen, ... die das Ermächtigungsgesetz 1933 sowie der heilsame nationalsozialistische Glaubenssatz ‚Gemeinnutz geht vor Eigennutz' boten. Hitlers sozioökonomische Siege in Deutschland wurden durch eine Kombination von Idealismus und Logik erzielt sowie gegen die unablässigen Einwendungen deutscher professioneller Ökonomen. Dr. Hjalmar

Schacht, war – wie auch Admiral Canaris bei der ‚Abwehr', Staatssekretär Ernst von Weizsäcker im Auswärtigen Amt und Generalstabschef Ludwig Beck beim Ersatzheer – ein geborener Verschwörer, der sich mit einer hochrangigen Verrats-Elite verbündete ... Im Nürnberger Prozeß wurde Schacht – folgerichtig – freigesprochen...
Der militante republikanische Senator Robert La Follette (1855-1925) war Wilsons stärkster Gegner in der Auseinandersetzung um Amerikas Teilnahme am 1. Weltkrieg und Beitritt zum Völkerbund. Er hatte begriffen, daß landauf, landab sowohl die republikanische wie die demokratische Partei in die Hände ein und derselben Gang von Plutokraten gefallen waren, daß angesichts des Fehlens echter Unterschiede zwischen den beiden einzigen Parteien das amerikanische Zweiparteiensystem eine perverse Farce war, und daß die USA unter der Herrschaft einer plutokratischen Oligarchie in Wirklichkeit eine Einparteiendiktatur war...
Präsident Woodrow Wilson hielt seine sogenannte ‚letzte Rede' in Pueblo (Colorado) am 29. September 1919. Einige Tage vorher war er in Los Angeles auf Grund eines Streites zwischen einer seiner Geliebten, Mrs. Peck, und seiner zweiten Frau Edith in Angst versetzt worden. Edith ließ Mrs. Peck wissen, daß sie kein weiteres Schweigegeld mehr bekommen würde. Sie entgegnete, daß sie das Geld brauche und den geilen alten ‚Woody' bloßstellen würde, wenn sie es nicht bekäme.
In den folgenden Wochen machte sich Wilson, nicht nur auf Grund seines ‚troubles with Mrs. Peck' bei seinen Reden nur noch lächerlicher ... Es wäre nicht fair, Wilson zu kritisieren, als er nicht mehr voll zurechnungsfähig war. Seine Frau und sein Arzt hielten ihn von der Öffentlichkeit fern, während Justizminister Mitchell Palmer in den nächsten achtzehn Monaten praktisch die Regierung übernahm..."

Der Sieg Franklin Roosevelts – dessen politische Karriere jahrelang von einem anderen Schüler Wilsons, Louis Howe, sorgfältig vorbereitet worden war – führte bei den Präsidentschaftswahlen des Jahres 1932 zu einer unberechenbaren Politik, zu unbegrenzter Verschwendung, einer ins Astronomische gehenden staatlichen Verschuldung und zu radikalen Experimenten in der Außenpolitik ... Erst im Jahre 1928 war er Harry Hopkins begegnet, der auf dem Gipfel seiner Laufbahn sein engster Freund werden sollte. Hopkins war englischer Abstammung und mit einer Jüdin verheiratet ... 1939 wurde er von Roosevelt zum Handelsminister ernannt und arbeitete fortan eng zusammen mit Bernard Baruch und Winston Churchill, den er bereits kannte.

5) Patrick J. Buchanan: „A Republic, Not an Empire – Reclaiming America's Destiny"

Buchanan ist ein konservativer Republikaner und kandidierte mehrmals erfolglos bei den US-Präsidentschaftswahlen. Seine Memoiren erschienen 1999.

„Amerika ist niemals isolationistisch gewesen", beteuert Buchanan, „stets waren die USA interventionistisch, wann immer sich eine Gelegenheit ergab." Er erinnert seine Leser an einen der ersten dieser Sündenfälle, als die Regierung in Washington – fast – in die europäischen Auseinandersetzungen der Revolution von 1848 hineingezogen worden wären, nicht etwa zur Durchsetzung nationaler Belange, sondern im Interesse revolutionärer Bestrebungen einer fremden Nation im fernen Europa. Wer erinnert sich heute noch an die fatale „Hülsemann-Note", die 1852 fast zur Kriegserklärung der USA an Österreich-Ungarn geführt hätte? Während der Revolution von 1848 war der Held des ungarischen Aufstandes, Ludwig Kossuth, in die USA geflohen, wo ihm ein begeisterter Empfang bereitet wurde. Kossuth wollte von den USA die Anerkennung von Ungarns Unabhängigkeit erreichen und drängte zur Entsendung einer US-Flotte ins Mittelmeer, um das Eingreifen des Zaren auf Seiten Österreichs zu unterbinden. Als der österreichische Gesandte in Washington, Ritter von Hülsemann, auftragsgemäß bei der US-Regierung schärfstens gegen diese Einmischung in die inneren Angelegenheiten der Doppelmonarchie protestierte, bekam er von Außenminister Daniel Webster, der für den sofortigen Kriegseintritt der USA gegen das Habsburger Kaiserreich gestimmt hatte, die folgende diplomatische Note ausgehändigt: „Die Macht unserer Regierung erstreckt sich über einige der reichsten und fruchtbarsten Regionen dieser Erde. Im Vergleich zur Größe unserer Besitzungen nehmen sich diejenigen des Hauses Habsburg wie ein Klecks auf der Erdoberfläche aus." Österreich forderte Websters Abberufung, dieser die Kriegserklärung an Österreich. Nur der Weisheit und dem Weitblick von Präsident Millard Fillmore gelang es damals, die Wogen der Kriegsbegeisterung in Amerika zu glätten und die Kriegserklärung zu vermeiden.

Buchanan, Seite 181ff.: „Als im August 1914 der Erste Weltkrieg ausbrach, verhielt sich Marineminister Franklin Roosevelt zunächst friedlich, schrieb aber schon im Oktober einen Brief an den britischen Botschafter in Washington: ‚Wäre ich Präsident, hätte ich schon am 30. oder 31. Juli gegen Deutschland losgeschlagen'. 1916 kritisiert Roosevelt Präsident Wilsons Politik: ‚Unser Kurs des Friedens-um-jeden-Preis ist eine nationale Schande ... Wir waren aus Angst untätig, als man Taten von uns erwartete ... Und wo stand das amerikanische

Volk Ende Juni 1940? Frankreich war von der Wehrmacht überrollt, die Engländer über den Ärmelkanal gejagt worden. 86 Prozent der Amerikaner wollten, daß sich Amerika aus dem Krieg heraushält. Roosevelts Demokratische Partei entschied, daß sich die USA an keinem fremden Krieg beteiligen und keine Truppen nach Übersee schicken würden. Vor den Präsidentschaftswahlen des Jahres 1940 schwor der republikanische Kandidat Wendell Willkie, ‚I will never send American boys to fight in any European war'. Und Roosevelt versicherte unzählige Male den Wählern: ‚I have said this before but shall say it again and again and again: Your boys are not going to be sent into any foreign wars'."

Kaum war Roosevelt zum dritten Mal gewählt worden, begann er die Vereinigten Staaten in den Krieg hinein zu manövrieren. Er erweiterte Amerikas dreihundert Meilenzone bis in die Mitte des Nordatlantik, entsandte Truppen in das zu Dänemark gehörende Grönland, besetzte das neutrale Island und befahl der US-Navy, gesichtete deutsche U-Boote zu verfolgen und der Royal Navy zu melden. Am 27.Oktober 1941 behauptete Roosevelt, er sei im Besitz einer geheimen Landkarte, auf der Gebietsansprüche Hitlers auf dem amerikanischen Kontinent eingezeichnet seien. Die Karte, auf die sich Roosevelt bezog, war eine Fälschung, die im Atelier von Ivar Bryce erzeugt worden war, der für den britischen Meisterspion William Stephenson arbeitete. (Siehe Besprechung „A Man Called Intrepid", Kapitel IV./ 1. Teil)

Abschließend schreibt Buchanan: „Anfang der 50er Jahre fragten sich viele Amerikaner, ob sich das ganze Theater ausgezahlt habe: 1917 hatte Wilson die Vereinigten Staaten in den Krieg getrieben, ‚to make the world safe for democracy' und hatte ‚the world safe for Lenin, Mussolini and Hitler' gemacht. 1941 war Roosevelt in den Krieg eingetreten, ‚to make Europe and Asia safe for democracy' und machte sie ‚safe' für Stalin und Mao. Und England war in den Krieg eingetreten, um Polen zu retten, und nun trat Churchill Polen an die Russen ab. Roosevelt hatte Japan wegen des Raubs an China angegriffen, nur um jetzt chinesisches Gebiet an Stalin abzutreten."

D.) Jeder will Frieden zu seinen Bedingungen

Gebannt verfolgten in den 30er Jahren die Völker Europas im Rundfunk, Tonfilm und ihren Zeitungen die chauvinistisch gefärbten und

sich oft widersprechenden Berichte über Abrüstungs-, Friedens- und Völkerbundkonferenzen sowie persönliche Treffen der deutschen, britischen, französischen politischen Hauptrollenträger in München, Bad Godesberg, Berchtesgaden, Paris, London, und hofften, daß schönen Worten, vertraglich abgesicherten Abkommen, feierlichen Versprechen, endlich Taten folgen.
Denn weder Deutsche, Österreicher, Italiener noch Engländer, Franzosen, Belgier hatten den erst vor 21 Jahren beendeten, von Greuel und Elend begleiteten Weltkrieg, „la Grande Guerre", „The Great War", sowie die von Not, Elend und Arbeitslosigkeit begleiteten Nachkriegsjahre vergessen. Nur in Polen, so schien es, freute man sich auf den kommenden Krieg, war doch seine militärische Führung überzeugt, die polnische Kavallerie werde innerhalb zwei Wochen die Panzer der „Niemiec" vernichten und eine Woche später „Unter den Linden" paradieren. Trotz Dauerberieselung mit Propagandaparolen gegen die „neu erwachte deutsche Bestie" und den Aufruf, ihre endgültige Niederstreckung sei eine patriotische Pflicht und moralische Tat, hielt sich im phlegmatischen England die Kriegsbegeisterung in Grenzen. Und erst recht in Frankreich, wo das Andenken an vier Kriegsjahre noch frisch im Gedächtnis des Volkes verankert war, hätte sich in den 30er Jahren kein Franzose bereit gefunden, „de mourrir pour Dantzig" (für Danzig zu sterben).

In den Nachkriegsjahren gibt es in Deutschland, England, Frankreich und den USA keine politische Partei, die für ein neues Kriegsabenteuer eingetreten wäre, keine Regierung, die zu einem solchen aufgerufen hätte. Die besorgten Warnrufe vor der deutschen Aufrüstung erweisen sich als falsche Alarme. 1939 ist die deutsche Wehrmacht für einen längeren Krieg nicht gerüstet und 1940 das deutsche Heer den Franzosen in fast allen materiellen Belangen unterlegen. In den Zweiten Weltkrieg hineingetrieben werden die hoffnungslos verschuldeten europäischen Staaten nicht etwa von ihrem Gläubiger, den Vereinigten Staaten von Amerika, sondern von dem an der Wall Street souverän regierenden und unkontrolliert wirkenden privaten Esel-streck-dich – auch „Federal Reserve" genannt ,– der erstens mittels Kreditvergaben von Multimilliarden Dollar und Goldfranken plus 5 bis 6 Prozent Zinsen – wie schon im 1. Weltkrieg – neuen Reibach einsammeln möchte; zweitens das vom Dritten Reich eingeführte, mit anderen gold- und devisenarmen Handelspartnern – am Dollar, Sterling £ und den Börsen vorbei – in aller Welt erfolgreich betriebene System eines zwischenstaatlichen, zinsfreien Warenaustausches zerschlagen will.

Einer der vielen Bunker der stark befestigten Maginot-Linie, die die Ostgrenze Frankreichs unüberwindbar machen sollte.

Für die Siegermacht Frankreich ist es eine ausgemachte Sache, daß das besiegte Deutschland für den Wiederaufbau zerstörter französischer Städte und Dörfer sowie die Beseitigung aller Schäden an Einrichtungen und Industrien aufkommen muß. Um ein Faustpfand zu erlangen, läßt Präsident Raymond Poincaré 1923 l'armée française das Ruhrgebiet besetzen. Aus Erfahrungen des 1. Weltkriegs klug geworden, wendet sich Frankreich von der seit Jahrhunderten gepflegten präventiven Angriffsstrategie gegen Deutschland ab und setzt nunmehr auf die totale Defensive, deren Symbol die zwischen 1930 und 1935 erbaute, mit Bunkern befestigte, uneinnehmbare Maginot-Linie darstellt. Es nimmt damit in Kauf, daß es seine gegenüber Polen, Tschechien und Jugoslawien eingegangene Verpflichtung, ihnen im Falle einer deutschen Aggression zu Hilfe zu eilen, nur mehr passiv nachkommen kann.
Erst mit Verspätung wird Frankreich ein Opfer der Depression. Von 1934 an verjagt eine Regierung die andere. 1934 wir Édouard Daladier gestürzt, lösen sich 1936 die rechtsextremen „Action Française" und „Croix de Feu" mit den linksextremen PCF und „Front Populaire" des Regierungschefs Léon Blum gegenseitig ab.

Die infolge der Wirtschaftskrise auf über 6 Millionen angewachsene Zahl der Arbeitslosen begünstigte den Aufstieg der NSDAP

Im Dezember 1922 versammeln sich die Alliierten in London, um die Bitte Deutschlands um einen Aufschub der Reparations-Barzahlungen zu prüfen. Zur gleichen Zeit wird die Frage der gegenseitigen Schulden der Alliierten erwogen. Anfang 1923 sind sie untereinander – außer Rußland – mit 42 Milliarden Goldmark verschuldet. Der britische Anteil beträgt 19 Milliarden, der französische 14 Milliarden und der italienische 8 Milliarden. England fordert, die interalliierten Schulden ganz einfach zu streichen, was bedeuten würde, daß die Vereinigten Staaten auf ihre Forderungen an die Alliierten verzichten sollen. Der Kongreß der Vereinigten Staaten und Präsident Harding bestehen aber darauf, daß die Schuldner mit der Rückzahlung des Kapitals samt Zinsen baldigst beginnen. Doch infolge der „Großen Depression" des Jahres 1929 stockt das wirtschaftliche Wachstum und wird 1930 und 1931 Geld aus Deutschland wieder abgezogen. Infolgedessen gehen die Investitionen in Deutschland zurück und bahnt sich eine ernste Krise der Zahlungsbilanz an. Die Zahl der Arbeitslosen steigt auf über sechs Millionen, die deutsche Landwirtschaft steht vor dem Zusammenbruch. Diese heftigen Schwankungen und die Not, die sie mit sich bringen, hätten jede Art von Regierung vor unlösbare Probleme gestellt. Die Linke behauptet, das deutsche Volk sei von verantwortungslosen

Offizieren und der Oberschicht irregeführt und betrogen worden. Die Rechte versichert, die deutsche Armee sei nicht besiegt worden, die Revolution habe die Niederlage herbeigeführt. Für die Rechte steht fest, daß Deutschlands Not durch das Ausland, durch die Ungerechtigkeit des Vertrags von Versailles und vor allem die Reparationen verursacht worden sind. Die „Novemberverbrecher" seien für Deutschlands Niederlage verantwortlich. Immer stärker setzt sich im deutschen Volk diese Auffassung durch und gewinnt der „Trommler" Adolf Hitler immer mehr Anhänger. Vom Oktober 1929 an legt die NSDAP bei allen Länderwahlen zu. Als im Juli 1930 die Regierung Brüning in Schwierigkeiten gerät und eine Reihe von Maßnahmen zur Vermehrung der Einnahmen und Kürzung der Ausgaben der Reichsregierung mittels einer Notverordnung des Reichspräsidenten Hindenburg in Kraft setzt, wird diese vom Reichsrat annulliert und werden Neuwahlen auf den 14. September 1930 festgesetzt.
In seiner Rede vor dem Kongreß am 3. Januar 1939 relativiert Roosevelt das amerikanische Neutralitätsgesetz: Es gäbe viele Methoden „short of war'" (hart am Rande des Krieges), die besser und erfolgreicher wären als schöne Worte. Bei einer Pressekonferenz erklärt Roosevelt das heuchlerische amerikanische Prinzip des Pacht und Leih-Systems (lend–lease), das ausschließlich den über ausreichende Mengen an Schiffen und Frachtraum verfügenden Engländern und Franzosen zugute kommt und vergleicht Amerikas Haltung mit jener eines Mannes, der beim Brand im Nachbarhaus nicht wartet, bis die Feuerwehr kommt, sondern dem Nachbarn sofort seinen Gartenschlauch leiht.
Aus Berichten über die Gespräche, die der polnische Botschafter Lukasiewicz in Paris und der polnische Boschafter Jerzy Potocki in Washington mit William Bullitt, dem amerikanischen Sonderbotschafter und Vertrauensmann Roosevelts führten, geht klar hervor, welcher Druck von Seiten Roosevelts auf die Polen ausgeübt wurde. Am 16. Januar 1939 berichtet Potocky von seinem Treffen mit Roosevelt: „Es ist der ausdrückliche Wunsch des Präsidenten, daß Frankreich und England keine weiteren Kompromisse mit Deutschland eingehen und sich auf keinen Fall mit den Deutschen in Diskussionen einlassen dürfen. Frankreich und England haben die moralische Zusicherung erhalten, daß Amerika seine Isolation aufgegeben hat, ihnen finanziell und mit Rohstoffen aushelfen wird und die Amerikaner im Kriegsfalle aktiv an ihrer Seite in den Krieg eingreifen werden." Der anwesende Botschafter Bullitt habe hinzugefügt: „Sie können davon ausgehen, daß die USA vom Anfang an im Kriegsfall an der Seite Frankreichs und Englands stehen, aber erst dann eingreifen werden, wenn nach Ausbruch des Krieges einige Zeit vergangen sein wird."

Am 21. Februar 1936 gibt Adolf Hitler dem französischen Journalisten Bertrand Jouvenel ein Interview, das im „Paris-Midi" erscheinen soll. Es ist der letzte Versuch, den Nachbarn von der Ratifizierung eines Bündnispaktes mit der Sowjetunion abzubringen. Jouvenel: „Sie wünschen die deutsch-französische Annäherung. Wäre sie denn durch den französisch-sowjetischen Pakt gefährdet?" Hitler: „Meine Bemühungen, eine Annäherung an Frankreich zu erreichen, würden trotzdem weiter andauern. Ist sich Ihre Regierung eigentlich im klaren, was sie tut? Sie läßt in das diplomatische Spiel eine Macht eindringen, die keinen anderen Wunsch hat, als zu ihrem Vorteil die großen europäischen Nationen gegeneinander aufzuwiegeln. Man darf doch nicht übersehen, daß Sowjetrußland eine politische Macht ist, die über eine explosive, revolutionäre Idee und gigantische Überzeugungsmittel verfügt ... Die Franzosen sollten über mein Bündnisangebot ernsthaft nachdenken. Niemals hat ein Mann an der Spitze Deutschlands ihnen [den Franzosen] solche Vorschläge unterbreitet und bekräftigt. Ich bringe ihnen, was kein anderer zuvor ihnen hätte bringen können: Ein Bündnis, das von 90 Prozent des deutschen Volkes gebilligt wird, von 90 Prozent, die hinter mir stehen. Ich bitte Sie, noch folgendes zu beachten: Es gibt im Leben der Völker einmalige Gelegenheiten. Heute könnte Frankreich, wenn es wollte, die ‚Deutsche Gefahr', vor der sich seine Kinder von Generation zu Generation fürchteten, ein für allemal befreien. Diese Chance ist Frankreich gegeben! Ergreift es sie nicht, so denken Sie daran, welch schwere Verantwortung sie damit ihren Kindern gegenüber auf sich nehmen. Laßt uns doch Freunde sein!" Doch von dieser Erklärung, die Hitler Jouvenel gegenüber abgegeben hatte, erhielt vor der Abstimmung im Parlament über die Ratifizierung des französisch-sowjetischen Bündnisses, die am 27. Februar erfolgte, aber niemand Kenntnis. Denn zuvor hatte Édouard Herriot, Präsident der Abgeordnetenkammer – ungeachtet der Vorschläge Hitlers – alle Gründe vorgetragen, die für eine Ratifizierung des Bündnisses mit Moskau sprachen. Erst tags darauf erschien, zur großen Überraschung der Franzosen, das Hitler-Interview im „Paris-Midi". Hätten sie schon vor der Abstimmung davon Kenntnis gehabt, wäre sie möglicherweise anders ausgefallen.

Zur Durchsetzung seiner Bündnispolitik begann Hitler 1935 mit einer Reihe von Revisionen: Er verzichtete auf Elsaß-Lothringen und Eupen-Malmedy zwecks Herstellung eines guten Einvernehmens mit Frankreich und Belgien, ferner auf Südtirol, um Italien als Bündnispartner zu gewinnen, sowie auf die Provinzen Posen und Westpreußen, die 1919 Polen zugesprochen worden waren, und schließlich auf die Rückgabe der ehemaligen deutschen Kolonien in Afrika. Er verzichtete jedoch weder auf die mehrheitlich deutsch besiedelten Gebiete in Böhmen und Mähren noch auf Danzig, deren Entgermanisierung von der tschechischen und polnischen Regierung betrieben wurde. Für diese Haltung zeigte Premierminister Chamberlain vollstes Verständnis: „England kann keinen Krieg führen, nur weil vier Millionen Deutsche keine Tschechen bleiben wollen."

III. KAPITEL

Wieder setzen sich die Kriegstreiber durch

Dritter Teil
Mißglückte Friedensinitiativen

A.) Wer kämpfte auf alliierter Seite für den Frieden?

1) Tyler Gatewood Kent

Der Amerikaner wurde 1911 geboren und entstammte einer alteingesessenen Familie aus Virginia. Er studierte Sprachen, bewarb sich beim diplomatischen Dienst des Außenministeriums. 1933 wird er zunächst an die Botschaft in Moskau entsandt, wo er sechs Jahre verbringt. Im Oktober 1939 wird er als Chiffrierbeamter an die Botschaft nach London versetzt, wo er für das Verschlüsseln und Entschlüsseln vertraulicher und hoch sensibler Depeschen zuständig ist. Kaum hatte er mit der Arbeit begonnen, wurde ihm eine verschlüsselte Nachricht zum dringenden Versand überreicht. Absender dieser Depesche war der britische Staatsbürger Mr. Winston S. Churchill, Erster Lord der Admiralität im Kabinett des Premierministers Sir Neville Chamberlain, den er bald ablösen würde, Empfänger war der amerikanische Präsident Franklin D. Roosevelt.
Die Nachricht, die Kent an diesem Tag zu senden hatte, lautete: „Ich bin halber Amerikaner und daher die geeignete Person, um mit Ihnen zusammenzuarbeiten. Es ist offensichtlich, daß wir die gleichen Ansichten vertreten. Sollte ich britischer Premierminister werden, könnten wir beide die Welt kontrollieren." Sechs Wochen später antwortete Roosevelt im selben „unknackbaren"Code. Kent hob die Kopien auf.

Die Tyler Kent-Affäre wurde weitgehend geheim gehalten, um Churchills und Roosevelts landesverräterische Aktivitäten nicht offenzulegen und FDRs Wiederwahl nicht zu gefährden

Viereinhalb Jahre später wird US-Senator Shipstead im Untersuchungsausschuß die Frage stellen, „wie Mr. Churchill in den Besitz unseres Codes gelangen konnte, wo doch US-General Marshall vor dem Pearl Harbor-Komitee aussagte, die britische Regierung hätte sich geweigert, uns ihren Code zu überlassen." Insgesamt sollten Roosevelt und Churchill 468 verschlüsselte direkte Nachrichten austauschen, nach anderer Zählweise waren es 1700. Dazu Joseph Kennedy, amerikanischer Botschafter in London: „Churchill hat mir Woche für Woche Unterlagen und eine sehr ehrliche, wahrheitsgetreue Schilderung der Unvorbereitung Großbritanniens in militärischer, industrieller und maritimer Hinsicht gegeben, die ich an Präsident Roosevelt weiterleitete." Am 12. November 1941, fünfundzwanzig Tage vor dem japanischen Angriff auf Pearl Harbor, schrieb Arthur S. Henning, Korrespondent des Washington „Times-Herald", sowohl das „lend lease" (Leih-und-Pacht)-Gesetz als auch das Neutralitätsgesetz seien Gegenstand dieser Geheimkorrespondenz gewesen. Ferner sei in ihr davon die Rede gewesen, wie Roosevelts Sonderbotschafter William Bullitt Frankreich und Polen in den Krieg hetzen könnte. Am 16. Juni 1944 erklärte der Labor-Abgeordnete John McGovern im Unterhaus, Roosevelt hätte Churchill schon vor dem Kriegsausbruch versprochen, Amerika würde England zu Hilfe eilen. Im Laufe seines Prozesses wird Tyler Kent aussagen, Hennings Bericht sei „essentially correct" (im Wesentlichen richtig). Somit ist eindeutig erwiesen, daß Präsident Roosevelt die Vereinigten Staaten durch seinen Landesverrat in einen Krieg trieb, der 800.000 Amerikanern das Leben kostete.

Erst fünf Jahre später, nämlich am 2. September 1944, bequemte sich das amerikanische Außenministerium den folgenden Bericht an die Presse zu verteilen: „Der amerikanische Staatsbürger Tyler Kent, Angestellter an der amerikanischen Botschaft in London, wurde im

Oktober 1940 gemäß dem britischen Official Secrets Act von 1911 angeklagt und zu sieben Jahren Haft verurteilt. Die Anklage lautete auf Entwendung von Dokumenten aus der amerikanischen Botschaft, die dem Feind von Nutzen sein und gleichzeitig die Sicherheit Großbritanniens gefährden konnten..."

Nirgendwo war die Rede von Spionage oder Zusammenarbeit mit dem Feind. Die Anklage lautete lediglich auf „larceny" (Diebstahl). Doch Tyler Kent hatte im Londoner „Right Club" verkehrt, wo sich Anhänger von Chamberlains Appeasement-Politik und Gegner des Churchillschen Konfrontationskurses trafen. Hier hatte er Anna Wolkoff, die Tochter eines zaristischen Admirals kennengelernt, ihr und anderen Sympathisanten von den verschlüsselten Nachrichten brisanten Inhalts erzählt, bis die Sache aufflog.

Als sich beim nicht-öffentlichen Gerichtsverfahren ergab, daß Kent zwar kein feindlicher Spion, als Mitwisser aber politisch gefährlich werden konnte, beschlossen die Landesverräter Roosevelt und Churchill, Tyler Kent wegzusperren und ganz einfach zu vergessen. Schließlich wurde er am 11. November 1945 – wegen guter Führung vorzeitig entlassen – an Bord eines Frachters gebracht, der ihn am 4. Dezember in Hoboken (New Jersey) an Land setzte. Er starb 1988 mittellos in Texas.

2) Captain Archibald Ramsay

Ein weiterer Kriegsbremser war der britische Captain Archibald Ramsay, der im 1. Weltkrieg bei den Coldstream Guards diente und 1931 ins Unterhaus gewählt wurde. Er war Gründungsmitglied des pro-deutschen Vereins „The Link" (Bindeglied) und frequentierte den erlesenen „Right Club", dessen Mitglieder die Politik Chamberlains unterstützten. In diesen Klub wurde die attraktive MI5-Agentin Joan Miller infiltriert, um die Aktivitäten des Captains Ramsay und der Anna Wolkoff zu beobachten, die sich mit Tyler Kent, Chiffrierbeamter an der amerikanischen Botschaft und Francesco Marigliano, Marineattaché an der italienischen Botschaft trafen. Am 23. Mai 1940 wurde Ramsay verhaftet und ohne Anklage oder Gerichtsverfahren bis zum 26. September 1944 in eine Einzelzelle des Brixton Gefängnisses weggesperrt. Lord Jowitt, Kronanwalt und Gegner des Premierministers Neville Chamberlain, gab in seiner am 13. Mai 1954 im „Evening Standard" erschienen Schilderung zu, daß alle Angeklagten in der Affäre Tyler Kent im guten Glauben gehandelt hatten. Lord Jowitt sah sich verpflichtet zu bekennen, daß weder Captain Ramsey noch Anna Wolkoff die Erlaubnis erhielten, zu ihrer eigenen Verteidigung auf den Inhalt der Tyler

Archibald Henry Maule Ramsay, Mitglied des Unterhaus, gründete „The Right Club" und wurde 1940-44 interniert

Kent-Dokumente zurückgreifen zu können, waren diese doch vom Gericht zum „Official Secret" erklärt worden. Nunmehr durften auch Jene offen darüber reden, was sie schon vom Anfang an wußten, daß Captain Ramsey nämlich nie die Absicht hatte, mit Deutschland in Verbindung zu treten, sondern nur dem damaligen Premierminister Chamberlain die wichtigsten Informationen liefern wollte, auf die er wartete, aber auf Grund Ramseys Verhaftung nie erhielt. Um das Vertrauensverhältnis zwischen Chamberlain und Ramsey endgültig zu stören, ging das britische Innenministerium so weit zu behaupten, Ramsey hätte mit der deutschen Regierung Kontakt aufgenommen und den Wunsch geäußert, im Falle der Besetzung Großbritanniens zum Gauleiter von Schottland(!) ernannt zu werden.

John Snow: „The Case of Tyler Kent", 1946; Captain A. Ramsay: „The Nameless War", 1952; Nigel West: „MI5 – British Secret Service 1909-1945", 1981; David Hoggan: „Das blinde Jahrhundert", 2. Teil Europa, 1984.

B.) Der Englandflug von Rudolf Heß

Kaum ein anderes Unternehmen des Zweiten Weltkrieges ist derart von Geheimnissen umrankt wie der Englandflug von Rudolf Heß. Es war einer der bedeutendsten Versuche, die Beendigung des 2. Weltkrieges herbeizuführen: Am 10. Mai 1941 plante er mit seiner Messerschmidt 110 bei Dungavel House, der Residenz des Herzogs von Hamilton nahe Strathaven in Renfrewshire zu landen. Dort wollte

Vierzig Jahre saß Heß als Gefangener der Alliierten im Spandauer Kriegsverbrechergefängnis

Rudolf Heß – angeblich ohne Wissen Adolf Hitlers – über Vermittlung des Herzogs Friedensverhandlungen mit England in Gang setzen und scheiterte, weil seine Mission an Premierminister Churchill und seine Hintermänner verraten worden war. Seit 73 Jahren werden Berichte über den Ablauf der Aktion von Seiten der Siegermacht England – wohl aus schlechtem Gewissen und Angst vor Entlarvung der Kriegstreiber – unter strengstem Verschluß gehalten. Auch nach der Kriegserklärung Englands am 3. September 1939 und der Machtergreifung durch den Kriegsverbrecher Winston Churchill im Mai 1940, waren Adolf Hitler und seine engsten Berater überzeugt, sie könnten England vom Kriegspfad abbringen und auf Friedenskurs zurückführen.

Wer glauben sollte, das perfide Albion hätte nach 74 Jahren ein Interesse daran, die Hintergründe dieser Affäre endlich aufzudecken, glaubt an den Weihnachtsmann: Das Foreign Office (Außenministerium) gab zwar 1992 die meisten Dokumente in Sachen „Flug von Rudolf Heß" frei und ist gemäß „Official Secrets Act" verpflichtet, bis 2017 die restlichen Unterlagen offen zu legen. Doch eine Mappe mit Dokumenten zu dieser Causa wurde Ende der 80er Jahre von Douglas Hurd (Außenminister im Kabinett von Maggie Thatcher) mit der Begründung zurückbehalten, sie enthielte „records which still pose a risk to national security" (Unterlagen, die immer noch eine Gefahr für die nationale

Sicherheit darstellten). Es handelt sich um eine Schachtel mit mehreren Akten, die den Vermerk tragen: „On permanent loan to the Royal Archives in Windsor Castle", also dauerverliehen auf Nimmerwiedersehen an das unantastbare königliche Archiv im Schloß Windsor.

Am 11. September 2013 bestätigte der britische „The Independent", daß der 93-jährige Rudolf Heß am 17. August 1987 im Spandauer Gefängnis keinen Selbstmord beging, sondern von einem britischen Killerkommando ermordet wurde. Es ist ein Rätsel, wie diese Meldung jede Zensur umgehen konnte, zumal das amerikanische Wochenblatt „Time" einige Wochen zuvor berichtet hatte, „daß besonders sensible Dokumente in Sachen Zweiter Weltkrieg weitere achtzig Jahre nicht eingesehen werden dürfen". Es wäre interessant, dem Roten Faden nachzugehen, welche verschwiegene, politisch-wirtschaftlich-gesellschaftlich verschworene, atlantikübergreifende, Wall-Street-hörige kleine Herrschaftsclique auch 27 Jahre nach dem Auftragsmord an Rudolf Heß ein Interesse daran hat, das abscheuliche Staatsgeheimnis zu vertuschen, daß ein beträchtlicher Teil der herrschenden britischen Oberschicht die „appeasement"-Politik des Premierministers Neville Chamberlain unterstützte und gegen die von der Wall Street, von undurchsichtigen Financiers à la „FOCUS" und dem Abenteurer Roosevelt kontrollierte Politik Winston Churchills Stellung bezogen hatte. Hätte sich Chamberlain durchgesetzt, gäbe es heute noch ein British Empire und wären die Vereinigten Staaten eine Republik geblieben, die kein Weltreich anstreben.

Am 30. Mai 2011, fast genau siebzig Jahre nach der Gefangennahme von Rudolf Heß, erschien in der angesehenen Zeitschrift „The Scotsman" folgender Bericht von Claire Gardner und Allan Hall: „Sieben Jahrzehnte wurde darüber gerätselt, in wessen Auftrag der Ober-Nazi Rudolf Heß den unglückseligen Versuch unternommen hatte, nach Schottland zu fliegen, um Friedensverhandlungen anzukurbeln. Es hieß, der ‚Secret Service' hätte ihn geködert, er sei geistig umnachtet, er selbst versichere, seine Mission sei aus eigenem Antrieb erfolgt. Doch nun tauchte in einem russischen Archiv das Tagebuch eines Majors Karlheinz Pintsch auf, Adjutant von Rudolf Heß, der in sowjetische Kriegsgefangenschaft geraten war. Aus diesem und aus den Verhörprotokollen des Majors geht nunmehr klar hervor, daß Heß seinen Flug mit Einverständnis Hitlers unternahm und mit ihm vereinbart hatte, sein Mitwissen im Falle des Scheiterns der Friedensmission zu leugnen."

In der Tat war in London seit Mai 1940 ein anderes Kaliber am Ruder – ein Kriegsfanatiker, für den es kein Zurück mehr gab, weil er wußte, daß ein vorzeitiger Friede im Sommer 1940 das Ende seiner glanzvollen politischen Laufbahn bedeutet hätte. Die Rede ist von Winston

Churchill. Deshalb wohl wird ein Schleier über diese Periode gebreitet und sind bedenkliche Passagen in den Kabinettsprotokollen bis zum heutigen Tage gesperrt. Seit Juni 1940 hatte es von englischer Seite immer wieder Friedensfühler auf höchster Ebene gegeben, unter anderem von Lord Lothian (Botschafter in Washington), Lord Halifax und seinem Unter-Staatssekretär Rab Butler vom Foreign Office. Und so billigte Hitler weitere geheime Annäherungsversuche an die Engländer. Am 31. August 1940 flog sein Stellvertreter Rudolf Heß nach Bayern, um mit Albrecht Haushofer [1903-1945, Sohn des weltweit angesehenen Geographen und Geopolitikers Karl Haushofer und einer jüdischen Mutter] über die Kontaktaufnahme zu geeigneten britischen Persönlichkeiten zu sprechen. Beide Haushofer erklärten sich bereit, über Portugal für Heß erste streng vertrauliche Kontakte herzustellen. Am 8. September wurde Albrecht Haushofer von Rudolf Heß zu einer Aussprache in die Nähe von Linz eingeladen, über die er folgende Aufzeichnungen machte: „Heß fragte sofort nach Möglichkeiten einer Übermittlung seines ernsten Friedenswunsches an führende englische Persönlichkeiten. Man sei sich darüber klar, daß die Weiterführung des Krieges selbstmörderisch für die weiße Rasse sei ... Der Führer wolle keine Zerschlagung des Empire ... Ob es denn in England niemand gebe, der zum Frieden bereit sei?" Haushofer bat, offen sprechen zu dürfen: Heß müsse sich im Klaren sein, daß nicht nur Juden und Freimaurer, sondern praktisch alle in Frage kommenden Engländer einen vom Führer unterschriebenen Vertrag für einen wertlosen Fetzen Papier halten würden und verwies auf die in den letzten zehn Jahren gebrochenen Verträge. Haushofer fügte hinzu, die Engländer wären eher bereit, ihr ganzes Empire den Amerikanern zu überschreiben als dem nationalsozialistischen Deutschland die Herrschaft in Europa zu überlassen.

Er sei der Meinung, daß diejenigen Engländer, die Besitz zu verlieren hätten, also eben die berechnenden Teile der sogenannten Plutokratie, diejenigen seien, die am ehesten bereit wären, über einen Frieden zu reden. Aber auch sie würden einen Frieden nur als einen Waffenstillstand betrachten. Als Heß darauf beharrte, Namen zu erfahren, nannte Haushofer die Diplomaten Owen O'Malley (Botschafter in Budapest), Samuel Hoare (Botschafter in Madrid) und Lord Lothian (Botschafter in Washington). Als letzte Möglichkeit nannte er das persönliche Zusammentreffen auf neutralem Boden mit seinem Freund, dem jungen Herzog von Hamilton, der jederzeit Zugang zu allen wichtigen Persönlichkeiten in London habe, auch zu Churchill und zum König. Nachdem er diese Anregung gegeben hatte, wies Haushofer jedoch auf die unvermeidlichen Schwierigkeiten der Verbindungsaufnahme hin und

bezweifelte einen Erfolg – welchen Weg man auch beschreite. Angesichts der Risiken, die er mit dieser Sache bereits eingegangen war, verfaßte er ein Gedächtnisprotokoll, das er seinem Vater schickte: „... Aus dem ganzen Gespräch hatte ich den starken Eindruck, daß es nicht ohne Vorwissen des Führers geführt wurde ... und von diesem Augenblick an war Heß entschlossen, über Portugal Verbindung mit dem Herzog von Hamilton aufzunehmen."
Anfang Oktober 1940 sandte Rudolf Heß über Portugal einen Brief an den Herzog, den er für eine englisch-deutsche Verständigung gewinnen wollte und bezog sich auf die gemeinsame Freundschaft mit Professor Haushofer und dessen Sohn. Dieser Brief ist nie in britischen Archiven aufgetaucht und der Herzog bestritt bei seinen Besprechungen mit Churchills Ministern über die Landung von Rudolf Heß, jemals einen solchen empfangen zu haben.
Auslöser und Hintergrund des kommenden Konfliktes war die Fehde zwischen den beiden Söhnen König Georgs V., David, Prince of Wales, dem späteren Eduard VIII., und seinem Bruder Bertie, Duke of York, dem späteren Georg VI.. Daran beteiligt waren auch Davids ehrgeizige Frau, die zweimal geschiedene Amerikanerin Wallis Simpson und Berties deutschfeindliche Auserwählte, Elizabeth Bowes-Lyon, die das Schicksal ihrer Ehemänner und des Königreichs mitgestalten würden.

1) Kirsty McLeod: „Battle Royal"

Die Autorin beschreibt (2000) das Verhältnis der zunächst befreundeten Brüder, die sich sehr bald entzweien und gegensätzliche politische Ziele verfolgen sollten; ferner die Sonderinteressen und Sympathien der angeheirateten Familienclans.
Im Januar 1936 war David, Prince of Wales, zum König Eduard VIII. gekrönt worden und begann sogleich, sich – sehr zum Mißfallen des Premierministers Stanley Baldwin und des trägen Parlaments – in soziale und außenpolitische Angelegenheiten einzumischen. Zunächst bereiste er höchstpersönlich das von Arbeitslosigkeit, Armut und Elend geplagte Kohlenrevier von South Wales und veranlaßte die Regierung, Arbeitsbeschaffungsprogramme nach deutschem und italienischem Muster zu erstellen.[1] Seine offen gezeigten pro-deutschen Sympathien brachten ihn nicht nur in Gegensatz zu Baldwin, sondern

1 Ganz anders hatte Finanzminister Winston Churchill auf den im Mai 1926 ausgerufenen Generalstreik reagiert: Er bezeichnete die Streikenden als Feinde Englands, forderte ihre bedingungslose Unterordnung oder sofortige Verhaftung.

verprellten auch Außenminister Anthony Eden und Finanzminister Neville Chamberlain, die mit ihrem Rücktritt drohten, sowie auch die Clique um Winston Churchill, wenn er darauf bestehen sollte, die zweimal geschiedene Amerikanerin Wallis Simpson zu ehelichen. Vor die Wahl zwischen Thron und Wallis gestellt, entschied sich Eduard VIII. gegen die Krone, nahm den Titel Herzog von Windsor an und wurde im Dezember desselben Jahres von seinem Bruder Bertie, Großmeister der britischen Freimaurer, als Georg VI. abgelöst.

Fortan würden Herzog und Herzogin von Windsor die Welt bereisen, Klatschspalten der Weltpresse füllen und der britischen Regierung manch schlaflose Nacht bereiten. So zum Beispiel Mitte Oktober 1937, als das Herzogspaar kundtat, es werde Deutschland einen Besuch abstatten, um die sozialen und wirtschaftlichen Aspekte des Nationalsozialismus kennenzulernen. Diesen Besuch kommentiert die Autorin wie folgt: „Am Berliner Bahnhof Friedrichstraße hatte sich eine Menge Nazi-Würdenträger eingefunden, um das Herzogpaar zu empfangen. Britischerseits war lediglich der dritte Botschaftssekretär erschienen, der wissen ließ, das Herzogpaar befinde sich auf einer Privatreise. Zwei Wochen lang rollten die Nazi-Gastgeber ihre roten Teppiche vor des Königs Bruder und Schwägerin aus. Teppiche, die zu den Ämtern all jener Nazi-Verbrecher, Nazi-Kriegstreiber und Planer des Holocaust führten, die sehr bald ihre Panzer quer durch Europa jagen würden. Wichtigster Gastgeber der Windsors war Dr. Robert Ley, Chef der Deutschen Arbeitsfront, ein Säufer, der in einem Kölner Bordell zu hausen pflegte ... ‚Heil Windsor!' grüßten die abgerichteten Fabrikarbeiter und die Spalier stehende Menge. ‚Heil Hitler!' antwortete der närrische Herzog und hob den Arm zum Nazi-Gruß ... Reichsmarschall Hermann Göring ließ es sich nicht nehmen, seinem herzoglichen Gast ein Modellflugzeug vorzuführen, das kleine Bomben auf eine am Boden fahrende elektrische Eisenbahn abwarf."
1940 forderte der Duke of Windsor die englische Regierung auf, endlich Frieden mit Hitler zu schließen. In Portugal angekommen, vertraute er dem amerikanischen Botschafter an, im Falle eines Friedensabschlusses werde Churchills Regierung zurücktreten und sein Bruder, König Georg VI., abdanken müssen. Dann werde er – der Herzog – nach England heimkehren und unter der Führung Großbritanniens eine aus Frankreich, Spanien und Portugal bestehende Koalition schmieden, die Deutschland den Rücken frei für den Angriff auf das bolschewistische Rußland halten werde, von dem die wirkliche Gefahr drohe. Ribbentrop setzte alles in Bewegung, um den Herzog zu überzeugen, seine politischen Pläne ließen sich von Spanien aus besser umsetzen. Um

Windsors Grenzübertritt nach Spanien mit oder ohne Gewalt zu organisieren, wurde SS-Gruppenführer Walter Schellenberg nach Portugal entsandt. Gleichzeitig wurde der Herzog – im Auftrag der britischen Regierung – von seinem Freund Walter Monckton aufgesucht, der ihm mitteilte, die britische Regierung habe Ende Juli den Frachter SS „Excalibur" nach Portugal entsandt, um das Herzogpaar sicher nach den Bahamas zu geleiten. Am 1. August ging es an Bord des amerikanischen Schiffes.

2) Martin Allen: „Hidden Agenda" – How the Duke of Windsor Betrayed the Allies

Diesem Thema widmete sich auch Martin Allen in seinem Buch: „Verborgener Plan: Wie es Hamilton gelang, die Alliierten zu überlisten" (2000).

Ende Mai 1945 zeigte der Kriegsgefangene Kurt Loesch, ehemaliger Mitarbeiter von Hitlers Chefdolmetscher Paul Schmidt, dem britischen Verhöroffizier Thompson das Versteck, wo mehrere Metallkisten mit Akten und Mikrofilmen des Auswärtigen Amtes gelagert waren. Darunter Dokumente des Staatssekretärs Ernst von Weizsäcker mit der Aufschrift: „Deutsch-britische Beziehungen" und eine Akte, die den Herzog von Windsor und späteren König Edward VIII. betraf, der, hätte er 1936 nicht abgedankt, noch jahrzehntelang britisches Staatsoberhaupt gewesen wäre. 1929 trat die verheiratete Amerikanerin Wallis Simpson in sein Leben. Sie teilte seine Sympathie für den Faschismus. Durch sie lernte er den amerikanischen Multimillionär Charles Bedaux kennen, der enge Beziehungen zur deutschen Regierung unterhielt. Aus Palast- und Kirchenkreisen sowie in den Dominions bildete sich eine präventive Opposition gegen die mögliche Heirat des Thronfolgers mit einer geschiedenen Ausländerin niederen Standes und unbestimmter Herkunft. Nach dem Tod König Georgs V. folgte ihm 1936 sein älterer Sohn als Edward VIII. auf den Thron. Im April 1936 ließ sich Wallis Simpson scheiden und heiratete am 3. Juni den König. Am Abend vor der Hochzeit erhielt er einen Brief von seinem Bruder, der ihm untersagte, seiner Frau den Titel „Königliche Hoheit" zu gewähren. Da der politische und mediale Druck auf ihn immer stärker wurde, verzichtete Edward VIII. am 10. Dezember 1936 auf den Thron. Von politischen und protokollarischen Aufgaben nunmehr entbunden, tingelte das Herzogpaar „the Duke and Duchess of Wales" durch Europa und besuchte im Oktober 1937 Deutschland, wo es von Adolf Hitler auf den Berghof eingeladen und von anderen Größen des Dritten

Besuch von Herzog und Herzogin von Windsor 1937 bei Hitler auf dem Berghof

Reiches in Berlin empfangen wurde. Hier lobte Edward - zum Ärger der ihn begleitenden britischen und amerikanischen Journalisten - die sozialen Errungenschaften zur Senkung der Arbeitslosigkeit und der Volkswohlfahrt in höchsten Tönen. Kein Wunder, daß Edward und Wallis - auf Betreiben des bereits auf Kriegskurs befindlichen Franklin Roosevelts samt seiner Jubelpresse - auf ihre Amerikareise verzichten mußten.

Als Generalmajor der Royal Army wurde der Herzog beim Ausbruch des 2. Weltkrieges an die französische Front entsandt, wo er taktische und strategische Beobachtungen anstellte, Berichte an seine Vorgesetzten verfaßte und dafür sorgte, daß Abschriften seiner Korrespondenz über den Multimillionär Charles Bedaux nach Deutschland gelangten. Unter anderem sein folgender Brief in holprigem Deutsch:

„Lieber Herr Hitler, Paris, 4. November 1939

ich kehrte kürzlich von einer Reise im Norden zurück und habe sehr interessante Sichten wahrgenommen. Ich habe meine Ferien in grossen Einzelheiten Ihnen Bekannten, Mr. B. dargelegt. Ich kann kaum die Wichtigkeit dieser Information betonen deshalb habe ich unseren Freund in grossen Einzelheiten berichtet. Ihre Vorschläge für die Zukunft finde ich erfreulich und bin ganz und gar dieselber Meinung. Obgleich die Sache die zukünftigen beziehungen zwischen unseren

Nationen erleichtern würde bin ich der Meinung, das man mit grossen Vorsicht in ihrer Ausführung voran gehen sollte. Man hat mir mitgeteilt, wenn die Sache so bleibt wie sie ist, muss ich weitere Reisen unternehmen. Ich bin überzeugt, das ich mich meinen Freund verlassen kann.

EP" [Abkürzung für„Edward Prince of Wales"]

Sir Samuel Hoare, britischer Innenminister (1937-39), Mitglied des Cliveden-Sets, nach Churchills Amtsantritt als Premierminister wurde er als Botschafter nach Spanien versetzt

Längst enttarnt, doch auf Grund seiner unantastbaren Stellung in der britischen Hierarchie, wird der Herzog nicht verhaftet, sondern läßt ihn Churchill im Juni 1940, da die Fronten einbrechen und Frankreich vor dem Zusammenbruch steht, mit der Herzogin, zwei Dienern und unzähligen Koffern, in einem Konvoi von Buick-Limousinen zur Côte d'Azur in die Ferien fahren. Als die Deutsche Wehrmacht naht, beschließt das Paar in das neutrale Spanien auszuweichen, wo es vom britischen Botschafter Sir Samuel Hoare betreut, im Auftrag Churchills aber auch beschattet wird. Zwischen britischem Premier und Herzogspaar kommt es zu einem Gefeilsche um den künftigen Aufenthalt. Edward besteht auf einer Garantie, daß ihm im Falle seiner Rückkehr nach England kein Gerichtsverfahren droht; die Herzogin ersucht um Einschaltung der neutralen USA bei der Suche nach ihrem im jetzt deutsch besetzten Cannes liegen gebliebenen grünen Badeanzug; Churchill bietet dem Herzog den Posten eines Gouverneurs auf den Bahamas, er müsse aber das faschistische Spanien verlassen und nach Lissabon ziehen, wo ihn ein britisches Schiff abholen würde. Der größte Teil der Korrespondenz zwischen Churchill und dem Herzog unterliegt freilich dem OSA (Official Secrets Act) und ist nicht zur Veröffentlichung freigegeben.

3) L. Picknett & Clive Prince & Stephen Prior: „Double Standards – The Rudolf Hess Cover-up“

Die Autoren berichten darin über das gescheiterte Treffen mit dem Herzog von Kent: „Zweierlei Maß - das Vertuschen der Affäre Rudolf Heß“ (2002).
Die drei Autoren verfügen über eine sichere Informationsquelle: Einen pensionierten hohen Beamten im britischen Verteidigungsministerium mit engen Kontakten zum Außenministerium, der aus Sicherheitsgründen nur „Alexander“ genannt wird. Dies ist, was er herausfand: Rudolf Heß war von drei Mitgliedern des SAS (Special Air Services), die in amerikanischen Uniformen in das Spandauer Gefängnis eingeschleust wurden, ermordet worden. Siebzehneinhalb Minuten nach der Tat flogen sie an Bord einer Herkules-Maschine der RAF nach England zurück. Über andere Quellen erfuhren Wolf Rüdiger Heß, Sohn des Ermordeten, und der Militärchirurg Dr. Hugh Thomas, der sich ebenfalls mit dem Fall Rudolf Heß befaßte, daß es sich bei seiner Ermordung um die schon seit langem geplante „Operation Royston“ handelte. Von zwei amerikanischen Geheimdienstquellen erfuhren die drei Autoren, das amerikanische Militär sei äußerst verärgert gewesen, daß die Engländer für ihren Anschlag einen Tag ausgesucht hatten, an dem die Amerikaner für das Gefängnis verantwortlich waren.
„Die Beweislage deute darauf hin“, so die Autoren, „daß der Flug von Rudolf Heß nicht am Beginn, sondern am Ende einer erfolgreichen Verhandlungsperiode stattfand, sozusagen als Zeichen des guten Willens, und daß er es ernst meinte. Als Heß in die Hände Churchills fiel, beschloß der Premierminister, die deutschen Friedensbedingungen seinem Kabinett und dem Parlament zu verschweigen und bis lange nach dem Eintritt der USA in den Krieg für sich zu behalten. Wäre Rudolf Heß nicht weitab von seinem Ziel mit dem Fallschirm abgesprungen und in Gefangenschaft geraten, sondern vom Duke of Hamilton empfangen worden, hätte die Geschichte einen anderen Verlauf genommen: Winston Churchill wäre abgesetzt, durch Sir Samuel Hoare ersetzt, und der Waffenstillstand zwischen Großbritannien und Deutschland im Mai 1941 geschlossen worden ... Wolf Rüdiger Heß glaubt, daß sein Vater ermordet wurde, weil die britische Regierung nicht zulassen konnte, daß sein Vater nach seiner Freilassung die Friedensbedingungen offenlegt, die er 1941 unterbreitet hatte. Denn auch Jahrzehnte danach würden peinliche Fragen gestellt werden, warum diese Bedingungen nicht angenommen, ja nicht einmal erörtert, sondern in wessen Interesse vier weitere Kriegsjahre in Kauf genommen wurden. Das Außenministerium hat 1992 alle Unterlagen zum Heß-Flug freigegeben, mit

Ausnahme jener, die Außenminister Douglas Hurd als ‚Gefahr für die Sicherheit Großbritanniens' bezeichnete und den ‚Royal Archives in Windsor Castle' übergeben wurden. Diese könnten nur mit Einwilligung der Königin geöffnet werden."
Entgegen der politisch korrekten britischen und deutschen Nachkriegsliteratur war der von Churchill, einigen Plutokraten, Financiers und Zeitungsmagnaten gesteuerte Kriegskurs keineswegs populär, sondern wurde von zahlreichen Hochadeligen, Offizieren und besorgten Mitgliedern des britischen Establishments abgelehnt. In den 30er Jahren entstanden mehrere Vereinigungen, die für eine engere britisch-deutsche Zusammenarbeit eintraten. Unter ihnen der „Right Club", dem der Duke of Wellington, Baron Redesdale (Vater der Mitford-sisters), Captain Archibald Ramsay und William Joyce, der spätere „Lord Haw Haw" angehörten. Ferner der „Link" (das Bindeglied), der 4300 Mitglieder zählte und dem sowohl Sympathisanten als auch waschechte Nazis angehörten, unter ihnen der Duke of Westminster und Admiral Sir Barry Domvile, Leiter des Marinegeheimdienstes. Ferner die „Anglo-German Fellow-ship" (Kameradschaft) mit dem Herzog Ian Hamilton und dem Marquess of Clydesdale. Unter den Sympathisanten einer englisch-deutschen Annäherung befanden sich neben den Anhängern von Mosley's BUF (British Union of Fascists) auch Lord McGowan, Präsident des Chemieriesen ICI, General Ian Hamilton, Führer der „British Legion" (Frontkämpfer), sowie zahlreiche Kriegsgegner wie der Tory-Abgeordnete Henry Drummond-Wolff, Lord Aberconway, Lord Buxton und der Duke of Buccleuch, dessen Schwester Alice den Duke of Gloucester - des Königs jüngeren Bruder - geehelicht hatte. Buccleuch bekleidete das Amt des königlichen Haushofmeisters und stellte das Bindeglied zwischen dem Monarchen und dem Oberhaus (House of Lords) dar. Weil er im Februar 1940 öffentlich kundtat, der Krieg würde den Amerikanern, den Juden und der Sowjetunion in die Hände spielen, wurde er von Churchill abserviert. Gegen Churchills Kriegskurs und für die Appeasement-Politik Chamberlains traten nicht nur Außenminister Lord Halifax und der Unterstaatssekretär Richard Austen Butler ein, so die drei Autoren, sondern auch zahlreiche Mitglieder der „Conservative Party", (Tories), unter ihnen die Lords Bearsted, Brockett, Buckmaster, Harmsworth, Londonderry, Mansfield, Rushcliffe sowie dreißig weitere Parlamentsabgeordnete. Eine Stütze der Antikriegskoalition war auch der aus Kanada stammende Lord Beaverbrook, Besitzer des „Daily Express", der den Friedenskurs des Herzogs von Windsor unterstützte.
Nach dem Norwegen-Debakel stand Chamberlain unter Dauerbeschuß des Parlaments und wurde von vielen Seiten zum Rücktritt

Douglas Duke of Hamilton als Flieger im Zweiten Weltkriegs, überflog 1933 als Erster den Mount Everest und traf Heß in Schottland

aufgefordert. In der Nacht vom 7. auf den 8. Mai 1940 überstand er eine Vertrauensabstimmung nur denkbar knapp und fand keinen Partner mehr für eine Koalition. Dem parlamentarischen Brauch entsprechend, mußte der scheidende Premierminister einen Nachfolger aus seiner Partei vorschlagen. In Frage kamen nur Lord Halifax und Churchill. Halifax war nicht nur Favorit der Konservativen, des Establishments, und mit König Georg VI. eng befreundet, sondern auch Befürworter eines Verhandlungsfriedens mit Deutschland. Churchill wurde hingegen als Einzelgänger angesehen, der, obwohl er nur seine eigenen Interessen verfolgte, vom Volke aber verherrlicht wurde. Die Entscheidung fiel am 9. und 10. Mai 1940 hinter verschlossenen Türen und es ist keineswegs klar, wie die Sache ablief. Es hieß, daß Halifax die Ernennung zum Premierminister ausgeschlagen hatte, weil er Mitglied des Oberhauses war. Somit blieb Churchill übrig. Einen Hinweis auf den wahren Grund könnte das Tagebuch des John Colville liefern – Privatsekretär von Chamberlain, später von Churchill – in dem unter 10. Mai 1940 zu lesen ist: „Auf Grund seiner Erpressungsmöglichkeiten kann ihn [Churchill] nichts auf seinem Weg aufhalten ... es sei denn der König macht von seinem Vorrecht Gebrauch, den Mann seiner Wahl zu ernennen..."

Als am 16. Mai 1941 amtlich bestätigt worden war, daß Rudolf Heß in der Nacht vom 10. zum 11. Mai nach England flog, um den Duke of Hamilton zu treffen, erschien ein seltsamer Bericht im schottischen „Glasgow Herald", in dem bestätigt wurde, daß sich beide Männer noch in derselben Nacht – in Gegenwart von Beamten der Polizei und des Außenministeriums – in der Nähe des Spitals getroffen hatten, wo Heß verarztet worden war ... Hatte es da eine Lücke in der Zensur gegeben? Hier noch ein weiterer Hinweis auf eine mögliche Tatsachenverdrehung: Auf Spurensuche für sein Buch „Flight for the Führer" (1995) befragte der Autor Peter Padfield die Witwe des Herzogs von Hamilton sowie andere Zeitzeugen zu den Ereignissen jener Nacht. Entgegen

Nach dem Fallschirmabsprung von Rudolf Heß zerschellte seine Me110 bei Dungavel (Schottland)

der offiziellen Version bestätigte die Herzogin, ihr Mann sei nach dem zweiten nächtlichen Anruf aus dem Haus gegangen und erst am nächsten Abend zurückgekommen. Der Herzog wird sich in dieser Zeit gewiß bemüht haben herauszubekommen, was geschehen war. Fest steht, daß er mehrere Persönlichkeiten von der Ankunft des Rudolf Heß verständigte, unter ihnen Winston Churchill.

In den USA löste der Englandflug des Rudolf Heß bei der Hochfinanz und der Rüstungsindustrie eine Panik aus. David Irving schreibt: „The Wall Street shivered" (die Wall Street erschauerte). Wäre ein Frieden Englands mit Deutschland ausgehandelt worden, hätte dieser dramatische Auswirkungen auf die amerikanische Wirtschaft und Hochfinanz nach sich gezogen, doch – praise the Lord! (gelobt sei der Herr) – blieb Amerika vom Frieden verschont.

„Auf Hessens Ankunft," so die Autoren, „wartete eine kleine Elite von Männern, die seine Mission unterstützen wollten, doch diese scheiterte gleich zu Beginn: Heß war gezwungen worden, mit dem Fallschirm über Eaglesham abzuspringen, anstatt sicher und unentdeckt in Dungavel zu landen. Während er erfolglos versuchte, mit dem Herzog in Verbindung zu treten, trachtete dieser, Heß aus dem Gewahrsam der Home Guard zu befreien und sich aus einer hoffnungslos verfahrenen Lage zu retten. Wäre es möglich, daß Churchill das Spiel aufgedeckt hatte und deshalb in dieser Nacht zwei gegnerische Parteien auf Heß warteten? Es gibt Hinweise darauf, daß in jener Nacht Rudolf Heß in Dungavel vom Herzog von Kent erwartet wurde. Der 1902 geborene George Edward Alexander, vierter und jüngster Sohn König Georgs V. und Queen Marys, sollte im August 1942 unter sehr mysteriösen Umständen auf einem kahlen schottischen Berghang sterben ... ‚Georgie' lebte ein Doppelleben. Er hatte die attraktive, intelligente Marina, Prinzessin von Jugoslawien geheiratet, die ihm zwei Söhne und eine Tochter schenkte. Seine Besessenheit für die Fliegerei und das gemeinsame Interesse an der Lösung sozialer Fragen hatten den Herzog von Kent mit Rudolf Heß zusammengebracht ... Auf Grund seiner Sprachkenntnisse, Weltgewandtheit und seines Charmes vertrat der Herzog

von Kent immer häufiger den König, sei es auf Reisen, bei offiziellen Anlässen oder hochpolitischen Gesprächen. Dazu kam, daß die häufigen Krankheiten seines regierenden Bruders Anlaß zu Überlegungen gaben, ein Herzog von Kent mit zwei Söhnen seinem regierenden König mit zwei Töchtern vorzuziehen ... Der Heßflug sollte die krönende, abschließende Geste sein. Nach dem Treffen in Dungavel wollte Heß sogleich zurückfliegen ... Dem Willkommenskomitee gehörten Beamte des Geheimdienstes MI6 an, denn sein Chef, Sir Steward Menzies, war ein prominentes Mitglied der Friedenspartei. Auch Mitglieder der polnischen Exilregierung waren zugegen, nicht jedoch General Sikorski, der bis zum 11. Mai in den USA weilte. Wir wissen", so die Autoren, „daß Heß weder mit Churchill noch Mitgliedern seiner Regierung verhandeln wollte ... Churchill steckte in großen Nöten: Nach einem Jahr im Amt, genoß er noch immer die Sympathien des einfachen Volkes, doch sowohl seine militärische als auch politische Bilanz waren niederschmetternd: Griechenland und Kreta waren verlorengegangen, in Nordafrika stieß Rommel unaufhaltsam vor, die Versenkungsrate britischer Frachtschiffe durch deutsche U-Boote stieg beängstigend an. Im Parlament wagte man nur deshalb keinen offenen Aufruhr gegen Churchill, um nach außen eine geschlossene Front vorzuspiegeln. Es ist aber sehr wahrscheinlich, daß der steigende Druck gegen Churchill kein Zufall war, sondern im Zusammenhang mit dem Heßflug stand. Am 10. Mai schlug der Herzog von Bedford vor, Lloyd George möge ausloten, ob die von Heß unterbreiteten Friedensbedingungen zu einem frühen Kriegsende führen könnten, und am 12. Mai schrieb Hugh Dalton, Minister für Kriegswirtschaft, in sein Tagebuch, mehrere Mitglieder des Oberhauses träten für ein Friedensangebot an Deutschland ein, Lloyd George und Samuel Hoare stünden schon bereit und Anführer der ‚Scottish National Party' schlugen Verhandlungen mit Deutschland zwecks Abschlusses eines Sonderfriedens vor."
Doch warum lief alles schief? Obwohl es dafür keinen Beweis gibt, ist anzunehmen, daß Churchill Kenntnis vom geplanten Besuch des Rudolf Heß erlangt hatte. Es scheint, daß er von Herzog Hamiltons Korrespondenz über Portugal mit Albrecht Haushofer Kenntnis erlangt hatte. Zeugen bestätigten, daß die Lichter entlang der Landepiste von Dungavel ab einem bestimmten Zeitpunkt plötzlich ausgeschaltet wurden. Somit bedeutete das mißglückte Unternehmen des Rudolf Heß nicht nur das Ende der Verschwörung gegen Churchill, sondern garantierte auch dessen politisches Überleben und Happy End.
Nachspiel und Tod am „Eagle's Rock":
„Heute bezeichnet ein steinernes Kreuz die Stelle, wo das Short-Sunderland Wasserflugzeug, das den Herzog von Kent und 14 Mann

Besatzung beförderte, am 25. August 1942 gegen eine Felswand zerschellt. Der offiziellen Version zufolge, war die Sunderland, mit dem Herzog an Bord, von Invergordon an der Ostküste Schottlands aufgestiegen und nach ungefähr sechzig Meilen gegen den ‚Eagle's Rock' genannten felsigen Hügel gekracht. Ein Mann überlebte ... Der Herzog von Kent sollte mit dem Sunderland-Wasserflugzeug zu einem die Kriegsmoral fördernden Besuch bei den britischen Besatzungstruppen in Island aufbrechen. Der australische Wing Commander Goyen war ein erfahrener Pilot mit über 1200 Flugstunden auf der Sunderland. Ebenso der Navigator Moseley, der es auf 1449 Sunderland-Flugstunden gebracht hatte. Der Start zum Siebenstundenflug erfolgte bei Invergordon um 13 Uhr 10 bei ruhiger See. Weil Wasserflugzeuge das Überfliegen von Landflächen grundsätzlich vermeiden, wäre es dem Ziel der Reise entsprechend logisch gewesen, der Küste entlang die Nordspitze Schottlands anzupeilen und von dort mit Kurs Nordwest Island anzusteuern. Doch schon sechzig Meilen nach dem Start zerschellte die Sunderland etwa drei Meilen landeinwärts auf dem kaum zweihundert Meter hohen, kahlen, felsigen ‚Eagle's Rock'. Mit Ausnahme des Heckschützen Andy Jack, der sich aus den Trümmern befreien konnte, überlebte niemand den Aufprall. Am späten Nachmittag trafen Luftwaffesoldaten des nahe gelegenen Feldflughafens Wick ein und begannen mit der Bergung der Toten und ihres Gepäcks. Tags darauf wurde die Nachricht verbreitet, daß keiner der 15 Insassen den Unfall überlebt hatten. Doch am Nachmittag tauchte Andy Jack, leicht verletzt und etwas benommen, etwa zwei Meilen von der Absturzstelle in einem Dorf an der Küste auf.

Jetzt waren es plötzlich 16 Insassen! Woher kam denn plötzlich der neue Mann?

Obwohl der Fliegertod des Bruders des englischen Königs weltweit Schlagzeilen machte, fand sein Begräbnis kaum Beachtung und es wurde ihm kein Denkmal gesetzt. Nahe der Absturzstelle wurde ein schlichtes Steinkreuz errichtet, das die Inschrift trägt: „In memory of the Duke of Kent and his companions who lost their lives on active service during their flight to Iceland on a special mission – August 25th, 1942." (Im Gedenken an den Herzog von Kent und seine Kameraden, die auf einem Dienstflug nach Island in besonderer Mission ihr Leben hingaben.) Was war denn mit „special mission" gemeint? Doch nicht etwa ein die Kampfmoral fördernder Besuch bei den in Island stationierten, einsamen Tommies? Was meinte denn Marina, Herzogin von Kent, in ihrem Kondolenzbrief an die Mutter eines den Herzog begleitenden Offiziers, mit den Worten: „Ihr lieber Sohn verlor sein Leben gemeinsam mit meinem Mann für dieselbe gute Sache (for the same fine cause)?"

Die drei Autoren berichten: „Eine Untersuchungskommission über die Ursache des Absturzes kam zum Schluß, daß das Flugzeug zu niedrig flog und sich auf falschem Kurs befand. Das abschließende Urteil von Sir Archibald Sinclair vom Luftfahrtministerium lautete: ‚Die Verantwortung für diesen schweren Pilotenfehler liegt bei Wing Commander Goyen'. Dieser Untersuchungsbericht ist übrigens nicht mehr auffindbar, ebenso wenig wie die Protokolle der Zeugenaussagen. Andy Jack, der einzige Überlebende, wurde nie befragt. Erst Mitte der 80er Jahre gelangten verborgene Aufzeichnungen ans Tageslicht, tauchen Berichte auf, die jahrzehntelang von Freunden oder Angehörigen jener Zeugen verheimlicht wurden, weil sie der offiziellen Version des vom britischen Establishment vertretenen Geschichtsbildes widersprechen. Es geht zum Beispiel um die genaue Zeit des Absturzes: Während Augen- und Ohrenzeugen ungefähr 2 Uhr 30 angaben, heißt es in Berichten der Polizei und der RAF, er hätte um etwa 1 Uhr 30 stattgefunden. Ist diese Differenz von Bedeutung?"
„Im Mai 1993 gelang uns" so die drei Autoren „der Durchbruch, als uns Lord Thurso von Rudolf Hessens Anwesenheit im Mai 1942 in der Braemore Lodge nahe dem Loch More erzählte, sowie von gelegentlichen Landungen von Seeflugzeugen auf schottischen Highland-Seen. Nun klärten sich die Rätsel um die zusätzliche Flugstunde, den zusätzlichen Passagier und der plötzlich landeinwärts führende Kurs der Sunderland. War der Herzog von Kent am Loch More gewassert, um einen weiteren Abgesandten oder gar – wovon einige Zeugen überzeugt sind – Rudolf Heß an Bord zu nehmen? Jedenfalls spricht alles dafür, daß das Endziel nicht Island, sondern das neutrale Schweden war. Dies würde auch erklären, warum die Sunderland von Invergordon an der Ostküste Schottlands aus gestartet war und nicht von der Island näher gelegenen Westküste. Zeugen berichteten, die Sunderland des Herzogs von Kent hätte keine Tarnfarben getragen, sondern wäre weiß bemalt gewesen, wie übrigens alle Flugzeuge, die in Kriegszeiten Parlamentäre, Diplomaten, neutrale Post und Kuriere nach und von Schweden beförderten. Ein solcher Flug wäre wahrlich jene ehrenvolle ‚special mission', jene ‚gute Sache' gewesen, die dem Frieden dienen sollte."
Weil Geschichte von den Siegern geschrieben wird, fehlen eindeutige Beweise, daß im August 1942 eine weitere gewaltige Unternehmung zur Beendigung des Krieges vorbereitet wurde. „Alles deutet darauf hin", so die drei Autoren, „daß Winston Churchill im Zuge einer Palastrevolution in London entmachtet, abgesetzt, und von Samuel Hoare ersetzt werden sollte. Gleichzeitig würden dann in Stockholm der Herzog von Kent und ein Vertreter Deutschlands eine gemeinsame Erklärung zur Beendigung des Krieges abgeben haben..."

Wer weiß? Vielleicht werden die Royal Archives doch noch vor 2999 geöffnet.

Nachtrag:

An einem Septemberabend 1945 wurde Professor Karl Haushofer von drei Beamten des amerikanischen Geheimdienstes OSS in seinem Haus am Ammersee aufgesucht und verhört. Er wußte Erstaunliches zu berichten, beispielsweise vom umfassenden Friedensplan, den sein Sohn Albrecht 1941 mit Samuel Hoare in Spanien besprochen hatte. Am nächsten Morgen holte das OSS mit einem Lastwagen rund 18.000 Dokumente ab und sandte sie nach Washington. Dort wurden am 14. Dezember 1945 eminent wichtige Unterlagen dem Aktenberg entnommen und verschwanden für immer. Dr. Seidl, Verteidiger von Rudolf Heß vor dem Nürnberger Tribunal, beantragte die Vernehmung von Professor Haushofer als Zeuge der Verteidigung und konnte dies auch durchsetzen. Dieser Umstand mußte die Briten in helle Aufregung versetzt haben. Am 12. März 1946 wurde Haushofer von zwei britischen Geheimdienstbeamten aufgesucht. Am selben Tag fand Heinz, der zweite Sohn Haushofers, seine Eltern an einem kleinen Bachlauf in einem Waldstück. Seine Mutter hing an einem Baum, der Vater lag zusammengekrümmt am Boden. Es wurde auf Selbstmord entschieden.

Professor Karl Haushofer, Geopolitiker, lernte Rudolf Heß beim Studium kennen, später vermittelte ihm sein Sohn Albrecht Kontakte nach England

Am 6. September 2013 erschien in der britischen Tageszeitung „The Independent" ein Dokument zum Tod von Rudolf Heß, das jüngst freigegeben wurde. Es handelt sich um einen elfseitigen Polizeibericht aus dem Jahre 1989. Ein Kriminalhauptkommissar Howard Jones hält darin fest, daß Heß' Spandauer Arzt Hugh Thomas zwei Agenten des britischen Geheimdienstes SAS in Verdacht habe, sich in Uniformen der US-Armee Zutritt zum Gefängnis verschafft und Heß ermordet zu haben. Entsprechende Informationen seien Thomas von einem Geheimdienstoffizier zugetragen worden. Im Polizeibericht heißt es wörtlich: „Mr. Thomas hat die Information erhalten, daß die zwei Attentäter Heß im Auftrag der britischen Regierung ermorden sollten, um seine Freilassung und die Veröffentlichung geheimer Dokumente im Zusammenhang mit dem geplanten Sturz der Churchill-Regierung zu verhindern." Abschließend faßt „The Independent" zusammen, Scotland Yard hätte von der Anklagebehörde die Namen der beiden Mörder erfahren, gleichzeitig aber auch die Empfehlung erhalten, seine Ermittlungen nicht weiter zu verfolgen.

Ilse Hess: „Gefangener des Friedens", 1955; Alfred Seidl: „Der Fall Rudolf Hess 1941-1984 Dokumentation des Verteidigers", 1984; Wolf Rüdiger Heß: „Mein Vater Rudolf Heß" 1984 und „Mord an Rudolf Heß", 1989; David Irving: „Rudolf Heß, ein gescheiteter Friedensbote", 1987; Abdallah Melaouhi, Krankenpfleger von Rudolf Heß: „Ich sah seinen Mördern in die Augen", 2008.

IV. Kapitel

Erster Teil
Winston Spencer Churchill: Der Welt zweitgrößte Lügner, Heuchler und Kriegsverbrecher (1874-1965)

A.) Einleitung

Bald siebzig Jahre nach Kriegsende sind Archive von Siegermächten, ihren Satelliten und gewissen übernationalen Institutionen noch immer gesperrt, werden brisante Protokolle von Wahrheitsministerien und selbsternannten Geschichtspolizisten noch immer unter Verschluß gehalten und streng zensiert. Es hat manchmal den Anschein, als ob mit zunehmendem zeitlichen Abstand vom Zweiten Weltkrieg der Widerstand gegen dessen Ursache, den Nationalsozialismus, unentwegt wächst, hingegen die Bereitschaft, den bolschewistischen Terror und die angloamerikanische Kriegstreiberei moralisch zu verurteilen, in der global gleichgeschalteten Einen Welt nicht mehr wahrnehmbar ist. Was die Darstellung der Zeitgeschichte und Ereignisse der vergangenen hundert Jahre betrifft, ist es in Anbetracht der heute noch immer praktizierten Geheimhaltung, Vertuschung, Verdrehung seitens der zweimaligen Siegermächte, denen sich ihre Satellitenstaaten und seit den 50er Jahren die in Deutschland von den Besatzungsmächten eingesetzten Satrapen und mit Lizenzen versehenen Nachkläffer und Wahrheitsmonopolisten angeschlossen haben, ausgeschlossen, eine ausgewogene, neutrale Sicht auf diese vergangene Epoche zu erhalten. Dazu kommt, daß über viele bedeutende Ereignisse und Geschehnisse keine Protokolle erstellt wurden, und gab es solche mit brisantem Inhalt, dann verschwanden sie in den Katakomben alliierter Geheimdienste oder in Archiven beteiligter Monarchen, internationaler Organisationen und des Kirchenstaates. Und was die Zukunft betrifft, muß davon ausgegangen werden, daß eher ein Kamel auf das Minarett klettert, als Einlaß zu den Katakomben gewährt würde.
Amerikanisch kurz und bündig, faßt Patrick Buchanan, Kandidat der Republikaner bei drei US-Präsidentschaftswahlen und politischer

Berater dreier US-Präsidenten in „Churchill, Hitler and the Unnecessary War" (2008) zusammen: „Es war England, das beide europäischen Kriege des 20. Jahrhunderts in Weltkriege verwandelte".
Im Laufe der fünf Jahre, in denen Winston Churchill als Kriegsherr die Geschicke Albions lenkte und reihum mit dem „Victory"-Zeichen prahlte, kam es zur Auflösung des British Empire und schrumpfte das einstige Großbritannien zum amerikanisch kontrollierten Restbritannien. Welch ein Absturz vom brüllenden Löwen Pitt über die bissige Bulldogge Churchill zum braven Pudel Tony Blair. What a shame!
In Deutschland, wo man das Gefühl für Selbstachtung, Würde und Lächerlichkeit längst verloren hat, wurde Churchill 1955 – als Hüter menschlicher Freiheit – der Aachener Karlspreis verliehen. Ehre, wem Ehre gebührt! In den Vorkriegsjahren erklomm er den Gipfel seiner Unpopularität. Im Unterhaus unterstützten ihn lediglich zwei Abgeordnete. Er war fast der Einzige, der Aufrüstung und Widerstand gegen Deutschland forderte. Im September 1939 wurde er als Symbol des nationalen Widerstandes in das Kriegskabinett aufgenommen.1945 faßte Stalin die Geschichte des Zweiten Weltkriegs so zusammen: „England verschaffte uns die nötige Zeit, die Vereinigten Staaten das Geld und Sowjetrußland das Blut."
David Irvings Urteil über den, der in einer weltweiten Umfrage zum berühmtesten Mann des Jahrtausends gewählt wurde: „Winston Churchill war ein Mann, der zwei Weltreiche zerstörte. Eines davon war das feindliche." Irving brauchte zehn Jahre, um anhand von Dokumenten aus Staatsarchiven den ersten Band seiner Trilogie „Churchill's War" (2001) zu schreiben. Für den zweiten Band benötigte er vierzehn Jahre und mußte gegen den Widerstand der etablierten, politisch korrekten Verleger und Historikerzunft hart ankämpfen. Für den dritten Band, der die Geschehnisse um das Kriegsende kritisch beleuchtet, wird er keinen Verlag mehr finden. Mitleidlos zeigt Irving auf, wie Churchill 1939 und 1940 die einzigen Gelegenheiten verpaßte, Europas Frieden zu sichern, wie Churchill absichtlich mit Terrorbombenangriffen auf Wohngebiete begann, denen eine Million europäische Zivilisten zum Opfer fallen werden, und wie Churchill nicht davor zurückschreckte, mißliebige Personen ermorden zu lassen.
Am 31. März 1939 gab Premierminister Chamberlain den Polen eine Garantieerklärung, daß England ihnen im Falle eines deutschen Angriffs militärischen Beistand leisten würde. Ausgelöst hatte die Ausstellung dieses Blankoschecks die Behauptung des rumänischen Gesandten in England, Virgil Tilea, das Deutsche Reich habe Rumänien ein Ultimatum gestellt und es bestehe die Gefahr eines Einmarschs der

deutschen Wehrmacht. Obwohl Berlin und Bukarest heftig dementierten, zogen die Kriegstreiber im Foreign Office, Vansittart, Cadogan und Churchills enger Vertrauter Lord Boothby, es vor, einer erfundenen Meldung des Rumänen zu glauben.

B.) Die britische Kriegserklärung an Deutschland lag schon vor dem deutschen Angriff auf Polen vor!

Die Rundfunkansprache des britischen Königs, in der er am 3.9.1939 die Kriegserklärung an Deutschland bekannt gab, wurde bereits am 25.8., eine Woche vor Ausbruch des Zweiten Weltkrieges, entworfen. Das belegt ein bislang unbekanntes Manuskript:
„Nach langen, vergeblichen Friedensbemühungen befinden wir uns im Krieg", ließ König George VI. seine Untertanen am 3. September 1939 wissen. Zwei Tage zuvor hatte mit dem deutschen Angriff auf Polen der Zweite Weltkrieg begonnen und Großbritannien löste nun seine Warschau gegebene Zusage ein, die Souveränität und die territoriale Integrität Polens unter allen Umständen zu garantieren. Alle, die die Rede des Königs hörten, glaubten ihm, man habe ehrlich um den Frieden gerungen und bis zum unvermeidlichen Kriegseintritt an der Seite Polens auch tatsächlich an ihn geglaubt. Daß dem nicht so war, sondern daß man in London spätestens am 25. August 1939 nicht nur mit einem baldigen Kriegsausbruch, sondern sogar mit einer Kriegsbeteiligung des Empire rechnete, geht aus einem Schriftstück hervor, das am 10. Dezember 2013 beim Londoner Auktionshaus Sotheby's für umgerechnet 12.600 Euro versteigert wurde. Das dreiseitige Maschinenmanuskript stammt aus dem Nachlaß des 1970 verstorbenen Harold Vale Rhodes und war bis zur Einlieferung bei Sotheby's unentdeckt geblieben. In seiner Rede erwähnt der König weder Deutschland noch Hitler, sondern spricht allgemein von „denen, die uns in einen Konflikt gezwungen haben" und „die jetzt unsere Feinde sind". Außerdem schwört er seine Landsleute auf „dunkle Tage" ein und bereitet sie darauf vor, daß der Krieg nicht auf das Schlachtfeld beschränkt bleiben werde." („Preußische Allgemeine Zeitung", 7.1.2014).

William Chamberlin: „Amerikas Zweiter Kreuzzug", 1952; A.J.P. Taylor: „Origins of the Second World War", 1961; Rudolf Graf Czernin: „Das Ende der Tabus", 1999.

Wiston Churchill (1874-1965) wurde 1955 mit dem Karlspreis der Stadt Aachen geehrt

Im Frühjahr 1940 waren Dänemark, Norwegen, Holland, Belgien und Frankreich von Deutschland besetzt worden und jeder erwartete, daß England als nächstes an die Reihe käme. Doch 1941 beschloß Deutschland, Rußland anzugreifen. Es ist erwiesen, daß Präsident Roosevelt nach dem Fall Frankreichs zur Überzeugung gelangte, die Vereinigten Staaten müßten jetzt an Großbritanniens Seite gegen das Reich der Nazis in den Krieg eintreten. Nie zuvor jedoch war das Land sowohl psychologisch als auch materiell so unvorbereitet. Isolationismus – das Sich-heraushalten-Wollen aus fremden Streitigkeiten – war das Bekenntnis der großen Mehrheit. Wie konnte man es anstellen, das amerikanische Volk in den Krieg zu zwingen? Nur ein katastrophales Ereignis hätte den Kongreß zwingen können, den Krieg zu erklären. Und weil das amerikanische Volk so große Abneigung gegen den Krieg verspürte, mußte Roosevelt eine der Achsenmächte dazu zwingen, es durch eine drastische Schandtat in Kriegsstimmung zu versetzen.

Um dieses Ziel zu erreichen, begann Roosevelt 1941 erstens mit einem gewaltigen Aufrüstungsprogramm, provozierte zweitens Deutschland mehrmals, den ersten Schuß abzugeben, erpreßte drittens Japan im Juli 1941 wirtschaftlich, als die USA, England und Holland gleichzeitig ihre Rohstofflieferungen einstellten, schloß viertens ein Abkommen mit Churchill zur gegenseitigen Unterstützung im Pazifik, beendete am 26. November 1941 fünftens die Washingtoner Verhandlungen, was Japan nur die Alternativen Krieg oder Selbstaufgabe offen ließ, beließ sechstens eine Flotte als Köder in Hawaii und verweigerte siebtens den Kommandeuren auf Hawaii jede Hilfe und Information, die ihnen ermöglicht hätte, den japanischen Angriff abzuwehren.

Diplomatisch war Roosevelts Strategie eines provozierten Angriffs der Japaner auf Pearl Harbor ein voller Erfolg. Militärisch bedeuteten die dabei erlittenen Verluste an Menschen und Schiffen Amerikas [selbst beigebrachte] größte Niederlage.
Der britische Botschafter in Washington, Lord Lothian, hatte Churchill mehrmals geraten, die Karten auf den Tisch zu legen, das heißt: Den Amerikanern Englands schwierige finanzielle Lage offenzulegen. Doch dieser wollte nicht als Bettler vor Roosevelt treten und zog es vor, die schwierige Transportfrage über den Atlantik anzusprechen. Er war deshalb entsetzt zu erfahren, daß Lothian am 23. November bei einer Pressekonferenz von sich aus erklärte: „Well, boys, Britain is broke, it's your money we want" (Nun ja, Leute, England ist pleite, jetzt brauchen wir euer Geld).
Woraufhin Finanzminister Morgenthau von den Engländern eine Liste aller britischen Vermögenswerte in der westlichen Hemisphäre verlangte. Ein harter Schlag für das stolze Albion. Nach einem Blick auf die imposante Liste sagte Roosevelt: „There's a lot of money here..." (da ist viel Geld zu holen...)

C.) Churchills Rücksichtslosigkeiten

Wenn es der Fortsetzung seines Krieges diente, hat Churchill nie gezögert, befreundete Staaten zu verraten und treue Freunde zu liquidieren. Hier vier Beispiele:

1) Die Mannerheim-Akte: Verrat des Perfiden Albion an Finnland und den skandinavischen Ländern

Der finnische Autor Erkki Hautamäki, Major der Reserve und Rektor des Vuokattiidritt Institut von 1970 bis 1990 hat den historischen Auftrag, den er vom finnischen Feldmarschall Carl Gustaf Freiherr von Mannerheim und dessen Stabsoffizier Vilho Tahanvainen (1913-1992) erhalten hatte, nach langer Forschung und Vorarbeit erfüllt, indem er das Buch „Finland i stormens öga" (Finnland im Auge des Sturms) in schwedischer Sprache herausbrachte.

Dieses hochbrisante und epochale Werk Hautamäkis, dessen Inhalt sich auf bisher unveröffentlichte geheimdienstliche Erkenntnisse Mannerheims und des unermüdlichen Geheimagenten Tahanvainen stützt, füllt jetzt einige der letzten weißen Flecken in der Zeitgeschichtsschrei-

Feldmarschall Carl Gustaf Mannerheim (1867-1951) begann seine Karriere in der russischen Armee und war während des 2. Weltkriegs Finnlands Präsident

bung der europäischen Völker. Nach Mannerheims Tod 1951 erhielt Hautamäki von Tahanvainen Einsicht in die Geheimakten „s. k. Pärm S-32“, die ihm Einblick in die vertraulichen Vereinbarungen, die 1939 zwischen Finnland und Deutschland getroffen worden waren, sowie in die bisher verheimlichte enge Zusammenarbeit, die Josef Stalin 1939 mit Präsident Roosevelt beschlossen hatte.

Im Kapitel 10 schildert der Autor, wie Feldmarschall Mannerheim – nach und trotz Abschluß des Hitler-Stalinpaktes – von Geheimagenten in Schweden Kenntnis der Geheimvereinbarung Stalins und der Angloamerikaner gegen das Deutsche Reich erlangte und an Hitler weitergab. Sie sah vor:

a.) Nordfront: Landung französischer und englischer Streitkräfte in den neutralen Staaten Norwegen, Dänemark, Schweden, unter dem Vorwand, dem von der Sowjetunion bedrohten Finnland zu Hilfe zu eilen.

b.) Westfront: Angriff Frankreichs auf das Deutsche Reich unter Beteiligung der neutralen(!) Staaten Belgien und die Niederlande.

c.) Südfront: Von England unterstützte Angriffe der neutralen(!) Staaten Jugoslawien und Griechenland gegen die weiche Südostflanke Deutschlands.

d.) Ostfront: Hier erfolgt der Hauptangriff auf das Dritte Reich durch die Rote Armee.

Planung: Wenn Engländer und Franzosen ihre Ziele termingerecht erreichen, steht die Rote Armee spätestens im Juni 1940 in Berlin.

Als die finnische Regierung auf Grund der Kriegslage 1944 aus dem Verteidigungsbündnis mit dem Deutschen Reich ausscheiden mußte, forderte die siegreiche Sowjetunion von Feldmarschall Mannerheim die Herausgabe sämtlicher Geheimakten und Geheimdokumente. Vor deren Auslieferung gab Mannerheim Tahanvainen und einem weiteren Stabsoffizier die Anweisung, Kopien anzufertigen, um sie beizeiten zu veröffentlichen. Kurz vor ihrem Tod verpflichteten sie den verläßlichen Erkki Hautamäki zur Erfüllung dieser Aufgabe. Eine finnische Ausgabe ist in Vorbereitung; es ist zu hoffen, daß ein deutscher Verlag den Mut aufbringen wird, die deutsche Fassung auf den Markt zu bringen.
Dazu der deutsche Autor Herbert Hoff in „Finnland im Zentrum des Sturms" (2013):
„Der im August 1939 geschlossene Molotow-Ribbentrop Vertrag wird als wichtigste Vereinbarung des Zweiten Weltkrieges betrachtet. Für Hitler war dieser Vertrag besonders wichtig, weil er blauäugig an Stalins und Molotows Unterschriften glaubte und dabei vergaß, was Lenin über die Bedeutung von „Papieren" gesagt hatte. Nach den Darstellungen des Dok. S-32 wurde aber die wichtigste Vereinbarung des Zweiten Weltkrieges in Moskau am 15. Oktober 1939 zwischen der Sowjetunion, England und Frankreich unterschrieben.

Hitler war in der Polenfrage nach Auffassung der Westmächte und auch Stalins nicht zu bremsen. Er hatte versucht, einen Zweifrontenkrieg zu vermeiden, indem er mit Stalin einen Pakt schloß, der aber schon im September 1939 beim Überfall auf Polen gebrochen wurde. Hitler mußte der neuen Lage entsprechend so handeln, daß die im Molotow-Ribbentrop Pakt enthaltenen Interessen Stalins unbedingt eingehalten wurden. Doch bald begann man in Berlin die wahren Absichten Moskaus zu durchschauen. Die im gegenseitigen Handelsvertrag enthaltenen Vorzüge – fortlaufender Import von Rohstoffen aus der Sowjetunion – zwangen Hitler zur Duldsamkeit. Nachdem 1939 seine mehrfachen Friedensangebote stets zurückgewiesen worden waren, plante Hitler, um dem Alptraum eines Zweifrontenkrieges auszuweichen, im Frühjahr 1940 gen Westen zu marschieren. Weil die Rote Armee noch nicht stark genug gewesen wäre, um sich allein gegen die Wehrmacht zu behaupten, war es auch für Stalin lebenswichtig, die Bedingungen des Molotow-Ribbentrop Paktes zu erfüllen, um Hitler bei Laune zu halten.
Anfangs war die Kriegsbereitschaft Englands, Frankreich und der USA ebenso gering. Man begann die notwendigen Ressourcen zu beschaffen und für einen sehr langen Krieg aufzurüsten. Im Kreml ergaben Berechnungen, daß die Waagschale sich erst nach einem jahrelangen

Die beiden Außenminister Molotow (links) und Ribbentrop unterzeichneten am 24. August 1939 den deutsch-russischen Nichtangriffspakt

Erschöpfungskrieg zu Gunsten der West-Alliierten neigen würde. Auf diese Erkenntnis wies Stalin in seiner Geheimrede vor sowjetischen Offizieren am 19. August 1939 hin und beschloß Hitler zu hintergehen, indem er zwei Monate später einen Geheimvertrag mit London und Paris abschloß und von Washington absegnen [und finanzieren] ließ. Die konkreten Einsatzpläne der Briten und Franzosen im Rahmen dieses Geheimabkommens lagen Anfang Februar 1940 vor, wurden am 9. Februar in London von Churchill einem Sonderkurier Stalins übergeben, der sie nach Moskau weiterleitete. Die Deutschen hatten davon Wind bekommen: Es gelang der Luftwaffe das Kurierflugzeug abzufangen, zur Landung zu zwingen, zu durchsuchen und die brisanten Dokumente zu photographieren. Nach vier Stunden durfte das Flugzeug nach Moskau weiterfliegen, als sei nichts geschehen. Am 9. März erhielt Marschall Mannerheim durch Kurier Ribbentrops eine Abschrift von Churchills Brief an Stalin und Kenntnis von den Plänen der Westmächte und Russen, sofern sie Finnland und Skandinavien betrafen, sowie Ribbentrops Kommentare:

a.) Sobald die Sowjetunion bestätigt, daß sie ganz Finnland mitsamt der benachbarten Inseln vor dem 15. Mai 1940 besetzt hat, werden britische Landungstruppen spätestens in der Nacht vom 14. zum 15. Mai in Norwegen landen und strategische Objekte besetzen, um die Erztransporte nach Deutschland zu unterbinden. Sie werden auch Dänemark besetzen und gemeinsam mit französischen Truppen bei Göteborg landen und Südschweden besetzen. Gleichzeitig wird die Royal Navy die Ausfahrt deutscher Schiffe von der Ostsee in die Nordsee unterbinden.

b.) Frankreich und England haben zwar der Bitte Finnlands um Hilfe gegen die sowjetische Invasion zugesagt, die Ausführung jedoch Norwegen und Schweden überlassen, die sie auf Eis gelegt haben. Frankreich hat 50.000 bis 100.000 Mann zugesagt, die in Schweden stationiert werden sollen, um die schwedischen Truppen zu binden, während die Sowjetunion Finnland besetzt. Englische Truppen besetzen Norwegen.

c.) Nach der Besetzung Finnlands und Skandinaviens werden die Generalstäbe der alliierten Streitkräfte die weiteren Ziele bestimmen und den Zeitpunkt für die Angriffe festlegen: Engländer und Franzosen werden von der Linie Cherbourg – Rotterdam gegen die Siegfriedlinie (Westwall) vorstoßen, während gleichzeitig ein sowjetischer Angriff auf Polen und die Tschechoslowakei vorgesehen ist. Die Holländer und Belgier werden sich den Franzosen und Engländern anschließen.

d.) Entsprechend Ihrem [Stalins] übermittelten Vorschlag für den Hauptangriff aus den baltischen Ländern, wird die Ausarbeitung von Versorgungsplänen durch unsere Organisationszentrale in Paris vorbereitet.

e.) Das Koordinationskomitee der vereinigten französisch-englischen Luftwaffen hat zugesagt, umgehend Vertreter der sowjetischen Luftwaffe zwecks Ausarbeitung der Zusammenarbeit einzuladen, um ein für allemal die deutsche Luftwaffe auszuschalten, bevor die gemeinsamen Angriffsoperationen unserer See- und Landstreitkräfte begonnen werden.

f.) Unsere in Punkt b.) erwähnte offizielle Zusage einer militärischen Hilfe an Finnland geschah mit der Absicht, von Schweden, Norwegen und Dänemark eine Transiterlaubnis zu erwirken, um die Finnland zugesagte militärische Hilfe leisten zu können; in Wirklichkeit aber mit der Absicht, die erteilte Transitgenehmigung zu nützen, um englischen und französischen Truppen ein widerstandsloses Eindringen in Skandinavien zu ermöglichen. Im Übrigen werden wir die skandinavischen Länder auch dann besetzen, wenn sie den Transit unserer Hilfstruppen nicht genehmigen sollten.

Somit überließen Churchill und Frankreich durch diese Vereinbarung der Sowjetunion volle Freiheit, sämtliche Anrainerstaaten des Baltikums in ihre Gewalt zu bringen. Gleichzeitig verschaffte sich Churchill dadurch ein Recht auf das Unrecht, die Selbständigkeit der neutralen Länder Island, Faröer, Norwegen, Schweden, Griechenlands, Dänemarks zu mißachten und sich in ihre Angelegenheiten einmischen zu dürfen."
Viktor Suworow: „Der Eisbrecher", 1989.

2) Heimtückischer Überfall auf die wehrlose französische Flotte im Juli 1940

Konteradmiral Paul Auphan & Jacques Mordal: „La Marine Française pendant la seconde guerre mondiale", 1957 (Die französische Kriegsmarine im 2. Weltkrieg).
„...In London hatte Churchill gar nicht erst den Ausgang der Waffenstillstandsverhandlungen abgewartet. Am 12. Juni 1940 hielt er eine kurze Rundfunkrede, in der er warnend sagte, daß bei Unterzeichnung des Waffenstillstandes alle Hilfsquellen des französischen Imperiums und die französische Flotte schnellstens in Feindeshand kommen würden ... In der Nacht zum 22. Juni kam es zum Bruch. Gegen Mitternacht klingelte der britische Botschafter beim französischen Außenminister, der ihm im Pyjama öffnete. Der Botschafter unterrichtete ihn über seine Abreise, ... die übrigen Mitglieder der Militärmission fuhren ohne sich zu verabschieden nach England. Am 23. Juni schickten General Sir Harold Alexander und Admiral Sir Dudley Pound zwei Telegramme an Großadmiral François Darlan und boten ihrem französischen Kollegen die Wahl zwischen ‚Fortsetzung des Kampfes an unserer Seite oder Auslaufen der französischen Flotte in britische Häfen'. Admiral Pound, Erster Seelord, erhob Einwände gegen Artikel 8 des Waffenstillstandvertrages, der den Zugriff der Deutschen auf die modernen französischen Schlachtschiffe nicht ausschloß ... Ein solches Risiko wollte die britische Regierung keinesfalls eingehen und so beschloß Churchill der Welt zu beweisen, daß er weiterzukämpfen gedachte ... Der Hauptteil der französischen Flotte lag in afrikanischen Häfen, in erster Linie in Mers el Kebir (Algerien). Dort lagen im Juli 1940 die Schlachtschiffe ‚Dunkerque', ‚Strasbourg', die Linienschiffe ‚Provence' und ‚Bretagne', sechs Zerstörer, ein Flugzeugmutterschiff und zahlreiche kleinere Einheiten ... Die großen Schiffe waren so verankert, daß ihr Heck zur Mole, der Bug zur Küste zeigte. Diese Lage war in friedlichen Zeiten normal, aber besonders

Mit dem Überfall auf die französische Flotte in Mers el Kebir (Algerien) wollte Großbritannien verhindern, daß diese in deutsche Hände fiel. Dabei starben 1297 französische Seeleute

ungünstig, wenn die schwere Artillerie schnell zum Einsatz kommen mußte, da alle Türme auf der Back standen..."
Nur mit einer Überraschungsaktion im Ausmaß einer Seeschlacht konnte man der französischen Flotte beikommen und dafür benötigten die Engländer sowohl die unbedingte Überlegenheit als auch den Überraschungseffekt. Diese schwere Aufgabe übertrug Churchill dem Admiral Sir James Somerville. Ihm unterstanden zwei Kreuzer, elf Zerstörer, der Schlachtkreuzer „Hood", die Schlachtschiffe „Resolution" und „Valiant" und der Flugzeugträger „Ark Royal".

Die erste Andeutung ungewöhnlicher Geschehnisse brachte am 3. Juli um 7 Uhr früh der britische Zerstörer „Foxhound". An Bord befand sich der frühere britische Marineattaché Captain Holland und er wäre vom französischen Flottenkommandanten Admiral Gensoul herzlich begrüßt worden, hätten ihm nicht gleichzeitig die Ausguckposten den imponierenden Aufmarsch britischer Kriegsschiffe vor dem Hafen gemeldet.
Der von Captain Holland dem Kapitänleutnant Dufay übergebene „Vorschlag" erwies sich als ein bis 14 Uhr befristetes Ultimatum. Um 9 Uhr erfolgte die Antwort des Admiral Gensoul: „Unter keinen Umständen

werde zugelassen, daß französische Schiffe intakt in die Hände der Deutschen fielen. Sie würden nicht ausgeliefert ... In Anbetracht des von Captain Holland Admiral Gensoul überreichten Ultimatums würden sich aber die französischen Schiffe auch gegen die Engländer mit Waffengewalt verteidigen." Um 16:15 funkte Admiral Somerville: „Wird keiner der Vorschläge vor 17:30 britischer Sommerzeit angenommen, muß ich Ihre Schiffe versenken." Um 16:56 Lokalzeit eröffnete das britische Geschwader das Feuer. Erstmals seit Waterloo vor 125 Jahren schossen wieder Franzosen und Engländer aufeinander. Die im engen Hafenbecken von Mers el Kebir manövrierungsunfähigen Kriegsschiffe wurden der Reihe nach schwer beschädigt oder versenkt. „Bretagne" und „Provence" gingen auf Grund, „Bretagne" sank kieloben und nahm 977 Mann mit in die Tiefe.
Am 6. Juli griffen britische Torpedoflugzeuge der „Ark Royal" die bereits schwerbeschädigten Großkampfschiffe wieder an. „Dunkerque" sank mit 150 Mann. Insgesamt wurden 1297 französische Matrosen und Offiziere Opfer des hinterhältigen Überfalls des perfiden Albion auf Mers el Kebir.

3) Albions Verrat an Polen, Churchills treuestem Vasallen – Mord an General Wladyslaw Sikorski.

Kurz nach dem Start in Gibraltar, wo ein aus Kairo kommender viermotoriger amerikanischer „Liberator"-Bomber am 4. Juli 1943 auf dem Flug nach London zwischengelandet war, mußte der Pilot seine Maschine kurz nach dem Start auf dem flachen Küstengewässer aufsetzen. An Bord befand sich General Wladyslaw Sikorski, der sowohl für den Kriegshetzer Winston Churchill als auch für den Kriegsverbrecher Josef Stalin höchst unangenehme Chef der polnischen Exilregierung, der, wie die meisten Passagiere, beim „Unfall" umkam. Einer der vier Überlebenden war Chefpilot Eduard Prchal, ein Exil-Tscheche, der für die RAF flog. Diese wundersame Rettung – so hieß es im offiziellen Unfallbericht – verdankte Prchal seiner plötzlichen Eingebung, die Schwimmweste vor diesem Flug – entgegen aller Regeln – nicht unter, sondern über dem Fallschirm anzulegen. War Prchal Hellseher, der vorausahnte, er werde gleich nach dem Start notwassern müssen, oder handelte er mit Wissen und auf Befehl des britischen Geheimdienstes SOE, als er den „Liberator" im flachen Wasser aufsetzte?
Wie auch immer: Stalin und Churchill waren diesen lästigen Polen endlich losgeworden, der gedroht hatte, bei seiner nächsten Pressekonferenz in London die wahren Schuldigen am Massaker von 22.000 bis

Wladyslaw Sikorski (1881-1943), Ministerpräsident der polnischen Exilregierung, kam beim Flugzeugabsturz bei Gibraltar ums Leben. Die Akten zum Unglück sind bis 2041 unter Verschluß.

34.000 polnischen Offizieren in Katyn zu benennen und der sich mit aller Macht gegen die zwischen Stalin und Churchill längst vereinbarte Abtretung Ostpolens an die Sowjetunion sträubte. Angesichts solch politisch unkorrekten und brisanten Inhaltes ist es nicht verwunderlich, daß der Bericht über den „Unfall" vom 4. Juli 1943 im Kriegsarchiv zu London seit Jahren nicht mehr auffindbar ist.

4) Der Prozeß gegen Pierre Laval (Juni bis Oktober 1945)

Pierre Laval, geb. 1883, blieb bis zum Ende des Krieges Ministerpräsident der französischen Vichy-Regierung unter Marschall Philippe Pétain. Er wurde am 30. Juli 1945 an die Regierung des General De Gaulle ausgeliefert und von einem Sondergericht zum Tode verurteilt. Am Tag der Hinrichtung schluckte Laval Zyankali. Nach Wiederbelebungsversuchen und dem Auspumpen seines Magens wurde der bereits Halbtote auf einen Stuhl gebunden und nach mehreren Stunden von einem französischen Peloton in englischer Uniform erschossen.
Anläßlich des Erscheinens von Churchills Memoiren vom Zweiten Weltkrieg, schrieb Josée Laval, verheiratete de Chambrun, Tochter des zum Tode verurteilten und hingerichteten letzten Premierminister der Vichy-Regierung, Pierre Laval, folgenden Brief an Winston Churchill:

„Herr Präsident [Premierminister wäre richtig gewesen],
lange habe ich gezögert, diesen Brief zu schreiben; noch zögerte ich, Ihnen diesen zu senden, denn Ich befürchtete, anmaßend und indiskret zu erscheinen. Ich habe mich dazu entschlossen, weil jener Satz aus Ihren Memoiren, in dem Sie meinen Vater preisen, gleichzeitig aber auch verurteilen, herausgehoben werden mußte. Er lautet: ‚Trotz

der späteren Schändlichkeit seines Verhaltens und seines verdienten Todes, besaß er Weitblick und klare Erkenntnis.' Gerne lese ich von der Klarsicht meines Vaters aus Ihrer Feder. In der Tat hatte er schon seit langem den drohenden Krieg kommen sehen, der nicht notwendig gewesen wäre, und es freut mich, daß Sie über dieselbe Klarsicht verfügten ...

Falls der mir vorliegende Text stimmt, sagten Sie anläßlich einer Reise nach Rom im Januar 1927 zu den Korrespondenten der italienischen Presse: ‚Italien hat der Welt bewiesen, daß es eine Bewegung besitzt, die subversive Kräfte bekämpft, Ehre und Stabilität der zivilisierten Welt verteidigt. Italien hat uns mit dem richtigen Mittel gegen das russische Gift versorgt ...' Mein Vater hatte nicht nur alles getan, um diesen Krieg zu vermeiden, sondern blickte noch viel weiter in die Zukunft. Er ahnte voraus, daß ein bis zur ‚bedingungslosen Kapitulation' erzwungener Krieg den Siegeszug des Kommunismus in Osteuropa herbeiführen würde, was eine rein militärische Niederlage Deutschlands nicht bewirkt hätte. Schon 1943 sagte er in einer Rede: ‚Deutschland und Rußland hatten sich gerade Polen geteilt, als Frankreich praktisch allein in den Krieg eintrat und ihn prompt verlor. Warum? Weil es kein Krieg zur Verteidigung der Heimat war, sondern zur Verteidigung fremder Ideologien. Bei uns sind die Deutschen nicht beliebt. Die meisten Schlachten haben wir mit den Deutschen ausgefochten, doch wenn Deutschland den Nationalsozialismus will, soll es ihn haben und für sich behalten ... Wir müssen davon ausgehen, daß die meisten Länder, die jetzt von der Sowjetarmee überrannt wurden, unter dem Einfluß des Kommunismus verbleiben werden. Wenn Rußland den Kommunismus will, soll es ihn haben und ganz für sich behalten ...'

Ihr Land sah sich gezwungen, mit einigen Jahren Verspätung die Genauigkeit dieser Prognosen einzusehen. Ihr berühmter Militärhistoriker Liddell Hart schrieb im Februar 1947: ‚Was war das Ergebnis unserer Politik? Die materiellen Schäden, die von der ‚Résistance' hervorgerufen wurden, waren ein Hindernis für den Wiederaufbau nach dem Krieg und verursachten großes Leid unter dem eigenen Volk. Die schwierigste Hürde war moralischer Art. Die ‚Résistance' hatte viel Gesindel angezogen. Unter dem Deckmantel des Patriotismus unternahm sie Raubzüge gegen die Besitzenden und beging zahllose ‚règlements de comptes' (Racheakte) gegen Kollaborateure. In der Folge haben mehrere Persönlichkeiten – darunter auch Sie – ihre Enttäuschung über die Folgen der ‚libération' (Befreiung) zum Ausdruck gebracht ... Diese menschliche Tragödie erreichte ihren Höhepunkt, als festgestellt werden mußte, daß trotz Hunderttausenden Opfern das hehre Ziel der Versöhnung nicht erreicht wurde, sondern ganz neue Gefahren auf uns

lauern ... Diese Gefahren haben Sie bewogen, uns im Dezember 1948 den Rat zu erteilen: ‚Durch Versöhnung mit Deutschland wird Frankreich seine führende Rolle in Europa wieder erringen können.'
Finden Sie nicht, Herr Präsident, es sei etwas spät uns solchen Rat zu erteilen? Es ist erstaunlich, daß gerade Sie einem Mann mit Weitblick schändliches Verhalten unterstellen. Nach unserer Niederlage im Juni 1940 befand sich mein Vater in der Lage, die Folgen eines Bankrotts, den er nicht verschuldet hatte, beheben zu müssen, indem er das Volk vor den Forderungen der Besatzungsmacht durch seine Mitarbeit beschützte ...
Kennen Sie das Telegramm, das Dino Alfieri, italienischer Botschafter in Berlin, am 5. August 1942 an seine Regierung sandte? Darin gibt er Hitlers Aussage über meinen Vater wieder: ‚Es gibt eine Parallele, die De Gaulle und Laval verbindet: Der erste versucht durch Gewalt zu erringen, was der andere durch Schlauheit erreichen will:'
Haben Sie in Goebbels Memoiren die Eintragung vom 17. November 1943 gelesen? ‚Pétain und Laval verharren in einer abwartenden Haltung. Tief in ihrem Herzen bleiben sie, was sie immer waren: Gegner des Deutschen Reiches ...'
Kennen Sie den Bericht Sauckels an Adolf Hitler, in dem er Lavals Widerstand gegen die Mobilisierung französischer Arbeitskräfte für die deutsche Industrie Schuld an der deutschen Niederlage im Osten gibt? Wie können Sie im Hinblick auf solche Tatsachen von ‚schändlichem Verhalten' sprechen? Berechtigt ist das Wort ‚Schande' jedoch sehr wohl für den Tod, der ihm beschieden war. Der Mord an meinen Vater wird für immer ein Schandfleck für Frankreichs ‚provisorische Regierung' sein, die den Befehl dafür erteilte. Dieser Schandfleck bleibt aber auch an der britischen Regierung haften, die uneingedenk der Hilfe, die er Ihrem Land so oft erwies, nichts tat, um diesen Justizmord zu verhindern. Wissen Sie denn, Monsieur Churchill, daß die Soldaten des Erschießungspeletons britische Uniformen trugen?

Es gibt nur eine Erklärung für Ihr Urteil, mein Vater hätte sich schändlich verhalten: Er hat sich nicht in den Dienst Großbritanniens gestellt, sondern kümmerte sich ausschließlich um die Interessen seines Landes. In Ihren Augen wäre es ehrenvoll gewesen, wenn mein Vater englischen Befehlen gehorcht hätte. Eine Schande hingegen, sich in Paris und Vichy für die Interessen seines Landes einzusetzen ...
Nein, Herr Präsident, Sie können nicht darüber richten, ob Franzosen ihre Pflicht erfüllt haben. Ehre fand sich nicht nur an den Ufern der Themse und in den Falten des Union Jack. Die Geschichte wird ihr Urteil fällen, was für Franzosen ehrenhafter war: In Frankreich unter

Franzosen zu verharren, um ihr Schicksal zu teilen und zu versuchen, ihr Leid zu lindern, oder der britischen Regierung bei der BBC in London zu dienen. Ein ‚Dienst' übrigens, für den Frankreich – gemäß Rechnungshofbericht – siebzehn Milliarden Francs an Ihre Regierung zahlen mußte ... Schade, daß Sie und mein Vater sich nie begegnet sind!"

D.) Wer finanzierte Churchill? Es waren „Focus" und Sir Henry Strakosch

FOCUS war eine der informellen Gruppen wie „Elektra" und das „XYZ-Komitee", die den Krieg finanzierten, weil sie ihn als unvermeidlich ansahen und deshalb die britische Politik des Abwartens ablehnten. Ihnen gehörten auch Mitglieder des Geheimdienstes an.

Am 2. April 1938 mußte Churchill den geerbten Landbesitz Chartwell zum zweiten Mal zum Verkauf anbieten, denn seine charakterschwache Lebensweise, Alkoholismus, Kettenrauchen und unvernünftige Börsenspekulation, brachte ihn zum Bankrott. Aber da kam schon wieder ein Schutzengel in Form des Sir Henry Strakosch der Focus Gruppe. Er ließ die Schuld von 20.000 Pfund Sterling über seine südafrikanische/indische Bank im Namen Focus begleichen. Somit konnte sich Churchill seinen „Aufgaben" voll widmen. Eine dieser Aufgaben war zu verhindern, daß die britische Regierung Lord Runciman nach Prag und in das Sudetenland schickte, um über die Zustände zu berichten. Er konnte dies und auch nicht das Münchener Abkommen verhindern. Am 10. November 1938 schrieb Churchill an das Nobel-Kommitee in Oslo und schlug vor, daß Dr. Edward Beneš den Friedensnobelpreis bekommt.

Wer war dieser Strakosch? Er wurde am 9. Mai 1871 in Hohenau, Österreich (Südmähren), als Sohn des Zuckerrübenunternehmers Edward Strakosch geboren. Sicher bestanden zwischen den Strakosch- und Nathan Redlich-Familien, den „Brotgebern" von Masaryk, Beziehungen, da beide Familien auf diesem Sektor führend waren. Er besuchte in Wien das Gymnasium und ging dann nach London zur weiteren Ausbildung. Er emigrierte später nach England und später nach Südafrika, wo er bald große Besitzungen im Goldbergbau und im Finanzwesen erwarb. Für diese „Leistungen" wurde er in England geadelt. In den verschiedenen Nachschlagwerken wird er als Österreicher, Jude und auch als Ungar bezeichnet. Als er 1943 starb, vermachte Strakosch Churchill weitere 20.000 Pfund Sterling. Das Hauptanliegen von Strakosch war die Vernichtung Deutschlands, und dazu waren die tschechischen Politiker gut zu gebrauchen. Als Gegenleistung für die

finanzielle Hilfe mußte Churchill dieses Projekt nun verwirklichen. Als er 1938 wieder bankrott war, half auch Bernard Baruch, ein weiterer „Freund", Churchills Schulden zu begleichen und daraus ergab sich eine lange Freundschaft. Es war bekannt, daß Chamberlain schwer krank war und seine Amtsperiode nicht erfüllen würde. Sogleich wurden alle Hebel in Bewegung gesetzt, damit Churchill sein Nachfolger wird, obwohl er als rücksichtsloser und charakterschwacher Mann galt. Kurz vor dem Tode Chamberlains klagte Roosevelt: „This drunken bum!" (Dieser betrunkene Taugenichts). Trotzdem verbanden sie bald enge Beziehungen.
„Für den stets verschuldeten Churchill", so David Irving, „kam der in Großbritannien und den USA wachsende Widerstand gegen Hitlers Judenpolitik gerade zur rechten Zeit. Leonard Montefiore, Präsident der ‚Anglo-Jewish Association', schickte ihm Unterlagen zur Lage der Juden in Deutschland, aber es war das ‚Anti-Nazi Council', später FOCUS genannt, das sein politisches und finanzielles Überleben ab April 1936 sicherte. Beeindruckt von seinem Rednertalent, wurde Churchill von Lord Robert Cecil (1864-1958), einer der Gründerväter des Völkerbundes, und von Samuel Untermyer, Chef des ‚Anti Nazi Council' in New York, umworben. Als Antwort auf Hitlers Judenpolitik hatten Rabbi Stephen Wise und Untermyers ‚World Jewish Economic Federation' 1933 zum Handelsboykott gegen Deutschland aufgerufen ..."

E.) Die Macht der Geheimdienste

William Stevenson: „A Man Called Intrepid – The Secret War":
Stevensons hier vorgestelltem englischen Polit-Bestseller des Jahres 2000, der mehrere Auflagen erlebte, ist zweierlei zu entnehmen:
1.) Die Selbstverständlichkeit, mit der das Perfide Albion auch noch zwei Generationen nach Kriegsende seine alten Lügengeschichten wieder auftischt,
2.) Welcher Haß und Abscheu auf alles Deutsche zwischen den Zeilen heraustrieft.
Der Autor, selbst ehemaliger Geheimdienstoffizier, hat einen Katechismus über den Sieg des Guten (Churchill, Roosevelt & Cie.) gegen das Böse (Hitler) verfaßt, der sowohl mit der Genehmigung des angloamerikanischen Establishments geweiht als auch mit der Absegnung durch die amtlich konfirmierte, politisch korrekte Historikerzunft versehen wurde.
Beim Titelhelden „Intrepid" (der Kühne) geht es um den Geheimdienstoffizier und erfolgreichen Industriellen Sir William Stephenson,

Stevensons persönlichen Freund, der während des 2. Weltkrieges die Aktivitäten des britischen und amerikanischen Geheimdienstes in den USA koordinierte. Er hat auch das Vorwort geschrieben:

„Schon zwei Jahre bevor die USA in den Krieg eintraten, unterstützte Präsident Roosevelt den geheimen Krieg gegen die Tyrannei. Als dann die USA ohne Warnung aus heiterem Himmel angegriffen wurden, tauschten beide den Diplomatenanzug mit der Uniform. Der Feind – Nazi-Deutschland, das Kaiserreich Japan und das faschistische Italien – war entlarvt, doch der Krieg an der Geheimdienstfront wurde nun erst recht angefacht.
Aus verständlichen Gründen wurden die entscheidenden Fakten dieser verborgenen Tätigkeit nie veröffentlicht. Schriftliche Unterlagen wurden unter Verschluß gehalten und waren 45 Jahre lang den strengen Regeln des britischen Official Secrets Act unterworfen. Auch heute noch dürfen so manche Akten nicht veröffentlicht werden.
Als sich 1940 deutlich abzeichnete, daß Hitler daranging, seine Welteroberungspläne mittels Terror, Täuschung und Aggressionen umzusetzen, erkannte Roosevelt, daß die Niederlage Großbritanniens der Auslöser zum deutschen Angriff auf die Vereinigten Staaten bedeuten würde. Entsprechende Geheimberichte wurden ihm von mir als Vertrauensmann Churchills und Chef des BSC (British Security Coordination) mit Sitz in New York regelmäßig übergeben. Roosevelt war klar, daß die nach dem 1. Weltkrieg psychologisch isolierten USA, die sich auf ihre geographisch unangreifbare Lage verließen, auf einen militärischen, geheimdienstlichen, propagandistischen Angriff nicht vorbereitet waren. Churchill hingegen benötigte dringend Waffen und Vorräte, um die deutschen Aggressionen abwehren zu können. Nur eine Führungspersönlichkeit, die ihre Vision weitergeben konnte, daß nur eine Vereinigung freier Menschen die beste Verteidigung gegen totalitäre Eroberer bieten könne, würde England seine Hilfe anbieten. Roosevelt war diese Persönlichkeit ..."

„Nach der Niederlage der Achsenmächte 1945 schloß BSC seine Büros und verzog sich wieder hinter die Kulissen ... Ihr Kampf hatte die BSC vom Rande der Niederlage zum überlegenen Sieg geführt. ‚The Grand Alliance' (der Engländer und Amerikaner) hatte im Krieg obsiegt. Elf Millionen (sic!) gespenstische Stimmen des Holocaust hatten sich betäubend laut gegen die Bösartigkeit moderner Barbarei erhoben. Die Ruinen von London, Berlin, Hiroshima, und andere Zeugnisse unserer Zivilisation erinnerten an die Ungeheuerlichkeit der neuen Deutung

von Kriegen, die weder Frauen, Kinder noch Behinderte als Nichtkriegführende anerkannte. Doch es war der Nürnberger Kriegsverbrecherprozeß, der die Hoffnung auf ein gemeinsames Weltgewissen aufkeimen ließ ... Für die Waffen des geheimen Krieges, die in einem Kampf auf Leben und Tod geschmiedet worden waren, gab es keinen Platz mehr in friedlichen Gefilden. Zu meiner Erleichterung wurde ‚Intrepid‘, der Name des Chefs des Geheimdienstnetzwerkes, gelöscht. Ich schloß das Buch der BSC ab, um es nie wieder zu öffnen ... Doch seither tauchten Fragen über die Entscheidungsprozesse und Beweggründe auf, die manches nachträglich aufklären könnten. Die Zeit ist gekommen, das Buch wieder zu öffnen ... In einer idealen Welt ist für Waffen des Geheimdienstes kein Platz; wir leben aber in einer Welt voller verdeckter und nichterklärter Kriege, wo solche Waffen von Schurkenstaaten gegen uns eingesetzt werden und wir im Falle eines ernsten Konfliktes unvorbereitet wären. Wir müssen uns im Klaren sein, daß Geheimwaffen nur dann gefährlich sind, wenn sie geheim bleiben. Eine der Voraussetzungen des demokratischen Prinzips ist die Informationsfreiheit. Natürlich wäre es vorteilhaft zu wissen, wie unsere Geheimdienste funktionieren, doch würde man sie durch solche Enttarnung entwaffnen. Das Rätsel lautet: Wie können wir Geheimhaltung pflegen, ohne unsere Grundrechte zu verletzen und unsere Freiheit einzuschränken?
...Während die USA noch den Frieden wahrten, führten wir von New York aus den größten Geheimkrieg der Geschichte ... Ich hatte schon zwanzig Dienstjahre hinter mir, als ich 1940 von London aus nach New York entsandt wurde, um in Zusammenarbeit mit den Amerikanern von dort aus die britischen Geheimdienste neu zu organisieren, die nach der deutschen Besetzung der meisten westeuropäischen Länder und dem Einmarsch der Wehrmacht in Paris lahmgelegt worden waren. Ich wurde auch beauftragt, nach dem britischen Muster das Organigramm für den amerikanischen Geheimdienst OSS zu entwerfen. Dies erklärt die außerordentliche Beziehung, die Intrepid unter strengster Geheimhaltung zwischen dem Präsidenten der Vereinigten Staaten und dem britischen Premierminister unterhielt...“ 1972 beschloß William Stevenson, Autor dieses Buches, nach eingehenden Gesprächen mit Intrepid [Stephenson] die Geschichte der BSC zu schreiben.
Nun schreibt Stevenson weiter:
„Stephenson (Intrepid) besaß die Gabe, militärische und psychologische Schwächen der Deutschen aufzuspüren. So gelangte er zur Überzeugung, daß Deutschland am Ende verlieren müsse, weil es aus unedlen Gründen kämpfte. Er weigerte sich deshalb, Berichte von deutschen Kriegsverbrechen als reine Propaganda abzutun. Nie zuvor

hatte es in Großbritannien Publikationen über den Geheimdienst und seine Mitarbeiter gegeben. Wer wußte schon, daß Kardinal Wolsey im 15. Jahrhundert, Sir Francis Walsingham im 16., John Thurloe im 17. und Rudyard Kipling im 19. Jahrhundert die Geheimdienste ihrer Majestäten leiteten?
...Winston Churchill war stets von Wissenschaftlern umgeben. Es war der jüdische Professor Frederick Lindemann - Lord Cherwell - der als erster auf den deutschen Militarismus und sein Wiedererwachen als pseudowissenschaftlichen Rassismus hinwies. Es folgten der jüdische Mathematiker Charles Steinmetz, ein mathematisches Genie, und schließlich der Zionist Dr. Chaim Weizmann...
Im Jahre 1924 hatte Stephenson von der Firma ‚Chiffriermaschinen' aus Berlin, Steglitzerstraße 2, das Angebot für eine handelsübliche ‚Enigma' bekommen. Erst Anfang der 30er Jahre entsann er sich auf Grund der politischen Entwicklung in Deutschland wieder dieses Angebots. Gemeinsam mit Lindemann, ‚the Prof', wies er Churchill darauf hin, daß Deutschland daran arbeite, neue Waffen zu entwickeln, um seine alten Feinde zu vernichten, sobald Hitler bereit sei. Stephenson lieferte die Beweise. Churchill stand damals noch abseits des Geschehens, war aber nach wie vor voller Kampfeslust. Gemeinsam mit Stephenson unternahm er 1933 eine Kurzreise nach Deutschland. Dort stöberten sie Schlupfwinkel und Verstecke auf, von denen sie höchst besorgt zurückkehrten ... Die Ergebnisse dieser kaum bekannt gewordenen Reise verstärkten sowohl Churchills gnadenlosen Wunsch, Hitlers Vernichtung zu betreiben als auch Lindemanns Eifer, Englands Luftüberlegenheit herzustellen, um jenes Volk auslöschen zu können, das den Nationalsozialismus verbreitete. Sie hatten auf dieser Reise auch herausgefunden, daß Deutschland möglicherweise an einer Atombombe bastle und sein wahnsinniger Führer nicht zögern würde, diese auch einzusetzen."
[Diese Aussage fällt wohl nicht nur unter „Cant", sondern unter echte Lüge, denn 1933 wußte noch niemand etwas von einer Atombombe, da die Kernspaltung erst 1938 von Hahn und Strassmann entdeckt wurde.]
„Der Geist des Widerstandes gegen Hitler begann sich in England und den USA zu regen. Sein Sprachrohr im Parlament war Churchill. Weil er schrieb, daß Deutschland, bevor Hitler an die Macht kam, zu Füßen der Siegermächte lag, es bald aber dazu kommen könnte, daß Europa zu Füßen Deutschlands zu liegen käme, wurde er als Kriegstreiber verhöhnt ...
Anfang September 1939 warnte Chamberlain jene Bestie, die im Verlauf des vergangenen Jahres billige politische Siege errungen hatte:

England werde ihr den Krieg erklären, sofern sie ihre Truppen nicht aus Polen abziehe. Hiermit erfüllte England zwar seine Verpflichtung gegenüber Polen, war aber keineswegs kriegsbereit. Churchill übernahm den Posten des Ersten Lords der Admiralität und wurde in dieser Eigenschaft auch Chef des Geheimdienstes, dessen politischer Leiter Admiral Sir Hugh Sinclair war. Ihm unterstand auch die GCCS (Government Code and Cipher School) in Bletchley, Buckinghamshire. Dorthin war eine Enigma Chiffriermaschine verbracht worden, die Heydrichs SD abhanden gekommen war. Wie war das möglich? Nachdem es dem BSC-Techniker Alastair Denniston gelungen war, eine handelsübliche Enigma-Maschine umzufunktionieren, war es Stephenson gelungen, in Danzig eine SS-Funkeinheit auszuspionieren, die sowohl über eine brauchbare Enigma als auch einen entsprechenden Code-Schlüssel verfügte. Polnischen Agenten gelang es eine Woche vor dem deutschen Überfall auf Danzig beides zu entwenden und über Warschau nach England auszufliegen...
Ende Oktober 1940 wußte Churchill dank der Auswertung des deutschen Geheimcodes ‚Ultra', daß dieses Jahr keine Landung in England mehr zu befürchten war ..."

„Im Januar 1941" – so David Irving in „Churchill's War – The Struggle for Power" – „befand sich an Bord eines britischen Schlachtschiffes eine Gruppe von vier Männern, die mit Churchills Erlaubnis die streng geheime ‚Code and Cypher School' in Bletchley Park besuchen durften. Mitgebracht hatten die vier Amerikaner zwei japanische Chiffriermaschinen und eine Abschrift des japanischen Codes. Sie blieben zehn Wochen in Bletchley Park, um die Geheimnisse des von den Engländern entschlüsselten deutschen ‚Enigma' Codes zu studieren, das 160 Trillionen verschiedener Kombinationen zuließ. Im September 1940 stand England vor der Niederlage, doch jetzt ist es siegessicher: In Bletchley Park werden die geheimsten Nachrichten der Luftwaffe und der Kriegsmarine mitgelesen ... Am 6. Mai 1941 hatte Bletchley Park den deutschen Operationsplan für den Angriff auf Kreta entschlüsselt und wußte deshalb genau, über welche Zonen die deutschen Fallschirmjäger abspringen würden."
Den Code-Brechern von Bletchley Park war es im Juni 1942 gelungen, nicht nur den Funkverkehr des Afrika-Korps zu entschlüsseln, sondern auch den Code der Kriegsmarine für den Schiffstransport von Italien nach Nordafrika. Ende August informierte Churchill General Brook, daß Rommel in der kommenden Nacht südwestlich von El Alamein angreifen werde; es stünden ihm aber Treibstoff und Munition für nur noch vier anstatt für vierzehn Tage zur Verfügung ... Und Ende Oktober

Die 1919 entwickelte Enigma-Maschine erfüllte im 2. Weltkrieg trotz guter Verschlüsselung ihren Zweck nicht, da die Engländer den Code entschlüsseln konnten und daher bestens über viele Aktionen informiert waren.

las Churchill die entschlüsselte Warnung, die Rommel an diesem Tag dem OKW gesandt hatte: „Die Lage ist extrem ernst..." und er las auch die Nachricht, die Rommel seinen Offizieren schickte: „In dieser Schlacht geht es um Leben und Tod..." Montgomery siegte.

Als Ende 1942 der Widerstand in Tunesien nachließ, konnten die Code-Knacker der Royal Navy mitteilen, welche deutschen Transportschiffe sie versenken und welche – mit Lebensmitteln beladenen – durchgelassen werden sollen.

Stevenson weiter: „Nach dem deutschen Einmarsch in Polen befürchtete Präsident Roosevelt, Chamberlain könne um Frieden bitten. Dies war der Beginn einer geheimen Funkkorrespondenz zwischen POTUS, dem (neutralen!) **P**resident **o**f **t**he **USA** und ‚Naval Person', Winston Churchill, die beide hinter dem Rücken ihrer Regierungen Kriegspläne schmiedeten ... Im Auftrag des streng geheimen ‚Economic Pressure on Germany Committee', das sich mit dem Wirtschaftskrieg gegen Deutschland befaßte, reiste Stephenson nach Schweden, um in Erfahrung zu bringen, ob sich Deutschland in Norwegen bereits um den Kauf von schwerem Wasser bemühe, das zur Erzeugung von Atombomben unerläßlich ist. Albert Einstein und andere Wissenschaftler hatten Präsident Roosevelt gewarnt, Hitler könnte bald über die Bombe verfügen...

Noch dauerte es manchmal Tage, bis Nachrichten mittels Enigma entschlüsselt werden konnten, doch im Falle der in Dünkirchen eingekesselten britischen Armee waren sowohl Churchill als auch Roosevelt im Nachhinein von der Genauigkeit der mitgelesenen deutschen

Nachrichten beeindruckt ... Zu dieser Zeit besaßen die Deutschen noch kein Radar. Diese Tatsache und unsere Fähigkeit, dank Enigma die geheimen Nachrichten der Luftwaffe zu enträtseln, bewies, daß deutsche technische Barbarei überlistet werden konnte ... Über den Zustand der englischen Rüstung zur Abwehr einer deutschen Landung schrieb der zu Besuch in England weilende General William Donovan, Chef des OSS, des gerade gegründeten amerikanischen Geheimdienstes Organisation of Strategic Services: ‚Die Verteidiger Englands teilen sich 786 Geschütze, 167 Panzerabwehr- Kanonen und 259 veraltete Panzer, um die Landung von vierzig deutschen Divisionen aufzuhalten ... Die RAF besitzt noch knapp tausend Piloten, die Royal Navy gleicht einer Flotte von Badewannen, die von Kugeln durchlöchert sind.'"

„Ich habe den deutschen Organisationsplan für das besetzte Großbritannien gelesen: Den einsatzbereiten Gauleitern wurde befohlen, alle Intellektuellen und alle Juden zu liquidieren. In London, Bristol, Birmingham, Manchester und Edinburgh sollen Vernichtungslager eingerichtet werden. Für die Umsetzung dieses Befehls zuständig ist Dr. Franz Six, Professor für politische Wissenschaft an der Berliner Universität. Alle übrigen Engländer zwischen 17 und 45 Jahren werden als Arbeitssklaven nach Deutschland deportiert. Die SS wird in einem Ausleseverfahren geeignete Männer selektieren, die Engländerinnen schwängern sollen, um mit ihnen eine neue Herrenrasse heranzuzüchten...
Als im Juli 1940 die Barbaren den größten Teil des zivilisierten Europas überrannt hatten, sagte Roosevelt zu Stephenson: ‚Ich bin ihr bester Geheimagent, denn ich habe gerade dem FBI befohlen, mit den Engländern gemeinsam die deutsche Invasion zu bekämpfen.'"

„Am Abend des 5. November 1940 feierte Roosevelt mit einigen Freunden seine dritte Wiederwahl. Diese verdankte er der von ihm täglich wiederholten Parole, unter seiner Präsidentschaft würden ‚American boys' nie an fremden Kriegen teilnehmen. Was sollte er jetzt tun? Dieses Versprechen an sein Volk halten oder seine geheime Verpflichtung gegenüber Großbritannien einlösen? Inzwischen war es den Engländern in Bletchley gelungen, Hitlers nächste Ziele von Bombenangriffen zu entziffern. Nun mußte Churchill erwägen, ob er die Bewohner der betroffenen Städte vorwarnen oder das Geheimnis des entzifferten Codes lüften solle. Er entschied sich für das Bewahren des Geheimnisses.
Robert Sherwood, der amerikanische Redenschreiber Roosevelts, sagte Ende 1940 zu Stephenson: ‚Hätten die Isolationisten [Kriegsgegner]

Franklin D. Roosevelt und sein Finanzberater Henry Morgenthau, der Deutschland in einen Agrarstaat verwandeln wollte.

von unserer geheimen Allianz mit Großbritannien gewußt, hätte das von ihnen geforderte Amtsenthebungs-Verfahren Roosevelts das ganze Land mitgerissen'."

„1942 hatte sich US-Finanzminister Henry Morgenthau bereits intensiv mit den geheimen Aktivitäten Stephensons befaßt und unterstützte ihn, wo es nur ging. Auf Kosten der amerikanischen Regierung ermöglichte er die Produktion gefälschter Geldnoten zu Gunsten des englischen Geheimdienstes, der sie in deutsch besetzten Teilen Europas in Umlauf brachte ... Um die Isolationisten zu unterstützen und ihre Kriegsangst zu schüren, verbreitete die Nazi-Propaganda in den USA Schauermärchen über polnische Kriegsverbrechen. In der ‚Deutschen Bücherei' von New York wurden Bilder von polnischen Massenmorden, Vergewaltigungen und Folterungen von Deutschen gezeigt. Die Deutschen hatten diese Bilder aus dem Archiv des polnischen Außenministeriums in Warschau entwendet, verfälscht und dann als polnische Greueltaten deklariert..."
Stevensons Leser erfahren auch, daß im Mai 1941 das Aufspüren des deutschen Schlachtschiffs „Bismarck" nicht den im Nordatlantik

versammelten Schlachtschiffen, Kreuzern, Zerstörern der Royal Navy zu verdanken war, sondern den Meldungen der Crew eines „Catalina"-Fernaufklärers der neutralen(!) US Air Force, das sich von Nordirland aus an der Suche beteiligte. Und ferner, daß anläßlich des Treffens von Churchill und Roosevelt am 9. August 1941 an Bord des Schlachtschiffs „Prince of Wales" und des US Kreuzers „Augusta" in der abgelegenen Placentia-Bay Neufundlands, der Premierminister an sein Kriegskabinett in London kabelte: „Der Präsident der USA ist fest entschlossen, an unserer Seite in den Krieg einzutreten, er gleitet aber über sehr dünnem Eis, denn der US-Kongreß will keinen Krieg."
Roosevelt hatte Churchill anvertraut, er wünsche den Krieg gegen Deutschland sehnlichst herbei, könne ihn aber mangels glaubwürdigen Anlaßfalles nicht erklären.

Wahrlich leuchtende Symbole von „Democracy", diese beiden Herren! Mit ganz wenigen Ausnahmen, findet man in Bibliotheken und Buchhandlungen zur Person Winston Churchills nur Heldensagen, Lobeshymnen, Heiligengeschichten, und nur ganz selten vorbehaltlose Kritik.

F.) Zeugnisse von Churchills Denk- und Handlungsweise aus britischen Quellen

1) Emrys Hughes: „Churchill – ein Mann in seinem Widerspruch"

„Was haben wir eigentlich gewonnen?" Die schrecklichen Folgen all dieser Irrtümer, die Churchill und Roosevelt während des Krieges begangen hatten, wurden während der Konferenz von Jalta geerntet. Dort wurde klar, daß Sowjetrußland Mitteleuropa, den Balkan und den Fernen Osten beherrschen und China kommunistisch wird; daß Polen betrogen wurde, daß Deutschland geteilt und im Frieden weiter geplündert werden wird, daß die Liquidation des britischen Weltreiches unvermeidlich ist und daß ein kalter Krieg von unbestimmter Dauer dem eben gewonnenen heißen Krieg auf den Fersen folgen werde ... So wurde der Krieg gewonnen und der Friede verloren.
„Das letzte, was Hitler jemals zu tun wünschte, war England zu erobern oder zu erniedrigen, vorausgesetzt, er könne mit ihm friedlich zur

Unterdrückung des Kommunismus zusammenwirken und das britische Weltreich als Hauptbollwerk zur Beherrschung unseres Planeten erhalten ... Nichts stand in Hitlers Gefühlen höher als der gute Wille der Briten und der Frieden mit England. Das britische Empire würde heute sicherlich intakter und gesicherter sein, hätte England niemals Krieg gegen Deutschland geführt..."

2) Major M. Thurgood: „That Bastard Churchill"

Dieses Buch hält, was der Titel verspricht (1960). Es ist eine vernichtende Kritik am „Scheißkerl" Churchill und enthält eine Aneinanderreihung aller Fehlleistungen und Schandtaten, die dem Titelhelden angelastet wurden und immer noch werden:
„Zu Beginn des Ersten Weltkrieges verschuldete er als 1. Lord der Admiralität die Katastrophe der Landung bei Gallipoli und war in der Affäre um die Versenkung der ‚Lusitania' verwickelt, in der Absicht, die Vereinigten Staaten in den Krieg hinein zu manövrieren ... Während des Generalstreiks des Jahres 1926 veranlaßte er als Finanzminister die Sonderausgabe der ‚British Gazette' worin er die Streikenden als ‚The Enemy' apostrophierte und ihre bedingungslose Kapitulation forderte ... Der erste Befehl, den Churchill als 1. Lord der Admiralität bei Ausbruch des Zweiten Weltkriegs gab, war an die Royal Air Force gerichtet und forderte Bombenangriffe auf Wilhelmshaven und Brunsbüttel: 29 Bomber griffen an, nur acht fanden ihr Ziel. Zehn Bomber fanden die Ziele nicht und kehrten zurück; einer warf seine Bomben auf das dänische Esbjerg. Drei Bomber griffen britische Schiffe in der Nordsee an und neun wurden von der deutschen Flak abgeschossen ... Er versäumte keine Gelegenheit, Deutschland durch Bombenangriffe auf städtische Wohngebiete zu provozieren ... Obwohl die britische Kriegspropaganda laufend von deutschen Kriegsverbrechen berichtete, waren Engländer die ersten, die solche begingen: Am 14. September 1940 zwang ein britischer Zerstörer das U-Boot U-39 zum Auftauchen und nahm seine Besatzung an Bord. Bilder dieser Aktion wurden in Presse und Film gezeigt, doch fehlte danach von den gefangenen deutschen Seeleuten jede Spur. Als Churchill im Unterhaus zu dieser Sache befragt wurde, antwortete er: ‚It was an odious thing to do', (es war eine abscheuliche Tat) ... Im Mai 1940, gleich zu Beginn des deutschen Einmarschs in Frankreich, wurde Feldmarschall Gort von Churchill mitgeteilt, es sei wichtiger, die acht Divisionen des BEF (British Expeditionary Forces) kampffähig zu erhalten als den Feind anzugreifen ... Churchills erste Tat als Premierminister im Juni 1940

war der Befehl an die RAF, Wohnviertel von Mönchen-Gladbach zu bombardieren ... Churchills berühmte Radioansprache vom 4. Juni 1940 wurde nicht von ihm selbst gehalten, sondern vom 37-jährigen Schauspieler Norman Shelley in einem Studio der BBC vorgelesen ... Der erste Bombenangriff wurde nicht von der RAF, sondern am 6. Juni 1940 von französischen Bombern ausgeführt ... Am 4. März 1941 begann die Landung von 56.657 Soldaten des British Commonwealth in Griechenland und mußten – von deutschen Divisionen zurückgeschlagen – Mitte April wieder abziehen ... Auch aus Kreta wurden die Engländer vertrieben und verloren über 22.000 Mann ... Nach seiner Landung in Schottland am 10. Mai 1941, wurde Rudolf Heß vom Geheimdienst MI5 streng bewacht. Im Unterhaus bestätigte Churchill: ‚Hess is my prisoner' ... Am 27. Mai 1941 versenkte sich das schwer beschädigte, kampfunfähige deutsche Schlachtschiff ‚Bismarck' selbst. Als der britische Kreuzer ‚Dorsetshire' heranfuhr, um verwundete Seeleute zu retten, kam der Befehl Churchills durch, keine deutschen Überlebenden an Bord zu nehmen. Am nächsten Tag konnten U75 und das Wetterbeobachtungsschiff ‚Sachsenwald' nur noch fünf Seeleute retten; 2400 Offiziere und Mannschaften des ‚Bismarck' waren gefallen ... Am 22. November 1941 versenkte HMS ‚Dorsetshire' im Mittelatlantik den deutschen Hilfskreuzer ‚Atlantis' und überließ die Verwundeten und Überlebenden in sechs offenen Rettungsbooten ihrem Schicksal. Es sollte ihnen gelingen, nach einer entbehrungsreichen monatelangen Überfahrt den Hafen Brest zu erreichen. Das Schiff, dessen Offiziere keine Gefangenen machten, ereilte ein gerechtes Schicksal: Der Kreuzer ‚Dorsetshire' wurde von japanischen Flugzeugen nahe einer von Haifischen wimmelnden Küste torpediert. Es gab keine Überlebenden ... Als sich ein neuer Kriegschauplatz im Pazifik abzeichnete, befahl Churchill die Entsendung der Schlachtschiffe ‚Prince of Wales' und ‚Repulse' ohne Flugzeugträger nach Singapur, obwohl die Japaner in dieser Region die Lufthoheit besaßen. Am 10. Dezember wurden beide Schlachtschiffe innerhalb einer Stunde von japanischen Torpedofliegern versenkt. Anders als ‚Dorsetshire', funkten die Japaner an die begleitenden britischen Zerstörer: ‚Ihr könnt die Überlebenden aufnehmen' und behinderten sie nicht ... Obwohl Großbritannien wegen Polen in den Krieg gezogen war und polnische Soldaten in Norwegen, Tobruk, Griechenland, Monte Cassino, der Normandie und Arnheim Seite an Seite mit englischen Kameraden gekämpft und auch als Kampfflieger ihre Pflicht erfüllt hatten, verweigerte Churchill 1945 den Polen, an der Siegesparade in London teilzunehmen."

G.) Albion führt Krieg mit allen Mitteln und um jeden Preis

(Aus deutschen Quellen)

1) Anton Zischka: „Englands Bündnisse"

„Im Juli 1939 hatte der kriegslüsterne Duff Cooper dem Sonderberichterstatter des polnischen ‚Express Poranny' erklärt, nach Ausbruch des Krieges würden britische Flugzeuge über das Mittelmeer, die Dardanellen und Rumänien nach Polen fliegen, um die starke polnische Luftflotte zu verstärken. ‚Morgen werden die englischen Staffeln da sein', erwarteten die Warschauer am 1. September: ‚Doch der neue Tag kam mit neuen Bomben und neuen Bränden', klagte der Korrespondent des Stockholmer ‚Dagens Nyheter'. Aber England schwieg, Frankreich schwieg, und man sprach immer noch über Verhandlungen zwischen London und Berlin ... Dafür meldete der Londoner ‚Observer': ‚Im Augenblick ist eine direkte und entscheidende Hilfe für die Polen in ihrem Kampfe um Freiheit und Leben nicht möglich.' ... Daraufhin stürmte eine wütende Volksmenge die britische Botschaft in Warschau, schlug alles kurz und klein und zündete die Möbel an. Die englischen Diplomaten waren verduftet, am 18. September verließ auch die polnische Regierung das Land. Das Drama war zu Ende, der bittere Krieg aber blieb."

2) Helmut Wartenberg: „Balance of Power – Die Heuchelei der Anglo-Amerikaner"

Der Autor bringt es auf den Punkt (2010):
„Nur wegen der ‚balance of power' und nur, um sich nicht mit Deutschland auf gütigem Wege einigen zu müssen, verspielten [Churchill,] Halifax und seine Kameraden das englische Empire an die Amerikaner ... Die Engländer kratzten ihre letzten Nuggets zusammen, die Tschechen liehen ihnen siebeneinhalb Millionen Pfund £, die Kanadier verkauften britische Investitionen, nur um dem Mutterland zu helfen. Holländer und Norweger weigerten sich, Geld zur Verfügung zu stellen, De Gaulle hatte keines und schließlich retteten 60 Millionen Pfund, von den Belgiern als Kredit zur Verfügung gestellt, die Engländer vor dem

Zahlungsverzug. Im März 1940 fuhr ein amerikanisches Kriegsschiff nach Kapstadt, um dort südafrikanisches Gold abzuholen. Als Gegenleistung für diese Demütigungen erhielt England, zumindest bis 1941, erhebliche Mengen an Lebensmitteln, aber nur wenige Rüstungsgüter ... England wurde nicht nur die Haut abgezogen, sondern es wurde bis auf die Knochen ausgeschlachtet. Das war in Churchills Augen der Preis für die amerikanische Kriegsteilnahme ... Um das Leih- und Pachtgesetz nicht zu gefährden, schluckte Churchill die amerikanische Kröte in Bezug auf die Nutzung britischer Stützpunkte, die England als Gegenleistung für fünfzig ausgediente Zerstörer erhalten hatte, von denen 39 nicht einsatzfähig waren..."

H.) Britische Schwarze Propaganda

1) Sefton Delmer: „Die Deutschen und ich"

Sefton Delmer arbeitete als Journalist unter Lord Beaverbrook (Daily Express), bei der BBC und dem deutschsprachigen Soldatensender Calais

Delmer (1904-1978) entstammte einer australischen Familie, verbrachte seine Jugend in Deutschland, zog in den 30ern nach England. Der Zeitungszar Lord Beaverbrook entsendet ihn als Berichterstatter für den „Daily Express" nach Berlin und 1939 landet er beim „Deutschland-Dienst" der BBC, der Propaganda gegen das Nazi-Regime verbreitete. Er schrieb 1961:

„...Nach dieser kurzen Unterhaltung hatte ich genug von Dr. Otto John über seine Arbeit bei der Widerstandsgruppe gehört, um mir schlüssig zu werden, daß ich ihn sehr gern in mein Team aufnehmen würde, wenn ich ihn dazu bewegen könnte. Er kannte die Leute um Hitler ... Er würde uns unschätzbare Hinweise geben und uns mit Einzelheiten versorgen können, die für unsere Operationen so wesentlich waren.

‚Ich leite eine Einheit,' sagte ich ihm, ‚über die ich Ihnen im Augenblick nur sehr wenig sagen kann. Wir führen eine Art totalen Nervenkrieg gegen Hitler. Dabei ist alles erlaubt, sofern es dazu dient, das Ende des Krieges und Hitlers Niederlage zu beschleunigen. Wenn Sie auch nur die geringsten Bedenken haben, etwas gegen Ihre eigenen Landsleute unternehmen zu müssen, so sagen Sie es mir jetzt. Ich würde es verstehen, Sie würden dann allerdings nicht mit uns arbeiten können ... Sollten Sie jedoch Lust haben, sich meiner Einheit anzuschließen, so muß ich Sie gleich darauf aufmerksam machen, daß wir jeden, auch den schmutzigsten Trick anwenden, der sich nur denken läßt. Jeder Griff ist erlaubt – je übler, um so besser. Lügen, Betrug – alles' ... John wurde von mir eingestellt; ich habe es nie bereut."

[Dr. Otto John: 1909-97, arbeitete 1937-44 als Syndikus (Jurist) bei der Deutschen Lufthansa und schloß sich dem Widerstand an. Nach dem mißglückten Attentat des 20. Juli 1944 floh er nach Spanien und weiter nach England, wo er von Sefton Delmers „Deutschland-Dienst" mit offenen Armen willkommen geheißen wird.]

„Nach dem Krieg verfolgte ich den Nürnberger Kriegsverbrecherprozeß. Herrn Ullmans Berichterstattung vom Prozeß bedrückte mich. Noch erschreckender aber fand ich das, was ich von der Arbeit der sogenannten Entnazifizierungsgerichte zu sehen bekam. Hier saßen aus den Konzentrationslagern befreite Nazigegner mit zurückgekehrten Emigranten und anderen deutschen ‚Demokraten' zu Gericht über Männer und Frauen, die der NSDAP oder einer ihrer Gliederungen angehört hatten. Die Aufgabe dieser Gerichte war es, die Deutschen in Hauptschuldige, Belastete, Minderbelastete, Mitläufer und Entlastete zu unterteilen und die einzelnen je nach ihrer Einstufung in eine der fünf Gruppen mit Gefängnis, Geldbußen, Rentenentzug oder Verlust der bürgerlichen Ehrenrechte zu bestrafen oder sie freizusprechen.

Jedes Mal wenn ich nach Deutschland kam, ging ich zu diesen Gerichtssitzungen, und jedes Mal war ich wieder entsetzt. Denn hier herrschte die gleiche Rachsucht und der gleiche Mangel an Respekt vor den Regeln der Prozeßordnung, wie ich sie bei den kommunistischen Volksgerichtshöfen in Belgrad und Warschau erlebt hatte...
Am Tag, als Hans Fritzsche (1900-1953), Abteilungsleiter in Goebbels Ministerium für Volksaufklärung und Propaganda, in Nürnberg freigesprochen wurde, kam er auf mich zu: ‚Daß wir uns auf diese Weise treffen würden, hätte ich nie gedacht' und wir schüttelten uns die Hände'..."

William Joyce: „Dämmerung über England", 1940; W.N. Medlicott: „The Economic Blockade", 2 Bände, 1952; Paul Kennedy: „The Rise and Fall of British Naval Mastery", 1976; Nigel West: „Secret War, the Story of SOE", 1993.

I.) Englische Kriegsverbrechen im Zweiten Weltkrieg

1) Die mißlungene Landung in Dieppe (Normandie) im August 1942

Engländer verstoßen gegen die Haager Landkriegordnung: Auf Drängen von Stalin und Roosevelt hin, die Englands Passivität an der Atlantikfront bemängelten, mußte Churchill seinen Kumpanen beweisen,

Der Strand von Dieppe nach dem mißglückten Invasionsversuch

daß der britische Löwe noch Krallen besaß. Er beschloß deshalb, Mitte August 1942 unter dem Decknamen „Jubilee", ein Landungsunternehmen im besetzten Frankreich zur Aufklärung der deutschen Küstenverteidigung der Normandie zu wagen. Angesichts deutscher Abwehrstellungen entlang der französischen Küste war von vornherein klar,

daß es sich bei diesem „Raid" auf den Hafen Dieppe um ein Himmelsfahrtkommando handelte.
Dies würde auch erklären, warum Lord Mountbatten, britischer Kommandeur des Unternehmens, nur 1500 britische und amerikanische, dafür aber 6000 kanadische Opferlämmer zur Schlachtbank führte. Die Kanadier waren tatsächlich das ideale Kanonenfutter für dieses Unternehmen, denn ihre politischen und militärischen Führer gehörten nicht zum exklusiven Club des alliierten Generalstabes und brauchten nicht um ihre Meinung gefragt zu werden. Das Unternehmen erwies sich als totales Fiasko: Von den 7500 Mann Landungstruppen fielen etwa 4000, 1376 gerieten in deutsche Kriegsgefangenschaft, der Rest wurde von der Royal Navy evakuiert. Deutscherseits war die Empörung groß, als bekannt wurde, daß deutsche Soldaten, die während des Landungsunternehmens von den Briten gefangengenommen worden waren, teils mit Stricken, teils mit Draht, gefesselt worden waren. Die deutsche Reichsregierung forderte Aufklärung, Churchill bestritt den Sachverhalt, woraufhin Hitler befahl, die 1376 in Dieppe gefangenen genommenen Anglo-Kanadier in deutschen Kriegsgefangenenlagern – lediglich tagsüber – ebenfalls zu fesseln. Erst im November 1943 wurde diese Maßnahme aufgehoben.

2) Der Fall „Laconia": Royal Navy behindert Rettung von Schiffbrüchigen

Am 12.September 1942 versenkt U 156 (Korvettenkapitän Hartenstein) im Südatlantik nordöstlich der Insel Ascension den britischen Truppentransporter „Laconia" mit 1800 italienischen Kriegsgefangenen an Bord. Der Kapitän beginnt sofort mit der Rettung und fordert in einem unverschlüsselten Funkspruch alle in der Nähe befindlichen Schiffe zur Hilfeleistung auf. Admiral Dönitz, Befehlshaber der U- Boote, befiehlt den in der Nähe operierenden Booten U 507, U 506 sowie dem italienische U-Boot „Cappellini" sich dieser anzuschließen und bittet die französische Marine in Dakar sich an der Rettungsaktion zu beteiligen. Tags darauf sichtet ein amerikanischer Fernbomber das deutsche U-Boot, das die Rettungsboote mit britischen Seeleuten und italienischen Kriegsgefangenen in Schlepptau genommen hat und belegt es trotz erkennbarer Notlage und sichtbarer Rotkreuzflagge mit Bomben. U 156 kappt die Leinen zu den Rettungsbooten, taucht ab und meldet den Vorfall dem Befehlshaber der U-Boote. Am 17.9. treffen die auf Weisung der Vichy-Regierung in See geschickten drei Kriegsschiffe ein und übernehmen von den Rettungsbooten und dem deutschen U-Boot 1083 Überlebende. Dieser erbarmungslose Flugzeugangriff blieb nicht ohne Folgen: Admiral Dönitz befahl allen U-Bootkommandanten, die Rettung Schiffbrüchiger an Bord von U-Booten künftig zu unterlassen.

J.) Ein erfreulicher Fall britischer „Fairness“

Der folgende Bericht des Generals der deutschen Fallschirmtruppen Hermann Bernhard Ramcke (1889 – 1968) ist dem Buch „Abwehrschlacht“ von W. Venohr entnommen:
„Ich weiß aus eigener Erfahrung, wie leicht man zum Kriegsverbrecher gemacht werden kann. Als ich im September 1944 in Brest (Bretagne) gefangengenommen wurde, sagte mir der amerikanische General Middleton, er erkenne die hervorragende Disziplin unserer Truppe in Bezug auf die Genfer Konvention und die Haager Landkriegsordnung an. Besonders dankte er für die Behandlung der Kriegsgefangenen. Ich hatte es für meine Pflicht als Festungskommandant gehalten, zu Beginn des Kampfes den Amerikanern eine vierwöchige Waffenruhe vorzuschlagen, damit mit unseren Fahrzeugen 40.000 französische Zivilisten aus dem Festungsbereich evakuiert sowie alte und kranke Einwohner der Stadt wenigstens in die sichersten Stollen gebracht werden konnten.

In der Kriegsgefangenschaft der Alliierten habe ich dann erlebt, wie meine Kameraden (im britischen Camp 2226 allein dreißig Generäle und Stabsoffiziere) vor Hunger starben; wie im britischen Camp Munsterlager die Posten unsere Soldaten, die entlassen werden sollten, wie die Hasen zusammenschossen. Als ich protestierte, wurde ich nach London gebracht und mit den Worten begrüßt: ‚Da sind Sie ja, Sie Schwein! Sie haben die britische Armee beleidigt; das sollen Sie büßen! Wir können Sie nicht als Kriegsverbrecher anklagen; aber wir liefern Sie an Frankreich aus.‘
Nach vier Monaten wurde ich in Ketten den Franzosen übergeben und danach vier Jahre in Einzelhaft gehalten, schließlich am 21. März 1951 in Paris von einem französischen Kriegsgericht zu fünf Jahren verschärftem Gefängnis verurteilt. Ich wurde also sechs Jahre nach Einstellung der Feindseligkeiten zum ‚Kriegsverbrecher‘ erklärt, weil man meiner habhaft geworden war und mein Eintreten für die Kameraden als lästig empfunden hatte. Seit ich gesehen habe, wie das entsteht, bin ich stolz darauf, den Titel ‚Kriegsverbrecher‘ erhalten zu haben.
Bernhard Ramcke.“

K.) Bomben, Bomben, Bomben auf deutsches Land!

Kriegsverbrechen gegen Zivilisten

1) Zur Einstimmung:

Als Symbol der Wiedergutmachung und in Anerkennung des Opfers, das 55.573 britische Piloten brachten, die ihr Leben gaben, um Europa - einschließlich Deutschlands - von der Nazi-Tyrannei zu befreien, stiftete die deutsche Bundesregierung im Jahre 2010 einen 30.000 Euro teuren Eibenbaum für den „Garten der Erinnerung" neben jenem des „Bomber Command Memorials" im Green Park, London.
Solchen Helden ist zu danken, daß 1941-1945 anglo-amerikanische Bombenangriffe auf Deutschland und Japan nur selten militärischen Zielen galten, sondern hauptsächlich den Zweck verfolgten, möglichst viele Zivilisten zu töten sowie Wohnviertel, Infrastruktur und Verkehrsanlagen zu zerstören. Schon mit der Direktive vom 9. Juli 1941 war der Aufgabenbereich des britischen „Bomber Command", wie folgt, erweitert worden: „...ist die Moral der Zivilbevölkerung insgesamt zu zerstören sowie die der Industriearbeiter im Besonderen." Somit sollte der Krieg aus der Luft - nach britischer Auffassung - zum gewollten „moral bombing" ausarten.
Hierbei haben britische und amerikanische Bomberbesatzungen - auch nach dem 2. Weltkrieg und darüber hinaus - wahrlich Großartiges geleistet. Weil Einsätze der Feuerwehren und Rettungsmannschaften eine Frage der Zeit waren, rüstete „Bomber Command" einen Teil seiner Bomben mit Zeitzündern aus, die auf 36, 72 oder 144 Stunden einstellbar waren und nicht wie Blindgänger von Feuerwerkern entschärft werden konnten. Gegen diese hinterhältige Waffe half nur das weiträumige Abriegeln der Einschlagstellen. Anfang 1942 verfügten die Briten über 400 Bomber. 1943 kamen 26.236, im Jahr darauf weitere 26.461 dazu. Im 2. Weltkrieg verfügte „Bomber Command" insgesamt über 125.000 Mann fliegendes Personal, von denen 73.741 durch Tod, Verwundung und Kriegsgefangenschaft ausfielen. Die USA produzierten zwischen 1942 und 1944 insgesamt 76.985 Bomber für ihre Air Force.
In seinem Werk „Bombing Vindicated" (Rechtfertigung der Bombenangriffe, 1944), verteidigte J. M. Spaight, Ministerialsekretär im Britischen Luftfahrtministerium Englands Politik der gezielten Vernichtung

von Zivilisten und ihrer Wohnviertel durch Geschwader von mehreren hundert Bombern.
Seite 34: „Riesige viermotorige Bomber reißen dem industrialisierten Deutschland das Herz aus. Die Entwicklung dieser Bomber gelang 1936 britischen Fachleuten, während die Deutschen sich noch mit Kurzstreckenbombern und Sturzkampfflugzeugen befaßten."
Seite 39: „Hitler fürchtete den Luftkrieg. Dies erwies sich erneut, als er 1936 vorschlug, das Verbot von Bombenangriffen auf nicht-militärische Ziele international vertraglich festzuschreiben."
Seite 61: „Wir begannen, Ziele auf dem deutschen Festland zu bombardieren, bevor Deutschland begann, Ziele auf dem britischen Festland zu bombardieren. Das ist eine historisch offensichtliche Tatsache..."
Seite 74: „...aber weil wir im Zweifel waren über den psychologischen Effekt unserer Unterschlagung der Wahrheit, daß wir die strategische Bombenoffensive begonnen hatten, schreckten wir davor zurück, unserem heroischen Entschluß vom Mai 1940 zur Bombardierung ziviler Ziele die nötige ‚Publicity' zu verschaffen. Es war ein großartiger Entschluß; wir hätten ihn von den Dächern schreien sollen!"

2) Operation „Gomorrha", Hamburg geht in Flammen auf

In der Nacht vom 24. auf den 25. Juli 1943 fliegen britische Bomberverbände den ersten, in der Nacht vom 2. auf den 3. August den letzten in einer Serie von insgesamt sieben Luftangriffen auf die Stadt. Es waren die bis dahin schwersten Angriffe in der Geschichte des Luftkrieges. Leiter des Unternehmens war Luftmarschall Arthur „Butcher" (Schlächter) Harris, Chef des „British Bomber Command". Der Codename des Unternehmens lautete „Operation Gomorrha". Die Wahl dieses Namens sagt schon alles. Es folgten weitere nächtliche Angriffe mit jeweils 750 bis 790 Bombern. In der schwülen Hochsommernacht vom 27. auf den 28. Juli wurden auf jeden Quadratkilometer der Innenstadt

Sir Arthur Harris, Marschall der Royal Air Force und verantwortlich für die Flächenbombardements der deutschen Innenstädte

803 Sprengbomben, 96.429 Stabbrandbomben, 39 Sprengminen, 2572 Phosphorbrandbomben und 161 Flüssigkeitsbrandbomben abgeworfen. Von diesen wurden gewaltige Feuerstürme von 600 bis 1000 Grad ausgelöst, die eine gewaltige Sogwirkung erzeugten, ganze Straßenzüge in einen Flammenorkan verwandelten und jedes Leben auslöschten. Allein in dieser Nacht verbrannten oder zerschmolzen an die 50.000 Hansestädter Zivilisten.
P. Paus: „Die Hölle von Hamburg", 1986

3) Pforzheim wird am 23. Februar 1945 abgefackelt

Nicht etwa auf Seite 1, sondern erst auf Seite 17 gedachte die „Pforzheimer Zeitung" am 23. Februar 2012 der größten Katastrophe in der Geschichte der Stadt und brachte den Bericht einer Augenzeugin von der Schreckensnacht, als ihre Heimatstadt zerstört wurde: „DREIUNDZWANZIG MINUTEN HÖLLE AUF ERDEN. Ein furchtbarer Feuersturm heulte über der ganzen Stadt ..."
In jener Nacht war es 379 britischen Bombern gelungen, 17.600 von 79.000 Pforzheimerinnen und Pforzheimern innerhalb von 23 Minuten zu grillen oder in Asche zu verwandeln. Deutschland wäre freilich nicht Deutschland, wenn die „Pforzheimer Zeitung" ihrem Bombenmassakerbericht keinen politisch korrekten Hinweis vorangestellt hätte: „Es waren Deutsche, die mit dem Überfall auf Polen und der

Pforzheim nach dem Luftangriff kurz vor Kriegsende, bei dem ein Viertel der Bevölkerung ums Leben kam

Bombardierung von Guernica und Coventry dieses Feuer entfachten ... Es gab aber auch andere Deutsche!"
Womit die „Pforzheimer Zeitung" dankenswerterweise daran erinnerte, deutsche Bombenopfer seien eigentlich indirekte Täter und daher keine Opfer gewesen. Doch auf wen bezog sich der von Erbschuld befreiende, Erlösung verheißende Hinweis auf „andere Deutsche"? Leitartikler Gerhard Brändle klärt auf:

„EIN PFORZHEIMER VERSUCHTE, DEN WAHNSINN ZU STOPPEN. Der Physiker Hans Ferdinand Mayer leitete 1939 im ‚Oslo-Report' militärische Forschungsergebnisse an die Briten.
Am 5. November 1939, kurz nach dem Überfall der Wehrmacht auf Polen, läßt ein anonymer deutscher Wissenschaftler, ‚der Ihnen wohlgesinnt ist', dem britischen Geheimdienst in Oslo heimlich eine Auflistung wichtiger Forschungsvorhaben der Nazis zur Kriegsführung zukommen. Dieser Report enthüllt Hinweise über die Heeresversuchsanstalt Peenemünde, die damals den Briten unbekannte Ju 88, magnetische Zündvorrichtungen, die deutschen Radarforschungen, das später ‚Y-Gerät' genannte Nachtjagd Funkmeßgerät und die deutsche Raketenentwicklung (später V1 und V2), für die Anti-Hitler-Koalition äußerst wichtige Mitteilungen über die deutsche Rüstungsforschung.
Erst 1954 erfährt ein früherer britischer Geheimdienstoffizier die Identität der ‚Oslo Person', respektiert jedoch deren Bitte nach weiterer Anonymität. Erst 1977 vertraut der Antinazi-Spion seiner eigenen Familie an, daß er den ‚Oslo-Report' geschrieben hat ... Auf seinen Wunsch wird erst nach seinem und dem Tod seiner Frau 1989 sein Name als Verfasser veröffentlicht...
Nach dem Ersten Weltkrieg studierte der Sohn eines einfachen städtischen Beamten Physik, Mathematik und Astronomie in Karlsruhe und Heidelberg. Nach seiner Promotion 1920 wurde er Physiker bei der Firma Siemens, befaßte sich unter anderem mit der störungsfreien Informationsübertragung in Seekabelverbindungen über große Entfernungen und wurde 1936 Leiter des Zentrallaboratoriums von Siemens & Halske. 1943 verhaftete ihn die Gestapo auf Grund einer Denunziation wegen Abhörens von Feindsendern und regimefeindlicher Äußerungen. Der Gestapo war indes nicht klar, daß sie den Verfasser des ‚Oslo-Reports' gefaßt hatte, sonst wäre er wegen ‚Kriegsverrat' (sic!) hingerichtet worden. [Der Autor hat diesen unbekannten Begriff wohl deshalb verwendet, weil ihm bewußt sein mußte, daß sein Held ein Landesverräter war]. Da sein Doktorvater, der Nobelpreisträger Philipp Lenard, sich bei Polizei- und SS-Chef Heinrich Himmler persönlich für Mayer einsetzte, kam es zu keinem Verfahren vor dem

Volksgerichtshof ..., das mit der Todesstrafe hätte enden können. Stattdessen sperrten ihn die Nazis ins KZ Dachau, später ins KZ Groß Rosen in Schlesien ... Wie und mit wessen Hilfe ihm im April 1945 die Flucht aus dem KZ gelang, ist nicht bekannt. Nach vier Jahren USA-Aufenthalt [wo er für die US Air Force in Dayton, Ohio, arbeitete] kehrte Mayer in seine badische Heimat und zu Siemens zurück, war bis 1962 Leiter der Forschungsabteilung für Nachrichtentechnik ... Er erhielt über 80 Patente, bekam zahlreiche Auszeichnungen ... Nirgendwo indes findet sich ein Wort über seine antifaschistische Einstellung und seine Taten."

Wann werden die Pforzheimer Stadtväter ihrem Vorzeigelandesverräter ein Denkmal setzen, eine Straße nach ihm benennen?

4) Februar 1945: Der Untergang Dresdens

Die Vernichtung der zurecht „Elbflorenz" genannten demilitarisierten Stadt, die Anfang 1945 etwa 650.000 Einwohner zählte, mindestens die gleiche Zahl an Flüchtlingen und zahlreiche Lazarette beherbergte, wurde vom Massenmörder Churchill angeordnet und vom britischen Air Marshall Harris ausgeführt. Die erste Welle am Abend des 13. Februar bestand aus 244 viermotorigen Lancaster-Bombern, die zweite in der Nacht zum 14. Februar aus 579 Bombern, die 2400 Tonnen Spreng- und Brandbomben abwarfen. Die dritte Welle erreichte Dresden am 14. Februar um die Mittagszeit und bestand aus 316 amerikanischen B-17 Bombern, die 771 Tonnen abwarfen. Die vierte Welle kam am 15. Februar mittags. Sie bestand aus 211 B-17 Bombern, die 660 Tonnen abwarfen. Tagsüber an den letzten zwei Tagen machten Tiefflieger Jagd auf flüchtende Überlebende. In der durch die ausgelösten Feuerorkane völlig zerstörten Innenstadt kamen neunzig Prozent der dort zusammengedrängten Menschen ums Leben. Air Marshall „Butcher" Harris meldet seinem Chef Winston Churchill: „Dresden has been wiped out from the map" (Dresden ist von der Landkarte gelöscht worden).

Dresden nach den drei alliierten Bombenangriffen im Februar 1945 („Bomber-Harris, do it again!")

Am 20. März 1945 meldet Oberst Grosse von der Dresdner Ordnungspolizei folgende Opferzahlen an das Führerhauptquartier nach Berlin: „202.040 Tote, überwiegend Frauen und Kinder. Davon konnten nur etwa dreißig Prozent identifiziert werden. Einschließlich der Vermißten dürfte eine Zahl von 250.000 bis 300.000 Opfern realistisch sein." Bis zum 30. April war die Zahl der entdeckten Opfer auf 253.000 angestiegen. Hinzu kamen 168.000 Opfer, die auf keine Weise identifiziert werden konnten. Auch während der russischen Besetzung wurden noch jahrelang im Zuge der Enttrümmerung ganzer Straßenzüge zehntausende unkenntlicher Leichen und Leichenteile ausgegraben und wird man auch in Zukunft auf solche stoßen.
Es ist typisch für die Haltung und Gesinnung der glücklich besetzten deutschen Sklaven, daß sie alles tun, was in ihrer Macht steht, um Kriegsverbrechen ihrer Herren zu verniedlichen, auf daß jene des eigenen Volkes um so gräßlicher erscheinen mögen.

5) Bomberflotte über Würzburg

Am 16. März 1945 strahlt die Frühlingssonne über Würzburg. Im englischen Lincolnshire betankt das RAF-Bodenpersonal die Bomber des Elite-Geschwaders „Number 5 Group". Gegen 21 Uhr heulen in Würzburg die Sirenen, begibt sich Jung und Alt in die Keller. Um 21:25 erreichen 225 Bomber ihr Ziel, laden 246 Sprengbomben und 400.000 Brandbomben über die Stadt am Main ab. Nach 17 Minuten ist alles vorbei, die tausendjährige Barockstadt Würzburg ist ein einziges Flammenmeer, 90 Prozent der Innenstadt sind zerstört. Im Dom verbrennen Tilman Riemenschneiders Madonna und der Hochaltar. Das Lazarett steht in Flammen. Ein Handvoll Soldaten versucht, die Kriegsversehrten vor dem Feuertod zu retten, doch die Flammen sind schneller. Sie packen die amputierten Schwerverwundeten wie Säcke und werfen sie aus den Fenstern auf die Straße. Dort liegen sie, doch lebt niemand mehr, der ihnen helfen könnte. Am Morgen des 17. März ist von Würzburgs Pracht nichts als eine rauchende Trümmerwüste geblieben. Von 107.000 Einwohnern hatte die Stadt am Main 5000 Tote zu beklagen.

6) Bomben auf Nürnberg

Bis Januar 1945 war Nürnberg von Bombenangriffen ziemlich verschont worden. Beim ersten Großangriff des „Bomber Command" am 29. August 1942 erreichte nur ein Drittel der Maschinen das Ziel. 95 von 795 Bombern wurden abgeschossen oder mußten abdrehen, 545

Besatzungsmitglieder kehrten nicht zurück. Am 3. Oktober 1944 versuchte die 8. US-Flotte mit 454 Fliegenden Festungen ihr Glück und hatte vollen Erfolg: Burg, Dürerhaus und Sebalduskirche erhielten Volltreffer. Am 2. Januar 1945 waren wieder die Engländer dran. Sie leerten 2300 Tonnen Bomben mit einer Intensität von 38 Tonnen pro 100 mal 100 Meter Fläche über die Innenstadt. Nach 53 Minuten hatte sich Alt-Nürnberg in einen Schutthaufen verwandelt und 6369 Nürnberger verloren das Leben.

7) Bomben auf Köln

Die Deutschen bezeichnete Churchill stets als Hunnen. 20.000 Kölner „Hunnen" verdanken Churchill den Tod im Bombenhagel der „Tausendbomberangriffe" vom 16. Juni bis 9. Juli 1943. Im Frühjahr 1944 schloß sich die 8. US-Bomberflotte der Vernichtung Kölns mit Bombenteppichen an, setzte sie im Oktober mit 28 Luftangriffen fort. Am 2. März 1945 griff wieder „Bomber Command" mit 858 Lancaster und Halifax an. Am 6. März erlebten knapp 10.000 von einstmals 768.000 Kölnern den Einzug der amerikanischen Befreier in ihre Ruinenstadt.

Max Czesany: „Alliierter Bombenterror", 1986; Jörg Friedrich: „Der Brand", 2002; „Der Große Wendig", 2014.

8) Winston Churchill fordert den Einsatz von Giftgas gegen Deutschland

Eine noch viel gewaltigere Dimension von Völkermord an den Deutschen schwebte freilich Winston Churchill vor, denn am 6. Juli 1944 hatte er seinen Stabschefs und Experten für biologische und chemische Kriegsführung das folgende Memorandum vorgelegt: „Ich wünsche von Ihnen, daß sie sehr ernsthaft über das Problem Giftgas einzusetzen, nachdenken. Es ist absurd, dieses Thema von der moralischen Seite her zu betrachten. Es ist ganz einfach eine Frage der Mode, die hier genauso wechselt, wie zwischen langen und kurzen Frauenkleidern. Ich muß Sie natürlich darum bitten, mich bei der Anwendung von Gas zu unterstützten. Wir können die Städte an der Ruhr und viele andere Städte Deutschlands derart zuschütten, daß der größte Teil der Bevölkerung eine ständige medizinische Betreuung benötigt. Ich bin völlig damit einverstanden, daß es einige Wochen oder sogar Monate dauern kann, bis ich Sie bitten werde, Deutschland mit Giftgas zu durchtränken: und wenn wir es tun sollten, dann soll es hundertprozentig sein. Ich wünsche, daß die Angelegenheit in der Zwischenzeit von vernünftigen Leuten kaltblütig durchdacht wird, und nicht von diesen Psalmen singenden uniformierten Miesmachern, die einem hin und wieder über den Weg laufen."

Am 26. Juli 1944 lagen die Expertisen für Biologische und Chemische Kriegsführung vor: Es wurde der Einsatz der Giftgase „Lost" und „Phosgen" sowie der Milzbrandkampfstoff „N" empfohlen, von dem Churchill 500.000 Bomben in den USA bestellt hatte. Bis zum Februar 1945 sollten weitere 250.000 hergestellt werden und ab dann im Wochentakt jeweils eine Million, die in Bündeln zu je 106 Stück abgeworfen werden sollten. Eine Liste von 60 deutschen Städten wurde den Expertisen beigefügt."

Public Records Office, London, AIR 20/3227, CAB 79/78, PREM 3/89

L.) Kriegsverbrechen der „Befreier" in Frankreich nach ihrer Landung in der Normandie (Sommer 1944)

Die amerikanischen, kanadischen, britischen Soldaten, die am D-Day (Juni 1944) an der normannischen Küste an Land gingen um Europa von den „Hunnen" zu befreien, wurden der breiten Öffentlichkeit beiderseits des Atlantik als rücksichtsvolle, engelsgleiche, auch dem verhaßten Feind gegenüber sich korrekt verhaltende edle Ritter dargestellt. Doch zum sechzigsten Jahrestag des D-Day klärte der bekannte NBC Sendeleiter Tom Brockaw seine amerikanischen Hörer und Seher auf: „Vor der Landung hatten die Alliierten 590.000 Tonnen Bomben auf Frankreich abgeworfen. Dies entspricht ungefähr der Hälfte der während des gesamten Krieges über Deutschland abgeworfenen Bomben. Die zerstörten Städte und blutgetränkten Landschaften verdankten die französischen und belgischen Zivilisten amerikanischen Soldaten. Die Städte Caen, Saint-Lo, Carentan, Montbourg und Vaisges waren ausgelöscht…
Die von einzelnen Soldaten begangenen Morde, Raubtaten und Vergewaltigungen überstiegen jene der ‚Nazi'-Soldaten in jeder Hinsicht und um das Vielfache. Sogar amerikanische Generale bestahlen französische Zivilisten. Zeitweilig wurden an die 500 Vergewaltigungen von Französinnen pro Monat gemeldet…"

Am 31. Mai 1990 berichtete der „Kanada Kurier" (Winnipeg) von den Erfahrungen des damals 82-jährigen Dr. Fred Wigmore im 2. Weltkrieg: 1938 war Wigmore in die kanadische Armee eingetreten, wurde 1943 als Chirurg nach Europa entsandt. Bis Kriegsende diente der in kanadischen Feldlazaretten und blieb nach Kriegsende noch 12 Monate in Deutschland. Zu seinen Kriegserlebnissen befragt, antwortet Wigmore: „...Ich war bestürzt über die Nachricht, daß SS-General Wilhelm Mohnke im Juni 1944 drei kanadische Kriegsgefangene in Deutschland erschießen ließ. Aber solche Sachen geschahen auch auf unserer Seite: Ich weiß von Vorfällen in den letzten Kriegstagen, als sich ganze deutsche Regimenter kanadischen Soldaten ergaben, doch hatten sie zu wenig Transportmittel, um Tausende Deutsche nach England oder Kanada zu überführen. Was sollten sie tun? Sie erschossen ganz einfach Tausende deutsche Gefangene. und wer, glauben Sie, gab dazu den Befehl? Es waren die Generäle Bernard Montgomery und Dwight Eisenhower..."

IV. KAPITEL

Franklin Delano Roosevelt: Der Welt größter Lügner, Heuchler und Kriegsverbrecher

Zweiter Teil
Amerikas zweiter Weltkrieg zur Vernichtung Deutschlands auf dem Umweg über Japan

> *„President Roosevelt was a man who never told the truth when a lie would suffice“ (Roosevelt war ein Mann, der nie die Wahrheit sagte, wenn eine Lüge genügte)*
>
> *US-General Douglas MacArthur, (1880-1964)*

Einleitung

Kaum eine westeuropäische Großstadt, in der es nicht zum Gedenken an den amerikanischen Wohltäter und Friedensfürsten, einen Rooseveltplatz gibt. Verpönt und blasphemisch ist jede Andeutung und jeder Hinweis darauf, daß dieser Präsident den Tod von 3303 und schwere Verwundungen von 1272 amerikanischen Matrosen und Soldaten in Pearl Harbor „in Kauf“ genommen hat, um das amerikanische Volk im Namen von „peace, freedom, democracy“ in den Zweiten Weltkrieg zu zwingen.
Während sich 1940 in Europa und Nordafrika der Krieg weiter fraß und die Achsenmächte Deutschland, Italien, Japan drei Kontinente bedrohten, sandte das ONI (Office of Naval Intelligence) eine geheime Denkschrift an Roosevelt und zwei seiner engsten Vertrauten. Verfasser war Korvettenkapitän Arthur McCollum, Leiter der Abteilung

Franklin Delano Roosevelt, als 32. Präsident der USA führte er sein Land trotz gegenteiliger Versprechungen in den Zweiten Weltkrieg

Fernost. Im Jahre 1898 als Sohn eines Missionarehepaars in Nagasaki geboren, hatte er seine Jugend in Japan verbracht und beherrschte die japanische Sprache. Mit 18 war McCollum an der US-Marineakademie zugelassen worden und als Leutnant zur See mit 22 Jahren als Marineattaché an die US-Botschaft in Tokio berufen worden. McCollum war jung, lebenslustig und genoß es, japanischen Jugendlichen – unter ihnen Mitgliedern der Herrscherhauses – die gängigen Schlager vorzusingen und sie die Charleston-Schritte zu lehren ... In den letzten Septembertagen gelang es ihm und einer Gruppe von Kryptologen, die zwei wichtigsten Verschlüsselungssysteme der Japaner zu knacken: „Purple Code", der im diplomatischen Schriftverkehr verwendet wurde und Teile des „Kaigun Ango", eines Systems aus 29 verschiedenen Codes, das von der japanischen Marine und im Funkverkehr mit Kriegs- und Handelsschiffen, Stützpunkten und Marineattachés Anwendung fand.

Zwanzig Jahre später würde er jene Denkschrift erarbeiten, die darauf abzielte, die Japaner zu einem Angriff auf die amerikanischen Streitkräfte in Hawaii zu provozieren. Jede Information, die McCollum sammelte, beruhte auf entschlüsselten Funksprüchen. Am 7. Oktober 1940 war sein „Acht-Aktionen-Plan", der nach seiner Überzeugung zu einem japanischen Angriff auf die Vereinigten Staaten führen würde, in groben Zügen fertig.

Ähnlich umgedeutet und tabuisiert wie die Affäre Rudolf Heß in England, wird in den USA das Märchen, Japan hätte im Dezember 1941 die USA aus heiterem Himmel heraus überfallen. Im Januar 1941, elf Monate vor dem japanischen Angriff auf Pearl Harbor, bestellte Präsident Franklin D. Roosevelt den portugiesischen Botschafter zu sich und beauftragte ihn, seinem Regierungschef Antonio de Salazar unter dem Siegel strengster Verschwiegenheit mitzuteilen, er brauche sich wegen der in Südostasien gelegenen, zu Portugal gehörenden Insel Timor keine Sorgen zu machen: Die Vereinigten Staaten hätten beschlossen, Japan bei nächster Gelegenheit präventiv zu vernichten.

Wie erhofft, gelang die List vollkommen: Der portugiesische Botschafter hatte diese höchst vertrauliche Meldung mittels eines von allen Seiten längst entschlüsselten portugiesischen „Geheim"-Codes gesendet, so daß Tokyo hellwach wurde und die nötigen – von Roosevelt erhofften – Maßnahmen für einen Präventivschlag gegen die USA ergriff. Schon Monate vor dem von Roosevelt und seiner Gang von Mitwissern provozierten Angriff auf Pearl Harbor und vor dem Eintreten des Kriegszustandes mit Deutschland, hatte Roosevelt der US-Navy den Befehl gegeben, jedes erkannte deutsche U-Boot oder Überwasserschiff zu verfolgen, zum Angriff zu provozieren und dessen Position der Royal Navy zu melden. Als gehörten sie zur Royal Navy, fuhren amerikanische Kriegsschiffe Geleitschutz für die Engländer bis zur Mitte des Atlantik und bald auch bis Irland, später auch für die Russen bis Archangelsk.

Am 6. Dezember 1941 – zwei Tage vor dem japanischen Angriff auf Pearl Harbor – sandte das britische Kriegsministerium folgende Nachricht an den kommandierenden General in Singapur: „Wir sind im Besitz fester Zusicherungen, daß uns die Amerikaner im Falle eines japanischen Angriffs auf Malaya, Siam oder den holländischen Besitzungen zu Hilfe kommen werden." Dies ist der Beweis, daß japanische Angriffe seit langem erwartet wurden.

Unmittelbar nachdem Roosevelt im Januar 1943 anläßlich eines Treffens mit Churchill in Casablanca die „bedingungslose Kapitulation der Feindmächte" (unconditional surrender) angekündigt hatte, übten die russische und britische Regierung sowie das amerikanische Militär Druck auf ihn aus, er solle Ausnahmen zulassen. Er hielt aber an dieser Formel fest, weil sie das beste Mittel war, ihm zwei Vorteile zu verschaffen: Erstens besaß er nun Vollmachten, die weit über das Völkerrecht und die Haager Konvention hinausgingen und zweitens sicherte sie ihm einen fortdauernden amerikanischen Einfluß auf die Nachkriegspolitik der Alliierten.

Dies waren auch die Gründe, warum Roosevelt am 1. April 1944 sämtlichen politischen und militärischen amerikanischen Amtsträgern verbat, Verhandlungen mit deutschen Gesprächspartnern zu führen oder Erklärungen gegenüber deutschen Widerständlern abzugeben, die spätere Beschlüsse präjudizieren könnten. Zusicherungen der Art, daß die USA nicht beabsichtigten, die deutsche Nation zu vernichten, sollten unterbleiben. Im Mai 1944 wurde General Becks [deutscher Widerständler] letztes über das Office of Strategic Services in der Schweiz unterbreitetes Friedensangebot abgelehnt und Trott zu Solz [Widerständler] erhielt auf sein letztes Angebot durch das OSS in Schweden keine Antwort aus Washington.

Als US-Army und Außenministerium im April 45 zu bedenken gaben, man könne mit Hilfe einer Garantie, die US-Besatzer würden für Recht und Ordnung sorgen und das deutsche Volk verschonen, den Widerstandswillen der Wehrmacht erheblich mindern, befahl Roosevelt, die Debatte um die Zukunft Deutschlands und eine mögliche Zusammenarbeit mit dem deutschen Widerstand seien sofort zu beenden, denn „Kraut is Kraut!"

Admiral Alfred Theobald: „The Final Secrets of Pearl Harbor", 1954; Patrick Abbazia: „Mr. Roosevelt's Navy: the Private War of the U.S. Atlantic Fleet, 1939-1942", 1975; Revilo Oliver: „America's Decline – The Education of a Conservative", 1981.

A.) Weltweit werden an alle Pulverfässer Lunten gelegt

Gleich nach der Münchner Konferenz im September 1938, die europaweit die Hoffnung auf „peace in our time" schürte, besprach Roosevelt die Lage mit seinen Botschaftern Phillips, Kennedy, Bullitt, und beschloß „to do something practical to stop Germany and to assist England and France" (etwas Praktisches zu tun, um Deutschland zurückzuhalten sowie England und Frankreich zu unterstützen). Roosevelt und seine Vertrauten kamen überein, daß die Erhaltung der britischen Flotte von grundsätzlicher Wichtigkeit für Amerikas nationale Zukunft sei, ferner das British Commonwealth Amerikas äußeren Verteidigungsring bilde ... Sollte dieser von den Faschistenstaaten Deutschland, Japan und Italien aufgebrochen werden, so daß Gibraltar, Suez, Singapur, Kapstadt, in die Hände Deutschlands oder Japans gelangten und das British Empire zerfiele, würden diese Militärmächte die Vereinigten Staaten selbst belagern.

In der amerikanischen „Saturday Evening Post" vom 11. Mai 1940 leitartikelte Demaree Bess: „Seit Jahren haben die Völker Englands und Frankreichs amerikanischen Politikern zugehört, die ihnen eintrichtern, die Demokratien müßten sich gegen die Diktaturen vereinen. Nun, da sie gegen Deutschland kämpfen, darf man ihnen nicht vorwerfen, daß sie von ihren vorlauten amerikanischen Sympathisanten jede Art Hilfe erwarten, die sie leisten können, bevor es zu spät ist." Am 17. Mai 1940 schrieb G. Ward Price im Londoner „Daily Mail": „Wird Amerika den Krieg erklären? England und Frankreich kämpfen verzweifelt für den Erhalt, ja das Überleben jeder Demokratie auf Erden, einschließlich der USA. In diesem Kampf wird Amerika nicht beiseite stehen und zusehen, wie wir [Engländer] besiegt und vernichtet werden..." Ein Korrespondent des „Baltimore Sun" berichtet am 25. August 1940 aus Frankreich: „Die französische Regierung war überzeugt, daß Amerika gleich nach Frankreichs Kriegserklärung an Deutschland dasselbe tun würde. Wäre sie nicht dieser Überzeugung gewesen, hätte sie möglicherweise eine andere Entscheidung getroffen ... Viele Franzosen sind der Meinung, daß die amerikanische Regierung direkt oder indirekt sowohl Polen als auch England und Frankreich in diesen Krieg gehetzt und ihre Hoffnung geschürt hat, daß amerikanische Truppen sehr bald zu ihrer Hilfe eilen würden." Am 11. Juli 1940 veröffentlicht Senator Holt im „Congressional Record" eine Liste der amerikanischen Persönlichkeiten, die das „Committee to Defend America by Aiding the Allies" gegründet hatten und dieses finanzierten: Unter ihnen die Multimillionäre Averell Harriman, H.P. Davison, Daniel Guggenheim, John Schiff, Fredrick Warburg, Thomas Lamont, J.P. Morgan & Co., Isaac Levy und Jerome Lauheim von Columbia Broadcasting, Henry Luce von Time Magazine, und aus Hollywood Samuel Goldwyn, Fred Astaire, Irving Berlin, Douglas Fairbanks, Robert Sherwood, Myrna Loy, usw. usw.

B.) Wer war Harry Hopkins?

1) Robert Sherwood: „Roosevelt und Hopkins"

Dem Buch aus dem Jahre 1950 ist zu entnehmen:
„In den Jahren, die Harry Hopkins als Gast im Weißen Hause verbrachte, sah man ihn als eine dunkle Figur an, als ränkevollen Intriganten, als eine Mischung aus Machiavelli und Rasputin ... Für Roosevelt bedeutete er ohne Frage eine politische Belastung, ein willkommenes Ziel für Angriffe jeder Art, die gegen den Präsidenten selbst gerichtet waren, und viele Leute wunderten sich, warum Roosevelt ihn in seiner Umgebung duldete. Aber dieser Adjutant des Präsidenten, zu dem er sich in den Kriegsjahren entwickeln sollte, und von dem General George Marshall sagte: ‚Er leistete seinem Land einen Dienst, der niemals auch nur annähernd gewürdigt werden wird' , war in erheblichem Ausmaße Roosevelts eigene Schöpfung. Roosevelt erzog Hopkins mit Bedacht in den Künsten und der Wissenschaft der Politik und des Krieges und

übertrug ihm dann eine außerordentliche Machtfülle beim Treffen selbstständiger Entscheidungen, nur aus dem Grunde, weil er ihn gern mochte, ihm vertraute und seiner bedurfte..."
Viele Mitarbeiter hätten Roosevelt mit ihrer feierlichen Ernsthaftigkeit gelangweilt. Hopkins war ihm niemals lästig. Flink, wachsam, verschlagen, kühn und fähig, sich mit unbekümmerter Miene über alles hinwegzusetzen, war Hopkins in jeder Hinsicht dazu geschaffen, Roosevelts Günstling zu sein. Auf seine dringende Empfehlung hin wurde George Marshall – der dabei vier Rangstufen übersprang – zum Generalstabchef ernannt.

„Am 12. September 1938 hörten Roosevelt und Hopkins Hitlers Rede in Nürnberg, zwei Wochen vor dem Überfall auf die Tschechoslowakei. William Shirer schrieb in sein ‚Berliner Tagebuch': ‚Ich habe Adolf noch nie so voller Haß reden gehört und seine Zuhörer so am Rande des Irrsinns erlebt. Was für ein Gift in dieser Stimme...' Danach gab Roosevelt Hopkins den Auftrag, die Flugzeugindustrie an der pazifischen Küste der USA zu besichtigen hinsichtlich der Möglichkeit, sie auf Kriegsproduktion zu erweitern ... Anfang März 1939 besuchte Hopkins Bernard Baruch, der wegen des wachsenden Unheils in Europa besorgt war. Er spottete über den Optimismus Chamberlains, der am 10. März geäußert hatte, die Aussichten seien beruhigend und stimmte mit Überzeugung seinem Freunde Winston Churchill zu, der ihm sagte: ‚Der Krieg kommt sehr bald. Wir werden in ihn verwikkelt werden, und ihr Amerikaner ebenfalls.' Roosevelts größte Sorge war damals, daß ein Verhandlungsfriede – ein zweites ‚München' – zustande kommen könnte. Ab diesem Zeitpunkt setzte Roosevelts geheime, direkte Korrespondenz mit Churchill ein, die er an ‚Naval Person' adressierte, selber als ‚POTUS' signierte." [Dies war die hochgeheime Korrespondenz, die über den Schreibtisch des jungen Chiffrierbeamten Tyler Kent an der amerikanischen Botschaft in London vorbei lief.]

Es war übrigens Harry Hopkins, der Roosevelts erstes Treffen mit Churchill am 7. August 1940 an Bord eines Kreuzers auf hoher See nahe der Küste Neufundlands vermittelte. Im Juni 1941 – ein halbes Jahr vor Amerikas Kriegseintritt – beauftragte Roosevelt die Marine der ‚neutralen' USA, amerikanische Kriegsschiffe für englische Geleitzüge zur Verfügung zu stellen. Dieser Plan sah bereits Angriffsaktionen amerikanischer Kriegsschiffe gegen U-Boote und andere Schiffe der Deutschen Kriegsmarine im westlichen Atlantik vor."

C.) Krieg mit allen Mitteln und um jeden Preis

(Aus amerikanischen Quellen)

1) Douglas MacArthur: „Reminescenses"

MacArthur war einer der berühmtesten amerikanischen Generäle des Zweiten Weltkriegs. Er diente unter acht Präsidenten und wurde wie kaum ein anderer Amerikaner mit Orden und Ehrungen überhäuft. Mit Kritik an seinen politischen Vorgesetzten, vor allem an dem Präsidenten Roosevelt, hat er nie gespart. Als trotz weltweit drohender Kriegsgefahr Roosevelt 1939 noch immer keine Anstalten traf, das Militärbudget zu erhöhen, ließ sich MacArthur zur öffentlichen Kritik an seinem obersten Kriegsherrn hinreißen und wetterte in seinen „Erinnerungen": „Sollten wir den nächsten Krieg verlieren und ein amerikanischer Junge – das Bajonett in den Bauch gerammt und des Feindes Stiefel an der Gurgel – den Namen des Schuldigen verfluchen, dann möchte ich, daß dieser nicht MacArthur lautet, sondern Roosevelt!" Der Präsident erbleichte und murmelte: „So dürfen Sie nicht mit mir reden!" hat ihm diese Szene aber nie nachgetragen.

Douglas MacArthur, höchstdekorierter General der amerikanischen Streitkräfte, war in beiden Weltkriegen und beim Koreakrieg im Einsatz

Seinen Memoiren (1964) ist zu entnehmen, daß er bei Kriegsausbruch im September 1939 Befehlshaber der US- Streitkräfte auf den Philippinen war und schreibt dann: „In den frühen Morgenstunden des 8. Dezembers 1941 wurde ich aus Washington angerufen und erfuhr vom japanischen Fliegerangriff auf Pearl Harbor ... Fast gleichzeitig landeten

die Japaner auf Luzon ... Ich befehligte den Auszug aus Manila, den Rückzug unserer letzten Truppen zur Halbinsel Bataan. Zu keiner Zeit wurde von der Marine der Versuch unternommen, uns Nachschub zukommen zu lassen. Am 21. Februar setzte mich General Marshall in Kenntnis der Absicht Präsident Roosevelts, mich von den Philippinen abzuziehen. Ich wurde von einem Torpedoboot abgeholt, nach Mindanao verbracht und erreichte an Bord einer zusammengeflickten B17 die Küste Nordaustraliens. Hier sagte ich den wartenden Reportern: ‚Auf Befehl des Präsidenten habe ich die Philippinen verlassen, um die amerikanische Offensive gegen Japan zu leiten und die Philippinen zu befreien. I shall return‘!"
Hier übernahm er das Kommando über die amerikanischen und australischen Streitkräfte, koordinierte die Verteidigung Neuguineas und der australischen Küste, leitete mehrere Landungsunternehmen gegen japanisch besetzte Inseln und konnte 1945 nach der Wiedereroberung der Philippinen durch amerikanische Truppen sein Wort einlösen.
Nach der Kapitulation Japans befehligte er die amerikanischen Besatzungstruppen im Reich der aufgehenden Sonne und läutete dort die Umerziehung der Japaner zu Vorzeige-Demokraten ein.
Erstaunlich, daß MacArthur in seinen Memoiren die Ereignisse rund um den Überfall der Japaner am 8. Dezember auf Pearl Harbor weiträumig umschifft und verschweigt.

Ergänzung zu MacArthurs Memoiren: „...1944, im Interview für die amerikanische Wochenschau, sagte William Halsey, US-Admiral der Pazifikflotte, über die Japaner: ‚Wir ertränken und verbrennen diese bestialischen Affen quer durch den Pazifik, und es macht genau so viel Spaß sie zu verbrennen, wie sie zu ersäufen‘."

2) Thomas Parrish: „Roosevelt and Marshall"

Im April 1939 ernannte Präsident Roosevelt den kaum bekannten Brigadegeneral George C. Marshall zum Generalstabschef der amerikanischen Armee. Sein Buch (1989) handelt von der Zusammenarbeit dieser beiden Männer: Marshall, der Soldat, der sich als Meister der Politik erweisen sollte und Roosevelt, der Staatsmann, der die Strategie der westlichen Alliierten gestalten würde.
„Nach der Münchner Konferenz und mehrmaligen Warnungen der amerikanischen Botschafter in Berlin (Dodd und später Wilson) lud Roosevelt am 14. November 1938 seine engsten Berater zu einer Konferenz nach Washington, um angesichts des gewaltigen deutschen

Militärpotentials einen Plan zur Aufrüstung der amerikanischen Streitkräfte zu besprechen. Anwesend war auch Sonderbotschafter William Bullitt, der aus erster Hand vom Ausbau der deutschen Luftwaffe berichtete. Unterstützt von seinem Berater Harry Hopkins und von Finanzminister Henry Morgenthau errechnete Roosevelt einen Bedarf an 20.000 Flugzeugen ... Als die anwesenden Fachleute auf den zusätzlichen Bedarf an Mannschaften, Anlagen und Infrastruktur hinwiesen, klärte sie Roosevelt auf, die Flugzeuge seien nicht für die USAF gedacht, sondern für die Luftwaffen Englands und Frankreichs ... Eine solche Entscheidung müsse freilich geheim bleiben, denn niemals würde das Finanzministerium Mittel für die Aufrüstung fremder Streitkräfte bewilligen. Jeder im Raum wurde um seine Meinung gebeten und zuletzt meldete sich ein Neuling: ‚Mr. President, I'm sorry aber ich bin damit nicht einverstanden.' Es war Brigadegeneral George Marshall ... Als die Isolationisten (Kriegsgegner) in den 30er Jahren das Neutralitätsgesetz ausweiten wollten, indem der Verkauf von Waffen an kriegführende Nationen verboten werden sollte, griff Roosevelt ein um sicherzustellen, daß ein Unterschied zwischen Aggressoren und ihren Opfern gemacht werde: ‚Letztere sollte man aus Mitleid beliefern dürfen', so die Friedenstaube Roosevelt."
Am 23. April wurde Marshall ins Weiße Haus bestellt und vom Präsidenten zum neuen Generalstabschef ernannt.

„Am 1. April 1942 legten Marshall und Stimson ihren Plan einer Invasion Westeuropas Roosevelt vor. Westeuropa sei der einzige Kriegschauplatz, auf dem sich die materielle und personelle Überlegenheit der Westmächte entfalten und ihre Luftüberlegenheit sich voll auswirken könne. Japan müsse vorläufig zurückstehen. Der Zeitfaktor sei bestimmend. Je früher die Landung erfolge, um so eher würde der auf die Rote Armee lastende Druck der Wehrmacht nachlassen. Eine erfolgreiche Landung würde Spanien, Vichy-Frankreich, die Türkei davon abhalten, an der Seite Deutschlands in den Krieg einzutreten. Als vorgesehenes Datum der Invasion wurde deshalb der 1. April 1943 vorgesehen...
Nach den ersten gemeinsamen Generalstabsgesprächen, die in London stattfanden, fällte der britische Oberkommandierende Alan Brooke folgendes Urteil über George Marshall: ‚Er mag ein guter General sein, verfügt aber weder über Erfahrung noch umfassendes Wissen. Er scheint sich mit den strategischen und logistischen Problemen einer Überquerung des Ärmelkanals noch gar nicht befaßt zu haben.' Auf Grund ihrer militärischen Schwäche zu Lande, hatten die Briten bisher nur kleinere Unternehmungen gewagt und Abwehrschlachten geliefert. Feldzugpläne, die Millionen Soldaten, Tausende Panzer und

Mit dem „inszenierten" japanischen Überfall auf Pearl Harbor gelang es Roosevelt die notwendige Stimmung für den Kriegseintritt der USA in den Weltkrieg zu schaffen

Flugzeuge umfaßten, hatten sie noch nie erstellt. Und trotzdem gingen sie davon aus, daß ihnen bei dem alles entscheidenden Landungsunternehmen die Führungsrolle zustünde...

Ende November kam es in Teheran zum ersten Treffen Roosevelts und Churchills mit Marschall Stalin. Er wollte wissen, wer im kommenden Frühjahr das Landungsunternehmen auf dem europäischen Kontinent befehligen werde. Churchill und Roosevelt schwiegen...

Als feststand, daß General Eisenhower das Oberkommando des gewaltigen Landungsunternehmens übernehmen und General Montgomery den Angriff leiten würde, war man sich im Klaren, daß dieses größte amphibische Unternehmen aller Zeiten auf Anhieb gelingen müsse, denn im Falle einer Niederlage an der Küste der Normandie, könne dort keine zweite Landung erfolgen. Es mußte deshalb alles getan werden, um Planung, Zeitpunkt, verfügbare Zahl von Mannschaften und Material sowie vorgesehene Landungspunkte vor dem Feind streng geheim zu halten. Von ausschlaggebender Bedeutung war dabei die Tatsache, daß die englischen Kryptographen in Bletchley Park nicht nur die deutschen Funknachrichten entziffern, sondern dem Feind sogar fingierte Befehle erteilen konnten ... Die britischen Funkspezialisten wurden schließlich so überheblich, daß es um die Jahreswende 1944 auf 1945 fast zu einer Katastrophe kam: Sie waren völlig überrascht, daß die Deutschen bei der Vorbereitung und Ausführung der Ardennenoffensive ein völlig unbekanntes, neues Funkspiel entwickelt hatten."

„Schwer von Krankheiten gezeichnet erschienen im Februar 1945 einige der wichtigsten Teilnehmer an der Jalta-Konferenz. [Der Arzt] Lord Moran diagnostizierte bei Roosevelt fortgeschrittene Arterienverkalkung, Churchill hatte hohes Fieber, Hopkins war magenkrank, Anthony Eden schien um Jahre gealtert..."
So endete eine der wichtigsten Weltkonferenzen des 20. Jahrhunderts, doch von ihr gibt es - angeblich - kein einziges Protokoll.

Es gibt drei Möglichkeiten, Pearl Harbors zu gedenken: Erstens als des schändlichen 7. Dezembers 1941, am dem die Japaner ohne Anlaß und Vorwarnung die amerikanische Pazifik-Flotte überfielen; zweitens als des Tages, an dem die Vereinigten Staaten mit dem Verlust von 3303 Toten und 1272 Verwundeten ihre größte militärische Katastrophe erlebten; drittens als des Tages, an dem Präsident Roosevelt seine widerstrebende Nation in den Krieg gegen die Achsenmächte zwang.

3) Admiral Robert Theobald: „The Final Secret of Pearl Harbor"

Sein Buch von „Das letzte Geheimnis von Pearl Harbor" (1954) soll beweisen, daß allein Roosevelt schuld am Mangel an Vorbereitungen der amerikanischen Pazifikflotte und der Hilflosigkeit des Admirals Kimmel und des Generals Short war.
Im Vorwort bestätigt Admiral Kimmel: „Die Kommandeure in Pearl Harbor wurden vom Inhalt der am 26. November 1941 überreichten amerikanischen Note an die Japaner, die jedwede weitere Verhandlungen ausschloß und somit den Krieg im Pazifik unvermeidlich machte, nie informiert. Sie wurden auch nicht von der Zusage der Vereinigten Staaten an die Briten informiert, ihnen im Falle eines japanischen Angriffs militärisch beizustehen. Es wurden uns ferner die Geheimberichte der Japaner über die genaue Anzahl der in Pearl Harbor versammelten Kriegsschiffe und ihre Ankerplätze verheimlicht sowie das Ultimatum Washingtons an Tokyo, das den Kriegsbeginn faktisch festlegte."
Auch Admiral Halsey bestätigt: „Ich war einer der drei Kommandeure der Pazifikflotte, die Admiral Kimmel unterstanden. Er unterrichtete

mich über alle Vorgänge und Nachrichten, die zu seiner Kenntnis gelangten. Von entschlüsselten Nachrichten habe ich sicher nie gehört. Alles was wir zu wissen glaubten, deutete darauf hin, daß ein japanischer Angriff auf die Philippinen oder Malaya bevorstand. Hätten wir Kenntnis von den entschlüsselten Nachrichten gehabt, wären wir in Pearl Harbor entsprechend vorbereitet gewesen..."

Admiral Theobald erklärt seine Haltung: „Ich war am 7. Dezember 1941 in Pearl Harbor, erlebte den japanischen Überfall auf unsere unvorbereitete Flotte, Luftwaffe und Flugabwehr und habe mich dem Untersuchungsausschuß zur Aufklärung der Vorkommnisse in Pearl Harbor als Zeuge zur Verfügung gestellt. Ich habe die 39 Bände mit den Aussagen, Erkenntnissen und Folgerungen dieses Ausschusses studiert und bin zu folgender Überzeugung gelangt: Diejenigen, die in Washington die Tatsachen kannten, haben aus Patriotismus, Gehorsam und Loyalität zu ihrem Kriegsherren vom Anfang an beschlossen, seine Entscheidungen und Vorgangsweise, die zum Angriff auf Pearl Harbor führten, hinter einem Geheimnisschleier zu verbergen...
Es gibt nur zwei Erklärungen für das Zurückhalten von Informationen an Admiral Kimmel und General Short: Entweder geschah dies auf Befehl Roosevelts, oder es entsprang einer Entscheidung, die vom Generalstabschef George Marshall und dem kommandierenden Admiral Harold Stark gemeinsam getroffen wurde. Der berufliche Werdegang, die Erfahrung, der Ruf dieser beiden hervorragenden Offiziere läßt es als unvorstellbar erscheinen, daß sie aus eigener Initiative eine solche Entscheidung getroffen hätten ... Als Roosevelt am Abend des 6. Dezembers die gerade hereinkommenden, entschlüsselten japanischen Depeschen las, sagte er zu Harry Hopkins: ‚This means war.' Danach telefonierte er mit Admiral Stark, doch keine Nachricht wurde nach Hawaii abgesandt..."

„Im Untersuchungsausschuß zu Pearl Harbor wird im 12. Kapitel die folgende Aussage von Kriegsminister Stimson angeführt: ‚15. November 1941: Der Präsident und Außenminister Hull bestätigten, die Japaner könnten uns jederzeit angreifen. Sie seien Spezialisten für unangekündigte Überfälle ... Es gab da ein Problem, das uns sehr beschäftigte: Wenn man weiß, daß der Feind angreifen wird, ist es unklug zu warten, bis er die Initiative ergreift indem er als erster losschlägt. Um uns die Unterstützung und Zustimmung des amerikanischen Volkes zu sichern, waren wir aber gezwungen, die Japaner zum ersten Schuß kommen zu lassen, auf daß niemand auf den Gedanken käme anzuzweifeln, wer der Aggressor war...'

Am 17. Mai 1951 erschien in amerikanischen Medien folgender Artikel über Berichte, die General MacArthur – nach dem Krieg – im September 1945 von den Japanern übergeben wurden: ‚Als uns hier die Aussagen des sowjetischen Meisterspions Dr. Sorge vor dem japanischen Gericht erreichten, strich jemand im Pentagon jene Passagen, die Bezug auf Sorges Mitteilung vom Oktober 1941 an den Kreml enthielten, daß Japan innerhalb von 60 Tagen einen Angriff auf Pearl Harbor plane und daß sich Roosevelt, Marshall, Hull und Stark für die Information artig bedankt hatten....'"

Übrigens kämpften auf Seiten der Alliierten nach dem Überfall der Japaner auf Niederländisch Indien auch einige Schiffe der niederländische Kriegsmarine, darunter ein U-Boot, dessen Besatzung im Dezember 1941 das Auslaufen der japanischen Flotte hätte beobachten, den Amerikanern melden und somit Roosevelts perfiden Plan gefährden können. Er gab deshalb den Befehl, das U-Boot zu versenken. Niederländer mußten sterben, damit Roosevelt seinen Krieg bekam.

4) Robert B. Stinnett: „Day of Deceit"

Sogar die systemkonforme „New York Times" kündigte 2003 an: „Dieser lückenlos dokumentierte Bericht bringt die letzten angeblichen Tatsachen über Pearl Harbor ins Wanken." Die Rede war vom blendend recherchierten Buch „Day of Deceit" (Tag der Täuschung) von Robert B.Stinnett (1999). Im 2. Weltkrieg war der Autor Seemann und Photo-Reporter bei der US-Marine. Nach Kriegsende recherchierte er siebzehn Jahre lang in Archiven und befragte unzählige Zeugen über die Ereignisse in und um Pearl Harbor.
Vorwort: „In das kollektive Gedächtnis hat sich der Name ‚Pearl Harbor' eingebrannt als Begriff für militärische Infamie und für ein Verhängnis, das sowohl Unschuldigen als auch Unbeteiligten aus heiterem Himmel droht. Deshalb wird die Wahrheit über die Vorgänge und Entscheidungen, die am 7. Dezember 1941 zum Überfall Japans auf die amerikanische Pazifikflotte führten, auch außer Frage gestellt. Ich indes stelle sie in Frage. Mehr noch: In diesem Buch widerlege ich einen Großteil der vermeintlichen Gewißheiten über Pearl Harbor. Mir geht es darum, den wirklichen Ablauf der Ereignisse ... zu rekonstruieren und mit amtlichen Dokumenten zu belegen, daß für Präsident Roosevelt und viele seiner militärischen und politischen Spitzenleute und Berater dieser Angriff kein Überraschungsangriff war. Ich will dabei nichts beschönigen, sondern bloß nachzeichnen, wie die Vereinigten

Staaten Teilnehmer an einem Konflikt wurden, der die freie Welt bedrohte. Auf Grund dieser Bedrohung liegt mir auch nichts ferner, als die ‚Weisheit' des amerikanischen Kriegseintritts in Frage zu stellen ...
Als Kriegsveteran war ich zunächst empört, als ich entdeckte, welche Geheimnisse vor uns Amerikanern über fünfzig Jahre lang verborgen gehalten worden sind. Zugleich hatte ich Verständnis für das quälende Dilemma, vor dem Präsident Roosevelt stand. Er war gezwungen, zu abwegigen und unsauberen Mitteln zu greifen, um das isolationistisch gesonnene Amerika zur Beteiligung an einem Kampf für die Freiheit zu überreden...
Aus einer Vielzahl vorliegender Dokumente wird deutlich, mit welcher Zielstrebigkeit der Präsident vorging, um besagte Kriegshandlung der Japaner herauszufordern, die Amerika in den Krieg hineinkatapultieren würde, unter Inkaufnahme eines verheerenden Schlages gegen Pearl Harbor ... Man weiß seit langem, daß die diplomatischen Depeschen der Japaner abgefangen und entschlüsselt wurden. Das Neue an dem, was ich herausgefunden habe, ist, daß die Regierung Roosevelts noch viel mehr wußte. Abgesehen davon, daß sie gezielte Provokationen inszenierte, hörte sie auch den militärischen Nachrichtenverkehr der Japaner ab und entschlüsselte ihn. Sie wußte genau über den bevorstehenden Überfall bescheid...
Den amerikanischen Kommandeuren auf Hawaii, Admiral Kimmel und General Short, wurden geheimdienstliche Erkenntnisse vorenthalten, die sie veranlaßt hätten, sich gegen die Gefahren zu wappnen, die Roosevelts Geheimpolitik mit sich brachte."

Von Mitte November an verfolgte die amerikanische Funkpeilung die japanischen Flugzeugträgergeschwader ... Die Meldungen hatten es in sich: Die zwei Geschwader, die der dritten Flotte angehörten, befanden sich im Anmarsch auf Südostasien. Nicht zu dieser Streitmacht gehörten die sechs Flugzeugträger, die mit östlichem Kurs Richtung Hawaii eilten...
Die Hauptarbeit beim Abfangen und Entschlüsseln japanischer Funksprüche leistete die Nachrichtenzentrale HYPO, die sich auf Oahu, der Hauptinsel von Hawaii befand. Die entschlüsselten Botschaften und dazugehörigen Arbeitsbücher sind überzeugende Belege dafür, daß die amerikanische Seite im Voraus vom geplanten Angriff auf Pearl Harbor wußte. Die amerikanische Öffentlichkeit weiß freilich nichts von solchen Belegen – sie wurden den diversen Untersuchungsausschüssen, die sich zwischen 1941 und 1946 mit Pearl Harbor befaßten, ebenso vorenthalten wie den 1995 vom Kongreß beauftragten Ermittlern. Am erdrückendsten sind zwei Funkbotschaften, die Admiral Yamamoto

am 25. November an die japanische 1. Luftflotte absetzte, als seine 31 Kriegsschiffe noch in der Hitokappu-Bucht der Kurileninsel Etorofu vor Anker lagen und auf den Befehl zum Auslaufen nach Hawaii warteten. Sie offenbaren, daß die von Amerikanern wie Japanern gleichermaßen verbreiteten Behauptungen, die Angreifer hätten Funkstille bewahrt und die Worte ‚Hawaii' und ‚Pearl Harbor' seien vor dem 7. Dezember im japanischen Funkverkehr konsequent vermieden worden, unwahr sind...
Befassen wir uns mit der Zwickmühle, in der sich Joseph Rochefort – Chef der HYPO-Abhörstation auf Hawaii – im Oktober 1941 befand. Er war sich sicher, daß ein Krieg zwischen Japan und den Vereinigten Staaten unmittelbar bevorstand. Allein die schiere Menge abgefangener japanischer Funksprüche mußte ihn alarmieren, von ihrem Inhalt gar nicht zu reden. Ihm als Marineoffizier war klar, was der rege Funkverkehr zwischen Kriegsschiffen, Flottenstützpunkten, Fliegergeschwader und Kommandozentralen an Land bedeutete: Daß die gesamte japanische Marine sich für die Durchführung einer groß angelegten Offensive gruppierte ... Rochefort trug das Material, aus dem sich Antworten auf diese Frage ergaben, säuberlich zusammen und leitete es sowohl an Admiral Kimmel als auch an Präsident Roosevelt weiter. Beide lasen seine täglichen Funkverkehrübersichten, in denen er die japanischen Kriegsvorbereitungen detailliert auflistete. Allein, der Präsident und Admiral Kimmel verfolgten nicht dasselbe Ziel. Der Oberkommandierende der US-Pazifikflotte ahnte nicht, daß Roosevelt sich möglicherweise dafür entscheiden würde, ihn und seine Pazifikflotte als Köder zu benutzen. Kimmel hingegen suchte nach militärischen Mitteln und Wegen, feindselige Aktionen der Japaner gegen Hawaii rechtzeitig zu erkennen und abzublocken..."

„Am 25. November 1941 leitete Präsident Roosevelt eine Sitzung seines Kabinetts ... Er eröffnete seinen Ministern, der Kriegsausbruch gegen Japan sei möglicherweise nur noch eine Frage von wenigen Tagen. Er hieb in die gleiche Kerbe wie sein Heeresstabschef General George Marshall ... Allerdings war das eine Ankündigung unter dem Siegel der Verschwiegenheit, denn Marshall hatte sich mit sieben ausgewählten Pressevertretern zu einem streng vertraulichen Hintergrundgespräch getroffen. Die Journalisten mußten geloben, keine der ihnen offenbarten Neuigkeiten zu veröffentlichen. Marshalls geheimes Presse Briefing wirft allerdings eine ethische Frage auf: Warum sucht der General, anstatt sein Wissen mit Presseleuten zu teilen, nicht das Gespräch mit Generalleutnant Short, um ihn darüber aufzuklären, daß im Verlauf der ersten

Dezembertage mit dem Ausbruch von Kampfhandlungen zwischen den USA und Japan zu rechnen ist? Wer hatte ein größeres Anrecht darauf, in diese höchst geheimen Erkenntnisse eingeweiht zu werden, Short oder die Reporter? Short selbst kam auf diese Fragen im Zuge seiner Aussage vor den Untersuchungsausschüssen der Jahre 1945-46 zu sprechen: ‚Als dem Kriegsministerium nach dem 28. Oktober 1941 fast täglich Informationen zuflossen, die darauf hindeuteten, daß der Krieg kurz bevorstand, leitete Marshall keines dieser ihm persönlich vorliegenden Dossiers, die diese internen Informationen enthielten, an mich weiter.'

Und wie sah es um die Verantwortung der Journalisten, ihrer Chefredakteure und Verleger aus? ... Die vier Zeitungen und drei Nachrichtenagenturen, die in die geheimen Erkenntnisse eingeweiht wurden, die man General Short und Admiral Kimmel in Hawaii vorenthielt, behielten ihr brisantes Wissen für sich."

„Kaiser Hirohito und sein engstes Beratergremium gaben Admiral Yamamoto den Befehl zum Angriff. Der Kriegsbeginn wurde für Montag den 8. Dezember 1941 Tokioter Zeit festgelegt. Yamamoto tat dies den Besatzungen der Vereinten Flotte durch Versendung einer im Voraus vereinbarten Botschaft kund. Die meisten amerikanischen und auch japanischen Quellen sind sich darin einig, daß der betreffende Satz unverschlüsselt, daß heißt im japanischen Klartext, mittels des japanischen Gegenstücks zum Morsealphabet – dem Silbensystem katakana – übermittelt wurde. Er lautete: ‚Niita Yama Nobore 1208'. Zu Deutsch: ‚Besteigt den Niita Berg 1208'. Gemeint war Japans höchster Berg, die Ziffer verwies auf das Datum. Bis heute wird von amerikanischer Seite an der offiziellen Version festgehalten, ein solcher Funkspruch sei nie empfangen worden...

Obwohl Roosevelt am Abend zuvor nach der Lektüre der abgefangenen japanischen Depeschen erklärt hatte, diese bedeuteten Krieg, hielt es auch jetzt die Marineführung in Washington nicht für nötig, der Pazifikflotte eine Warnung zukommen zu lassen. Als Oberst Rufus Bratton, ein Kurieroffizier, verzweifelt versuchte, General Marshall zu Hause zu erreichen, sagte man ihm, der General sei ausgeritten und käme erst gegen Mittag zurück. Wie aus den Schilderungen Brattons vor dem Untersuchungsausschuß hervorgeht, verbrachte er am Vormittag des Sonntags 7. Dezember fast drei Stunden beim Versuch, General Marshall von der Notwendigkeit unverzüglichen Handelns zu überzeugen..."

D.) Krieg mit allen Mitteln und um jeden Preis

(Aus einer deutschen und einer polnischen Quelle)

Roosevelts verdankte seinen Erfolg ganz bestimmten wirtschaftlichen und gesellschaftlichen Kontakten, die ihn und niemand anderen im Weißen Haus sehen wollten. Dazu gehörten das New Yorker Bankhaus Lehman, die Familie Straus, die Börsenmakler Bernard Baruch und Joseph Kennedy, die Kupfer-Dynastie Guggenheim, der Filmemacher Warner, die Bullitt- und Biddle-Clans aus Philadelphia und andere mehr. Später erhielt er Verstärkung durch einen Mann, der schon Präsident Wilson als politischer Chefberater gedient hatte: Oberst Edward Mandell House, der die Verbindung zu Rockefellers National City Bank herstellte.

1) Dirk Bavendams: „Roosevelts Weg zum Krieg“

Das Buch (1983) handelt von Roosevelts Aufstieg zur Macht.
„Am 3. März 1933, einem Freitag, steigerte sich die allgemeine Nervosität zu offener Panik: In hellen Scharen rannten die Kunden zu den Schaltern und leerten ihre Konten. Der Wirtschaftskreislauf Amerikas stand vor einem Kollaps, weil der Geldstrom versiegte ... Am nächsten Tag betrat Franklin Delano Roosevelt erstmals als Präsident das Weiße Haus ... Immer mehr Firmen brachen unter der doppelten Last von steigenden Schulden und sinkenden Preisen zusammen. Es gab fast 13 Millionen Arbeitslose, 25 Prozent der erwerbstätigen Bevölkerung. Damit war jeder zehnte Amerikaner von Armut, Hunger und Not bedroht. Zwei Tage später ließ Roosevelt die Banken schließen und bombardierte den Kongreß mit Anträgen auf Notverordnungen ... So kristallisierte sich allmählich das heraus, was als ‚New Deal‘ wie ein Mythos in die Geschichte Amerikas eingegangen ist, jedoch nichts anderes war, als eine Art Kommunismus.“

„Als Zeichen der Heuchelei fügten die Amerikaner 1937 eine neue Klausel in ihr Neutralitätsgesetz ein, die sogenannte ‚cash & carry‘ Klausel. Diese erlaubte ihnen im Kriegsfall den Export von Kriegsgerät, falls es von den Kriegführenden bar bezahlt (cash) und auf eigenen Schiffen abtransportiert (carry) wurde...

Am 26. Dezember 1937 machte sich [Roosevelts Vertrauensmann] Kapitän Ingersoll mit persönlichen Instruktionen Roosevelts im Gepäck auf den Weg zum Informationsaustausch nach London ... Das Ergebnis seiner Gespräche bestand aus einer bedeutsamen Aktennotiz: Amerika und England sicherten einander zu, daß ihre Hoheitsgewässer Kriegsschiffen beider Nationen für den Fall offenstehen würden, daß die Flotten beider Mächte in einem Krieg gegen Deutschland und Japan zusammenwirkten. Diese Abmachung wurde von beiden Admiralitäten am 12. Januar 1938 abgesegnet ... Die Verhandlungen, die der englische Commander Hampton im Sommer 1939 mit US-Flottenchef William Leahy führte, waren so geheim, daß hinterher alle schriftlichen Unterlagen vernichtet werden mußten...
Premierminister Neville Chamberlain verkannte die Notwendigkeit einer wirksamen Landesverteidigung, tat für die Aufrüstung mehr als seine beiden Vorgänger McDonald und Baldwin zusammen und fast soviel wie sein Nachfolger Churchill, der dafür freilich schon ein Jahr nach Kriegsausbruch die internationale Zahlungsunfähigkeit seine Landes eingestehen mußte ... Aber er wußte auch, daß England kämpfen mußte, waren erst einmal die Kernpunkte seiner Interessen bedroht: Frankreich, Belgien und die niederländische Kanalküste, ferner Singapur sowie Englands Stellung im Nahen Osten und im östlichen Mittelmeer...
Umgekehrt bestand für Amerika die größte Gefahr gerade darin, daß sich England und Deutschland, gefolgt von Frankreich und Italien, auf einen friedlichen modus vivendi einigten. Denn das konnte nur auf Kosten Amerikas gehen ... Botschafter Bullitt stellte am 10. Januar 1938 in einer Depesche an Roosevelt fest: ‚Wir könnten erleben, daß die Erhaltung des Friedens in Europa einfach darauf beruht, daß England und Frankreich die deutsche Herrschaft über Mitteleuropa ruhig hinnehmen."

2) Edward J. Rozek: „Diplomacy: A Pattern in Poland"

Rozek (1918-2008) war polnischer Soldat des 2. Weltkriegs, wanderte nach dem Krieg nach Amerika aus und brachte es zum Berater von Präsident Reagan. In seinem Buch äußert er sich zur britischen Garantie an Polen:
„Im März 1939 gab uns Großbritannien seine Garantie im Falle einer deutschen Aggression. Nach dem deutschen Überschreiten der polnischen Westgrenze erfolgten am 3. September die britischen und französischen Kriegserklärungen an Deutschland, doch keine Kriegser-

klärungen erfolgten, als am 17. September die sowjetische Armee im östlichen Polen einmarschierte. Wir gelangten zur realistischen Einschätzung, daß die britische Geheimdiplomatie mit der Sowjetunion entsprechende Vereinbarungen getroffen haben mußte."

Albion bleibt eben Albion!

Bernhard Baruch: „My Own Story", 1957; Robert Gannon: „Kardinal Spellman", 1963; John Beaty: „The Iron Curtain over America", 1966; Charles Lindbergh: „Kriegstagebuch 1938-1945", 1970; Charles M. Mee: „The Meeting at Potsdam", 1976; Merle Miller: „Plain Speaking: A Biography of Harry S. Truman", 1976; William Greider: „Who will tell the People? The Betrayal of American Democracy", 1992.

E.) Kriegsverbrechen der Amerikaner an den Deutschen

1) Dwight D. Eisenhowers Verantwortung für den Hungertod von einer Million deutscher Kriegsgefangener nach dem Waffenstillstand

Von insgesamt 9,040.839 deutschen Soldaten, die während des 2. Weltkrieges von den Westalliierten gefangengenommen wurden, verblieben 5,886.310 in amerikanischem Gewahrsam. 44 Jahre nach Kriegsende erschien das Buch „Other Losses" des kanadischen Autors James Bacque über die Gründe für den zwischen September 1945 und Januar 1946 erlittenen Hungertod von mindestens 793.000 von vier Millionen deutscher Kriegsgefangener, die sich den Amerikanern im Westen und Süden Deutschlands während der letzten Kriegsmonate ergeben hatten. Wie konnte dies geschehen? James Bacque ermittelte, daß dieses Kriegsverbrechen auf persönliche Anordnungen des Deutschenhassers Dwight Eisenhowers zurückzuführen sind. Baque schreibt: „Es ist klar, daß in ihrer Zone die US-Army für die deutschen Kriegsgefangenen zuständig war. Es ist ebenso klar, daß der Oberkommandierende General Eisenhower die Verantwortung und daher auch die Schuld trug ... In den Akten befand sich ein Brief ‚Ikes' an seine Frau vom September 1944: ‚Ich hasse die Deutschen, weil sie Bestien sind...' Im August desselben Jahres forderte er in Washington in

Dwight David Eisenhower (Ike) war als Oberkommandierender der alliierten Streitkräfte für die Behandlung der Kriegsgefangenen verantwortlich und wurde 1953 zum 34. US-Präsidenten gewählt

Gegenwart des britischen Botschafters die Hinrichtung aller NSDAP -Funktionäre, Bürgermeister und von 3500 Generalstabsoffizieren ... Um Artikel der Genfer Konvention für die Behandlung von Kriegsgefangenen zu umgehen, beschloß Eisenhower, alle deutschen Soldaten, die sich nach dem 7. Mai ergaben, nicht als POW (prisoners of war), sondern als DEF (disarmed enemy forces – entwaffnetes feindliches Militär) zu behandeln, das nicht vom amerikanischen Militär, sondern von deutschen Zivilbehörden verpflegt werden mußte. Diese Klausel fand Eingang in dem von US-Finanzminister Henry Morgenthau und Harry Dexter White – Sowjetagent und Betreiber der Weltfinanzkonferenz zu Bretton Woods – ausgearbeiteten Besatzungsstatut JCS (Joint Chiefs of Staff) 1067, das der amerikanische Militärgouverneur General Lucius Clay als karthaginensisches Friedensdiktat bezeichnete ... Engster Berater und Erfüllungsgehilfe in Personal- und Kriegsgefangenenfragen war General Everett Hughes, der Eisenhowers Anweisungen auf den Buchstaben genau befolgte.

Eisenhowers Methode zur „Verringerung" deutscher POW – jetzt DEF genannt – bestand darin, diese in offenem Gelände, auf freien Flächen, den Naturgewalten ausgesetzt, ohne Dach oder Zelt über dem Kopf, ohne Decken im Winter, ohne Kochgeschirr, ohne Wasserleitung, ohne Sanitäranlagen, hinter Stacheldraht und Wachtürmen zusammenzupferchen. Sie lebten wie Tiere in Erdlöchern und Gruben, ernährten sich von Abfällen, tranken Regenwasser und den eigenen Urin, schleppten ihre von Ruhr und Hunger geschwächten Skelette zu überlaufenden Latrinen, in denen Leichen von Hunderten Kameraden schwammen. Anfragen des Internationalen Roten Kreuzes nach deutschen Kriegsgefangenen in amerikanischem Gewahrsam beantworteten die US-Besatzer mit Zahlen, die um 1,8 bis 3,1 Millionen geringer

als die tatsächlichen waren. Erst 1950 gelang es deutschen Behörden und Suchdiensten festzustellen, daß 1,4 Millionen deutsche Kriegsgefangene in amerikanischen Lagern „fehlten".
Eisenhowers Kommentar: „It is a pity we could not have killed more!" (Schade, daß wir nicht mehr von ihnen umgebracht haben! Bacque, Seite 160). Doch nicht alle Sieger dachten so. Anläßlich eines Diners in Paris im August 1945 vertraute der französische Marschall Alphonse Juin dem US-General George Patton an: „Es ist ein Jammer, daß die Engländer und Amerikaner das einzige vernünftige Land in Europa zerstört haben, und damit meine ich nicht Frankreich, denn nun ist das Tor für den Einmarsch des Sowjetkommunismus weit geöffnet worden."

Der deutschen Bundesregierung waren diese Schandtaten der amerikanischen Besatzungsmacht natürlich bekannt. Außenminister Willy Brandt am 25. April 1969 vor dem Bundestag über die von der Bundesregierung finanzierte Bücherreihe von Dr. Erich Maschke zum Thema „Suche nach den im 2. Weltkrieg Vermißten": „Um Mißverständnisse und öffentliche Debatten zu diesem Thema im In- und Ausland zu vermeiden sowie das Aufreißen alter Wunden und die Versöhnungsbemühungen der BRD nicht zu gefährden, haben wir nach dem Erscheinen der ersten zwei Bände beschlossen, die Auflagen zu verringern..." [um nicht zu sagen, zu verhindern!]

2) Klaus Bunge über die Rheinwiesenlager

In „Vierteljahreshefte für freie Geschichtsforschung", 5. Jahrgang, 2001, schriebt Bunge:
„Im Erdboden der ehemaligen ‚Rheinwiesenlager' liegen noch heute notdürftig verscharrte Leichen entkräfteter und kranker deutscher Kriegsgefangener. Niemand weiß genau, wie viele Opfer es sind und niemand kennt ihre Namen. Der Zustand der ‚Lager' spottete jeder Beschreibung. Sie glichen Viehkoppeln ohne jede Einrichtung. Unter freiem Himmel vegetierten die Gefangenen, darunter Schwerverwundete und Amputierte, auf engstem Raum zusammengedrängt dahin. Ärztliche Versorgung gab es monatelang nicht. Die Essensrationen waren unter dem Lebensminimum. Wegen offenkundigen Verbrechens gegen die Menschlichkeit wurden die Zustände geheim gehalten. Weil trotzdem etwas durchsickerte, wurden vom Roten Kreuz Hilfstransporte mit Lebensmitteln und Medikamente in Gang gesetzt. Auf Befehl Eisenhowers wurden diese abgelehnt und zurückgeschickt ... Typisch

Millionen kriegsgefangener Soldaten waren in den Rheinwiesenlagern Hunger und Wetter ausgeliefert, Hundertausende kamen ums Leben

für viele dieser Lager war Bretzenheim ... Der Bauer Tullius, dem das Ackerland gehört, förderte nach der Schließung des Lagers immer wieder Knochen und Schädel zutage und beauftragte daraufhin den Grabungsexperten Schmitt, die sterblichen Überreste zu bergen und zu dokumentieren, damit sie an würdiger Stätte beigesetzt und die Vermißtenschicksale aufgeklärt werden können ... Aber eine [politisch korrekte] Seilschaft von einigen leitenden Mitarbeitern der Kreisverwaltung Bad Kreuznach sowie einiger Richter am Verwaltungsgericht Koblenz war sich einig, jegliche Bergungsgrabung zu unterbinden. Allem Anschein nach war der Leiter der Archäologischen Denkmalpflege in Mainz hierbei federführend gewesen."

In Bretzenheim hatten Landwirt Tullius und Grabungsexperte Schmitt schon 1985/86 aus Pietät und zwecks Aufklärung von Vermißtenschicksalen damit begonnen, Bergungsgrabungen durchzuführen, aber die „deutsche" Behörde in Bad Kreuznach, das „deutsche" Gericht in Koblenz sowie das „deutsche" Archäologische Denkmalamt in Mainz haben dies vereitelt. Am 6.3.1987 erhielten Tullius und Schmitt

ein Schreiben der Kreisverwaltung Bad Kreuznach, in dem alle weiteren Grabungen untersagt wurden, widrigenfalls eine Geldbuße von 250.000 DM (!) zu entrichten wäre. Unterfertigt: Bergs und Paulus. Als Begründung wurde angeführt, „...daß nach §3 des Denkmalschutzgesetzes Spuren oder Überreste menschlichen Lebens Funde im Sinne des Denkmalschutzes seien, von denen anzunehmen ist, daß sie [unantastbare] Kulturdenkmäler seien..." Am 3. Februar 1988 wurde Schmitt vom Vorsitzenden der Seilschaft kostenpflichtig verständigt, er „...beharre und verfestige seine Ansicht, in den ehemaligen Lagerlatrinen sei eine unbestimmte Zahl Kriegsgefangener aus Hunger, Krankheit oder Schwäche erstickt..." Er präzisierte: „All diese Spuren und Überreste liegen geschützt im Boden; durch Ausgrabungen würden diese Bodenurkunden zerstört." Am 22.6.1989 wiesen drei Richter des Verwaltungsgerichts im Namen des Volkes(!) die Klage Schmitts mit dem Argument ab, „...es sei auf den Wissens- und Erkenntnisstand sachverständiger Kreise hinzuweisen, da nur hierdurch ein wirksamer Denkmalschutz – unabhängig von dem sich wandelnden Bewußtsein der Bevölkerung(!) – sichergestellt werden kann."
Nur die vor der Besatzungsmacht kriechenden, glücklichen „deutschen" Sklaven verschlossen Augen und Ohren vor der Wahrheit und werden auch in Zukunft verläßlich dafür sorgen, daß amerikanische Kriegsverbrechen verheimlicht werden.

Dwight Eisenhower: „Crusade in Europe", 1948; Kurt Böhme: „Die deutschen Kriegsgefangenen in amerikanischer Hand", 1969; Arthur Smith: „Warriors without Honour", 1970; James Bacque: „Other Losses", 1989.

3) Hinrichtung deutscher Kriegsgefangener in den USA

Am 30. November 1990 erschien folgender Artikel in der „Los Angeles Times" unter dem Titel: „Prisoners of Silence" (Gefangene des Schweigens).
„Eine halbe Meile vom Soldatenfriedhof von Fort Leavensworth in Kansas erzählen die Gräber von 14 deutschen Kriegsgefangenen eine der letzten unbekannt gebliebenen Geschichten des Zweiten Weltkrieges. Auf diesem Nebenfriedhof wurden insgesamt 240 Soldaten begraben, deren Seelen durch einen entwürdigenden Tod für immer geschändet wurden. Hierher kommen selten Besucher, werden keine Blumen gebracht. Die unscheinbaren Grabsteine tragen nur den Namen und das Todesdatum. Doch gerade dies erregte vor zehn Jahren die Neugier

und Aufmerksamkeit von Sergeant Ken Knox, eines Strafvollzugbeamten von Fort Leavensworth. Abseits der anderen Gräber befanden sich 14 Grabsteine mit deutschen Namen, wovon die Hälfte das gleiche Datum trug: Den 25. August 1945. Er fand bald heraus, daß hier die einzigen deutschen Kriegsgefangenen lagen, die von den Vereinigten Staaten hingerichtet worden waren und beschloß, den Gründen nachzugehen und die Umstände zu untersuchen.
Hier das Ergebnis seiner Nachforschungen: ‚...Diese Männer gehören nicht auf diesen Friedhof. Sie waren ehrenhafte Männer; hätte Deutschland gesiegt, wären sie ausgezeichnet worden. Man sollte ihre Särge nach Deutschland überführen und dort würdig begraben. Sie wurden hingerichtet, als der Krieg bereits zu Ende war und dies erhebt eine Menge Fragen: Waren sie nicht Opfer des Hasses auf alle Deutschen, der nach 1945 gefördert wurde? Sie waren Teil der 400.000 deutschen Soldaten, die als Kriegsgefangene während des 2. Weltkrieges in 500 über die USA verstreute Lager gesperrt wurden.‘ Amerikanische Geheimdienstoffiziere bemühten sich unter den deutschen Neuzugängen Vertrauensleute anzuwerben, rüsteten diese mit Wanzen aus und steckten sie in Zellen, in denen Aufwiegler, Fluchtvorbereiter und vor allem geschwätzige Geheimnisträger vermutet wurden. Einem dieser Spitzel – Johannes Kunze – war es gelungen, einen Hamburger Tarnungsfachmann auszuhorchen, der ausplauderte, das Dach des Hauptbahnhofes sei so angestrichen worden, daß er aus größerer Höhe wie eine breite Straße aussah. Ferner hatte er von einem Polizeioffizier Adressen von Ausweichquartieren und Bunkern einiger Nazigrößen erfahren ... Am 4. November 1943 befiehlt der Hamburger Feldwebel Walter Beyer, der in Nordafrika gefangengenommen worden war, seinen Kameraden im Lager Tankow (Oklahoma), sich im Speisesaal zu versammeln. In der hintersten Reihe nimmt Johannes Kunze Platz. ‚Kameraden,‘ sagt Beyer und hält zwei voll gekritzelte Zettel in die Höhe, ‚ich bin zutiefst betroffen, Ihnen eine schlechte Nachricht übermitteln zu müssen. Der Fall ist so schwerwiegend, daß ich nicht alleine über ihn urteilen möchte: Wir haben in unserer Mitte einen Verräter‘ und weist auf beide Zettel: Der eine mit Skizze der Tarnung des Hamburger Hauptbahnhofes, der andere an Frau Kunze in Leipzig adressiert, beide unterschrieben J. Kunze. Kaum hat Beyer ausgesprochen schreit schon jemand auf: ‚Da sitzt der Verräter! Laßt ihn nicht raus!‘ Und schon stürzen sich die Männer auf ihn und bearbeiten ihn mit Faustschlägen und Fußtritten, bis er sich nicht mehr rührt. Der Lagerarzt konstatiert Tod durch Schädelfraktur und Gehirnblutung. Innerhalb weniger Monate kommt es bei ungeklärten Zwischenfällen in den Kriegsgefangenenlagern von Florence (Arizona), Camp Chaffee (Arkansas) und Aiken

(South Carolina) ebenfalls zur Selbstjustiz von deutschen Gefangenen an Verrätern und Spionen. Außer Walter Beyer und dem Unteroffizier Otto Stengel werden weitere zwölf deutsche Kriegsgefangene von der amerikanischen Militärjustiz zum Tode verurteilt. Vor Gericht erklärt Unteroffizier Erich Gauss: ‚Ich bin kein Mörder; ich habe nur für die Ehre meines Vaterlandes gekämpft und glaube, daß jeder anständige Soldat ebenso handeln würde...' Die deutsche Verteidigung stützte sich auf das Argument, daß alle Opfer Verräter waren und Kriegsgefangene ja verpflichtet wären, Verrat an ihrem Vaterland zu verhindern.

Vor Kriegsende weilten diese 14 deutschen Soldaten schon ein Jahr im Todestrakt von Fort Leavensworth. Während dieser Zeit waren 15 von den 90.000 in Deutschland kriegsgefangenen Amerikanern ebenfalls zum Tode verurteilt worden und Washington wie auch Berlin verhandelten mit Schweizer Vermittlern über einen Gefangenenaustausch. Noch am 28. April 1945 versicherten höchste amerikanische Offiziere, daß keines der über deutsche Kriegsgefangene ausgesprochenen Todesurteile vollstreckt werde.
Neun Tage später endete der Krieg, wurden die 15 in Deutschland zum Tode verurteilten Amerikaner sofort den Besatzern übergeben und bestätigte US-Präsident Harry S. Truman das Todesurteil an den 14 Deutschen, trotz einer Empfehlung des Prüfungsausschusses, die Urteile in „lebenslänglich" umzuwandeln. Kurz nach Mitternacht des 10. Juli wurden in Fort Leavensworth die ersten fünf deutschen Gefangenen – alles Angehörige des Afrikakorps – nach einer Henkersmahlzeit bestehend aus „braised beef, boiled rice and pancakes" aus ihren Zellen geholt. Der Weg zum Galgen, den die fünf Soldaten im Mondschein gingen, war ungefähr 300 m lang. Sie trugen Uniform. Als Erster wurde Beyer gehenkt. Seine Haltung – so berichteten die anwesenden amerikanischen Offiziere – war soldatisch bis zum letzten Augenblick.
Beyers Ehefrau war seit Frühjahr 1945 ohne Nachricht von ihrem Mann geblieben und ahnte Schlimmes. Es dauerte über ein Jahr, ehe sie die Todesnachricht erhielt. Die Postkarte trug das Datum vom 2. August 1946 und enthielt kein anderes Detail als das Sterbedatum. Es folgte eine Nachricht vom Roten Kreuz, daß keine weiteren Informationen zu erhalten seien und es dauerte noch mehrere Monate, bis sie die näheren Umstände seines Todes erfuhr. In den 70er Jahren erwogen hohe deutsche und amerikanische Offiziere, die sterblichen Überreste der 14 Hingerichteten in einen deutschen Soldatenfriedhof umzubetten, doch empfahlen sowohl die bundesrepublikanische Botschaft in Washington als auch die Bundesregierung in Bonn, die Angelegenheit nicht hochzuspielen..."

„Viele Jahre später", erzählt Ken Knox, „besuchte ich wieder einmal Fort Leavensworth. Es war ein 18. November, kalter Herbstwind fegte über den kleinen Friedhof, als sich fünf deutsche Soldaten näherten. Sie trugen graue Waffenröcke, rote Barette und Lederhandschuhe sowie einen Kranz aus Nelken, den sie bei der Reihe mit den 14 Grabsteinen legten. Sie waren von der Bundeswehr zum Generalstabs-College des US-Armeeoberkommandos entsendet worden. Oberst Michael Huber, Sohn eines Fallschirmjägers des 2. Weltkriegs: ‚Wir stehen hier vor den Gräbern junger Soldaten, die bei der Erfüllung ihres Auftrages starben. Sie waren wie Du und ich. Nur, daß sie schwerer starben als ihre Frontkameraden, denn sie waren sich bewußt, daß sie sich opferten, damit wir in Freiheit leben können. Und aus diesem Grunde zollt ihnen Deutschland heute seine Achtung'."

F.) Kriegs- und Friedensverbrechen der Amerikaner an japanischen, melanesischen und vietnamesischen Zivilisten

1) Die Vernichtung von Tokyo

Den tödlichsten Bombenangriff des Zweiten Weltkriegs führte die US Air Force am 9. März 1945 gegen Tokyo durch: 330 B-29 Bomber warfen 2000 Tonnen Phosphor-, Napalm- und Brandbomben auf die zum Großteil aus Holz gebauten Behausungen der Millionenstadt. Präsident Roosevelt und Generalmajor Curtis LeMay, Kommandeur der Bomberflotte, hatten allen Grund zum Feiern: Tokyo war sofort in Flammen aufgegangen, die Brände entwickelten eine Hitze von bis zu 900 Grad C, 267.000 Gebäude brannten völlig aus, eine Million Einwohner sind obdachlos, mehr als hunderttausend Zivilisten werden gegrillt. Die als Letzte in einer Hohe von 2 bis 3000 Metern anfliegenden Bomberbesatzungen berichten von einem Feuermeer und vom Gestank verbrannten Fleisches. Nur 14 Bomber kehren nicht zurück.

2) Atombomben auf Hiroshima und Nagasaki

Wenn der Glaube an die eigene Unfehlbarkeit und Auserwähltheit so fest verankert ist, daß die von der eigenen Seite verursachten Kriegs-

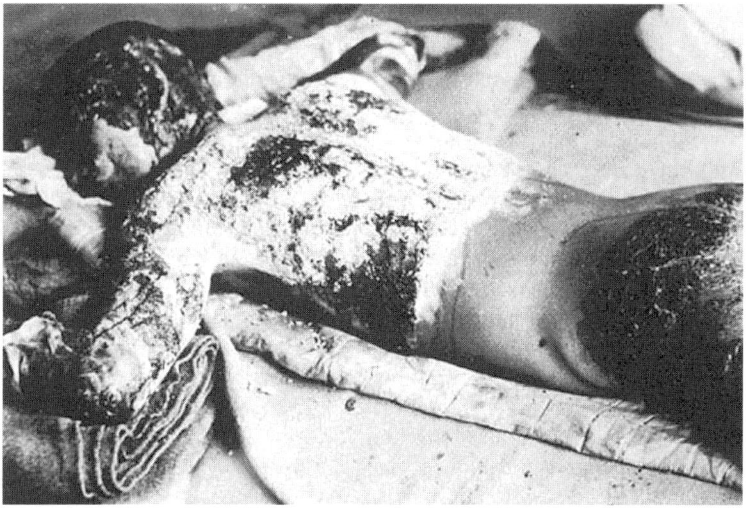

Hundertausende starben qualvoll auch noch nach den Atombombenabwürfen durch Strahlenschäden und noch heute ist die Mißbildung bei Neugeborenen stark erhöht.

verbrechen – auch solche, die gegen Zivilbevölkerungen gerichtet sind – nur als die Umsetzung notwendiger Handlungen im Sinne der Unfehlbarkeit und einer überlegenen Moral empfunden werden, kann es geschehen, daß eine solche Heuchelei nicht mehr zu überbietende Peinlichkeiten aufzeigt. In ihrem Buch „Ruin from the Air – the Atomic Mission to Hiroshima" (1977) berichten die Autoren G. Thomas und M. Morgan-Witts vom letzten Abend vor dem Einsatz. Kommandeur der Einsatzgruppe, die über Hiroshima die erste Atombombe der Weltgeschichte abwerfen sollte, war Oberst Paul W. Tibbets, der in dem nach seiner Mutter benannten B 29-Bomber „Enola Gay" mitfliegen und von dort aus den Einsatz der drei Bomber mit ihren Besatzungen von je neun Mann leiten würde. Wie verbrachte Tibbets den Abend vor dem 6. August 1945, dem Tag an dem er aus einer Höhe von 10.000 Metern, genau über Hiroshima, den Befehl geben sollte, die Bombe abzuwerfen, deren Kernschmelze bei einer Temperatur von 5000 Grad innerhalb von Sekunden Tausende Bewohner da unten grillen, schmelzen, verglühen und verstrahlen würde? Im Militärstützpunkt auf der Insel Tinian, von wo aus der Start erfolgen sollte, besuchte Tibbet die kleine Kirche und betete: „Gott, sei meiner Mission gnädig und beschere ihr einen vollen Erfolg, Amen!" ... Ist Amerika denn nicht „God's Own

country?", Gottes höchsteigenes Land? Was kümmert da schon die neue „Herrenrasse" ein paar hunderttausend tote Asiaten?
Um 8 Uhr 15 des 6. August 1945 explodierte mit einem grellen Blitz die Uran-Atombombe in 580 Meter Höhe über dem Zentrum von Hiroshima, löste eine Druckwelle aus, die sich mit einer Geschwindigkeit von 300 km/h nach allen Seiten ausbreitete, einen gigantischen Feuerball bildete, der eine Bodentemperatur von 4.000 Grad verursachte. Durch Hitze und Verstrahlung wurden Zehntausende Menschen und Tiere pulverisiert, Gebäude, Brücken, Verkehrsanlagen zum Schmelzen gebracht, 250.000 Menschen teils in Asche, teils in eine klebrige Masse verwandelt, auf der man ausrutschte und in die man griff. Nur wenige Sekunden nach dem Abwurf waren 75.000 Bewohner von Hiroshima tot, 65 Prozent davon waren jünger als 9 Jahre. Schon nach wenigen Tagen stieg die Zahl der Toten auf 250.000. Bald darauf traten unbekannte Krankheiten auf: Menschen verloren den Appetit, Ihre Haare; ihre Körper waren mit blauen Flecken übersät, begannen aus Ohren, Mund, Nase und Augen zu bluten. Ärzte verabreichten Vitamin-A Injektionen, die Folgen waren gräßlich: Rund um die Einstichlöcher begann das Fleisch zu verfaulen, Zehntausende „Hibakusha" (Atombombenopfer) starben im Laufe der nächsten Jahre.
Am 9. August kam die Hafenstadt Nagasaki an die Reihe. Weil die Wetterverhältnisse an diesem Tag nicht mehr so günstig waren, verfehlte die Bombe ihr eigentliches Ziel, den Rüstungskonzern Mitsubishi um mehr als 2 Kilometer. Die Explosion erfolgte in 470 Metern Höhe über dem Boden und zerstörte im Umkreis von einem Kilometer 80 Prozent der Gebäude. 22.000 Menschen starben sofort, weitere 40.000 bis Ende des Jahres und auch hier Zehntausende an den Folgen der Verstrahlung im Laufe der nächsten drei Generationen. Die Auswirkungen und Spätfolgen beider Atombomben sind immer noch spürbar. In beiden betroffenen japanischen Städten kommen etwa 30 Prozent mehr Kinder mit Behinderungen zur Welt als anderswo. Auch Krebserkrankungen treten hier viel häufiger auf.

3) Wasserstoffbomben auf Pazifikinseln

Allzu gerne hätten die Amerikaner ihre erste Wasserstoffbombe auf „Krauts" oder „Japs" abgeworfen, doch leider verdarb ihnen das viel zu früh gekommene Ende des 2. Weltkriegs diesen Spaß. In den 50er Jahren waren sie für den Abwurf ihrer Versuchsbomben deshalb gezwungen, ein Stück unbewohntes Land aufzutreiben. Inmitten des Pazifik wurden sie fündig: Zur amerikanisch besetzten Marshall-Inselgruppe gehört das kaum bewohnte Eniwetok-Atoll. Es war nicht schwierig, den Inselhäuptling und die wenigen Insulaner mittels großzügiger Hilfszusagen zu überzeugen, für einige Wochen ihr Atoll zu verlassen, bis die Auswirkungen der ersten Versuchsbombe untersucht worden waren. Am 1. November 1952 wurde „Mike", die erste Wasserstoffbombe, über dem Atoll gezündet. Mit zehn Megatonnen war sie 700¬mal so stark wie die Atombombe von Hiroshima. Durch ungeheure Wucht und Hitze sog die Explosion Luft, Erde, Staub und Wasser in große Höhe, bildete – wie über Hiroshima – einen riesenhaften Atompilz und zerriß die Insel Elugelab, die im Meer versank. An ihrer Stelle klafft unter Wasser seither ein mehrere Kilometer breiter Krater.

Der Bau der neuartigen Fusions- oder Wasserstoffbombe war in den USA zunächst heftig umstritten. Die Väter der Wasserstoffbombe, Eduard Teller, Robert Oppenheimer, Enrico Fermi, Leslie Groves, Leo Szilard – Mit-Erbauer der israelischen Atombombe – hatten vor der Superwaffe gewarnt. Sie schaffe neue Dimensionen der Zerstörung und könne die gesamte Menschheit vernichten. Doch die „Falken" in Washington setzten sich durch: Präsident Harry Truman entschied 1950: „Als Oberbefehlshaber muß ich dafür sorgen, daß sich die Vereinigten Staaten gegen jeden möglichen Feind verteidigen können. Ich habe daher die Atomenergiebehörde angewiesen, an allen Nuklearwaffen weiterzubauen, einschließlich der Wasserstoffbombe.

Fünfzehn Monate nach dem Abwurf von „Mike", warfen die Amerikaner am 1. März 1954 die „Shrimp" (Garnele) genannte, zweite Wasserstoffbombe mit einer Sprengkraft von 15 Megatonnen (15 Millionen Tonnen) TNT über dem ebenfalls zu den Marshall-Inseln gehörenden Bikini-Atoll ab, sie übertraf an Sprengkraft die über Hiroshima und Nagasaki abgeworfenen Atombomben um das Tausendfache. Der Durchmesser des Bombenkraters betrug zwei Kilometer. Der radioaktive Ascheregen fiel über hunderte Inseln im Umkreis von 12.000 Quadratkilometern. Die meisten Insulaner waren nicht gewarnt worden und wurden erst 48 Stunden nach dem Bombenabwurf evakuiert. Auch amerikanische Matrosen auf nahebei stationierten Kriegsschiffen sowie japanische und andere Fischer wurden verstrahlt und erlitten Brandwunden, die nicht heilten. Japanische Ärzte und der englische Radiologe Sir Joseph Rotblat konnten zwar beweisen, daß die radioaktive Strahlung der Bombenexplosion tausendfach stärker war als die von der amerikanischen Schlichtungskommission angegebene, doch warten heute noch Tausende Marshall-Insulaner auf die zugesagte Wiedergutmachung.

4) Amerikas Krieg gegen die Vegetation in Vietnam, Laos und Kambodscha

Der Vietnamkrieg war in zwei Phasen verlaufen: Die erste dauerte von 1945 bis 1955, als Frankreich in einem blutigen Krieg versuchte, sein Kolonialregime in Indochina wiederaufzurichten. Nach Frankreichs vernichtender Niederlage in Dien Bien Phu gegen schlecht ausgerüstete „Viet Minh"-Partisanen des Marxisten Ho Chi Minh, der von Rotchina und der Sowjetunion unterstützt wurde, beschließen die Amerikaner, sich in Indochina einzumischen, um einer Machtübernahme durch die Kommunisten vorzugreifen. Obwohl sie immer mehr Soldaten, Bomber, Panzer, Geschütze und anderes Material nach Vietnam entsenden, gelingt es ihnen nicht, die sich jetzt „Vietcong" nennenden nordvietnamesischen Freiheitskämpfer zu fassen, geschweige denn, sie zu besiegen. Ab 1964 greifen die Kämpfe auf Laos, ab 1970 auf Kambodscha über. Trotz ungeheurer materieller Überlegenheit, gelingt es den Amerikanern weder die schlecht ausgerüsteten Vietcong-Partisanen zu schlagen, noch sie daran zu hindern, auf gut getarnten Urwaldpfaden in Laos, Kambodscha, und entlang Bewässerungskanälen tief in die Südprovinzen Annam und Cochinchina bis vor Saigon (jetzt Ho Chi Minh-Ville) vorzudringen. Am 1. Mai 1975 rücken nordvietnamesische Truppen in Saigon ein. Die amerikanische Supermacht hat eine vernichtende Niederlage erlitten. Unvergeßlich die Bilder des mit Botschaftspersonal überfüllten, allerletzten Hubschraubers am Dach der

Großflächig wurden weite Landstriche mit Dioxin-haltigem Agent Orange entlaubt und der Tod von unzähligen Bewohnern in Kauf genommen

amerikanischen Botschaft, dessen Pilot endlich abheben will, weil vor der Botschaft schon Vietcong-Soldaten vorgefahren sind, während sich um sein Fluggerät noch einige Frauen und Kinder drängen, die unbedingt ausgeflogen werden wollen, aber zurückgelassen werden müssen. Welch schmählicher Abgang!

Beim Abschiedsgeschenk an die Vietnamesen haben die Amerikaner wahrlich nicht gespart: Sie hinterließen ihnen 80 Millionen in den Jahren 1961 bis 1971 über ihr Land fein verteilte, versprühte Liter Entlaubungsmittel der Marke „Agent Orange", das noch nach Jahrzehnten Menschen tötet und für viele Betroffene ein qualvolles Dahinsiechen bedeutet. In den 40er Jahren war es als schnell wirkendes Unkrautbekämpfungsmittel entwickelt worden. 1951 begannen Versuchsprogramme für den militärischen Einsatz als Entlaubungsmittel. Nach einigen Jahren stellte man fest, daß „Agent Orange" hochgradig mit stark giftigem Dioxin verunreinigt war, das tausend Mal giftiger als Zyankali ist. Obwohl dies den zivilen und militärischen amerikanischen Behörden bekannt war, zögerten sie nicht, dieses tödliche Produkt über Dschungel, Plantagen, Felder Vietnams zu verstreuen, um sie zu entlauben und zu entblättern, auf daß keine roten Partisanen sich darunter verstecken mögen. Über eine Million Männer, Frauen und Kinder in Vietnam, Laos und Kambodscha leiden unter den direkten und den weitervererbten Folgen der Vergiftung des über sie abgeworfenen „Agent Orange".

Zum Abschluß des mit beiden Weltkriegen, deren Entstehungsgeschichte und führenden Persönlichkeiten befaßten Kapitels, möchte der Autor nicht versäumen, auf den dritten Spießgesellen und Rekordkriegsverbrecher dieser unseligen Troika hinzuweisen:

G.) Josef Wissarionowitsch Djugaschwili, genannt Stalin, Generalsekretär des ZK der KPdSU, Spießgeselle von Roosevelt und Churchill

Von der Quadriga der im Zweiten Weltkrieg unangefochtenen Kriegsherren stellt Stalin (1879-1953) den mächtigsten, undurchschaubarsten und blutrünstigsten von allen vier Alleinherrschern dar. Für manch spätsowjetischen und eurokommunistischen Nostalgiker gilt Väterchen Stalin heute noch als rote Ikone, die den Faschismus besiegte, den ausbeuterischen Kapitalismus vom Paradies der Werktätigen

fernhielt und die Sowjetunion zum zweitmächtigsten Staat der Welt machte. Natürlich mußte er gegen die „Feinde des Volkes" hart vorgehen: Das waren die Adeligen, die Bourgeois, die Kirche, die Reichen, die Intelligentsia, das Offizierskorps, die Abweichler vom Parteikurs, die zu „schpioni i diversantsi" deklariert wurden. Kurz all jene also, die eine eigene Meinung hatten und sich Stalin nicht bedingungslos unterwarfen.
In jener Zeit wurde zu Moskau folgende Anekdote geflüstert: 1948, zum 120sten Geburtstag des Schriftstellers Leo Tolstoi, sollte in Moskau ein Denkmal zu Ehren des großen Dichters errichtet werden. Ein Komitee, das aus den bekanntesten Literaten, Kunsthistorikern, Kulturschaffenden des Landes gebildet worden war, sollte aus Hunderten Vorschlägen den würdigsten und ausdruckstärksten wählen; dem Gewinner winkte der Stalinpreis. Wochenlang debattierten die Genossinnen und Genossen des Komitees, rauchten ihre Köpfe: Tolstoi grübelnd, Tolstoi von Kindern umgeben, Tolstoi an der Hand der Muse Melpomene, Tolstoi in die Ferne blickend ... Sieger wurde ein Bildhauer, der Stalin – ein Buch von Tolstoi lesend – darstellte.

Eines der häßlichsten Verbrechen im Rahmen der stalinschen Ausrottungspolitik war das Gaunerstück mit dem Ziel, die Kulaken zu liquidieren. Der Hauptschlag der „Expropriateure" (Enteigner) und Strafexpeditionen richtete sich gegen die bäuerliche Mittelschicht – ihre Angehörigen wurden als „Kulaken" bezeichnet. Im Laufe eines einzigen Jahres wurden bis zu drei Millionen „Kulaken" mit ihren Familien in die wildesten Gegenden Sibiriens verfrachtet, ein Teil wurde erschossen und Hunderttausende in Vernichtungslager gesteckt. Nach ihnen kamen die sogenannten „Unterkulaken" an die Reihe. Zu dieser Kategorie zählte man jene Bauern, die mit Hilfe ihrer Söhne Arbeit eine ertragreiche Wirtschaft aufgebaut hatten; ferner jeden Dorfarmen, der versehentlich einem „Kulaken" geholfen, zugestimmt oder auf irgendeine Art seine Unzufriedenheit mit der Stalinschen Politik zum Ausdruck brachte. Zahllose Exemplare dieser Species wurden Opfer der Verbannung.

Das war die Stunde Stalins: Er ging nun daran, jenes Getreide, das den verhungernden Bauern fortgenommen worden war, nach Westeuropa gegen Devisen zu verkaufen. Der daraufhin folgende Hungertod von Millionen Russen und Ukrainern ist sein Werk. Insgesamt kosteten die gewaltsame Kollektivierungskampagne, die Vernichtung der Kulaken und die von ihm organisierte Hungersnot zweiundzwanzig Millionen Menschenleben.

Josef Stalin war 30 Jahre lang Generalsekretär des Zentralkomitees der KPdSU, seinen Säuberungs- und Kollektivierungsaktionen fielen Millionen Menschen zum Opfer

Von den zwanzig Mitgliedern des Petrograder Militärischen Revolutionskomitees (MRK), die aktiv an der Oktoberrevolution teilgenommen hatten, war nach Stalins Machtergreifung nur noch einer, nämlich Nikolaj Petrowski, der in einem Irrenhaus landete, noch am Leben, und vom Moskauer MRK hat keiner überlebt. Von den Angehörigen des Präsidiums des II. Sowjetkongresses, der die Sowjetmacht ausgerufen und die ersten Dekrete gebilligt hatte, lebte nur noch Aleksandra Kollontaj. Stalin vernichtete nicht nur die Mitarbeiter von Lenin, Trotzki, Sinowjew, Kamenew, Rykow, Antonow-Owssejenko, sondern auch die ins Präsidium des II. Kongresses gewählten Führer. Nur zwölf Angehörige der ersten sowjetischen Regierung waren 1937 noch am Leben. Von diesen liquidierte Stalin höchstpersönlich elf, der übrig gebliebene Zwölfte war er selber. Mit diesen Liquidierungen wollte Stalin all jene Konkurrenten vernichten, die die Revolution angeführt, durchgeführt und verteidigt hatten.
Hier die Bilanz:

Jahr	Parteitag	ins ZK gewählt	davon 1936-1938 liquidiert:
1925	XIV.	106	80
1927	XV.	121	96
1930	XVI.	138	111
1934	XVII.	139	120

Während des Bürgerkrieges fielen bei den Kämpfen und verhungerten 1921-1922 insgesamt 18 Millionen „Konterrevolutionäre". Die Kollektivierung der Landwirtschaft, die „Entkulakisierung" sowie Hungersnot forderten weitere 22 Millionen. Zwischen 1935 und 1941 wurden 19 Millionen verhaftet. Der Krieg gegen Hitler-Deutschland kostete

32 Millionen Tote. Zwangsmaßnahmen, die bereits in den Kriegsjahren ergriffen worden waren und auch nach dem Krieg fortdauerten, forderten 9 Millionen. In Summe: 100 Millionen.
Und wie verhielten sich die selbsternannten Vorkämpfer für Freiheit und Demokratie, die vor Moral triefenden Retter der Menschheit Roosevelt und Churchill, angesichts der Liquidierungen, Massaker, Deportationen, Zwangsarbeit, mit denen ihr Genosse Stalin weite Teile der sowjetischen Bevölkerung sowie besetzter Länder beglückte und deren Ausmaße ihnen sehr wohl bekannt waren? Zu keiner Zeit haben sie den „Woschd" [Chef] kritisiert, geschweige denn angeprangert. Bei der Jalta-Konferenz im Februar 1945 hoben die Hauptkriegsverbrecher Roosevelt und Churchill ihre Krimsektgläser auf das Wohl des „good old Uncle Joe" und feilschten um die Zahl der sofort zu liquidierenden deutschen Politiker und Offiziere. Auch von Seiten der Hofberichterstatter britischer und amerikanischer Medien war kein Wort des Protests, kein Hinweis auf sowjetische Menschheitsverbrechen zu lesen und zu hören.

J. Reed: „Zehn Tage die die Welt erschütterten", 1927; T. Pirker: „Die Moskauer Schauprozesse", 1963; Léon de Poncins: „Histoire du Communisme", 1957; Anton Antonow-Owssejenko: „Stalin – Porträt einer Tyrannei" (1984); R. Conquest: „Ernte des Todes", 1988 und „Der Große Terror", 1992; W. Caspart: „Der Marxismus", 2003; D. Schub: „Lenin",1962; A. Lebed: „Rußlands Weg", 1998; I. Schafarewitsch: „Das ‚kleine Volk' und die Russen", 1995; L. Trotzki: „Verratene Revolution", 1936; A. Ruzkoi: „Vom Reich", 1996; A. Solschenizyn: „Zweihundert Jahre zusammen", 2003; Ernst G. Schenck: „Lenins Siechtum, Stalins Camouflage", 1995; Stéphane Courtois: „Das Schwarzbuch des Kommunismus", 1998; W. Daschitschew: „Moskaus Griff nach der Weltmacht", 2002; Robert Service: „Trotsky", 2009.

H.) Adolf Hitler, Reichskanzler

„Ein Tag, den man im Grund nicht will
das ist der zwanzigste April,
weil dann in dunklen, finstern Stuben
sich treffen böse, braune Buben.
Am besten wär's, das läg' doch nah,
man nenne ihn den 19 a."

Wolf Dieter Martin in der „Kronenzeitung"

Berichte von Chronisten und Memoirenschreiber der Zwischenkriegszeit ließen erkennen, daß keiner von ihnen den politischen Meteor wahrgenommen hatte, der sich schon 1923 ankündigte und mit ungeheurer Geschwindigkeit auf Kollisionskurs mit unserem Planeten befand. Sein Name war Adolf Hitler (1889-1945).

Er war beileibe kein Verschwörer, sondern hatte schon lange vor seiner Machtergreifung im Januar 1933 in Wort und Schrift seine Theorien über Volk und Rasse, seine rein nach nationalen Gesichtspunkten ausgerichtete Wirtschafts- und Geldbeschaffungspolitik verkündet sowie auch seine Absicht kundgetan, die seit dem Versailler Schanddiktat bestehende ungerechte Weltordnung zu korrigieren. Schon in „Mein Kampf" (1925) ließ er keinen Zweifel daran, wen er als unversöhnliche Gegner betrachtete: Die Plutokraten, die internationalen Geldmächte, das Weltjudentum und den jüdisch-bolschewistischen Marxismus.

Anfangs will kaum jemand den unbedeutenden Mann aus Braunau ernst nehmen. Erst als zu Beginn der dreißiger Jahre seine durchaus demokratisch errungenen Wahlsiege die Aufmerksamkeit der Weltöffentlichkeit auf ihn lenken, beginnen die von ihm politisch Angegriffenen zu reagieren: Die von Hitler als finstere Allianz internationaler Finanzmächte und politischer Kräfte bezeichnete Koalition versucht ihn finanziell zu ködern, doch der Mann ist nicht käuflich. Bei seinen Gegnern kommt es zur Spaltung: Die einen erkennen die drohende Gefahr für die Aufrechterhaltung der Versailler Nachkriegsordnung: Es sind dies die Regierungen der Siegermächte, ihrer Satelliten- und Nachfolgestaaten, die allesamt eine Revision der Pariser Vorortverträge befürchten müssen. Es sind die Franzosen, Italiener und andere, denen Grenzkorrekturen und die Rückgabe deutscher, österreichischer, ungarischer Gebiete drohen. Es sind all jene, die auf deutsche Reparationslieferungen angewiesen sind und sich auch um die Zahlungen ihrer eigenen Kriegsschulden durch die Deutschen an die Amerikaner sorgen müssen. Es sind die Verleiher an der Wallstreet, die sich so sehr auf das Jahr 1936 freuen, wenn dann die Zinsen und Zinseszinsen für die bis dahin errechneten 50 Milliarden Dollar an deutschen Schulden fällig werden.

Es hat damals nicht an prominenten Persönlichkeiten des internationalen Großkapitals gemangelt, die – fast – alles versucht haben, sich mit Hitler zu „arrangieren": Herren aus der Hochfinanz, Großindustrielle, Ölmagnaten, angesehene Regierungschefs, bekannte Parteiführer, gekrönte Häupter und sogar Kardinäle. Ferner gab es politisch und wirtschaftlich weltweit sehr einflußreiche Kreise, die in Hitlers Nationalsozialismus eine Bewegung sahen, die man als Gegenkraft benützen und im Kampf gegen die immer stärker drohende bolschewistische

Weltrevolution einspannen konnte. Solche „Gegenkräfte" fanden sich auch im US-Kongreß, im britischen Parlament, Königshaus, im Vatikan und überall dort, wo oppositionelle und nationale Parteien Rückenwind verspürten. Ja sogar an der Wallstreet, wo einige Bankiers in Hitlers Politik von „law and order" eine Garantie für eine Gesundung der deutschen Wirtschaft und Währung erblickten und somit für weitere Rückzahlungsraten und neuen Kreditbedarf.

US-Präsident Roosevelt, der fast gleichzeitig mit Adolf Hitler an die Macht kam, gibt sich vom Anfang an als erklärter Gegner des nationalsozialistischen Deutschland und des faschistischen Italien zu erkennen. Auch diesem Präsidenten haben Hintermänner aus der New Yorker Hochfinanz die Wahl finanziert und somit die Außenpolitik vorgegeben. Seine engsten Berater sind Bernard Baruch, Samuel Untermyer, Felix Frankfurter, zu denen sich noch Harry Hopkins, Samuel Rosenmann, Rabbi Steven Wise und Henry Morgenthau (jun.) gesellen. Die Abhängigkeit Roosevelts von der Hochfinanz bestätigt Curtis Dall in „Amerikas Kriegspolitik" (1972). Anthony Sutton beschreibt in „Roosevelt und die internationale Hochfinanz" (1975), wie dieser sich im großen Maßstab als Präsident der „United European Investors Ltd." an Spekulationsgeschäften mit deutschen Guthaben in den USA bereicherte, die er sammelte, um sie wieder in Deutschland zu investieren und so das Eigentum notleidender Deutscher spottbillig erwerben zu können.

Daß 1940 der raketenhafte Aufstieg von Sir Winston Churchill zum Prime Minister des britischen Kriegskabinetts irgendetwas mit hohen Fördermitteln aus dem Pressemilieu und der Hochfinanz zu tun gehabt haben könnte, ist bereits angesprochen worden. Nicht nur die politisch motivierte, sondern auch die persönliche gegenseitige Abneigung zwischen Adolf Hitler und seinen unversöhnlichen Gegnern Roosevelt und Churchill, hätte größer nicht sein können.

V. KAPITEL

Was birgt die Zukunft?

A.) Die Globalisierung als Instrument der Amerikaner zur Erringung der Weltherrschaft

Wie schon nach dem Ersten, herrschten auch nach dem Zweiten Weltkrieg sowohl bei den siegreichen als auch den geschlagenen Völkern bittere Not, Hunger und Elend. Nur langsam kamen die Hilfsprogramme neutraler Staaten, vor allem aber der Siegermacht USA in Schwung. Wie nicht anders zu erwarten, schickte Uncle Sam das meiste Geld und die größten Lebensmittelpakete. Tat er dies umsonst? Weit gefehlt, denn der gute Onkel aus Amerika folgte schon immer der Devise, daß Nehmen seliger als Geben ist. Folglich ließ er sich seine humanitären, logistischen, monetären Gaben auf Dollar, Cent und Zinsen rückerstatten. Ferner forderte er von den beglückten Europäern Einsicht in politische Notwendigkeiten: Amerika überzog seine europäischen, lateinamerikanischen und asiatischen Satellitenstaaten mit einem Netzwerk transnationaler Organisationen, Vereinigungen, Stiftungen, deren Fäden in Washington zusammenliefen und behielt sich sämtliche Entscheidungsbefugnisse vor.
Wie schon John Bull, der seit 150 Jahren auf Rothschilds Gnade in der Londoner City angewiesen ist, hat der alt und gebrechlich gewordene Uncle Sam sämtliche Funktionen längst seinen Financiers an der Wall Street abgetreten. Als gemeinsames hehres Endziel erstreben sie die Errichtung der „One World" unter amerikanischer Kontrolle, der Einen Welt, die nur mittels Internationalisierung durch Entnationalisierung aller Nationen – sprich: Globalisierung – erreicht werden kann. Ihre Betreiber – das sind etwa ein Dutzend berüchtigter „Neocons", die okkulten Lenker der Federal Reserve, das Weiße Haus, der militärisch industrielle Komplex, das Pentagon und Big Oil. Sie alle befolgen die vier Gebote der Globalisierung:

1. Gebot: In der globalisierten Einen Welt wird kein Staat das Herein- oder Herausströmen von Menschenmassen behindern. Wohin es

auch immer der Markt erfordert, werden Humanressourcen fließen. Dies wird nötig sein, um die abnehmenden europiden Bevölkerungen durch Zuwanderung aus Asien und Afrika auszugleichen.
2. Gebot: In der globalisierten Einen Welt dürfen Nationalstaaten nicht mehr über ihre eigenen Rohstoffe und Naturreserven verfügen. Diese werden von den Globalisierern privatisiert, internationalisiert und profitorientiert vermarktet.
3. Gebot: In der globalisierten Einen Welt dürfen nationale Regierungen weder Bestimmungen erlassen noch Gesetze beschließen, die das Herein- oder Herausfließen von Investitionen und Krediten globaler Financiers behindern könnten.
4. Gebot: In der globalisierten Einen Welt dürfen Einsätze des amerikanischen Militärs (Export of US-Security Services) von keinem Land der Welt behindert werden. Denn die USA greifen, wie schon bisher in allen Kriegen, stets nur selbstlos und aus rein humanitären Beweggründen in das Weltgeschehen ein.

Dieser materialistische Kreuzzug gegen Werte, Kulturen und Traditionen der Europäer führte bei den von Amerika abhängigen und beherrschten Satellitenstaaten zu einer erst kaum bemerkbaren, bald aber immer deutlicher erkennbaren Abkehr von traditionellen Bindungen und Hinwendung zu Weltverbrüderungsidealen, die schon 1789 dekretiert, 1918 als „Völkerbund" angepriesen, 1944 als „Vereinte Nationen" verkauft wurden, seit 1993 als „Europäische Union" vorgemogelt und 2014 als weltbeglückende TTIP (Transatlantic Trade and Investment Partnership) genannte Globalisierungsbruderschaft vorgegaukelt werden.

Anfang der 90er Jahre konnten die Vereinigten Staaten von Nordamerika – dank Dauereinsatzes ihres finanziellen Perpetuum Mobile – ihrem baldigen und unangefochtenen Antritt der Weltherrschaft mit einigem Optimismus entgegensehen: Das Sowjetimperium war implodiert, der Konkurrent China kämpfte mit internen Problemen, Lateinamerika wurde von US-amerikanischen Konzernen erpreßt, in Osteuropa herrschten Chaos und Elend, Westeuropa wurde von der NATO überwacht, Deutschland war dauerbesetzt und Michel schlief den zufriedenen Schlaf des glücklichen Sklaven. Mit unbändigem Optimismus, unübertreffbarem Selbstvertrauen und unerschütterlichem Glauben an seine „manifest destiny" (offensichtliche Bestimmung) machte sich „God's Own Country" Amerika an die Arbeit, die Welt zu regieren. Doch welches Amerika? Es war schon seit langem nicht mehr das in seiner Hymne besungene und idealisierte „land of the free and the home of the brave". Amerika war zu einem Staat verkommen, in dem alles und jeder nach dem materiellen Profit gemessen wurde und wo Treue und Ehre nichts mehr galten. „Peace, Freedom and Democracy" waren umgedeutet worden: Fortan diente jeder im Namen der Wall Street und des Ölkartells unternommene Angriffskrieg dem „Frieden", bedeutete „Freiheit" erkaufte Straffreiheit für Globalisierungsheuschrecken, die sich am Volk bereicherten. Unter „Democracy" verstand man den Wettkampf der Lobbyisten um das „Anfüttern" von Politikern.

Dem Materialismus ergeben und von jeglichem Idealismus befreit, glaubten die Globalisierer an eine geozentrische Welt, deren Sonne allmorgendlich hinter dem japanischen NISEI aufging, mittags über Frankfurt den DAX erwärmte und allabendlich die New Yorker Börse NYSE erstrahlen ließ. Wie einst Phöbus, würden heute Federal Reserve, GoldmanSachs, Blackrock und Soros den Sonnenwagen lenken, auch wenn dieser gelegentlich Greenspan ansetzte und Wohltäter der Sorte Blankfein und Konsorten mobilisierte, um „Gottes Werk" zu verrichten.

1) Schneller als erwartet, hat die Globalisierung ihren Höhepunkt überschritten

Zu Beginn der Jahrtausendwende sah es tatsächlich gut aus um die Ziele der Globalisierer: Nach Amerikas eindrucksvollen „Siegen" über die mit Vorderladern bewaffneten Taliban hinter den sieben Bergen des Hindukusch und über die vier Divisionen des irakischen „Schurken" Saddam Hussein, durften sich Präsident George W. Bush, die Neocons, die Wall Street, das Ölkartell und die US-Waffenlobby ein letztes Mal dem Traum hingeben, Amerika habe über die Mächte des Bösen obsiegt und hätte somit seine „mission accomplished" – seinen gottgewollten Auftrag erfüllt. Der Publizist und Marineoffizier Thomas Barnett erhielt 2003 von höchster Stelle den Auftrag, das Hohe Lied der Globalisierung, ihre Glaubensartikel, Methoden und Ziele zu komponieren und in zwei Büchern zu beweihräuchern. Doch seit zehn Jahren begleiten die Globalisierer nur noch Pannen, Pech und Pleiten; immer mehr Sand rieselt ins Getriebe ihrer Konstruktion: Die stets nach Krieg lechzenden Neocons, Zbigniew Brzezinski, Paul Wolfowitz, Richard Perle, Douglas Feith, Michael Ledeen, Robert Kagan, Alan Dershowitz, Donald Rumsfeld, Irving Kristol, sind zu Paläocons mutiert, haben sich in wohlverdiente Rente begeben oder schreiben an ihren Memoiren. Wenn sie ihre warnenden Stimmen erheben, hört ihnen keiner mehr zu; denn nur allzu oft hatten sie die eigene Regierung, das amerikanische Volk und die ganze Welt belogen. Es dauerte nicht lange, bis sich auch Amerikas gelehrige EU-ropäische und lateinamerikanische Trabanten sowie manche eurasische Staaten von den USA distanzierten. 2001 wurde die SCO (Shanghai Cooperation Organization) zur Abwehr allfälliger amerikanischer Gelüste auf eurasische Gebiete und Rohstoffe gegründet. 2010 kamen 33 lateinamerikanische und karibische Staatschefs überein, aus der von den USA angeführten OAS (Organization of American States) auszutreten und die CELAC, Comunidad de los Estados Latino-americanos y Caraibes (Gemeinschaft lateinamerikanischer und karibischer Staaten) zu gründen, von der die USA und Kanada ausgeschlossen wurden. Um sich des amerikanischen Globalisierungsimperialismus zu erwehren, rückten die BRICS-Staaten Brasilien, Rußland, Indien, China, Südafrika enger zusammen und gründeten Rußland, Weißrußland, Kasachstan, Armenien, im Mai 2014 die „Eurasische Wirtschaftsunion".

Als mindestens ebenso bedeutend erwies sich die zweitägige APEC (Asia Pacific Economic Conference), die im November 2014 in Peking abgehalten wurde. Chinas Staatschef Xi Jinping glänzte als Gastgeber der Regierungschefs von 21 Mitgliedstaaten, des US-Präsidenten Obama sowie des japanischen Premiers Schinto Abe. Unter Xi hat China eine führende Rolle auf der Weltbühne übernommen: Die APEC-Mitgliedstaaten stellen 40 Prozent der Weltbevölkerung. In den nächsten 5 Jahren will China um 8000 Milliarden Euro importieren und in den nächsten 10 Jahren 1000 Milliarden Euro im Ausland investieren: Mit Rußland wurde ein weiteres Abkommen über mehrjährige Gaslieferungen geschlossen, mit europäischen Partnern die Einrichtung eines Netzwerks neuer Glasfaserkabel, Gasleitungen, Häfen, „Seidenstraßen" genannten Hochgeschwindigkeitszüge, die nach Venedig und Duisburg-Ruhrort führen sollen. In seiner Schlußrede betonte Australiens Handelsminister Andrew Robb: „APEC ist ein mächtiges Forum: Wenn wir uns hier einig sind, werden sich auch andere uns anschließen. Dies ist der Grund, warum wir hinter China stehen."

Daneben nimmt sich die aus 11 Staaten bestehende, von den USA angeführte TPP (Transpacific Partnership) recht mickrig aus. Weil die von der Wall Street aus geleiteten Globalisierer nicht im Traum daran denken, auf ihre monopolare Dollardiktatur zu verzichten, beendete Moskau jüngst die Einbindung des Rubels an Dollar und Euro, stellte Rußlands größtes Kreditinstitut VTB seine Zusammenarbeit mit der Londoner Börse ein und startete eine neue mit der Börse in Shanghai.

Gary Allen: „Die Insider", 1971; Thomas Barnett: „The Pentagon's New Map", 2004 und „Blueprint for Action", 2005; Richard Melisch: „Der letzte Akt", 2007; Matthias Chang: „Future Fast Forward", 2005; Pepe Escobar: „Globalistan", 2006.

B.) Quo vadis, America?

1) Die Metamorphose der Vereinigten Staaten von Amerika

Vor genau einhundert Jahren verkündete US-Präsident William Taft, Vorgänger von Woodrow Wilson, den baldigen Antritt der amerikanischen Weltherrschaft:
„Der Tag ist nicht mehr fern, da drei Sternenbanner unser Territorium abstecken werden: Das eine am Nordpol, das andere am Südpol, und genau zwischen beiden das dritte am Pánamakanal. Zurecht wird uns die Herrschaft über die Hemisphäre kraft unserer rassischen Überlegenheit zufallen."
Geflissentlich übergangen hatte Taft das Massaker an den Indianern, den Raub von Texas und Kalifornien, den Diebstahl von Kuba und den Philippinen, die Besetzung von Pánama, Samoa und Hawaii. Dies alles in Befolgung ihres von Gott vorbestimmten Schicksals und einer von Gott geschenkten „inviting geography", einer einladenden Geographie, die zur Eroberung der nördlichen und südlichen Hälfte des amerikanischen Kontinentes geradezu einlud.
Kein Land der Welt wurde und wird noch immer so bewundert und beneidet wie Amerika, das Land der „unbegrenzten Möglichkeiten". Jeder, der in seiner Jugend den „Lederstrumpf", den „Old Shatterhand" gelesen, Clark Gable in „Vom Winde verweht", Garry Cooper in „High Noon" erlebt hat, ist mit tiefer Bewunderung für die Amerikaner, für ihren Pioniergeist, ihren selbstlosen Kampf um Frieden und Freiheit, ihren aufopfernden Einsatz für Gerechtigkeit in aller Welt aufgewachsen.
Seit 70 Jahren wird die Geschichte der Vereinigten Staaten von Nordamerika in allen Medienberichten sowie unseren Schul- und Geschichtsbüchern im politisch korrekten Lichte der Verklärung dargestellt. Sie ist ein Heldenepos, das bei den frommen Pilgrim-Fathers beginnt, über die Freiheitshelden und Vorkämpfer für Demokratie und Menschenrechte George Washington, Benjamin Franklin, Thomas Jefferson, geradewegs zu Abraham Lincoln führt, der die guten Nordstaaten

Abraham Lincoln war 1861-65 der 16. US-Präsident und der erste, der einem Attentat zum Opfer fiel

gegen die bösen Südstaaten anführte, um Negersklaven zu befreien. Dann wird die herzliche Aufnahme besungen, die alle Verfolgten unserer Erde, die vor den Tyrannen des alten Europas flüchteten, in Amerika fanden, ihr entbehrungsreicher Treck „westward ho!" nach Oregon und Kalifornien, im steten Kampf gegen blutrünstige Rothäute, wilde Tiere und entfesselte Naturgewalten. Die amerikanischen Thermopylen bei Los Alamos und dem Wounded Knee werden als Heldenepen dargestellt. Es folgt der erste amerikanische Kreuzzug unter Präsident Woodrow Wilson „to make the world safe for democracy", ausgerechnet an der Seite des Britischen Empire und der République Française, beides ausbeuterische Kolonialreiche, gegen Kaiser Wilhelms preußische Hunnenscharen und Kaiser Franz Josefs Völkerschlächter. Zwei Jahrzehnte später folgt der zweite Amerikanische Kreuzzug unter Präsident Franklin Roosevelt, der seinem Volk befiehlt: „Onward Christian soldiers!" um vereint mit der Roten Armee des „dear Uncle Joe Stalin" zu marschieren, diesmal um Europa zu befreien, aufzuteilen, und in beiden Hälften Europas die sowjetische und die amerikanische Version von „democracy" einzuführen. Die Geschichte Amerikas erreicht ihre Apotheose mit ihrem Dritten und Vierten Kreuzzug, der eine unter Präsident Johnson gegen die Vegetation und gegen das Volk der Vietnamesen, der andere unter Präsident George Bush (senior) gegen den Irak. Der Fünfte Kreuzzug gegen die Sowjetrussen, die „Macht des Bösen", findet nicht statt, denn Gorbi beendet vorzeitig die Pokerpartie und gibt sich 1989 geschlagen. Niemals den Tugendpfad verlassend, stets bestrebt, seine hehren Ziele zu erreichen und hohen Ideale zu verwirklichen, allen „civilized and peace loving nations" im Kampf gegen das Böse voranschreitend, in Kriegen immer siegreich gegen „Injuns", „Krauts", „Japs", „Gooks", „Arabs" und Schurkenstaaten in aller Welt - so sieht sich Amerika, und so will es von den Völkern dieser Welt bewundert werden. Beide Weltkriege und der Kalte Krieg haben Europa wirtschaftlich, geistig, moralisch und

demographisch entscheidend und auf tragische Weise geschwächt, die USA haben von ihnen freilich zweimal gewaltig profitiert.
Auf Grund der demographischen Entwicklung hat sich in den USA im Verlauf der letzten Jahrzehnte nicht nur die politische und wirtschaftliche, sondern vor allem die soziale Lage dramatisch verändert. Diese Entwicklung spiegelt jene Zukunft wieder, die den EU-ropäern allgemein, insbesondere aber den Deutschen wegen ihres politischen, kulturellen, militärischen, weltanschaulichen Abhängigkeitsverhältnisses von Amerika nicht etwa in einigen Generationen blühen wird, sondern sich jetzt schon akut bemerkbar macht.

2) Die Liberalisierung der Einwanderung wird erzwungen, doch statt zur „Integration" führt sie zur „Segregation"

Wegen der zunehmenden Einwanderung erließ Präsident Calvin Coolidge 1924 ein Gesetz zum Schutz der weißen Bevölkerung, das Quoten für bevorzugte Europide vorsah und Farbige grundsätzlich ausschloß. Doch schon bald setzte sich bei linken Demokraten, Soziologen, Theologen und Ethnologen die Überzeugung durch, der Begriff Menschenrassen sei überholt: Nur durch Vermischung aller Ethnien und Förderung bisher benachteiligter Menschengruppen ließen sich sowohl die Menschenrechte als auch die ideale Utopie der „One World" umsetzen. 1954 wurde in Folge des berühmten Gerichtsurteils in Sachen „Brown vs. Department of Education" die zwangsweise Schwarzweiß-Vermischung in allen staatlichen Schulen verfügt und wurden landesweit schwarze Schüler mit Bussen zu weißen Schulen gekarrt. 1964 war dann die Zeit reif geworden für eine Umkehrung bisheriger Werte und wurde von Präsident Lyndon Johnson das Gesetz „Civil Rights Act" gegen jede Art von „Rassendiskriminierung" unterzeichnet. 1965 folgte das „Immigration and Nationality Act", das die USA auch nicht-europäischen Einwanderern öffnete.

Seitdem versichern Akademiker, Politiker, Medien, Demokraten und Gutmenschen aller Couleurs, Rasse sei kein biologischer Begriff, sondern nur die Folge von Vorurteilen. Sie alle verschweigen die Ergebnisse der Rasseforschung in aller Welt und die Tatsache, daß Ethnozentrismus ein Teil der menschlichen Natur darstellt und ethnische Konflikte unter menschlichen Gemeinschaften schon seit Urzeiten vorprogrammiert sind. Man vergleiche doch bitte die Lage in „unvermischten" Staaten wie Japan und Island mit ethnisch bunt zusammen-

gewürfelten Ländern wie Libanon und Südafrika. Tatsache ist freilich, daß es – bisher – in keinem Staat der Welt zu einer gelungenen Integration verschiedener Ethnien kam.
Dank hundertjähriger Erfahrung, wußten vier Generationen von Entscheidungsträgern in Washington – Albions gelehrige Erben – daß zur Behebung lokal begrenzbarer Konflikte kein Mittel besser und schneller hilft als „a nice little war", der mittels Auslegen einiger Bombenteppiche, Entsendung der Marineinfanterie und dem Einsatz willfähriger Satrapen kleinere Probleme aus der Welt schaffen kann. Sie wissen aber auch, wie man sich drohender Weltwirtschafts- und Weltfinanzkrisen oder des Aufstiegs eines Konkurrenten zur Weltmacht erwehren kann, denn schließlich haben sie zu diesem guten Zweck zwei Weltkriege angezettelt, die ihnen beide Male ungeheuren Gewinn und Machtzuwachs eingebracht haben.

3) Droht ein Dritter Weltkrieg zur Rettung des Dollars?

Nie haben im Laufe der Geschichte die Flotten, Kampfgeschwader, ABC- und Kernwaffen, Raketen eines einzelnen Staates eine derart weltumspannende Übermacht ausgeübt wie jene der Vereinigten Staaten von Amerika seit Ende des 2. Weltkriegs. Dank der „Overkill"- Kapazität des amerikanischen Waffenarsenals wären die USA in der Lage, die gesamte Weltbevölkerung fünfundsechzig Mal zu vernichten. 2013 betrug das Militärbudget (einschließlich der Kosten für Verwaltung, nicht militärisches Personal und Pensionen) 1420 Milliarden Dollar – das ist die Hälfte des US-Bundesbudgets – um Amerikas vier Waffengattungen, sowie bald 1000 Stützpunkte in fast 200 Staaten auf sechs Kontinenten zu unterhalten. Dieser Wehretat ist sechsmal höher als der chinesische, zwanzigmal höher als der russische und höher als die Militärbudgets der nächsten zwanzig Militärmächte zusammen. Amerikas Lieblingsschurken – die Taliban – geben jährlich zwischen dreißig und fünfzig Millionen Dollar für Waffen und Ausrüstung aus. Uncle Sam's Krieger verpulverten in Afghanistan lediglich für Munition täglich dreißig Mal mehr, und seine Soldaten erweisen sich seit zehn Jahren als unfähig, das bergige Land zu beherrschen. Weitere Verluste in Milliardenhöhe entstehen durch unerklärbaren Schwund, Diebstahl, unsachgemäße Lagerung sowie unermeßliche Verschwendung, ferner auf Grund der maßlos überhöhten Preise, die dem Militär von der Industrie – auch für einfaches Gerät und Material – berechnet werden. Zwar wird dieser Skandal alle Jahre wieder vom „General Comptroller" (Rechnungshof) gerügt, doch verdienen an diesem Geschäft auf Kosten des Steuerzahlers so viele zwischengeschaltete Ämter, Vermittler, Lobbyisten, daß diesem schändlichen Treiben kein Ende bereitet werden kann.

Wie krank das US-Militär, vor allem seine Bodentruppen, an Leib und Seele ist, geht aus amerikanischen Presseberichten hervor: Obwohl die Anforderungen und Aufnahmebedingungen für Rekruten auf ein absolutes Minimum gesenkt wurden, herrscht ein derartiger Mangel an Infanteristen, daß Kleinkriminelle, illegale Einwanderer und Ausländer, die sich für vier Jahre verpflichten, sowohl die amerikanische Staatsbürgerschaft als auch ein Handgeld von einigen tausend Dollar erhalten. Der Anteil an Frauen in den US-Streitkräften beträgt zwanzig Prozent. Dreißig Prozent von ihnen wurden von „Kameraden" vergewaltigt, neunzig Prozent von Kameraden sexuell belästigt. Zusätzlich zu den 20.590 bei den Veteranenverbänden bereits Dienst versehenden Fachkräften, wurden im Mai 2011 mehr als 2000 weitere Psychiater, Psychiatrie-Krankenschwestern, Psychologen und Sozialarbeiter eingestellt, um die Epidemie von Selbstmorden unter den Veteranen in den Griff zu bekommen. Laut „Air Force Times" übertrifft die Zahl der Selbstmorde jene der im Kampf Gefallenen bei weitem. 2011 war ihre Zahl bei der Air Force um vierzig Prozent gestiegen.

In beiden Weltkriegen fochten Amerikas Heere, Flotten und Geschwader nicht etwa gegen feindliche Invasoren, sondern um die Rückzahlung der Multimilliarden Dollarkredite sicherzustellen, die von der Wall Street im Ersten Weltkrieg den Ententemächten, im Zweiten Weltkrieg ihren für Frieden, Freiheit, Menschenrechte und Democracy eintretenden Alliierten, nämlich den Kolonialmächten England, Frankreich sowie der Bolschewisten gewährt wurden. Doch seit dem Koreakrieg hat Uncle Sam keinen Sieg mehr erfochten. Aus Vietnam, Libanon, Somalia, Irak, mußte er mit eingezogenem Schwanz abziehen; seine „Siege" über Pánama und Grenada waren nur noch peinlich, seine Gefangenenbefreiungsaktion im Iran mißlang stümperhaft, im Irak und in Afghanistan erleiden die amerikanischen Friedensengel seit Jahren nur Pannen, Pech und Pleiten. Ihre in Abu Ghraib und Guantánamo erbrachten „Kulturleistungen" sowie ihre humanitären Wohltaten, die in irakischen Spitälern besichtigt werden können, wo Tausende verunstaltete Kinder wegen Masseneinsatzes von uranabgereicherter Munition hoffnungslos unheilbar dahinsiechen, werden niemals in Vergessenheit geraten. Welch ein Glück für die anhaltend gepflegte historische Legendenbildung der Amerikaner, daß weder

Die Hinrichtung Saddam Husseins nach einem Schauprozeß

schriftlich noch bildlich brauchbare Gegendarstellungen von Mexikanern, Sioux, Apachen, Nordkoreanern, Chinesen, Vietnamesen, Irakern, Afghanen überliefert sind und vorhandene Beweise sowie Richtigstellungen deutscher, japanischer, arabischer und anderer Revisionisten von Amts wegen unerwünscht, wenn nicht gar verboten sind.

Was können wir EU-ropäischen Lemminge von jenen „Eliten" der Westlichen „Werte"-Gemeinschaft erwarten, die unverhohlen die physische Vernichtung ihrer politischen Gegner fordern? Während „man" gegen Milošević und Saddam Hussein noch Scheinprozesse veranstaltete, wurde Gadhafi regelrecht abgeschlachtet. Welch Beweis moralischen Tiefstandes und bodenloser Heuchelei lieferte die Führungsriege von „God's Own Country", als sie sich im Mai 2011 im Weißen Haus vor dem Fernseher versammelte, um die Hinrichtung des angeblichen Osama Bin Laden durch ein amerikanisches Killerkommando „live" zu erleben! Wie tief gesunken ist aber auch EU-ropa, das sich von Satrapen, die vor ihren amerikanischen Herren kriechen, regieren läßt?

Die Führungselite der USA verfolgt die Ermordung Osama Bin Ladens am Bildschirm

Präsident Obama bei der Verleihung des Friedensnobelpreises

2009 hatte das Nobelpreiskomitee die Chuzpe (Unverfrorenheit), ausgerechnet den amerikanischen Präsidenten mit dem „Friedens"-Nobelpreis auszuzeichnen. Wäre es nicht die Aufgabe dieser hochgradigen Logenbrüder gewesen, einen Kandidaten auszuzeichnen, der nachweislich Leib und Leben für den Frieden riskierte und einsetzte? Dabei gab es einen idealen Kandidaten: Den irakischen Journalisten Muntasser al Saidi, der im Dezember 2008 während einer Pressekonferenz in Bagdad, trotz Anwesenheit von Militärpolizei und Leibwachen den Mut aufgebracht hatte, seinen Schuh an den Kopf des amerikanischen Präsidenten und Kriegstreibers George W. Bush zu werfen!

Alexander Haig: „Inner Circles", 1992; Michael Beschloss & Strobe Talbott: „At the Highest Levels", 1993; Deborah Shapley: „Promise and Power – The Life of Robert McNamara", 1993; Charles Lewis: „The Buying of the President", 1996; R. Kagan & W. Kristol: „Present Dangers", 2000; Bob Woodward: „Bush at War", 2002; A. Bacevitch: „The New American Militarism", 2005; B. Barber: „Fear's Empire", 2003; M. Ruppert: „Crossing the Rubicon", 2004; M. Scheuer: „Imperial Hubris", 2004; Yuri Slezkine: „The Jewish Century", 2004; R. Melisch: „Der letzte „Akt", 2007 und „Das Schweigen der glücklichen Sklaven", 2010.

4) Kanada:
Leuchtendes Beispiel mißlungener „Bereicherung"

Kanada ist der zweitgrößte Staat der Erde, zählt aber nur 35 Millionen Einwohner, während der größte, die russische Föderation, 144 Millionen und der drittgrößte, die USA, 325 Millionen beherbergt. Bis

Ende der 40er Jahre sah sich die große Mehrheit eingewanderter Europäer – von den Provinzen an der Küste des Pazifiks bis zu jenen des Nordatlantiks, mit Ausnahme der von Franzosen besiedelten Provinz Québec und der am Atlantik gelegenen Provinz Acadie – als Nachfahren angelsächsischer Einwanderer und Hüter protestantischer Werte. Während des Kalten Krieges flohen Tausende Ost- und Mitteleuropäer über den Atlantik und nach der ungarischen Revolution nahm Kanada 40.000 Magyaren auf. Finanziell gefördert von links-liberalen Regierungsparteien, bildeten sich in den Großstädten Vancouver, Toronto, Montréal, gleichgesinnte Parteien der verschiedenen Minderheiten unter dem Motto: „Canada is a multicultural state." Konservative Politiker und Hüter alter Traditionen, die vor der Auflösung des historisch gewachsenen Kanada warnten, werden als Frömmler, Rassisten und Ewiggestrige beschimpft. Es gilt die Devise: In Kanada wird kein Flüchtling abgewiesen. Doch was jeder sieht, aber keiner aussprechen darf, ist die Tatsache, daß das kanadische „Rettungsboot" unaufhaltsam sinkt.
Zwecks Umsetzung des in der kanadischen Verfassung eingemeißelten „Multikulturalismus", wird die Familienzusammenführung bei integrierten Minderheiten so munter vorangetrieben, daß 85 Prozent der Neu-Einwanderer einer solchen entspringen. Hier ein Beispiel: „John" entspricht den Kriterien und wird als Einwanderer in Kanada aufgenommen. Kanadischem Recht entsprechend darf er seine Eltern und minderjährigen Geschwister nachkommen lassen. „John" besucht die alte Heimat, heiratet „Jane" und kehrt mit ihr nach Kanada zurück. Nun kann auch „Jane" ihre Eltern und minderjährigen Geschwister nach Kanada importieren. Aus kanadischen Statistiken geht hervor, daß jeder auf Grund von Familienzusammenführung nach Kanada gelangte Einwanderer 34 Leute mit sich nachziehen wird.

5) USA:
Die mißlungene Integration führt zum Rassenkrieg

Das Ergebnis des Aberglaubens „diversity means enrichment", daß Vielfalt Bereicherung bedeute, läßt sich nach fünfzig Jahren im Falle Amerikas wie folgt darstellen:
- Mit 50 Millionen Zuwanderern stellen „Latinos" die größte Minderheit in den USA, 34 Millionen von ihnen sind Mexikaner,
- die Weißen halten derzeit noch die erste Stelle,
- trotz gezielter Förderung und Sonderprogrammen wie „Head Start" und „Affirmative Action" sind die Erfolgs- und Leistungsziele bei der

zweitgrößten Minderheit, den Afro-Americans, gesunken anstatt gestiegen.

- Nirgendwo und in keinem einzigen Bereich konnte die angestrebte „integration" der verschiedenen Ethnien durchgesetzt werden. Im Gegenteil: Die Schwarzen und Latinos streben nach „segregation", das heißt nicht nur nach völliger Trennung, sondern auch der Besetzung von Landesteilen, die einst Mexikanern und Indianern gehörten oder von afrikanischen Sklaven gerodet wurden.

Hier ein Streifzug durch das multikulturell bereicherte Nordamerika: Wie in allen Schulen und Universitäten, bilden auch beim Militär, bei der Polizei und Feuerwehr, in Ämtern, Gefängnissen, Spitälern, die Angehörigen einzelner Rassen – mit Ausnahme der Weißen, denen jede Art von Bekenntnis zu oder Stolz auf ihre Rasse aberzogen wurde – ihre Sondergruppen und verfolgen ausschließlich die Interessen der eigenen Rassegemeinschaft.

In gemischt bewohnten Stadtteilen toben Rassenkriege, immer mehr Weiße verlassen die Großstädte und ziehen in die nordwestlichen oder nordöstlichen Bundesstaaten. Von den Weißen wird freilich erwartet, daß sie tatenlos und freudig zusehen, wie sie zu einer immer bedeutungsloseren Minderheit – übrigens auch in Europa – herabsubtrahiert werden. Weißen Jugendlichen in den USA wird eingeimpft, Rassevielfalt bedeute Bereicherung, so als hätten nicht ausschließlich ihre Vorväter in den USA seit dem 17. Jahrhundert sämtliche Pionierleistungen erbracht. 74% der Schwarzen sind der Meinung, die Regierung sei verpflichtet, ihnen Arbeitsplätze zu verschaffen. 66% der Schwarzen fordern eine finanzielle Wiedergutmachung für die Sklaverei. 73% von ihnen glauben, die CIA importiere Kokain, um sie davon abhängig zu machen. 62% der Schwarzen sind überzeugt, HIV und AIDS seien erfunden worden, um sie zu eliminieren. Schwarze Bürgerinitiativen fordern die Abschaffung herkömmlicher Schulprüfungen und Benotungsverfahren nach dem IQ-Verfahren. Kommt es zu Prozessen gegen schwarze Kriminelle, plädieren ihre schwarzen Verteidiger auf ein „post-traumatic slavery disorder" – ein aus der Sklavenzeit ererbtes Trauma. Schuld seien deshalb stets und immer die weißen Opfer selbst.

a. Aus welcher Richtung weht denn dieser plötzliche Sturmwind?

An systemimmanenter Desinformation gewöhnte deutsche und österreichische Presse-, Radio- und Fernsehkonsumenten erlebten im Sommer 2015 eine vom amerikanischen Wahrheitsministerium ausgeheckte und mit seinen hörigen EU-ropäischen Nachplapperern diesseits des Atlantiks bestens abgestimmte Propagandaoffensive sondergleichen. Die Botschaft lautete: Europide – mit Ausnahme derjenigen, die für eine „One World" eintreten – seien unverbesserliche Rassisten, die nicht nur die Zuwanderung von Rassefremden in den (noch!)-weißen Staaten Nordamerikas und EU-ropas unterbinden wollen, sondern in ihren Ländern bereits angesiedelte Schwarze unterdrücken, verfolgen und gelegentlich sogar ungestraft abknallen. Diesen Medien verdanken wir die täglichen, Tränendrüsen aktivierenden Bilder von und Kommentare über die zu Tausenden über die Türkei und das Mittelmeer fliehenden, durchwegs jungen, gesunden, meist sportlich gekleideten „Asylanten" aus der Dritten Welt, denen NATO und EU-Staaten auf Kosten weißer Steuerzahler Fracht-, Fähr- und Spitalschiffe entgegenschicken, auf daß sie ganz sicher in Eurolanden landen. Besonders empörend war der vom ORF am 6. oder 7. August gesendete Kommentar zweier junger, arabischer Asylanten über ein in Niederösterreich gerade eröffnetes Zeltlager: „Das Lager ist nicht gut, die Unterkunft ist nicht gut, das Essen ist nicht gut: Österreich ist keine Kulturnation!"

Haben wir es nötig, undankbare und sowohl integrationsunfähige als auch -unwillige Fremde auf Befehl der hier bestimmenden amerikanischen Hegemonialmacht bei uns aufzunehmen? Haben wir denn die Schreckensbilder echter Flüchtlingstsunamis und Massen von Vertriebenen der Jahre 1945 in Europa, 1950-54 in Korea, 1960-75 in Vietnam vergessen? Und wo bleibt die Solidarität, die wir alle Jahre wieder den überlebenden Millionen Opfern von Erdbeben, Überschwemmungen, Vulkanausbrüchen auf vier Erdteilen versprechen? Dazu gleich ein weiteres Beispiel für die Unterwürfigkeit der Staatsmedien, wenn es um historische Unwahrheit „made in the USA" geht. Am 6. und 9. August berichtete der ORF zwar vom Abwurf der beiden Atombomben vor 70 Jahren auf Hiroshima und Nagasaki, erwähnte aber mit keinem Wort, daß Japan bereits im Februar 1945 die Kapitulation angeboten hatte, die von Roosevelt aber abgelehnt worden war.

Den logenbrüderlich verbundenen Betreibern der Umvolkung Nordamerikas und EU-ropas durch ethnische „Bereicherung" geht es nicht um die Rettung von einigen hundert Millionen Afrikanern, Arabern, Hamiten, Latinos, sondern um die seit einhundert Jahren mit allen erdenklichen Mitteln betriebene politische Entmachtung und demographische Schwächung des kulturell hochstehenden, einstmals widerstandsfähigen europiden Elementes durch Vermischung und Geburtenschwund.

Es ist deshalb kein Wunder, daß im Laufe der letzten Jahre gemäß den Ziffern des „US Census Bureau" der Anteil der „Afro-Americans" in den USA auf 13 Prozent anstieg. So ergab sich aus der Statistik des Bureau of Justice Statistics (BJS) und des Federal Bureau of Investigation (FBI) – für die meisten Kenner amerikanischer Verhältnisse keineswegs unerwartet – daß in den vergangenen 28 Jahren – trotz ihrer Minderzahl – 52 Prozent der Morde von Schwarzen und nur 45 Prozent von Weißen begangen worden waren.
Doch nicht nur in der Kriminalstatistik beginnt sich die Erosion der „White Caucasians" auszuwirken: Vor einigen Jahren betrat in Washington ein Abgeordneter aus Florida das Podium, griff zum Mikrophon und hielt erstmals im Senat eine Rede auf Spanisch. Der Amts-Stenograph schrieb ins Protokoll „Senator Suarez spoke Spanish" und legte den Bleistift weg. Keiner der weißen Kollegen protestierte.
Ein Beispiel aus EU-ropa gefällig? Als 2008 ein in Sarreguemines (Saargemünd) stationiertes französisches Bataillon nach Afghanistan entsandt werden sollte, meuterte ein Viertel der Mannschaft: Sie waren Muslime und weigerten sich, gegen Glaubensbrüder in den Krieg zu ziehen. Der weiße Bataillonskommandeur meldete den Vorfall seinem Vorgesetzten, erinnerte daran, daß Meuterer nach französischem Militärgesetz sofort zu erschießen seien und bat um Befehl, die Hinrichtung ausführen zu dürfen. Rangaufwärts wurde das heiße Eisen weitergereicht bis Präsident Sarkozy das letzte Wort sprach: „Seid ihr wahnsinnig geworden? Wenn die Hinrichtung stattfindet, müßte die Einsatzbereitschaft der gesamten „Armée Française" in Frage gestellt werden!

b. Ab ins KZ mit den Rassisten!

Im gleichen Maßstab wie der Einfluß des negriden Bevölkerungsanteils zunimmt, wächst der Widerstand radikaler Weißer gegen die von der Regierung und den Bundesbehörden geförderte Ent-Europäisierung Nordamerikas. In den USA wird diese nicht nur vom schwarzen Präsidenten Barrak Obama, sondern auch vom schwarzen Justizminister Eric Holder im Department of Justice und dem schwarzen Minister für Innere Sicherheit Jeh Johnson vom Department of Homeland Security vorangetrieben. Doch nicht nur Schwarze meutern gegen Weiß: Ende Juli 2015 meldete sich sehr laut und vernehmlich US-General Wesley Clark zu Wort. Das ist nicht irgendwer, denn er war 1999 als „Supreme Commander-Europe" Oberbefehlshaber der NATO-Streitkräfte im Kosovo-Krieg und ist jetzt Präsidentschaftskandidat der Demokratischen Partei. In einem Interview mit MSBNC (Microsoft National

Broadcasting Company) forderte er die Internierung von „disloyal and radicalized Americans" (treulosen und radikalisierten Amerikanern) in speziellen Anhaltelagern für die Dauer des wohl niemals enden wollenden „Krieges gegen den Terror". Genau wie Roosevelt, der im 2. Weltkrieg jene Amerikaner in Lager sperren ließ, die den Krieg gegen die Nazis mißbilligten, will jetzt General Wesley Clarke gegen Landsleute vorgehen, die Amerikas Krieg der Wall Street, der Neocons, Big Oils und des militärisch industriellen Komplexes auf vier Kontinenten im Namen von „freedom, peace, democracy" einstellen wollen.

Deshalb wird es nicht nur in den USA, sondern bald auch in Eurolanden angezeigt sein, Vorsicht walten zu lassen, welchen Umgang man pflegt und wo und mit wem man sich zeigt. Am besten, man folgt hier dem Beispiel des US-Präsidenten Obama: Sowohl er als auch seine Regierungsspitzen meiden Begräbnisse von Polizisten, die bei Einsätzen zu Tode kamen. Wenn aber schwarze Einbrecher, Drogendealer, überführte Kriminelle umkommen, entsendet der Präsident eine Abordnung seiner Regierungsmannschaft als Totenwache. Geht es um Urteile gegen „Schwarz", kommt es vor, daß er den Generalstaatsanwalt anweist, die Fälle entsprechend zu überprüfen. Zum Begräbnis des schwarzen Einbrechers Michael Brown, der von einem weißen „Cop" in flagranti erschossen wurde, entsandte Obama eine Delegation trauernder schwarzer Regierungsbeamter. Besondere Neigung empfand der Präsident zum 17-jährigen schwarzen Kriminellen Travyon Martin aus Sanford (Florida), der von einem weißen „Cop" in Notwehr erschossen worden war. Zärtlich gab Obama zu Protokoll: „Er hätte mein Sohn sein können." Kein Wort der Trauer, kein Kommentar aus dem Weißen Haus freilich zum Tod der jungen Weißen Kate Steinle in San Francisco, die von einem fünfmal abgeschobenen Mexikaner erstochen worden war. Sie verblutete in den Armen ihres Vaters. Hochleben im Weißen Haus hingegen ließen Barrak und Michelle Obama einen sich „Common" nennenden schwarzen „Rapper", der eine Lobeshymne auf den Polizistenmörder Abu Jamal komponiert hatte.

c. Ein Hoffnungsschimmer am Horizont?

Sein Name ist Michael A. Lewis. 22 Jahre diente er bei der Landwehr des Bundestaates Maryland und wurde 2006 zum Sheriff des Wicomico County ernannt. Nach den Unruhen und Plünderungen in Baltimore wurde er im April 2015 von Fox News interviewt und erklärte: „Rücksichtnahme auf politische Korrektheit hat dieses Land vernichtet; so lange ich in meinem Wahlkreis das amerikanische

Proteste in Ferguson (USA) wegen der Erschießung eines Afroamerikaners (Schwarzes Leben geht uns an)

Volk vertrete, werde ich nicht schweigen. Ich will für jene sprechen, deren Stimmen in diesem Land zum Schweigen gebracht worden sind ... Höchste Zeit, daß wir dieses Land wieder auf Gegenkurs zu Obama steuern..."

Im Juli 2015 von „American Free Press" zum Fall Michael Brown in Ferguson (Missouri) befragt, antwortete Lewis: „Michael Brown unterschrieb sein eigenes Todesurteil: Er forderte den Polizisten heraus, stürzte sich auf ihn, versuchte ihn zu entwaffnen und mußte die Folgen tragen..." Über die Unruhen und Plünderungen in Baltimore sagte Lewis: „Wäre der ‚Baltimore City Police' erlaubt worden, ihre Arbeit zu machen und die Ruhe wieder herzustellen, wäre es zur Schlacht gekommen, in der sie obsiegt hätte. Sie erhielt aber den Befehl, nicht einzugreifen, wurde von Randalierern mit Ziegelsteinen und Molotow-Cocktails beworfen und zu guter Letzt ganz abgezogen. Medien berichteten von 61 völlig zerstörten und 350 schwer beschädigten Häusern. Die Tatsache, daß 170 Polizisten teils leicht, teils schwer verwundet worden waren, blieb unerwähnt."

Sheriff Lewis schließt mit folgenden Worten: „Ich liebe den Job, den mir meine Landsleute übertragen haben. Weil ich täglich erlebe, was sich in diesem Staat abspielt, werde ich ein höheres Amt anstreben. Wir haben es satt, von einer Mehrheit in der Bundeshauptstadt Washington D.C. zum Schweigen verurteilt zu werden."

6) Das unabänderliche Ziel der US-Politik ist das Erringen der Weltherrschaft, doch seit den 70ern häufen sich die Krisen

Abgesehen von neun „Military Commands", die das Erdenrund überwachen, unzähligen über allen sechs Kontinenten verstreuten Armee-, Luftwaffen- und Marinestützpunkten, verfügen die USA über zahlreiche zivile sogenannte „Friedens"-Stiftungen wie „National Endowment for Democracy", „Human Rights Watch", USAID, usw.. „Wohltäter" der Marke George Soros finanzieren seit Jahren pro-westliche Oppositionelle in den „Schurkenstaaten" Rußland, Ukraine, Georgien, Venezuela, Bolivien, Ungarn, durch sogenannte „Blumenrevolutionen" und setzen dort ihnen genehme Satrapen ein.
Kommt es im Zuge ihrer Einmischungen in fremde Angelegenheiten zu Komplikationen mit dem Völkerrecht, pochen die USA auf Grund eines selbsterschaffenen „Alien Tort Statute" (Fremdschadenregelung) auf ihr Recht, sich als Weltpolizisten in fremde Angelegenheiten einzumischen.

a. Militärisch

Bis zum Ende des Korea-Krieges lief alles wie am Schnürchen, hatten die USA jeden Krieg gewonnen. Doch von da an gab es nur Pannen, Pech und Pleiten bei allen Einsätzen und Interventionen in Vietnam, im Iran, Irak, in Afghanistan, Somalia, als sich erwies, daß amerikanisches Militär, gegen „asymmetrisch" bewaffnete Gegner keine Chance hat. 2014 verfügten die USA über ein Militärbudget von 636, Rußland von 85 Milliarden Dollar.

b. Wirtschaftlich, sozial und finanziell

Seit der Jahrtausendwende geht es mit dem Erstarken der europäischen Industrie und dem Entstehen ernsthafter Konkurrenz in Ostasien in den USA strukturell und finanziell immer steiler bergab. Finanziell haben sich die USA im Laufe der vergangenen Jahre vom reichsten Gläubiger in den meist verschuldeten Staat verwandelt: Ihre Staatsschulden sind auf über 18.000 Milliarden Dollar gestiegen. Zählt man die Verschuldung ihrer Bürger und Forderungen einzelner Bundesstaaten hinzu, kommt man auf 58.000 Milliarden (58 Billionen!) Dollar. Mit Ausnahme der mit den USA politisch gleichgeschalteten EU-Staaten, sind viele ihrer Handelspartner dazu übergegangen, Importe und Exporte in Landeswährungen oder auf der Grundlage zinslosen

Warenaustausches abzuwickeln. Das Handelsbilanzdefizit mit China überschritt 2014 die 350 Milliarden Dollar-Marke. Mit dem im Verlauf des letzten Jahres angehäuften Überschusses von 3000 Milliarden Dollar kauften Chinesen amerikanische Staatsanleihen, Immobilien, ganze Hafenanlagen oder tauschten Dollar in Euro um. Im Dezember 2012 stellten 49 der 50 US-Bundesstaaten in Washington den Antrag auf „Secession", um aus dem amerikanischen Staatenbund auszuscheiden. Weil der Bund nicht mehr in der Lage war, seinen finanziellen Verpflichtungen nachzukommen und Katastrophenhilfe zu leisten, konnten die einzelnen Bundesstaaten einen hohen Prozentsatz ihrer Polizisten, Lehrer, Feuerwehrleute, Beamten und ihres Spitalpersonals nicht mehr entlohnen. Am 20. Juli 2013 mußte Detroit, vor wenigen Jahren noch Hauptstadt der amerikanischen Automobilindustrie mit 2,3 Millionen, heute nur noch 700.000 größtenteils arbeitslosen Einwohnern, Konkurs anmelden.

Amerika, „God's Own Country", ist längst pleite: 48 der 50 US-Bundesstaaten, so das „Center on Budget and Policy Priorities", waren 2012 zahlungsunfähig und mußten einst steinreiche Landkreise wie Jefferson County (Alabama), Boise County (Idaho), Orange County (Kalifornien), Harrisburg (Pennsylvania) und einige mehr, Konkurs anmelden. In Hunderten Städten und Bezirken wird nur noch in Lokalwährung abgerechnet: In Teilen Kaliforniens mit dem „Share", North Carolinas mit dem „Plenty", Indianas mit dem „MAC", in Brooklyn mit dem „Torch", in Detroit mit dem „Cheer" usw. Der Bundesstaat Kalifornien entließ 6500 Gefängnisinsassen samt Wachpersonal, um Lehrergehälter bezahlen zu können. Hundert Millionen Amerikaner – ein Drittel der Gesamtbevölkerung – gelten als „armutsgefährdet". 2014 bezogen 47 Millionen Amerikaner Lebensmittelmarken im Wert von 316 Dollar pro Monat. Wer sonst, als die von der Wall Street aus ferngelenkte Europäische Union könnte hier aushelfen?

„Vergessen wir für kurze Zeit" – so Leitartikler Mark Anderson am 26. Januar 2015 in „American Free Press" – „die Verbrechen der IS-Halsabschneider, den drohenden 3. Weltkrieg um die Ukraine, und wenden wir uns der ‚fast track' (Schnellspur-) Welthandelsorganisationen TTIP und TTP zu, deren Einführung Präsident Obama vom Kongreß fordert, obwohl diese die bestehende Wirtschaftsordnung und Sozialgesetzgebung nicht nur der USA, sondern vor allem der EU stark einschränken würden."

Anderson befürchtet, daß der gerade erst gewählte 114. Kongreß sehr bald zusammentreten und eine Koalition bilden wird, um zunächst die aus zwölf Pazifik-Anrainerstaaten bestehende TPP (Trans Pacific Partnership) und bald darauf die euro-amerikanische TTIP (Transatlantic

Gegen die Verabschiedung von TTIP wurden in einer europaweiten Aktion schon mehr als 3,3 Millionen Unterschriften gesammelt

Trade and Investment Partnership) zu genehmigen. Dank TPP und TTIP wären die Partnerstaaten der USA in der Lage, Schäden einzuklagen, wann immer amerikanische Bundes- oder Landesgesetze ihren Gewinnmaximierungen im Wege stünden. Die Kosten gingen dann freilich zu Lasten der amerikanischen Steuerzahler. Weil die USA weit mehr importieren als exportieren, erwirtschaften sie jedes Jahr Handelsdefizite von Hunderten Milliarden Dollar. Daran würden weder TTP noch TTIP etwas ändern können. Seit Anfang Februar verhandeln amerikanische und EU-ropäische Experten, doch klaffen die beiderseitigen Erwartungen und Meinungsunterschiede atlantikweit auseinander. Wie Anderson, erwarten auch andere „Insiders" weder längere noch gar hitzige Debatten im Kongreß. Weil die Lobbyisten ihre Provisionen vom Big Business schon längst kassiert haben, die Kongreßabgeordneten von der Wall Street reichlich und rechtzeitig „angefüttert" wurden, geht man in Washington davon aus, daß Präsident Obama mit großer Mehrheit freie Hand zur Einführung der „Trans Pacific Partnership", danach auch der „Transatlantic Trade and Investment Partnership" bekommt und diese trotz Widerstandes seitens der Gewerkschaften, Umweltschutzorganisationen und zahlreicher Bürgerinitiativen innerhalb von 90 Tagen umsetzen wird.

Begreiflicherweise suchen die amerikanischen Befürworter dieser globalen Freihandelsabkommen keine partnerschaftliche Zusammenarbeit mit ihren transozeanischen Alliierten, sondern verharren auf Grund ihrer weltpolitischen und militärischen Machtstellung in imperial dominanter Haltung gegenüber ihren EU-ropäischen und asiatischen Partnern. Daß auch die Brüsseler Spitzen und meisten EU-Parlamentarier aller Couleurs und variabler Gesinnungen längst von den Globalisierern eingekauft wurden, erkennt man anhand ihrer wahltaktischen Versprechen. Glaubt denn die von der Wall Street ferngelenkte EU-Kommissarin Cecilia Malmström selbst daran, daß diese „Partnership" ein Segen für die EU-ropäer wäre?

Gegner der TTIP warnen: Bisher galten gute Qualität, verläßlicher Service, günstige Preise als Voraussetzung erfolgreichen Exportierens. Doch würden Qualitätsbegriffe auf Grund des Monopols von TTP und TTIP fortan als überholt gelten und Exportgeschäfte nur noch nach Maßstab finanziellen Profites gemessen, eingeklagt, erzwungen werden, und mögen die Verbraucher zur Hölle fahren. Spezielle Schiedsgerichte würden dafür sorgen, daß nationale Gesetze und Konsumentenschutzbestimmungen außer Kraft gesetzt werden, die Gewinnmaximierungen der TTP- und TTIP-Mitglieder schmälern könnten.

Kein Wunder, daß die Freihandelsfetischisten in den USA, Brüssel und Fernost die Werbetrommel rühren und derart falsche Hoffnungen wecken, daß Atlantik und Pazifik erröten: Sie versprechen dem „homo consumens" der neuen, gleichgeschalteten Einen Welt nachhaltige Wachstumssteigerung, Energiesicherheit, sichere Arbeitsplätze, höchste Lebensmittelqualität bei niedrigen Preisen, totale Transparenz der TTP- und TTIP-Regeln, Aufsicht der Kommunen über die eigene Wasserversorgung und so weiter und so fort, Ehrenwort!

Abschließend gibt Mark Anderson seinen Lesern den dringenden Rat: „Ruft Eure Senatoren und Kongreßabgeordneten in Washington an. Ihr erreicht sie unter der Nummer 202-224-3121 oder 202-225-3121 und sagt ihnen, daß Ihr die TTP- und TTIP Märchen durchschaut habt, diese ablehnt und entsprechend wählen werdet!"

c) Innenpolitisch

„Democracy" auf amerikanisch bedeutet nichts anderes, als das alle vier Jahre inszenierte Kasperltheater um die Präsidentschaft, mit austauschbaren Kandidaten zweier gleichgeschalteter Parteien, die von Lobbies reichlich finanziert werden. Es kostet Industrien, Fremdstaaten, Minderheiten, Berufsgruppen, jährlich 1 Million $ um einen Lobbyisten im Kongreß, zwischen 4 und 6 Millionen, um einen solchen im Senat zu unterhalten. Bei den Präsidentschaftswahlen des Jahres 2004 ließen sich 45 % der wahlberechtigten US-Bürgerinnen und -Bürger registrieren. Von diesen gingen 30% zur Wahl, was bedeutet, daß nur

15 % aller wahlberechtigten Amerikaner ihre Stimme abgaben. 2008 waren es mit 26% auch nicht viel mehr.
Die nächsten Präsidentschaftswahlen werden am 8. November 2016 abgehalten. Wenn kein Wunder geschieht, könnte es dazu kommen, daß die Mehrheit der amerikanischen Bevölkerung die sehr umstrittene Hillary Clinton und somit zum ersten Mal eine Präsidentin kürt.

d. Moralisch

Hier nur ein Beispiel, wie tief Amerikas Geldelite gesunken ist:
Engagierten Gegnern der kriminellen, jedoch höchst profitabel produzierenden amerikanischen Abtreibungsindustrie gelang es vor kurzem, während einer Konferenz der Gesellschaft für „Planned Parenthood" (Elternschaftsplanung) zwei Videofilme heimlich aufzunehmen, auf denen die verschiedenen Methoden für das „Ernten" (harvesting) sowie das Lagern und den Verkauf bestellter Körperteile von ungeborenen Babies zu Höchstpreisen besprochen wurden. Auch das CMP (Center for Medical Progress) veröffentlichte entsprechende Filmaufnahmen, um die Wahrheit über die gesetzlich verbotene, unmoralische „Partial Birth" (Teil-Geburt Abtreibung) und den Verkauf daraus gewonnener „Produkte" am schwarzen Markt anzuprangern.

Einige Mitglieder des CMP gaben sich als Vertreter der im Bio-Gewerbe tätigen Firma „Biomax" aus und bekundeten Interesse an frischer Babyhaut. Im ersten Video, das am 14. Juli 2015 ausgestrahlt wurde, unterhalten sich die als interessierte Käufer auftretenden Herren drei Stunden lang mit Dr. Deborah Nucatola, Senior Director of Medical Services von „Planned Parenthood"-Company, in deren Namen die Ärztin ihren Gästen erklärte, wie die Abtreibungsvorgänge je nach Bedarf und Endzweck der gewünschten Ernte an Organen oder Körperteilen der jeweiligen Opfer geplant werden könnten. „Die meisten Kunden bestellen heutzutage intakte Herzen" erklärt Dr. Nucatola und kaut an ihrem Big Mac, „...andere wollen intakte Lungen, funktionierende Extremitäten und vor allem so viele Lebern wie möglich..." und nimmt einen Schluck Wein. In allen Einzelheiten schildert sie den grausigen Vorgang des schrittweisen Tötens teil-geborener Babies. Dr. Nucatola versichert, sie und die meisten Anhänger von „Planned Parenthood" seien auf Grund wachsender Nachfrage und trotz Widerstandes einiger Regierungsstellen bereit, die Nutzung des „Erntens" (Harvesting) von Einzelorganen teilgeborener Babies dank „Partial Birth" (Teil-Geburt Abtreibung) voranzutreiben. Schließlich tue „Planned Parenthood" ja nichts anderes, als Blut in anderer Form zu spenden.

Im zweiten Video entschuldigt sich Cecile Richards, Präsidentin von „Partial Parenthood" am Ende der Konferenz für die oftmals forsche und unsensible Ausdrucksweise von Dr. Nucatola, denn schließlich sei es ja hier um einen Großauftrag für die Lieferung, Lagerung und den Transport von großen Mengen an „geernteter" Baby-Haut (Epidermis) gegangen. Im Video ist zu sehen, wie die angeblichen Delegierten von CMP mit Dr. Mary Gattler von „Planned Parenthood" um den Preis des Großauftrags feilschen. Als sie aufgefordert wird, den von ihr angepeilten Kaufpreis zu nennen, antwortet sie: „What I want, is a Lamborghini!" [das teuerste Auto der Welt].

Nun sind die amerikanischen Abgeordneten und Juristen am Wort, denen beide Videos vorgespielt wurden. Werden sich jene durchsetzen, die für Moral und Ethik in ihrem Land eintreten und deshalb die Einsetzung eines Untersuchungsausschusses fordern, oder die Babyfarmer und Lobbyisten, die am Verkauf werdenden Lebens Millionen Silberlinge verdienen?

7) „BIG OIL" & „BIG MONEY" haben Vorrang vor der Trinkwasserversorgung

Beispiel 1:
Wie Politiker in den von „Big Money" und „Big Oil" regierten Vereinigten Staaten von Amerika mit den Rechten der Bürger umgehen, wenn Aussicht auf Milliardengewinne und saftige „Spenden" besteht, läßt sich am Bau der „Keystone XL Pipeline" ermessen, die höchst umweltschädliches, ölsandhaltiges Schweröl von der kanadischen Provinz Alberta zu texanischen Raffinerien und Häfen am Golf von Mexiko befördern würde. Gemeinden und Privatbesitzer der Ländereien, durch die das Öl fließen soll, befürchten schlimmste Umweltkatastrophen, denn um diesen verdickten Ölschlamm 1700 Meilen weit pumpen zu können, muß dieser erhitzt und durch „Cracking" (Zersetzung unter Hochdruck) einem steten Druck von 1440 Pfund pro Quadratzoll ausgesetzt werden, sonst bleibt er in der Leitung stecken. Sollte sie irgendwo platzen, wären die Schäden unabsehbar.
Wissenschaftler und Bürgerinitiativen erinnern daran, daß die „Keystone XL Pipeline" durch die von extensiver Landwirtschaft abhängigen Bundesstaaten Nebraska, Colorado, Wyoming, Kansas, Texas, Oklahoma führen soll, die vom „Ogallala Aquifer" abhängig sind, einem gewaltigen unterirdischen Grundwassersee, der sich unter diesen

„breadbasket“ (Brotkorb) genannten Bundesstaaten über eine Fläche von mehr als 450.000 km^2 ausbreitet.

Beispiel 2:
Graben die Sioux das Kriegsbeil wieder aus?
1868 hatten die Häuptlinge der Siouxstämme mit Bleichgesichtern und sogar dem Gesandten des weißen Vaters in Washington bei Fort Laramie die Friedenspfeife geraucht, das Kriegsbeil begraben und neue Siedlungsgrenzen festgelegt. Als im Laufe der Jahre nach Dakota hereinströmende weiße Siedler immer mehr Weideland beanspruchten, überfielen 1890 Blauröcke der Bleichgesichter die friedlichen Siouxstämme am Wounded Knee, massakrierten dort 400 Krieger samt Squaws und Papoose mit Artillerie und trieben die Überlebenden in unfruchtbares Wüstenland.
Da „weißer Mann“ bekanntlich mit gespaltener Zunge spricht, bezeichnete Ende November Tim Tiago, Herausgeber der Zeitschrift „Native Sun News“, die heute im Bundesstaat North Dakota von allen Sioux gelesen wird, die Ankündigung des Bau-Riesen Trans-Canada, die von der US-Regierung genehmigte „Keystone XL pipe line“ durch Indianerland legen zu wollen, als Kriegserklärung an alle Sioux Stämme und betitelte seinen Leitartikel: „Wird die Entscheidungsschlacht im Krieg der Indianer gegen die Amerikaner endlich ausgefochten?“
Im Gegenzug für das Einverständnis zur Verlegung der gigantischen Ölleitung von der kanadischen Provinz Alberta zu den Häfen am Golf von Mexiko durch ihr Gebiet in North Dakota, versprechen „Big Oil“, der Industriegigant Trans-Canada und die weisen, weißen Väter in Washington ihren lieben, indianischen Kindern massenhaft Arbeitsplätze, Gewinnbeteiligung am Öltransit und Anschluß an neue Verkehrswege in die Zivilisation. Kein Wort freilich seitens Bundes- und Landesregierung, geschweige denn des Betreibers zu den Warnungen vor Umweltschäden durch Versickern giftiger Chemikalien und Verschmutzung des Grundwassers.
Weil den in North Dakota regierenden und von Trans-Canada bestochenen „Republicans“ die Sorgen und Anliegen der Sioux herzlich wurscht sind, zögerten die Abgeordneten in der Landeshauptstadt Bismarck nicht, Mitte November 2014 ein Gesetz zur Enteignung von Grund und Boden „im Falle höheren Interesses des Staates“ mit einer Mehrheit von 252 gegen 161 zu erlassen. Für ein solches Ermächtigungsgesetz hatten ja auch die „Volksvertreter“ der kanadischen Provinz Alberta gestimmt, als es darum ging, das mittels umweltschädigenden „Frakkings“ in ihrem Land gewonnene Schieferöl durch die „Keystone-pipeline“ quer durch die USA nach Texas zu pumpen. „Ein weiterer Beweis

Die Auswirkungen der großen Trockenheit im Westen der USA

dafür", so der Sioux Tim Tiago in Native Sun News, „daß wir in einem Staat leben, in dem nicht das Volk, sondern Big Biz und Big Oil das Sagen haben."

Beispiel 3:
Im „Golden State" Kalifornien regnet es seit Jahren kaum, trocknen Brunnen und Stauseen aus, werden Flußläufe zu Rinnsalen, spart die Feuerwehr beim Löschwasser. Im Januar 2013 verkündete Jerry Brown, Gouverneur von Kalifornien, den Ausnahmezustand. Anfang 2014 gab der Kongreß bekannt, daß Kalifornien seit drei Jahren auf Grund ausbleibender Niederschläge und Schneeschmelze das größte Wasserdefizit seiner Geschichte erleidet. Am ärgsten trifft es Tausende einheimische Farmer und die Million Saisonarbeiter, die alljährlich aus Mexiko oder anderen US-Bundesstaaten zur Obsternte und Weinlese hereinströmen. Unter ihnen kommt es zu Verdrängungskämpfen um das wertvolle Naß. Während dem einfachen Volk in Stadt und Land, den Kleingärtnern, kinderreichen Bauern und Viehzüchtern keine andere Möglichkeit bleibt, als auf ihrem Grund und Boden nach verborgenen Quellen zu bohren, kontaminiertes Wasser zu trinken oder fremde Leitungen anzuzapfen, verfügen die Agro-Multis, die weltweit exportierenden Obstkonservenfabrikanten, Orangenlieferanten und Winzer sowie die Winter- und Sommer-Luxushotellerie nach wie vor über unverminderte Wasserzuteilung.

Ein Kalifornier auf die Frage eines europäischen Touristen nach Gründen für diese schreiende Ungerechtigkeit: „Well, this is America, you know!"

Bis Ende 2014 war die Bevölkerung der USA zwar auf 325 Millionen gestiegen, seit 1986 aber die Zahl der Industriearbeitsplätze um 20 Millionen gesunken. Den Ziffern des „Bureau of Labor Statistics" ist zu entnehmen, daß es industriell in den USA seit zunehmender Automatisierung sowie wachsender europäischer und ostasiatischer Konkurrenz immer steiler bergab geht.
Die finanzielle Lage der USA ist alles andere als rosig. Am 25. Mai 2015 schrieb Michael Snyder in Kopp-online: „Nähme man jedem Einwohner der USA all sein Geld ab, würde es nicht reichen, um die Staatsverschuldung zu begleichen. Derzeit beträgt sie 145.000 Dollar pro Haushalt und steigt weiter an ... Prognosen zufolge werden die Staatsausgaben für Sozialversicherung, „Medicare" und „Medicaid" samt Zinsen auf die Staatsschulden im Jahre 2025 die Staatseinnahmen übersteigen. Dabei sind weder Militärausgaben, Beamtengehälter, Kosten für Infrastruktur, Straßenbau, noch Katastrophenschutz und Telefonleitungen inbegriffen. Insgesamt stehen die Amerikaner mit 58 Billionen Dollar – das sind 58.000 Milliarden Dollar – in der Kreide.
„Was geschieht mit einer Gesellschaft", fragt Snyder „deren Gesamtschulden deutlich höher sind als das zur Verfügung stehende Geld?"
Könnten sich die USA dieses Mal einen Dritten Weltkrieg leisten?

8) Die demographische Entwicklung verändert die politische, wirtschaftliche und soziale Landschaft in den USA

Merke: Die demographische Entwicklung verläuft nicht linear, sondern exponentiell und ist – wenn nicht Gegenkurs gesteuert wird – unumkehrbar.
1970 betrug die Bevölkerung der USA 203 Millionen, 2000 waren es 281, Ende 2014 waren es bereits 325 Millionen. Die Weißen stellen heute nur noch die vorläufig stärkste von den drei großen Minderheiten in ihrem Land dar. Eine der Folgen davon: Während 2012 nur 39 Prozent der weißen Wähler, die 72 Prozent der Wählerschaft stellen, Obama ihre Stimme gaben, wählten 93 Prozent der Afro-Amerikaner, 71% der Latinos und 73% der Asiaten den schwarzen Präsidenten. Bis 2050 werden die Weißen aus ihren Hauptsiedlungsgebieten vertrieben

sein, sofern sie nicht vorziehen, rechtzeitig auszuwandern. Aber wohin?

Ein Wort zur politischen Achromatopsie

An dieser Sehbehinderung, auch Farbenblindheit genannt, schienen Ende August 2005 die Nachrichtensprecher, Berichterstatter, Redakteure aller politisch korrekten Medien zu leiden, die uns Bilder vom Hurricane „Katrina" und der Überschwemmungskatastrophe in New Orleans frei Haus lieferten. Das, was Milliarden Menschen auf ihren Bildschirmen mit eigenen Augen erkennen konnten, mußte sich zwangsläufig dem politisch korrekten Nichtsehendürfen oder Nichtsehenwollen farbenblinder Kommentatoren entziehen. Diese berichteten zwar allgemein von Hungersnot und Plünderungen, doch was uns die Bilder aus der überschwemmten Großstadt zeigten, waren schwarze Plünderer, die nicht etwa Nahrungsmittel zum Überleben abschleppten, sondern schwer bepackt mit Fernsehgeräten, teurer Sportbekleidung, Kisten mit alkoholischen Getränken und Handfeuerwaffen aus geplünderten Läden und Boutiquen eilten. Wen sah man in Booten auf der Suche nach Überlebenden paddeln? Wen sah man in der stinkenden Brühe durch die überschwemmten Straßen auf der Jagd nach Plünderern und Vergewaltigern patrouillieren? Es waren weiße Polizisten und weiße Angehörige der „National Guard".

Doch weil nicht sein kann, was nicht sein darf, werden Nachrichten von rassisch motivierten Krawallen in den Slums und Vororten amerikanischer und europäischer Großstädte unterschlagen, dürfen Berichte und Statistiken über die rapid ansteigende Kriminalitätsrate bei den sich exponentiell vermehrenden Schwarzen in Amerika, Großbritannien, Frankreich, nicht verlautbart werden. Im Schulunterricht, am Arbeitsplatz, in den Medien, wird die Botschaft vermittelt, daß unsere schwarzen Brüder haargenau die gleichen Menschen sind wie du und ich, deshalb über die gleichen Fähigkeiten verfügen und die gleiche Entwicklung durchmachen müßten, wie wir Europide auch. Doch das sind sie eben nicht, sonst hätten sie sich nach 250 Jahren Nebeneinanderlebens in den USA, 60 Jahren in England und Frankreich, schon längst integriert. Ob nun die Weißen schuld an diesem Auseinanderklaffen sind, wie von Soziologen und liberalen Gutmenschen behauptet, oder Gene und Desoxyribonukleinsäure der Schwarzen anders zusammengesetzt sind als jene der Weißen, Tatsache ist, daß trotz jahrzehntelanger Förderprogramme, Bevorzugung, Quotenregelung am Arbeitsplatz und an Hochschulen, viele Afroamerikaner ihren Dauerfrust nur allzu oft und

Flüchtlingslager am Superdome in New Orleans nach dem Wirbelsturm Katrina

gerne mit Plünderungen ihrer weißen Nachbarn, Gewalt an weißen Frauen oder Angriffen gegen die weiße Staatsgewalt abreagieren.
Hier ein Auszug aus der „Live"-Reportage des CNN-Reporters Raymond Cooper aus dem „Superdome" von New Orleans am 29. August 2005, wo hunderttausend Flüchtlinge tagelang auf ihre Evakuierung warteten: „... hier laufen viele Schwarze mit Revolvern herum, ganz junge Burschen sind dabei und vergewaltigen Mädchen". Die britische Zeitung „Manchester Evening News" berichtete: „Dreißig britische Studenten hatten im ‚Superdome' Zuflucht gefunden und erlebten dort das Grauen... ‚Junge Schwarze mit Revolvern und Messern rannten umher, bedrohten und beschimpften uns', erzählt Jamie Trout, 22. ‚Wir haben einen Kreis gebildet und unsere Mädchen beschützt'." Die „Melbourne Herald Sun" schrieb über eine Gruppe von 65 australischen Touristen, denen es gelang, aus dem „Superdome" zu entkommen, nachdem sie tagelang gefangen gehalten worden waren. Vanessa Cullington, 21: „... an Schlaf war nicht zu denken. Als sich in der letzten Nacht herumsprach, daß in wenigen Minuten die Beleuchtung ausgeschaltet werden sollte wußten wir, daß unsere letzte Stunde geschlagen hatte. Die Gangs der Schwarzen umkreisten uns wie Wolfsrudel. Wir hätten keine Chance gehabt, doch zum Glück ging das Licht nicht aus und wir konnten kurz darauf die Flucht ergreifen..."

Viele fleißige und integrierte Afroamerikaner erinnerten solche Horrorberichte und Fernsehbilder an Filmszenen aus der Dritten Welt. Sie fühlten sich vom Verhalten Tausender ihrer „Soul-Brothers“ in New Orleans abgestoßen. Hier der Kommentar des schwarzen Star-Reporters Leighton Levy: „Ich möchte eingangs versichern, daß ich stolz darauf bin, ein Schwarzer zu sein. Während der vergangenen Tage konnte die ganze Welt die Zerstörung von Städten und Gemeinden im Süden der USA durch den Hurricane Katrina im Fernsehen erleben ... Was ich, genauso wie die Menschen in aller Welt auch gesehen habe, das waren Schwarze, die Schuhe, Schönheitsmittel und Computer plünderten. Wer kann angesichts der Bilder von schwarzen Jugendlichen, die kistenweise Nike-Sportschuhe und Fernsehgeräte abschleppten, noch Kommentaren glauben, daß hier Menschen aus Hungersnot plünderten? Langsam glaube ich selbst daran, daß Schwarze einen genetischen Hang zu Diebstahl und Mord haben. Da wurde das gesamte Waffensortiment des Großkaufhauses Wal-Mart ausgeraubt. Mit diesen Waffen zog der schwarze Mob durch die Stadt und überfiel notleidende Menschen! Kann man denn noch tiefer sinken? Das hat nichts mehr mit Armut zu tun, denn die weiße Unterschicht litt genauso an Hunger und Durst. Zeigte uns das Fernsehen etwa Bilder von plündernden Weißen? Ist es nicht vielmehr so, daß sich die Weißen vor den Schwarzen in ihren Häusern verstekken mußten? Und wißt ihr was? Nur einmal, ein einziges Mal möchte ich es erleben, daß während solcher Katastrophen wir Schwarzen vor der ganzen Welt als Vorbilder dastehen, anstatt immer nur unsere dunkelste Seite zu zeigen. Wäre das zuviel verlangt?“
Warum werden denn solche Aussagen in unseren gleichgeschalteten „Qualitäts“-Medien unterschlagen? Gibt es einen Maulkorberlaß von ganz, ganz oben, der untersagt, davon zu berichten, daß 2010 in den USA – bei einem Bevölkerungsanteil von 65 Prozent Weißen und 13 Prozent Schwarzen – 5890 Morde von Schwarzen, aber nur 5286 Morde von Weißen begangen wurden, und daß im selben Jahr 37.461 weiße Frauen von Schwarzen und nur 10 schwarze Frauen von Weißen vergewaltigt wurden? Es geht doch nicht darum, sich an Verbrechen einiger wild gewordenen Nord-, Schwarz- oder Afroamerikaner zu ergötzen, wo doch die Geschichte der europäischen Völker so reich an Beispielen eigener Untaten ist. Es geht darum aufzuzeigen, daß die Betreiber der Globalisierung und „Bereicherer“ europäischer Völker offensichtlich schon vor Jahrzehnten eine Art „Fatwa“ erlassen haben müssen, die alle ihnen hörigen Politiker und Publizisten der westlichen „Werte“gemeinschaft verpflichtet, sich an die historisch offenkundige Tatsache zu halten, daß Gewaltverbrechen grundsätzlich nur von Europiden begangen werden und daß im unwahrscheinlichen Fall, daß

versehentlich auch Weiße die Opfer sind, immer darauf hinzuweisen ist, daß diese selbst schuld seien.

9) Auswirkungen des von den Globalisierern gepredigten Antirassismus

Den Europiden jung und alt wird unablässig eingetrichtert, daß ihre Geschichte ein nicht endender Ablauf von Aggressionen gegen friedliche Fremdvölker und Ausbeutung von Fremdrassigen gewesen ist. Doch nun sei endlich die Zeit gekommen, den einst von uns ausgebeuteten Menschen in aller Welt jede Art von materieller und moralischer Wiedergutmachung zu gewähren. Das Mindeste, das wir tun könnten, so die tägliche Botschaft unserer Politschaffenden, wäre doch wohl die Aufnahme von Millionen hungernder, frierender Asylsuchender in unserer geradezu im Überfluß erstickenden Heimat Europa. Wie viele Asylanten nehmen denn eigentlich die reichen Länder Japan, Saudi Arabien, Kuwait, Singapur auf? Hat man jemals erlebt, daß reiche Japaner oder arabische Ölscheiche fremdrassige Kinder adoptieren?
Es ist erstaunlich, mit welcher Ausdauer und Konsequenz die Globalisierer daran arbeiten, das noch halbwegs homogene Erbgut der europiden Völker durch geförderte Massenzuwanderung zu verändern, die Calcuttisierung der europäischen Städte, die Verstädterung europäischer Landschaften und die Entregionalisierung europäischer Infrastrukturen durchzusetzen. Die Globalisierer haben zwar die Kontrolle über Hirn, Penis, Politik, Wirtschaft, Kultur, Forschung, Medien und Finanzen der EU-ropäer übernommen, doch eines haben sie noch nicht erreicht, nämlich ihre genetische Veränderung. Zwar wissen sie aus Erfahrung, daß man gewisse EU-ropäer innerhalb einer Generation umerziehen kann, deren genetische Veränderung jedoch erst nach Ablauf eines sehr langen Vermischungsprozesses erreichen könnte.

10) Rassenkrieg in den USA

Christopher Petherick, Herausgeber der Wochenzeitung „American Free Press", warnt vor dem gewaltigen Pulverfaß, das durch zunehmende Rassenkonflikte in den USA jederzeit explodieren kann. In einem Leitartikel vom 15. Mai 2015 schreibt er: „Seit Monaten klagt das liberale Medienkartell, weiße Polizisten würden verdächtige junge Schwarze einfach abknallen, doch dank unserer in Baltimore (Maryland),

Sanford (Florida), Ferguson (Missouri), New York City (N.Y.) vor Ort recherchierenden Reportern stellte sich heraus, daß die weißen Polizisten in Notwehr geschossen hatten..." Am Abend nach der Erschießung des jungen schwarzen Plünderers Freddy Gray durch einen weißen „Cop" in Baltimore, versammelten sich Tausende Schwarze in der Innenstadt, schlugen Schaufenster ein, plünderten die Geschäfte, brannten 15 Gebäude nieder, zerstörten 144 Autos, doch auf Befehl der schwarzen Bürgermeisterin Stephanie Rawlings-Blake: „Give those who wish to destroy the space to do it" (gebt denen, die zerstören wollen den Raum, dies zu tun), durfte die von einem Schwarzen angeführte Polizei nicht eingreifen.

Am 20. Dezember 2014 wurden in Brooklyn zwei weiße Polizisten in ihrem geparkten Wagen von einem Schwarzen erschossen. Als am Sonntag darauf der (weiße) Bürgermeister von New York, Bill de Blasio, am Grab der beiden Polizisten eine Rede hielt, in der er mehr Toleranz gegenüber schwarzen Bürgern einforderte, kehrten ihm Tausende trauernde weiße Polizisten den Rücken.

Gehört es nicht zur gutmenschlichen Heuchelei von Filmproduzenten, Regisseuren und Feuilletonjournalisten, daß sie Verbrecherrollen grundsätzlich von Weißen, sympathische Rollen von Schwarzen spielen lassen.

a. Die Schwarzen, auch „Afro-Americans" genannt

Schwarze und Latinos feiern weder den 4th of July noch den Columbus Day mit den Weißen, sondern den Martin Luther King-Day oder den Cinco de Mayo. An Feiertagen schwingen sie keine amerikanische Flaggen, sondern die mexikanischen oder die Afro-Fahnen rot-schwarz-grün. Findet in Kalifornien ein Fußballänderspiel gegen Mexiko statt, wird die eigene Nationalmannschaft ausgepfiffen, der Schiedsrichter verprügelt, wenn er „falsch" pfeift. Wegen einer rassebedingten Keilerei unter Fluglotsen wurde 2013 der New Yorker Flughafen JFK stundenlang gesperrt.
Nicht nur Latinos und Schwarze, sondern auch Chinesen, Koreaner, Japaner, Filipinos, Muslime, Vietnamesen, schließen sich zusammen, bewohnen eigene Stadtteile, gründen politische Parteien, fordern Sonderrechte und Fördermittel und weigern sich, Soziallasten für fremde Minderheiten mitzutragen. Bei den Weißen fiel die Beliebtheit Obamas von 2007 bis Ende 2013 von 63 auf 38% und stieg bei den Schwarzen von 90 auf 94%. Es ist deshalb völlig logisch, daß sowohl die

amerikanischen Präsidentschaftswahlen der Jahre 2008 und 2012 entlang der rassischen Sollbruchstellen entschieden wurden als auch die kommenden Wahlen entschieden werden.
Schwarze Sportorganisationen fordern mehr Geld für sich und die Nichtteilnahme an olympischen Winterspielen. Afro-Amerikaner fordern eigene Kammerorganisationen für schwarze Mediziner, Juristen, Lehrer, Techniker, Journalisten, Taucher, kurz: für alle Berufe.
Im Sommer 2007 kam es bei Knoxville (Tennessee) zu einem der gräßlichsten Verbrechen in der Geschichte der USA: Vier Schwarze stoppten den Wagen eines weißen Pärchens, entführten es zu einer abgelegenen Hütte, wo sie zwei Tage und Nächte lang ihre Opfer nach allen Regeln der Kunst folterten, den jungen Mann und seine Braut auf alle erdenklichen und unerdenklichen Weisen vergewaltigten und beiden Gemarterten zu guter Letzt in alle Wunden und Körperöffnungen ein scharfes Reinigungsmittel gossen, um ihre DNS-Spuren zu verwischen. Die beiden Opfer dieser Orgie lebten danach noch mehrere Stunden unter gräßlichen Schmerzen. Die Täter waren bald gefaßt. Nach Bekanntwerden des Verbrechens gründeten schwarze Rassisten in Tennessee die Bewegung „Black Power Speaks" und luden zu einer öffentlichen Party zu Ehren der Täter ein. Weder weiße Amtsträger noch Polizisten schritten ein.
Immer weiter treiben die Minderheiten auseinander und lösen sich die Bande der gemeinsamen Staatsbürgerschaft. Für jede von ihnen gibt es Fernsehprogramme, Zeitschriften, Filme in eigener Sprache. Nach der Überschwemmung von New Orleans versprach der schwarze Bürgermeister die Neuerrichtung eines „Chocolate New Orleans", aus dem die Weißen verbannt sein sollten. Louis Farrakhan, Chef der „Black Muslims" bekam von einer afro-amerikanischen TV-Kette eine hohe Auszeichnung, weil er angeblich aufdeckte, weiße Rassisten hätten die Dämme um New Orleans gesprengt, um möglichst viele „Niggers" zu ersäufen. Kein Wunder, daß auf Grund solchen Aberglaubens und erfundener Anschuldigungen der Schwarzen Wut und Haß auf alle Weißen stetig zunimmt, zu entsprechenden Androhungen und grausamen Verbrechen führt. Schon der Jazz-Musiker Miles Davis hatte in den 70ern bekannt: „Sollte mir jemand eröffnen, daß ich nur noch eine Stunde zu leben hätte, würde ich diese damit verbringen, einen Weißen ganz langsam zu erwürgen."
Gibt es einen Maulkorberlaß von ganz, ganz oben, der untersagt, davon zu berichten, daß in den USA – bei einem Bevölkerungsanteil von 65 Prozent Weißen und 13 Prozent Schwarzen – Letztere in den vergangenen vier Jahren über 50 Prozent aller Morde begangen haben? Seit Wochen und Monaten berichten gleichgeschaltete amerikanische

Medien von tödlichen Übergriffen weißer Polizisten an angeblich unschuldigen Schwarzen in Ferguson, Detroit, Baltimore, verschweigen jedoch die von Schwarzen in Salt Lake City, New York, Kansas City an Weißen begangenen. Während weiße Politiker abwiegeln und zur Deeskalation aufrufen, fordern schwarze Persönlichkeiten zu Racheakten an den „whities" auf.
In den USA gibt es keine einzige staatliche Universität, die weißen Studenten vorbehalten ist, jedoch über 60 Universitäten, an denen nur Schwarze studieren dürfen. Am City College zu New York, das schwarzen Studenten vorbehalten ist, unterrichtet der schwarze Professor Jeffries afro-amerikanische Kulturgeschichte. Seinen Studentinnen und Studenten lehrt er, Afrikaner hätten die Tier- und Pflanzenwelt gezähmt, Wissenschaften und Philosophie erfunden, als die Europäer noch in Höhlen wohnten. Die Schwarzen seien Sonnenmenschen und Kulturbringer, warmherzig, friedlich und vergeistigt. Weiße hingegen seien Eismenschen und Ausbeuter.
Auch wenn es viele Schwarze geben sollte, die an Professor Jeffries Thesen glauben, ist erwiesen, daß die Afro-Amerikaner fast fünfzig Jahre nach dem Erreichen ihrer vollen Gleichberechtigung der von den Globalisierern angestrebten Integration mit den Weißen keinen Schritt näher gekommen sind.

b. Die Hispanics, auch Latinos genannt

Von 2000 bis 2014 ist die Zahl der lateinamerikanischen Minderheit jährlich um 3,7% gewachsen und übertraf damit die schwarze Minderheit um das Dreifache, die weiße um das Vierzehnfache. 81% der Latinos sprechen nur spanisch.
Jorge Mas Canosa, Präsident der „American-Cuban Foundation", auf die Frage eines Journalisten der spanischen Zeitung „El País", ob die USA irgendwann Kuba besetzen würden: „That's bullshit! Es ist ihnen nicht einmal gelungen, Miami zu besetzen." Ein mexikanischer Politiker: „Als die Europäer hier landeten, mußten sie erst den Atlantik überwinden. Heute brauchen wir nur den stellenweise kaum zwanzig Meter breiten Rio Grande zu überqueren." Der Strom von legalen und illegalen Auswanderern aus Mexiko in die USA ist so stark angewachsen, daß einige Fluggesellschaften täglich mehrere Flüge von Binnenlandstädten zur Nordgrenze anbieten und die Rückflüge meist leer ausfallen. In ganz Mexiko, aber auch in amerikanischen Großstädten mit starken mexikanischen Minderheiten, sind vielerorts Landkarten zu sehen, auf denen die Staatsgrenzen des künftigen mexikanischen Großreiches eingezeichnet sind. Sie umschließen Texas, Oklahoma, Colorado,

Kalifornien, New Mexico, Utah, Arizona, Nevada, Oregon, Teile Idahos, und den Bundesstaat Washington. Mexikaner sehen es als ihr Grundrecht an, die Grenze zu den USA ohne Visum zu überschreiten, um dort Arbeit zu suchen.

Die nationale Bewegung MEChA, spanisch: Movimiento Estudiante Chicano „Aztlan", was auf aztekisch „bronzefarbener Kontinent" bedeutet, hat sich die „Reconquista" (Wiedereroberung) der von den „gringos" gestohlenen Gebiete zum Ziel gesetzt. Ihr Kampfruf lautet: „Por la Raza todo! Fuera de la Raza nada!" (Alles für die Rasse, außerhalb der Rasse, nichts!)

Von ihren eigenen Regierungen werden die in den USA lebenden Lateinamerikaner per Fernsehen und Zeitungen aufgefordert, ihren Vaterländern und ihrer Rasse die Treue zu halten und sich nicht „nordamerikanisieren" zu lassen.

c. Die Weißen, auch Caucasians genannt

Nichts fürchten weiße amerikanische Amtsträger, Akademiker, Kunstschaffende und Politiker mehr als den Vorwurf, eine rassistische Bemerkung fallen gelassen oder gar Tat begangen zu haben. Wer sich in weißen Kreisen über die Verschiedenheit von Menschenrassen äußert, wird schlimmer als ein Aussätziger angesehen und wie ein Sittenstrolch gemieden. In Washington ist auf dem 1942 errichteten Denkmal von Thomas Jefferson folgender Spruch dieses Präsidenten eingemeißelt: „Nothing is more certainly written in the book of fate than that these people [diese Leute, gemeint sind die Schwarzen] shall be free." (Nichts ist im Buch des Schicksals sicherer, als daß diese Leute frei sein werden.) Punkt! Die weiteren Worte waren wohlweislich ausgelassen worden, denn Jefferson hatte keinen Punkt, sondern ein Komma gesetzt. Die Fortsetzung lautet: „...nor is it less certain that

Thomas Jefferson (1743-1826) hat als dritter Präsident der Vereinigten Staaten die amerikanische Unabhängigkeitserklärung verfaßt

the two races, equally free, cannot live under the same government." (...doch genauso gesichert ist, daß beide Rassen – gleich frei – nicht unter derselben Herrschaft leben können.) 1996 forderte der bekannte weiße Schriftsteller Connor O'Brien: „Im multirassischen Amerika ist kein Platz mehr für eine solch rassistische Denkweise, wie sie Jefferson vertrat. Hätte sich seine Meinung durchgesetzt, gäbe es kaum farbige Minderheiten in unserem Land." Der Star-Kolumnist der „Washington Times" Richard Grenier verglich Jefferson mit Heinrich Himmler und forderte die Zerstörung des Jefferson Memorial. Ginge es nach dem Wunsch so mancher zu spät gekommener Weltverbesserer, müßte auch das Denkmal des Präsidenten Abraham Lincoln, der die Rückführung aller Schwarzen nach Afrika plante, jenes des Präsidenten George Washington, der Sklavenbesitzer war sowie auch jenes des Christoph Kolumbus, der laut Russell Thornton, Autor von „The American Indian Holocaust", mitschuldig am Massaker der Indianer ist, wie übrigens auch die ersten weißen Siedler – die sich gegenüber den Ureinwohnern Amerikas wie Nazi-Massenmörder aufgeführt hätten – niedergerissen werden.

Seit einigen Jahren haben sich nicht nur US-Präsidenten, Gouverneure der Bundesstaaten Alabama, Maryland, New Jersey, North Carolina, Virginia, Florida, Connecticut, für das Leiden der schwarzen Sklaven und die Massaker an Indianern öffentlich entschuldigt, sondern auch Englands Königin Elisabeth II. für das Abschlachten tausender Zulus und Maori, nicht jedoch für den Hungertod tausender Frauen und Kinder südafrikanischer Buren in englischen Konzentrationslagern.

2050 wird die Bevölkerung der USA an die 450 Millionen betragen, die Weißen nur noch die drittstärkste Minderheit in diesem Lande stellen und auf Gedeih und Verderb der demographischen Entwicklung bei den Schwarzen und Hispanics ausgeliefert sein. An dieser hat weder Präsident Obama im Laufe seiner zweiten Amtszeit noch werden die nächsten vier oder fünf US-Präsidenten etwas ändern können, wenn sie dies denn überhaupt wollten. Der Zerfall der USA in einen Halbkontinent mit mehreren afro-asiatisch-hispanischen Teilstaaten und dem Status von Drittweltländern ist damit sowohl statistisch als auch demographisch vorprogrammiert, es sei denn – davon sind Neocons und die meisten Republikaner überzeugt – es käme zum Dritten Weltkrieg. Weil sich die nicht-weißen Minderheiten in den USA auch ohne Krieg demographisch und daher auch dank demokratischer Wahlen gegen die Weißen und die „Republicans" durchsetzen werden, will Präsident Obama während seiner zweiten Amtszeit kein neues Kriegsrisiko

eingehen und bekräftigte mehrmals seinen Friedenswillen. Da er keine dritte Amtszeit anstreben darf, werden die „Democrats" sicher einen weiblichen Friedensengel, die „Republicans" ein kriegslüsternes Schlachtroß als Kandidaten anbieten.
Jared Taylor: „White Identity", 2011; Jan Mahnert: „Demokratie und Homokratismus", 2011.

11) „Big Hat, no Cattle!"

Uncle Sam, wie er gerne dargestellt wird

„Großer Hut, keine Rinderherde!" Mit diesen Worten bezeichnet man in den USA einen Angeber, der den breitkrempigen Cowboy-Hut trägt, Cowboy-Sporen an die Stiefel schnallt, aber keine Herde besitzt. Als genau solcher Angeber wird Uncle Sam schon seit Jahren von aller Welt durchschaut: Überall tritt er großspurig auf, mischt sich in fremde Angelegenheiten ein, trieft vor Moralin, nervt mit seiner Heuchelei, protzt mit wertlosen Dollar und seinem Arsenal an atomaren, biologischen und chemischen Waffen. Doch Amerika ist längst nicht mehr das, was es einmal war: Begleiten wir einen durchschnittlichen, waschechten „White Anglo-Saxon Protestant American" auf eine Blitzreise durch die USA: Weil man auf Cattle Ranches in Texas kaum noch Saddle Bred und Palomino reitet, sondern Toyota und Mitsubishi fährt, weil statt Rinder vielerorts nur noch Schafe gezüchtet werden, weil er in „down town" Los Angeles, San Francisco und Miami sein spanisch-englisches Wörterbuch stets griffbereit halten muß und weil in seiner Bundeshauptstadt Washington bereits 98 Prozent der Bewohner Afro-Amerikaner sind, fühlt er sich zu Hause nicht mehr zuhause.

12) Auch Amerika schafft sich ab

Ausnahmeregelungen im strengen amerikanischen Einwanderungsgesetz lassen zu, daß hochspezialisierten ausländischen Facharbeitern und Wissenschaftlern auf drei bis sechs Jahre befristete H1-B Arbeitsvisa ausgestellt werden können, sofern ihnen Mindestlöhne ausbezahlt werden. Doch seit einigen Jahren wird mit diesen Visa ein schwunghafter Schwarzhandel betrieben. Sogenannte „body shops" sind darauf spezialisiert, in Indien, China, Mexiko, Afrika, Tausende billige, willige Kandidaten aufzutreiben. Zahlreiche amerikanische Konzerne haben sich bereit erklärt, sie zu importieren, um im Gegenzug Tausende teure amerikanische Facharbeiter und Akademiker auf die Straße zu setzen. Untersuchungen ergaben, daß jedes fünfte H1-B Visum unberechtigterweise erteilt, den meisten Einreisenden bestenfalls ein Drittel des vereinbarten Gehaltes ausbezahlt wird und sie nicht krankenversichert sind.
„Indem Amerikaner von amerikanischen Unternehmern illegal benachteiligt werden, gelangen jährlich an die zwei Millionen Ausländer völlig legal in die USA", berichtete Victor Thorn in „American Free Press" vom 30.1.2013. Warum sollte zum Beispiel ein transnationaler Konzern wie „Microsoft" amerikanischen Technikern ein Jahresgehalt von 80.000 $ zahlen, wenn er – dank H1-B Visa – indische legal um 30.000 $ bekommen kann? Von 2001 bis 2010 importierten die USA jährlich an die 860.000 Arbeitskräfte. 2011 bis 2014 stieg die Zahl um das Dreifache. Warum erließ Präsident Obama bei einer offiziellen Arbeitslosenquote von 5 bis 7 Prozent, reell 15 bis über 20 Prozent, Ende 2014 eine Fatwa zur Legalisierung von vier bis fünf Millionen illegal eingewanderter Lateinamerikaner, damit diese – auf Kosten amerikanischen Steuerzahler – gefeuerte, legal arbeitende Amerikanerinnen und Amerikaner ersetzen? Will er damit das schrumpfende Wählerpotential der Demokratischen Partei erhöhen?
Und ausgerechnet dieses einst vor Schaffenskraft und Pioniergeist strotzende junge Pioniervolk, das im Laufe von hundert Jahren zu einem kulturlosen Mischstaat aus einem Gemenge integrationsunwilliger und assimilierungsunfähiger Rassen mutierte, das von einer verschworenen, parasitären Minderheit von Kriegstreibern, anonymen Finanzhaien, Wucherern und Spekulanten heruntergewirtschaftet wurde und sich demographisch Zug um Zug in einen Drittweltstaat zurückentwickelt, wird von der globalisierungshörigen EU-Nomenklatura und ihren weltbrüderlich logenverbundenen Politikern den europäischen Kulturvölkern als Garten Eden dargestellt, in dem Chinesen und Juden, Kubaner und Schwarze, Iren und Inder, Muslime und Mormonen, Polen und Amish, Mexikaner und Inuit, „a big, big, happy family"

bilden? Als Vorbild eben für die längst beschlossene Umwandlung der EU-Staatengemeinschaft in einen Bundesstaat „United States of Europe", wo alle MenschInnen die gleichen Rechte und Pflichten haben werden, mit Ausnahme der Deutschen freilich, die – wie immer – halt ein bißchen mehr zahlen und büßen werden als die anderen.

C.) Quo vadis, Europa?

1) Sollen die weißen Völker verschwinden?

Wüßten die EU-ropäischen und nordamerikanischen Europiden Bescheid, könnten sie sich dank ihrer demographischen Noch-Mehrheit gegen ihre Abschaffung wehren, doch in wenigen Jahren wird der Zeitpunkt erreicht sein, da es für eine Umkehr zu spät sein wird und bei den Urnengängen die Stimmen der Afrikaner, Asiaten und Mestizen den Ausschlag geben werden. Dann blieben uns – so Guilleaume Faye in „La colonisation de l'Europe" – nur zwei Alternativen: Das Sich-Verabschieden aus der Geschichte oder die „Reconquista", die Wiedereroberung der Heimat. Wie einst der römische Kaiser Caracalla mit einem einzigen Federstrich allen Völkern seines Reiches das volle römische Bürgerrecht verlieh, so werden heute die Staatsbürgerschaften Europas und Nordamerikas jedem dahergelaufenen Scheinasylanten und Wirtschaftsflüchtling regelrecht nachgeschmissen – Hauptsache sie sind Nichteuropäer – und schon gelten sie per Gesetz als echte Franzosen, Deutsche oder US-Amerikaner.

Erschüttert über die rapid sinkende Geburtenrate europäischer Kulturvölker und der gleichzeitig exponentiell wachsenden Zahl afrikanischer, lateinamerikanischer, arabischer, süd- und südostasiatischer Stammes- und Religionsgemeinschaften, und deshalb höchst besorgt um die Zukunft der Völker Europas, suchte der Autor nach Gründen für die Tendenz zur Selbstaufgabe und den Ursachen für das Erschlaffen der Träger unserer westlichen Zivilisation.
In der „Heiligen Schrift des Alten und Neuen Testaments" (1894) in deutscher Übersetzung von Dr. Martin Luther wurde er fündig, denn im 1. Kapitel des ersten Buchs Mose, Absatz 27 bis 31 wird offenbart, daß „Gott schuf den Menschen ihm zum Bilde und er schuf sie ein Männlein und Fräulein. Und Gott sah an Alles, was er gemacht hatte; und siehe da, es war sehr gut..." Dies tat Er am sechsten Tag der Schöpfung und am siebenten ruhte Er und schwieg. Da nichts Gegenteiliges

überliefert wurde und Er ja nicht nur allmächtig, sondern auch allwissend und allgütig ist, müssen Gläubige von der Annahme ausgehen, es sei Sein Wille gewesen, daß Männlein und Fräulein irgendwann dazu übergingen, sich in bunte Gemenge verschiedener Rassen aufzuspalten, es aber nirgends und nirgendwo im Laufe der vieltausendjährigen Geschichte unseres Planeten geschah, daß zwei oder mehrere Völker verschiedener Rassen im selben Lande konfliktfrei, einträchtig, gleichberechtigt und deshalb friedlich miteinander lebten.
Schon seit grauer Vorzeit mußten die über alle Kontinente verstreuten Volksstämme die Erfahrung machen, daß ihr eigener Stamm nicht der einzige war auf Erden, sondern daß sie ihre Jagdgründe und Siedlungsgebiete gelegentlich mit Stämmen anderer Hautfarbe, fremder Sprache und Bräuche teilen, oder gegen sie verteidigen mußten. Was schon Herodot, Marco Polo, Vasco da Gama, auch ohne einschlägige Forschung und Wissenschaft erkannt hatten, seither auch jeder Neckermanntourist, der mit offenen Augen durch die Soukhs von Kairo und Marrakesch, die engen Gassen von Cuzco und Hongkong, die Märkte von Arusha und Bombay wandert, sofort erkennen kann, nämlich die Tatsache, daß es verschiedene Menschenarten gibt, wird seit Ende des Zweiten Weltkriegs von politisch korrekten Anthropologen, Soziologen, Politologen heftig geleugnet. Wollen diese den Gang der Evolution verbessern, Gottes Schöpfung korrigieren, oder verfolgen sie ganz andere, globale Ziele?
Fast 800 Jahre herrschten Rom und Byzanz über große Teile Europas, Nordafrikas und des Vorderen Orients, bis sie selbst das ersehnte Ziel asiatischer Nomadenvölker und islamischer Eroberer werden sollten. Nach siegreichen Vernichtungsschlachten römisch- und germanisch-christlicher Heere unter Aëtius über die Hunnen anno 451 auf den Katalaunischen Feldern, unter dem Merowinger Karl Martell über die Krieger des Islam anno 732 bei Tours und Poitiers, und ange-führt von Kaiser Otto I. anno 955 am Lechfeld über die Ungarn, glaubten Päpste, Europas Monarchen und weitgereiste Entdecker nach diesen Siegeszügen davon ausgehen zu können, daß ihnen von Seiten nicht-europäischer und nicht-christlicher Völker auf absehbare Zeit keine Gefahr mehr drohe – und sie sollten recht behalten. Fortan würden Wikinger und Normannen die Ost- und Nordsee, Venezianer und Genuesen das Mittelmeer beherrschen. Erst als es Portugiesen und Basken Ende des 14. Jahrhunderts gelang, schnittige Schiffe zu bauen, deren Takelung und Kiele auch bei widrigen Winden und Strömungen das Kreuzen ermöglichten und ihre Schiffe mit Geschützen bestückten, die auch auf große Entfernungen trafen, überwanden sie den Nord- und Südatlantik, stießen Portugiesen in den Indischen Ozean vor. Sie segelten nach

Indien, den Gewürzinseln und bis China, wo sie sich mittels Kanonendonners Zufahrt und Handelsprivilegien in Häfen des streng abgekapselten Reichs der Mitte erzwangen. Niederländische Händler zog es nach West- und Ostindien, während Spaniens „rey muy católico" ein Weltreich gründete, das von Kalifornien bis Feuerland reichte, wobei in Peru und Mexiko die Hochkulturen der Inkas und Azteken ausgelöscht wurden. Zu jener Zeit waren die Piraten und Kaperfahrer des perfiden Albions noch nicht so weit. Erst im 16. Jahrhundert werden sie - ausgestattet mit Freibriefen „of Her Majesty the Queen" (Elisabeth I.) - auf die mit Gold, Silber und Sklaven überladenen spanischen Galeonen Jagd machen.

2) 400 Jahre lang beherrschten Europäer vier Fünftel der Erde

Nichts liegt dem Autor ferner, als Jahrhunderte der Ausbeutung von vier Fünfteln der Erdbevölkerung durch europäische Kolonialmächte entschuldigen zu wollen. Er möchte nur darauf hinweisen, daß, wenn statt der Europäer, die Azteken, Araber, Zulu, Osmanen, Chinesen, vor den Europäern den schiffsbautechnischen und artilleristischen Durchbruch geschafft hätten, Versklavung und Kolonisierung in umgekehrter Richtung erfolgt wären. Präkolumbianische, afrikanische und asiatische Eroberer hätten sich keineswegs „zivilisierter" benommen als Fernando Cortes, Francisco Pizarro, Cecil Rhodes und Theodor Roosevelt. Unzähligen Geistlichen und Edelmännern wären an Westeuropas Küsten auf Altären aztekischer Pyramiden zu Ehren Quetzalcoatls die Herzen bei lebendigem Leib herausgerissen worden; nördlich der Alpen gäbe es wohl nur noch Steppen, verneigten sich die am Leben gelassenen europäischen Sklaven beim Beten gen Mekka und wäre nicht die Rede von einer Osterweiterung Europas nach Anatolien, sondern von der Westerweiterung des Osmanischen Reiches bis an die Gestade des Atlantiks. Haben wir denn die Einfälle der Hunnen, Mongolen und Türken schon vergessen?

Was unterschied vom Urbeginn an die Europiden von den zwei anderen menschlichen Großrassen und zahlreichen Nebenrassen, deren Existenz von Auftragsethnologen und Berufsfarbenblinden geleugnet, von Fachwissenschaftlern jedoch längst nachgewiesen wurden und deren Merkmale keinem mit offenen Augen auf Erden wandelnden Männlein und Fräulein verborgen blieb? Es war stets und ist heute noch die Fähigkeit europäischer Kulturvölker, eng miteinander verschmolzene, sich nach außen hin verschließende Gemeinschaften zu bilden sowie die Bereitschaft der Volkszugehörigen, sich auserwählten Anführern zu unterstellen und eigene Interessen hintanzustellen. Was die wissenschaftlichen Errungenschaften betrifft, so sei auf die Liste der Nobelpreisträger hingewiesen. Seit 1901 wurden die Preise für Chemie, Physik und Medizin 572 Mal vergeben. Unter den Preisträgern befanden sich 8 Japaner, 2 Chinesen sowie je ein Inder, Pakistaner und Ägypter. Die restlichen gingen an Europide. Nicht zu vergessen sind ferner das angeborene Organisationstalent gepaart mit Disziplin, die einigen europäischen Völkern bereits im Mittelalter in den Bereichen Straßen- und Brückenbau, Maschinen-, Geräte- und Schiffsbau klare Vorteile verschaffte und auch militärische Übermacht bescherte. Dank solcher Qualitäten unverwundbar geworden, betraten Europäer vom Beginn des 15. Jahrhunderts an die Küsten fremder Erdteile, massakrierten die Träger der Hochkulturen und versklavten das einfache Volk. Anhand von Weltkarten konnte man vom Ende des 18. Jahrhunderts an erkennen, wie sich auf vier Kontinenten das rosa gefärbte britische und das violett gefärbte französische Weltreich ausbreiteten und wo sich die braun, grün, gelb kolorierten Kolonialreiche der Spanier, Portugiesen, Niederländer und seit Ende des 19. Jahrhunderts auch des 2. Deutschen Reiches festsetzten.

3) Die Herrscher über das Kapital erschaffen die „Eine Welt"

Die Aufteilung der Welt unter europäischen Nationalstaaten war gerade das, was die Siegermächte in beiden Weltkriegen vermeiden wollten. Wer waren denn die wirklichen Sieger? Gewiß nicht die Völker Englands, Frankreichs, Rußlands, der USA, sondern die Herrscher über das Bankenkartell an der Wall Street und die wahren Könige von England, nämlich das Haus Rothschild, Herrscher der City of London. Nicht nur die besiegten Nationen, sondern auch die Sieger schuldeten der Wall Street auf Jahrzehnte hinaus Multi-Milliarden samt Zins- und Zinseszinsen in bar, in Gold, in Waren, in Kolonien, in politischem Einfluß. Es war den Gläubigern der Welt ein Leichtes, in allen Schuldnerstaaten geeignete Politiker und Umerzieher zu implantieren.
Mittels Globalisierung sollten sie die angestrebte „One World" umsetzen: Ein Weltmarkt ohne territoriale und ethnische Grenzen, in dem es weder nationale Kulturen noch Traditionen geben sollte, denn was Wall Street und ihre Trabanten unbedingt vermeiden mußten, war die Aufrechterhaltung kultureller und intelligenzbedingter Überlegenheit

europider Staaten, eine Ungleichheit, die unweigerlich zu nationalen und kulturellen Konflikten geführt hätte. Und so heißt es auch im ersten der vier Gebote der Globalisierer: „Wohin auch immer es der Markt erfordert, werden Humanressourcen fließen ... Bis 2050 müßte Europa 1,5 Millionen Immigranten hereinlassen." Diese Ziffern werden von den Globasierern wahrscheinlich schon 2015 übertroffen. Der 2015 vom Kanzleramt in Wien herausgegebenen Schrift „Zukunft Europa" ist zu entnehmen, daß „...an den Grenzposten der EU ... jährlich 80 Millionen (nichteuropäische) Drittstaatsangehörige mit Visumpflicht einreisen. Diese Zahlen beinhalten nicht die irreguläre Migration, für die kein Mitgliedsland verläßliche Daten vorlegen kann. Die EU schätzt, daß sich 7 bis 8 Millionen Afrikaner illegal in EU-ropa aufhalten..."

4) Wurden tatsächlich alle Menschen Brüder?

Nie hat es an wohlgemeinten, doch unrealistischen Versuchen gemangelt, die Menschheit als kompakte, gleichartige Masse anzusehen. Erfolgreicher Vordenker der Utopie, alle Menschen seien gleich und strebten nach demselben Ideal war Jean Jacques Rousseau. 1762 erscheint seine programmatische Schrift „du contrat social" (Gesellschaftsvertrag), darin dekretiert er: „Jeder Mensch ist frei geboren. Jeder ordnet sich selbst und seine Fähigkeiten freiwillig dem ‚Allgemeinen Willen', der ‚volonté générale', unter. Durch Übereinkunft und durch das Recht werden alle Menschen gleich. Es ist der ‚Allgemeine Wille' eines jeden Menschen, Monarchen abzusetzen und die Demokratie einzuführen." Rousseau weiter: „Wer dem Gemeinwillen den Gehorsam verweigert, muß dazu gezwungen werden. Das bedeutet, daß man ihn zwingen muß, frei zu sein."

Jean-Jacques Rousseau (1712-78), Philosoph der Aufklärung und Wegbereiter der Französischen Revolution

Rousseau: „Politische Schriften", Band 1, S. 78.

Am 10. Dezember 1948 verkündete die Generalversammlung der Vereinten Nationen die dreißig Artikel der „Allgemeinen Erklärung der Menschenrechte“ und verfügte sogleich, der UNO dürften nur Staaten beitreten, deren Verfassungen die Anerkennung der Menschenrechte enthielten. Die ersten 28 Artikel beinhalten ausschließlich die Rechte der einzelnen Menschen. Nur in den Artikeln 29 und 30 ist von Pflichten die Rede. Nämlich der Pflicht dafür zu sorgen, daß ihre Staaten demokratisch regiert werden, denn nur Demokratie könne die Einhaltung der Menschenrechte gewährleisten. Der Menschenrechtskonvention traten also auch die Sowjetunion, Israel und sämtliche islamischen Staaten bei, obwohl Karl Marx, Talmud und Koran jegliche Gleichstellung ihrer Glaubensartikel mit Geboten anderer Konfessionen und Weltanschauungen grundsätzlich ausschließen.

5) Das Märchen von Gleichheit, Freiheit und Brüderlichkeit

Mit den „Menschenrechten“ übernahmen zunächst Amerikaner und Franzosen, später auch die meisten anderen Staaten das neue Recht, das besagte, das Recht des Einzelnen stehe über dem Recht der Gemeinschaft und schufen damit eine neue Moral, die da lautete: „Eigennutz geht vor Gemeinnutz.“ Sehr bald sollten die Völker erfahren, daß der gleichgeschaltete Bürger, Citoyen, Citizen, Graschdanin, Borghese, in den neuen Demokratien alle Freiheiten besaß, außer der Freiheit, kein Demokrat sein zu dürfen. Seit 1948 ist die Verankerung des Bekenntnisses zu den Menschenrechten Bestandteil einer jeden Verfassung und gilt als Eintrittskarte in die Union der internationalen „Werte“-Gemeinschaft. Die 30 Artikel der „Allgemeinen Erklärung der Menschenrechte“ sowie die 70 Artikel der UNO-Charta sind zu Dogmen erklärt worden, die genauso wenig hinterfragt werden dürfen, wie einstmals die Existenz des Leibhaftigen und die wunderbare Brotvermehrung.

Doch um welche Art „Demokratie“ geht es hier eigentlich? Geht es um das Festhalten an der Karikatur der Demokratie, die als angebliche „Volksherrschaft“ bereits von Philosophen des Altertums, schon von Schiller und Goethe als Verlogenheit angeprangert wurde? Oder um jene Perversionen von Demokratie, die von 1945 bis 1989 von den Bolschewisten als „Volks“-Demokratien eingerichtet wurden, von den USA als Modell der „American Democracy“ allen „Schurkenstaaten“ aufgezwungen werden soll? In welchem Lande herrschte jemals oder herrscht denn heute das Volk? In Wirklichkeit bedeutete und bedeutet noch heute das Festhalten an der Erklärung der Menschenrechte nichts anderes als die Kriegserklärung an alle natürlich gewachsenen Gemeinschaften. Weil sich die Menschen als Gemeinschaftswesen vom Uranfang an zu Familien, Sippen, Stämmen, Völkern zusammenschlossen, bedeutete die Anerkennung der „Deklaration der Menschenrechte" eine Bevorrechtung des Einzelnen gegenüber jeder Art Ordnung in natürlichen Gesellschaftsformen. Könnte in einer Familie, Schulklasse, Firma, einem Regiment, Regierung, Ordnung herrschen, wenn alle Dazugehörenden dreinreden und mitbestimmen dürfen?

6) Die Abschaffung der weißen Rasse

Nachdem sich Ethnologen, Geschichts- und Kulturforscher immerhin darauf geeinigt hatten, es gäbe drei Hauptarten von Hominiden auf Erden, nämlich die Europiden, Mongoliden, Negriden sowie auch zahlreiche Zwischen- und Unterstufen dieser drei Arten, ist unter Fachleuten ein Streit um die ethnische Zuordnung jener kleinen aber feinen Minderheit ausgebrochen, deren Angehörige seit zwei Millennien sowohl im Orient als auch im Okzident von Land zu Land gezogen sind und heute noch ziehen, sich aber von ihren Gastvölkern stets absonderten, um ihr zinseinträgliches Verleihgeschäft ungestört betreiben zu können. Die Mehrheit dieses kleinen Stammes sieht sich weder als europid, negrid noch mongolid an, sondern als Auserwählte, die ihres Gottes Werk verrichten. Vom Eingeständnis dieser Auserwähltheit berichteten am 9. November 2009 sowohl die „New York Post" als auch die „Frankfurter Allgemeine", als sie die Aussage bestätigten, die Lloyd Blankfein, Vorstandsvorsitzender von GoldmanSachs, in einem Interview gemacht hatte: Er sei, entgegen allen Vorwürfen, die gegen ihn erhoben werden, lediglich ein Banker, der Gottes Werk verrichtet.

Europiden jung und alt wird von den Globalisierern unablässig eingetrichtert, daß ihre Geschichte ein nicht endender Ablauf von Aggressionen gegen friedliche Fremdvölker und Ausbeutung von Fremdrassigen gewesen ist. Doch nun sei endlich die Zeit gekommen, den einst von uns ausgebeuteten Menschen in aller Welt jede Art von materieller und moralischer Wiedergutmachung zu gewähren. Das Mindeste, das wir tun könnten, so die tägliche Botschaft unserer Politwölfe im Schafspelz, wäre die Aufnahme Millionen hungernder, frierender Asylsuchender in unserem geradezu im Überfluß erstickenden Europa. Wie viele islamische Asylanten nehmen denn die stinkreichen Ölstaaten Saudi Arabien, Kuwait, Abu Dhabi, Sultanat Brunei auf? Nur einige

hundert. Und wie viele Flüchtlinge nehmen wohlhabende Japaner und Chinesen auf? Grundsätzlich keine.
Es ist erstaunlich, mit welcher Ausdauer und Konsequenz die transnationalen, logenbrüderlich vereinten Globalisierer und ihre Befehlsempfänger in Brüssel und EU-ropas Hauptstädten daran arbeiten, das noch halbwegs homogene Erbgut europider Völker durch geförderte Massenzuwanderung zu „bereichern", die Calcuttisierung europäischer Großstädte und die Herunterwirtschaftung europäischer Staaten umzusetzen. Den Betreibern der „One World" geht es darum, jede natürliche Ordnung zu verhindern: Sie dekretieren die „Gender"-gerechte Geschlechterneutralität, fördern in den USA und EU-Landen die Abtreibungsindustrie, sorgten vor Kurzem in Holland und Dänemark für das Recht des Menschen auf Sexualität mit Tieren. Was kommt als Nächstes? Sie haben zwar die Kontrolle über Hirn, Penis, Politik, Wirtschaft, Kultur, Forschung, Medien und Finanzen der EU-ropäer übernommen, doch eines ist ihnen noch nicht gelungen, nämlich sie genetisch zu verändern. Zwar wissen sie aus Erfahrung, daß man EU-ropäer innerhalb einer Generation umerziehen kann, ihre genetische Veränderung jedoch erst nach Ablauf eines sehr, sehr langen Vermischungsprozesses erreichen könnte. Wer wird wohl den längeren Atem haben?

Als überzeugte Gegner der materialistischen und egalitären Utopie, alle Menschen seien gleich, sammeln sich immer mehr Vertreter nationaler Kräfte bedrohter Europiden um ihre nationalen Fahnen, bekennen sich zu ihren Völkern und demonstrieren gegen die von den Globalisierern forcierte Zwangsvermischung ihrer Völker durch Herabnivellierung ihrer zweitausendjährigen Kulturen und Traditionen. Das sehr ähnliche Ergebnis einer anders gearteten Zwangsvermischung erlebte der Autor vor zwanzig Jahren: Zur Feier von Österreichs Beitritt zur Europäischen Union, kreierte 1995 ein bekannter niederösterreichischer Weinproduzent einen „EU-Wein." Auf dem Etikett der Literflaschen prangten die Wappen von Spanien, Portugal, Italien, Deutschland, Frankreich, Griechenland und Österreich. Der Inhalt bestand aus einer Mischung aus Rioja, Douro, Chianti, Dornfelder, Retsina, Bordeaux, Zweigelt, und sollte die Harmonie der EU symbolisieren. Dieser EU-Mischwein schmeckte abscheulich und wahrscheinlich genau so schlecht, wie der gebündelte Strahl von sieben vereinten Brüsseler Manneken Piss.
Wenn auch den europäischen Völkern nach zwei verheerenden Weltkriegen die ungebrochene Kraft, der Pioniergeist, das Selbstvertrauen und die Begeisterungsfähigkeit früherer Jahrhunderte abhanden gekommen sein mögen, so gibt eine Aufstellung der noch verfügbaren

schöpferischen Kräfte Europas keinen Anlaß zur Hoffnungslosigkeit: Denn noch immer üben europäischer Geist, europäische Kultur, europäische Gesittung ihre sanfte Diktatur über alle Völker der Welt aus. Es ist vor allem das weltweit anerkannte Wissen darum, daß technischer Fortschritt und naturwissenschaftliche Erkenntnisse fast ausschließlich auf Forschungen und Erfindungen von Europäern, vor allem Deutschen, zurückzuführen sind, daß den meisten Völkern auf fünf Kontinenten dank den Ausgrabungen europäischer Archäologen das Wissen um die eigene Kultur und Geschichte zurückgegeben wurde und daß sie erst durch uns den Wert der Begriffe Natur- und Tierschutz kennenlernten. Ferner, daß sich heute noch Frauen und Männer weltweit nach dem Geschmack französischer und italienischer Modeschöpfer richten; daß das Ideal nordischer Frauenschönheit die weiblichen Sehnsüchte und männlichen Traumwelten quer durch alle Kontinente beherrscht; daß die gaumenerfreuende Diktatur französischer Gastronomie und Weinkultur die Feinschmecker und Weinkenner in aller Welt verunsichert; daß die Einhaltung des europäischen Kalenders Voraussetzung für jede Art von Planung ist; daß europäisches Protokoll auf jedem diplomatischen Parkett und bei Empfängen jeder Art, die richtige Etikette bei Tisch, im Konzertsaal und in der Oper bestimmt; daß der Imperativ der Sprache, der sich seit einigen Jahren leider nur noch auf das amerikanisch verballhornte Englisch beschränkt, die äußere Form auf allen internationalen Konferenzen, bei jedem internationalen Austausch in Wort und Schrift, an den meisten Instituten und Universitäten der Welt den Inhalt eines jeden Dokumentes regelt; daß kein Staat Bahrain, Trinidad Tobago, Burkina Faso, Kiribati, existieren könnte und ernst genommen würde, hätte es sich nicht nach europäischem Muster eine rechteckige Fahne, eine erfundene Landeshymne, eine Ehrengarde in Phantasieuniform, eine nationale Fluggesellschaft und Fußballmannschaft zugelegt; daß sich den Traditionen der europäischen symphonischen Musik, klassischen Dichtung, Malerei, Architektur, noch immer die Mehrheit der Ober- und Mittelschichten von Japan bis Nigeria, vom Libanon über Indien bis Mexiko fügen, während das einfache Volk sich auf allen Kontinenten willig und mit Begeisterung dem Eroberungszug europäischer Sportarten hingibt. Alle diese Faktoren erinnern die nichteuropäischen Völker täglich daran, daß sie noch sehr lange Zeit benötigen werden, um sich von europäischer Gesinnung und Gesittung zu emanzipieren und zu distanzieren, sofern sie dies überhaupt wollen. In einem einzigen Bereich haben die Europäer jedoch als Lehrmeister zu allen Zeiten versagt: Sie waren – weil immer zerstritten – selten in der Lage, den Menschen auf anderen Kontinenten als Vorbilder für das Verfolgen einer weisen und nachhaltig friedlichen Politik zu dienen.

Wir Europiden sollten langsam aufhören, uns unserer Geschichte zu schämen, Asche auf's Haupt zu streuen und uns für alle Kriegsverbrechen und Ungerechtigkeiten dieser Welt verantwortlich zu fühlen. Seit Ende des Zweiten Weltkrieges leiden einstmals führende europäische Kulturvölker unter zwanghaftem morbus ipso-destructandum (krankhaftem Selbstzerstörungsdrang) und haben sich den kulturdefizienten Amerikanern widerstandslos sowohl politisch unterstellt als auch kulturell ausgeliefert. Aus der Erkenntnis führender liberaler weißer Amerikaner und transnationaler kulturmüder EU-ropäer, sie seien demographisch zum Untergang bestimmt, erwuchs vor gar nicht langer Zeit ihre Überzeugung, sie könnten als Führungselite der von ihnen angestrebten Einen Welt und dank ihres Perpetuum Mobile zur Geld- und Zinsenvermehrung aus dem Nichts, die Herrschaft über eine erzwungene, durch rassische Entropie herbeigeführte Einheitsmenschheit antreten.

7) Die Einführung eines „Durchgriffsrechts" wäre der größte Betrug an den Völkern seit Erfindung der Menschenrechte!

Um ihre Machtergreifung, wie schon zuvor in Nordamerika, nun auch in EU-ropa zu festigen und gleichzeitig die nationalen und rassischen Identitäten der kultur- und traditionsbewußten europäischen Völker zu schwächen, wäre es für die von keinem Volk gewählten und deshalb mit keinem Volk solidarischen, dafür aber logenbrüderlich umso enger verbundenen Brüsseler Spitzen angezeigt, dem Vorbild des Generals und US-Präsidentschaftskandidaten Wesley Clark folgend, nach radikalen Lösungen zu suchen, um ungeachtet nationaler Gesetze, Verfassungen, Wahlergebnisse, mittels diktatorisch aufgezwungener Ermächtigungsgesetze der Besatzungsmacht und ihrer verläßlichen Satrapen ein übergeordnetes, sogenanntes „Durchgriffsrecht" zur Erlassung von Gesetzen zur Amtsenthebung oder Verhaftung „treuloser und radikalisierter" völkisch ausgerichteter fremden- und bereicherungsfeindlicher sowie umerziehungsresistenter Oppositioneller durchzusetzen. Im künftigen ethnisch, geistig, kulturell gleichgebügelten, globalisierten EU-ropa wäre es dann möglich, ewiggestrige, unverbesserliche Anführer nationaler Parteien wie Nigel Farage (UKIP, Restbritannien), Marine Le Pen (Front National, Frankreich), Viktor Orbán (Fidesz, Ungarn), Geert Wilders (Freiheitspartei, Niederlande), Umberto Bossi (Lega Nord, Italien), Christian Strache (FPÖ) hinter Gitter zu sperren. Zur Zeit gäbe es im unterwürfigen Deutschland weit und breit keinen einzigen Mann, den die Besatzer und ihre Hiwis einsperren müßten, doch in ein paar Jahren könnte sich einiges ändern.

„Europäer, höret die Signale!"
Die täglich europaweit medial verbreitete professionelle Heuchelei und Verlogenheit gutmenschlicher Moralprediger aus Politik, Kultur und Kirche ist nicht mehr auszuhalten und zu überbieten. Mit einer von Brüssel und Washington angewandten Chuzpe, werfen diese selbsternannten Bereicherungsapostel den west-, nord- und mitteleuropäischen Männern und Frauen, unseren Bauern, Bürgern und Arbeitern Rassismus vor, wenn sie in ihren Großstädten und Dörfern, Kasernen und Schulen, nicht zusammenrücken und Platz machen für Millionen durchwegs jugendlicher Flüchtlinge und kerngesunder Asylanten aus der Dritten Welt.
Während sich längst herumgesprochen hat, daß die reichen Länder Japan, China, Israel, Australien, keine fremdrassigen Flüchtlinge aufnehmen, wird von „unseren" Politikern und Qualitätsmedien die Tatsache verschwiegen, daß ausgerechnet die reichsten Länder der Welt Flüchtlingen kein Asyl gewähren. Wohl gebietet der Koran den Muslimen, sie müßten sich um notleidende Glaubensbrüder kümmern, doch in der Praxis verhalten sie sich ganz anders:
Wie viele Flüchtlinge und Asylanten nahmen die reichsten islamischen Länder im Jahre 2013 bei sich auf? (Quelle: UNHCR, U.N. Hochkommissariat für Flüchtlinge.)

	Flüchtlinge	**Asylanten**
Saudi Arabien	559	99
Kuwait	635	1030
Verein. Arab. Em.	603	77
Sultanat Oman	138	79
Qatar *)	130	11
Singapur	3	0
Sultanat Brunei	0	0

*) gibt aber Milliarden Dollar aus, um die nächste Fußball-WM auszurichten

Wie kommen wir „Ungläubigen" eigentlich dazu, Massen islamischer Flüchtlinge und Asylanten aus Asien und Afrika aufzunehmen, die von ihren stinkreichen Glaubensbrüdern zurückgewiesen werden?
Natürlich sind diese Ziffern sowohl den Brüsseler Spitzen als auch den EU-ropäischen Sozialministern und Flüchtlingsbeauftragten längst bekannt, doch schweigen sie beharrlich zu diesen Tatsachen und kämpfen

– im Auftrag der Globalisierer und auf Kosten ihrer Mitbürger – für die Festlegung immer höherer Asylantenquoten und somit die Reduzierung unverbesserlicher nationaler, rechtsextremer, ewiggestriger Randgruppen – für die Umsetzung nordamerikanisch-demographischer Verhältnisse in EU-ropa.

Egal, ob mit Drittem Weltkrieg oder ohne Krieg: Die Amerikaner werden uns EU-ropäer – wenn kein Wunder geschieht – in ihrem demographischen Strudel mit sich hinabziehen. Während überall auf Erden die Nicht-Europiden ihre wachsende Zahl feiern, betrachtet die große Mehrheit der Europäer – wie einst die Mohikaner, Tasmanier und Osterinsulaner auch – offensichtlich sorglos und offenbar desinteressiert ihr langsames, ungebremstes Verschwinden von der Erdoberfläche.
Ein erster Schritt in die richtige Richtung wäre die Abkoppelung Europas von Amerika. Der zweite Schritt die Einsetzung nationaler Regierungen. Eine solche Ansammlung europäischer Nationalstaaten würde keinesfalls die Vereinbarung von grenzüberschreitenden Abkommen, Zollunionen, politischen Zusammenschlüssen, Wirtschafts- und Währungszonen ausschließen, wie sie ja schon in prä-EU-Zeiten die Benelux-Staaten und skandinavische Länder vorexerzierten, sonder fördern. Doch weit und breit keine europäische politisch glaubwürdige Persönlichkeit – vielleicht mit Ausnahme des ungarischen Regierungschefs Viktor Orbán – der man zutrauen würde, ein Europa der Vaterländer anzuführen und gegenüber Rußland, den USA, China, würdig und auf gleicher Augenhöhe zu vertreten.

Henri de Grossouvre: „Paris, Berlin, Moscou", 2002.

D.) Quo vadis, Germania?

Die seit Ende des 2. Weltkrieges offene Frage nach dem Weiterbestehen oder Nicht-mehr-Bestehen des Dritten Reiches ist zwar praktisch, völkerrechtlich jedoch immer noch ungelöst. Es ist dokumentarisch belegt, daß die im Testament von Adolf Hitler ernannte Dönitz-Regierung auch nach der Kapitulation der Wehrmacht von den westlichen Siegermächten noch einige Wochen lang de facto anerkannt wurde. Ebenso erwiesen ist, daß auf Befehl des neuen Reichskanzlers Großadmiral Dönitz, am 8. Mai 1945 Generaloberst Alfred Jodl gegenüber den westlichen Alliierten in Reims die bedingungslose Kapitulation der Deutschen Wehrmacht unterzeichnete, am selben Tag Generalfeldmarschall Wilhelm Keitel auf Befehl von Dönitz in Berlin-Karlshorst

gegenüber der Roten Armee dasselbe tat. Bis heute ist das Rätsel nicht gelöst, warum der schwerkranke Marschall Stalin, der unerfahrene Präsident Harry S. Truman und der bereits auf der Abschußliste stehende Winston Churchill die von den Engländern inzwischen verhaftete Regierung Dönitz nicht auflösten, sondern – wenn auch nur symbolisch – einige Wochen lang in Amt und Würden beließen und somit einen folgenreichen Präzedenzfall schufen.
Wie einst die Legaten des Imperium Romanum ihre eroberten Provinzen Gallien, Numidien, Judäa, Ägypten, Noricum, Britannien inspizieren konnten, wann immer es ihnen paßte, gefiel es britischen Gouverneuren im 18. und 19. Jahrhundert, chinesische Mandarine, indische Maharadschas, afrikanische Stammesfürsten, in ihren Vorzimmern warten zu lassen. Genauso völkerrechtlich und diplomatisch korrekt verhalten sich heute amerikanische und britische Prokonsuln gegenüber ihren deutschen Satrapen, als zum Beispiel US-Präsident Obama am 15. Juni 2009, als er Ramstein, Amerikas größten Luftwaffenstützpunkt in Europa besuchte, ohne zuvor die Einwilligung Deutschlands einzuholen. Dort verkündete er urbi et orbi vor versammelten amerikanischen Soldaten: „Germany is an occupied country, and it will stay that way." (Deutschland ist ein besetztes Land und wird es bleiben.)
Oder zum Beispiel Königin Elisabeth II., als sie am 26. Juni 2015, ohne die deutsche Regierung um Erlaubnis zu fragen, zum Abschluß ihres Deutschlandbesuches das in der ehemaligen britischen Zone gelegene KZ Bergen-Belsen aufsuchte. Es war der persönliche Wunsch der Kö-

Präsident Obama begrüßt Soldaten im Luftwaffenstützpunkt Ramstein

nigin, diesen Ort zu besuchen. „Mit dem Besuch eines KZ" – so einige britische und deutsche Medien – „hat die Queen ein weithin sichtbares Zeichen gegen das Vergessen gesetzt und dort am Freitag einen Kranz für die Opfer des Nationalsozialismus niedergelegt." Außerdem sprach die 89 Jahre alte Monarchin mit Holocaust-Überlebenden sowie mit britischen Veteranen, die an der Befreiung des Lagers vor 70 Jahren beteiligt waren. Am Grab der Anne Frank und an der Gedenkstätte für die zahlreichen Opfer legte sie Kränze nieder. Manche Zeitungsleser und Fernsehkonsumenten werden erstaunt gewesen sein, daß weder die Bundeskanzlerin noch der peinlichkeitsresistente Bundespräsident die Queen begleiteten. Waren sie ausgeladen worden?

1) Kann es zur Wiedererweckung der deutschen Nation kommen?

Die Weltgeschichte liefert zahlreiche Beispiele für Verfall und Untergang einstmals bedeutender Kulturvölker, denen kein Wiederauferstehen gelang. So der Hellenen, Westgoten, Karthager und aller früh-amerikanischen Kulturen. Viel seltener sind die Beispiele von Kulturvölkern, die es schafften, sich ihrer fremden Herrscher und Ausbeuter zu entledigen, um ihre politische, wirtschaftliche, kulturelle Selbstständigkeit wiederzuerlangen. So die germanischen Stämme, die allerdings Jahrhunderte brauchten, um sich nach dem Fällen der Donareiche (760) durch Bonifacius von der römisch-kirchlichen Umpolung zu emanzipieren. Als Beispiel aus jüngerer Zeit sei das russische Volk erwähnt, das 75 Jahre die Herrschaft des verbrecherischen, zerstörerischen Stalinismus und Bolschewismus erduldete und überstand, um dann aus Verstecken seine Ikonen und Kirchenfahnen hervorzuholen und mit den wenigen überlebenden Popen die alten orthodoxen Kirchenhymnen wieder anzustimmen, deren Gesang drei Generationen lang streng verboten, jedoch niemals vergessen worden war.
Diese Rückbesinnung auf alte Werte und Traditionen war nur möglich, weil das russische Volk niemals aufgehört hatte, sie innerlich zu bewahren. Das kommunistische Experiment zur Schaffung des entpersönlichten Sowjetmenschen, des „sawjetzki tschelawek", konnte auf Grund seines tiefen Glaubens an Gott und Bekenntnisses zu Heimat und Volk, nicht umgesetzt werden.

Der Große Kurfürst Friedrich Wilhelm von Brandenburg (1620-88) beklagte nach dem Dreißigjährigen Krieg:

Friedrich Wilhelm von Brandenburg, der Große Kurfürst (1620-88), Gemälde von Govaert Flinck

„Ehrlicher Teutscher, dein edles Vaterland war leider bei den letzten Kriegen unter dem Vorwande der Religion und Freiheit gar jämmerlich zugerichtet und an Mark und Beinen dermaßen ausgesogen, daß von einem so herrlichen Corpore schier nichts übrig verblieben als das bloße Skeleton. Wem noch einig teutsch Blut umb sein Hertz warm ist, muß darüber weinen und seufzen. Wem sein Vaterland lieb ist, muß die unglückliche Zeit beklagen. Wir haben unser Gut, wir haben unser Blut, wir haben unsere Ehre und Namen dahingegeben und nichts damit ausgericht, als daß wir uns schier zu Dienstknechten frembder Nationen berühmtet und des uralten hohen Namens verlustig wurden. Was sind Rhein, Weser, Elbe und Oderstrom nunmehr anders als frembder Nationen Gefangene? So gedencke ein jeder, was er für die Ehre des teutschen Namens zu tun habe, um sich gegen sein eigen Blut und sein für alle Nationen dieser Welt berühmtes Vaterland nicht zu vergreif. Mir, du ehrlicher Teutscher, sind diese Dinge wohlbekannt, habe sie dahero wollen kommunizieren, damit man dich mit andern Berichten nicht länger äffen und ohne Grund der Wahrheit ewig blind herumleiten möge. Adieu. Gedencke, daß du ein Teutscher bist."

2) Ist die Richtigstellung der deutschen Zeitgeschichte denkbar?

Nach 1945 kam es auf Druck der Hauptsiegermächte und im Zuge der Umerziehung in Deutschland sowohl zu einer amtlich dekretierten Festlegung des Ablaufs aller historischen Ereignisse der Jahre 1914 bis 1945 als auch zu einem per Gesetz festgelegten Verbot jeglichen

Zweifelns an diesen Dogmen. Trotz weltweit vereinbarter Zuweisung der Alleinschuld Deutschlands an der Planung des Ersten und Zweiten Weltkrieges, an den Überfällen auf Österreich(!), Tschechien, Polen, Luxemburg, Holland, Belgien, Norwegen, Frankreich, England, Ägypten, Tunesien, Libyen, Jugoslawien, Griechenland, die Sowjetunion, Italien, Vatikan, Rumänien, Ungarn, Finnland, der Kriegserklärung an die „neutralen" USA sowie an allen im Zuge dieses Krieges begangenen Kriegsverbrechen aus Rassehochmut, angeborener Menschenverachtung und nationalsozialistischer Indoktrinierung ist nicht auszuschließen, daß es dereinst zur Um-Umerziehung eines sich emanzipierenden und daher selbstbefreienden deutschen Volkes kommen könnte. Doch obwohl sich seit Jahrzehnten revisionistische Stellungnahmen amerikanischer, britischer, russischer, französischer Historiker und Zeitzeugen zum Thema Zweiter Weltkrieg häufen und gerade in jüngster Zeit Aufmerksamkeit erregen, bekämpft das nachkriegsdeutsche Establishment mit allen Mitteln jeden Versuch einer zu Gunsten Deutschlands geäußerten Uminterpretierung amtlich gesicherter historischer „Tatsachen".

Hier einige Beispiele revisionistischer Gesinnung ausgerechnet britischer Militärhistoriker und eines amerikanischen Diplomaten:

Basil Liddell Hart (1895-1970) schrieb im Juni 1947 in der Zeitschrift „To morrow": „Unsere Kriegführung versuchte im August 1939 ein Abkommen zu treffen, wobei es weniger um das Schicksal Polens und der kleinen Staaten ging, sondern um die Loslösung Deutschlands vom Goldstandard. Während des ganzen Telegrammkrieges fanden ausgedehnte Verhandlungen zwischen dem britischen und dem deutschen Auswärtigen Amt statt, bei denen wir vorschlugen, die Feindseligkeiten einzustellen, sofern Deutschland bereit sei, zur Goldwährung zurückzukehren."

Generalmajor J.F.C. Fuller (1878-1966), britischer Militärhistoriker, in „The Second World War", 1948: „Nicht die politischen Lehren Hitlers stürzten uns in den Krieg; Anlaß war der Erfolg Deutschlands, seines Wachstums und der Versuch, eine neue Wirtschaftsform aufzubauen. Die Wurzeln des Krieges waren Neid, Gier, Angst."
Im September 1989 erschien im britischen „Sunday" folgender Artikel, der von der FAZ am 17.9. übernommen wurde: „Wir müssen jetzt ehrlich über die deutsche Frage reden, so unbequem sie auch für die Deutschen, für unsere internationalen Partner und uns selbst sein mag. Die Frage bleibt essentiell die gleiche: Nicht, wie wir es verhindern, daß

deutsche Panzer über die Oder oder Marne rollen, sondern wie Europa mit einem Volk fertig wird, dessen Zahl, Talent und Effizienz es zur regionalen Supermacht werden läßt. Wir sind 1939 nicht in den Krieg eingetreten, um Deutschland vor Hitler oder die Juden vor Auschwitz oder den Kontinent vor dem Faschismus zu retten. Wie 1914, sind wir für den nicht weniger edlen Grund in den Krieg eingetreten, daß wir eine deutsche Vorherrschaft für Europa nicht akzeptieren konnten."

James Baker III, 1989-1992 Außenminister unter Präsident George Bush, im „Spiegel" 13/1992: „Wir machten aus Hitler ein Monstrum, einen Teufel. Deshalb konnten wir nach dem Krieg auch nicht mehr davon abrücken. Hatten wir doch die Massen gegen den Teufel persönlich mobilisiert. Also waren wir nach dem Krieg gezwungen, in diesem Teufelsszenario mitzuspielen. Wir hätten unmöglich unseren Leuten klarmachen können, daß der Krieg eigentlich nur eine wirtschaftliche Präventivmaßnahme war!"

In jedem Land der Welt würden Politiker, Historiker, Leitartikler, die gegenüber ihren Völkern Loyalität und Verantwortungsbewußtsein empfinden, nicht zögern, frühere Feinde, die nach dem Krieg zu Freunden mutierten, um Öffnung ihrer Archive zu bitten. Doch nicht so in Deutschland, wo eine Bundeskanzlerin agiert, die – mal in Moskau, mal in Paris – an Siegesparaden zum Gedenken an die Niederlage ihres Volkes teilnahm und wo ein Bundespräsident die Besetzung und Ausplünderung seines Landes als „Befreiung" bezeichnete.

Hans Laternser: „Verteidigung deutscher Soldaten", 1950; Hildegard Fritzsche: „Vor dem Tribunal der Sieger", 1981; Caspar von Schrenck-Notzing: „Charakterwäsche", 1981; Georg Franz-Willing: „Bin ich schuldig?", 1987.

3) Umvolkung durch Umerziehung und Amerikanisierung

Als das Deutsche Reich im Dezember 1941 auf Grund seiner Bündnisverpflichtung gegenüber Japan in den Krieg gegen die USA hineingezogen worden war, wurde von der US-Regierung sehr bald an der Universität Virginia in Charlotteville die „School for Military Government" eingerichtet. Ihre Aufgabe sollte es sein, im Auftrag der amerikanischen „Psychological Warfare Division" (Abteilung für psychologische

Kriegsführung) Konzepte zu erarbeiten, wie man sich gegenüber Deutschland im und nach dem Kriege verhalten soll. 1943 wurde als Teil des amerikanischen Geheimdienstes das Büro „Research and Analysis" eingerichtet, das 1200 Soldaten und Zivilisten beschäftigte, unter ihnen zahlreiche emigrierte Wissenschaftler und ehemals linke Politiker, darunter Herbert Marcuse, dem man in Deutschland bei der Revolte der 68er wieder begegnen sollte, sowie der später in den Nürnberger Prozessen als Ankläger fungierende Robert Kempner, ein in Berlin tätig gewesener Jurist, der aus rassischen Gründen Deutschland verlassen hatte. Linken Kreisen entstammten die Bestrebungen, die deutsche Wirtschaftsstruktur zu beseitigen und Deutschland dank des Morgenthau-Planes in einen Agrarstaat zu verwandeln.

Herbert Marcuse (1898-1979) arbeitete am Institut für Sozialforschung, beim Office of Strategic Services (OSS) und hatte maßgeblichen Einfluß auf die Studentenunruhen um 1968

Auf der Potsdamer Konferenz (Juli 1945) forderte der stellvertretende amerikanische Außenminister Archibald McLeesh, 1939 Mitbegründer des Amtes für Psychologische Kriegsführung, es müsse das Ziel der Umerziehung sein, den Charakter und die Mentalität der deutschen Nation so zu verändern, daß ihr künftig eine Existenz ohne Überwachung gestattet werden könne ... Im „Report of a Conference on Germany after the War", erarbeitet im Sommer 1944 vom „Joint Committee on Post-War Planning" an der Columbia Universität in New York, fand sich der Fahrplan für die Umerziehung der Deutschen, der zur offiziellen Richtlinie der amerikanischen Nachkriegspolitik wurde ... Der zu den geistigen Vätern dieses Planes gehörende Schweizer Psychoanalytiker C.G. Jung hatte davor gewarnt, einen Unterschied zwischen anständigen und unanständigen Deutschen zu machen. Die Deutschen seien „kollektiv schuldig". Der Grund dafür sei eben die allgemeine „psychische Minderwertigkeit des deutschen Menschen". Nach seiner Auffassung seien die Deutschen „entartet". Die einzig wirksame Therapie sei es, daß die Deutschen dazu gebracht werden müssen, ihre Schuld anzuerkennen, ja, daß sie sich selbst öffentlich und immer wieder zu ihrer Schuld bekennen.

Hieß es zu Honeckers Zeiten: „Von der Sowjetunion lernen, heißt siegen lernen", so bekennt sich Bundesrepublikaniens Polit- und Wirtschaftsestablishment seit 1945 in Treue fest zum Dogma: „Amerika ist der Weg, die Wahrheit und das Leben."
Nach amerikanischem Beispiel soll durch geförderte Zuwanderung, vor allem aus ethnisch nicht verwandten Ländern, Art und Wesen der europäischen Kulturvölker gleichgeschaltet und „bereichert" werden, auf daß das inhärent Böse und Aggressive im Abendländer dank ethnischer Vermischung hinweggemendelt werden kann. Dank Milliardenförderung von Afterkunst, Blut- und Kotorgien der Marke Nitsch, Mühl und anderer Sudelmeister, sowie durch Verschlingensiefung der Interpretation und Wiedergabe unserer klassischen Meister, soll Europas Kultur auf primitivstes Niveau herabgesenkt werden. In Deutschland und Österreich geschieht dies durch bewußte Amerikanisierung der Begriffsbestimmungen in den meisten Lebensbereichen, von der Wiege bis zum Grabe.
Man merkelt die Absicht und fühlt sich vergauckelt.

Dank der in jeder Hinsicht gelungenen Umpolung, wurden dem Volk der Dichter und Denker die längst überholten Wertvorstellungen, Moral- und Ehrbegriffe aberzogen und durch amerikanische ersetzt. Zwischen Maas und Memel, Etsch und Belt erfolgte eine Gleichschaltung mit der amerikanischen Unkultur, deren Spitzenleistungen Coca Cola, Mc Donalds, Kaugummi, Michael Jackson, Abu Ghraib, Madonna, miteinander verbunden, das amerikanische Kultur-Hexagon bilden. Seit Jahrzehnten mühen sich der Neudeutsche und die Neudeutsche, im Bewegungsablauf, umgangssprachlich, in der Kleidung, beim Tanz, beim Studium, am Arbeitsplatz, in der Auswahl der Freizeitbeschäftigungen, im Auftreten, bei der Ernährung und sogar im Umgang mit anderen Deutschen, die Amerikaner nachzuäffen: Sie gratulieren zum Geburtstag mit „happy birthday", wünschen zu Weihnachten „Merry Xmas". Sind sie erstaunt, bellen sie „wau" und finden überhaupt alles cool, was von „drüben" kommt.
Durch finanzielle Förderung von politisch korrekten Bildungsprogrammen, Funk-, Film- und Fernsehproduktionen – auch aus Hollywood(!)

– in Milliardenhöhe, wird bei der Umerziehung nachgeholfen. Hier ein Beispiel von tagtäglich wiederholter, seit Jahrzehnten angewandter audiovisueller Umerziehung, wie sie unter anderem auch vom staatlichen Österreichischen Rundfunk und Fernsehen (ORF) betrieben wird:

Samstag 10.August 2013: ORF Eins

06:00 Disney's American Dragon
06:55 Classic Cartoon
07:25 Freddy
09:10 Hallo Okidoki
10:00 Elephant Princess
10:25 Zack and Cody
11:15 Jessie
11:40 Pair of Kings
12:30 Life Unexpected
13:15 Glee
14:35 Gossip Girl
15:20 Melisa & Joey
15:40 Suburgatory
16: 00 New Girl
16:45 Happy Endings
17:10 How I met
17:30 Simpsons
18:15 Big Bang Theory
19:30 Two and a Half
20:00 Nachrichten - diese Deutsch!
20:15 Baby Mama (USA)
21:55 Dick and Jane
23:20 Motel - The First Cut

Franz Scholz: „Kollektivschuld und Vertreibung", 1995; Rolf Kosiek: „Die Frankfurter Schule", 2001; Wolfgang Popp: „Wehe den Besiegten", 2001.

4) Befindet sich die Bundesrepublik noch immer im Kriegszustand?

Faktisch nicht, doch juristisch sehr wohl, denn ein Friedensvertrag wurde und wird weder von den „Feindmächten" noch von ihren Satrapen in der Bundesrepublik Deutschland angestrebt. Weder das perfide Albion noch Deutschlands amerikanische „Freunde" denken im Traum daran, die Kontrolle über ihren potentiell gefährlichsten Feind zu lokkern. Somit sind die sogenannten „Feindstaaten-Klauseln" der Vereinten Nationen (Feindstaatenklauseln Artikel 53 und 107) noch immer gültig und jederzeit anwendbar. Weil mit keinem dieser Feindstaaten oder deren Rechtsnachfolger ein Friedensvertrag geschlossen wurde, hat jeder von ihnen ein bis heute gültiges Recht darauf, in der BRD zu intervenieren. Die Deutschen werden zu entscheiden haben, ob sie bereit sind, die schwere Erblast als Bürger des Deutschen Reiches zu stemmen, oder sich als hilfswillige, glückliche Sklaven einer von den USA besetzten Kolonie willig scheren, melken, ausspionieren zu lassen und sich als ihr eigenes Feindbild zu betrachten.

Hier eines von vielen Dokumenten, das beweist, daß auch nach der Wende weder die Siegermächte noch die beiden deutschen Teilstaaten, die sich zur „Bundesrepublik Deutschland" vereinten, einen Friedensvertrag anstrebten:

Nr. 354B
Anlage 2
Protokoll des französischen Vorsitzenden

Zusammenkunft der Außenminister
Frankreichs,
Polens,
Der Union der Sozialistischen Sowjetrepubliken,
Der Vereinigten Staaten von Amerika,
Großbritanniens,
Der Bundesrepublik Deutschland
und der Deutschen Demokratischen Republik
in Paris am 17. Juli 1990

Protokoll

1. Das Prinzip Nr. 1 hinsichtlich der Frage der deutschen Grenzen, auf das sich die sechs Mitgliedstaaten der in Ottawa eingesetzten Gruppe geeinigt haben, wird durch folgenden Satz ergänzt: »Die Bestätigung des endgültigen Charakters der Grenzen wird einen wesentlichen Bestandteil der Friedensordnung in Europa darstellen.«
2. Der Wortlaut des 2. Prinzips hinsichtlich der Frage der deutschen Grenzen wird wie folgt geändert: Die Worte »die bestehende Westgrenze Polens« werden durch die Worte »die zwischen ihnen bestehende Grenze« ersetzt.
3. Der Außenminister der Bundesrepublik Deutschland, Hans-Dietrich Genscher, erklärt, daß »der Vertrag über die deutsch-polnische Grenze innerhalb der kürzestmöglichen Frist nach der Vereinigung und der Wiederherstellung der Souveränität Deutschlands unterzeichnet und dem gesamtdeutschen Parlament zwecks Ratifizierung unterbreitet werden wird.2
Der Außenminister der Deutschen Demokratischen Republik, Markus Meckel, hat darauf hingewiesen, daß sein Land dieser Erklärung zustimmt.
4. Die vier Siegermächte erklären, daß die Grenzen des vereinigten Deutschland einen endgültigen Charakter haben, der weder durch ein äußeres Ereignis noch durch äußere Umstände in Frage gestellt werden kann.
Der Außenminister Polens, Krzysztof Skubiszewski, weist darauf hin, daß nach Ansicht der polnischen Regierung diese Erklärung keine Grenzgarantie durch die vier Mächte darstellt.
Der Außenminister der Bundesrepublik Deutschland, Hans-Dietrich Genscher, weist darauf hin, daß er zur Kenntnis genommen hat, daß diese Erklärung für die polnische Regierung keine Grenzgarantie darstellt. Die BRD stimmt der Erklärung der vier Mächte zu und unterstreicht, daß die in dieser Erklärung erwähnten Ereignisse oder Umstände nicht eintreten werden, d. h., daß ein Friedensvertrag oder eine Friedensregelung nicht beabsichtigt sind. Die DDR stimmt der von der BRD abgegebenen Erklärung zu.

[Nr. 354: Drittes Treffen der Außenminister der Zwei plus Vier, 17. 7. 1990; Nr. 354B: Anlage 2 Protokoll des französischen Vorsitzenden, 17. 7. 1990. Deutsche Einheit, S. 4069 (vgl. Dt. Einh., S. 1369-1370) (c) Oldenbourg Verlag]

Hier ein besser lesbarer Text des oben abgebildeten Dokuments Nr. 354B: „Drittes Treffen der Außenminister der Zwei plus Vier, 17.7.1990"

„Protokoll der Zusammenkunft der Außenminister Frankreichs, Polens, der Union Sozialistischer Sowjetrepubliken, der Vereinigten Staaten von Amerika, Großbritanniens, der Bundesrepublik Deutschland und der Deutschen Demokratischen Republik in Paris am 17. Juli 1990.)

1.) Das Prinzip Nr. 1 hinsichtlich der Frage der deutschen Grenzen, auf das sich die sechs Mitgliedstaaten der in Ottawa eingesetzten Gruppe geeinigt haben, wird durch folgenden Satz ergänzt: „Die Bestätigung des endgültigen Charakters der Grenzen wird einen wesentlichen Bestandteil der Friedensordnung darstellen."

2.) Der Wortlaut des 2. Prinzips hinsichtlich der Frage der deutschen Grenzen wird wie folgt geändert: Die Worte „die bestehende Westgrenze Polens" werden durch die Worte „die zwischen ihnen bestehende Grenze" ersetzt.

3.) Der Außenminister der BRD, Hans-Dietrich Genscher erklärt, daß „der Vertrag über die deutsch-polnische Grenze innerhalb der kürzest möglichen Frist nach der Vereinigung und der Wiederherstellung der Souveränität Deutschlands unterzeichnet und dem gesamtdeutschen Parlament zwecks Ratifizierung unterbreitet werden wird. Der Außenminister der DDR, Markus Meckel, hat darauf hingewiesen, daß sein Land dieser Erklärung zustimmt.

4.) Die vier Siegermächte erklären, daß die Grenzen des vereinigten Deutschland endgültigen Charakter haben, der weder durch ein äußeres Ereignis noch durch äußere Umstände in Frage gestellt werden kann.

Der Außenminister Polens, Krzysztof Skubiszewski, weist darauf hin, daß nach Ansicht der polnischen Regierung diese Erklärung keine Grenzgarantie durch die vier Mächte darstellt. Der Außenminister der BRD, Hans-Dietrich Genscher, weist darauf hin, daß er zur Kenntnis genommen hat, daß diese Erklärung für die polnische Regierung keine Grenzgarantie darstellt.

Die BRD stimmt der Erklärung der vier Mächte zu und unterstreicht, daß die in dieser Erklärung erwähnten Ereignisse oder Umstände nicht eintreten werden, das heißt, daß ein Friedensvertrag oder eine Friedensregelung NICHT beabsichtigt sind. Die DDR stimmt der von der BRD abgegebenen Erklärung zu."

Einer solchen Hypertrophie an Landesverrat ist wohl nichts mehr hinzu zu fügen.

Folgende Staaten zählen nach internationalem Recht heute noch zu Deutschlands Feindstaaten: Polen, Großbritannien, Frankreich,

Australien, Indien, Griechenland, Jugoslawien, Sowjetunion, China, USA, Costa Rica, Dominikanische Republik, Guatemala, Kuba, Nicaragua, El Salvador, Haiti, Honduras, Panama, Neuseeland, Mexiko, Südafrikanische Union, Kanada, Dänemark, Island, Norwegen, Belgien, Luxemburg, Niederlande, Griechenland, Brasilien, Äthiopien, Paraguay, Uruguay, Peru, Ägypten, Venezuela, Chile, Türkei, Bolivien, Persien, Saudi Arabien, Argentinien, Kolumbien, Italien, Liberia, Rumänien, Bulgarien, Finnland, Ungarn und außer Konkurrenz noch der zionistische Weltkongreß. Und zählt man „deutsche" Volksvertreter wie Genscher, Brandt, Fischer, und Konsorten hinzu, käme man auf die Repräsentanten eines 52. Feindstaates.

Dankbar und willig zahlen die Deutschen alljährlich etwa 30 Milliarden Euro Besatzungskosten an ihre „Alliierten". Darin sind die Kosten des Unterhalts von 25.000 britischen und 60.000 amerikanischen Soldaten auf deutschem Boden inbegriffen, nicht jedoch die Kosten für das Ausspionieren ihrer Regierungsspitzen, führender Industriebetriebe, Forschungsinstitute. Wie ein zahmes Kolonialvolk, äffen die Neudeutschen ihre Herren in Kleidung und Sitten nach, kommunizieren weltweit lieber auf „American slang" als auf Deutsch, überlassen ihre Finanzpolitik zu treuen Händen der Wall Street, ihre Außenpolitik den von keinem Volk gewählten Brüsseler Berufseuropäern, und die Verteidigung ihres Staates den amerikanischen Besatzern.

Dank gelungener Umerziehung, die zu „ethnic masochism", „déformation éthnique pathologique", kurz: zum Selbsthaß und Schuldgefühl der Deutschen führte, können sich die 51 Feindstaaten des 2. Weltkriegs darauf verlassen, daß auch in Zukunft – wenn kein Wunder geschieht – „le boche payera tout!" (der Deutsche alles bezahlt!). Keineswegs trauernd oder beklemmt, sondern dankbar schwanzwedelnd, stehen Bundeskanzler oder Bundeskanzlerin alljährlich am Arc de Triomphe, vor dem Lenin-Mausoleum, vor Kriegsgräbern alliierter Soldaten neben den Präsidenten ehemaliger Feindstaaten, die den Sieg über Deutschland und den Tod von Millionen deutscher Soldaten feiern. Auf Grund der in Deutschland stattgefundenen Umpolung wäre im sehr unwahrscheinlichen Fall eines Besuchs des amerikanischen Präsidenten und der englischen Monarchin in Dresden zu befürchten, daß Hunderttausende deutsche Männer, Frauen, Kinder, im Freudentaumel englische und amerikanische Fähnchen schwenken und Bundespräsident Gauck vor Dankbarkeit Tränen vergießen würden.

Es heißt, daß „quod decet Iovi non licet bovi". Demnach darf sich – zum Beispiel Israel – Dinge erlauben, für die Deutschland an den internationalen Pranger gestellt würde: In der „Times of Israel" vom 11. März 2015 drohte der israelische General der Luftwaffe und ehemalige

Oberbefehlshaber der israelischen Luftwaffe Eitan Ben Eliyahu mit der nuklearen Vernichtung des Iran und Deutschlands: „Dem Iran müssen wir klarmachen, daß wir mit einigen Atombomben sein ganzes Nuklearprogramm samt Teheran auslöschen können; und wenn der Messias kommt, wird Israel die ‚Endlösung' umkehren: Ferner werden wir Berlin, München, Hamburg, Nürnberg, Köln, Frankfurt, Stuttgart, Dresden, Dortmund vernichten und danach tausend Jahre Frieden haben..."
Hat die deutsche Regierung empört protestiert? Haben die Vereinten Nationen Israel verwarnt? Haben „deutsche" Lizenzmedien von dieser Chuzpe überhaupt berichtet? Natürlich nicht.
Seit 1945 wird den Deutschen eingetrichtert, es seien gerade deutsche Tugenden wie Tüchtigkeit, Kampfesmut, Forschergeist, Organisationstalent, Disziplin, Fleiß, Gehorsam und bedingungslose Treue gewesen, die zu Deutschlands mörderischen Eroberungskriegen und darauf folgenden katastrophalen Niederlagen führten. Dank Umerziehung, hätten die Deutschen gelernt, ihre überholten Wertvorstellungen zu revidieren, ihr bisheriges Erscheinungsbild zu verbergen, dem amerikanischen anzupassen und haben gelernt, fremde materielle Werte zu bevorzugen. Dem Gulliver gleich ist Deutschland nach dem 2. Weltkrieg von vier Siegermächten und zahlreichen Liliputanern ausgeraubt, gefesselt und zu einer Dauerquarantäne verurteilt worden. Noch bedankt sich Gulliver artig für jede Art von Schuldzuweisung, Erpressung, Ausbeutung, biedert sich allen 51 in der Charta der Vereinten Nationen vom 26. Juni 1945 angeführten Feindstaaten an, küßt die Hände, die ihn berauben, leckt die Stiefel, die ihn treten. Eines nicht allzu fernen Tages wird er sich jedoch erheben, nicht um Vergeltung zu üben, sondern – wie er es zwölf Jahrhunderte lang tat – um die Welt zu erforschen, zu verbessern, zu verschönern und ihren Fortschritt zu fördern.
Dies ist wohl ein frommer Wunsch, denn Deutschlands Besatzungs- und Kontrollmächte denken nicht im Traum daran, dem deutschen Volk die Hand zu reichen.

Ein Beispiel gefällig?
Am 12. Februar 2015 erschien in der „Süddeutschen Zeitung" folgender Artikel des israelischen Botschafters in Deutschland Yakov Hadas-Handelsman:
„Fast 60 Prozent der Deutschen wollen einen ‚Schlußstrich' ziehen unter die Geschichte der Verfolgung und Vernichtung der Juden in der Schoah ... Die Schoah hat keine Verjährungsfrist. Sie ist nicht irgendein Ereignis der Weltgeschichte, sondern hat eine meta-historische Bedeutung. Die Deutschen haben 6 Millionen Kinder, Frauen und Männer

ermordet – aus dem einzigen Grund, weil sie Juden waren. Es war ein detailliert geplanter und industriell ausgeführter Massenmord ... Dieser Versuch, ein gesamtes Volk physisch und kulturell auszulöschen, ist ein singuläres Ereignis in der Geschichte der Menschheit ... Wir Juden haben keine andere Wahl, als uns zu erinnern ... Meiner Ansicht nach haben auch die Deutschen keine Wahl, als sich zu erinnern, denn es waren Deutsche, die das Leid und den Tod von Millionen Menschen verschuldet oder in Kauf genommen haben ... Es gibt aber einen Unterschied zwischen historischer und persönlicher Schuld. Die jungen deutschen Generationen trifft keine Schuld an dem, was geschehen ist. Doch auch sie sind verantwortlich dafür, daß der furchtbare Haß und die unmenschliche Gewalt gegen Juden, daß das Grauen der deutschen Vergangenheit nicht vergessen werden. Die Erinnerung an die Schoah hat einen Wert [was versteht Handelsman unter „Wert"?], der die Zeit überdauert ... Wenn bald keine Zeitzeugen mehr am Leben sind, stehen die jungen [deutschen] Generationen in der Verantwortung, sich zu erinnern. Gedenken an die Schoah und ihre Opfer sollte nicht verordnet und zu einer Routine werden. Die Schoah erinnert uns daran, daß Demokratie, Freiheit und Menschenrechte fortwährend verteidigt werden müssen. Die Frage bleibt: Wie konnte es passieren, daß ein ganzes Volk diesen Werten den Rücken zukehrte? ... Es ist geschehen, folglich kann es wieder geschehen ... Wir alle müssen dafür sorgen, daß so etwas nie wieder geschieht. Das ist die historische und moralische Verantwortung der Nachkommen der Opfer, vor allem aber die der Nachkommen der Täter ... Einen Schlußstrich kann und wird es nicht geben."

Kann das Holocaust-Trauma vererbt werden?

Keineswegs beabsichtigt oder gar bestellt, sondern rein zufällig geschah es, daß wenige Monate nach dem vom israelischen Botschafter – immerhin der offizielle Vertreter des Zionistenstaates in Deutschland – verkündeten Dogma, daß es niemals einen Schlußstrich unter den Holocaust (er wird wohl auch die Wiedergutmachungsleistungen einbezogen haben) geben werde, in der angesehenen amerikanischen Fachzeitschrift „Biological Psychiatry" eine Studie erschien, in der nachgewiesen wird, daß „Holocaustüberlebende genetische Spuren ihrer traumatischen Erfahrungen an ihre Nachkommen weitergeben. Die Genetikerin Rachel Yehuda hat am New York Mount Sinai Hospital die Erbsubstanz DNS von 32 Jüdinnen und Juden untersucht, die in KZs gefoltert worden waren oder sich während der Nazizeit jahrelang verstecken mußten. Sie analysierte dann die DNS der Kinder

dieser Überlebenden des Holocaust und verglich ihre Befunde mit der Analyse der DNS von jüdischen Familien, die die Nazizeit außerhalb Europas verbracht hatten. So konnte sie sicher sein, daß die genetischen Veränderungen ausschließlich auf den Holocaust zurückgingen..." Eine Theorie, die sich Lamarcks Lehre von der Vererbung erworbener Eigenschaften nähert, die jedoch bereits im 19. Jahrhundert als falsch erkannt wurde. Sollte diese Irrlehre aus gegebenem Anlaß wieder Anerkennung finden?
Biological Psychiatry Online, August 12, 2015.

WACH' ENDLICH AUF, DEUTSCHER!

„Jedes Volk hat seinen Charakter. Es kann durch das größere oder geringere Maß der Erziehung, das ihm zuteil wird, wohl verändert werden, aber niemals verschwinden seine Grundzüge. Es wäre leicht, diese Auffassung durch Belege der Natur zu stützen ... Einzig die vollständige Zerstörung eines Staatswesens und seine Neubevölkerung mit fremden Ansiedlern können nach meinem Dafürhalten den Geist eines Volkes von Grund auf ändern. Aber man sehe sich vor: das wäre dann nicht mehr das gleiche Volk."

(Friedrich II., König von Preußen, 1740-1786)

ABGESANG

Eine ähnliche Umpolung wie die Nachkriegsdeutschen mußten die Völker Süd- und Mittelamerikas erleiden: Im 16. und 17. Jahrhundert wurden von spanischen Conquistadoren die Hochkulturen der Azteken und Maya, der Inka und Araukaner sowie ihre Träger völlig ausgelöscht, von portugiesischen Bandeirantes die brasilianischen Stämme der Tupí-Guaraní, der Nu-Aruaques und Tapuiás versklavt oder ausgerottet, ihre Kaziken ermordet oder verbannt, Millionen Eingeborene (Indígenas) ihrer Seelen beraubt.
Ihr Kompaß war umgepolt worden, seine Nadel zeigte nun Kurs +/- 40° Richtung Sevilla oder Lisboa. Nach der Vertreibung der Spanier folgte im 19. Jahrhundert die Invasion amerikanischer Großindustrieller, Banken, Ölfirmen, Plantagenbesitzer, die von Mexiko bis Feuerland ganze Staaten beherrschten, deren „gewählte" Politiker sie finanzierten und somit kontrollierten – mit anderen Worten: sie ausbeuteten. Erst um die letzte Jahrhundertwende gelang es einigen lateinamerikanischen, unterdrückten Völkern, sich von den amerikanischen Heuschrecken zu emanzipieren. Den Anfang machten die Kubaner mit Fidel Castro, gefolgt vom Venezolaner Hugo Chávez und dem Bolivianer Evo Morales. Allabendlich wiederholte Chávez im Rahmen der Fernsehsendung „Aló, Presidente!" in stundenlangen Reden an Millionen Lateinamerikaner, die ihm gebannt zuhörten und ihn während der Sendung anrufen konnten, das Bekenntnis: „El nuestro Norte es el Sur!" (unser Norden ist der Süden), womit er symbolisch zum Ausdruck brachte, daß Jahrhunderte lang den Massen rechtloser Índios und Campesinos eingetrichtert wurde, sie hätten sich nach den Gringos und Ausbeutern aus dem Norden zu richten, deren Kompasse den eisigen Polarstern anzeigten, den man südlich des Äquators freilich weder seelisch empfinden noch optisch erkennen konnte. Doch nun sei endgültig Schluß mit der imperialistischen Umorientierung nach Norden. Und von der Jahrtausendwende an begannen sich die Völker des südlichen Halbkontinents Zug um Zug nach dem Kreuz des Südens zu orientieren, wohin der Kompaß in ihren Herzen sie ja schon immer wies.
Und Deutschlands politischer Kompaß? Seine Nadel zeigt schon seit geraumer Zeit nicht mehr 360 Grad Nord, sondern in den Köpfen der meisten Neudeutschen – als Zeugnis ihres nunmehr 70-jährigen Orientierungsnotstandes – 255 Grad West, Kurs Washington.

Wann werden sie endlich ihren Irrtum erkennen und den Kurs korrigieren?